丛书主编　丁见民
丛书副主编　付成双　赵学功

美洲史丛书

多重视野下的北美西部开发研究

付成双　著

U0362050

南开大学出版社

天　津

图书在版编目(CIP)数据

多重视野下的北美西部开发研究 / 付成双著. 一天
津：南开大学出版社，2023.5
（美洲史丛书 / 丁见民主编）
ISBN 978-7-310-06407-6

Ⅰ.①多… Ⅱ.①付… Ⅲ.①区域开发－经济史－研
究－北美洲 Ⅳ.①F171.09

中国国家版本馆 CIP 数据核字(2023)第 013193 号

多重视野下的北美西部开发研究
DUOCHONG SHIYE XIA DE BEIMEI XIBU KAIFA YANJIU

南开大学出版社出版发行
出版人：陈　敬
地址：天津市南开区卫津路 94 号　　邮政编码：300071
营销部电话：(022)23508339　营销部传真：(022)23508542
https://nkup.nankai.edu.cn

天津创先河普业印刷有限公司印刷　全国各地新华书店经销
2023 年 5 月第 1 版　　2023 年 5 月第 1 次印刷
238×170 毫米　16 开本　28.75 印张　4 插页　484 千字
定价：248.00 元

如遇图书印装质量问题,请与本社营销部联系调换,电话:(022)23508339

南开大学中外文明交叉科学中心
资助出版

编者的话

自从 1492 年哥伦布发现"新大陆",美洲开始进入全世界的视野之内。不过,哥伦布认为他所到达的是东方的印度,故误将所到之地称为印度群岛,将当地原住民称为"印地人"。意大利航海家阿美利哥在随葡萄牙船队到南美洲探险后,于 1507 年出版的《阿美利哥·维斯普西四次航行记》中宣布哥伦布所发现的土地并非东方印度,而是一个新大陆。稍后学者为了纪念新大陆的发现,将这一大陆命名为"亚美利加",即美洲。此后很长时期内,欧洲人,无论是西班牙、葡萄牙还是英国、法国的探险家,都将这一大陆称为美洲。葡萄牙航海家费迪南德·麦哲伦,西班牙探险家赫尔南·科尔特斯、弗朗西斯科·皮萨罗,英国探险家弗朗西斯·德雷克、沃尔特·雷利无论在发给欧洲的报告、书信还是出版的行记中,都将新大陆称为美洲。甚至到 18 世纪后期,克雷夫科尔撰写的《一位美国农夫的来信》使用的依然是"America",而法国人托克维尔在 19 世纪 30 年代出版的名著《论美国的民主》也是如此。可以说,在"新大陆"被发现后的数百年中,美洲在欧洲人的观念中都是一个整体。

1776 年,随着英属北美 13 个殖民地的独立,美洲各区域开始走上不同的发展道路。首先独立的美国逐渐发展壮大,西进运动势如破竹,领土扩张狂飙猛进,到 19 世纪中期已经俨然成为美洲大国。接着,原在西班牙、葡萄牙殖民统治之下的广大拉丁美洲地区,也在 19 世纪 20 年代纷纷独立,建立了众多国家。不过,新独立的拉美各国在资源禀赋极为有利的情况下,却未能实现经济快速发展,社会问题丛生,现代化之路崎岖缓慢。现代学者在谈及拉美问题时,屡屡提及"现代化的陷阱"。最后,加拿大在 19 世纪中期经过与英国谈判才获得半独立地位,但此后其"国家政策"不断推进,经济发展和国家建设稳步提升,于 20 世纪初跻身经济发达国家之列。

表面上看,似乎美洲各国因为国情不同、发展道路各异而无法被等同视之，但当历史进入 19 世纪末期以后，美洲一体化的趋势却日渐明显，似乎应了"分久必合"的老话。1890 年 4 月，美国同拉美 17 个国家在华盛顿举行第一次美洲会议，决定建立美洲共和国国际联盟及其常设机构——美洲共和国商务局。1948 年在波哥大举行的第九次美洲会议通过了《美洲国家组织宪章》，联盟遂改称为"美洲国家组织"。这一国际组织包括美国、加拿大与拉丁美洲大部分国家。

除了国际政治联合外，美洲经济一体化也在第二次世界大战后迅速发展。美洲区域经济一体化首先在拉丁美洲开启。拉美一体化协会（Latin American Integration Association）是最大的经济合作组织，其前身是拉丁美洲自由贸易协会，主要成员国包括阿根廷、玻利维亚、巴西、智利、哥伦比亚、厄瓜多尔、墨西哥、巴拉圭、秘鲁、乌拉圭和委内瑞拉。此外，1969 年成立的安第斯条约组织（又称安第斯集团），由玻利维亚、智利、哥伦比亚、厄瓜多尔和秘鲁组成。1994 年，安第斯条约组织正式组建自由贸易区。1997 年，安第斯条约组织更名为安第斯共同体，开始正式运作。与此同时，加勒比共同体、中美洲共同市场、南方共同市场等区域经济一体化组织纷纷出现。其中，1995 年建立的南方共同市场是拉美地区发展最快、成效最显著的经济一体化组织。北美自由贸易区的建立，则是美洲一体化的里程碑。1992 年，美国、加拿大和墨西哥三国正式签署《北美自由贸易协定》。1994 年 1 月 1 日，协定正式生效，北美自由贸易区宣布成立。

时至今日，美洲各国在经济和政治上的联系日益紧密，美洲在政治、经济和文化等诸多方面依然是和欧洲、亚洲、非洲迥然不同的一个区域。无论是被视为一个整体的美洲，还是走上不同发展道路的美洲各国，抑或走向一体化的美洲，都值得学界从历史、文化、外交、经济等多维度、多视角进行深入研究。

南开大学美洲史研究有着悠久的历史和深厚的学术传统。20 世纪二三十年代，曾有世界史先贤从美国学成归来，在南开大学执教美国史，为后来美国史的发展开启先河。不过，南开美国史研究作为一个具有影响的学科则可以追溯到杨生茂先生。先生 1941 年远赴海外求学，师从美国著名外交史学家托马斯·贝利，1947 年回国开始执教南开大学，他培养的许多硕士生和博士生成为国内高校美国史教学和科研的骨干。1964 年，根据周恩来总理的指示，国家高教委在南开大学设立美国史研究室，杨生茂先生任主任。这是中国高校中最早的外国史专门研究机构。此后，历经杨生茂先生、张友伦先生和李剑鸣、赵学功教授三代学人的努力，南开大学美国史学科成为中国美国史研究一个颇具影响的学术点。2000 年，美国历史与文化研究中心成立，成为南开大学历史学院下属的三系三所三中心的机构之一。2017 年，以美国历史与文化研究中心为基础组建的南开大学美国研究中心，有幸入选教育部国别与区域研究（备案）基地，迎来新的发展机遇。不过，南开大学美国研究中心并非仅仅局限于历史学科。南开美国研究在薪火相传中一直都具有跨学科的多维视角特色，这可以追溯到冯承柏先生。冯先生出身于书香世家，数代都是南开学人。他一生博学多才，在美国研究、博物馆学与图书情报等数个领域都建树颇丰，在学界具有重要的影响，他为美国研究进一步开辟了交叉学科的宽广视野。在冯先生之后，南开美国研究的多学科合作传统也一直在延续，其中的领军者周恩来政府管理学院的韩召颖教授、美国研究中心的罗宣老师都是冯先生的杰出弟子。

　　南开大学拉丁美洲史是国家重点学科"世界史"主要分支学科之一，也是历史学院的特色学科之一。南开大学历史系拉丁美洲史研究室建立于 1964 年，梁卓生先生被任命为研究室主任。1966 年，研究室一度停办。1991 年，独立建制的拉丁美洲研究中心成立，洪国起教授为第一任主任，王晓德教授为第二任主任，董国辉教授为现任主任。2000 年，南开大学实行学院制后，拉美研究中心并入历史学院。1999 年，中心成为中国拉丁美洲史研究会秘书处所在地。洪国起教授在 1991—1996 年任该研究会副理事长，1996—1999 年任代理理事长，1999—2007 年任理事长。2007—2016 年，王晓德教授担任研究会理事长，韩琦教授担任常务副理事长；2016 年后，韩琦教授担任理事长，王萍教授、董国辉教授担任副理事长。

　　此外，加拿大史研究也一直是南开大学世界史学科的重要组成部分。20 世纪 90 年代，张友伦先生带队编著并出版《加拿大通史简编》，开启研究先河。杨令侠、付成双教授分别担任中国加拿大研究会会长、副会长，先后担任南开大学加拿大研究中心主任。南开大学加拿大研究中心是中国加拿大研究的重镇之一，出版了众多加拿大研究成果，召开过数次大型学术研讨会。

　　深厚的学术传统结出丰硕的学术成果，而"美洲史丛书"就是前述研究成果的一个集中展现。这套丛书计划出版（或再版）18 部学术著作，包括杨生茂著《美国史学史论译》、张友伦主编《加拿大通史简编》、冯承柏著《美国历史与中美文化交流研究》、洪国起著《拉丁美洲史若干问题研究》、陆镜生著《美国社会主义运动史》、韩铁著《美国历史中的法与经济》、王晓德著《拉丁美洲对外关系史论》、李剑鸣著《文化的边疆：美国印第安人与白人文化关系史论》、韩琦著《拉丁美洲的经济发展：理论与历史》、赵学功著《战后美国外交政策探微》、付成双著《多重视野下的北美西部开发研究》、董国辉著《拉美结构主义发展理论研究》、王萍著《智利农业与农村社会的变迁》、丁见民著《外来传染病与美国早期印第安人社会的变迁》、张聚国著《上下求索：美国黑人领袖杜波依斯的思想历程》、罗宣著《美国新闻媒体影响外交决策的机制研究》、王翠文著《文明互鉴与当代互动：从海上丝绸之路到中拉命运共同体》与董瑜著《美国早期政治文化史散论》。

　　与其他高校和科研机构的相关成果相比，这套丛书呈现如下特点：第一，丛书作者囊括南开大学老中青三代学者，既包括德高望重的前辈大家如杨生茂、张友伦、冯承柏、洪国起，又包括年富力强的学术中坚如王晓德、李剑鸣、赵学功、韩琦等，还包括新生代后起之秀如付成双、董国辉和董瑜等；第二，丛书研究的地理区域涵盖范围宽广，涉及从最北端的加拿大到美国，再到拉丁美洲最南端的阿根廷；第三，涉猎主题丰富广泛，涉及政治、经济、文化、外交、社会和法律等众多方面。可以说，这套丛书从整体上展现了南开大学美洲史研究的学术传统特色和专业治学水平。

　　为保证丛书的编写质量，南开大学历史学院与南开大学出版社密切合作，联手打造学术精品。南开大学中外文明交叉科学中心负责人江沛教授在担任历史学院院长时启动了"美洲史丛书"的出版工作，并利用中外文明交叉科学中心这个学术平台，提供学术出版资助。余新忠教授继任历史学院院长后，十分关心丛书的后续进展，就丛书的编辑、出版提出了不少建设性意见。南开大学世界近现代史研究中心主任杨栋梁教授对丛书的出版出谋划策，鼎力支持。此外，美国研究中心、拉丁美洲研究中心的博士及硕士研究生出力尤多，在旧版书稿与扫描文稿间校对文字，核查注释，以免出现篇牍讹误。

　　南开大学出版社的陈敬书记、王康社长极为重视"美洲史丛书"的编辑出版工作，为此召开了专门的工作会议。项目组的编辑对丛书的审校加工倾情投入，付出了艰巨的劳动。在此向南开大学出版社表示衷心的感谢！

丁见民

2022 年 4 月

目　录

前言　从边疆假说到环境正义：
北美西部史的多重面相

北美洲从地形上可以分成东部阿巴拉契亚山区及其冲积平原、中部大平原和西部落基山区三个明显的组成部分，植被分布也是随三个地区的不同而具有明显的差别。东部是茂密的森林，西部是山区森林和高原草地，中部则是一望无际的大草原。从整个国家的地理位置和约定俗成的习惯来看，密西西比河被认为是美国东西部的分界线。然而，西部在美国历史上一直是一个变动和不确切的概念。著名的西部环境史学家唐纳德•沃斯特指出："西部指一个罗盘的方向，一个总体的运动趋势，一片梦幻的土地，而不是任何有着特定历史的特定地点。"①从本质上来讲，整个北美的发展都是欧洲向西部和边缘地区的拓展和延伸。殖民地时期的西部仅仅指沿海冲积平原以西的高原区，独立战争期间的西部大体上指阿巴拉契亚山脉以西的地区。独立后美国的第一个西部是指老西部，或者说是西北地区，即密西西比河以东、俄亥俄河以北、阿巴拉契亚山以西的地区。针对该地区的管理和土地分配而制定的 1785 年《西部土地出售法》和 1787 年《美国俄亥俄西北领地组织法》（即通常所说的《西北法令》）奠定了整个北美西部政策的基础。到 19 世纪 20－30 年代，随着美国边疆向前推进，西部变成了密西西比河以西的地区。随着美国的扩张，等落基山以西的部分被纳入美国版图后，它习惯上被称为远西部或大西部。因此，历史时代不同，美国西部的含义也各不相同。

与美国不同，加拿大的西部从地理上指苏必利尔湖以西的地区，从政治

---

① Donald Worster, *An Unsettled Country: Changing Landscapes of the American West*, Albuquerque: University of New Mexico Press, 1994, p. 4.

上则指由马尼托巴、萨斯喀彻温、阿尔伯达、不列颠哥伦比亚所组成的西部四个省份，甚至还可以加上西北、育空和努特武特三个地区。而我国学者经常提到的美国西部开发主要指美国内战以后，密西西比河以西到落基山之间的大草原的开发。加拿大的西部开发则主要是指 1867 年联邦建立以后对于鲁伯特地区的开发。

虽然习惯上人们把美国的发展说成是从东海岸向太平洋岸边的边疆扩张，但从西部开发的实际情况来看，它是跳跃式或者如特纳所说的那种波浪式前进，而美国和加拿大则分别是这一运动中两个互相联系的不同分支。虽然主要方向是向西，但其间也伴随着向其他各个方向的移动。如美国刚刚独立的时候，由于西北地区的政策不利于垦殖的农民置业，有些人就冒充王党分子被吸引到了上加拿大，免费领取那里的土地。而 19 世纪 30 年代，当美国人开发的先锋越过密西西比河到达草原地区后，面对盘根错节的高草，他们束手无策。而就在这时，太平洋岸边的俄勒冈地区茂密的森林、肥沃的土地和宜人的气候吸引着移民们避开被称为"美洲大沙漠"的中部草原，到那里去开发定居。后来的矿业边疆的开发更进一步刺激了西部山区的发展。而只有到内战以后，美国人才回过头来从东西两边向大草原内部渗透，这里才出现了盛极一时的畜牧边疆和小麦边疆。长期以来，人们把 19 世纪 90 年代初俄克拉何马被移民占据看作美国边疆消失的标志，边疆学派的研究也一直以此为终点，其实，直到 1896 年以后，加拿大的西部才真正开放，许多人从美国西部向北迁移到加拿大的草原地区进行开发，结果萨斯喀彻温成为加拿大历史上"最后的、最好的边疆"。

从现代化的角度来看，美加两国从东部沿海向西部的扩张一直被看作是一部成功的历史故事书。在北美历史上，曾经先后出现了毛皮边疆、森林边疆、采矿业边疆、畜牧业边疆和小麦种植业边疆等多种具有传奇色彩的边疆开发形式。这几种典型的边疆开发模式一方面淋漓尽致地勾画了北美西部开发中不折不扣的个人主义精神、充满机会和浪漫的边疆神话，另一方面也无情地展示了这一过程中所存在的资源浪费和环境破坏的阴暗面。沃斯特指出："边疆居住区与生俱来的一种特征就是认为大自然是一种被占有和开发的东西，它可以为了人类的便利而随意被塑造。"①20 世纪 30 年代的大危机

---

① Donald Worster, *An Unsettled Country: Changing Landscapes of the American West*, Albuquerque: University of New Mexico Press, 1994, p. 103.

和席卷西部的沙尘暴最终为浪漫的处女地神话和花园神话，也为这种传统的人与自然对立的边疆开发模式画上了句号。富兰克林·罗斯福政府为解决西部所面临的经济和生态危机，采取了包括限耕限牧、水土保持、植树造林等一系列经济和生态救助措施，从此西部走上了发展与保护并重的道路，西部史所关注的重点也由传统的西部开发史逐渐转向新西部史。

一、边疆史视角：在质疑中不断修正

1893 年，年轻的历史学者弗雷德里克·J. 特纳在美国历史学会的芝加哥年会上宣读那篇著名的论文——《边疆在美国历史上的重要性》，标志着美国西部史的正式诞生。西部史从诞生至今，在出版了海量的学术著作、成就了一大批顶级学者的同时，也确立了对美国西部史进行解释的基本模式。

特纳在 1893 年那篇论文里面，提出了著名的"边疆假说"。"边疆假说"虽然有多重含义，但最基本的意思一般认为有三点。第一，一部美国史就是一部向西部的拓殖史。特纳在其文章开头就指出："直到现在，一部美国史大部分可说是对于大西部的拓殖史。一个自由土地区域的存在及其不断的收缩，以及美国居民向西的拓殖，就可以说明美国的发展。"[1]在这里，特纳提出了一个著名的概念，即"移动的边疆"。特纳指出："边疆是向西方移民浪潮的前沿，即野蛮和文明的汇合处。"[2]而随着移民浪潮的不断向西前进，这一条文明与野蛮的分界线也不断向西后退。因此，"瀑布线是 17世纪的边疆，阿勒根尼山脉是 18 世纪的边疆，密西西比河是 19 世纪最初四分之一时代的边疆，密苏里河是 19 世纪中叶的边疆，而落基山脉和干旱地带则是现在的边疆"[3]。第二，美国的民主来源于美国的森林。特纳指出："美国的民主不是来自理论家的梦想，既不是乘坐着'萨拉-康斯滕德'号来到弗吉尼亚，也不是被'五月花'号运送到普利茅斯的，它来自美国的森林，并且在每一次接触新的边疆之时获得新生力量。"[4]第三，边疆塑造

---

① Frederick J. Turner, *The Frontier in American History*, New York: Henry Holt and Company, 1921, p. 1.

② Frederick J. Turner, *The Frontier in American History*, New York: Henry Holt and Company, 1921, p. 3.

③ Frederick J. Turner, *The Frontier in American History*, New York: Henry Holt and Company, 1921, p. 9.

④ Frederick J. Turner, *The Frontier in American History*, New York: Henry Holt and Company, 1921, p. 293.

了美国人的民族性格，促进了混合民族性的形成，减少了美国对英国的依赖，并且培养了美国人的个人主义精神。①"边疆假说"的产生不仅标志着边疆学派的诞生，也是美国史学摒弃传统的"生源论"、走向独立的标志。特纳所开辟的边疆史研究"奠定了美国西部史学的基础，而且影响了整整一代人，在其后的半个多世纪里一直统治着美国史坛"。②

特纳在1893年后又发表了多部著作，对"边疆假说"予以深化，但他最重要的贡献还是"边疆假说"。然而，"边疆假说"在创造了一种神话的同时，也具有非常明显的缺点和不足，大致存在如下问题。第一，边疆概念过于模糊和笼统，有时候它指一种地理概念，如文明与野蛮的分界线，或者位于分界线文明一侧的一片区域。有时候边疆又指一种经济开发模式，如农业边疆、矿业边疆等。特纳在文章中就曾指出："密西西比河流域的农业边疆和落基山区的矿业边疆就有许多不同的情况。"③而在后世，边疆甚至被引申为一个文化概念，如文化的边疆、科学边疆、自然的边疆等。第二，特纳将西部史限定在19世纪末以前，并把它当作一个过程，而非一个地区。1920年特纳写道："我所研究的西部，是一个进程而不是一个固定的地理区域。"④那么，走出边疆后成为文明世界的各个地区的历史如何去认识，在边疆结束以后美国发展的方向又在何方？显然单纯用上述边疆拓殖进程是无法圆满解决的。第三，美国民主来源于美国森林的森林哲学和所谓的安全阀理论是错误的。众所周知，美国民主的根源是欧洲的文化传统，只是被西部的环境所改变而已。1930年，哈佛大学教授莱特在《美国的民主和边疆》一文中公开指出，特纳关于"美国的民主来自森林"的论断是错误的，"它的基本原则是装在苏珊·康斯坦号船上运到弗吉尼亚的，是装在五月花号上运到普利茅斯的，是由成千的接踵而来的船只运来的"⑤。而所谓的安全阀假说也被证明是不成立的。特纳曾称："当东部社会条件恶化，当资本将要压迫劳工或政治束缚阻碍了大众自由的时候，通过这道门可以逃到边疆的自

---

① Frederick J. Turner, *The Frontier in American History*, New York: Henry Holt and Company, 1921, pp. 22-23.

② 张友伦：《美国西部史学的发展和当前面临的挑战》，《南开学报》（哲学社会科学版），1995年第1期，第12页。

③ Frederick J. Turner, *The Frontier in American History*, New York: Henry Holt and Company, 1921, p. 10.

④ Donald Worster, *Under Western Skies: Nature and History in the American West*, New York: Oxford University Press, 1992, p. 22.

⑤ 转引自张友伦：《评价美国西进运动的几个问题》，《历史研究》，1984年第3期，第180页。

由环境中去。"①然而，事实证明，欧洲来到的移民主要集中在东部的城市中，而城市工人到西部建立家庭农场失败的比例非常高。"除了那些由土地可出售的铁路公司和其他机构送去西部的欧洲移民外，农业边疆的居民中几乎没有直接来自东部工业中心的。"②第四，忽视土著人和其他有色人种在西部开发中的贡献。特纳的边疆民主是来自西北欧的白人拓殖者的民主，它是以土著部落的牺牲为代价的。同时，也没有充分考虑黑人、华人、其他被压迫的有色人种在边疆开发中所遭受的压迫和苦难，也没有考虑妇女在边疆中的作用，更没有涉及到西部开发对环境的巨大破坏作用。

然而，无论特纳的"边疆假说"有多少缺点，他的确开创了美国史研究的新天地。著名史学家霍夫斯塔特曾评价道："很大程度上是由于特纳论文中的模糊、印象性和夸张给予了它们弹性而被广泛接受。"③特纳所开创的研习班制度培养了大批的西部史专家，他们把西部史的研究领域不断拓宽。如赫伯特·博尔顿对西南边疆的研究，埃弗雷·克雷文对南部史的研究等都受到学界的好评。而弗雷德里克·默克和弗雷德里克·帕克森则是特纳以后边疆史的最著名的代表，他们的著作《西部扩张史》和《美国边疆史》堪称西部史的经典。④

特纳的边疆理论在经历了 20 世纪 20—30 年代昙花一现的繁荣以后不久，就遭到了批判和指责。而边疆史学也在不断的批评和质疑中进行着自我完善和修正。1931 年，著名史学家沃尔特·P. 韦布出版了《大平原》（The Great Plains）一书，打破特纳边疆史研究的缺陷，开展地区史的研究，探讨西经 98 度以西干旱的大平原这一特殊地区在白人到来后所发生的历史变迁。韦布直到 50 年代都坚持："西部不再是一个移动的边疆，而是一个可以在地图上标注，可以到达和看见的区域。"⑤韦布的研究标志着西部史学从西进史学向着西部地区史的方向转变，从而使特纳所倡导的边疆史走出了

---

① Frederick J. Turner, *The Frontier in American History*, New York: Henry Holt and Company, 1921, p. 259.

② 亨利·纳什·史密斯：《处女地：作为象征和神话的美国西部》，薛蕃康、费翰章译，上海：上海外语教育出版社 1991 年版，第 212 页。

③ Richard W. Etulain, eds., *Writing Western History: Essays on Major Western Historians*, Albuquerque: University of New Mexico Press, 1991, p. 270.

④ 王邵励：《特纳的历史教学与美国西部史研究》，《史学史研究》，2015 年第 2 期，第 85—86 页。

⑤ Walter P. Webb, "The American West: Perpetual Mirage", in *Congressional Record: Proceedings and the Debates of the 85th Congress*, First Session, Vol. 103, Part 5, 1957, p. 6076.

边疆结束后再无西部史的困境。从这一点上讲，这是对特纳边疆学说的巨大发展。50 年代，亨利·纳什·史密斯的《处女地：作为象征和神话的美国西部》（*Virgin Land: The American West as Symbol and Myth*）则突破了原来西部史只注重经济史和政治史的狭窄范围，"他成功地把我们引回了对文化含义的研究。"①自白人殖民者登上北美大陆以来，支持他们向西部扩张的一个信念是"只有依靠开发、发展和定居西部的土地才能履行天命"。②纳什从文化史的角度对长期弥漫在西部的所谓处女地神话，即表现为帝国神话和花园神话两种变体的这一流行观念进行剖析，揭示它在美国文化中的含义。因此，纳什被看作西部史的第一个修正派，是新西部史的先行者。1955年，著名史学家厄尔·波默罗伊（Earl S. Pomerroy）发表了一篇具有里程碑意义的论文——《西部史的重新定向：连续性与环境》，认为东部文化与西部的环境对西部的发展同样重要，倡导对西部史的研究进行重新定向。③1965 年，波默罗伊又出版了《太平洋斜坡：加利福尼亚、俄勒冈、华盛顿、爱达荷、犹他和内华达诸州的历史》一书，"对美国西部史做出了开辟新途径的解释。"④总之，从《大平原》到《太平洋斜坡》标志着美国西部史学完成了从特纳边疆史学到新西部史学的转变。所谓的"新"，就是指随着美国社会的转变，学者们用新的视角、新的观念去突破特纳的理论限制，重新定位和研究西部历史。

面对新史学的挑战，传统的边疆史学也在寻求自我完善。针对传统的边疆史学忽视有色人种、印第安人、黑人乃至妇女作用的缺陷，以比林顿（Billington）为代表的再传弟子们在其著作中有意识地加入了相关内容，这突出表现在比林顿的代表作《向西部扩张——美国边疆史》一书中。加拿大史学家卡尔莱斯（J. M. S. Careless）和美国西部史学家艾伯特则强调城市边

---

① Richard W. Etulain, eds., *Writing Western History: Essays on Major Western Historians*, Albuquerque: University of New Mexico Press, 1991, p. 265.

② 亨利·纳什·史密斯：《处女地：作为象征和神话的美国西部》中译本序言，薛蕃康、费翰章译，上海：上海外语教育出版社 1991 年版，第 IV 页。

③ Earl Pomeroy, "Toward a Reorientation of Western History: Continuity and Environment", *The Mississippi Valley Historical Review*, Vol. 41, No. 4, Mar., 1955.

④ 丁则民：《20 世纪以来美国西部史学的发展趋势》，《东北师大学报》，1995 年第 5 期，第 5 页。

疆在西部开发中的作用。①

从特纳的"边疆假说"开始，西部史就确立了一个基本的解释模式，那就是文明对野蛮斗争的宏大叙事。在这种叙事模式中，美国西部开发的历史就是以欧洲裔白人殖民者为代表的文明一方与以美国森林、荒野和印第安人为代表的野蛮一方进行殊死斗争并最终取得胜利的历程。而支撑文明对野蛮斗争的理论武器则是当时流行的进化论。特纳自己写道："当我们一行一行阅读这个大陆上从东到西的每一页历史的时候，我们都能看到社会进化的记载。"②而所谓的西部开发史，其实就是北美殖民者从大西洋岸边开始拓殖，将美国的边界一直推进到太平洋的历史。环境史学家唐纳德·沃斯特指出："西部不啻于整个美国，或者说我们所征服的一切。"③这就是特纳所谓的"一部美国史就是一部对大西部的拓殖史"的真正含义。对于特纳及其同代人来说，"唯一鲜明的主题就是以桀骜不驯的自然为一方和以个人主义的边疆人为另一方之间的虚幻的斗争。"④伊格尔森在《我们的第一个世纪》里面对白人殖民者赞扬道："他们征服了荒野，他们征服了森林，并把土地变成丰产的战利品。"⑤甚至直到20世纪60年代，美国人"所讲述的西部史是一部为了实现伟大的理想而同自然斗争的故事"，而在美国人征服自然的这部故事中，西部成为美国人"戏剧般征服自然的中心舞台。"⑥无论西部史如何修正，在进步史观的指导下，这种文明战胜野蛮的宏大叙事依然占据主导地位。

其实，特纳的边疆史所确立的宏大叙事模式与传统意义上现代化的叙事模式是相通的。狭义的现代化仅是一种落后国家追赶发达国家的对策性研

---

① 参见雷·艾伦·比林顿：《向西部扩张——美国边疆史》，周晓松、韩维纯等译，北京：商务印书馆1991年版；J. M. S. Careless, *Frontier and Metropolis: Regions, Cities and Identities in Canada before 1914*, Toronto: University of Toronto Press, 1989; Carl Abbot, *How Cities Won the West: Four Centuries of Urban Change in North America*, Albuquerque: University of New Mexico Press, 2008.

② Frederick J. Turner, *The Frontier in American History*, New York: Henry Holt and Company, 1921, p. 11.

③ Donald Worster, *Under Western Skies: Nature and History in the American West*, New York: Oxford University Press, 1992, p. 20.

④ Donald Worster, *Under Western Skies: Nature and History in the American West*, New York: Oxford University Press, 1992, p. 249.

⑤ Roderick Nash, *Wilderness and the American Mind*, 3rd edition, New Haven: Yale University Press, 1982, p. 27.

⑥ Donald Worster, *Under Western Skies: Nature and History in the American West*, New York: Oxford University Press, 1992, p. 242.

究，而广义的现代化理论则"主要是指自工业革命以来现代生产力导致农业社会生产方式的大变革引起世界经济加速发展和社会适应性变化的大趋势，具体地说，就是以现代工业、科学和技术革命为推动力，实现传统的农业社会向现代工业社会的大转变，使工业主义渗透到经济、政治、文化、思想各个领域并引发社会组织与社会行为深刻变革的过程"。①美国从殖民地到超级大国的演变历程是世界历史上现代化取得成功的典范。理查德·布朗指出："如果要理解西方文化中现代化的历史，那么，就必须要解释美国的发展。"②西部开发无疑又是美国现代化进程中最为辉煌和灿烂的篇章。随着边疆的不断向西部推进，印第安人被赶进了保留地，原本茂密的森林和广阔的草原逐渐为丰产的小麦边疆、玉米边疆、畜牧边疆等所代替。同时随着交通的改善、产业的升级和移民的源源涌入，一个个孤零零的定居点逐渐演化为高楼林立的城市网，而美国也从殖民开拓初期大西洋沿岸的几个零星的殖民地变成了一个横贯大陆的工业化强国，一举从欧洲的经济边缘跃升为世界的经济中心。纵然美国的现代化付出了惨重的代价，但世人更津津乐道的还是它的辉煌成就。

二、土著史视角：从文明征服论到苦难叙事

边疆史和现代化研究所建构的宏大叙事模式并不是西部历史发展的唯一解释模式，如果从北美土著人的角度来看，美国西部开发的历程首先是一部北美土著部落在两种文化碰撞下逐渐败退的历史，欧洲殖民者的胜利是以土著民族的失败和苦难为代价的。不过，从土著史的角度来看，印第安人在白人的武装征服和文化同化面前，也并非完全被动。虽然他们最终无法避免失败的命运，但并没有如早期许多人所预言完全灭绝，而是走上了文化自新的道路。在土著史研究中长期存在着两种非此即彼的解释模式：要么是极端历史主义的态度，认为苦难是进步的代价，对北美土著民族所遭受的不公正待遇漠视不顾；要么是以道德评价绑架学术研究，单纯指责殖民主义的罪恶，甚至有的土著学者断言只有土著学者才有资格研究土著史。因此，从土著史

---

① 罗荣渠：《现代化新论：世界与中国的现代化进程》，北京：商务印书馆 2004 年版，第 5 页。

② Richard D. Brown, *Modernization: The Transformation of American Life, 1600-1865*, New York: Hill-Wang Publishing House, 1976, p. 20.

的视角来看，北美西部史所呈现出的是另外一种风采。

在传统的边疆叙事中，美国的西部开发就是一场文明对野蛮的征服斗争，作为野蛮代表的印第安人被征服和改造是历史进步的表现。文明和野蛮的对立是自启蒙运动以来逐渐确立的一种观念，它以白人基督教的传统使命观为基础，以历史进步论为理论工具，宣扬以文明进步来取代野蛮落后乃人类社会发展的自然规律。这一理论为18世纪以来白人在全球的殖民扩张提供了正当性借口。琼斯（W. R. Jones）的研究指出："把文明与野蛮相对立这一矛盾是一个极其有用的命题，它同样可以很好地用来当作自我陶醉的手段和进行征服的理论。"同时，它也是"文明人用以表达其自我具有强烈的文化和道德优越性的发明。"①而在北美西部开发中，白人社会所信奉的也正是这种文明征服野蛮、将美洲的处女地改造成为伊甸园的理念。根据这一理念，野蛮的印第安人及其文化就是阻挡在白人社会进步道路上的障碍，只有清除他们，文明的光芒才能照耀到北美大陆。因而，对印第安人及其文化进行污名化为白人殖民者抢占印第安人的土地、摧毁他们的文化提供了道德上的合理性。纳什指出："文明论在19世纪就被用来为一些不光彩的行径——包括欧洲对世界各地土著人民的掠夺——作辩解。"②此言非虚！

白人殖民者戴着种族主义的有色眼镜来观察北美土著居民，并根据自身的需要，将北美印第安人简单归纳为高贵的野蛮人和嗜血的野蛮人两种对立的他者形象。前者代表了作为我者的欧洲白人所没有的或者期盼的品质，而后者则代表了白人社会所厌恶或者竭力避免的品质。当需要利用印第安人作为模板批判欧洲社会的腐朽的时候，就夸大印第安人纯真、道德的一面；而当需要印第安人土地、对其进行军事征服的时候，则渲染他们懒惰、嗜血和野蛮的一面。在美国向西部扩张的大潮中，占据主导地位的就是嗜血的野蛮人形象。虽然有少数正义之士奔走呼号，为印第安人的利益代言，但收效甚微。白人社会在以文明战胜野蛮的理论对印第安人进行武装征服的同时，还有采取文化同化政策，全盘否定印第安人的文化，强迫后者全面接受白人的基督教文化，"在那个殖民主义、帝国主义和种族主义被当作合理价值取向

---

① W. R. Jones, "The Image of the Barbarian in Medieval Europe", *Comparative Studies in Society and History*, Vol. 13, No. 4, Oct., 1971, p. 377, p. 405.

② 亨利·纳什·史密斯：《处女地：作为象征和神话的美国西部》，薛蕃康、费翰章译，上海：上海外语教育出版社1991年版，第264页。

的时代，征服和改造一种劣势文化，便成为实现帝国理想的当然途径"。①
当时最著名的口号是"杀死印第安性，拯救他的人性！"②19世纪美国两位
最著名的历史学家帕克曼和班克罗夫特都对印第安人充满敌意。帕克曼声
称：印第安人"无法学习文明的各种技艺，他及其森林都必将共同消
失。"③班克罗夫特认为印第安人"在推理和道德品质方面比白人低劣，而
且这种低劣不仅仅是针对单个人而言的，而是与其组织有关，是整个族群的
特征"。④对北美这些坚信文明必将战胜野蛮的历史学家来说，唯一值得记
载的就是白人战胜蛮荒的自然及其野蛮人的历史，整个北美历史就是"一部
文明战胜野蛮的宏大史诗"。⑤在当时盛行的种族主义和文明战胜野蛮的社
会达尔文主义思潮面前，缺乏印第安人自己的声音，印第安人的抗争和诉求
被淹没在历史的沉沙之中。流传下来的关于印第安人的历史和文化的资料主
要是通过白人这一中介，从他者的角度来记录的。

　　面对印第安人即将消亡的哀叹，人类学家率先行动起来，对印第安文化
进行抢救。其实早在19世纪中期，著名画家卡特林面对美国人向西部拓殖
的洪流，不仅为印第安人的利益奔走呼号，还深入各个部落之中，用画笔记
录下各个部落的情形，并提出了建立国家公园保护印第安文化的想法："在
未来岁月里，对美国来说，她所保护和呈现给她的文明化了的市民和世界的
是多么美丽和激动人心的标本啊！在一个国家公园里，人和野兽都保留着他
们自然的野性和美丽。"⑥自19世纪末期以来，从事北美印第安人问题研究
的许多人类学家如霍雷肖·黑尔、亚历山大·张伯伦、艾尔弗雷德·克罗伯
和罗伯特·洛威等都为抢救土著文化作出了巨大的努力，他们力图在土著文

---

　　① 李剑鸣：《文化的边疆：美国印第安人与白人文化关系史论》，天津：天津人民出版社1995年版，第5页。

　　② Isabel Barrows, ed., *Proceedings of the National Conference of Charities and Correction*, Boston: Press of Geo H. Ellis, 1892, p. 46.

　　③ Francis Parkman, *Conspiracy of Pontiac*, Vol. I, New York: E. P. Dutton & Co., 1912, p. 32.

　　④ George Bancroft, *History of the United States: From Discovery of the American Continent*, 21th edition, Boston: Little, Brown and Company, 1870, Vol. 3, p. 302.

　　⑤ Philip J. Deloria and Neal Salisbury, eds., *A Companion to American Indian History,* Malden: Blackwell Publishers, 2002, p. 250.

　　⑥ Geoge Catlin, *North American Indians*, edited by Peter Matthiessen, New York: Penguin Books, 1989, p. 263.

化消失或被遗忘之前将其记录下来。①他们中的许多人接受了摩尔根的部分观点，认为印第安人是白人社会早期经历的再现，从东海岸到西部内陆印第安人的社会现状分层次地展现了人类社会从低级到高级的进化顺序。著名的文化人类学家洛威在其导师弗朗茨·博阿斯的影响下，摒弃传统的进化人类学，认为各种文化之间的差异是源于历史而非生物性的原因，倡导文化相对主义，对印第安文化进行研究，从而做出了开创性的贡献。受 1954 年创办的《历史人类学》杂志的影响，历史人类学成为 20 世纪 50 年代的一个新领域。历史人类学家力图运用历史学和人类学的资料、方法和模式对传统文化的特征进行重塑，并追溯文化的变迁与传承。从此以后，对北美土著文化与历史的学术研究，才真正摆脱种族主义偏见，走上了正常的轨道。

北美印第安人也在困境中寻求突破。随着武装抵抗的失败和主流社会的歧视与偏见，重振民族文化的自信心成为土著领袖们面临的当务之急。目睹北美现代化所造成的环境破坏和资源浪费，许多印第安人把弘扬与白人不同的环境伦理和大地崇拜当作了实现上述目的的工具。如 19 世纪末流行的"鬼舞"（ghost dance）与大地母亲的崇拜，其实就是印第安人试图将大地母亲作为工具，凝聚土著文化传统，对抗白人社会文化同化的尝试。"随着印第安人失去他们各个部落的独特性所赖以存在的土地，大地母亲的形象在他们中间随之变得重要起来。"②著名的印第安社会活动家伊斯特曼就为世人描绘了一个与自然相融合的印第安社会，并宣称："除了大自然以外，我们没有神庙和圣物"，印第安人是"大自然的人"。③

面对白人社会武装征服与文化同化印第安人的双重迫害，美国社会的一些正义人士仗义执言。如美国著名的社会改革家海伦·杰克逊在 1881 年发表了《一个世纪的耻辱》一书，对美国政府的印第安政策进行声讨："我们背弃了国家法准则中的最基本的正义原则，让我们以残忍和背信弃义之名而

---

① 这些学者的成果如：Horatio Hale , "Report on the Blackfoot Tribes", *Report of the British Association for the Advancement of Science*, Vol. 55, 1885; Alexander Chamberlain, "Report on the Kootenay Indians of South-Eastern British Columbia", *Report of the British Association for the Advancement of Science, Annual Meeting Report*, Vol. 62, 1892; Alfred Kroeber, "Ethnology of the Gros Ventre", in American Museum of Natural History, *Anthropological Papers*, Vol.1, 1908; Robert Lowie, "The Assiniboine", in American Museum of Natural History, *Anthropological Papers*, Vol. 4, 1910;等等。

② James Clifton, ed., *The Invented Indian: Cultural Fictions and Government Policies*, New Brunswick: Transaction Publishers, 1990, p. 142.

③ Charles A. Eastman, *The Soul of the Indian*, Boston: Houghton Mifflin Company, 1911, p. 5.

遭到审判，也使我们因上述罪行而受到任何可能的惩罚。"① 1887 年，美国联邦政府颁布的《道斯法案》原本是为了推动印第安人尽早融入主流社会，实际上该法却沦为了瓜分印第安人最后土地的盛宴。在此法推行之初，印第安人拥有 1.38 亿英亩土地，到 1933 年实施印第安人新政之时，印第安人拥有的土地仅剩下 4700 万英亩，他们又丧失了 2/3 的土地。②针对这一结果，积极推动印第安人新政的政治家科利尔批评道：这种个人主义化的政策使印第安人丧失大片土地，更严重的是它还"破坏了印第安人的部落体制和族裔传统，瓦解了印第安人保留地，导致印第安人作为一个独特族裔正在从美国社会中迅速消失"。③ 也正是看到了份地制的危害，从 1933 年开始，在科利尔的领导下，美国政府放弃了原来的同化政策，推行印第安人新政，倡导保护印第安人文化，这标志着自新大陆发现以来白人社会所信奉的文明战胜野蛮的种族主义政策的终结。虽然文明征服论和同化论论调尚未完全消失，但这毕竟是一个巨大的进步。以此为契机，印第安人权利运动逐渐兴起，文化多元主义代替同化论成为各种文化共存的基本指导方针。

随着白人社会对过去印第安人政策的反思和印第安人权利运动的兴起，与过去的文明论截然对立的一种西部史叙事模式应运而生，它最典型的特征就是声讨白人的罪恶、神化印第安人文化，甚至将学术问题政治化。其实，关于印第安人的苦难叙事最早可以追溯到拉卡斯在 1552 年出版的《西属美洲毁灭记》，拉卡斯自称出版该书的目的是让世人记住西班牙殖民者的罪恶，知道有朝一日上帝惩罚他们的原因。拉卡斯的著作奠定了后来关于印第安人苦难叙事的基本风格。当代关于印第安人苦难叙事的代表性学者有弗朗西斯·詹宁斯和詹姆斯·埃克斯泰尔。詹宁斯的代表作《美洲的入侵：印第安人、殖民主义与征服论》一改此前白人学者惯用的文明战胜野蛮的历史进步论调，揭露殖民主义给印第安人所带来的苦难，堪称苦难叙事的代表作。而另一位著名的印第安问题专家埃克斯泰尔在研究历史人物时，既注重他们的政治、经济和军事角色，也关注他们所扮演的道德角色，他在其著作《内

---

① Helen H. Jackson, *A Century of Dishonor: A Sketch of the United States Government's Dealings with some of the Indian Tribes*, New York: Harper & Brother, 1881, p. 29.

② Deloria Vine, Jr., ed., *The Indian Reorganization Act: Congresses and Bills*, Norman: University of Oklahoma Press, 2002, p. 299.

③ John Collier, "Annual Report of the Commissioner of Indian Affairs for 1935", in Colin G. Calloway, ed., *First Peoples: A Documentary Survey of American Indian History*, New York: Bedford/St. Martin's, 1999, pp. 443-445.

部入侵：北美殖民地时期的文化冲突》一书中就大量使用入侵、殖民这些被认为含有道德评判色彩的词汇。

随着红种人权利运动的兴起，印第安学者和社会活动家接过了苦难叙事的接力棒，他们除了致力于土著文化的传承与保护外，还维护和争取土著的权利。面对当前全球性的生态困难，土著学者和社会活动家已经把控诉历史上白人社会对印第安人的不公、刻意打造一种与白人社会不同的环境理念作为他们实现上述目的的工具。20世纪上半期的苏族领袖立熊在1928年出版的《我的苏族同胞》一书中还在谈论为了实现个人的成功，需要主动融入主流社会，接受白人的文化和教育。①而此后不久，立熊就转而倡导印第安人的传统文化，宣传印第安人与白人之间不同的环境观，这种转变明显地体现在他1933年出版的另外一本著作《斑点鹰的土地》中，他说："我们不认为广阔的大平原、美丽起伏的山峦，和可以触及生物的流动溪水是荒凉的。只有对白人来说，自然才是荒凉的。"②著名的土著社会活动家德洛利亚可以说是当前倡导印第安苦难叙事的典型。他1969年出版的第一部著作《卡斯特因你的罪恶而死》就奠定了对白人社会进行批判的基调。在继后的著作中，他一方面批判白人社会对于印第安文化的歪曲，另一方面又对印第安人的环境伦理进行神化，刻意塑造生态的印第安人形象。他的许多言论早已经为世人所熟知：如他在《我们讲，你们听》一书中就现代化所导致的环境破坏而怒斥道："没有空气可以呼吸，谈论进步、文化文明以及技术是荒唐的！"③他甚至对学界的一些科学常识也予以批驳，如否认白令海峡大陆桥的存在。针对学术界关于史前印第安人是大型动物灭绝的原因的假说，德洛利亚批判道："鼓吹灭绝理论是支持持续破坏环境的一种很好的方式，它寓意着在任何时期人类都没有珍惜过他所生存的大地！"④因此，德洛利亚的许多观点并不是学术性的，任何不符合印第安人利益的观点都会遭到他的抨击。

总之，对印第安人遭遇的苦难叙事塑造了一种与边疆学派传统的文明论模式截然不同的叙事模式，对于揭露殖民主义的罪恶，批判北美历史上的种

---

① Luther Standing Bear, *My People Sioux*, Lincoln: University of Nebraska Press, 2006, p. 282.

② Luther Standing Bear, *Land of Spotted Eagle*, Lincoln: University of Nebraska press, 2006, p. 38.

③ Vine Deloria, Jr., *We Talk, You Listen: New Tribes, New Turf*, New York: Macmillan, 1970, p. 189, p. 139.

④ Vine Deloria, Jr., *Red Earth, White Lies: Native Americans and the Myth of Scientific Fact*, New York: Scribner, 1995, pp. 112-113.

族主义偏见，推动北美社会土著权利运动的发展具有积极的意义。但如果像德洛里亚那样从一个极端走向另一个极端，对于任何不符合土著利益的言行都予以反驳，也是不足取的。当前土著史研究除了利用新的研究方法和手段，如口述采访、图像摄录等来弘扬土著文化的多样性以外，更重要的还是要防止学术问题政治化的趋势，如 1999 年著名人类学者克雷克的著作《生态的印第安人》因为解构了"生态的印第安人"形象而遭到诸多土著社会活动家的攻击就是一例。在当前这个文化多元共存的时代，学者们既不能无视历史上白人殖民者对土著所造成的苦难，同时也要防止学术研究被道德绑架，不能想当然地认为土著社会的任何诉求都是合理的。无论哪一个族裔的学者，只有首先正视历史问题，心平气和地进行学术探讨，才能推动土著研究的健康发展。

三、跨国史视角：一部北美共有的历史

特纳所开创的边疆史研究所关注的主要是美国西部，而且关注的重点也主要是农业的西部。然而从跨国史的角度看，西部开发中的许多问题都是美加两国所共有的，可以从整体上加以考虑，原来那种只考察美国白人农场主拓殖情况的边疆研究模式有着极大的片面性。除农业边疆外，其他形式的边疆开发同样各具特色，而且除美国外，加拿大的边疆开发同样值得研究。加拿大在现代化过程中借鉴美国的现成经验，并把许多技术和实践直接拿来应用于自身的西部开发和中部的工业化之中。从一定意义上说，加拿大的工业化也可以说是美国大湖区工业带的向北延伸。加拿大学者钱伯斯通过研究 1873－1896 年加拿大的经济变化周期发现："加拿大经济作为一种边缘，更与美国而不是与西欧相贴近。"[①]

首先，如果把西部开发看作一个席卷北美的整体性运动的话，西部边疆史的下限应向后延长到 20 世纪 30 年代。长期以来，人们习惯上把 19 世纪 90 年代初俄克拉何马被移民占据看作是美国边疆消失的标志，边疆学派的研究也一直以此为终点。可是，整个北美的西部开发却并没有就此结束，加拿大的西部拓殖才刚刚开始，并在 1896－1914 年间以"最后的、最好的边

---

① Richard Pomfret, *The Economic Development of Canada*, Toronto: Methuen Publications, 1981, p.181.

疆"而吸引大批移民前去移居。在 1896 年以后的一代人的时间里，加拿大草原三省得到了长足的发展。从 1901 年到 1921 年，加拿大草原三省的人口从 41.9 万人增加到 195.6 万人。①海外移民成为加拿大西部开发的主力，草原三省成为外来移民比例最高的地区，其中 42% 的人口是从海外移入的。到 1930 年，草原三省仅仅来自东欧的海外移民就达到 36 万人。②即便是在美国，在 19 世纪 90 年代以后，在旱作农业技术的激励下，这种以单一产品开发、不计资源代价的粗犷经济模式不仅没有结束，反而在 20 世纪初期和第一次世界大战期间出现了繁荣。第一次世界大战促进了西部小麦种植面积的扩张，堪萨斯、科罗拉多、内布拉斯加、德克萨斯和俄克拉荷马五州在大战期间共增加小麦面积 1350 万英亩（约 5.5 万平方千米），其中有 1100 万英亩（约 4.5 万平方千米）是毁掉草皮新种上的。仅在堪萨斯的芬尼县，小麦的面积就从 1914 年的 7.6 万英亩（约 0.03 万平方千米）增加到 1919 年的 12.2 万英亩（约 0.05 万平方千米）。③沃斯特指出："边疆居住区与生俱来的一种特征就是认为大自然是一种被占有和开发的东西，它可以为了人类的便利而随意被塑造。"④

各种边疆的疯狂开发，诱发了西部历史上最大的生态灾难——20 世纪 30 年代的沙尘暴，造成严重的水土流失。整个沙暴肆虐的地区，平均每英亩有 408 吨表土被吹走，总共被吹走的表土达到 8.5 亿吨。⑤ 30 年代的大危机和西部沙尘暴最终为这种不计环境代价的边疆开发模式画上了句号。美国联邦政府所建立的关于沙尘暴问题的专门机构大平原委员会所提交的调查报告得出结论认为："除非对大平原的农业发展模式进行永久性的变革，否则当雨水稀少时，救济总是不可避免的。"⑥罗斯福政府在推行经济新政的

① R. D. Francis and Richard Palmer, eds., *The Prairie West: Historical Readings*, Edmonton: Pica Pica Press, 1995, p. 455.

② Robert England, *The Colonization of Western Canada: A Study of Contemporary Land Settlement, 1896-1934*, London: P. R. King & Son Ltd., 1936, p. 208.

③ Donald Worster, *Under Western Skies: Nature and History in the American West*, New York: Oxford University Press, 1992, pp.98-99.

④ Donald Worster, *An Unsettled Country: Changing Landscapes of the American West*, Albuquerque: University of New Mexico Press, 1994, p. 103.

⑤ Donald Worster, *The Dust Bowl: The Southern Plains in 1930s*, New York: Oxford University Press, 1979, p. 29.

⑥ Great Plains Drought Area Committee, *Report of the Great Plain Drought Area Committee*, Washington D. C.: 1936, in New Deal Network: http//newdeal.feri.org. (2017 年 9 月 10 日访问)

同时，也借鉴了前期美国政府的资源保护政策，积极推进环境新政，采取一系列水土保持政策，美国西部从此才真正走上了资源保护之路。因此，北美西部开发的下限不应是 19 世纪 90 年代，而是 20 世纪 30 年代。

其次，与现代化所代表的以民族国家为基本解释对象的研究范式相比，北美历史上的许多边疆开发模式，如毛皮贸易，印第安人问题、环境变迁、交通变革都不仅仅是局限于美国或加拿大一国之内的内容，而是跨越政治边界的共有历史话题，而且相互之间紧密相连，可以从跨国史的角度，甚至是比较历史的角度进行探讨，从而更有助于认识北美西部历史发展的全貌。

传统上西部史最主要的研究方向是农业边疆的推进，而且主要是指白人农场主阶层的蜕变。其实，农业边疆本身仍然有许多问题值得继续研究，如不同族裔的农场主西部拓荒经历的差异、走出边疆后农场主阶层的分化问题、农业的工业化倾向、西部的城市化问题等。除了西部农业边疆之外，学术界还需要拓宽研究视野，开展对其他各种边疆开发模式的研究，如森林边疆、渔业边疆、矿业边疆、旅游业发展、科学考察和对西部的地理认知、西部观念的变迁等。虽然不同的学者都已经涉及上述问题，但仍然有许多问题值得进一步探讨，尤其是换一个视角，如社会史的视角、文化观念史视角、环境史视角等，所得出的成果都会大大更新对西部的传统认知。

针对上述西部领域开展美加西部发展的比较研究，不仅是一个非常有意义的课题，更能拓宽边疆史的视野，引导学者们从整个北美而不是简单从美国一国思考上述问题。从事美国问题的专家基本上不关注加拿大，但研究加拿大问题的学者却无时无刻不关注着美国。从某种意义上说，美国就是加拿大发展的参照物之一，当然加拿大在发展过程中也表现出了自己的特点。美加两国在向西部拓殖的现代化发展中面临着大致相同的问题，也经历了大致相同的发展历程和特征。但是，从美加两国具体情况来看，双方又存在着相当大的差异。与美国相比，加拿大在发展历程中受外来势力的影响更强，经济上具有更多的发展中国家的特征，如对大宗产品经济（staple economy）的依赖性更强。新法兰西时期是毛皮贸易占据主导，后来对小麦经济的依赖性比美国也更强。加拿大在现代化的发展中大概落后美国一代人的时间，这为美国在北美大陆上建立其核心地位奠定了基础，同时也为加拿大效仿美国提供了条件。此外，加拿大联邦政府在西部开发中的作用比美国也更大。加拿大首任联邦总理约翰·麦克唐纳为了实现建立一个独立国家的梦想，为了吸引移民和修建横贯大陆铁路，将西部置于联邦的密切控制之下。但由此也导致了西部加拿大对联邦政府的不满，催生了西部对联邦中央的反抗，致使西部地方主义长期绵延不绝。

最后，如果说传统的农业史研究主要局限在美国或加拿大一国范围之内的话，那毛皮贸易史则是一个典型的跨国史研究课题。法国的商人和政治家们首先从毛皮贸易中看到了发财的机会，雄才大略的法国国王亨利四世从北美洲毛皮贸易中看到了建立一个庞大的殖民帝国的辉煌前景。法国人最终建立了以魁北克为中心的新法兰西殖民地。英国和荷兰的商人们也发现了毛皮贸易所蕴含的商机。背负巨额债务的清教徒们到达普利茅斯后，就着手同当地的印第安人交易毛皮。从一定意义上说，普利茅斯殖民地从一开始就是一个毛皮贸易站。借助于不断扩张的毛皮贸易，普利茅斯殖民地用 21 年的时间还清了欧洲债务。因此，从某种意义上说，"最终是良好经营的毛皮贸易，拯救普利茅斯殖民地免于灭绝。"①荷兰人的主要目的也是毛皮贸易。即便在新尼德兰易手以后，在 1700－1755 年间英国所输入毛皮中，来自纽约的毛皮占到 25％的比例，纽约商人每年为此从英国进口价值 3000－8000 英镑的货物。② 除了北部殖民地以海狸皮为主要产品的毛皮贸易外，南部殖民地的鹿皮贸易也是整个北美皮革交易的重要组成部分。1764 年，殖民地贸易官员斯图尔特估计：南部每年输出重达 80 万磅（约 36 万千克）鹿皮，按照 2 磅（约 0.9 千克）/张计算，约合 40 万只鹿。

英国人占领新法兰西仅仅是北美毛皮贸易史上一个阶段的结束，由新英格兰的商人加入而重组的蒙特利尔毛皮集团与原来的哈得逊湾公司之间展开了新一轮的争夺。蒙特利尔集团经过重组后建立西北公司，它接手了法国人在北美的毛皮事业，利用法裔雇员的吃苦耐劳精神、良好的印第安人关系和独木舟不断把毛皮帝国推向西北地区。而自 1670 年建立的哈得逊湾公司则依靠其地处海湾内陆的地理优势试图截断西北公司通向太平洋的道路。两公司激烈竞争的结果是：西北公司在 1821 年被哈得逊湾公司吞并，从此开始了海湾公司在加拿大毛皮贸易中的垄断统治。美国毛皮商人阿斯特则一改过去毛皮贸易中靠印第安人猎取毛皮、到贸易站进行交易的模式，在美国落基山区创建了著名的"约会制度"（rendezvous system），直接组织大批白人猎手进山去猎取毛皮。结果，海湾公司的毛皮商人同以阿斯特为代表的美国毛

---

① Francis X. Moloney, *The Fur Trade in New England 1620-1676*, Hamden: Archon Books, 1967, p. 20.

② Thomas Elliot Norton, *The Fur Trade in Colonial New York 1686-1776*, Madison: University of Wisconsin Press, 1974, pp. 101-102.

皮商人之间在落基山区又展开了激烈的竞争。在疯狂的猎捕下，海狸这种珍贵的毛皮兽数量锐减，到 19 世纪 40 年代以后，落基山区的毛皮资源逐渐枯竭，毛皮贸易作为一种边疆开发模式逐渐式微。

　　绵延 3 个多世纪之久的毛皮贸易在南到墨西哥湾、北至哈得逊湾沿岸、东起大西洋、西抵太平洋岸边的广阔范围内塑造了一种独特的边疆开发模式，它对于欧洲列强在北美的大国争霸、印白关系、美加之间的边界走向、西部探险和对西部的各种观念假说等都产生了深远的影响。上述这些话题，单纯从传统的民族国家历史的角度去进行考察，都难以得出全面认识，只有引入跨国史的研究视角，才有可能得到全面宏观的认识。

　　此外，与农业边疆相比，毛皮贸易还具有自己的鲜明特色。第一，毛皮边疆同农业边疆处于对立地位。毛皮贸易反对向毛皮产地进行农业移民，也反对砍伐森林。因为毛皮贸易这个行业所生存的基础除了欧洲市场上的需求以外，另一个重要因素就是保护美洲的毛皮产地不被破坏。因为"居留地不断扩大把毛皮兽赶得更远，这肯定是不利的"。[1]同当时农业边疆对大量劳动力的需求相比，毛皮贸易不需要太多的人手，如在新法兰西处于全盛时期的 1754 年，驻守西部的士兵只有 261 人。直接与印第安人从事毛皮交换的商人早年大约只有 200 人，到 18 世纪中期也不过 600 人左右，这就意味着不到 1000 人控制着当时从大湖到落基山脚下的大半个北美地区。哈得逊湾公司即便在其毛皮贸易的顶峰时期，全部雇员最多也只有 3000 人。1811年，在它同西北公司争夺加拿大西部的白热化斗争时期，在它的 76 个毛皮贸易站里，只有 320 名雇员。[2]第二，与农业边疆尖锐的印白冲突相比，毛皮贸易的独特性还在于它是唯一一种依靠印第安人合作的开发模式。农业移民所垂涎的只是印第安人的土地，因此，在农业边疆中，印第安人都是被作为文明进化的阻力而受排斥的。而毛皮贸易在它存在的绝大部分时间里，都离不开印第安人的合作。他们不仅充当毛皮贸易的狩猎者和中间交易商，印第安妇女还在毛皮贸易中发挥着特别的作用，她们充当毛皮交易中的翻译与中间人，是毛皮站里面免费的劳动力，而且毛皮贸易所必不可少的食品干肉饼（pemmican）的制作也是妇女们的行当。第三，与农业边疆相比，毛皮贸易具有更强的扩张性。毛皮贸易生存的基础就是扩张。这是因为：毛皮贸

---

[1]　格莱兹布鲁克：《加拿大简史》，山东大学翻译组译，济南：山东人民出版社 1972 年版，第 28 页。

[2]　Peter C. Newman, *Empire of the Bay*, Toronto: Madison Press Ltd., 1989, p. 17.

易的主要动物海狸是一种定居的啮齿动物，在涸泽而渔的捕猎方法下，很快在东部先后灭绝，为了寻找新的毛皮产地，就需要不断地向新地区扩张。而列强以及不同毛皮公司之间的竞争，也使得扩张成为应对竞争的最有效手段。西北公司在同哈得逊湾公司的竞争中，不断派人去西部探查。1793 年7 月 22 日，受雇于西北公司的亚历山大·麦肯齐终于从陆上横穿北美大陆成功。经过数代人的不懈努力，毛皮贸易的领地终于扩张到了太平洋岸边，形成了北美历史上第一个横贯大陆的经济体系。第四，毛皮贸易又比农业边疆更为脆弱。这种经济形式无论从生产，还是从销售和运输等各个环节来看，都建立在一个非常不稳定的基础之上。北美大陆的毛皮兽的持续存在是毛皮贸易能够维系下去的前提，可是，在疯狂的捕杀下，毛皮兽资源很快就枯竭了。而欧洲市场上的海狸毡帽的热销是这种贸易得以生存的基础。海狸帽在当时的欧洲是一种时髦的高级奢侈品，需求弹性不大。欧洲市场上这种消费时尚的一举一动和价格的稍微变化都会引起整个链条的变动。在北美西部，"海狸皮的价格上升一次，就意味着向更西发展"。①然而，越往西部伸展，毛皮贸易所需要的内陆运输线路就越长，运营成本就越高，所需要的印第安人猎手和中间商就越多，再加上激烈的竞争，维持这条线路就越困难。最终 1846 年，哈得逊湾公司虽然赢得了所有的与美国毛皮商人的斗争，但在美国移民的洪流面前，不得不撤出北纬 49 度以南的俄勒冈地区，并进一步在 1869 年以 30 万英镑的价格把广大的鲁伯特地区卖给加拿大联邦政府。

总之，从跨国史的角度看，北美西部开发的许多问题可以突破原来仅仅从美国西部着眼的束缚，从整个北美西部史，乃至世界近代殖民史的角度去观察，才能得出更为准确和全面的认识。从一定意义上说，整个北美西部开发乃是整个近代欧洲海外扩张的一个组成部分，而北美西部毛皮贸易则是欧洲近代重商主义经济体系的一个遥远延伸。

四、环境史视角：从衰败论到生态现代化

在新西部史的诸多派别中，环境史学派算是出现比较晚的一个派别。根据美国生态马克思主义者詹姆斯·奥康纳的观点，环境史是继政治史、经济

---

① 张崇鼎：《加拿大经济史》，成都：四川大学出版社 1993 年版，第 111 页。

史和社会文化史等之后所涌现的第四种历史写作模式。①虽然近些年来各类环境史著作大量涌现，可到底什么是环境史，迄今没有一个统一的定义，这一点倒与现代化理论很是相似。理查德·布朗曾指出："有多少社会科学工作者，就有多少种关于现代化的定义。"②不过大致来说，从事环境史研究的学者们都基本上同意：环境史是研究人类及其社会与环境之间相互作用及其关系的一门学问。著名环境史学家卡洛琳·麦茜特指出：环境史是要"通过地球的眼睛来观察过去，它要探求在历史的不同时期，人类和自然环境相互作用的各种方式"。③根据美国著名环境史学家唐纳德·沃斯特的观点，环境史研究的内容主要包括以下三个方面：第一，发现和探索历史上自然的环境的发展和变迁；第二，研究人类的科学和技术的进步是如何改变人与环境之间的关系的；第三，考察人类对待自然的价值、观念和态度的演变。④

　　美国西部在历史上由于西部开发时期所引起的剧烈环境变迁以及其在现代所具有的独特的地理特征而成为环境史研究的极好素材。韦斯特声称："环境史是以西部史为基础的，在某种程度上，环境史就是西部史。环境史在 20 世纪 70 年代发展成为一个学科的过程中，西部史学家也发挥了领头羊的作用。"⑤此言虽然有些夸大，但毫无疑问，西部环境史在美国环境史研究中占据着重要地位，许多著名的环境史学家的研究都不同程度地会涉及到西部环境史问题。

　　当今最著名的西部环境史学家当属唐纳德·沃斯特，他是一位著作等身的学者，在美国西部史、环境史、科学和自然思想史等诸多领域都有建树。他 1979 年出版的《沙暴》（*Dust Bowl*），获得了史学界最高荣誉班克罗夫特奖。沃斯特的其他作品《帝国的河流：水、干旱和美国西部的成长》和《在西部天空下：美国西部的自然和历史》分别研究了水利的西部和牧场的西

　　① 詹姆斯·奥康纳：《自然的理由》，唐正东、臧佩洪译，南京：南京大学出版社 2003 年版，第 93－111 页。

　　② Richard D. Brown, *Modernization: The Transformation of American Life, 1600-1865*, New York: Hill-Wang Publishing House, 1976, p. 6.

　　③ Carolyn Merchant, *Major Problems in American Environmental History*, Lexinton: D. C. Heath and Company, 1993, p. 1.

　　④ Donald Worster, "Transformation of the Earth: Toward an Agro-ecological Perspective in History", *Journal of American History*, Vol., 76, March, 1990, pp. 1087-1113.

　　⑤ Hal Rothman, "Conceptualizing the Real: Environmental History and American Studies", *American Quarterly*, Vol. 54, No. 3, September, 2002, p. 492.

部，对西部发展所导致的人与自然关系的紧张进行批判。另一位著名的环境史学家威廉·克朗农的研究也关注西部问题。他在《自然的城市：芝加哥和大西部》（*Nature's Metropolis: Chicago and Great West*）中探讨了芝加哥与西部的关系，以及这个地区经济与生态上的变迁。他的另一部专著《土地的变迁：印第安人、殖民者和新英格兰的生态学》（*Changes in the Land: Indians, Colonists and the Ecology of New England*）则考察了新英格兰时期土著人和白人与环境之间的不同关系。卡洛琳·麦茜特同样是近些年十分活跃的一位环境史学家，她以独特的女性主义视角考察人类历史上环境与社会之间的关系，其主要作品有《自然之死：妇女、生态和科学革命》《生态革命：新英格兰的自然、性别和科学》等。另外，她还主编了《哥伦比亚美国环境史指南》（*Columbia Guide to American Environmental History*）、《翠绿对金黄：加州环境史》（*Green Versus Gold: Sources in California's Environmental History*），并参与编写《美国环境史百科全书》等重要的工具书。另一位老一代的环境史学家是阿尔弗雷德·克罗斯比，他的主要著作《哥伦布的交换：1492 年的生物与文化后果》（*The Columbian Exchange: Biological and Cultural Consequences of 1492*）、《生态帝国主义》（*Ecological Imperialism: The Biological Expansion of Europe*）等虽然是从环境史角度研究欧洲向世界扩张的优秀著作，但一定程度上也与西部史脱不开关系。同样著名的还有华盛顿大学的理查德·怀特（Richard White）教授，他的著作《这是你的不幸，而与我无干：美国西部的新历史》（*It's Your Misfortune and None of Mine*），一反过去西部史的体例，不仅突破 19 世纪 90 年代的限制，还重点探讨了西部的过去与现在的环境变化。另外，对于美国西部史上的许多典型问题，近年来也出现了不少环境史方面的力作，如安德鲁·伊森伯格（Andrew C. Isenberg）的《野牛的绝灭》（*The Destruction of the Bison: An Environmental History 1750－1920*）研究了北美野牛在西部开发的环境变迁中的命运；亚当·罗姆的（Adam Rome）《乡村里的推土机：郊区住宅开发与美国环保主义的兴起》则考察了美国房地产开发对郊区环境的危害，等等。毫无疑问，西部环境史是美国环境史研究中的一个活跃领域，每年仍然有大量的各类论著问世，难以一一列举。

环境史的研究彻底颠覆了传统的现代化和边疆史对西部开发的认知，对现代化发展所导致的人与自然关系的紧张进行了无情批判，并试图探寻一条人与自然和谐发展的新道路。传统的发展观念的一个基本假设就是想当然地把人类对大自然的改造和征服活动看作是人类社会进步的表现。美国著名学者塞缪尔·亨廷顿指出："大多数现代化理论家主张现代社会和传统社会的主要区别在于现代人对自然环境和社会环境具有更强的控制能力。"①然而，从环境史的角度看，以征服自然为己任的现代化并不像其倡导者所描绘的那么美好，这是一种包含着严重缺陷的发展模式和价值取向。从一定意义上说，它是造成当今全球性环境问题的根源。从某种意义上说，现代发展观已经走向了其本身的悖论："只关心'如何发展'，而对于'为了什么发展'这一具有价值含义的问题却漠不关心。"②

从环境史的角度来看，北美西部开发的历史首先是一部人与自然尖锐对抗从而导致环境严重破坏的历史。首批到达美洲的殖民者在把欧洲的精神和物质方面的遗产移植到新大陆的同时，也带来了征服自然的观念。正是在征服自然观念的指导下，北美的自然环境遭到严重破坏。在文明战胜野蛮的幌子下，欧洲殖民者在北美大陆的扩张在给本地的印第安人带来巨大生态灾难的同时，也极大地改变了北美的生态环境。无论是北美东部一望无际的森林、中部的草原，以及生活期间的海狸、白尾鹿、野牛、旅鸽等野生动植物品种，都遭受到灭顶之灾。到 1920 年，美国的原生林只剩下 1.38 亿英亩（约 55.85 万平方千米），而东北部和中西部也已经失去了 96% 的原始森林。③而一度数量达到 50 亿只的旅鸽于 1914 年在地球上灭绝。欧洲殖民者在消灭北美原有动植物品种的同时，把旧世界的动植物品种引入北美洲，从而逐渐构造出一个他们所熟悉的生态环境，并发展起资本主义的单一化大型农场，这也正是克罗斯比所称的"哥伦布大交换"的由来。然而这一切却是以破坏旧世界的物种多样性为基础的。

环境史学家基于其现实关怀和对生态多样性的理想化诉求，通常首先对北美西部开发这一生态退化进程着手研究，从而出现了环境史研究中所谓的衰败论叙事。所谓衰败论叙事，就是先验地假定白人到来以前的美洲是未经人类破坏的处女地，西部开发导致环境的严重退化，从而出现人为的各种生态灾难和各种各样的环境问题。沃斯特的《尘暴》、艾森伯格的《野牛的灭

---

　　① Samuel P. Huntington, "The Change to Change： Modernization, Development, and Politics", *Comparative Politics*, Vol. 3, No. 3, April, 1971, p. 286.

　　② 卢风、刘湘榕：《现代发展观与环境伦理》，保定：河北大学出版社 2004 年版，第 38 页。

　　③ R. V. Reynolds, A. H. Pierson, "Lumber Cut of the United States 1870-1920", *USDA Bulletin*，No. 1119, April, 1923.

绝》、克朗农的《土地的变迁》、杜安·史密斯的《美国采矿业与环境》（*Mining America: The Industry and the Environment 1800－1980*）等经典作品无疑都具有上述导向。环境史产生于 60－70 年代环境主义运动的高潮期间，因而具有与生俱来的现实批判主义精神。衰败论叙事塑造了一种与现代化和边疆叙事完全不同的研究风格，为世人勾画了乐观的技术进步和现代化所伴随的环境破坏和人与自然关系的紧张这一灰暗前景，对于引导世人正确认识现代化的环境代价、妥善处理人与自然关系、扭转人们的环境观念具有重要的意义。

但衰败论叙事也并不是无可厚非，许多西部环境史学家和环境主义者在批判近 300 年来西方占主流的以征服自然为特征的白人自然观念的同时，倾向于理想化白人到达以前的美洲自然环境和土著人的生活方式。20 世纪90 年代以前，许多著作把白人以前的美洲描述为荒野，一方面认为印第安人没有改变美洲的原貌，另一方面又认为他们过着一种与自然和谐的生活。诚然，白人到达以前美洲的自然环境和资源状况比现代社会维持了更多的自然的原貌，但并不是如一些人所想象的那样，是一片荒野。印第安人以他们自己独特的生活方式，尤其是通过用火，已经深刻地改变了美洲的原始风貌。否定印第安人对美洲的改变，等于否认印第安人的历史作用，同样是一种历史虚无主义。

美国社会在 19 世纪末到 20 世纪初实现了现代化，工业产值跃居世界第一，城市人口比例超过乡村，变成了一个城市化的国家。与此同时，面对西部开发和东部工业化、城市化所带来的环境问题，在民间保护力量和联邦政府的联合作用下，美国出现了轰轰烈烈的资源保护运动。虽然运动领导者吉福德·平肖、西奥多·罗斯福等人所崇尚的资源保护理念充满人类主义的功利色彩，仍然有许多缺陷，但它却标志着美国政府抛弃建国以来所推行的不计环境代价的经济发展政策，为了实现"最大多数人的最长远的利益"，对自然资源的开发和利用进行合理的规划，逐渐走上了发展与保护并重的道路。20 世纪 30 年代，面对严峻的经济形势和日益恶化的环境状况，富兰克林·罗斯福总统推行环境新政，把进步主义时期资源保护运动的诸多措施发扬光大，从而在美国掀起了环境保护运动的第二轮高潮。1962 年，现代环境运动的先驱蕾切尔·卡逊女士出版了《寂静的春天》一书，引发了席卷全球的环境主义浪潮，它促使人们从各个方面重新审视人与自然之间的关系。在全球环境主义运动的大背景下，较为悲观的生存主义的"发展极限"理念在 70 年代风靡一时。1972 年，罗马俱乐部的学者米多斯发表了名为《增长的极限》的研究报告，标志着生存主义学派"极限"理论的诞生。面对"极限论"的挑战，生态现代化理论在 80 年代应运而生，它试图弥合发展与保护之间的差距，超越传统认知中经济发展与环境保护之间非此即彼的困境，乐观地认为两者之间可以实现共赢。

传统的现代化研究主要关注近代以来各国工业化、城市化问题，对于 19 世纪末以来欧美各国环境治理方面的进步关照不够。其实 20 世纪以来包括美国在内的世界各国在环境治理方面的举措也是现代化发展的一项重要内容，如果说以征服自然为指导思想的工业化及其所带动的从传统社会向工业和城市社会的转变算作广义现代化的第一阶段的话，那么欧美国家在此后现代化的第二阶段则是为了保证经济的长远发展而进行功利性资源保护，这可以算作是对前一阶段所破坏环境的修复，也是对不计环境代价发展经济行为的重新定位。我们完全可以在环境史与现代化之间搭建一座桥梁，除了用衰败论叙事批判各国现代化第一阶段所造成的环境破坏外，继续探究它们在现代化第二阶段在环境治理方面所取得的成就。

除了走出衰败论叙事，探寻环境保护的历史外，当今西部环境史，甚至整个环境史研究的另外一个重要的趋势就是社会文化史转向。所谓社会文化史转向，就是指从原来"注重物质层面的分析转向注重社会层面的分析；从强调生态环境变迁及自然在人类历史进程中的作用转向强调不同社会群体与自然交往的种种经历和感受；从以生态和经济变迁为中心转向着重于社会和文化分析；从重视自然科学知识转向运用种族、性别和阶级等分析工具。"[①]环境史研究的社会文化史转向使得学者们研究的重点由过去从整体上讨论环境变迁转向对不同社会阶层、不同肤色的族群在上述环境变迁中的作用和境遇的考察。而对北美历史上的弱势群体来说，这场社会文化史转型所带来的就是对环境正义运动的关注。社会弱势群体往往较多地承受了环境破坏所带来的危害，而同时却较少地享受到环境保护所带来的收益，而环境正义运动作为一种草根型基层环境运动，其斗争的核心就是反对环境种族主义，追求环境正义。而这一点在北美西部最典型的代表就是北美印第安人所遭受的环境不公平了。印第安人不仅在西部开发所导致的环境退化中利益遭到严重损害，而且在以资源保护为名的环境保护运动中继续遭受压迫，其中

最著名的当属在美国的黄石国家公园和加拿大的班夫国家公园中以保护环境的名义迫使他们从公园迁出，丧失最后一块栖息地。[①]自 20 世纪 30 年代印第安权力运动兴起以来，各个印第安部落追求环境正义、争取资源管理权利的斗争虽然取得了部分胜利，但仍然有很长的路要走。

　　总之，西部史是理解北美历史发展的一把钥匙。变动的西部在地理范围上从大西洋一直延伸到太平洋，在时间上自殖民者初登北美大陆一直延续到 20 世纪 30 年代。而在美加两国走出边疆以后，西部作为一个区域囊括了五大湖以西的大平原以及更远的地区。边疆史可以用来解释前半段美国历史的发展，而西部区域史则记录了自沙尘暴以来这片广阔地区的历史变迁。北美西部史由此可以分成两大板块：即 20 世纪 30 年代以前的西部边疆史和此后的西部区域史。前半部分记录了白人殖民者来到新大陆以后从东海岸到西海岸的扩张拓殖过程以及由此所引起的历史变迁，而后半部分则集中反映了五大湖以西地区走出边疆以后政治、经济文化等领域的发展新动向。

　　自特纳的"边疆假说"提出以来，边疆史已经经历了一百多年的变迁，虽然屡遭质疑，但又屡被提起，并被不断注入新的活力。从最初的农场主边疆到如今自然的边疆，边疆史解释的每一个进步都反映、并在某种程度上引导着美国史研究的新趋势。而作为边疆史继承者的西部区域史的重要性却一度下降了，期望随着阳光地带的崛起，西部区域史能够随着新西部史的勃兴而焕发新的生机。

　　环境史研究的兴起不仅通过衰败论叙事颠覆了边疆假说和现代化研究中关于征服自然的传统认知，还将自进步主义时期以来的资源保护运动纳入到现代化研究的范畴之中，从而在环境史与现代化研究之间架起一座沟通的桥梁。而当前环境史研究的社会文化史转向和环境正义运动的兴起在推动西部环境史研究转型的同时，如果也能够推动现代化研究在关注社会公正问题的时候加入环境正义的内容，必将丰富世人对社会公正的传统认知。

　　　　　　（原载于《江西师范大学学报》2020 年第 1 期，收录时略有改动）

---

　　① 关于印第安人被驱逐出国家公园情况，参见 Mark David Spence, *Dispossessing the Wilderness: Indian Removal and the Making of the National Parks*, New York: Oxford University Press, 1999.

第一章　边疆初遇：文明与野蛮的斗争

　　北美洲是一片资源极端富饶的大陆，白人到来前，印第安人在这里至少生存了上万年的时间。根据考古资料，最初的印第安人可能是在 13000 年以前，在追逐猎物的过程中，通过当时由于气候变冷而出现的白令海峡的大陆桥而来到美洲，并逐渐散居到美洲各地。在上万年的时间里，美洲印第安人逐渐形成了自己独特的文化和生存模式。到白人到来以前，北美大陆上至少有 200 个不同的印第安部族，人口达到 300 万－500 万人。印第安人在长期的生产与生活过程中，与大自然进行着能量交流，同时也在美洲大陆上留下了自己的历史印记。虽然已经有了贫富分化，不过总体上来看，由于印第安人在白人到来前主要还处于生存经济状态，因此对北美洲自然资源的利用还处于初步阶段。

　　欧洲殖民者来到美洲大陆后，不仅为美洲带来了新的物种，引起两个大陆之间物种的交流，即所谓的"哥伦布大交换"，还带来了与印第安人朴素的生态伦理截然不同的征服自然观念和基督教新教伦理。在两种文化的碰撞过程中，白人殖民者用种族主义的有色眼镜，通过"他者"的视角观察印第安人，从而塑造了高贵的野蛮人和嗜血的野蛮人两种截然相反的形象。虽然印第安人对白人社会的认知也经历了一个从膜拜到理性的过程，但由于相关的资料没有能够流传下来，导致长期流行的主要是白人单方面通过文明与野蛮的斗争这一视角所塑造的印第安人形象，并被打上了浓厚的种族主义的烙印。

一、丰饶的新大陆

　　在白人到达美洲的时候，北美大陆是一片资源极为富饶、物种十分丰富的地区。自东部海岸一直绵延到密西西比河以西地区都是茂密的森林，树种从针叶松树到阔叶的硬木，如橡树、胡桃树、核桃、枫树等应有尽有。新法兰西之父尚普兰在 1604－1607 年间在缅因附近的海岸边就发现：森林很辽阔，"大量生长着上好的核桃树、柏树、樟树、橡树、白杨和山毛榉"。①这些树都长得异常高大，殖民地早期的居民威廉·伍德曾记载说："该地区的树木长得又高又直，一些树干在抽枝前就高达 20 和 30 英尺。"②在东部林区还生长着许多可食用的野果和浆果，如樱桃、葡萄、黑莓、水越橘、覆盆子、草莓、桑葚等。欧洲人在哥伦布以前到达北美海岸时，因为见到了生长茂盛的野葡萄而将此地命名为文兰迪亚（Vinelandia），尚普兰则将缅因海边一个盛产葡萄的岛屿称为巴克斯（酒神），而意大利航海家维拉扎诺（Giovanni De Verrazzano）则将东海岸林木丰盛的土地称为阿卡迪亚。

生存于东部森林中的动物物种也非常丰富，海狸、鹿、松鼠、旅鸽等动物数量很多。据估计，当时北美东部一片 10 平方英里（约 25.9 平方千米）的森林里，可以生存 5 只黑熊，2－3 只美洲豹，2－3 只狼，200 只火鸡，400 只白尾鹿，2 万只灰松鼠。③约翰·史密斯（John Smith）在 1624 年所著的《弗吉尼亚通史》中，对于新大陆的描述极尽夸张——当冬天来临时，"整个河面都被天鹅、大雁、野鸭及鹤类笼罩着，我们天天都食用上好的面包、弗吉尼亚豆、南瓜、柿子、鱼类、水禽以及各种各样肥得流油的野兽"。④

当欧洲人刚刚来到北美洲时，这里估计有 1000 万只海狸，这种动物每年的增殖率是 20%，每平方英里平均 10－50 只不等。⑤美国东南部的森林里还生活着大约 4000 万只白尾鹿。在 17 世纪的新英格兰，每平方英里范

---

① W. L. Grant, ed., *Voyages of Samuel De Champlain*, New York: Charles Scribner's Sons, 1907, p. 90.

② William Wood, *New England Prospect: A True, Lively, and Experimentally Description of that Part of America*, London: Printed by Tho. Cotes, 1634, p. 13.

③ 唐纳德·沃斯特：《自然的经济体系：生态思想史》，侯文蕙译，北京：商务印书馆 1999 年版，第 92 页。

④ John Smith, *The Generall Historie of Virginia, New-England, and the Summer Isles with the Names of the Adventurers, Planters, and Governours from Their First Beginning*, London: I. D. and I. H. for Michael Sparkes, 1626, p. 27.

⑤ Harold Innis, *The Fur Trade in Canada: An Introduction to Canadian Economic History*, Toronto: University of Toronto Press, 1956, p. 29.

围内有 100 只，甚至草原地区多达 500－1000 只白尾鹿。①而在宾夕法尼亚，松鼠把农民的庄稼吃得太多，以至于殖民地政府不得不奖赏猎杀。仅1749 年这一年就猎杀了 64 万只松鼠，政府为此支付了 8000 英镑的赏金。②旅鸽这种在 20 世纪初期灭绝的物种在欧洲人到达北美时，数量大概有 50亿只，相当于现在美国所有鸟类数量的总和。弗吉尼亚的一位早期定居者描述道："冬天野鸽子的数量不可胜数，超过了想象。我自己就曾见过空中 3－4 个小时持续不断的鸽群，它们是那样密集，以至于我们头上的天空都暗了下来。"③甚至到了 19 世纪中期以后，在北美东部的鸽群还非常密集，"1873 年 4 月 8 日，在密歇根的萨吉根，头顶上一股持续的旅鸽流从上午 7点半开始，一直飞到了下午 4 点钟……这些鸽群是如此密集，以至于一枪就可以打落 30 只或者是 40 只，在飞越小山顶上，仅仅是由于碰到了树枝就有许多鸽子被撞掉了下来。它们的栖息地点又是同样之多，有些地点覆盖了 5 平方英里（约 12.95 平方千米）的面积，而在一棵树上就会有从 12 到多至 90 个的鸟窠，树枝被压断了，整棵树会因上面栖息的鸟的分量而倾斜，它们常常是一只就站在另一只上面，树下会留下厚达几英寸的鸟粪。"④ 1760 年，在宾夕法尼亚 700 平方英里（约 1813 平方千米）范围内，一次围猎就收获了 41 只豹子，109 只狼，102 只狐狸，114 只山狮，18只熊，3 只食鱼鼬，12 只狼獾；1818 年，俄亥俄的麦地那县的猎人，在 25平方英里（约 64.8 平方千米）内围猎到了 17 只狼，21 只熊，300 只鹿。⑤直到 1818 年，早期的殖民者对俄亥俄的富裕依然记忆犹新："充满动物和鹿群，我经常看到 10－15 只鹿聚集在一起，火鸡也很多，重 18－24 磅不等。河里满是鱼和水鸭，还有麋鹿和熊，我们这里没有家兔，但有成群的野兔，林中到处都是斑鸠，有 8－9 种啄木鸟，知更鸟有你们的鸽子那么

① Shepard Krech III, *The Ecological Indians: Myth and History: Myth and History*, New York: W. W. Norton and Company, 1999, p. 153.

② Gordon G. Whitney, *From Coastal Wilderness to Fruited Plain: A History of Environmental Change in Temperate North America 1500 to the Present*, New York: Cambridge University Press, 1994, p. 303.

③ 克莱夫·庞廷：《绿色世界史：环境与伟大文明的衰落》，王毅、张学广译，上海：上海人民出版社 2002 年版，第 189 页。

④ 克莱夫·庞廷：《绿色世界史：环境与伟大文明的衰落》，王毅、张学广译，上海：上海人民出版社 2002 年版，第 189－190 页。

⑤ Gordon G. Whitney, *From Coastal Wilderness to Fruited Plain: A History of Environmental Change in Temperate North America 1500 to the Present*, New York: Cambridge University Press, 1994, p. 301.

大。"①

绵延的森林西边是一望无际的大草原，一直延伸到落基山脚下。在东部的高草区，草的高度能达到 6 英尺（约 1.8 米）。高草下面的土壤中是盘根错节的草根，常年的积累使这里成为世界上的三大黑土带之一，极为肥沃。中部草原上最典型的动物就是北美野牛（bison），从阿巴拉契亚山西麓到落基山以西的高原盆地中都能见到这种动物的身影。"当第一批欧洲人抵达北美中部的大平原时，他们发现庞大的野牛群在那里闲逛。这些野牛群，其数量最少也有 4000 万头左右，很可能总数达到了 6000 万头。"②早期的西班牙探险家科罗纳多说道："我发现野牛数量如此之多，以至于无法估计他们的数量，在我在草原旅行的每一天，直到我返回，它们从未在我的视线中消失过。"③除北美野牛外，与这片草原气候相适应的其他物种还有鹿角羚，长耳兔和草原狗等，数量也都非常丰富。据估计，草原狗的数目大约有 50 亿只。一个庞大的草原狗聚居区在德克萨斯覆盖了 2.5 万平方英里（约 6.5 万平千米），大约有 4 亿只草原狗生活其中。④除了这些草食性动物，草原地区最主要的肉食性动物是狼和郊狼。据估计，在白人到达草原以前，这里至少生活着 150 万只狼。⑤科罗纳多在阿肯色河的支流，如今的堪萨斯境内见到威奇托人的房屋时也曾经说道："这个地区是我所见到的最好的地区，出产西班牙所产的所有物品，除了土地非常肥沃外，还被河流和泉水很好地浇灌，我发现了像西班牙那种的干梅子（prunes），还有很好的甜葡萄和桑

---

① John Knight, *Important Extracts from Original and Recent Letters Written by Englishmen in the United States, to Theirs Friends in England*, Second Series, Manchester: Printed by Thos Wilkinson, 1818, p. 38.

② 克莱夫·庞廷：《绿色世界史：环境与伟大文明的衰落》，王毅、张学广译，上海：上海人民出版社 2002 年版，第 189 页；对于北美野牛的数量，各方面的估计数据差别很大。1929 年，博物学家塞顿（Ernest Thomson Seden）根据对 1900 年家畜情况的观察，认为西部在 1800 年以前大约有 7500 万头野牛；而麦克休（Tom McHugh）根据对黄石国家公园里的野牛的观察，认为草原最多有 3 000 万头野牛；环境史学者弗洛里斯（Dan Flores）和艾森伯格（Andrew C. Isenberg）根据蒙大拿野牛保护区的情况，也认为野牛在 2700 万到 3000 万头之间。

③ John Warfield Simpson, *Visions of Paradise: Glimpse of Our Landscape's Legacy*, Berkeley and LA: University of California Press, 1999, p. 85.

④ 唐纳德·沃斯特：《尘暴：1930 年代美国南部大草原》，侯文惠译，北京：生活·读书·新知三联书店 2003 年版，第 92 页。

⑤ Andrew C. Isenberg, *The Destruction of the Bison: A Environmental History 1750-1920*, New York: Cambridge University Press, 2000, p. 106.

椹。"①梅里韦瑟·刘易斯和威廉·克拉克 1805 年在密苏里河上游见到的情况是这样的："本地区的各个地方都为野牛、麋鹿和羚羊所覆盖，鹿也很多，只是把自己藏身于丛林之中。野牛、麋鹿和羚羊是如此的温顺，以至于我们在它们旁边经过时，正在吃草的它们并没有显露出惊慌的迹象，而且当我们引起注意的时候，它们常常靠得我们更近，以便弄清我们是啥，而且在好多情况下，带着那种表情，跟随我们很长的距离。"②

西部太平洋山区也是动植物的天堂。太平洋东海岸覆盖着茂密的森林。根据约翰·缪尔的描述，这里生长着北美落叶松之王，"它秀美，壮丽，有着帝王般的威仪，显然是世界上所有落叶松之冠。它的树高可达 150－200 英尺，地面处的树干直径有 5－8 英尺，没有任何其他树木能像它们那样将自己的枝条伸向天空，争取阳光。"③在这茂密的丛林和秀美的风景中生活着各种各样的动物。这里最顶极的动物就是棕熊。在 1850 年代，卡尔文·金曼（Calvin Kinman）与其父亲在马托尔县（Mattole）的一个制高点上一次就看见了 40 只熊。1857 年，纽伯里（J. S. Newberry）注意到，"在加利福尼亚的海岸山脉和希拉内华达山的许多地区，熊的数量出奇地多，猎手每年都要猎杀大量的熊，但每年仍有不少人被熊杀死。"④除了熊之外，其他各种生物也数量众多。1861 年，威廉·布劳尔（William Brower）在探查中央谷地时说：在萨利纳斯谷地和蒙特雷地区，"有很多非常美丽的鸟儿……猫头鹰很多，好几种不同种类的叫声常常可以在夜间同时听到……爬行动物与昆虫尤其的多，蜥蜴，可以在一天内看到千百只，长度从 3 英寸到 1 英尺不等……昨天晚上我几乎不能够睡觉，今天早晨从我的毯子里抖出来差不多 100－200 条。"⑤加拿大出生的自然学家厄内斯特·塞顿 1929 年第一次试着估计西部动物的数量，他估计棕熊最初有 200 万只，1908 年

---

① Donald Worster, *The Wealth of Nature: Environmental History and the Ecological Imagination*, New York: Oxford University Press, 1993, p. 17.

② Meriwether Lewis, William Clark, *The Journals of Lewis and Clark*, edited by B. A. DeVoto, Boston: Houghton Mifflin Company, 1997, p. 99.

③ 约翰·缪尔：《我们的国家公园》，郭名倞译，长春：吉林人民出版社 1999 年版，第 14 页。

④ Carolyn Merchant, ed., *Green Versus Gold: Sources in California's Environmental History*, Washington D. C.: Island Press, 1998, p. 23.

⑤ William H. Brewer, *Up and Down California in 1860-1864: The Journal of William H. Brewer*, edited by Francis Farquhar, New Haven: University of Yale Press, 1930, p. 96. https://www.forgottenbooks.com/en/books/UpandDownCaliforniain18601864_10857730.（2017 年 8 月 10 日访问）

仍然有 25 万只，而到 1922 年就只剩下 800 只了。①在洪堡县被杀死的最后一只棕熊是在 1868 年，门多西诺县（Mendocino）是 1875 年，圣克鲁兹县是 1886 年，洛杉矶是 1916 年。最后报道在加州见到野生棕熊是 1925 年在斯夸亚国家公园里面。

　　除了陆上资源外，北美洲东西两侧的海洋和内陆湖泊里面还蕴藏着丰富的渔业资源。1630 年，新英格兰的弗朗西斯·赫钦森教士写道："海鱼多得简直令人难以相信，如果不是亲眼所见，确实我也几乎不会相信。"②甚至一位观察者看到上溯河流产卵的鱼数目之多，觉得一个人可以踩着鱼背过河了。早期的殖民者尚普兰、史密斯、赫钦森、莫顿等人留下了大量关于北美东部各种鱼类资源丰富的记载。直到 1749 年，道格拉斯还写道："从纽芬兰到北纬 41 度的英属北美的所有地区，鲑鱼都很丰富，它们大约 4 月中旬游到马萨诸塞湾。这种鱼不喜欢温暖的气候，因此，产卵后不会在那里逗留很长时间。而往北的地区，它们则会停留数月……许多鱼在春天的早期或晚期，都会沿河流上溯到池塘中去产卵，如鲑鱼、鲱鱼、鲲鱼、小鳕鱼和沙攒鱼等。"③东部海边与河滩上的牡蛎也很丰富，殖民地早期的居民莫顿经常见到马萨诸塞湾边有些地方的牡蛎滩绵延达一英里，大个的去壳以后有一英尺长，是如此的大，以至于不得不切开才能放入口中。莫顿不由地感叹道："如果这片土地还不叫富足的话，那整个世界都是贫瘠的。"④

　　北美印第安人就是生活在这物产极端富饶的地区。从生活方式上划分，东部偏北地区居住的是以采集和狩猎为主、兼顾农业的印第安人；偏南地区居住的是以种植为主、兼顾渔猎和采集的印第安人；大草原地区居住的主要是以狩猎野牛为主的游牧部落；西北部的印第安人则以采集和渔猎为主。

　　东部印第安人几乎每个部落都从事农业生产，但所依赖程度不同。偏北地区由于气候相对较寒冷，农业只是辅助性的，主要靠采集野果和打猎维持生存；而在新英格兰南部以远，农业则占有相当重要的地位。印第安人对世界农业的贡献很大，培养了至少 10 种主要的农业作物，如土豆、甘薯、西

---

① Donald Worster, *An Unsettled Country: Changing Landscape of the American West*, Albuquerque: University of New Mexico Press, 1994, p. 67.

② Francis Higginson, *New England's Plantation*, London: Printed by T & R Cotes, 1630, p. B4.

③ George P. Nicholas, ed., *Holocene Human Ecology in Northeastern North America*, New York: Plenum Press, 1988, p. 55.

④ Thomas Morton, *New English Canaan, or, New Canaan Containing an Abstract of New England*, London: Printed for Charles Greene, and are Sold in Pauls Church-yard, 1637, p. 60.

红柿、西葫芦、南瓜、玉米、烟草、辣椒、花生、可可以及各种豆类等。北美东部印第安人主要种植玉米、南瓜和豆类等作物。印第安人有焚林烧荒的习惯，对于狩猎的部落来说，他们知道焚林后成长出来的嫩草和植物的鲜嫩枝叶是鹿等草食性动物喜爱的食品，"他们也观察到草类和灌木丛在火烧过的地段生长得更迅速，因此便想出了纵火焚林来吸引狩猎物的做法"①。对于农业部落来说，焚林烧荒是农业种植的第一步，大树被烧死以后，他们就在土地上播种。当然，印第安人也有用环剥法使大树发不出芽从而让阳光透进空地的办法直接播种的。通常是玉米、南瓜和豆类多种作物混种在一起，等秋天他们就来收割，一般其他时间不用照顾。当经过一些年的耕种地力衰退以后，印第安人就再去开垦新地，剩下的老地又变成浆果的丰盛产地和吸引猎物的草场。印第安人的生活规律一般随着季节的变更而转换。他们根据不同季节食物的盈缺而转换定居点，以保证得到当时季节生产最丰富的食物的供应，同时通过转移，又不至于令某个物种被过度利用而衰竭。拿新英格兰的印第安人来说，他们在鱼和贝类最丰富的季节到沿海地区，在迁徙的鸟类最丰富的季节到沼泽地区，当打猎季节到来时他们到林区去捕猎鹿和海狸，当玉米和豆类成熟时他们又迁到清理的土地上去食用谷物，另外，在他们迁移的各处还都有数不清的野果。所以，"不管是自然还是人工生态的多样性，对新英格兰的印第安人来说，都意味着丰盛、稳定和他们赖以为生的食物的定期供应。"②

二、北美印第安人的传统生态智慧

自 20 世纪 60—70 年代以来，随着全球环境主义运动的流行和对基督教人类中心主义环境伦理的反思与批判，北美印第安人的生态智慧受到了欧美环境主义者的高度赞誉。肯尼迪政府的内政部长斯图尔特·尤戴尔（Stewart Udall）率先在 1963 年出版的《寂静的危机》一书中对印第安人的土地伦理大加赞扬，他还在 1973 年的一篇文章中进一步把印第安人说成是

---

① 拉尔夫·布朗：《美国历史地理》，秦士勉译，北京：商务印书馆 1973 年版，第 12 页。

② William Cronon, *Changes in the Land: Indians, Colonists and the Ecology of New England*, New York: Hill and Wang, 1983, p. 53.

"这个国家的第一批生态主义者"。①历史学家威尔伯·雅各布斯（Wilbur Jacobs）和环境史学家唐纳德·休斯（Donald Hughes）也持类似观点：前者认为印第安人"的确是保护主义者"，②后者则指出：印第安人的哲学"早已是生态的……对他们来说，一切都是有联系的，都是生命圈的一部分"。③与此同时，北美印第安人也把宣传与大自然和谐的环境伦理、塑造大地守护者的形象当作了振兴民族自信心和争取民族自治权力的工具。当代土著学者麦克盖伊也说道："印第安人努力与自然和谐，并设法维护自然的原貌。"④已经去世的土著社会活动家和政治学教授德洛利亚甚至乐观地认为：如果白人社会想要生存下去，就需要"选择印第安人的方式"。⑤

最能体现印第安人环境伦理精髓的文本无疑就是那篇广为流传的西雅图酋长的演讲了："对于我的人民来说，这块土地的每一部分都是神圣的。在我的人民的记忆和经历中每一枚闪光的松针、每一段沙砾的海岸、每一片密林中的雾霭、每一处树丛中的空地，以及每一只吟唱的昆虫都是神圣的。……如果人们蹂躏土地，就是蹂躏他们自己。我们知道，大地不属于人类，而人类属于大地。我们知道，世上万物都是相互联系的，就像血缘把家庭联系在一起。"⑥西雅图酋长的演说听起来的确是一篇令人震撼的生态保

---

① Stewart L. Udall, *The Quiet Crisis*, New York: An Avon Book, 1963, p. 16; Stewart Udall, "First Americans, First Ecologists", in Robert L. Iacopi, Bernard L. Fontana and Charles Jones, eds., *Look to the Mountain Top*, San Jose: Gousha Publications, 1972, pp. 1-6.

② Wilbur R. Jacobs, "Indians as Ecologists and Other Environmental Themes in American Frontier History", in Christopher Vecsey and Robert W. Venables, eds., *American Indian Environments: Ecological Issues in Native American History*, Syracuse: Syracuse University Press, 1980, p. 49.

③ Donald Hughes, *North American Indian Ecology*, El Paso: Texas Western Press, 1996, p. 22.

④ Ed McGaa, Eagle Man, *Nature's Way: Native Wisdom for Living in Balance with Earth*, New York: Harper Collins Publishers, 2005, p. 29.

⑤ Vine Deloria, Jr., *We Talk, You Listen: New Tribes, New Turf*, New York: Macmillan, 1970, p. 197.

⑥ 所谓西雅图酋长的演说有多个版本，最初的版本来自一个叫亨利·斯密斯（Henry A. Smith）的医生，据说他目睹了1851年西雅图酋长悲愤地向华盛顿准州的伊萨克·斯蒂文斯（Isaac A. Stevens）州长发表演讲的场面，30多年后根据他的日记，整理发表在1887年10月29日的《西雅图周日星报》（*Seattle Sunday Star*）报上。1969年，威廉·阿罗斯密斯（William Arrowsmith）把史密斯版本的西雅图酋长演说从维多利亚式英语译成现代英语。正是在阿罗史密斯版本的基础上，电视制片人泰德·佩里（Ted Perry）在1971年地球日制作了一个以生态为主题的电视短片的脚本。佩里的版本完全改变了西雅图酋长演讲的主旨，注入了现代环境主义的精神，从而使这篇演讲由原来对白人吞并印第安人土地的抗议变成了现代环境保护主义的宣言。甚至连佩里自己也并不否认其内容的虚构性。关于佩里版本的西雅图酋长的演说可以在如下网址找到：http://www.kyphilom.com/www/seattle.html。（2011年1月20日访问）

护主义的宣言。然而，近些年来，学者们经过考证发现：所谓西雅图酋长的演说只是一位名叫泰德·佩里的电视制片人在 1971 年地球日所制作的一个电视节目的文本。①不可思议的是，在全球性环境主义运动和北美土著权力运动的双重背景下，原本作为电视剧脚本的西雅图酋长的演说竟然被当成了印第安人生态智慧的"圣经"，并广为流传。从此以后，关于印第安人与其环境关系的学术研究与各种具有倾向性的舆论宣传搅在一起，导致学术问题政治化，凡是质疑印第安人与自然和谐的环境伦理的学者都可能被打上"反印第安人"的标签。

那么，印第安人的环境伦理到底是怎样的，是否真如其支持者所言真是解救当前全球环境危机的良药？

（一）以"万物有灵论"为基础的传统生态智慧

不管白人在历史上对印第安人的文化进行过如何歪曲和诬蔑，也不管当前流行的文学作品和宣传材料对印第安人的环境伦理进行了多大程度的发挥和夸张，我们都必须承认，印第安人拥有非常丰富的传统生态智慧，对于他们所生活的周围环境以及与其他生命之间的相互关系有着很深的了解，这是千百年来印第安人对其周围的环境进行观察和利用的结果，也是印第安人的生态智慧能够被当前社会所接受的文化基础。

第一，印第安人的世界观是朴素的万物有灵论。万物有灵论是人类历史早期普遍存在的现象，根据罗伯特·雷德菲尔德（Robert Redfield）的研究，所有的原始民族都倾向于与自然相融合而不是分离，人与其他万物都保持着"参与性维持"（Participant Maintenance）关系，而且人类对身边的世界具有伦理关系。②印第安人也不例外，他们认为，伟大的神灵和超自然的力量蕴含于自然界的万物之中。在各个不同的印第安部落中都流传着伟大神灵与动物合作创造世界的传说，而且往往是与自己生活密切相关的动物。郊狼通常在西南部的部落传说中占据着显著的位置，乌鸦则深受西北部部落的

---

① 美国国家档案馆的杰里·克拉克利用档案材料否定了广为流传的西雅图酋长的演说的真实性。参见 Jerry Clark, "Thus Spoke Seattle: The Story of an Undocumented Speech", *Prologue*, Vol. 17, Spring, 1985, pp. 58-65. (http://www.archives.gov/publications/prologue/1985/spring/chief-seattle.html.（2010 年 12 月 10 日访问）

② Robert Redfield, "The Primitive World View", *Proceedings of American Philosophical Society*, Vol. 96, No. 1, 1952, p. 34.

崇拜。在印第安人看来，"所有的事物都具有亲缘关系并由同一个伟大力量所黏合在一起的。"①许多部落的传说中都有人与动物交合，产生后代，或者人与动物相互转化的传说。②

印第安人在万物有灵论的基础上发展出了万物平等的观念。他们并不把人视为高于其他事物的一个特殊物种，而是认为自然界的所有事物都是有生命的，人类只是其中的一员，动物是带着皮毛的人类亲戚。印第安人宗教的一个重要特点就是认为世界是以神圣生命圈的形式存在的。根据苏族贤人海哈卡·帕萨的说法，世间万物的形态无不以环形形式完成，宇宙力量所完成的每一项业绩均以圆圈形式出现。天空是环形的，星球也是圆的。③对土著人的环境伦理持支持态度的环境史学家唐纳德·休斯也认为："对他们［印第安人］来说，一切都是有联系的，都是生命圈的一部分，都分享着相同的生命。"④关于印第安人相信人与动物具有亲缘关系的另一个例子来自18世纪60年代加拿大著名的毛皮商人亚历山大·亨利（Alexander Henry）的记述：当杀死一只熊以后，"奥吉布瓦人拿着它的头在手中，抚摸和亲吻数次，因拿走了它的生命而数以千次地乞求原谅，称它是亲人和祖母"。⑤

第二，印第安人眼中的大地是神圣的，他们对大地及其上面的万物带着深深的崇敬和感激，这一点与白人的财产观念截然不同。虽然乔治·西维的说法——"所有印第安人都把地球称作他们的母亲。地球同他们自身一样，由身体、头脑和灵魂组成"⑥——并不一定准确，但印第安人眼中的大地的确与白人不同：自从希腊罗马时期起，基督教就抛弃了自然界神圣的外衣，

---

① Annie L. Booth and Harvey M. Jacobs, "Ties that Bind: Native American Beliefs as a Foundation for Environmental Consciousness", in Susan J. Armstrong and R. G. Botzler, eds., *Environmental Ethics: Convergence and Divergence*, New York: McGraw-Hill, Inc., 1993, p. 522.

② Bruce White, "The Woman Who Married a Beaver: Trade Patterns and Gender Roles in Ojibwa Fur Trade", *Ethnohistory*, Vol. 46, No. 1, Winter, 1999, pp. 109-147; J. Baird Callicott and Michael P. Nelson, *American Indian Environmental Ethics: An Ojibwa Case Study*, Upper Saddle River: Pearson Education, Inc, 2004.

③ 乔治·E. 西维：《美洲印第安人自述史试编》，徐炳勋等译，呼和浩特：内蒙古大学出版社 2000 年版，第 6—7 页。

④ Donald Hughes, *North American Indian Ecology*, EL Paso: Texas Western Press, 1996, p. 22.

⑤ Alexander Henry, *Travels and Adventures in Canada and the Indian Territories between the Years 1760 and 1776*, New York: I. Riley, 1809, p. 143.

⑥ 乔治·E. 西维：《美洲印第安人自述史试编》，徐炳勋等译，呼和浩特：内蒙古大学出版社 2000 年版，第 12 页。

越来越向着人与自然分离的方向发展。19 世纪纳兹皮尔斯印第安人（Nez Perce）的著名首领约瑟夫酋长也曾经说过："我们满足于让事情保持伟大精神创造时的样子，而他们（指白人）则不，如果大山、河流不适合他们，就改变它。"①环境史学家卡洛琳·麦茜特也指出了印第安人与白人对待自然万物的不同态度："对新英格兰的土人来说，动植物是自然赐予人类满足自己需要的礼物；而对从事重商主义的殖民者来说，同样的这些资源，作为商品交换，变成了金钱和个人财富的来源。"②土著社会活动家威诺娜·拉杜克（Winona Laduke）详细罗列了土著人的朴素伦理与白人的工业文明在看待世界万物方面的五项差异："其一，工业社会认为人类被赋予了统治自然的权利，而不是认为自然的法则处于优先位置……其二，不是调整自己以适应于大自然的环形结构，白人社会以线性思维为其特征。……其三，对待什么是野生的和什么是驯养的态度不同。白人社会相信他们必须要驯服荒野。……其四，工业社会所持语言中的名词是无生命的。……其五，……资本主义的目的就是积累。"③

印第安人不仅崇拜大地，而且也深深地清楚人类对大地的这种依赖关系。印第安史专家威尔科姆·沃什伯恩（Wilcomb Washburn）指出："实际上，所有的印第安人都生活在与自然的密切关系之中……更重要的是，他们完全明白这种依赖性。"④19 世纪后期，当白人试图诱使华盛顿地区的沙哈普丁印第安人（Shaptin Indians）耕种土地时，梦幻教派（Dreamer）的创始人斯莫哈拉（Smohala）强烈反对，他反击白人说："你要我犁开土地！我会拿刀子去割裂我母亲的胸膛？……你要我去割断青草，做成饲料去出售，去像白人那样致富！但是我怎能去割断我母亲的青丝？"⑤如同早期殖民者的记载对土著人的片面描述一样，上述关于印第安人大地伦理的言论并不排除

① Young Joseph, "An Indian's View of Indian Affairs", *The North American Review*, Vol. 128, No. 269, April, 1879, p. 420.

② Carolyn Merchant, *Ecological Revolution: Nature, Gender and Science in New England*, Chapel Hill: University of North Carolina Press, 1989, p. 11.

③ Winona LaDuke, "Voices from White Earth", in Chris Anderson and Lex Runciman, eds., *A Forest of Voices: Conservations in Ecology*, Mountain View: Mayfield Publication Co., 2000, pp. 439-440.

④ Christopher Vecsey and Robert W. Venables, eds., *American Indian Environments: Ecological Issues in Native American History*, Syracuse: Syracuse University Press, 1980, p. 5.

⑤ James Mooney, *The Ghost-dance Religion and Wounded Knee*, New York: Dover Publications, Inc., 1973, p. 721.

刻意与白人的伦理相对立的因素，但毫无疑问，双方关于土地和地球万物的伦理有着截然的差异。

第三，部分是出于对所获取的动植物的愧疚和感激，部分是出于可能遭受惩罚的恐惧。许多印第安部落在从事捕猎和采集活动时都有一些特殊的仪式，并流传着关于节制捕杀和采集以及不准浪费食物的禁忌。早期的耶稣会士留下了很多关于印第安人的猎物处理仪式的记载。[①]18世纪初期的自然学者劳森在考察了南部印第安人以后，曾经以轻蔑的口气说"他们有数以千计的这种愚蠢的仪式和信仰"。[②]此言正是印第安人对猎物采取特定仪式的佐证。著名的考古学家斯巴克认为，对印第安人来说，打猎不是"对动物的战争，不是为了食物和利益而厮杀，而是一种神圣的职业"。[③]人类生态学家哈维·菲特（Harvey Feit）也指出，印第安人的猎物管理不仅具有经济目的，还具有宗教意义。[④]

因此，印第安人万物有灵论的宗教信仰使他们对创造这一切的"伟大精神"和孕育万物的大地母亲充满崇拜，对由于满足自身需要而不得不杀死动植物表示愧疚和感激，以及对不能正确对待自然万物可能遭受的惩罚而充满畏惧，从而在利用自然万物满足自身需要的过程中遵循着某些特定的伦理规范。这些伦理和禁忌使人类在大自然面前保持一种谦恭的态度，从而对自己的行为产生的后果有所顾忌，因而能够对自己的行为有所约束。虽然我们无法就这些环境伦理对于土著人行为的约束作用进行量的考察，但它无疑是一个重要的影响因素。如果不是有意识地控制其人口规模、随着季节迁徙住处、遵守猎杀和采集的禁忌，印第安人完全有能力对其周围环境造成更大的

---

① 参见 Paul Le Jeune, "Relation of What Occurred in New France in the year 1633", in Reuben Gold Thwaites, ed., *Jesuit Relations and Allied Documents: Travels and Explorations of the Jesuit Missionaries in New France 1610-1791*, Cleveland: The Burrows Brothers Company, Vol. 5, 1900, *Quebec: 1632-1633*, p. 165, 179; and Vol. 6, 1897, *Quebec: 1633-1634*, pp. 211-215.

② John Lawson, *A New Voyage to Carolina: Containing the Exact Description and Natural History of that Country*, London, 1709, p. 210.

③ J. Baird Callicott, *In Defence of the Land Ethic: Essays in Environmental Philosophy*, Albany: State University of New York, 1989, p. 208.

④ Harvey Feit, "The Ethnoecology of the Waswanipi Cree", in Robert A. Brightman, *Grateful Prey: Rock Cree Human-Animal Relationships*, Berkeley and Los Angeles: University of California Press, 1993, p. 282.

影响。①罗伯特·海泽（Robert Heizer）指出："通过尊敬其他形式的生命，人类不会滥用与它们的关系。"②

（二）并非完全"生态的"实用主义环境伦理

就如同不存在统一的印第安种族一样，北美各个土著部落之间的生存环境和生活方式存在着很大的差异，虽然在有些部落的环境伦理中存在着尊重生命、节制捕杀和不准浪费的内容，但也有许多部落中流行着许多不尊重生命、肆意浪费，甚至是荒诞不经的伦理禁忌和行为。这些伦理和实践虽然与当前社会所推崇的印第安人的传统生态智慧格格不入，但它们也是印第安人传统文化的重要组成部分。

第一，许多印第安部落在狩猎时候并不完全遵守休斯所谓的"明智利用两原则"——取走所需要的，完全用完所取走的——而是肆意杀戮和浪费。许多印第安部落中曾经流行着鼓励多杀滥杀的信条，他们认为杀得越多，来年的猎物就会越丰盛。早期与印第安人接触的许多探险者都曾经有过许多这方面的记载：1733 年，哈得逊湾公司的罗伯逊就曾记载道："在本地区有一个非常偏颇的信条，认为他们杀的动物越多，后者增值的就越多。结果他们为了取走舌头而杀死许多猎物，而任其尸体腐烂掉。"③曾经在 1746 到 1747 年间航行到哈得逊湾地区的亨利·艾里斯（Henry Ellis）也记载了与罗伯逊相似的内容。④根据约翰·麦克多基尔（John McDougall）的记述，克里人在 1860 年代对野牛的态度依然是："任何一头小野牛也不允许逃脱，小的和瘦弱的必须同强壮和肥硕的一同杀死，因为他们相信如果放过前者，它们就会告诉其他的，从而无法为野牛塘带来任何野牛了。"⑤阿拉斯加的

---

① Donald Hughes, "Forest Indians: The Holy Occupation", Environmental Review, Vol. 1, No. 2, 1976, pp. 2-13; Calvin Martin, *Keepers of the Game: Indian-Animal Relationships and the Fur Trade*, Berkeley: University of California Press, 1978, p. 16-33.

② Robert F. Heizer, "Native World Views", in Carolyn Merchant, ed., *Green Versus Gold: Sources in California's Environmental History*, Washington D. C.: Island Press, 1998, p. 61.

③ Joseph Robson, *An Account of Six Years Residence in Hudson's Bay from 1733 to 1736 and 1744 to 1747*, London: Printed for T. Jefferys, 1752, p. 51.

④ Henry Ellis, *A Voyage to Hudson's Bay, by the Dobbs Galley and California, in the Years 1746 and 1747*, Dublin: printed for George and Alexander Ewing, 1749, p. 85.

⑤ Shepard Krech Ⅲ, *The Ecological Indian: Myth and History*, New York: W. W. Norton and Company, 1999, p. 147.

因纽特人至今都信奉："我们在一年中杀死许多［猎物］后，来年将会有更多的猎物返回……我们多杀，那它们回来时就会更多，事情就是这个样子。"①

翻阅早期的文献，关于土著人肆意屠杀猎物，任其腐烂的记载也比比皆是。1806 年，查尔斯·麦肯齐（Charles MacKenzie）记载道："我目睹了比我在密苏里所习惯见到的更为浩大的一场对野牛的大屠杀……当他们杀死了 250 头肥硕的母牛后，任它们倒在那里，仅仅取走了牛舌。"②1804 年，刘易斯和科拉克在向西部探险的过程中，记载了土著人猎杀野牛的浪费景象："被印第安人从 120 英尺高的峭壁上驱赶下来的已经死去的杂七杂八的野牛尸体，水似乎冲走了一部分高高堆积的屠杀物，但仍然有至少 100 具残碎的尸体留下来，从而产生了非常恐怖的臭味。"③虽然有些当代的环境主义者和印第安活动家将印第安人对动物的上述杀戮行为归结为受白人毛皮贩子的引诱和基督教文化的侵害，但此说并不符合历史事实。④许多考古资料表明，在印第安人狩猎野牛的许多悬崖下面（Buffalo Jump），野牛尸骨堆积如山，也佐证了印第安人并不总是遵循休斯的所谓"明智利用两原则"。⑤

第二，当前各种鼓吹印第安人传统生态智慧的宣传把印第安人的社会和文化简化为完全尊崇万物有灵观念、天真无邪、生活在与自然和谐之中的"自然之子"的形象，从而掩盖了印第安文化的丰富性和多样性，也否认了印第安人对其周围环境的影响和相互作用。环境史学家约翰·赫伦（John P. Herron）指出："把印第安人自然化的和把印第安社会的人性简化为原始主义的渴望掩盖了土著美洲人与自然环境交互关系的真实历史。"⑥山姆·吉

---

① John A Grim ed., *Indigenous Traditions and Ecology: Interbeing of Cosmology and Community*, Cambridge: Harvard University Press, 2001, p. 548.

② "Charles McKenzie's Narratives", in W. Raymond Wood and Thomas D. Thiessen, eds., *Early Fur Trade on the Northern Plains: Canadian Trades among the Mandan and the Hidatsa Indians, 1738-1818*, Norman: University of Oklahoma Press, 1985, p. 282.

③ Meriwether Lewis, William Clark, *The Journals of Lewis and Clark*, edited by B. A. DeVoto, Boston: Houghton Mifflin Company, 1997, p. 120.

④ Shepard Krech Ⅲ, *The Ecological Indian: Myth and History*, New York: W. W. Norton and Company, 1999, p. 152.

⑤ J. G. Nelson, *Man's Impact on the Western Canadian Landscape*, Toronto: McClelland & Stewart, 1976, p. 20.

⑥ John P. Herron and Andrew G. Kirk, eds., *Human and Nature: Biology, Culture and Environmental History*, Albuquerque: University of New Mexico Press, 1999, p. 99.

尔（Sam Gill）指出：印第安人的世界观在包容和识别那些其生活中必不可少的因素方面是极有活力的，他们的神圣生命圈观念虽然推崇和谐、美丽这些崇高的目标，但通向这一目标的道路是艰险的，它们随时受到历史、变迁和威胁等各种因素的困扰。①

其实，印第安人并不是不食人间烟火的偶像和象征人，与其他任何民族一样，他们也是有着复杂思想意识的人类，也在积极地构造着周围的环境，而其宗教和伦理就是在此活动中所产生出来的文化结晶。他们的环境伦理在不同的部落之间、不同的历史时期和不同的情形下都不断发生着变化，很难用一种刻板的、包罗万象的形象或规律去定义他们。

第三，虽然许多印第安部落信奉万物有灵论，对大自然保持着虔诚的崇拜，但实际上许多印第安部落是在对待自然问题上抱有实用主义的心态。万物有灵论虽然让人类保持一颗虔诚的心，但它毕竟是人类社会对周围环境和所发生的各种自然现象不能做出科学解释的产物。宗教研究的先驱爱德华·泰勒就认为，万物有灵论是人类处于非常低级的发展阶段，依据自己的感觉对其周围的世界进行解释的结果。②恩格斯指出："一切宗教都不过是支配着人们日常生活的外部力量在人们头脑中的幻想的反映，在这种反映中，人间的力量采取了超人间的力量形式。在历史的初期，首先是自然力量获得了这样的反映，而在进一步的发展中，在不同的民族那里又经历了极为不同和极为复杂的人格化。"③

他们既是出于对自然哺育万物的感激之情，也是对自身开发和利用自然的行为具有某种程度的负罪感，因而求助于其宗教和伦理禁忌去表达这种复杂的感情，或者是通过祈祷，解脱自身的负罪感。在某些情形下，印第安人的宗教和环境伦理实际上变成了服务于上述目的的一种工具。 汤因比认为："人类在无法为了自己的目的而支配自然时，是不会崇拜自然的。"④从一定意义上说，印第安人对其周围自然的态度是双重甚至是多重的，一方面积极地利用自然，对自然施加影响，另一方面又崇拜自然，表达内心的感

---

① Sam D. Gill, *Native American Religions: An Introduction*, Belmont: Wadsworth, Inc., 1982, p. 36.

② 爱德华·泰勒：《万物有灵论》，载于史宗主编：《20世纪西方宗教人类学文选》上卷，金泽等译，上海：三联出版社1995年版，第23—41页。

③ 马克思、恩格斯：《马克思恩格斯选集》第3卷，北京：人民出版社1995年版，第354页。

④ 阿诺德·汤因比：《一个历史学家的宗教观》，晏可佳等译，成都：四川人民出版社1998年版，第30页。

激、恐惧或歉意。一个印第安人部落可以一边猎杀动物、采集植物、用火焚烧，同时也可以向动植物的图腾和神灵表示感激和歉疚，两者之间可以并行不悖。威廉·詹姆斯认为：宗教由两部分组成：（1）不自在的感觉；（2）解决方案。前者是意识到不对劲；后者则是通过与超级力量的适当联系而获得拯救的感觉。①克拉拉·基德维尔（Clara Sue Kidwell）称："在他们的日常生活中，印第安人是经验主义者和神秘主义者，是大自然及其周围一切活动的敏锐的观察者。"②威斯康星大学的保罗·纳达斯蒂（Paul Nadasdy）在研究了加拿大育空地区的克卢安印第安人（Kluane First Nation）的情况后也认为：纵然后者有许多自然崇拜的神话，但主要还是以"实用性的眼光"来看待周围的环境。③

第四，印第安人是保护主义者的假设不能成立。印第安人传统生态智慧支持者的一个重要观点是认为前者是美洲大陆上原初的"保护主义者"。人类学家弗兰克·斯佩克（Frank G. Speck）在 1915 年率先提出了印第安人是"保护主义者"的观念。他通过对阿尔贡金人猎物管理的研究指出：印第安人的"捕猎是绝对受到控制的，因此只有增加的被消费掉，每个季节都留下足够的种群以确保来年的供应。通过这种方式，猎物被养殖（farmed）了"。④斯佩克的观点得到了麦克劳德的支持，后者也在 1936 年的一篇文章中也写道："对原始人来说，一切有生命的东西都有灵魂……他们似乎在精神意义上规范了他们最初的保护行为。"⑤

然而，"保护主义"（conservation）一词是 19 世纪后期美国资源保护运动中广泛流传的词汇，是美国社会在逐渐认识到伴随着现代化所出现的资源耗竭和环境污染问题日益威胁到国家的发展和未来生存的前提下，做出的有意识的行为。人类采取保护行为一般以下面的三个因素为前提：一是潜在的

① 威廉·詹姆斯：《宗教经验之种种：对人性的研究》，蔡怡佳、刘宏信译，桂林：广西师范大学出版社 2008 年版，第 360 页。

② Christopher Vecsey and Robert W. Venables, eds., *American Indian Environments: Ecological Issues in Native American History*, Syracuse: Syracuse University Press, 1980, p. 16.

③ Paul Nadasdy, "Transcending the Debate over the Ecologically Noble Indian: Indigenous Peoples and Environmentalism", *Ethnohistory*, vol. 52, No. 2, Spring, 2005, p. 305.

④ Frank G. Speck, "The Family Hunting Band as the Basis of Algonkian Social Organization", *American Anthropologist*, Vol. 17, No. 2, April-June, 1915, p. 293.

⑤ William Christie McCleod, "Conservation among Primitive Hunting Peoples", *The Scientific Monthly*, Vol. 43, No. 6, December, 1936, p. 562.

保护者必须对所保护资源具有可操控性，得不偿失的保护是无法进行的；二是其资源稀缺度与价值，只有稀缺和从中能够得到较高回报的资源才有望得到保护；三是预期收益高于当前损失。[①]由此可见，资源保护主义完全是一种现代文化的产物，对于白人到来前，还主要处于生存经济阶段的大部分印第安人部落来说，缺乏进行资源保护的动机和动力。华盛顿州立大学人类学教授约翰·博德利（John H. Bodley）认为：“当一个集体没有政治、商业所驱动的文化压力来扩张其人口、生产以及消费的时候，其成员不必要成为自律的保护主义者。”[②]社会人类学教授英戈尔德（Tim Ingold）也指出：对一个狩猎社会的生存型经济来说，“保护主义的伦理是陌生的”[③]。在很多情况下，印第安人所奉行的一些看似保护性的生产和生活方式，实际上只是试图维持食物稳定性和多样性的副产品而已。

总之，印第安人各个部落之间由于生活环境和生活方式的不同，在实践中发展出多种与自然交互作用的模式和实践，因而，也就存在着多种多样的环境观念。其中，既包含着迎合现代环境保护主义需要的内容，即所谓的传统生态智慧，同时也有一些与此相抵触和矛盾的成分。后者虽然受到环境主义者和印第安社会活动家们的刻意隐瞒，但毋庸置疑，它们也是印第安人文化和环境伦理的一个组成部分，“说印第安人是与自然和谐的［最多］只能算是半对。”[④]

三、白人到来前印第安人对北美自然环境的影响

殖民地时期无数的记载和传说都曾经把白人刚刚到来时候的美洲描述为一个人类未曾破坏的处女地，而近些年来伴随着环境主义的兴起，欧美社会

---

① Michael S. Alvard, "Evolution Theory, Conservation, and Human Environmental Impact", in Charles E. Kay and Randy Simmons, eds., *Wilderness and Political Ecology: Aboriginal Influences and the Original State of Nature*, Salt Lake City: University of Utah Press, 2002, pp. 36-37.

② John H. Bodley, "Comments on Thomas Headland's paper Revisionism in Ecological Anthropology", *Current Anthropology*, Vol. 38, No. 4, August, 1997, p. 612.

③ Tim Ingold, *Hunters, Pastoralists, and Ranchers: Reindeer Economies and Their Transformation*, Cambridge: Cambridge University Press, 1980, p. 71.

④ Christopher Vecsey and Robert W. Venables, eds., *American Indian Environments: Ecological Issues in Native American History*, Syracuse: Syracuse University Press, 1980, p. 23.

对荒野的态度也发生了改变，从原来的贬低和恐惧变成了推崇和赞扬，人们也越来越愿意把白人到来前的美洲看作是一片人类未曾改变的荒野。而生态的印第安人假说中的许多观念也与上述趋势不谋而合：印第安人生活在与大自然的和谐之中，对美洲的自然环境没有进行过破坏；而白人到来后，征服了印第安人，破坏了美洲的环境，导致了日益严重的环境问题。如印第安人社会活动家德洛利亚断言："印第安人与其土地一起生活，而白人破坏土地，破坏地球。"①可是，上述假说不仅不符合历史事实，也存在着严重的缺陷。众所周知，地球上生命的历史一直是生物及其周围环境相互作用的历史，任何物种在其成长的过程中都会对其周围的环境产生各种影响。②亚当·索沃兹（Adam Sowards）指出："人类在不断适应环境、不断被环境所塑造的同时，也深深地在改变着环境。"③考古学者罗伯特·黑泽（Robert F. Heizer）也指出："在人类占据一个地区的时间和地点的任何一个点上，通过我们称为文化的人类占有这种中介，他都大大改变了土壤、植被、动物，甚至是气候。"④约翰·赫伦也指出："土著美洲人不是生活在与自然和谐之中的象征人，而是有着复杂的思想意识的人类，他们积极地构造着周围的环境。"⑤处女地、荒野和生态的印第安人等上述假说不仅完全否认了印第安人的历史作用，也使现代的印第安人为该形象所累，陷入进退维谷的困境。有学者坦言："欧洲人带到加利福尼亚和其他大陆的最为有害的错误概念就

---

①　Vine Deloria, Jr., *We Talk, You Listen*, New York: Macmillan, 1970, p. 186.

②　过去最流行的说法是：动物适应环境，只有人类才能改变环境。其实，不仅人类的活动给周围的环境带来各种各样的改变，动物和植物也都积极地改变着周围的环境。美洲野牛对于草原生态和地表形态的变化起着重要的影响；海狸也通过咬断周边的树木，构筑海狸坝，在森林中营造出以草地和水塘为代表的小生态系统。参见 William Cronon, *Changes in the Land: Indians, Colonists and the Ecology of New England*, New York: Hill and Wang, 1983, pp. 106-110; J. Nelson, *Man's Impact on the Western Canadian Landscape*, Toronto: McClelland & Stewart, 1976, p. 45; Shepard Krech Ⅲ, *The Ecological Indian: Myth and History*, New York: W. W. Norton and Company, 1999, p. 174; Carolyn Merchant, *Ecological Revolution: Nature, Gender and Science in New England*, Chapel Hill: University of North Carolina Press, 1989, pp. 36-37.

③　Adam M. Sowards, *United States West Coast: An Environmental History*, Santa Barbara: ABC-CLIO, 2007, p. 23.

④　Robert F. Heizer, "Primitive Man as an Ecologic Factor", *Kroeber Anthropological Society Papers*, Vol. 13, 1955, p. 1; Gordon G. Whitney, *From Coastal Wilderness to Fruited Plain: A History of Environmental Change in Temperate North America, 1500 to the Present*, New York: Cambridge University Press, 1994, p. 120.

⑤　John P. Herron and Andrew G. Kirk, eds., *Human and Nature: Biology, Culture and Environmental History*, Albuquerque: University of New Mexico Press, 1999, p. 98.

是让人们相信他们踏上了一个'自然的荒野'。"①克兰指出：印第安人"不是环境主义者所描绘的当代故事中的原型，他们也积极地影响着他们的环境。"②丹尼尔·博特金（Daniel Botkin）也说道："关于美国西部经常的印象似乎是，在白人到来之前，除了他们少量的不影响动物和植物数量的物品以外，印第安人对于土地、野生动物和生态系统没有什么实质性的影响，但是……大量证据表明，土著人通过用火大大改变了地貌形态，而他们的捕猎，则对野生生物种类施加了巨大的影响。"③由此可见：印第安人对环境的影响是一个不争的事实，我们所需要的是对这种影响的程度和范围做一个恰当的估计和评价。

其实，人类对周围环境的影响与其居住周期的长度、人口密度、技术水平和生活方式等因素紧密相关。从总体上来看，居住时间越长，"人口规模越大，人口密度越大，对资源的影响也就越显著"。④根据德尔科特的研究，当人类在某一个地区定居2个世纪以后，在人口密度超过50人/平方公里的情况下，就会导致环境退化。⑤以密西西比河中游著名的卡霍基亚城（Cahokia）为例，该城市从公元900年到1300年左右最为繁荣，它的定居人数在4000－40000人左右，清理了大约13－18平方公里的土地，建造了巨型的土丘文化，当地木材不足以供应其生活和生产所用，周围6英里见方的60万棵树木都被运来了。⑥据估计，每天仅人类排泄物就达到38000公斤。另外，根据阿尔洛伊在2001年的计算机模拟研究，50万人就足以致使北美的史前大型动物走向灭绝。⑦而墨西哥以北地区在白人到来前，土著

① 约阿西姆·拉德卡：《世界环境史：自然与权力》，王国豫、付天海译，保定：河北大学出版社2004年版，第4页。

② Benjamin Kline, *First Along the River: A Brief History of the U. S. Environmental Movement*, San Francisco: Acada Books, 1997, p. 14.

③ Daniel Botkin, *Discordant Harmonies: A New Ecology for the Twenty-first Century*, New York: Oxford University Press, 1990, p. 169.

④ Shepard Krech Ⅲ, *The Ecological Indian: Myth and History*, New York: W. W. Norton and Company, 1999, p. 97.

⑤ Paul A. Delcourt, Hazel R. Delcourt, *Prehistoric Native American and Ecological Change: Human Ecosystems in Eastern North America since the Pleistocene*, New York: Cambridge University Press, 2004, p. 132.

⑥ Shepard Krech Ⅲ, *The Ecological Indian: Myth and History*, New York: W. W. Norton and Company, 1999, p. 97.

⑦ J. Alroy, "A Multispecies Overkill Simulation of the End-Pleistocene Megafaunal Mass Extinction", *Science*, Vol. 292, No. 5523, pp. 1893-1896.

人的人口最保守的估计也有 100 万以上。①数百万人数千年来在北美大地上繁衍生息，对这里的生态环境产生了巨大的影响。

印第安人通过用火，大大改变了北美洲的生态和地貌。人类掌握了火的使用技术以后，不仅大大改善了自身的生存能力，同时也极大地提高了对环境进行变更的能力。根据考古学资料，人类用火的痕迹至少可以追溯到 100 万年以前。而根据德尔科特的研究，早在阿基埃克时代（Archaic，距今 7000－3000 年）晚期到伍德兰时代（Woodland，距今 3000－1000 年）早期，北美土著人就开始在丛林中小范围地使用火来制造林间空地，在肯塔基的坎伯兰高地，人类所点燃的大火就已经塑造了耐火和适应了大火的植被系统。②1953 年，针对考古学界漠视北美土著人通过放火焚烧对于环境所产生的影响这一状况，戴伊（G. M. Day）率先提出了挑战，他根据对东北部印第安人部落的研究指出："东北部的印第安人为了建立村落和耕种而清理土地，砍伐烧柴，并在其清理区以外放火，他们的狩猎对植被产生了广泛的非直接的影响，养殖甚至移植了一些食用和药用植物。"③在戴伊以后，学术界开始越来越重视土著人用火对于环境的影响。④著名印第安问题专家泰德·斯坦伯格（Ted Steinberg）说道："把白人到来以前的北美称作原始荒野是拒绝承认印第安人通过将火作为主要工具对环境塑造所施加的巨大影响。"⑤研究火之历史的著名学者斯蒂芬·派因指出："人们常常认为美洲印

---

① 学术界对北美土著人口数量的估计一直没有定论，1492 年白人来到北美的时候这里到底有多少印第安人，早期的人类学家和考古学家们的估计一直偏低。James Mooney、Alfred Kroeber、Angel Rosenbalt 三人的估计是整个美洲大约 800 万－1400 万人，而北美大约 100 万人。三人对北美人口的估计数目分别是 115.295 万、102.595 万、100 万。而 Dobyn 则认为美洲的人口在 9004.3 万－11255.375 万之间。参见 Wilbur Jacobs, "The Tip of An Iceberg", *The William and Mary Quartely*, Vol. 31, No. 1, 1992, pp. 123-132；Denevan 在 "The Pristine Myth" 一文中认为美洲大约为 5390 万人，其中墨西哥以北地区 380 万人。

② Paul A. Delcourt, Hazel R. Delcourt, *Prehistoric Native American and Ecological Change: Human Ecosystems in Eastern North America since the Pleistocene*, New York: Cambridge University Press, 2004, p. 89.

③ G. M. Day, "The Indian as an Ecological Factor in the Northeastern Forest", *Ecology*, Vol. 34, No. 2, April, 1953, p. 340.

④ 奥摩尔·斯图尔特差不多与戴伊同时注意到了印第安人用火的重要性，并在 20 世纪 50 年代后期完成了一部手稿，可惜的是，该手稿一直得不到学界和出版商的重视，历经重重磨难，最终在斯图尔特去世后才以《被遗忘的火》（Omer C. Stewart, *Forgotten Fires: Native Americans and the Transient Wilderness*, Norman: University of Oklahoma Press, 2002）为名出版。

⑤ Ted Steinberg, *Down to Earth: Nature's Role in American History*, New York: Oxford University Press, 2002, p. 20.

第安人并不能够剧烈地改变他们的环境，即便是他们有这种能力的话，也对此不感兴趣。实际上，他们既拥有如此行事的工具，也有这方面的欲望。而其工具就是火……如果没有火，印第安人大部分的经济都会垮掉。"①

印第安人在长期的生活和生产实践中，逐渐掌握了火的使用方法，使它成为了改善自身生存环境的一个重要手段。虽然有许多关于印第安人放火导致森林大火和动植物受到伤害的记载，但根据对落基山区的库特尼人（Kootnei）用火的研究，"证实了如下的想法，即他们点火是为了生存，而且理解其所造成的生态后果"。②约翰·赫伦认为："土著美洲人对于资源控制的观念，更重要的是，对于防火（Fire Prevention）的观念非常熟悉。"③摩尔在研究了 600 多条关于北美中部草原大火的记载后，得出结论认为：印第安人是草原大火的主因，而雷电所引起的大火不超过所记载比例的0.5％。④吉拉德·威廉姆斯（Gerald W. Williams）经过对土著人用火问题的研究，列举了土著人放火的 11 大理由：狩猎、作物管理、昆虫收集、害虫管理、改善生长或提高产量、建立防火区域、战争或信号、经济索取、清理旅行通道、放倒树木、清理河岸地区荆棘以获取草地等。⑤而根据查尔斯·凯伊（Charles E. Kay）的研究，加利福尼亚的土著人有 70 种焚烧的理由，甚至在植被品种较少的加拿大北部，那里的土著人也至少有 17 种理由去放火。⑥在北美早期的文献中，关于印第安人放火的记载不胜枚举：1632年，殖民地的托马斯·莫顿在《新英格兰的迦南》一文中就有关于土著人用

---

① 转引自：Omer C. Stewart, *Forgotten Fires: Native Americans and the Transient Wilderness*, Norman: University of Oklahoma Press, 2002, p. 5.

② Shepard Krech Ⅲ, *The Ecological Indian: Myth and History*, New York: W. W. Norton and Company, 1999, p. 119.

③ John P. Herron and Andrew G. Kirk, eds., *Human and Nature: Biology, Culture and Environmental History*, Albuquerque: University of New Mexico Press, 1999, p. 99.

④ Gordon G. Whitney, *From Coastal Wilderness to Fruited Plain: A History of Environmental Change in Temperate North America, 1500 to the Present*, New York: Cambridge University Press, 1994, p. 109; 惠特尼在其著作中还对史料中的从殖民地时期到 19 世纪中期以前关于土著人在不同的植被地区出于不同目的而用火的 33 次记载进行了详细的分析。参见上书第 110－114 页。

⑤ Gerald W. Williams, "Aboriginal Use of Fire: Are There any 'Natural' Plant Communities?" Charles Kay and Randy T. Simmons, eds., *Wilderness and Political Ecology: Aboriginal Influences and the Original State of Nature*, Salt Lake City: University of Utah, 2002, pp. 208-211.

⑥ Charles E. Kay, "Are Ecosystems Structured from the Top-Down or Bottom-Up?" Charles Kay and Randy T. Simmons, eds., *Wilderness and Political Ecology: Aboriginal Influences and the Original State of Nature*, Salt Lake City: University of Utah, 2002, p. 234, pp. 208-211.

火的描述："野蛮人习惯于在他们周围的所有地区都放火，每年两次，即春天和树木落叶后。"[1]马萨诸塞殖民地的威廉·伍德也记载了印第安人用火的情况："当草木枯萎，叶子干枯以后，大火会烧掉下面所有的杂草和荆棘，如果不是这样的话，它们就会在这片地区疯长，导致通行困难，影响他们所钟爱的狩猎。"[2]1656 年，一位丹麦人唐克（Adriaen Van de Donck）也曾经写道："印第安人具有每年焚烧丛林、平原和草地的传统，当树木落叶和草菜干枯以后，纵然有焚毁整片森林的危险，其实，活着的树木不会受损。外面的树皮被烧到 3—4 尺高，却对它们造不成损害，树木不会死亡。"[3]研究印第安人用火问题的专家斯图尔特指出："印第安人对东部美国森林的火烧达到这样一种程度，即欧洲人首次见到的通常的植被根本不可能是土壤和气候自然演变的结果。"[4]乔治·卡特林在其向西部的旅行中也曾经写道：印第安人用火，"是为了得到更新鲜的草而有意为之，为了牧马，也是为了在下一个夏季更便于穿行。当没有旧草躺在草原上的时候，就不会羁绊住人和马的脚了。"[5]加拿大皇家骑警斯蒂尔警官（S. B. Steele）在 19世纪 70 年代也观察到："印第安人和混血的猎手们有意在草原地区放火，这样野牛为了能够得到更好的鲜草，就会在来年春天来他们这一地区。"[6]

北美印第安人通过灵活多样的用火技术，塑造了多样化的生态结构，从而改善了自身的生活和生产条件，也对北美的自然环境和动植物分布产生了

① Thomas Morton, "The New English Canaan", in Chris J. Magoc, ed., *So Glorious a Landscape: Nature and the Environment in American History and Culture*, Wilmington: Scholarly Resources Inc., 2002, p. 28; Michael Williams, *Americans and Their Forests: A Historical Geography*, New York: Cambridge University Press, 1990, p. 44; Emily Russell, "Indian-set Fires in the Forests of the Northeastern United States", *Ecology*, Vol. 64, No. 1, February, 1983, p. 82.

② Shepard Krech III, *The Ecological Indian: Myth and History*, New York: W. W. Norton and Company, 1999, p. 103.

③ Adriaen Van der Donck, *A Description of the New Netherlands*, New York: Cornell University Library, 1993 (originally published by Evert Nieuwenhof, Bookseller, 1656), p. 150.

④ Omer C. Stewart, *Forgotten Fires: Native Americans and the Transient Wilderness*, Norman: University of Oklahoma Press, 2002, p. 70.

⑤ George Catlin, *Letters and Notes on the Manners, Customs, and Condition of the North American Indians*, Vol. 2, New York: Wiley and Putnam, 1841, p. 17; George Catlin, *North American Indians*, edited and with an Introduction by Peter Matthiessen, New York: Penguin Books, 1989, p. 282.

⑥ J. G. Nelson, *Man's Impact on the Western Canadian Landscape*, Toronto: McClelland & Stewart, 1976, p. 34; Shepard Krech III, *The Ecological Indian: Myth and History*, New York: W. W. Norton and Company, 1999, p. 112.

深远的影响。第一，印第安人通过定期焚烧，在北美森林中创造了大片的林间空地。有的林间草地甚至有上千英亩，或者更多。最著名的当属谢南多河谷，由于印第安人的焚烧，造就了一片 150 英里（约 241 千米）长、面积达 1000 平方英里（约 2590 平方千米）的林间空地。①另据记载，在白人到来前，印第安人通过用火和农业耕种，已经把纳拉冈塞特湾（Narragansett）两边 8－10 英里（约 12.9－16.1 千米）的范围内的森林全部清除了。②印第安人每年两次用火，导致殖民者来到时，东部有"许多地区树木稀少，如同我们在英格兰的开阔地（Parkland）"。③1624 年，约翰·史密斯（John Smith）描述道，在印第安人居住区的周边，"地上长着的只有很小的树苗和一些老树，这是他们用火的缘故，一个人可以骑马在这些林中任意驱驰，除了小溪或河流才挡住了去路"④。新英格兰著名的牧师弗朗西斯·希金森（Francis Higginson）也在 17 世纪 30 年代指出，由于印第安人的焚烧，塞勒姆附近存在着大片空地："我被告知，离我们这里 3 英里远的地方，一个人可以站在一个小山包上放眼望见不同类型的上千英亩土地展现在眼前，非常肥沃，没有一棵树木。"⑤在北美东部地区，各个印第安部落都分别清理了上百英亩，甚至是上千英亩的土地用于农作物种植。迈克尔·威廉姆斯（Michael Williams）认为，加上轮作和休耕的土地，每个东部印第安人的口粮大约需要 2.3 英亩（约 9.3 平方千米）的田地来维持。那么，即便是维持白人到来前一半印第安人的粮食需求就大约需要 980 万－1225 万（约 4万－5 万平方千米）英亩的田地，而所受影响的森林面积还得增加一倍，即

---

① Omer C. Stewart, *Forgotten Fires: Native Americans and the Transient Wilderness*, Norman: University of Oklahoma Press, 2002, pp. 83-84.

② Michael Williams, *Americans and Their Forests: A Historical Geography*, New York: Cambridge University Press, 1990, p. 41.

③ Shepard Krech Ⅲ, *The Ecological Indian: Myth and History*, New York: W. W. Norton and Company, 1999, p. 103.

④ John Smith, *The Generall Historie of Virginia, New-England, and the Summer Isles*, London: Printed by I[ohn] D[awson] and I[ohn] H[aviland] for Michael Sparkes, 1624, p. 31; Omer C. Stewart, *Forgotten Fires: Native Americans and the Transient Wilderness*, Norman: University of Oklahoma Press, 2002, p. 81.

⑤ Francis Higginson, *New-Englands Plantation, or, A Short and True Description of the Commodities and Discommodities of that Country*, London: Printed by T. & R. Cotes, 1630, p. 8 (B2); Michael Williams, *Americans and Their Forests: A Historical Geography*, New York: Cambridge University Press, 1990, pp. 41-42; Gordon G. Whitney, *From Coastal Wilderness to Fruited Plain: A History of Environmental Change in Temperate North America, 1500 to the Present*, New York: Cambridge University Press, 1994, p. 104; Ted Steinberg, *Down to Earth: Nature's Role in American History*, New York: Oxford University Press, 2002, p. 18.

达到 1989 万－2450 万英亩（约 8 万－10 万平方千米），这大约相当于今日美国 31 个东部州农田面积的 1/10。而根据马克斯韦尔对弗吉尼亚的研究，如果加上印第安人已经弃耕和因为焚烧而影响的面积，平均每个人口所分摊的开阔地面积大约 30－40 英亩（约 0.12－0.16 平方千米）。威廉姆斯（Michael Willions）由此慨叹道："当欧洲人到达美洲的时候，这里的森林早已经被剧烈地改变了。"[1]白人殖民者到来后，倾向于在印第安人已经清理的土地上定居和垦殖。研究土著人用火问题的专家斯图尔特认为：从某种真正意义看，那些最肥沃和被认真经营的"自然栖息地"其实是印第安人的用火的杰作。[2]除了东部的森林外，印第安人的用火对于西部草原生态的存在也是至关重要的。西部的高草草原和矮草草原很大程度上都是印第安人用火的结果，否则前者将会是森林，而后者会是灌木。[3]

　　第二，印第安人的用火在制造林间空地的同时，也大大改变了北美的动植物分布。印第安人通过放火焚烧森林，为新鲜的草本植物和浆果的生长创造了条件。如 17 世纪，一人在波托马克河边写道："在那个季节，那些大而鲜美的草莓的红色染得遍地都是红色，令人无法下脚。"[4]草地上生长的嫩草吸引着食草动物，如鹿、野兔等前来采食，从而为狩猎创造了便利。塞缪尔·希尔德雷思（S. P. Hildreth）在 1848 年指出了印第安人用火的后果："印第安人每年秋季放火，长期以来，破坏了灌木和底层植被，从而提供了最好的猎场，而且在那些地方生长出野牛苜蓿（Buffalo Clover）、野豌豆藤（Wild Pea Vine）以及其他土生的植物和葡藤类植物，为鹿和野牛群提供了最为丰茂的草料，从而使得后者遍布俄亥俄边界的山坡。"[5]虽然大火有时候也会失去控制，引起火灾，但印第安人的用火是北美丛林中草地小生态得以维持的关键因素。在大火过去后不久，过火后地区的动物数目就会恢复到

① Michael Williams, *Americans and Their Forests: A Historical Geography*, New York: Cambridge University Press, 1990, pp. 48-49.

② Omer C. Stewart, *Forgotten Fires: Native Americans and the Transient Wilderness*, Norman: University of Oklahoma Press, 2002, p. 41.

③ Omer C. Stewart, *Forgotten Fires: Native Americans and the Transient Wilderness*, Norman: University of Oklahoma Press, 2002, p. 68.

④ Shepard Krech Ⅲ, *The Ecological Indian: Myth and History*, New York: W. W. Norton and Company, 1999, p. 106.

⑤ S. P. Hildreth, *Pioneer History: Being an Account of the First Examinations of the Ohio Valley, and the Early Settlement of the Northwest Territory*, New York: A.S. Barnes & Co., 1848, p. 485.

以前的水平，甚至比以前更加健壮。"火对于草地的维持是如此的重要，以至于印第安人死于疾病和放弃此地以后，这些空地很快又转变为森林。"①随同这些林中草地一起消失的还有一些适应了这种生态的物种，如松鸡等。

除了林中空地上的生态系统离不开印第安人的用火外，北美的森林分布也深受印第安人用火的影响。印第安人通过有规律地定期焚烧，清除一些树木品种，同时也刻意培育一些对自己有利的树种，其中一个例子就是对作为印第安人重要食物来源的橡树、核桃和山胡桃木等树种分布范围的不断扩大。根据德尔科特的研究，有关花粉的考古证据表明：早在阿基亚克时代，即从距今 9500 年到 4500 年之间的这段时期，肯塔基中部、田纳西中部和密苏里东南部等地区的上述坚果果树的分布都在扩大，而且同期的考古资料也表明印第安人所消耗的坚果也在增加。②印第安人的影响无疑是这些坚果树种分布扩大的主要原因。科学试验还发现：适度的过火有利于这类比较耐火的坚果丛林的健康成长。③此外，印第安人的定期焚烧对于松树森林的健康也非常重要。没有火，杰克松（Jack Pine）的果荚打不开，种子就没法发芽。同样，黑针枞（Black Spruce）、长叶松等的针叶林都无法再生或生存，在一两个时代内，橡树、山毛榉、枫树和其他松树就会代替长叶松林。④

第三，除了用火所导致的大量林间空地和动植物种类及分布的变化以外，印第安人的其他各种生产和生活活动也对北美洲的自然环境产生了重要的影响。（1）对北美地形地貌的影响。虽然北美印第安人没有建立起强大的中央政权，在北美土地上没有留下像边界以南的美洲那么多宏伟的工程，但他们的生活和生产活动同样也改变着北美的地形和地貌。著名的卡霍基亚城，其影响向北到明尼苏达，南可达佛罗里达，周围留下了大约 120 座大

---

① Shepard Krech Ⅲ, *The Ecological Indian: Myth and History*, New York: W. W. Norton and Company, 1999, p. 112.

② Paul A. Delcourt, Hazel R. Delcourt, *Prehistoric Native American and Ecological Change: Human Ecosystems in Eastern North America since the Pleistocene*, New York: Cambridge University Press, 2004, pp. 68-71.

③ Emily Russell, "Indian-set Fires in the Forests of the Northeastern United States", *Ecology*, Vol. 64, No. 1, p. 86; Shepard Krech Ⅲ, *The Ecological Indian: Myth and History*, New York: W. W. Norton and Company, 1999, p. 114; Gordon G. Whitney, *From Coastal Wilderness to Fruited Plain: A History of Environmental Change in Temperate North America, 1500 to the Present*, New York: Cambridge University Press, 1994, p. 119.

④ Shepard Krech Ⅲ, *The Ecological Indian: Myth and History*, New York: W. W. Norton and Company, 1999, p. 115.

土堆，现在能够辨认的依然有 80 多座，最大的一个芒克大土堆（Monks Mound），占地 15 英亩（约 60703 平方米），高 100 英尺（约 30.48 米），是墨西哥以北最大的人工建筑。所有土堆加起来的土石工程量大约有 5500 立方英尺（约 155.7 立方米）。另外西南部的普韦布洛印第安人也通过长期的活动，留下了大量的村落群，改变了当地的地貌和生态结构，在查考峡谷（Chaco Canyon）地区，阿纳萨兹人（Anasazi）的村落的建筑用木就达到了 20 万根。此外，在东部沿海地区，印第安人还在水边修建捕鱼用鱼梁，捕捉甲壳类水产品而有意或无意留下的许多甲壳堆。有的甚至绵延 250 米，高 10 米，宽 30 米。一个著名的例子就是佛罗里达的斯宾塞贝克丘（Spencer Midden），它是一个具有 6000 年历史的甲壳堆，经过长时间的历史变化，这里已经离海洋 1 英里之远了。这些零散分布的甲壳堆也是人类改变环境的重要标志之一。（2）水土流失。这是印第安人大规模毁坏森林的必然结果。对于东南部，尤其是河流沿岸的农业部落来说，为了便利于农业生产和定居，大规模清除其居住区周围的森林。研究表明，在密西西比河流域的东南部的农业走廊地带，随着玉米种植业的兴起，有些树木的花粉沉淀变少，而在堆积物中则出现许多灰烬的痕迹，这是土著人焚林种植的直接结果。同时在公元 1100－1300 年这段时间内，许多溪流中的泥沙沉淀达到了 2－3 米。如此厚的冲积层，只有在白人到来后，才重新见到。[1]（3）土著人对动物种类和数量的影响。对于东部的农业部落来说，虽然他们的活动也影响到动物的分布和数量，但他们对生态环境的最大影响主要还是森林的砍伐和植物品种和分布的变化。据称，渥太华人在密歇根的阿博克罗德（Arbre Crode）的一个村落开辟了一块 15 英里（约 24.1 千米）长、1 英里（约 1.6 千米）宽的玉米地。而对于许多非农业部落来说，他们的最大影响莫过于对那些被他们所猎捕的动物了。易洛魁人在一年中杀死了 1.1 万头鹿。[2]草原印第安人的主要食物来源就是野牛，根据学者们的计算，每名印第安人每天大约需要 5 磅（约 2.27 千克）牛肉，即大约每人每年需要 6－6.5 头牛。草原人口在 1800 年大约 12 万人，那他们每年至少就需要杀死 72 万头野

---

[1] Thomas W. Neumann, "The Role of Prehistoric Peoples in Shaping Ecosystems in the Eastern United States: Implications for Restoration Ecology and Wilderness Management", in Charles Kay and Randy Simmons, eds., *Wilderness and Political Ecology*, Salt Lake City: University of Utah Press, 2002, pp. 150-151.

[2] Gordon G. Whitney, *From Coastal Wilderness to Fruited Plain: A History of Environmental Change in Temperate North America, 1500 to the Present*, New York: Cambridge University Press, 1994, p. 107.

牛。①而根据圣路易毛皮商皮埃尔·乔多（Pierre Chouteau）在 1859 年的估计，印第安人每年要杀死 45 万头野牛。②土著人的狩猎和捕捉影响动物数量的另外一个例子是西北海岸的鲑鱼。美国西北海岸地区土著人大量食用鲑鱼。曾经有报告说一个土著人一夜之间捕捉到 300 条鲑鱼的记录。据估计，每年洄游到太平洋东北海岸的鲑鱼大约在 1100 万－1600 万条之间，而土著人捕获的数量大约在每年 450 万－630 万条之间，占洄游总数的 28％－57％。③此外，土著人的活动，对火鸡、鹿、沿海鱼类和哺乳动物等其他许多物种的分布和数量也都产生过很大的影响。

德尔科特经过研究得出结论认为：土著人作为生态变迁的使者，与他们的环境之间存在着如下关系：（1）在过去 1.5 万年的时间里，人类是北美生态系统中的一部分，其影响总体上是在不断增大；（2）人类文化是环境演化的一部分，而不是独立于环境，它从总体上是适应性的和可持续性的；（3）史前人类活动对环境有着长期的影响。在更新世（Pleistocene）晚期，游猎民族是巨型动物灭绝的一个原因，而在全新世（Holocene）中晚期，原始人的狩猎和采集与植物驯化，增加了地区间生物多样性，同时还由于其过度利用木材和非本地作物而导致了环境退化。（4）人类或者分离于环境，或者与环境和谐的观念是不正确的；（5）文献记载和口述传说可以补充，但不能代替考古和古生物学资料。④总之，自从全新世时代以来，随着北美土著人口数量的增加和社会的进步，他们对生态环境的影响也越来越强，是北美生态环境变化中的一个非常重要的参与因素。

当然，我们在肯定土著人的生产和生活对于北美生态环境的影响随着历史的发展在不断增强的同时，也必须对这种影响有一个度量上的把握。

其一，关于印第安人是导致史前巨型动物灭绝的假说缺乏足够的论据。1967 年，考古学家保罗·马丁在一篇文章中提出了此假说，认为北美史前

---

① Shepard Krech Ⅲ, *The Ecological Indian: Myth and History*, New York: W. W. Norton and Company, 1999, p. 136.

② Andrew C. Isenberg, *The Destruction of the Bison: An Environmental History 1750-1920*, New York: Cambridge University Pess, p. 83.

③ Adam M. Sowards, *United States West Coast: An Environmental History*, Santa Barbara: ABC-CLIO, 2007, p. 28.

④ Paul A. Delcourt, Hazel R. Delcourt, *Prehistoric Native American and Ecological Change: Human Ecosystems in Eastern North America since the Pleistocene*, New York: Cambridge University Press, 2004, pp. 168-169.

巨型哺乳动物的灭绝是印第安人捕猎的结果。此主张提出以后，曾经引起了学术界的广泛争论。[①]关于史前动物灭绝的原因一般有三种假说：气候变化说；人类捕猎说；人类所引入的病毒导致灭绝说。关于人类捕猎导致这些动物灭绝的理论依据不外乎如下几点：（1）人类的到来与灭绝同期；（2）岛屿生态很容易被殖民者破坏；（3）生态学理论。[②]凯丽和普拉希修纳萨在逐条分析了关于印第安人猎杀的上述三条论据后，得出结论认为："我们没有直接的证据表明克洛维斯时代（Clovis）的猎手除了巨象和乳齿象以外，还猎杀其他大型动物。"[③]当然，学术界关于这一假说还没有达成一致意见，仍有待更多的考古和科学研究去验证。

其二，从总体上看，印第安人对于北美环境的影响是局部性的，比白人到来后所造成的环境破坏要轻得多。在白人到来前，除了个别聚居点以外，北美洲人口的密度普遍比较低，以新英格兰为例，北部林区印第安人的人口密度大约是 41 人/100 平方英里（约 259 平方千米），南部农业部落则达到287 人/100 平方英里（约 259 平方千米）。[④]麦茜特的研究也表明：缅因州的阿本尼凯人（Abenaki）有 1.19 万人，折合每平方英里 0.2 人，南新英格兰 6.5 万人，折合每平方英里 2 人。[⑤]林区狩猎部落相对较低的人口密度使得他们对所居住的生态系统的影响相对较小。南部农业部落虽然人口较多，开垦的森林面积较大，不过他们由于定期的轮换居住地而减小了对环境的影

① 著名考古学家查尔斯·凯伊和卡尔文·马丁都支持这一假说，同时，还有许多学者对此表示怀疑，参见 Charles Kay and Randy T. Simmons, eds., *Wilderness and Political Ecology: Aboriginal Influences and the Original State of Nature*, Salt Lake City: University of Utah Press, 2002, pp. 1-110 中 Paul Martin, Jack M Broughton, William Hildebrandt & Terry L. Jones 的相关文章。还可参见 Michael E. Harkin and David Rich Lewis, eds., *Native Americans and the Environment: Perspectives on the Ecological Indian*, Lincoln: University of Nebraska Press, 2007 中 Robert Kelly & Mary Prasciunas 等人的文章及相关论述。

② Robert L. Kelly and Mary M. Prasciunas, "Did the Ancestors of Native Americans Cause Animal Extinctions in Late-Pleistocene North America?" in Michael E. Harkin and David Rich Lewis, eds., *Native Americans and the Environment: Perspectives on the Ecological Indian*, Lincoln: University of Nebraska Press, 2007, pp. 100-109.

③ Robert L. Kelly and Mary M. Prasciunas, "Did the Ancestors of Native Americans Cause Animal Extinctions in Late-Pleistocene North America?" in Michael E. Harkin and David Rich Lewis, eds., *Native Americans and the Environment: Perspectives on the Ecological Indian*, Lincoln: University of Nebraska Press, 2007, p. 104.

④ William Cronon, *Changes in the Land: Indians, Colonists and the Ecology of New England*, New York: Hill and Wang, 1983, p. 42.

⑤ Carolyn Merchant, *Ecological Revolution: Nature, Gender and Science in New England*, Chapel Hill: University of North Carolina Press, 1989, p. 38.

响。易洛魁联盟的中心从 1610 年到 1780 年间共迁移了 9 次，平均 20 年一次。① "在所有的地点，村落地址的流动性以及不同的生存基础之间的转换减少了对任何特定的生态系统的潜在威胁，使人类对环境的总体压力变小。"②一般来说，在印第安人迁移一段时间后，东部的许多印第安人村落就会重新恢复为森林。此外，大部分印第安人部落所实行的是一种生存经济，其首要目的是维护食物的多样性和稳定性，这也使得他们对环境的实际影响要比可能的影响要小得多。

四、处女地假说及其对印第安人权利的否定

在美国历史上，一谈到处女地（virgin land），首先让人想起的是著名历史学家亨利·纳什·史密斯的著作《处女地：作为象征和神话的美国西部》，该书以花园神话和帝国神话这两大假说为基点，探讨了作为美国历史上处女地象征的西部所蕴含的文化意义。史密斯的著作在 1950 年由哈佛大学出版社首版后，在最初的两年里，就收到了几十篇书评，从而带动了从文化史角度解释美国历史的热潮。时至今日，依然有学者在不断撰写书评，可见此书影响之深。然而，除了史密斯的著作外，很少有其他专门以处女地作为主题的研究成果。甚至连维基百科，一旦输入处女地一词，要么指向史密斯的著作，要么自动跳转到边疆（frontier）词条，似乎处女地等同于美国历史上的边疆。难道处女地一词真的不值得解释？抑或仅指边疆而无其他含义？

相比于边疆理论、美洲大沙漠假说、美国例外论等对美国历史发展产生过重要影响的假说，处女地假说可以说是在美国历史上存在感较低的一个，以至于让人们经常忽略它的存在。然而，处女地假说又是一个对美国历史发展至关重要而且与印第安人的命运密切相关的观念。美国人类学的创始人之一、研究北美印第安人的权威学者阿尔弗雷德·克罗伯（Alfred L. Kroeber）曾断言：在白人到来前，北美东部印第安人忙于部落之间的争

① Michael Williams, *Americans and Their Forests: A Historical Geography*, New York: Cambridge University Press, 1990, p. 38.

② William Cronon, *Changes in the Land: Indians, Colonists and the Ecology of New England*, New York: Hill and Wang, 1983, p. 48.

夺，无暇开发，从而导致"99%的可以开发的地区仍然是处女地"。①研究北美早期史的学者梅拉尼·派瑞奥特（Melanie Perreault）也指出："美国历史上最为持久的一个神话就是关于欧洲人发现一片处女荒地、一片尚未被人类定居的纯粹的自然这一假说了。"②时至今日，关于美洲是处女地的说法仍时有出现。③近年来随着环境主义的流行，关于北美大陆在白人到来前是一片处女地的说法背后所隐藏的种族主义取向受到学者们的关注，甚至北美印第安人为了实现其政治目的也加入进来。对"生态的印第安人"假说持否定意见的克雷克教授指出："虽然欧洲人把这里想象成没有被染指的伊甸园，但这片土地从文化上来讲不是处女地，从人类学意义上也不是原始的，没有比印第安人用火这一点表现得更为明显的了。"④而对北美印第安人的生态伦理非常推崇的著名环境史学家唐纳德·休斯认为："这是一片未被破坏（unspoiled）的土地，而不是一片未被接触（untouched）的土地。"⑤因创造了"寡妇地"（widowed land）一词而被称为"神话终结者"的詹宁斯教授更是一针见血地指出："虽然不能征服真正的荒野，但欧洲人在征服其他民族方面倒是显示了高超的技巧。而且他们正是那么做的。他们所定居的不是处女地。"⑥既然从环境史的角度来看，白人所定居的北美大陆不是处女地，那这一假说缘何长盛不衰？处女地假说到底包含着哪些含义？在白人殖民者向西部扩张、驱逐印第安人的过程中，它又发挥了什么样的作用？该假说在当代再度流行的原因又是什么？

（一）处女地假说的含义与文化渊源

处女地一词按照其字面意思，是指没有被人类开发或破坏的土地。这一

---

① Alfred L. Kroeber, "Native American Population", *American Anthropologist*, Vol. 36, No. 1, April, 1934, p. 12.

② Melanie Perreault, "American Wilderness and First Contact", in Michael Lewis, ed., *The American Wilderness: A New History*, New York: Oxford University Press, 2007, p. 17.

③ 近年来依然倡导处女地的学者及出版的具体情况可参见：Charles C. Mann, *1491: New Revelations of the Americas before Columbus*, New York: Vintage Books, 2006, pp. 303-304.

④ Shepard Krech Ⅲ, *The Ecological Indians: Myth and History*, New York: W. W. Norton and Company, 1999, p. 122.

⑤ Donald Hughes, *North American Indian Ecology*, 2nd edition, El Paso: Texas Western Press, 1996, p. 2.

⑥ Francis Jennings, *The Invasion of America: Indians, Colonialism and the Cant of Conquest*, New York: W. W. Norton &Company, 1975, p. 15.

词汇并不罕见，时常出现在各类出版物以及人们的日常交流中。但关于这个词的准确含义，却鲜有文献做出准确的解释，即便是著名的大英百科全书，也未开列专门词条，难道是该书的编者认为其不值得单独予以解释？①处女地一词虽然存在感较低，但纵观美国历史，该假说与北美大陆的发现和拓殖密不可分，它既有白人殖民者发现新大陆的新奇与愉悦、对未来美好前景的向往，同时也包含着对大自然、对新大陆原居民的征服、排斥和否定，彰显了基督教文化中文明与野蛮的对立这一恒久话题。

大致来说，美国历史上的处女地假说主要包含如下几层意思：

其一，处女地等同于荒野（wilderness），是尚未被白人基督徒定居和开垦的土地。而在西方文化中，荒野是一个令人恐惧和充满各种野蛮、邪恶和异教徒的地方，是天堂的对立面。从这一意义上讲，这是一种道德上的恶，需要白人基督徒去加以征服、改造和利用，实现从野蛮到文明的转变。罗德里克·纳什指出："第一个白人游客把荒野看作是道德和物质上的荒地，在进步、文明和基督主义的名义下，它只适合于被征服和使其开花结果。"②18 世纪后期，美国的著名文学家威廉·库柏（William Cooper）声称：其最根本的目标是"让荒野开花结果"。③

其二，处女地等同于伊甸园，是人间的天堂。这一观念与前面的荒野观念并行不悖，反映了基督教文化中对自然认识的矛盾性。初到美洲的白人殖民者（从哥伦布、韦斯普奇到普利茅斯殖民地的托马斯·莫顿等人），虽然出于不同的目的，但都曾经对美洲的富饶美丽、印第安人的善良大方做过描述，把这里的一切同人类原初的伊甸园或者传说中失去的黄金时代进行比较。哥伦布是把美洲描述为伊甸园的第一人，他日记中记述第 21 天，即 11 月 3 日，当他爬上一小山时，"所见到的一切都是那么的美丽，而且他的眼睛因为见到这么多美丽的东西而不感到疲惫"。他继续写道："这里的人们都很友善且胆小，如我所言，他们不穿衣服，也没有法律和武器；这里的土地

---

① 参见 *The Encyclopedia Britannica: A Dictionary of Arts, Sciences, Literature and General Information*, 11th Edition, Vol. 28, New York: Encyclopedia Britannica, Inc., 1910, pp. 116-126.

② Roderick Nash, *Wilderness and the American Mind*, 3rd edition, New Haven: Yale University Press, 1982, p. XII.

③ William Cooper, *A Guide in the Wilderness, or, The History of First Settlement in the Western Counties of New York*, Dublin: Printed Gilbert Hodges, 1810, p. 6.

非常肥沃。"①经过探险后，哥伦布断言："我从不相信世上的天堂存在于上面所描述的崎岖的山间，而是应该在高高的山巅之上，而人们则可以缓缓攀登上去……在这里，我发现了所有世间天堂的全部迹象。"②

其三，处女地是西部边疆。如果说最初的处女地要么是荒野，要么是伊甸园，至少还是指一片原始状态的地区的话，那么随着美国向西部扩张，处女地假说逐渐与西部边疆联系起来。按照边疆学派创始人弗雷德里克·特纳的定义，边疆是指文明与野蛮交汇带位于文明一侧的那一片区域。而这一区域已经有白人殖民者移入，但尚未达到文明社会的标准。与之相比，交汇带以外更适合被称为处女地，而亨利·纳什·史密斯所研究的西部肯定不是单指这一区域。因此，所谓的西部处女地与其说是指一片特定的区域，毋宁说是指一种文化观念。它所代表的是一种在西部边疆开发中走向成功的机会，白人可以利用北美大陆的各种资源，扩张白人的权力，使边疆实现从荒野状态向文明社会的转化，从而在美国西部建立起人间天堂，实现人类数千年来恢复伊甸园的梦想。曾任美国总统的约翰·昆西·亚当斯在 1846 年曾经说："让荒野像玫瑰般绽放花朵，建立法律，扩展和征服地球，这是万能的上帝所要求我们做的。"③

其四，处女地中生活着野蛮人。在关于美洲最初是一片原始状态的处女地这一认识中，野蛮人的存在从来没有被否认过。在荒野假说中，野蛮人被当作是荒野的一部分，用以加深其蛮荒的印象。而在伊甸园假说中，友好、天真的野蛮人则被当作亚当和夏娃的后裔。普利茅斯殖民地总督布莱德福德对于白人殖民者初到新大陆的情形描写道："危险而凄凉的荒野，充满野兽和野蛮人。"④直到 1662 年，当时普利茅斯殖民地的麦克·威格沃斯（Michael Wiggleworth）依然声称：在白人居住区以外，啥也没有，只有"空旷和无

---

① 转引自：Philip Shabecoff, *A Fierce Green Fire: The American Environmental Movement*, New York: Hill and Wang, 1993, p. 9.

② Carolyn Merchant, *Reinventing Eden: The Fate of Nature in Western Culture*, New York: Routledge, 2003, p. 56.

③ *Congressional Globe: Containing Sketches of the Debates and Proceedings of the First Session of the Twenty-Ninth Congress*, Vol. 86, 1846, Washington D. C.: Printed by Blair and Rives, 1846, p. 342.

④ William Bradford, *History of Plymouth Plantation*, Boston: Little, Brown, and Company, 1856, pp. 78-79.

用的荒野，居住着邪恶者的朋友——野蛮人，他们崇拜魔鬼。"①随着历史的发展，当处女地变成西部边疆的代名词以后，印第安人就成为文明进步的障碍，他及其所代表的荒野就只有被征服的命运了。

北美处女地观念各个层面的意思相互关联，但又各有侧重，而且在不同的历史时期，其含义也在不断变化。不过，万变不离其宗，处女地情节更多是白人殖民者对北美大陆的一种文化心态，而不是对实际情况的描述。如果按照处女地是指没有受到人类生产、生活活动的影响这一字面意思去理解，北美大陆在白人殖民者达到前，许多地方的生态环境早已经被印第安人所改变，不能称之为处女地了。德尔科特在研究了白人到来前印第安人对北美环境的影响后指出："根本就不存在一个假设的北美的自然环境未被人类染指的全新世的定居前时期。"②罗伯特·凯利（Robert L. Kelly）和玛丽·普拉修纳斯（Mary M. Prasciunas）指出："在最近一万年的时间里，地球上没有任何自然的环境，如果我们所指的自然碰巧是没有人类干预的话。"③

然而，处女地假说这一明显与史实脱节的观念却依然大行其道，究其原因，我们就会发现，它的文化根源在欧洲旧世界，是欧洲基督教自然观演化的结果。其实早在新大陆发现以前，欧洲文化中就逐渐孕育出了处女地的观念，而新大陆的发现，则在客观上为这一假说的流行提供了契机。梅拉尼·派瑞奥特指出："当15世纪欧洲人扬帆跨越大西洋的时候，他们早已经对荒野是什么，以及什么样的人居住在那里等问题形成了一套固有的意识。"④

欧洲人的环境观念可以说是万物有灵论（Animism）、犹太—基督教信仰、希腊—罗马哲学三大源泉构成的复合体，⑤其中尤其以犹太—基督教的

① Michael Wigglesworth, "God's Controversy with New England", *Proceedings of Massachusetts Historical Society*, Vol. 12, 1873, p. 83.

② Paul A. Delcourt, Hazel R. Delcourt, *Prehistoric Native American and Ecological Change: Human Ecosystems in Eastern North America since the Pleistocene*, New York: Cambridge University Press, 2004, p. 168.

③ Robert L. Kelly and Mary M. Prasciunas, "Did the Ancestors of Native Americans Cause Animal Extinctions in Late-Pleistocene North America?" in Michael E Harkin and David Rich Lewis, eds., *Native Americans and the Environment: Perspectives on the Ecological Indian*, Lincoln: University of Nebraska Press, 2007, p. 115.

④ Melanie Perreault, "American Wilderness and First Contact", in Michael Lewis, ed., *The American Wilderness: A New History*, New York: Oxford University Press, 2007, p. 18.

⑤ J. Donald Hughes, *Ecology in Ancient Civilization*, Albuquerque: University of New Mexico Press, 1975, p. 148.

影响最大。犹太－基督教关于自然的观念最直接的表述来自《圣经》中《创世纪》篇章以及其他相关的文献。在《创世记》中，"神［上帝］说：'我们要照着我们的形象，按着我们的样式造人，使他们管理海里的鱼，空中的鸟，地上的牲畜和全地，并地上所爬的一切昆虫……神就赐福他们，又对他们说：要生养众多，遍满地面，治理这地。'"①《创世纪》中的这一段话，成为西方文化中顺应自然和征服自然这两种截然不同的自然观念的来源。不过，随着西方历史的演进，在西方文化中占据主流地位的是征服和统治自然的观念。基督教的相关理论为征服自然观念的形成提供了如下的便利。

第一，对大自然的神性的否定。根据万物有灵论，大自然是具有某种精神或意识的主体。可是按照《创世纪》的逻辑，只有上帝是神圣的，人只对上帝有敬畏的义务，而对地球万物却没有。因此，环境史学家罗德里克·纳什认为："从泛神论向一神论的转变导致了对大自然神性的放逐，和对环境的冷漠态度。"②这实际上是对自然祛魅的第一步，通过否认大自然的神性，自然界仅仅被看作创世纪中低一层的秩序，是为了人类的目的而创造的。

第二，成为了人类中心主义思想的源头。根据《创世纪》的理论，上帝创造了世界，然后又按照自己的形象创造了人。因而，人高于自然以及其他物种，所有的创造物都是为人类的利益而存在的，人对他们拥有统治的权力。创世纪的故事"宣布了上帝对宇宙的统治权以及人对地球上具有生命的创造物的派生统治权"。③

第三，基督教教义所传达的是一种人与自然对立的二元论思想。大卫·格里芬认为："二元论认为自然界是毫无知觉的，就此而言，它为现代性肆意统治和掠夺自然（包括其他所有种类的生命）的欲望提供了意识形态上的理由。这种统治、征服、控制、支配自然的欲望是现代精神的中心特征之一。"④根据基督教的主流教义，作为外在于人类的大自然标志的荒野是一种道德上恶的象征，是天国的对立面。因此，"荒野被当作是异化于人自

---

① Author Unknown, *The Holy Bible: Old and New Testaments, King James Version*, Duke Classics, 2012, p. 8.

② 罗德里克·弗雷泽·纳什：《大自然的权利：环境伦理学史》，杨通进译，青岛：青岛出版社1999年版，第123页。

③ 威廉·莱斯：《自然的控制》，岳长岭、李建华译，重庆：重庆出版社1993年版，第27页。

④ 大卫·雷·格里芬：《后现代精神》，王成兵译，北京：中央编译出版社1998年版，第5页。

身之外的、一个让人感觉到不安全、不舒服的环境，文明对其进行着永不停息的抗争"。①人类为了灵魂得救，改造荒野，征服自然，不仅不会受到基督教的指责，而且还被看作是恢复上帝荣耀的象征。

随着历史的发展，欧洲文化中征服自然的观念进一步强化。在基督教占据主导地位的中世纪，自然的形象越来越被丑化，成为野蛮和异教徒的象征。勒克莱尔指出："我们喜欢观看的深渊和高峰使他们感到毛骨悚然。一片未经祈祷和苦行而奉为神圣的原始荒芜之地，或没有宗教生活作为背景而环抱之处，都被视为原罪的状态。一旦此地经开垦而能丰产，便获得显著的重要性。"②欧洲走出愚昧黑暗的中世纪后，人文主义者继承了对自然的控制和征服的思想，对其大加赞美。而近代科学技术的发展则在客观上为征服自然的观念插上了腾飞的翅膀。现代科学的领路人弗朗西斯·培根（Francis Bacon）在确立人类征服和统治自然的观念方面，担当了一个极为重要的角色，他鼓励人们："将人类帝国的界限，扩大到一切可能影响到的事物。"③结果，"科学主义与人文主义的奇特结合的结果则是形成了认识自然，征服自然，做自然主人的价值观"。④而随着征服自然观念日益占据主导，原本基督教文化中一些关于与自然和谐、顺应自然的观念则受到冷落和抛弃，直到浪漫主义兴起后，歌颂和赞美自然的思想才重新觉醒。

消除自然的神性、对荒野的丑化、征服自然观念的逐渐确立还仅仅是处女地假说孕育的文化基础，而直接导致处女地假说产生的则是伊甸园的相关故事。从亚当和夏娃被放逐出伊甸园的故事流传以来，寻找和试图重新恢复失落的伊甸园成为基督教徒的一个永久的梦想。从亚当和夏娃的故事中引申出西方文化中关于人与自然、人与上帝、男人和女人的多层含义。第一，亚当无辜而受罚。亚当由于夏娃的错误而被逐出伊甸园，此后被迫通过垦殖土地，以自己的劳动换取食物，不再享有伊甸园中的富足生活，以亚当为代表的人类从此踏上了征服自然、改造自然的征程，这是人与自然对立的第一步。同时，也只有通过改造和征服自然，人类才有望获得救赎，回归伊甸

---

① Roderick Nash, *Wilderness and the American Mind*, 3rd edition, New Haven: Yale University Press, 1982, p. 8.

② 狄特富尔特等编：《人与自然——哲人小语》，周美琪译，北京：生活·读书·新知三联书店 1993 年版，第 161 页。

③ Francis Bacon, James Spedding et al., *The Works of Francis Bacon*, Vol. Ⅲ, London: Longman and Co., 1859, p. 156.

④ 李培超：《自然的伦理尊严》，南昌：江西人民出版社 2001 年版，第 41 页。

园。第二，自然的女性化。夏娃虽然是受到撒旦的诱惑而违背上帝的旨意，但还有一个原因则在于她对伊甸园（自然）的探究精神，因为是她对周围世界的好奇而导致人类被逐出伊甸园，因此必须受到惩罚，忍受生育之苦。①夏娃的形象逐渐与自然相融合，这不仅是因为她本身亲近自然，而且妇女的生育能力同自然的化育万物有着相通之处。到中世纪以后，基督教对圣母玛利亚的崇拜更进一步强化了自然的这种女性化形象。处女玛丽孕育了人类的拯救者耶稣基督，而各地精心建造的被圈围起来的花园成为她身体和伊甸园的象征，它"代表了女性的神秘、处女的纯洁，以及伊甸园的处女地联想"。②随着历史的发展，自然作为女性的角色进一步固定下来，以至于到近代被最终定格为大地母亲的形象。③第三，人类征服自然与男人征服妇女逐渐合流。人类被逐出伊甸园后，其周围的环境不再是原来富足美好的伊甸园，而是变得凶险而残酷，自然的形象由此而被丑化，以夏娃为代表的妇女成为导致人类堕落的替罪羊。人类为了恢复伊甸园的梦想，对自然进行征服和改造。而人类这一"进步"的历史进程与历史上男性对妇女的压迫同步进行。由此可见，"对女性的统治和对自然的支配二者之间是一种紧密联系又相互加强的关系"。④生态女性主义者由此认为，女性"相较于男人会承担较多的家庭责任，增加更多接近自然的机会、更关心生态和环境问题"。⑤

　　通过上述伊甸园神话，处女地情节中关于自然的两个最主要的核心内容逐渐在基督教文化中衍生出来：其一，与夏娃紧密相连的伊甸园是处女地，这是人类苦苦搜寻的人间天堂；其二，在人类堕落后，原本美好的花园变成了蛮荒、危险的世界，即我们所说的作为天堂对立面的荒野，这构成处女地的另外一个含义。罗德里克·纳什指出："关于乐园及其失去的故事给西方思想注入了荒野与天堂不仅在物质意义上，而且在精神意义上也相互对立的

---

① Author Unknown, *The Holy Bible: Old and New Testaments, King James Versio*n, Duke Classics, 2012, p. 8.

② Carolyn Merchant, *Reinventing Eden: The Fate of Nature in Western Culture*, New York: Routledge, 2003, p. 52.

③ Sam Gill, "Mother Earth: An American Myth", in James A. Clifton, ed., *The Invented Indian: Cultural Fictions and Government Policies*, New Brunswick: Transaction Publishers, 1990, pp. 129-142.

④ Karen J. Warren and Jim Cheney, "Feminism and Ecosystem Ecology", *Hypatia*, Vol. 6, No. 1, p. 180.

⑤ Catriona Sandilands, "Ecofeminism by Maria Mies and Vandana Shiva", *Economic Geography*, Vol. 72, No. 1, p. 97.

观念。"①而人类的使命则是通过征服和开发这一片荒野，通过努力劳动，才能把这里建成人间的天堂，即人类苦苦追求的伊甸园。麦茜特指出：在西方文化中，"作为夏娃的自然呈现三种形态：原初的夏娃，自然是处女般纯洁、欢快的土地，虽然一片原始和蛮荒状态，但具有开发的潜力。堕落的夏娃：自然呈现无序和混乱状态，是一片荒野、废地和沙漠，需要进行改良；黑暗而丑恶，是化作毒蛇的撒旦的牺牲品和代言者。作为母亲的夏娃，自然是一个精心打理的花园，一个结满果实的培育场，一个发育良好的子房，成熟的魅力"②。

　　由此可见，处女地情节是西方基督教文化的一个重要组成部分，并且随着历史的发展，其内容不断丰富。在黑暗的中世纪，人们期望通过现世的苦修，以达到来世升入天堂中的伊甸园的目的。因此，在中世纪的大自然被认为是邪恶、蛮荒和充满危险的地方，人类所能够做的是通过努力劳动，改造自然，把蛮荒的自然改造成为世间的伊甸园，从而自身也在这一过程中获得救赎。因此，经济上开垦处女地与社会中男性的主导权被认为是合理的，而开垦处女地被掩盖在人类征服自然的洪流之中。文艺复兴虽然打破了神学中心论，但延续了上述价值判断，甚至由于科技的进步，人类征服自然获得了更大的助力。麦茜特指出："借助现代科技和资本主义恢复伊甸园的主流故事或许是西方文化中最有力的叙事方式。"③然而，随着新大陆的发现，欧洲殖民者踏上了一片对他们来说崭新的土地，新世界为欧洲人的伊甸园梦想提供了新舞台，是"人类最后一次找到能施展才能创造奇迹的地方"。④处女地假说也随之焕发了新的生机。

（二）从伊甸园到荒野：对印第安人权利的否定

　　面对新大陆上陌生的环境、各种奇异的动植物品种以及被他们称为印第

---

① Roderick Nash, *Wilderness and the American Mind*, 3rd edition, New Haven: Yale University Press, 1982, p. 15.

② Carolyn Merchant, *Reinventing Eden: The Fate of Nature in Western Culture*, New York: Routledge, 2003, p. 21.

③ Carolyn Merchant, *Reinventing Eden: The Fate of Nature in Western Culture*, New York: Routledge, 2003, p. 34.

④ 阿尔·格尔：《濒临失衡的地球：生态与人类精神》，陈嘉映等译，北京：中央编译出版社1997年版，第145页。

安人的友好居民，怀揣着处女地情节的欧洲殖民者首先想到的就是要在这里寻找失落的天堂。而新大陆的诸多特征，如气候温和、环境优美、物产丰富，最初见到的印第安人大多友好大方，甚至赤裸身体，这一切似乎都令初到美洲的白人探险者感觉是回到了传说中的伊甸园。因而，在新旧世界最初相遇之时，白人探险者向欧洲传输回去的关于新大陆的第一印象是发现了传说中的伊甸园。因此，处女地假说在这个时代的突出特征就是认为美洲大陆是一片尚未堕落的伊甸园，在这里生活着"高贵的野蛮人"。然而，随着初期猎奇时代的结束，当白人殖民者站稳脚跟，并与当地印第安人发生利益冲突之时，为了达到驱逐印第安人和合法占有后者土地的目的，新大陆处女地被更多地赋予了荒凉、野蛮的荒野特征。"处女地假说和未经人类染指的荒野理论在这些早期倡导者的记叙中有一个明确的目的，通过持续地把美洲大陆上的环境称为荒凉和未经破坏的土地，欧洲人的记叙就可以形象地将其原居民清理一空了。"[1]麦茜特也指出："美国拓殖的故事中充满着把自然当作女性物体等待男人去开发这一类的比喻。夏娃被当作一片等待开垦的处女地、一个堕落的自然需要通过垦殖去救赎、硕果累累的花园等待收获等形象深深地镌刻在美国的历史、艺术和文学中。"[2]

最初到达美洲的殖民者无论是为了吸引移民、传播基督教，还是为了满足猎奇心理的探险，大多突出新大陆的富饶、美好，他们传回去的资料让欧洲人真的以为在新大陆发现了伊甸园。哥伦布不仅对新大陆有颇多溢美之词，甚至还把他发现的一个山谷称为天堂谷。北美殖民者也多有对新大陆的富饶、迷人的描述。根据托马斯·莫顿的描述，1622 年他看到的新英格兰的景象是："在这片广阔的土地上，水禽很多，鱼也很多，还发现了数以万计的绿色羽翼的斑鸠……这让我感到这片土地是天堂，因为在我眼里，这是上帝的杰作。"[3]在莫顿眼里，新英格兰就是传说中的迦南，像"丰饶的处女"那样，"伸展开肢体"等待白人的开发。[4]

---

① Melanie Perreault, "American Wilderness and First Contact", in Michael Lewis, ed., *The American Wilderness: A New History*, New York: Oxford University Press, 2007, p. 23.

② Carolyn Merchant, *Reinventing Eden: The Fate of Nature in Western Culture*, New York: Routledge, 2003, p. 110.

③ Thomas Morton, *New English Canaan; or, New Canaan*, second book, Carlisle: Applewood Books, 1838, p. 42.

④ Thomas Morton, *New English Canaan; or, New Canaan*, Carlisle: Applewood Books, 1838, Prologue, p. 10.

除了赞扬这片土地的富饶以外，许多早期殖民者，从哥伦布、科罗纳多等西班牙探险者、新法兰西的卡蒂埃、尚普兰再到北美十三殖民地的史密斯、布莱德福德、罗杰·威廉姆斯等人，都曾经对于美洲印第安人留下许多溢美之词，为"高贵的野蛮人（noble savage）"的形象的建构贡献良多。对印第安人的命运较为同情的西班牙人拉卡斯及其同代的意大利评论家彼得罗·德·安格利亚认为印第安人生活在天堂之中，称他们"生活在许多古代作家所描述的黄金世界里面"，过着"简单、快乐的生活，没有法律的强制"①。1584 年，随沃尔特·莱利航行到里阿诺克岛的阿瑟·巴罗所看到的也是一派伊甸园的景象："我们在这里发现了最为优雅、可爱和诚信的人们，没有罪恶和背叛，似乎是遵照黄金时代的规范在生活着。如同世界初始状态一样。"②而对印第安人较为友善的罗杰·威廉姆斯更是不遗余力地赞美印第安人："这些人们似乎是受到了整个世界的祝福：他们健康而快乐，和平而丰盛，而所有那些令人不愉快的感情，如计较和焦虑、野心及对黄金的渴望，似乎都被禁绝于该地区之外。"③在加拿大致力于拯救印第安人灵魂的耶稣会士也写道："似乎是在大部分帝国和王国中已经绝迹的童真退居到了这些人们所定居的土地上来了，他们本性中所具有的——我不敢确定——是罪恶侵入以前的世上乐园所具有的各种美德，他们的行为中丝毫没有我们城市中所具有的那些奢华、野心、嫉妒和寻欢作乐。"④虽然这些人也曾经对当地环境及印第安人有所诟病，但经过历史的选择性记忆，留在世人印象中的主要还是他们对于美洲大陆的溢美之词。

"高贵的野蛮人"是自新大陆发现以来流传甚广的一个假说，它塑造了一个无忧无虑地生活在处女地般荒野中、远离各种人类丑恶的印第安人形象。野蛮人一词，最初的本意是指来自森林之人，并无褒贬之意。⑤就如同

---

① Charles C. Mann, *1491: New Revelations of the Americas before Columbus*, New York: Vintage Books, 2006, p. 14.

② Arthur Barlowe, *The First Voyage to Roanoke, 1584, old South Leaflets*, No. 92, 1892, p. 8. https://www.forgottenbooks.com/en/books/TheFirstVoyagetoRoanoke1584_10857127.（2018 年 8 月 18 日访问）

③ W. R. Jacobs, *Dispossessing the American Indian: Indians and Whites on the Colonial Frontier*, Norman: University of Oklahoma Press, 1985, p. 112.

④ Reuben Gold Thwaites, ed., *Jesuit Relations and Allied Documents: Travels and Explorations of the Jesuit Missionaries in New France 1610-1791*, Vol. 32, Cleveland: The Burrows Brothers Co., 1900, p. 283.

⑤ Ter Ellingson, *The Myth of Noble Savage*, Berkeley: University of California Press, 2001, p. XX.

亚当和夏娃生活在伊甸园的意义，高贵的野蛮人被认为游荡在森林之中，以打猎为生，是自然之子，因此也被默认为美洲处女地的一部分。其实，欧洲人对于美洲印第安人的观念是以欧洲文化中一些先入为主的成见为基础，以早期探险者的描述为材料，经过那个时代的文人和思想家的加工而形成的混合体。[①]有人认为法国探险家拉斯卡波特是最早使用"高贵"（noble）一词来描述印第安人的欧洲人。[②]有人则认为德里登是使用这一概念的第一人，他 1672 年在《格兰纳达的征服》中借土著人阿尔曼佐之口说出："我是我自己的国王，我如同大自然首先造人的时候那般自由。当臣服的基本法开始的时候，当野生动物在丛林中游荡的时候，高贵的野蛮人穿行其中。"[③]拉洪坦（Baron Lahontan）男爵也借休伦人酋长阿德里欧（Adiro）之口歌颂了休伦人远离"诡计和奸诈"、无拘无束的生活方式，表达了他本人对这种生活的向往，并以此来批判欧洲社会的堕落和腐朽。[④]如果说拉斯卡波特等人还仅是利用高贵的野蛮人来描述印第安人的一种品质的话，那卢梭则被认为是在欧洲倡导高贵的野蛮人的最积极的代表。他从其浪漫主义的性善论出发，认为印第安人代表了人类没有被现代社会所污染的纯真、善良的本性，过着"自由、富足、真诚和幸福的生活"。[⑤]因此，如同处女地假说一样，高贵的野蛮人形象与其说是对北美早期印第安人生活情况的描述，毋宁说是欧洲人根据自己的需要而创造的这样一种观念，这是当时欧洲的社会背景、使用者的主观意图和经历，以及对印第安人的片面理解的产物，但无论是探险者还是欧洲哲学家，他们在使用高贵的野蛮人这一概念的时候，至少表明他们对北美印第安人没有恶意。

然而，随着白人殖民者在北美站稳脚跟，印白关系也从最初的蜜月期走向对立。虽然在毛皮边疆下，白人仍然需要印第安人作为猎手为他们提供动

---

① H. N. Fairchild, *The Noble Savage: A Study in Romantic Naturalism*, New York: Columbia University Press, 1928, p. 2.

② Marc Lescarbot, *Noua Francia, or, The Description of that Part of New France*, London: Andrew Hebb, 1609, p. 257.

③ John Dryden, *The Conquest of Granada by the Spaniards*, Printed by T. N. for Henry Herringman, 1672, the first part, p. 7.

④ Baron Lahontan, *New Voyages to North-America*, London: H. Bonwicke et al., 1703, Vol. 1, Preface; Vol. 2, pp. 123-125.

⑤ Jean Jacques Rouseau, *The Social Contract and the First and Second Discourses*, edited by Susan Dunn et al., New Haven: Yale University Press, 2002, p. 120.

物毛皮，双方仍然维持着合作关系，但在农业边疆中，印第安人对白人来说，却是阻碍，后者所需要的仅仅是前者为他们空出土地，印白关系由此交恶：1622 年，弗吉尼亚的殖民者与波瓦坦联盟发生冲突；1637 年，新英格兰殖民者发起了讨伐皮阔特人的战争。以这两次冲突为标志，白人倡导处女地假说的动机发生了改变：如果此前是寻找失落的伊甸园的话，那此后则是通过辛勤劳动，在美洲大陆通过披荆斩棘，征服荒野，建立人间伊甸园。相应地，他们关于伊甸园和高贵的印第安人的描述少了，取而代之的则是对这里的荒野和原居民的贬低。"在 17 世纪的弗吉尼亚人眼里，印第安人不再是一种处于非常无知状态下的人的形象，而是挡在文明进步道路上的凶残而可怕的敌人。"①

第一，征服自然的观念在北美大陆得到了充分发展。自从白人登上北美大陆之日起，自然就被他们当作必须加以征服的敌人而存在。充满危险、被隐天蔽日的森林所覆盖的荒野不仅在道德上是恶的象征，是文明的对立面，而且是野兽和印第安人出没的地方，连白人的安全甚至必需的食物和住所，也都需要克服蛮荒的自然环境才能取得。因此，在当时的北美殖民地，将荒野转变成为花园的欲望是一个有着不同原因的共同目标：有的是功利主义的，也有的是乌托邦的，还有许多殖民者渴望将这里的地貌转变得如同他们所熟悉的英国乡村一样。②早在 1654 年，新英格兰历史学者爱德华·约翰逊（Edward Johnson）在比较本地区清教徒到来后的变化时，就以骄傲的口气描述道："这片遥远、荒凉、多石、荆棘丛生和充满树木的荒野……如今，通过基督的仁慈，在如此短的时间内变成了肥沃的第二个英格兰，这真是世界的奇迹。"③

第二，白人殖民者通过刻意渲染北美大陆的原始状态，把北美大陆描绘成一片未经开发的处女地，从而为他们通过所谓的"文明""进步"的手段掠夺印第安人的土地寻找理论依据。塞缪尔·伯卡斯可以说是运用处女地理论否认印第安人土地权利的典型。根据他的说法，北美大陆是"没有人的荒

---

① R. H. Pearce: *Savagism and Civilization: A Study of the Indian and the American Mind*, Berkeley: University of California Press, 1988, p. 11.

② Daniel G. Payne, *Voices in the Wilderness: American Nature Writing and Environmental Politics*, Hanover: University of New England Press, 1996, p. 12.

③ Edward Johnson, *Wonder-Working Providence of Sions Saviour in New England*, Vol. Ⅱ, Andover: Published by Warren F. Draper, 1867, p. 173.

野，而野蛮人仅仅在上面穿梭而不是定居"，而且他们对白人的攻击已经使其失去了拥有土地的权利，因此，"弗吉尼亚的丰富资源，自从创世纪以来它一直保持的处女地，所有这一切都是如下工作的酬劳：英明的上帝已经赋予这片蛮荒之地以富饶，而这正是吸引基督徒之处"①。1629 年，约翰·温斯罗普在阐述其分离的理由时说道："整个世界都是主的花园，而他已把这给予了亚当的后人去耕种和改良，那我们为什么在居住地忍饥挨饿，而与此同时却让本来能够物产丰饶的整片国土处于闲置状态而不去改良呢？"②普利茅斯殖民地总督威廉·布拉德福德也声称：他们所定居的地区是"美洲一片广阔无边、无人居住的土地，十分富饶，适宜定居，找不到任何文明居民，只有一些野蛮残暴的人出没其间，而这些人与这里出没的野兽并无多大差别"③。在殖民地时期这两大理论家眼里，北美大陆是一片无人定居的荒野，是无主的土地，因此，白人根据《圣经》中上帝的指示，向这里扩张定居，彰显主的荣耀。这种使命观其实是 19 世纪美国"天定命运"（Manifest Destiny）思想的雏形。

　　第三，通过宣传文明与野蛮的对立，否认印第安人对土地的所有权，为驱逐他们寻找借口。文明与野蛮的对立理论是近代欧洲殖民者发明出来以对其他弱小民族进行征服的一个非常便捷的借口。印第安问题专家雅各布斯指出："把弗吉尼亚的印第安人标榜为可怕的野蛮人可以让殖民者名正言顺地占领土著人的土地。"④詹宁斯认为：通常情况下，侵犯弱势群体的土地会遭到道义上的指责，但野蛮人除外，"给予野蛮的定义，他们就被排除在道德和法律的制裁之外了"⑤。新英格兰的早期殖民者通过贬低印第安人对环境的影响，否认他们对所居住的土地的权利，千方百计地为他们侵占印第安人土地的扩张行为寻找理由。清教徒罗伯特·库什曼称：印第安人"不勤

---

　　① Samuel Purchas, *Hakluytus Posthumus or Purchas His Pilgrimes*, Vol. 19, Glasgow: James Maclehose and Sons, 1906, pp. 231-232.

　　② John Winthrop, "General Considerations for the Plantation in New England", *A Collection of Original Papers Relative to the Early History of the Colony of the Massachusets Bay*, Boston: printed by Thomas and John Fleet, 1769, pp. 27-28.

　　③ William Bradford, *A Relation or Journal of the Beginning and Proceeding of the English Plantation Settled at Plymouth in New England*, London: printed [by J. Dawson] for John Bellamie, 1622, p. 68.

　　④ W. R. Jacobs, *Dispossessing the American Indian: Indians and Whites on the Colonial Frontier*, Norman: University of Oklahoma Press, 1985, p. 108.

　　⑤ Francis Jennings, *The Invasion of America: Indians, Colonialism and the Cant of Conquest*, New York: W. W. Norton &Company, 1975, p. 60.

奋，既没有艺术、科学、技术或手段来利用他们的土地或上面的商品，仅仅是糟蹋和破坏，而且因为缺乏肥料、采集和其他活动而损害了土地……他们仅仅是像狐狸或其他野兽那样穿过草地"。①库什曼通过将印第安人与狐狸和兔子等野兽穿越草地的行为相类比，否认印第安人对北美土地的影响，通过鼓吹荒野处女地理论为白人的掠夺行为辩护。而普利茅斯的殖民领袖温斯罗普则认为：新英格兰的印第安人，"没有圈占任何土地，没有任何固定的居所，也没有什么驯养的牲畜来改良土地，因而他们只对这些地区拥有自然的权利，而别无其他。"②新英格兰殖民地的弗朗西斯·希金森也持相似的理由："印第安人甚至不能把 1/4 的土地加以利用，他们既没有固定的像城镇那样的住所，也没有任何土地归个人所有，只是从一个地点到另一个地点变换他们的栖息地。"③根据温斯罗普等人的理论，印第安人对北美土地所拥有的仅仅是一种自然的权利而不是一种民事权利，而当白人需要耕种这些土地时，印第安人的这种自然的权利就要被白人的民事权利所取代，把土地交给白人。

第四，随着两个种族冲突的加深，与高贵的印第安人对立的另一种嗜血、残忍的野蛮的印第安人的形象逐渐成为主流。印第安人在白人的文化观念中，其实是一种他者的形象，白人根据自己的需要来构建印第安人的形象。当白人需要一个纯真自然的印第安人的形象来批判腐朽的欧洲社会的时候，他们就强调后者高贵的一面，此即高贵的印第安人；而当需要强调征服，需要一场运动来消灭印第安人的时候，则突出印第安人的野蛮、嗜血等反面形象，此即野蛮的印第安人。④弗吉尼亚人塞缪尔·伯卡斯可以说是这方面转化的一个典型，他在 1622 年战争前，还对印第安人多有溢美之词，而在战争以后，则成为印第安人的坚决反对者。他攻击印第安人的恶毒言辞早已为学界所熟知："如此美好的土地，如此野蛮的人们，他们除了徒具人形外，没有一点人性，不知道文明、艺术和宗教为何物，比他们所猎取的野

---

① Alexander Young, ed., *Chronicles of the Pilgrim Fathers of the Colony of Plymouth: From 1602-1625*, Boston: Charles Little and James Brown, 1841, p. 243.

② William Cronon, *Changes in the Land: Indians, Colonists and the Ecology of New England*, New York: Hill and Wang, 1983, p. 56.

③ Francis Higginson, "New England's Plantation", in Alexander Young, ed., *Chronicles of the First Planters of the Colony of Massachusetts Bay*, Boston: Charles C. Little and James Brown, 1846, p. 256.

④ Philip Deloria, *Playing Indians*, Hartford: Yale leniversity Press, 2002, p. 4.

兽还野蛮。"①殖民地时期著名的清教徒科顿·马瑟也对印第安人充满刻骨的仇恨：称他们是"古铜色异教徒，比地球上所孕育的最邪恶的魔鬼还要邪恶"，并称清教徒"乐意与他们进行任何战争"。②如伯卡斯一样，史密斯在1622 年也把印第安人贬低为"残忍的野兽"，甚至"比野兽还要更加野蛮"。③随着白人殖民者与印第安人矛盾的加深，关于野蛮的印第安人的假说逐渐取代原来的高贵的印第安人形象，成为 20 世纪以前美国文化的主流。

总之，在北美殖民地建立初期，随着白人殖民者与印第安人关系的转换，美洲处女地假说的内容也随之变化：从原来令人羡慕的伊甸园般的人间天堂，流淌着奶和蜜的迦南转换成了一片原始状态的荒野，原来被看作未受文明玷污的天真无邪的高贵的印第安人形象也随之变成了充满贬义的嗜血、野蛮、落后的野蛮者形象，从而为白人在美洲的生态扩张和对印第安人的殖民征服提供了理论基础。

然而，随着七年战争后北美大陆上列强争霸形势的变化，经过独立战争洗礼的美国进入大陆扩张时期，成群结队的白人移民越过阿巴拉契亚山脉，不断把美国的西部边疆向着太平洋推进。而在白人移民狂飙突进的西进运动中，处女地假说也焕发新的活力，并增添新的内容，继续为白人的殖民扩张保驾护航。

（三）西部处女地：印第安人的噩梦

自从历史学家弗雷德里克·特纳提出著名的"边疆假说"以来，边疆成为解释美国建国后大陆扩张的一个便利的工具。按照特纳的说法，边疆是文明与野蛮的分界线，而边疆的不断向西部推进，所代表的是文明对野蛮的胜利，即白人拓殖者所代表的基督教现代文明对印第安人所代表的野蛮的胜利。在美国西部边疆史上，对自然的征服与对北美土著居民的征服是一个并行不悖的进程。印第安人被一步步向西驱赶进保留地，为白人拓殖者空出土

---

① Samuel Purchas, *Hakluytus Posthumus or Purchas His Pilgrimes*, Vol. 19, Glasgow: James Maclehose and Sons, 1906, p. 231.

② Alden Vaughan, *Roots of American Racism: Essays on the Colonial Experience*, New York: Oxford University Press, 1995, p. 24.

③ Francis Jennings, *The Invasion of America: Indians, Colonialism and the Cant of Conquest*, New York: W. W. Norton &Company, 1975, p. 79.

地。而白人农场主则砍伐森林，开发资源，建立农场。随着边疆线的西移，一系列村镇在其后面成长起来。直到 19 世纪 90 年代，最后一块土地俄克拉荷马迅速被占满。按照美国人口调查局的统计，美国西部的人口平均每平方英里（约 2.59 平方千米）已经达到 2 人，边疆线不存在了。边疆的消失标志着长达一个多世纪的大陆扩张时代的结束，美国此后开始了海外扩张的历程。特纳的"边疆假说"虽然不严密，但却提供了一个分析美国西部历史的极好的视角。因此，该假说从诞生到现在 100 多年的时间里，虽然不断被批评、被修正，但仍然为学者们所借鉴。从某种程度上说，亨利·纳什·史密斯的《处女地：作为象征和神话的美国西部》就是从文化史的角度对特纳的边疆假说所做的注解和修正。

　　史密斯的著作，名为处女地，其实研究的并不是生态意义上的处女地，而是文化观念中的处女地情节在美国西部边疆史上的建构问题。按照史密斯本人的说法："我所说的神话与象征，它们是集体意识的表现而不是某一个心灵的产物。我的目的不是要讨论这些想象的产物是否准确反映客观事实，它们是存在于不同平面上的问题，我所试图表达的观点是：它们有时对实际事务发挥着决定性影响。"①因此，在史密斯的著作中，处女地其实是对美国西部边疆的另一个称呼而已。史密斯的著作分三个主题来研究作为象征与神话的西部处女地在美国历史上的意义：其一，通往印度之路。意味着美国人继承了自 15 世纪以来欧洲白人殖民者寻找东方财富、探寻伊甸园的努力，而美国西部则是白人扩张的"最好的、最后的边疆"，即最后的伊甸园和处女地。其二，蛮荒的西部及皮袜子的故事。探索白人征服荒野及战胜印第安人的"英雄"壮举，是白人殖民者通过劳动，改造荒野，建立人间天堂的过程。其三，西部是花园。对拓荒农场主来说，西部意味着发财致富和个人成功的机会，是杰斐逊的民主梦想的试验田和农场主的希望之地。②

　　史密斯笔下的西部处女地由两大神话组成。一个是帝国神话，这一神话是通过该书第一部分"通向印度之路"来表达的。寻找通往东方的道路是欧洲殖民者自新大陆发现时期就已存在的梦想，无数的航海家和探险家们为此以身犯险，先是向北美西北和东北海域探险，试图寻找与南半球的麦哲伦海

---

① Henry Nash Smith, *Virgin Land: The American West as Symbol and Myth*, Cambridge: Harvard University Press, 1978, p. XI.

② George W. Pierson, Reviewed Work(s): *Virgin Land: The American West as Symbol and Myth*, by Henry Nash Smith, *The William and Mary Quarterly*, Vol. 7, No. 3, Jul., 1950, p. 474.

峡并列的北方水道。后来他们又试图通过陆地上的大河探寻通往太平洋的道路。而美国的西部开发从一定意义上就是上述扩张梦想的一个新版本。支持美国人向西部扩张的一个信念是"只有依靠开发、发展和定居西部的土地才能履行天命"，①此即美国扩张的使命观。而这种使命观的具体体现就是著名的天定命运假说。学界一般认为奥沙利文是这一观念的始作俑者，他在 1845 年的一篇文章中正式使用"显然天命"一词，不过这一思想早在 19 世纪 20－30 年代就已经初见雏形，包括杰斐逊、约翰·昆西·亚当斯、杰克逊等著名政治家都曾不同程度地表露过这一观念。②在 19 世纪 40 年代这一观念成为许多政治家用来支持美国大陆扩张的理论武器。如著名的政治家托马斯·本顿声称："似乎白人种族独自收到了神圣的命令，去征服和充实地球，因为它是唯一一个遵循它的种族，唯一一个寻求新的遥远的土地，甚至是去征服和殖民一个新世界的种族。"③本顿在 1849 年的一次演讲中更是明确地提出："穿过我们国家的中心的通向印度的美国之路，将会使我们到过的沿途的奇迹复苏，并使它们黯然失色。从太平洋到密西西比的西部荒野之地将在它的接触之下开始呈现生机。"④另一位扩张主义的吹鼓手威廉·吉尔平也在 1846 年说道："美国人不可变更的命运就是征服整个大陆，冲过这片土地直达太平洋……"⑤吉尔平还根据"等温线"理论，认为美国在向西部的扩张中，会以密西西比盆地为中心建立一个新的人类帝国。⑥美国人在追梦的过程中将殖民扩张的边疆一直推进到了太平洋，建立起了一个横跨两洋的殖民帝国。

另一个神话就是著名的花园神话。花园神话不同于新大陆发现初期寻找

---

① 见亨利·纳什·史密斯：《处女地：作为象征和神话的美国西部》中译本序言，薛蕃康、费翰章译，上海：上海外语教育出版社 1991 年版，第 IV 页。

② 相关情况可参阅：Shane Mountjoy, *Manifest Destiny: Westward Expansion*, New York: Chelsea House, 2009, pp. 9-35.

③ United States Congress, *The Congressional Globe: New Series, First Session of Twenty-ninth Congress*, Washington D. C.: Printed at the office of Blair and Rives, Vol. 86, No. 58, June 3, 1846, p. 918.

④ United States Congress, *The Congressional Globe: New Series, Second Session of Thirtieth Congress*, Washington D. C.: Printed at the office of Blair and Rives, 1849, p. 473.

⑤ William Gilpin, "William Gilpin's Report to the Senate in March 17, 1846", in *Public Documents Published by the Order of the Senate of the United States, First Session of Twenty-ninth Congress*, Vol. 5, Containing Documents from No. 196 to No. 306, Washington D. C.: Printed by Ritchie and Heiss, 1846, p. 46.

⑥ William Gilpin, *The Central Gold Region: The Grain, Pastoral, and Gold Region of North America*, Philadelphia: Sower, Barnes & Co., 1860, p. 133.

伊甸园的故事，它是在承认西部是荒野处女地的基础上展开的。这一神话的内容是：通过美国边疆开发者的辛勤努力，西部荒野会变成繁荣的城镇和人间天堂。1797 年，一位名叫詹姆斯·史密斯的牧师在俄亥俄的游记堪称是这种花园梦想的完美体现："将来有一天当这些森林被垦殖，当耶稣的福音传遍这个正在升起的共和政体的时候……这里将是一片乐土！芳香的园子，快乐的天堂！"①西部边疆对于各类白人殖民者来说，都意味着机会和梦想，无论是独立农场主、牧场主、采矿业者，还是各种农业乌托邦的实验者，都从西部看到了发财致富和走向成功的机会。西部是美国个人主义精神的试验场。边疆学派的著名代表人物比林顿指出："边疆是机会、力量和财富的源泉这一信念，在美国传统中根深蒂固。"②因此，西部花园神话所代表的是一种乐观、不断进取、相信机会总在前面的心态和观念。在花园神话中，关于西部的悲观观念是没有多少市场的，如 19 世纪 30 年代曾短暂流行的"美洲大沙漠"观念，很快就被较为乐观的"雨随犁至"（rain follows the plough）而取代。吉尔平早在内战前就曾经乐观地预测："大平原不是沙漠，恰恰相反，它是正在崛起于北美大陆的未来帝国的中心。"③美国人坚信，通过他们的辛勤劳动，蛮荒的西部会变成人间花园，而在这一过程中，他们也实现了自身的价值。旱作农业的倡导者 H. W. 坎贝尔（Hardy Webster Campbell）则在 1909 年信心十足地宣称："我相信一个事实，即现在正在形成自己特色的这个地区注定会是世界上最后的和最好的谷物的花园。"④

而无论是帝国神话，还是花园神话，它们都是通过征服自然和征服印第安人而实现的，因此，白人的成功对大自然来说意味着美国现代化的生态悲剧，对印第安人来说意味着社会灾难。在美国建国后向西部开发的大潮中，原本在 17－18 世纪已经崭露头角的种族主义、机械主义自然观、文明观、

---

① Josiah Morrow, ed., "Tours into Kentucky and the Northwest Territory-Sketch of Rev. James Smith", *Ohio Archeological and Historical Quarterly*, Vol. 16, Columbus: published for the society by Fred J. Heer, 1907, p. 396.

② 雷·艾伦·比林顿：《向西部扩张：美国边疆史》下卷，韩维纯译，北京：商务印书馆 1991 年版，第 434 页。

③ William Gilpin, *The Central Gold Region: The Grain, Pastoral, and Gold Region of North America*, Philadelphia: Sower, Barnes & Co., 1860, p. 120.

④ H. W. Campbell, "The Future of the West under Scientific Tillage" (originally published in *Proceedings of the Fourth Annual Session of Dry Farming Congress*, Billings, Montana, 1909), in *The Dry Farming Congress Bulletins*, Vol. 3, No. 3, Feb., 1910, p. 144.

使命观等各种文化偏见在 19 世纪发展到登峰造极的地步，结果形成了美国发展史上最大的生态灾难和人道主义危机，环境遭到极大的破坏，而印第安人也成为美国征服自然的生态牺牲品。

　　首先，是征服自然观念的空前膨胀。随着美国向西部的扩张，原来殖民地时期已经出现的征服自然观念不仅没有减弱，反而在步步加强。到 19 世纪初，新英格兰的农业革新家亨利·科尔曼（Henry Colman）甚至模仿培根的口气呼吁征服自然："在这里，人民对自然行使统治权……命令他所涉足的地球显露其隐秘的能量……迫使无生机的地球布满生命；并为无数依靠其乳汁和慷慨而生存的人们带来营养、力量、健康和幸福。"①科尔曼还宣称："试图将人类的领地扩展到自然中去的努力，是所有雄心中最为健康和最为高贵的一种。"②1830 年，密歇根领地的老兵兼参议员刘易斯·凯斯也大声疾呼："毫无疑问，造物主试图让地球从自然的状态下变为有用之地，并被开垦。"③在这种充满使命观的征服自然思想的指导下，美国西部开发演变成一场生态灾难。

　　其次，对印第安人权利的全面否定。美国独立以后，随着民族主义的兴起，原来的文明——野蛮二元对立的理论获得进一步发展，作为荒野代表的印第安人自然也备受敌视，征服印第安人成为美国人征服荒野的一个副产品。其结果就是：对印第安人的否定意见逐渐成为 19 世纪的主流意识，邪恶的野蛮人形象广为流传。用巴奈特（Louise K. Barnett）的话说，"印第安人，就定义而言，本身就完全是一种低贱的生物。"④史密斯指出："文明论在 19 世纪就被用来为一些不光彩的行径——包括欧洲对世界各地土著人民的掠夺——作辩解。"⑤弗吉尼亚在征服塞米诺尔人时所持的理由也是："人类的进步受到束缚，因此，对于世界上最漂亮、肥沃的这片土地作为几个野

　　① Henry Colman, *An Address before the Hampshire, Franklin, and Hampden Agricultural Society, Delivered in Greenfield*, printed by Phelps and Ingersoll, 1833, p. 5.

　　② Carolyn Merchant, *Ecological Revolution: Nature, Gender and Science in New England*, Chapel Hill: University of North Carolina Press, 1989, p. 203.

　　③ Lewis Cass, "Removal of the Indians", *North American Review*, Vol. 30, No. 66, Januay, 1830, p. 77.

　　④ Ter Ellingson, *The Myth of Noble Savage*, Berkeley: University of California Press, 2001, p. 195.

　　⑤ 亨利·纳什·史密斯：《处女地：作为象征和神话的美国西部》，薛蕃康、费翰章译，上海：上海外语教育出版社 1991 年版，第 264 页。

蛮人的猎场而处于永久荒芜状态而予以谴责。"①伊利诺伊领地的总督哈里森的疑问堪称白人剥夺印第安人的经典理由："当造物主已经注定了要用它们来支持大量的人口，并使其成为文明、科学和真正宗教的中心的时候，世界上最肥沃的部分仍然处于自然状态，仅仅是几个邪恶的野蛮人的猎场，［这样合理吗］？"②1844 年，领导向西部移民的领袖怀特曼（Marcus Whitman）称道："我完全相信，当一个民族不能或者忽视了去完成造物主的安排的时候，他们不应该抱怨结果，同样，基督教徒对于他们的记述感到焦虑同样是徒劳的。印第安人在任何情况下都没有遵照（上帝的）要求去增加和布满地球，因而他们挡在别人如此做的路上。"③1833 年，一位德国移民面对西部荒野，道出了普通民众对于印第安人和文明进步的态度："你这邪恶的荒野，现在只是野兽、有害而可恶的歹徒以及几个零星的印第安人居住的地方，将很快成为幸福而智慧的人们的欢乐的居所。"④而在大草原的征服中，美国的军事将领们更是将屠杀野牛和消灭印第安人联系起来，把屠杀野牛看作是消灭印第安人的一个有效途径。1869－1870 年期间驻扎在密苏里的陆军中将约翰·斯科菲尔德 （John M. Schofield）则宣称："在我的一生中我最喜欢的工作莫过于清除野蛮人，并捣毁他们的食物，直到在我们美丽的国家里没有一片印第安人边疆为止。"⑤

　　在 19 世纪所笼罩的浓厚的社会达尔文主义和种族优越论的氛围下，科技进步、文明战胜野蛮的乐观主义情绪充斥着欧美社会。印第安人成为美国西部扩张的生态牺牲品。在汹涌的白人移民浪潮和军队的征讨下，与白人移民的边疆呈波浪状向西部推进形成鲜明对比的是，印第安人步步西退，直到 19 世纪末被驱赶进保留地中。根据美国人口调查局 1894 年的统计，从美国独立战争结束到 19 世纪末期印第安人被全部赶进保留地的一百多年的时间里，印白之间较大规模的冲突至少有 40 次。在这些冲突中，有 1.9 万名白

---

① United States Congress, Thomas Benton, *Abridgment of the Debates of Congress from 1789 to 1856*, Vol. 6, New York: D. Appleton & Company, 1858, p. 282.

② Moses Dawson, ed., *A Historical Narrative of the Civil and Military Service of Major-General William H. Harrison*, Cincinnati: Printed by M. Dawson, 1824, p. 169.

③ Oliver Woodson Nixon, *How Marcus Whitman Saved Oregon: A True Romance of Patriotic Heroism*, Chicago: Star Publishing Company, 1895, p. 59.

④ John Adolphus Etzler, *The Paradise within the Reach of All Men, Without Labour, by Powers of Nature and Machinery, An Address to All Intelligent Men*, Pittsburg: published by Etzler and Reihold, 1833, p. 6.

⑤ Lieutenant-General John M. Schofield, *Forty Six Years in the Army*, The Century Co. 1897, p. 428.

人死亡，而印第安人则死亡 3 万人。不过该调查也承认，无法确定确切的死亡人数，实际死亡人数至少会比这个数字高出 50%。①到 1933 年，美国印第安人的人口减少到大约二十多万人，分散在大大小小二百多个保留地中，只剩下大约 4800 万英亩土地。②

（四）小　结

西部边疆开发创造了美国现代化发展的神话，而处女地假说则为美国人向西部扩张、驱逐印第安人提供了道德上的护身符，在文明战胜野蛮的旗帜之下，他们可以心安理得地掠夺印第安人的土地，征讨和驱逐他们，直到他们被赶进自然条件极端恶劣的保留地中，成为一个没有希望的种族。环境史学家麦茜特指出："新世界的伊甸园变成了殖民化的伊甸园，欧洲白人位于花园的中心，而印第安人和黑人即便没有被排除，也被贬到了边缘的地位。"③面对印第安人的苦难，美国社会的一些良心派人士开始反思，呼吁美国政府改变对印第安人的不公正政策。1865 年，《纽约时报》的一篇社论称："这个国家对印第安人的处理构成了现代历史中最为无耻的一个章节。"④20 世纪以后，随着美国社会对印第安人改革呼声的增高，印白关系进入一个新的历史阶段。

（本章部分内容原载于《历史研究》2011 年第 4 期、《郑州大学学报》2012 年第 5 期和《首都师大学报》2020 年第 2 期，收入时有所删节）

---

① Bureau of Census, *Report on Indians Taxed and not Taxed in the United States*, Washington D. C.: Government Printing Office, 1894, pp. 637-638.

② Albert L. Hurtado, Peter Iverson, eds., *Major Problems in American Indian History: Documents and Essays*, Boston: Houghton Mifflin Company, 2001, p. 410.

③ Carolyn Merchant, *Reinventing Eden: The Fate of Nature in Western Culture*, New York: Routledge, 2003, p. 137.

④ Robert G. Hays, ed., *A Race at Bay: New York Times Editorials on "the Indian Problem", 1860-1900*, Carbondale: University of Southern Illinois Press, 1997, p. 58.

第二章　毛皮边疆的历史变迁：
一项跨国史的研究

　　海狸（beaver）是仅次于南美水豚的第二大啮齿动物，曾在史前时期广泛分布在世界各地。科学家根据对发现的化石的研究，得出结论认为：生活在 100 万年前的古代海狸要比现在的海狸大的多，有 2.75 米长，重达 60－100 公斤，相当于现代海狸的 5－6 倍。现在生存下来的海狸只有两个亚种：即北美海狸和欧亚海狸。两者体型大体相当，在生物特征和习性方面略有差异。我国除了在新疆有少量的海狸分布外，大部分地区没有这种动物存在。不过在北美洲，海狸却是一种常见的啮齿动物，曾经广泛分布在北美的广大地区。北美海狸一般 40－50 磅（约 18.1－22.7 千克）重，体长可以达到 1.2 米。

　　海狸全身布满浓密的毛发，这些毛发分为两层，外面是稀疏的粗硬长毛，长约 5－6 厘米，下面是紧贴身体的浓密的细毛，长约 2－3 厘米，达到每平方厘米 1.2 万－2.3 万根。一张成年海狸皮平均重 1.5－1.75 磅（约 0.68－0.79 千克），个别的可以达到 2 磅（约 0.9 千克）。在显微镜下观察，每一根海狸毛发上的鳞片都相互重叠，类似倒钩，压制成毛毡后不易变形。海狸的毛皮具有很好的保暖和防水功能，是制作帽子的上好材料。对当时的欧洲人来说，海狸毛皮具有极高的经济价值，因此成为毛皮贸易的中心商品。

一、毛皮贸易在北美历史上的重要意义

　　毛皮贸易（fur trade）是北美历史早期一种重要的边疆开发形式。自从

白人殖民者踏上北美的土地起，最初的交换就开始了。直到 19 世纪 70 年代前，在南到墨西哥湾、北至哈得逊湾沿岸，从大西洋直到太平洋岸边的广阔范围内，都曾经出现过这种经济形式。这是一种同传统的农业边疆截然不同的边疆开发模式，虽然一直抵制发展农业，但它却在客观上为后来的农业移民提供了若干准备条件。毛皮贸易曾经是新法兰西存在的基础，也是列强争霸和促使他们深入北美大陆内部的关键因素。然而，对于北美乃至欧洲历史的发展如此重要的这种经济形式似乎没有受到学术界应有的重视。在加拿大，虽然有哈罗德·因尼斯（Harold A. Innis）的《加拿大的毛皮贸易》、E. E. 里奇的《毛皮贸易与 1857 年前的西北地区》和彼得·纽曼（Peter C. Newman）所著的《海湾帝国》等一些重要的论著的研究，美国也有像李·伯克等的《美国西部的毛皮贸易》（*The Fur Trade in the American West : An Exhibition*）和约翰·桑德的《1840－1865 年间上密苏里地区的毛皮贸易》（*The Fur Trade on the Upper Missouri, 1840－1865*）等许多优秀著作的问世，但大都局限于本国范围，要了解这一边疆发展的来龙去脉，研究它对于北美历史发展的影响，还需要从跨国史的角度，即从整个北美的广阔视野内对这一重要的经济活动予以考察。

（一）一部为了毛皮利益而疯狂争夺的历史

人类社会对动物毛皮的需求由来已久，毛皮贸易的历史至少可以追溯到奴隶社会，罗马帝国的商人们就曾经从北面的游牧部族那里获得毛皮。随着社会的发展，毛皮的目的不再仅仅是为了保暖，而是一种重要的地位象征，"是上层阶级行头中不可缺少的一部分"。[1]但在人类的肆意捕杀下，欧洲的毛皮动物来源逐渐枯竭，而上层的需求却与日俱增，英王亨利八世的一件紫貂皮长袍，曾用去了 350 张皮子。1424 年，苏格兰国王被迫下令禁止貂鼠皮出口。

狭义上的北美毛皮贸易仅指猎取和交换带有优质皮毛的动物毛皮的交换行为，当时毛皮贸易中最重要的商品是海狸皮，其次是貂皮、狐狸皮和熊皮等；而广义上的毛皮贸易还包括交换动物皮革的行为，如北美东南部的白尾鹿皮、西北地区的驯鹿皮和麋鹿皮以及大草原上的野牛皮交易等。不过，海

---

① 克莱夫·庞廷：《环境与伟大文明的衰落》，王毅、张学广译，上海：上海人民出版社 2002 年版，第 200 页。

狸皮贸易是整个毛皮贸易的核心，在交换的过程中，它是最基本和最重要的毛皮，其他动物的毛皮和交换的商品都要换算成海狸皮来计算。一张成年的海狸皮通常可以抵得上下列物品的价值：3 张貂皮；2 张普通的水獭皮；1 张狐狸皮；2 张鹿皮；1 张麋鹿皮；1 磅（约 0.45 千克）海狸醚（海狸的性腺物，是捕捉海狸的诱饵）；1 张食鱼鼬皮（fisher）；10 磅（约 4.5 千克）羽毛；1 张小熊皮；2 张狼獾皮；8 只麋鹿蹄；4 �渔网。而 1 张优质的黑熊皮则通常可以换得 2 张海狸皮。如 1733 年哈得逊湾公司在詹姆斯湾的麋鹿河毛皮站，1 张上好的海狸皮可以兑换下列物品：0.5 磅（约 0.23 千克）珠子（米色的）；0.75 磅（约 0.34 千克）彩色的珠子；1 只黄铜壶；1 磅（约 0.45 千克）铅弹；1.5 磅（约 0.68 千克）火药或 2 磅（约 0.9 千克）糖。[①]

初期的欧洲探险者在北美大陆没有寻找到如南美大陆那样丰富的贵金属，于是就转而求其次，寻求其他容易获得的能够牟利的物质财富。在这种情况下，毛皮贸易同渔业、方木贸易等成为第一层次的大宗产品经济（staple economy）。而毛皮贸易之所以能够从其他大宗产品经济形式中脱颖而出，在北美历史上占据重要地位，是由下列主要因素决定的。

其一，北美的毛皮资源异常丰富，而且质地优良。在白人刚刚踏上美洲时，这里的动物资源异常丰富，北美毛皮交易的最主要产品是海狸皮，这种动物分布在南到墨西哥湾、北到哈得逊湾，从阿巴拉契亚山直到落基山约 2/3 的北美土地上。在欧洲人刚到时，北美约有 1000 万只海狸，每平方英里 10－50 只不等，年繁殖率 20%。[②]其他毛皮动物如狐狸、貂、狼、熊等也种类繁多，数量惊人。除了毛皮动物外，在北美的南部和广阔的大草原上，另外两种皮革供后来交换的动物——白尾鹿和野牛——数量也异常丰富。在欧洲人到达北美时，整个北美有 4000 万只白尾鹿。这种鹿不仅数量众多，而且繁殖力惊人，4 雌 2 雄共 6 只鹿，在 6 年内，可以变成 160 只。[③]而在 1500 年，野牛的数量估计在 6000 万到 7500 头之间。所以，欧

① Mari Sandoz, *The Beaver Men: Spear heads of Empire*, Lincoln: University of Nebraska Press, 1964, p. 137.

② Harold Innis, *The Fur Trade in Canada: An Introduction to Canadian Economic History*, Toronto: University of Toronto Press, 1956, p. 4; 有的学者则估计当时北美有超过 4000 万只海狸。

③ Shepard Krech Ⅲ, *The Ecological Indians: Myth and History*, New York: W. W. Norton & Company, 1999, p. 171.

洲人刚登上北美大陆时，在他们的眼里，到处都是可以赚钱的商品。

其二，毛皮贸易利润丰厚。当北美大陆刚刚开发之际，欧洲的毛皮动物严重短缺，而上流社会对动物毛皮的需求却有增无减，自 16 世纪后期开始，海狸皮制作的毡帽成为欧洲上流社会追逐的时尚。用美国历史学家沃尔特·奥莫拉的话说："拥有一件上好的海狸皮制品就是一名男人或女人的上流社会地位的证明。"①正是在这种时尚的带动下，海狸皮贸易成为当时牟利丰厚的行当。一张海狸皮运到欧洲市场上甚至可以得到 200 倍以上的利润。②例如，1669 年由英国的鲁波特王子率领的首次赴哈得逊湾的毛皮船队回到伦敦，其毛皮总共卖出了 1379 英镑，商船出售又得到 152 英镑，而装备这次旅行的总共费用才 650 英镑。③如果扣除工资和其他开支，首次航行盈利不算太多，但至少证明了航行到哈得逊湾地区去收集毛皮是有利可图的。因而在 1670 年，英国就授权成立了著名的哈得逊湾公司。此外，毛皮贸易的盛衰完全依赖于欧洲大陆的市场，不会与母国之间形成竞争关系，也是它受到各国青睐的一个重要原因。

其三，海狸皮贸易还有其他一些利于操作的优点。如分量较轻，平均每张毛皮只有 1.5 磅（约 0.68 千克）左右，而且体积不大，容易包装和运输。而且从事毛皮贸易初期的人力和物力投入都不需要太大，与其他大型的货物相比，更易于获利。新法兰西在全盛时期，控制整个路易斯安那的毛皮商人也不过上千人。也正是由于毛皮的这一特点，毛皮贸易能够很容易地从沿海深入到北美大陆内部，应对来自多方面的激烈竞争。

最初吸引欧洲人到北美东北海岸的是纽芬兰附近丰富的鳕鱼资源，附近的印第安人对于到纽芬兰岸上晒鱼的渔民随身携带的铁器及小镜子、小珠子等用品非常渴望，于是就拿出自己拥有的海狸皮同渔民们进行交换，这样，最初的交易就开始了，而渔民们也就成了最早的毛皮贸易商。1534 年，法国探险家卡蒂埃在圣劳伦斯湾探险的时候，就曾经同印第安人进行过交易，并记载说："他们把所有的东西都交换了，以至于个个都光着身子返回去了。"④正是由于具备了上述优点，毛皮贸易才从其他行业中脱颖而出，成

---

① Peter C. Newman, *Empire of the Bay*, Toronto: The Madison Press Ltd., 1989, p. 14.

② J. M. S. Careless, *Canada: A History of Challenge*, Toronto: Macmillan Company, 1963, p. 27.

③ Peter C. Newman, *Empire of the Bay*, Toronto: The Madison Press Ltd., 1989, p. 30.

④ Jacques Cartier, *A Short and Brief Narration of the Two Navigations and Discoveries to the Northwest parts Called New France*, imprinted at London by Bynneman, 1580, p. 17.

为北美历史上最具有传奇色彩的行业，以至于"150 年来，欧洲人对西部内陆地区的兴趣几乎一直仅限于毛皮贸易"。①

如果从 16 世纪初最初的交换算起，到 19 世纪 70 年代毛皮贸易作为一种重要的经济形式退出历史舞台，它总共在北美历史上经历了大约三个半世纪的时间。按照发展阶段，可以划成以下几个历史时期：从 16 世纪初到 1763 年，这是欧洲列强尤其是英法在北美争夺毛皮控制权的时期，争夺的区域主要集中在草原以东的美洲，焦点是五大湖周围和哈得逊湾沿岸；从 1763 年到 1840 年是第二个时期，主要是英属北美毛皮公司同美国毛皮公司之间为控制西部的毛皮资源而斗争的时期，争夺的范围从草原以东发展到落基山和太平洋岸边；1840 年以后，是毛皮贸易的尾声，这时期，北美的毛皮资源已经大量减少，而且欧洲的海狸皮热也已经过时，毛皮的重要性大大降低，不再在北美历史上占据重要地位，毛皮贸易作为一种经济形式退出历史舞台。

毛皮贸易的历史就是一部列强为了争夺毛皮资源而血腥争霸的历史。1608 年，法国为了控制圣劳伦斯地区的毛皮资源，在尚普兰的领导下，创建了新法兰西；1614 年，荷兰商人在哈得逊河口建立新阿姆斯特丹，插手这里的毛皮事务；1620 年，英国人也开始在普利茅斯建立定居点，大西洋岸边的毛皮贸易的争夺战由此拉开了大幕。虽然俄国、西班牙、瑞典和荷兰都曾经染指过北美的毛皮贸易，但真正的争夺是在英法之间展开的。法国人以蒙特利尔和圣劳伦斯河为中心，依靠独木舟和纵横交错的河流系统在北美大陆创建了一个庞大的毛皮帝国。然而，法国人的扩张遇到了英国人的激烈挑战。英国人争夺海狸皮的活动主要集中在两个地区：一是新英格兰，以纽约为中心，向阿巴拉契亚山以西和大湖地区渗透；另一个是哈得逊湾周围。1670 年，英王授权成立哈得逊湾公司，垄断所有流入哈得逊湾的河流流域的毛皮贸易。这样看来，英法争霸的形势就再明显不过了，法国人力图把英国人向东圈在阿巴拉契亚山脉以东，向北赶出哈得逊湾；而英国则试图南北夹击，把法国人当作三明治吞下去。英法两国在南北两侧的接触带上，不可避免地发生冲突。从 1683 年开始，结合英法在欧洲的争霸战争，两国在北美大陆的斗争也从对毛皮产地的争夺演化为流血冲突。直到七年战争中法国战败，并根据 1763 年签订的《巴黎和约》，它在北美大陆的殖民地除了两

---

① Genald Friesen, *The Canadian Prairies: A History*, Toronto: University of Toronto Press, 1984, p. 45.

个小岛外全部易手，法国也从此退出了北美大陆的毛皮事业。

然而，法国人的退出仅仅是北美毛皮贸易史上一个阶段的结束，只要毛皮贸易仍然有厚利可图，对它的争夺就不会停止。首先是在今天加拿大境内由新英格兰的商人加入而重组的蒙特利尔毛皮集团与原来的哈得逊湾公司之间展开了新一轮的争夺。最终以蒙特利尔为基础的西北公司在 1821 年被合并入哈得逊湾公司，从此开始了海湾公司在加拿大毛皮贸易中的垄断统治。就在海湾公司同西北公司为了西北地区的毛皮资源而争斗之时，它们也没有忘记同新独立的美国人争夺落基山区和俄勒冈地区的毛皮资源，并在 19 世纪 40 年代把美国商人基本赶出了落基山区。

在三个多世纪的毛皮争夺中，白人殖民者获得了丰厚的利润，这是支撑整个毛皮帝国生存的根本动力。毛皮贸易的丰厚利润是新法兰西存在的基础，每年从蒙特利尔运出的毛皮数量随着欧洲市场上的价格而变动。在法国政府接管了新法兰西以后，毛皮的输出量增长很快。1675－1685 年，新法兰西每年输出的毛皮是 89588 磅（约 40636 千克），按每张海狸皮 1.5 磅（约 0.68 千克）计算，大概相当于 6 万只海狸；1685－1687 年，每年输出 14 万磅（约 6.4 万千克）。18 世纪后，由于法国采取了许多有效措施，如建立据点、开拓新的毛皮产地等阻止英国人的竞争，新法兰西的毛皮产量稳定增长，1733 年达到最高峰，为 221000 里弗尔（livre）。[①]1743 年，法国与加拿大进行毛皮贸易的重要港口——拉罗谢尔——就进口了 127000 张海狸皮、3 万张貂皮、12000 张海獭皮、11 万张浣熊皮和 16000 张熊皮。[②]同样，毛皮贸易也为北美十三州带来了不菲的利润，新英格兰的商人不仅将毛皮贸易输往欧洲市场，甚至还开辟了中国市场，把美洲的毛皮和人参运到广东，结果赢得了意想不到的收益。毛皮贸易的收益是新英格兰工业发展原始资本积累的一条重要的途径。哈得逊湾公司原来一直满足于"睡在冰冷的海上"，对于开拓内地的兴致不大，虽然一度被讥讽为"饿肚子公司"（hungry belly company）和"坏孩子俱乐部"（horny boys club），每年收获的毛皮利润也都相当可观。在海湾公司成立的前 20 年里，每年向股东支付的股息达到 298%。1742 年，仅仅约克贸易站就交易了 13 万张海狸皮和 9000 张貂皮。甚至到了毛皮贸易已经衰竭的 1854 年，在伦敦市场上仍然交易了 50.9

---

① 1 里弗尔大约相当于 1 磅（约 0.45 千克）。

② 克莱夫·庞廷：《环境与伟大文明的衰落》，王毅、张学广译，上海：上海人民出版社 2002 年版，第 203 页。

万张海狸皮。①

二、毛皮贸易的生态后果

　　为了保证能得到持续的毛皮供应，毛皮贸易这种经济形式需要保存北美毛皮产地的原始状态，与农业边疆那种大规模的征服自然、改天换地的情形相比，可以说是在北美诸多经济形式中对自然环境影响最小的一种。但这并不意味着它是保护环境和与自然和谐的。毛皮贸易以其特殊的方式同样在北美历史上带来了重大的生态灾难。

　　第一，毛皮贸易导致了许多珍贵毛皮动物的加速灭绝。由于毛皮贸易一直处于高度的竞争状态，最明智的方法是在其他竞争者到来前尽量猎捕，把一片空白留给对手。例如，哈得逊湾公司在 19 世纪 20 年代以后，对有争议的落基山西南部地区的政策是在主权确定以前，尽量猎捕毛皮追求眼前利益。②公司总裁乔治·辛普森为了同美国争夺俄勒冈地区，曾言："该地区海狸资源非常丰富，基于政治原因，我们应该设法尽可能快地努力去猎光它。"③这就是海湾公司所采取的著名的焦土政策（scorched earth policy）。当时，斯内克河地区是美国毛皮商与海湾公司竞争的中心，海湾公司著名的猎手奥格登在该地区曾经共猎捕到了 2 万只海狸。④而毛皮公司的印第安人猎手也是不分老幼，在猎取海狸时，将全窝都杀死。对毛皮动物的这种疯狂的灭绝式屠杀，导致这些珍贵的毛皮动物的数目锐减，有的甚至灭绝。毛皮贸易的主要动物——海狸——在 1600 年的时候，在圣劳伦斯河一带就被捕完了，纽约北部也是一样；在 1610 年，哈得逊河上海狸还很常见，到 1640 年，它在这一带和马萨诸塞海岸一带就都绝迹了；到 17 世纪末，新英格兰的海狸就几乎完全绝迹了；17 世纪 30 年代，海狸在安大略南部灭绝；从 1793 年到 1805 年，仅仅几年时间里，来自加拿大的海狸皮出口数量就从 18.2 万张下降到了 9.2 万张。19 世纪 20 年代，海狸在新泽西绝迹；1865

---

① Peter C. Newman, *Empire of the Bay*, Toronto: The Madison Press Ltd., 1989, p. 14.

② F. W. Howay, W. N. Sage and H. F. Angus, *B. C. and the U. S.: The North Pacific Slope from Fur Trade to Aviation*, New York: Russell, 1970, pp.38-44.

③ Daniel Francis, *Battle for the West: Fur Traders and the Birth of Western Canada*, Edmonton: Hurtig Publishers, 1982, p. 145.

④ Daniel Francis, *Battle for the West: Fur Traders and the Birth of Western Canada*, Edmonton: Hurtig Publishers, 1982, p. 147.

年，它在新罕布什尔灭绝；到 19 世纪 90 年代，在北美大陆东部的许多地区，如威斯康星、明尼苏达、纽约、魁北克、安大略等地都已经见不到海狸的踪迹。到 1831 年，海狸在北部大草原上也灭绝了，捕猎的方向转向太平洋地区。19 世纪 30 年代，整个落基山区一年仅仅能捕获到 2000 张海狸皮了。到 19 世纪 40 年代，北美的海狸皮捕猎永远地结束了。

就在海狸不断在各地消失的同时，其他皮革动物也遭遇到了类似的灾难。北美东南部的白尾鹿也数目锐减。18 世纪早期，奇克托人杀光了自己领地内的鹿群，转而移入奇克索人的地区猎杀，从而引起双方的战争。到 19 世纪末，曾经数量庞大的白尾鹿只剩下不到 1 万只。草原上的野牛也经历了几乎相同的命运。由于需要供应西北公司和哈得逊湾公司的牛肉饼需要，梅蒂人到 1850 年，就已经把马尼托巴省的全部野牛都杀光了。在 1873 年以后的几年里，野牛遭到了史无前例的大屠杀，在 1872—1874 年，每年被杀死的野牛高达 300 万头。结果，在短短的数年内，野牛的数量从原来的 1000 多万头锐减到不到 200 头。印第安领袖红云曾经针对白人指责土著人有时猎杀整群野牛的做法而反驳道："印第安人每杀死 1 头野牛，那么猎取牛皮和牛舌的枪手们就会杀死 50 头。"[①]

第二，毛皮贸易在给毛皮动物造成灭顶之灾的同时，也给北美的印第安人带来严重的生态灾难。毛皮贸易首先改变了土著人传统的生态伦理。千百年来，印第安人通过自己的方式，已经在北美的土地上深深地打上了自己的烙印。在白人到来前，他们通过使用火，在北美营造了一个同自己的生活方式相适应的生存环境。他们用火来焚烧森林中的灌木，制造出一片片的林间空地，从而有利于他们在林中通行、为某些特殊植物的生长营造生长环境。而这些特殊的植物如野草和浆果植物的生长，不仅为他们提供了丰富的浆果，而且也吸引了食草动物便于他们捕猎。"他们定期焚烧，以便为新的植物的生长提供平台，并在条件合适的时候为动物和部落的返回做下铺垫。"[②]虽然学术界对于印第安人是否可以被定义为生态的居民仍然存在较大的争议。有一派意见认为，印第安人用火时很不小心，经常烧光整片的森林，而且在猎捕野牛时会把围圈起来的牛群全部杀死，或仅仅把被驱赶下山

---

① Shepard Krech Ⅲ, *The Ecological Indians: Myth and History*, New York: W. W. Norton & Company, 1999, p. 142.

② Shepard Krech Ⅲ, *The Ecological Indians: Myth and History*, New York: W. W. Norton & Company, 1999, p. 105.

崖的小部分野牛取走，留下大部分任其腐烂。根据这些现象，从而断言他们不是生态的居民。但印第安人有他们朴素的生态伦理，不能用我们现在的准则去苛求他们符合我们的规范。虽然印第安人的许多做法在我们现代人看来未必值得认同，但一个不争的事实是：在白人到来以前，印第安人主要还处于生存经济的状态，还通过迁移和根据季节转换而更换食谱的办法过着无忧无虑的生活。而且由于他们总体人数较少，被他们改变的居住地周围的自然环境在他们搬迁以后会迅速地恢复起来，而且他们猎捕的动物的数量远远低于动物自然淘汰的速度，不会对整个物种的延续造成太大的影响。

而毛皮贸易到来后，印第安人改变了自己的生活方式，逐渐忘记自己传统的生存技巧，变成了白人猎捕毛皮资源的杀戮工具，这"显然背离了他们原有的价值观"。[1]毛皮贸易还使白人文化中的恶劣因素传入印第安人部落之中，致使土著人的道德观念日益低落。"毛皮商人走在最前面，探查最好的土地，把白人的工具和罪恶带给印第安人，以削弱印第安人自给自足经济，为后来的移民铺平道路。"[2]白人到来前，印第安人每年猎捕的毛皮一般以满足自己和家庭需要为依据，如地处白尾鹿密集地区的克里克人在卷入毛皮贸易前，平均每个家庭每年需要25—30张鹿皮。阿尔贡金人对于所猎取的海狸一般不会浪费，食肉用皮，甚至连海狸的大牙也是切割东西的工具。草原印第安人也是形成了同野牛紧密相连的关系，一切生活所需都来源于野牛。然而一旦涉足毛皮贸易，印第安人屠杀动物的性质就变了，"随着毛皮贸易的加剧，卷入其中的土著部落开始了从为生计而捕猎向为海湾公司而捕猎的转变，杀死的动物远远多于他们本身所需。"[3]到19世纪上半期，随着越来越多的草原部落卷入毛皮贸易，他们"在把野牛当作赖以生存的基础的同时，开始把它们当成一种交易的商品"。[4]在卷入毛皮贸易后，一名克里克人平均每年要猎杀200—400只鹿，换取生活必需品和奢侈品。一般每名土著猎手一年会去毛皮站交易100张毛皮，其中，70张用来满足生计需要，30张用来挥霍。但在毛皮贸易中，印第安人并不遵循欧洲的经济法

---

① 李剑鸣：《文化的边疆：美国印第安人与白人文化关系史论》，天津：天津人民出版社1994年版，第49页。

② 雷·艾伦·比林顿，《向西部扩张：美国边疆史》下卷，韩维纯译，北京：商务印书馆1991年版，第100页。

③ Peter C. Newman, *Empire of the Bay*, Toronto: The Madison Press Ltd., 1989, p. 88.

④ William Cronon, *Nature's Metropolis: Chicago and the Great West*, New York: W. W. Norton and Company, 1991, p. 216.

则，对于超过自身所需的毛皮，他们不懂得如何去处理，所以，有时高的回报并不会给白人带来更高的毛皮产量。

除了极个别的部族外，大部分印第安人都对欧洲的产品趋之若鹜。一位蒙塔格奈人曾经对法国神父保罗·勒热纳说道："海狸把我们的一切都打点好了，它会带来锅、斧头、刀剑和珠子，总之，它造就了所有的一切。"[1]在欧洲的所有商品中，有两样最为土著所青睐，一是枪支，二是酒。得到前者，意味着自己的部族在同敌对的部族的对抗中，可以处于有利地位。枪支是所有交换品中最为贵重的东西，最早的时候，一摞与枪等高的毛皮才能换到一支枪，即便是到了毛皮贸易全盛期的1718年，也得花费克里克人25张上好的毛皮。欧洲工具的到来的确改变了一些部落的生活，也使他们变得更加依赖欧洲商品。最初卷入毛皮贸易的蒙塔格奈人，"一旦招待了几名白人在他们那里过冬以后，就再也不会为了过冬而麻烦着去晒干足够的食物，尤其是鳗鱼了，因而不得不由贸易商提供食物"。[2]而且枪支的到来，不仅加快了猎杀的速度，使珍贵的毛皮动物加速消亡，也大大加强了土著冲突中的杀伤力。卷入毛皮贸易中的各部落为了争夺交易中间商的地位，欧洲商品和毛皮，相互侵入对方的领地，从而爆发冲突。而冲突爆发后，他们更加依赖欧洲的商品尤其是枪支弹药的供应，形成恶性循环。

而酒则被土著人当作救命神水。虽然毛皮公司为了保证毛皮贸易的长远利益，禁止向土著人大量出售白酒。但毛皮贩子通常是在同印第安人交易前，先把后者灌得烂醉，然后再进行交易，而且公开和秘密的走私也一直泛滥不绝。比如，1799年，每季度大约有9600加仑朗姆酒运往加拿大的西北地区；1803年，增加到21000加仑。在卖给真正的消费者时，平均再兑上4倍的水，以至于酒占去了当时独木舟所运送的货物的1/3，成为"这一地区的流通货币"。[3]酒可以说是对印第安人危害最大的一种奢侈品，著名的毛皮商小亚历山大·亨利说道："我们完全可以断言，酒是西北地区的万恶

---

① Paul Le Jeune, "Brief Relation of the Journey to New France", in Reuben Gold Thwaites, ed., *Jesuit Relations and Allied Documents: Travels and Explorations of the Jesuit Missionaries in New France 1610-1791*, Vol. 6, *Quebec: 1633-1634*, Cleveland: The Burrows Brothers Company, 1897, p. 297.

② Mari Sandoz, *The Beaver Men: Spearheads of Empire*, Lincoln: University of Nebraska Press, 1964, p. 25.

③ Daniel Francis, *Battle for the West: Fur Traders and the Birth of Western Canada*, Edmonton: Hurtig Publishers, 1982, p. 79.

之源。"①甚至连富兰克林在目睹了印第安人酗酒的混乱场面后，也不禁感叹："如果真是上帝有心让这些野蛮人灭绝，以便给耕作的人们腾出土地的话，看起来朗姆酒很可能就是指定的工具。它已经消灭了所有那些从前居住在海岸的部落。"②杰斐逊也发现，过度饮酒"已经使他们身体衰弱，精神萎靡，使他们陷入挨饿受冻、衣不蔽体、穷困潦倒的境地，使他们不停地争吵斗殴，使他们人口减少。"③而且饮酒还使不少印第安人寻衅滋事，扰乱了原来部落之间的团结和和平的局面，饮酒的另一个害处是导致土著人生育率下降，人口素质退化。

第三，通过与白人毛皮商的接触，白人所带来的传染病不仅在沿海泛滥，而且还随着毛皮贸易的脚步，不断深入内地，给整个北美的土著人造成灭顶之灾。随哥伦布一同到达美洲的传染病包括天花、肺炎、流感、霍乱、斑疹伤寒和痢疾等。其中以天花对土著人的危害最为深重。根据皮艾尔·比尔德（Pierre Biard）的记载，早在1616年，传染病已经在缅因和新斯克舍地区流行，"他们感到震惊并抱怨道：自从法国人与他们混居并开展贸易以来，他们的死亡率剧增，导致人口锐减。他们争辩说，在这种联系和交往以前，所有的地区都人丁兴旺，他们诉说着各个不同的海岸，随着与我们发生交往，人口都被疾病严重减少。"④1616年，天花第一次在新英格兰南部地区流行了3年之久，深入内地20－30英里（约32－48千米）。此后，天花就经常在北美各地爆发，17世纪30年代在马萨诸塞的阿尔贡金人中爆发，结果印第安人"整村整村地灭绝，在一些村庄里逃脱厄运的还不到一个人"。⑤其中1633年在北美东北地区爆发的一次最为惨烈，受感染者死亡率

① Daniel Francis, *Battle for the West: Fur Traders and the Birth of Western Canada*, Edmonton: Hurtig Publishers, 1982, p. 80.

② Alan Houston, ed., *Franklin: The Biography and Other Writings on Politics, Economics, and Virtue*, New York: Cambridge University, 2004, p. 101.

③ Bernard W. Sheehan, *Seeds of Extinction: Jeffersonian Philanthropy and the American Indian*, Chapel Hill: University of North Carolina Press, 1973, p. 239.

④ Pierre Biard, "Relation de la Novvelle France, de fes Terres, Natvrel dn Pais, & de fes Habitans", in Reuben Gold Thwaites, ed., *Jesuit Relations and Allied Documents: Travels and Explorations of the Jesuit Missionaries in New France 1610-1791*, Vol. 3, Cleveland: The Burrows Brothers Co., 1900, p. 105; William Cronon, *Changes in the Land: Indians, Colonists and the Ecology of New England*, New York: Hill and Wang Publishing Company, 1983, p. 86.

⑤艾尔弗雷德·克罗斯比：《生态扩张主义：欧洲900年到1900年的生态扩张》，许友民、许学征译，沈阳：辽宁教育出版社2001年版，第206页。

高达 95%。频繁的疾病打击，使得印第安人的数量急剧减少，在 17 世纪的前四分之三时间里，新英格兰的土著人口从 7 万多人下降到了不到 1.2 万，东北部曾经强大的阿本乃吉印第安人（Abenaki Indian）的人口从 1 万人下降到了不到 500 人。

白人所带来的这些传染病随着毛皮贸易的不断向西延伸而深入北美大陆内部，给那里的印第安人带来灾难。例如，著名的草原部落——黑脚人由于卷入毛皮贸易而导致社会生活的巨大变化。1780 年，白人带到西北地区的天花使得 90% 的奇帕维安人（Chipwyan）丧生；1818－1820 年，百日咳和麻疹袭击了草原，致使阿西比尼亚人的一半（3000 人）死去，克里人死掉了 1/3；[1]下面的事件是毛皮贸易传播传染病的最有力证明：1837 年 4 月，一艘美国毛皮公司的汽船"圣彼得号"离开圣路易向密苏里河上游航行，船上有人感染了天花。6 月 5 日，该船到达桑迪苏人的毛皮代理站，并卸货给等待在那里的扬克顿人和桑迪苏人；14 天后，船上的两名阿里卡拉人妇女在克拉克堡下船。5 天后，"圣彼得号"到达尤宁堡。该船所到之处，传染病都流行起来。在一个曼丹人的村落，600 人中只有 14 人幸免于难，致使曼丹人在草原上几乎绝迹；另有 3/4 的黑脚人，1/2 的阿西比尼亚人和阿里卡拉人，1/4 的波尼人，总共有 17000 名印第安人被这次瘟疫夺去了生命。[2]

许多有识的印第安人也认识到依赖欧洲货物给他们造成的危害，18 世纪，当被问及欧洲东西的用途时，得到的回答是："勾引我们的女人，腐化我们的民族，引导我们的女儿们走上邪路，使她们变得骄傲而又懒惰。"印第安人控诉道："在法国人来到我们的土地上以前，我们是堂堂正正的人，对自己所有的一切都心满意足，我们自豪地在道路上行走，因为我们是自己的主人。可是如今，我们就像奴隶一样，灰溜溜而又担惊受怕地走在路上，不久就会真的这样了，因为他们早已如此对待我们。"[3]1753 年 10 月 3 日，易洛魁人酋长向宾夕法尼亚殖民地长官和派来的调查员痛斥白酒带来的危害："你们的商人们现在除了朗姆酒和面粉外，火药、铅弹或其他有价值的东西都不带来。朗姆酒把我们都毁了，我们请求您通过规范商人而阻止如此

①　Genald Friesen, *The Canadian Prairies: A History*, Toronto: University of Toronto Press, 1987, p. 44.

②　Shepard Krech Ⅲ, *The Ecological Indians: Myth and History*, New York: W. W. Norton & Company, 1999, pp. 81-82.

③　Shepard Krech Ⅲ, *The Ecological Indians: Myth and History*, New York: W. W. Norton & Company, 1999, p. 158.

大量的酒类运到我们这里。我们从来没有想到贸易变成了仅仅是威士忌和面粉……当这些威士忌酒贩子到来后，他们携带 30 到 40 公斤的酒放到我们面前让我们大喝，然后骗走我们本来同正当商人签约购买货物的所有毛皮……这些奸诈的酒贩子，一旦让印第安人饮酒上瘾，就会让他们把身上的每一件衣服都当掉。总之，如果这种事情继续下去，我们将不可避免地被毁掉。"①

就在印第安人疯狂屠杀海狸而变得富足的时候，一位温尼伯湖边的老人预言道："我们如今不费力地去屠杀海狸，现在很富足，但很快就会变穷。因为当海狸被灭绝后，我们将没有东西去购买家庭生活所需要的物品。陌生人现在用铁夹子在我们的土地上游走，猎获海狸。我们，还有他们，不久就会变穷。"②

虽然有些土著领袖意识到了毛皮贸易带给他们的危害，也有极个别的像加拿大西北部的奇帕维安人坚持依靠猎取驯鹿为生拒绝插足毛皮贸易，但北美大陆上的大多数部落都身不由己地卷入其中，而且深受其害。根据表 2-1 的数据显示，天花等传染病给北美印第安各部落所带来的死亡比例差异很大，最高达到92%，少的也不低于50%。有的学者估计，天花等传染病造成了北美 80%的土著人死亡，即便是最保守的估计也在 65%左右。毛皮贸易导致许多动物在印第安人的土地上灭绝后，许多部落的人忍饥挨饿，沦落到听任白人宰割的地步。没法为他的人民提供食物是著名的土著人领袖特库姆塞反对白人的战争失败的一个关键因素。众所周知，野牛的灭绝也是草原印第安人被迫放下武器，迁入保留地的重要原因。

表 2-1　天花所造成的土著人口减少的比例

土著部落名称	减少的百分比（%）
加利福尼亚谷地的一个部落	75
切诺基人	50
卡托巴斯人	接近 50
皮金人	50—60
奥纳哈人（Onahas）[原文如此]	50
楠塔斯基印第安人	64

① http://www.ohiohistorycentral.org/ohc/history/h_indian/life/furtrade.shtml.（2008 年 5 月 6 日访问）

② Shepard Krech Ⅲ, *The Ecological Indians: Myth and History*, New York: W. W. Norton & Company, 1999, p. 189.

续　表

土著部落名称	减少的百分比（%）
普韦布洛人	74
阿里卡拉人（天花与敌对部落的侵袭）	92
曼丹与海达萨人（天花与敌对部落的侵袭）（18 世纪后期）	56
曼丹人（1837—1838）	90

资料来源：Bruce Alden Cox, ed., *Native People, Native Lands: Canadian Indians, Inuit and Metis*, Ottawa: Carleton University Press, 1991, p. 20.

（三）小　结

毛皮贸易是北美历史上具有重要意义的边疆。毛皮商人的脚步几乎踏遍了整个北美大陆，绵延 3 个多世纪而不绝。当时主要的欧洲强国英国、法国、俄国、西班牙、荷兰、瑞典都卷入其中，列强在北美对毛皮利益的争夺是它们在全世界争霸的一个重要组成部分，对于当时的国际关系具有重要的影响。大多数的北美印第安人都先后被拉入了这个体系之中，并深深地影响了他们自身的发展进程。

毛皮贸易还对美国与加拿大历史的发展产生了深远的影响。毛皮贸易是两国发展史上一个重要的历史阶段。对美国而言，毛皮贸易的利润为后来的工业化积累了重要的资本，还塑造了许多可歌可泣的故事，在毛皮贸易中，许多毛皮商和单个"森林客"深入西部去探险、考察，他们成为美国历史上的第一代牛仔；而对加拿大而言，毛皮贸易是新法兰西的经济基础，缔造了加拿大历史上第一个横贯大陆的经济体系，毛皮贸易站成为后来历史发展的基地，加拿大许多城镇就是在原来毛皮贸易站的基础上发展起来的，如蒙特利尔，米西里马基纳、格拜勒堡（Fort Quebeller）、埃德蒙顿等。甚至毛皮贸易的影响至今仍然在加拿大随处可见。如著名的哈得逊湾公司在毛皮时代结束后，仍然保留下来，并涉足其他行业。在 20 世纪 80 年代，该公司的雇员有 5 万人，1977 年的销售额达到 10 亿加元，1979 年其利润最高达到8030 万加元。[1]此外，毛皮贸易还深深地影响了加美关系的发展。在毛皮贸易的第一个时期，毛皮贸易的领地分成南北两个大区。在北部主要是蒙特利

---

[1]　Peter C. Newman, *Empire of the Bay*, Toronto: The Madison Press Ltd., 1989, p. 17.

尔商人同海湾公司的争夺，主要是大湖以北地区；而在南部，是以蒙特利尔为中心的法国毛皮商人同以纽约为中心的毛皮集团之间的竞争，争夺的中心是大湖地区和路易斯安那，后来美加之间的边界就是在这一过程中形成的，实际上是沿着毛皮贸易北区的南部边界划定的。而且在这一过程中，无数法国毛皮商人深入路易斯安那内地去收集毛皮，至今在大路易斯安那地区仍然留下了不少法语文化的传统和居民。

毛皮贸易中印第安人是牺牲品而不是获利者。虽然毛皮边疆不同于农业边疆，是一项需要印第安人的合作才能实现的事业，甚至有时候还按照印第安人的仪式进行交易，也的确有些精明的印第安人利用白人毛皮商之间的竞争关系，在毛皮贸易中获取小额利润。但从总体上看，白人主导着毛皮贸易，也决定着印第安人的命运。在当今的学术界，有些学者片面看到毛皮贸易带给印第安人的暂时的繁荣和进步，而漠视它给印第安人带来的沉重灾难，声称："毛皮贸易没有摧毁土著人的文化，印第安人是贸易中的参加者，而非牺牲品。"①通过前面的分析可以清楚地看到，印第安人自从卷入了毛皮贸易以后，其传统的伦理观念和社会秩序受到严重冲击，他们沦落为白人谋取毛皮的杀戮工具，原来的生存环境遭到严重破坏，再加上毛皮引发的战争和传染病，许多部落几乎遭受到灭顶之灾。

不过，毛皮边疆虽然短期内反对向毛皮产地移民，但并不反对向后方移民，而且他们在客观上为后来农业边疆的开发准备了一些必要的条件。毛皮贸易的扩张性使得这种经济形式不断地探索新的毛皮产地，一代又一代的毛皮贩子们深入北美大陆内部探险，在寻找毛皮的过程中，也向东部和旧世界报告了北美西部的第一手资料，而这些资料和信息为后来的农业打下了基础。如斯蒂芬·朗和派克等对美国西部的探险，海恩斯（Hearne）、麦肯齐、弗雷泽、派勒泽等对加拿大西部的探险，都对后来的西部农业开发和定居产生了深远的影响。再者，毛皮商人所探索的西部小道后来成为农业移民迁往西部的道路，比如，美国人的布恩小道、俄勒冈小道、加利福尼亚小道。

（原载于南开大学世界近现代史研究中心《世界近现代史研究》，第 4辑，中国社会科学出版社 2007 年版，收入本书时进行了删节）

---

① Daniel Francis, *Battle for the West: Fur Traders and the Birth of Western Canada*, Edmonton: Hurtig Publishers, 1982, p. 63.

二、毛皮贸易与北美殖民地的发展

直到 19 世纪中期以前，毛皮贸易一直是北美大陆上一种重要的边疆开发模式，当时欧洲的主要列强：英国、法国、荷兰、瑞典、西班牙、俄国和后来的美国都曾经在不同时期先后卷入过这一贸易，它对当时的国际关系和北美洲的历史发展产生了重要的影响。"没有毛皮的故事，就无法理解格兰德河以北这片大陆的早期历史。"①欧美学界虽然针对毛皮贸易出版了丰富的研究成果，但对其浪漫性强调有余，而对于其在北美殖民地发展中的重要性认识不够。此外，美国学者的研究大多囿于本国范围，而加拿大学者又对美国那边的问题抱有一些偏见，对北美毛皮贸易宏观上的把握不足。②其实，北美殖民地的发展从一定意义上说与毛皮贸易有着千丝万缕的联系。

（一）欧洲殖民者在北美寻求贵金属的替代品

1492 年哥伦布到达美洲这一事件标志着地理大发现时代的正式到来。率先开辟新航路的葡萄牙和西班牙从中取得了巨额的经济利益。在葡萄牙和西班牙探险活动的刺激下，西欧其他国家也进行了类似的地理探险。出于对伊比利亚势力的忌惮，他们首先选择前者没有涉足的北大西洋下手，力图避开西班牙控制的南美洲，从西北方向寻找一条直接通往东方的道路。1496 年，英国航海家约翰·卡波特（John Cabot）到达了纽芬兰，并宣布纽芬兰为英国国王的领土。1524 年，服务于法国的意大利探险家维拉扎诺率领他的船队航行到了北卡罗来纳一带，然后沿着海岸向北航行，到达了哈得逊河的河口，并一直往北航行到了新斯科舍一带。1534 年，另一位法国探险家

---

① Constance Lindsay Skinner, *Beaver, Kings and Cabins*, New York: The Macmillan Company, 1933, p. 30.

② 研究北美毛皮贸易的经典著作有：Harold A. Innis, *The Fur Trade in Canada: An Introduction to Canadian Economic History*, Toronto: University of Toronto Press, 1956; E. E. Rich, *The Fur Trade and the Northwest to 1857*, Toronto: McClelland and Stewart Limited, 1967; Paul Chrisler Phillips, *The Fur Trade*, Norman: University of Oklahoma Press, 1961; Hiram Martin Chittenden, *The American Fur Trade of the Far West*, Stanford: Academic Reprints, 1954。时至今日，欧美学界对毛皮贸易的兴趣仍然不减，从 1965 年起，欧美学界每隔几年就举办一届关于毛皮贸易的国际研讨会，为学者们提供交流的平台，并出版论文集，集中展示学界的最新研究动向。这一国际会议迄今已经成功举办了 7 届。

雅克·卡蒂埃（Jacques Cartier）也来到北美东海岸。他们驶入了一个大海湾，为了纪念早期的基督徒圣劳伦斯，他们以他的名字命名了这个海湾。在第二年的航行中，卡蒂埃深入圣劳伦斯河，达到瀑布处，并发现了一个叫霍查拉加的印第安人大村落，卡蒂埃将上面的山命名为"皇家山"，即蒙特利尔。1609 年，受雇于荷兰的英国航海家亨利·哈得逊（Henry Hudson）率船队航行到了今日纽约市一带，以他的名字命名了这里的一条大河，并上溯了 200 公里。1610 年，哈得逊率英国船队深入哈得逊湾探险，结果船员发生哗变，哈得逊父子最后不知所终。

到北美洲来探查的殖民者注定是要失望的，这里没能发现他们梦寐以求的贵金属。但西欧探险者们却意外地在北美发现了其他可以牟利的物品，那就是北美洲东海岸丰富的自然资源。约翰·卡波特发现纽芬兰附近海域蕴藏着丰富的鳕鱼资源。纽芬兰多鱼的消息吸引各国的渔民们的到来。到卡蒂埃来北美洲探险的时候，每年大约有 150 艘法国渔船，其他地区的 200 艘渔船，外加比斯开地区的 30 艘捕鲸船来此定期捕鱼。①

纽芬兰渔业的发展不仅为欧洲提供了一种重要的食物来源，还无意中引导出北美的另外一个重要的产业：即毛皮贸易。基本上还处于石器时代的印第安人对白人随船携带的刀、斧、锅等金属器具非常感兴趣，而他们唯一能够拿来与渔民交换的就只有身上所穿的毛皮衣服。于是，纽芬兰的渔民不由自主地成为第一代毛皮贸易商人。研究毛皮贸易历史的学者菲利普斯指出："渔业成了毛皮贸易之母，它本身变成了母国殖民新法兰西的各种尝试的基础。"②

虽然早在 1501 年，探寻西北水道的葡萄牙探险家考特·里尔（Corte Real）就留下了这一带盛产毛皮的记载。1524 年，受雇于西班牙的探险家斯蒂芬·哥梅斯（Stephen Gómez）沿新斯科舍和新英格兰海岸航行时，曾经带回了身着各种毛皮的土著人和许多珍贵的毛皮，并最终卖给了法国人。但是对于已经取得重要的金银产地的西班牙人和葡萄牙人来说，他们的主要精力被放在了已经发现的唾手可得的贵金属方面，毛皮的价值并没有真正引起他们的兴趣。而对于后来的英法荷等殖民者来说，北美的毛皮贸易成为了他们寻找不到黄金的一个理想的替代品。

---

① Sydney Greenbie, *Frontier and the Fur Trade*, New York: The John Day Company, 1929, p. 53.

② Paul Chrisler Philips, *The Fur Trade*, Vol. I, Norman: University of Oklahoma Press, 1961, p. 15.

（二）新法兰西殖民地的经济基础

随着欧洲市场上对毛皮的需求与日俱增，在美洲寻求贵金属和通往西部的水道的尝试逐渐让位于毛皮贸易。法国的商人和政治家很快从最初的毛皮贸易中发现了商机，以至于"西海岸的每个港口的商人和冒险家们都把眼睛转向了美洲的海狸皮"[①]。16 世纪 80 年代，每年的交易量达到了 20000 克朗的规模。[②]雄才大略的国王亨利四世则从北美洲毛皮贸易中看到了建立一个庞大的殖民帝国的辉煌前景。鉴于当时国家无力支付海外殖民的费用，亨利四世力排众议，采取了授予贸易垄断权的方式，鼓励法国商人到北美进行殖民扩张。

正是借助王室所颁布的毛皮贸易垄断权，"新法兰西之父"塞缪尔·尚普兰主持创立了新法兰西殖民地。经历了在芳蒂湾（Bay of Fundy）所建立的罗亚尔港（Port Royal）殖民地的失败尝试后，尚普兰最终于 1608 年在圣劳伦斯河河口变窄处建立了魁北克殖民地。魁北克是法国人在北美洲建立的第一个永久性定居点，它的建立标志着新法兰西的真正奠基。

为巩固魁北克的生存，尚普兰采取了多项措施，这些措施对后来加拿大的发展都产生了深远的影响。鉴于毛皮贸易离不开印第安人的合作，尚普兰想方设法与圣劳伦斯河一带的印第安人搞好关系。在第一次航行到圣劳伦斯河口的时候，他就与蒙塔格奈人结盟。1608 年，他又与阿尔贡金人的首领建立了良好的关系。1609 年，尚普兰做出的一项决策对于北美的民族关系和新法兰西的发展带来了重大影响。在一年，他与其蒙塔格奈人、阿尔贡金人和休伦人盟友，攻击了属于伊洛魁联盟的莫霍克人的一支队伍。这次遭遇战以尚普兰及其盟友们的彻底胜利而结束。通过 1609 年的远征，法国人巩固了与其印第安盟友的关系，但从长远来看，强大的伊洛魁人在法国人这里受挫后，逐渐倒向南面的荷兰人和英国人，从他们那里得到武器供应，成为法国人的可怕对手，有效阻止了法国人向圣劳伦斯河以南扩展势力。

为了巩固与其盟友的关系，尚普兰还派遣白人青年到印第安部落中生

---

① Francis Parkman, *France and England in North America, Part I, Pioneers of France in the New World*, Boston: Little, Brown and Company, 1865, p. 209.

② E. E. Rich, *The Fur Trade and the Northwest to 1857*, Toronto: McClelland and Stewart, 1967, p. 8；根据英国旧制，1 英镑等于 20 先令，1 先令等于 12 便士，1 克朗等于 5 先令。

活，学习后者的风俗，增强互信和了解。他派布鲁尔（Étienne Brûlé）与休伦人生活在一起，又让阿尔贡金人接受另一位法国人维尼奥（Nicolas De Vignau）到渥太华河以北的地区与他们一道过冬。1613 年，尚普兰又要他的盟友带领两名白人青年去他们中间学习。耶稣会传教士萨格德在 1623—1624 年曾经提到了多名深入印第安部落的法国人的名字。此后，法国人到印第安人部落中一道生活成为北美印白关系中的一个特色。沙里沃诺克斯写道："当这些印第安人不能变成法国人的时候，法国人就变成了野蛮人。"①甚至尚普兰本人还向印第安人学习驾驶独木舟的技术。后来在北美毛皮贸易中发挥重要作用的许多探险家和"森林客"都对印第安人的生活方式非常熟悉。

在新法兰西公司时期，圣劳伦斯殖民地对毛皮贸易的依赖性进一步加强。1627 年，法国新首相红衣主教黎塞留为了在北美建立一个足以抵抗英国侵略的强大殖民地，而不仅仅是一个毛皮贸易站，授权建立新法兰西公司，该公司注册资金为 30 万里弗尔，分成 100 股，故被习惯上称为"百人公司"。"百人公司"的本意是试图把这里建立成为一个可以自我支持的殖民地。根据公司最初的设计，毛皮贸易由商人们来执行，而领主和农民的使命则是耕种土地，生产食物，满足殖民地的需求，不允许涉足毛皮事务。但是，农民们很快就发现：同印第安人进行贸易，远比单调的农业耕种更有吸引力，挣得也更多。许多人离开庄园，遁入林中，与印第安人进行非法交易，获取毛皮利润。这些人逐渐被称为"森林游荡者"或者"森林客"（Coureurs de bois, wood runner, voyageur）。他们是"北美边疆中已知的最具浪漫色彩和诗情画意特征的角色……我们看到他们乘坐独木舟在水上漂流……我们从很远就能听到他们那动人的歌声飘扬在草原和沼泽中，回荡在森林和山脉间"。②不甘寂寞的领主们也发现经商比从他们的佃农们种地所得收入中收取租金更能获利，他们对于其佃农沦为"森林游荡者"不仅不加以阻止，相反进行鼓励，甚至自己也加入到毛皮贸易的队伍中，成为毛皮商人。许多著名的毛皮商人和探险家如拉迪森和格罗塞耶、德鲁斯等人都是森林客出身。到 1680 年，大约有 800 名森林客在印第安人地区游荡，他们成

---

① Sydney Greenbie, *Frontiers and the Fur Trade*, New York: The John Day Company, 1929, p. 91.

② Paul Chrisler Philips: *The Fur Trade*, Vol. I, Norman: University of Oklahoma Press, 1961, p. 91.

为新法兰西毛皮贸易经济发展的重要保障。①甚至连教会都参与毛皮贸易。传教士本来不应该插手贸易，但为了教会的生存而与印第安人进行的交换活动也是被允许的。除了雇人经营毛皮事务外，有些传教士甚至只身加入毛皮贸易之中，引起外界的不满。据说，有一个修女在被搜查时，从其居室中搜出了 260 磅（约 118 千克）海狸皮。②可见，毛皮贸易已经深入到这个殖民地的各个领域。

法国国王路易十四亲政后，采纳国务大臣柯尔贝尔（Jean-Baptiste Colbert）的主张，认为殖民地要为增加法国的财富和扩展法国的荣誉服务。1663 年，新法兰西再次经历机构调整，变成皇家殖民地，其地位类似于法国的一个行省。对新法兰西殖民地而言，它面临的任务就是要借助强大的皇家保护，扩张边疆，推动毛皮贸易的发展，实现路易十四所描绘的建立起一个庞大的殖民帝国的蓝图。

在两任殖民总督塔隆和弗朗特纳克时期，新法兰西毛皮帝国逐渐建立起来。塔隆从一开始就知道毛皮贸易对新法兰西殖民地的重要性，他全力推进毛皮贸易的发展，在鼓励法国毛皮制造业发展的同时，甚至还在新法兰西开设了制帽厂和制鞋厂，吸引游荡在森林中的猎手们前去工作，以消化那些积压的毛皮。在他的努力下，新法兰西殖民地的毛皮贸易有了长足的进展：1667 年，他刚到任时，这里出产的各种毛皮的价值是 55 万里弗尔，而到塔隆离任时的 1672 年，增加到 150 万里弗尔，③法国人确立了在毛皮行业中的主导地位。

当弗朗特纳克 1672 年被任命为新法兰西总督的时候，新法兰西的政治和经济形势已经发生了巨大的变化：毛皮产地已经推进到更远的西部，商人们原来坐等印第安人上门交换的交易模式在英国人、荷兰人和伊洛魁人的竞争面前已经无法执行。要想在美洲建立一个强大的以毛皮贸易为基础的殖民帝国，就需要赶在英国人、荷兰人及其伊洛魁人盟友前面，开拓新的毛皮产地，与更远处的印第安人建立贸易关系。

---

① Jennifer S. H. Brown, *Strangers in Blood: Fur Trade Company Families in Indian Country*, Vancouver: University of British Columbia Press, 1980, p. 5.

② Mari Sandoz, *The Beaver Men: Spearheads of Empire*, Lincoln: University of Nebraska Press, 1964, p. 59.

③ Mari Sandoz, *The Beaver Men: Spearheads of Empire*, Lincoln: University of Nebraska Press, 1964, p. 62.

　　为了扩大新法兰西毛皮帝国的范围，同时也是为了从中获得个人利益，弗朗特纳克在前人所奠定的毛皮贸易的基础上，全力推动新法兰西毛皮帝国向外扩张。他倚重以拉萨尔（Robert de La Salle）为代表的一批"持证客"去西部探险，寻找新的毛皮产地，实现他的扩张梦想。法国人以圣劳伦斯河的上游为中心，主要沿两个方向扩张，一是往西南伸入密西西比河，另一个是往西朝落基山方向探险。其实在塔隆担任行政长官期间，许多具有开拓性的中小商人就已经深入西部探险。除了著名的拉迪森（Pierre-Esprit Radisson）及其姻兄格罗塞耶（Medard Chouart，俗称 Groseilliers，即 Gooseberries 的意思）深入大湖以上进行探险和收集毛皮外，另一位著名的西部探险家是若莱（Louis Jolliet），他先是受塔隆的派遣去大湖区探险。1673 年，他受弗朗特纳克的派遣，与传教士马尔凯特一道从密奇里麦基诺出发去探寻密西西比河的源头。他们从密歇根湖到格林湾，取道福克斯－威斯康星河到达密西西比河，然后顺流而下，一直到达阿肯色河河口。若莱一行人担心再往南走会受到西班牙的威胁，没有能够到达密西西比河的河口。发现密西西比河口的这个荣誉最后落到了拉萨尔的头上。在经历了多次失败和挫折后，1682 年 4 月，拉萨尔及其探险队终于到达了密西西比河河口，他在那里竖立起法王的标志，宣布整个密西西比河谷地都是法国的领土，并以国王的名字命名为路易斯安那。虽然对路易斯安那进行殖民的尝试失败了，拉萨尔也为此付出了生命的代价，但他在新法兰西扩张史上的贡献是不容忽视的，他是弗朗特纳克扩张政策的坚定执行者，他的发现不仅为新法兰西开辟了大片新的毛皮产地，也为法国向这里的扩张奠定了基础。

　　在西部方向上，法国人在弗朗特纳克时期也有所突破。1678 年，著名的毛皮商人德鲁斯（Daniel Greysolon Duluth）偷偷离开密奇里麦基诺，深入苏族人的领地进行毛皮交易。他在苏必利尔湖边的卡梅努斯提格亚河口建立贸易站，向西可以控制直到温尼伯湖一带的毛皮贸易。他的贸易站是后来西北地区毛皮贸易的大本营威廉堡（Fort William）的前身。德鲁斯的弟弟则在尼皮贡湖和更靠北的阿尔巴尼河上建立三个毛皮贸易站，控制了克里人地区的大部分毛皮贸易，使得他们流向圣劳伦斯河谷。①

　　总之，通过以拉萨尔和德鲁斯为代表的众多中小毛皮商人和探险家的不懈努力，新法兰西殖民地开辟出了广大的后方基地，向南控制了密西西比河

---

① Paul Chrisler Philips: *The Fur Trade*, Vol. I, Norman: University of Oklahoma Press, 1961, pp. 241-243.

谷，向西把势力伸展到了苏必利尔湖以西，一个庞大的毛皮帝国建立起来。到英国征服新法兰西的时候，加拿大主要还是一个毛皮殖民地，其经济中最主要的基础仍然是毛皮贸易，这里毛皮贸易的产值在 18 世纪 50 年代接近 400 万里弗尔，占其对外输出货物的 3/4。①

（三）英属北美殖民地的经济补充

毛皮贸易不仅是新法兰西殖民地的经济支柱，对北美东海岸的其他殖民地来说，它同样具有重要的意义。不同的是，在殖民地的发展过程中，新法兰西一直依靠毛皮贸易，没有发展出其他像样的产业；而对于新英格兰、纽约和其他殖民地而言，毛皮贸易最初也是一桩重要的生意，不过随着其他产业的兴起，经济越来越多样化，毛皮贸易逐渐退居次要地位，因此，其发展轨迹和最终的结局也同新法兰西大相迥异。

当法国殖民者在北美东海岸探险和进行毛皮交易的时候，英国和荷兰的商人们也到这一带来探险，当然也发现了毛皮贸易所蕴含的商机。1614年，约翰·史密斯船长到新英格兰海岸航行，他们中的 8—9 个人上岸用小物品跟印第安人交换了 1100 张海狸皮、100 张貂皮，外加差不多 100 张的海獭皮。② 新英格兰商人是北美毛皮贸易的积极参与者。因为当时新英格兰的渔业为欧洲渔船所控制，他们唯一可以运到欧洲偿还公司债务的商品就只有毛皮了。背负巨额债务的清教徒们到达普利茅斯后，就着手同当地的印第安人交易毛皮。从一定意义上说，普利茅斯殖民地从一开始就是一个毛皮贸易站。1621 年，"幸运号"从普利茅斯运出了两大桶毛皮，价值 500 英镑，这在当时可是一大笔财富。为了尽快还清欧洲债务，以总督布莱德福德和爱德华·温斯洛（Edward Winslow）为首的殖民地商人们将目光转向殖民地以外，寻找更为富裕的毛皮资源。在 1631—1636 年的 5 年间，清教徒共向英国输出 1.2 万磅（约 5443 千克）以上的海狸皮，外加 1000 磅（约454 千克）的海獭皮。布莱德福德估计，普利茅斯在这 6 年从海狸皮中共获利约 1 万英镑。③正是借助于不断扩张的毛皮贸易，普利茅斯殖民地用 21

---

① Marc Egnal, *New World Economies: The Growth of the Thirteen Colonies and Early Canada*, New York: Oxford University Press, 1998, p. 148.

② Francis X. Moloney, *The Fur Trade in New England 1620-1676*, Hamden: Archon Books, 1967, pp. 17-19.

③ Francis X. Moloney, *The Fur Trade in New England 1620-1676*, Hamden: Archon Books, 1967, p. 28.

年的时间还清了欧洲债务，而且也奠定了其他各项事业的基础。因此，"最终是良好经营的毛皮贸易，拯救普利茅斯殖民地免于灭绝"。①

随着本地毛皮资源的枯竭，马萨诸塞殖民地的毛皮商人把目光投向了西边的康涅狄格河谷。这里早先已经为荷兰人所占据。据称荷兰人每年从这里运出价值 2 万美元的毛皮。②探查康涅狄格河谷的最著名的马萨诸塞商人是威廉·平琼（William Pynchon）。1635 年，他受到内地丰富毛皮资源的吸引，沿河而上，在康涅狄格河边的温莎建立了一个贸易站，很快向北挪到了斯普林菲尔德，这里成为他进行毛皮贸易的总部。老平琼的儿子约翰在 1652 年以后，当这一带毛皮贸易的高潮已经过去，还在以后的 5 年间共向英国运送了 8992 张海狸皮，重 13130 磅（约 5956 千克），价值 6500 英镑或 3 万美元。同期，他还运出了 320 张海獭皮，148 张麝鼠皮等其他毛皮。③正是由于平琼父子的活动，马萨诸塞湾殖民地保持了对康涅狄格的毛皮贸易主导权，先前来到的荷兰人被逐渐从这里驱逐出去。

除了向西伸展到罗得岛、康涅狄格以外，1641 年，一伙纽黑文的商人在乔治·兰伯顿（George Lamberton）的领导下，还向德拉华河移民，建立毛皮贸易站。荷兰人对于新英格兰人的侵入予以反击，摧毁了他们的贸易站，并把俘虏带到了曼哈顿，新英格兰与荷兰处于战争的边缘。但新英格兰殖民地很难从英国得到多少帮助，因此，最好的方式就是他们各个殖民地联合起来，抵抗荷兰和北面的法国人的竞争。正是在这一背景下，1643 年，新英格兰殖民地联合组成了新英格兰联盟，其主要动机就是联合起来，与荷兰人和法国人抢夺毛皮利益。

总之，在 1675 年以前，毛皮贸易对于新英格兰各个殖民地的顺利奠基和初期发展都发挥了非常重要的作用。毛皮斗争的最终结局：法国人的势力被阻挡在了缅因海岸以北，荷兰人被赶出康涅狄格河谷。不过，毛皮贸易不是一种可持续形式的经济发展模式，随着毛皮资源的枯竭，毛皮边疆逐渐深入内地，新英格兰毛皮贸易的高潮过去了。与此同时，新英格兰开通了与西印度群岛的贸易，商人们把本地的水产品和木制品运到那里，同时运回糖浆制造朗姆酒。从此，造船业、航运业、木材加工业等产业发展起来，商人们

---

① Francis X. Moloney, *The Fur Trade in New England 1620-1676*, Hamden: Archon Books, 1967, p. 20.

② Edmund Bailey O'callaghan, *History of New Netherland, or, New York under the Dutch*, New York: D. Appleton and Company, 1846, p. 110.

③ Paul Chrisler Philips: *The Fur Trade*, Vol. I, Norman: University of Oklahoma Press, 1961, p. 135.

的资金越来越多地投入到这上面，毛皮贸易对于新英格兰殖民地的重要性下降了。虽然直到 18 世纪初，新英格兰仍然运出了数量可观的毛皮，但毫无疑问，毛皮贸易的黄金时代已经过去了。

中部的纽约和宾夕法尼亚殖民地也是毛皮贸易的积极参与者。1609年，就在哈得逊探险的这一年，荷兰商船就到北美东海岸边来收集毛皮了。为了排除其他竞争力量，阿姆斯特丹的商人们组建新尼德兰公司，在美洲建立了两个贸易站，一个在曼哈顿，是为纽约市的前身。另一个在哈得逊当年沿河向内陆航行的最远端，当时叫奥兰治堡或拿骚，即后来的阿尔巴尼。新尼德兰公司的主要目的是发展毛皮贸易，它既不进行殖民征服，也无意像其他国家的殖民者那样给印第安人传教。无论是先期到来的移民，还是后来的巴特龙和工匠等阶层，都发现毛皮贸易的利润比农业开发要诱人得多，因此纷纷转向毛皮行业。1624 年，荷兰人从美洲运出 7246 张海狸皮，1850 张海獭皮，总值 2.8 万荷兰盾（Guilder）。此后几年，收获量都比上年有所减少，但收益却逐年增加。直到 1632 年，产量突然增加到 1.4 万张海狸皮和 1700 张海獭皮，卖价是 14 万荷兰盾。毛皮贸易逐渐取代农业殖民成为新尼德兰最重要的产业，以至于"新尼德兰的所有人口都对毛皮贸易感兴趣"。[1]

1664 年，英国人夺取了新尼德兰后，毛皮贸易对于这个殖民地尤其是阿尔巴尼仍然很重要。1687 年，纽约海关官员斯蒂芬·考兰德（Stephen Van Cortlandt）说道："如果与印第安人的贸易毁了，那么这个省的居民将很难买得起英国的衣物和其他必需品。"[2]纽约港 1700—1755 年运往英国的货物中，毛皮占 1/5。尽管 1700 年以后纽约殖民地每年仍然有数量可观的毛皮运出，与新英格兰的其他几个殖民地一样，这里的毛皮资源也逐渐枯竭。自 18 世纪 30 年代以后，纽约的许多大型商业公司已经转向与西印度群岛之间的贸易。毛皮贸易的重要性大大下降了。

地处南北殖民地之间的宾夕法尼亚的毛皮贸易也较为重要。在宾夕法尼亚建立伊始，以詹姆斯·洛根（James Logan）为首的商人们就发现了这一地区所蕴含的毛皮贸易商机，他们以该州西部的城镇为基地向俄亥俄河谷地伸展势力，同肖尼人发展毛皮贸易。与主要从事海狸皮狩猎的伊洛魁人不

---

[1] Paul Chrisler Philips: *The Fur Trade*, Vol. I, Norman: University of Oklahoma Press, 1961, p. 153.

[2] Thomas Elliot Norton, *The Fur Trade in Colonial New York 1686-1776*, Madison: University of Wisconsin Press, 1974, p. 101.

同，肖尼人既狩猎海狸，也猎捕白尾鹿。因此，宾夕法尼亚从一开始就出产鹿皮和海狸皮两种毛皮，而且后者比前者的产值要高得多。宾夕法尼亚的毛皮贸易增长很快，自西班牙王位继承战争以后，每年的平均贸易额都在1750英镑以上，在其对伦敦出口的货物比例中一般都占到30%左右，有的年份甚至高达70%。在七年战争前的5年里，每年的平均交易额达到9990英镑。①到七年战争结束时，在西部从事毛皮贸易的宾夕法尼亚商人有300人左右。

与北部殖民地以海狸皮为主要产品的毛皮贸易不同，南部殖民地的毛皮贸易以鹿皮为主。在17世纪初期的时候，鹿皮贸易并没有受到特别的重视，弗吉尼亚殖民地甚至还在1631年通过一项法令，禁止与印第安人的一切贸易。《航海条例》实行以后，弗吉尼亚殖民地才开始重视与印第安人之间的贸易，鹿皮贸易与烟草种植逐渐成为该殖民地最重要的两项产业。除了弗吉尼亚以外，南部的其他殖民地也都逐渐认识到毛皮贸易的经济价值，同印第安人开展贸易。结果，到17世纪结束时，除马里兰殖民地以外，南部其他各个殖民地都加入到鹿皮贸易的行列之中。

进入18世纪以后，鹿皮交易的规模更加扩大。从1699年到1705年，卡罗来纳每年运往伦敦的鹿皮达到4.5万张，鹿皮成为卡罗来纳最主要的商品。②当时的博物学家约翰·劳森（John Lawson）在1700年说道："只要足够大，鹿皮是卡罗来纳所提供的运往英国的最好的商品。"③鹿皮贸易的丰厚利润也吸引着其他国家的殖民者。位于佛罗里达的西班牙殖民者也热衷于同印第安人的鹿皮贸易。1774年，从佛罗里达运出的揉制过的鹿皮是5.1万磅（约2.3万千克），生鹿皮为13.1万磅（约5.9万千克）。法国人则以路易斯安那为基地，从密西西比河谷向东染指鹿皮贸易。1714年，法国人还在纳奇兹河河口以上250英里（约402.3千米）处建立一个贸易站，收集鹿皮。到1726年，比安维尔（Bienville）估计每年有5万张鹿皮从路易斯安

---

① Eric Hinderaker, *Elusive Empire: Constructing Colonialism in the Ohio Valley, 1673-1800*, New York: Cambridge University Press, 1997, pp. 23-24; Stephen H. Cutcliffe, "Colonial Policy as a Measure of Rising Imperialism: New York and Pennsylvania, 1700-1755", *Western Pennsylvania Historical Magazine*, Vol. 64, No. 3, 1981, pp. 240-242.

② Kathryn E. Holland Braund, *Deerskins and Duffels: The Creek Indian Trade with Anglo-America, 1685-1815*, Lincoln: University of Nebraska Press, 1993, p. 29.

③ Shepard Krech Ⅲ, *The Ecological Indians: Myth and History*, New York: W. W. Norton & Company, 1999, p. 156.

那运出。①

　　与新法兰西以毛皮贸易为经济支柱不同，毛皮交易在北美的其他殖民地是作为副业发展起来的，虽然在整个经济体系中所占的比例并不很高，但仍然占有很重要的地位，它不仅每年能够为价值可观的英国制造品提供市场，而且具有重要的战略地位。北美十三殖民地虽然人口增长很快，经济也颇为活跃，但与毛皮贸易相比，它主要还局限在东部沿海一隅，而北美 3/4 的广阔地区主要还是印第安人猎手和白人毛皮贩子的天下。

　　由此可见，在北美殖民地建立的过程中，毛皮贸易曾经在其中发挥过重要作用，所不同的是，在各个殖民地的发展过程中，对毛皮贸易的依赖度有所不同：新法兰西一直依靠毛皮贸易，没有发展出其他像样的产业；而对于新英格兰、纽约和其他殖民地而言，毛皮贸易最初也是一桩重要的生意，不过随着其他产业的兴起，经济越来越多样化，尤其是随着有利可图的西印度贸易的展开，毛皮贸易在这些殖民地逐渐退居次要地位。不过，新世界每年 30 万张的海狸皮交易并不是一个小数目，它被不少人看作是能够快速发财致富的一种巨大商机。而法国人的威胁无疑是阻碍殖民地商人扩大毛皮贸易领域、实现其发财梦想的绊脚石。这些人要求英国驱逐法国人，控制整个毛皮贸易。以新英格兰和纽约为首的北部殖民地力图向更远的北方和西方拓展毛皮业务，因此要求征服加拿大，控制从大湖周围到东部这一广阔领域内的海狸皮交易。纽约总督康巴利（Edward Hyde Cornbury）向英国贸易委员会进言："仅仅是毛皮贸易收益就可以支付征服加拿大的所有费用，因为加拿大一年输出的货物完全抵得上我们的十年。"②而从宾夕法尼亚往南的殖民地则对密西西比河流域的鹿皮颇为看重，谋划着获取鹿皮交易的控制权。1763 年，英法七年战争结束，英国夺取了法国在密西西比河以东的全部殖民地，取得了北美毛皮贸易的控制权，但随后随着英国与十三殖民地矛盾的不断激化，毛皮贸易的形势发生了根本性的变化。

（四）小　结

　　无论作为新法兰西殖民地的经济支柱还是英国北美殖民地的经济补充，

　　① Daniel H. Usner, *Indians, Settlers, and Slaves in a Frontier Exchange Economy: The Lower Mississippi Valley before 1783*，Chapel Hill: University of North Carolina Press, 1992, p. 31.

　　② Paul Chrisler Phillips, *The Fur Trade*, Vol. I, Norman: University of Oklahoma Press, 1961, p. 345.

毛皮贸易都是北美早期开发史上最重要的主题之一，除了其经济影响外，它还对北美殖民地的政治、文化、种族关系等都发挥了不容忽视的作用。毛皮贸易始终是新法兰西殖民地的核心问题，几乎所有的问题都围绕着毛皮贸易的管理权而展开。新英格兰殖民地为了同荷兰和法国人争夺毛皮资源而在1643年建立新英格兰联盟，这可以看作是北美殖民地政治联合的早期尝试。毛皮贸易站还是美加两国城市化的一个重要来源，无论是加拿大的魁北克城、蒙特利尔、三河镇，还是美国的纽约、阿尔巴尼、纽黑文、底特律，这许许多多的城镇最早都是毛皮贸易站。此外，毛皮贸易的历史对美加的文化、社会生活和种族关系都产生了重要影响，许多关于边疆的文学作品都与毛皮贸易有关。

毛皮贸易客观上符合英国和法国的帝国利益，因而对于英法两国的大国争霸影响深远。无论是英国还是法国，其根本目的是建立一个殖民帝国，维护本国的商业利益。毛皮贸易不像新英格兰的造船、航运和海外贸易那样与母国争夺市场，它的生存严重依赖欧洲的奢侈品消费市场，而且需要不断扩张寻找新的毛皮产地，因而是英法两国在北美进行殖民扩张的理想工具。不过也正是毛皮贸易本身的脆弱性令法国的殖民帝国极不牢固，新法兰西殖民地经过一个半世纪的发展，到1760年仅有3个较大的城镇，6.3万人；而南面的英国殖民地靠多样化经营建立起稳固的定居区，人口达到159.3万。①

（原载于《南开学报》2015年第2期，收入时做了删节）

三、美国革命对北美毛皮贸易的影响

美国革命是世界历史上殖民地人民第一次大规模的争取民族独立并取得胜利的战争，它不仅给大英帝国的殖民体系打开了一个缺口，也为殖民地人民的民族解放斗争树立了光辉的典范。作为世界历史上的重大事件，它对于

---

① Jacob Ernest Cooke, ed., *Encyclopedia of the North American Colonies*, Vol. I, New York: Charles Seribner's Sons, 1993, p. 470, p. 475.

当时整个世界的历史进程，尤其是北美本身的历史发展产生了深远的影响，当然也给当时的北美毛皮贸易带来了很大的变化。美国革命一直是美国史研究的重要领域，2个世纪以来，学者们几乎是对它进行了全方位的探讨，研究主题涵盖了与此相关的各个方面。时至今日，虽然解读美国革命的视角几经转换，但它依然是学界的热点，每年依然有许多重要的成果面世。①可令人遗憾的是，对于研究美国革命的学者来说，无论是北美毛皮贸易对于美国革命的缘起，还是后者对前者的影响似乎都没有引起他们的注意，在杰克·格林和 J. R. 波尔主编的《美国革命指南》中，毛皮贸易甚至都没有作为一个独立的篇目列出。而研究毛皮贸易的学者的主要兴趣要么集中在殖民地时期北美东部的毛皮贸易和印白交往，要么关注毛皮边疆推进到大湖以西以后的交易状况，对于独立战争对毛皮贸易的影响大多是顺道提及。②因此，这两方面的学者对于这个问题似乎是形成了一种集体的"失忆"。

在七年战争结束以前，毛皮贸易不仅是新法兰西的经济支柱，也是北美十三殖民地的重要经济来源之一。美国独立战争不仅中断了北美十三殖民地的毛皮交易，也对加拿大的毛皮贸易产生了重要影响，促使后者转向了对西北方向的扩张，从而深深影响了加拿大的历史发展进程。因此，探讨美国革命对于毛皮贸易的影响，不仅有助于学界更加全面地认识这一历史事件本身，而且对于推进对加拿大历史的研究、弄清毛皮贸易在北美历史发展中的重要作用都具有积极的意义。

（一）美国革命的临近与十三殖民地毛皮贸易的衰落

随着七年战争临近结束，英国政府的战略重心从击败法国转向对北美殖民地的政治治理问题，它不仅要考虑如何处理即将到手的法国殖民地，还要考虑如何协调原法国殖民地与北美十三殖民地之间的关系。十三殖民地虽然人口增长很快，经济也颇为活跃，但与广阔的毛皮贸易边疆相比，还主要局

---

① 参见：Jack P. Greene, ed., *The Reinterpretation of the American Revolution*, New York: Harper & Row, Publishers, 1968; Jack P. Greene and J. R. Pole, eds., *A Companion to the American Revolution*, Malden: Blackwell Publishing Ltd., 2000; Richard D. Brown, ed., *Major Problems in the Era of the American Revolution, 1760-1791*, Boston: Houghton Mifflin Company, 2000。

② 毛皮贸易史是北美历史研究中的一个重要分支，出版的著作也很多，几乎涉及与此相关的各个领域。但除了菲利普的《毛皮贸易史》专章探讨美国革命期间的毛皮贸易外，其他各书多是顺道提及，并未就此专门论述。迄今未见关于独立战争与毛皮贸易的专门论著问世。

限在东部沿海一隅，北美 3/4 的广阔地区依然是印第安人猎手和白人毛皮贩子的天下。长期以来，英国对于北美殖民地的发展采取了所谓"礼貌性的忽视"态度，对它的发展基本不予干涉。北美殖民地早期在英国人心目中并不占重要地位，其重要性甚至比不上一个巴巴多斯。这也是北美殖民地的利益被无视的重要原因。对于北美十三殖民地来说，虽然谁也不想放弃毛皮贸易这唾手可得的财富，但除了在纽约和宾夕法尼亚的经济中所占的比重略高以外，在其他地区的经济中早已变得无足轻重。而且随着各殖民地人口的增加和经济的转向，他们希望 1760 年以后英国能够放松限制，不受限制地向西部扩张。

而这个时候英国政府面临的当务之急则是如何压缩政府开支。自七年战争以来，英国政府的支出连年增加，从 1750—1755 年间的每年 650 万英镑增加到 1756—1764 年间的每年 1450 万英镑，政府债务到 1763 年已经有 1.4 亿英镑之多，每年仅利息就高达 480 万英镑，国会强烈要求削减政府开支。①不幸的是，英国驻北美军队总指挥阿姆赫斯特将军削减印第安事务开支的做法引发了 1763 年的庞蒂亚克起义。对于即将取得七年战争胜利的英国来说，这不啻为当头一棒，使它不得不重新考虑其印第安人事务、边疆防守、毛皮贸易和对北美殖民地的政策。北美殖民地此前管理印第安人和毛皮贸易事务就很失败，而在七年战争和随后的庞蒂亚克起义中，他们又都不愿意出钱出力，令英国非常失望。为了安抚印第安人，稳定北美的政治格局，英国选择了与法裔加拿大人合作、同印第安人贸易、阻止北美殖民地向西部扩张的政策，其具体表现就是 1763 年的《皇室公告》。

《皇室公告》规定把英国从西班牙和法国新获取的土地建立三个殖民地：加拿大、佛罗里达和格林纳达，实行军管，而除此之外的印第安人聚居区维持现状。在原来的北美十三殖民地与印第安人聚居区之间划出一条分界线，该线以西的土地禁止英国殖民者居住，也不允许私人和殖民地政府官员购买印第安人的土地。《皇室公告》在两方面损害了北美殖民地的利益：一是将他们一直向往的西部土地划归加拿大或保留给印第安人，直接损害了当时热衷于到俄亥俄河流域进行土地投机的北美殖民者的利益。二是逐渐剥夺了北美殖民地当局对印第安人事务的管理权。鉴于此前各个殖民地管理印第

---

① Walter S. Dunn, Jr., *Frontier Profit and Loss: The British Army and the Fur Traders, 1760-1764*, Westport: Greenwood Press, 1988, p. 15.

安人事务的混乱局面，英国的贸易委员会在 1764 年制定了一套针对印第安贸易的方案。该方案在重申毛皮贸易对所有人开放的前提下，将毛皮贸易和印第安人事务的管理权收归帝国统一控制。由英国任命的官员负责确定毛皮贸易的价格，禁止向印第安人出售朗姆酒，也禁止在贸易站以外进行交易，并确保本地区的治安和在必要时平息印第安人的不满和怨气。新设立的这套贸易机构的年度预算为 2 万英镑。

七年战争之后的英国面临着一种两难困局：一方面，为了防止西部边疆再次出现类似的印第安骚乱，英国政府需要更多的财政拨款、向印第安人更大方地赠送礼物和派遣更多军队守卫边疆；而另一方面，英国国会既迫切需要削减政府开支，征收毛皮贸易出口税的方案又受到国内力量的阻挠。在这种情形下，英国就想把这笔预算与维持殖民地驻军的费用摊派到北美殖民地的头上，其结果就是《印花税法》的出台。

1764 年计划没能形成一个有效的印第安人贸易机制，它支持加拿大人的贸易，把北美十三殖民地排除在外，以牺牲殖民地利益为代价寻求对西部边疆的管理，要求殖民地负担规范毛皮贸易的费用，并剥夺他们传统的管理权。《印花税法》和随后的金融管制措施遭到了各个殖民地的抵制和反对，双方矛盾不断升级。北美殖民地从最初的游行请愿到商品禁运，直至最后发展成为武装对抗，北美独立战争的步伐日益临近。

英国的政策以及它与十三殖民地之间不断升级的矛盾和对抗给当地的毛皮贸易带来了很大的影响。随着毛皮资源的逐渐枯竭和边疆的西移，毛皮贸易在北美殖民地本来就已经越来越不占重要地位，而英国同北美十三殖民地之间不断升级的矛盾则加剧了这种经济衰落的步伐。纽约和宾夕法尼亚的毛皮贸易首当其冲地受到影响。与新英格兰相比，拥有广阔的西部腹地的这两个殖民地的毛皮贸易一直在经济中占据重要地位，直到 1765 年，纽约仍然向英格兰输送了价值 5565 英镑的毛皮。[1] 在英国人占领新法兰西以前，以阿尔巴尼为中心的哈得逊河体系与以蒙特利尔为中心的圣劳伦斯河运输体系之间为了大湖区毛皮贸易的控制权一直存在着竞争关系。法国人的优势在于其森林客的吃苦耐劳精神和通过通婚与印第安人所建立的良好的贸易关系，而英国人则具有廉价的商品、朗姆酒、哈得逊河的良好运输条件和强大的伊

---

[1] U. S Bureau of the Census, *Historical Statistics of U. S: Colonial Time to 1970*, Washington D. C.: Bureau of the Census, 1976, p. 1188.

洛魁人的支持。在七年战争将要结束的时候，许多阿尔巴尼人甚至乐观地认为自己的城市有可能取代蒙特利尔成为北美毛皮输出的中心。然而，从七年战争结束到美国独立战争爆发之间的这段时间里，纽约和宾夕法尼亚的毛皮贸易快速走向衰落，英国的管理政策和北美殖民地与英国之间不断恶化的双边关系无疑是其主要原因。

宾夕法尼亚的毛皮贸易最先衰落。在庞蒂亚克事件中，英国对参与叛乱的印第安人采取孤立措施，禁绝一切贸易，结果北美殖民地与印第安人的贸易戛然而止。宾夕法尼亚的毛皮贸易深受其害，许多在西部进行交易的零散商人被印第安人杀害，据说仅宾夕法尼亚就有大约 100 名商人被杀。1764年计划公布以后，虽然恢复了殖民地与印第安人之间的毛皮贸易，但由于禁止朗姆酒贩卖和只准在贸易站进行交易，宾夕法尼亚和纽约的商人失去了原来对魁北克人在印第安人贸易中所固有的优势，被赶出了西部毛皮贸易领域。从此以后，许多宾夕法尼亚商人不再与印第安人做生意，而是将重点转向了对西部的殖民开拓。从 1760 年到 1770 年，宾夕法尼亚的人口从 21.7万增加到 27.6 万，其中有 4 万人生活在西部。纽约殖民地的人口同期也从96765 人增加到 182247 人，其中 47375 人生活在边疆。与印第安人的毛皮贸易相比，北美殖民地中有更多的人对西部土地的渴望更强烈，要求边疆，尤其是俄亥俄河流域对移民开放。在庞蒂亚克起义中遭受损失的宾夕法尼亚商人甚至组成受害者联盟，要求通过割地来补偿毛皮贸易的商业损失。

面对殖民地的抗议和不满，英国做出了一些让步，不仅撤销了《印花税法》，在 1768 年取消了 1764 年的印第安贸易计划，把毛皮贸易管理权重新转给各个殖民地，并且还通过两位印第安人事务总监斯图尔特和约翰逊同印第安人签订条约，割让出大片土地供白人垦殖。条件是由殖民地负责支付维持毛皮贸易管理体系的费用，并确保印第安人的土地不受白人侵占。然而，北美殖民地对此却反应迟钝，一方面，"面对自己的经济对手，北美殖民者不愿意为一个在边疆挤占他们的利润的体系而缴税"。①另一方面，毛皮贸易在各个殖民地中所占重要性已经越来越低，北美各殖民地现在最迫切希望的是英国放松限制，他们从而可以不受限制地向西部扩张。1768 年，南部印第安贸易事务总监斯图尔特花费了好大精力才与切诺基人签订了边界条

---

① Walter S. Dunn, Jr., *Frontier Profit and Loss: The British Army and the Fur Traders, 1760-1764*, Westport: Greenwood Press, 1988, p. 139.

约，期望借此来促进当地鹿皮贸易的发展。然而，南部各州不仅拒绝给印第安人提供补偿，甚至还抗议该条约剥夺了他们的特许状中所授予的对西部土地的占有权力。由此可见，毛皮贸易对这些殖民地来说，已经大不如以前那么重要了，经过数代人高强度的猎杀，白尾鹿在南部的许多地区日益减少，甚至濒临灭绝。以占领和开垦土地为目标的新型占地者已经成为时代的宠儿。弗吉尼亚议事会主席约翰·布莱尔（John Blair）甚至声称："目前我认为我们没有任何人同印第安人进行贸易。"①

　　殖民地所采取的禁运协议，令北美殖民地的毛皮贸易雪上加霜。为了对抗英国的《汤森法案》，打击英国的出口贸易，北美殖民地对英国商品采取禁止进口政策。由于无法得到商品，西部毛皮贸易就不能开展。宾夕法尼亚从事毛皮贸易的著名公司拜顿-摩根公司（Bayton-Morgon Company）破产，纽约殖民地的费恩-埃里斯公司（Phyn and Ellice Company）也深受影响。该公司 1770 年的一封信件中对禁运的影响做了形象的描述："由于禁止进口协定，上一季度［即指 1769 年］我们几乎失去了西部地区的所有客户。虽然并不认可这一措施，但我们仍然决定停止进口英国货物，因为当时不这样做就意味着与贵市的大部分人民的意见相左，而这一措施却使我们无法得到贸易所需的货物。"②一些商人不得不绕道从加拿大进口英国商品运往西部，所幸的是殖民地的禁止进口规定在 1770 年就被取消了，纽约和宾夕法尼亚的毛皮贸易得以苟延残喘。

　　但好景不长，为了抗议英国政府 1774 年制定的《魁北克法案》，北美殖民地再度以禁止进口英国商品为反击手段，但这次还附加了禁止出口条款。纽约的毛皮商人既不能从英国直接进口，又不能像上次那样绕道加拿大获取商品，逐渐走向破产。著名的费恩-埃里斯公司不得不结束其在纽约的业务，转而到加拿大寻求发展机会。该公司在 1776 年以后，以蒙特利尔为总部，把原来纽约的毛皮业务重新发展起来。其他许多以阿尔巴尼为基地的著名毛皮贸易商人如西蒙·麦克塔维什、亚历山大·亨利、彼得·庞德等也都转而把自己公司的毛皮运往蒙特利尔。原来主要以匹兹堡为交易基地的宾夕法尼亚商人如亚历山大·麦克伊、马修·埃利亚特等人也大多转向底特律，从这里把毛皮运往蒙特利尔。结果到美国独立战争爆发的时候，北部各

　　① Paul Chrisler Phillips, *The Fur Trade*, Vol. I, Norman: University of Oklahoma Press, 1961, p. 618.

　　② R. H. Fleming, "Phyn, Ellice and Company of Schenectady", *Contributions to Canadian Economics*, Vol. 4, 1932, p. 17.

州与大湖区的毛皮贸易结束了。

北美独立战争爆发以后，除了极个别的以外，原来在西部从事毛皮贸易的商人和大部分的印第安部落都投入英国人的怀抱，英国所任命的南北印第安事务总监仍然履行着维系印第安人与英国的友好关系的责任，商人们从加拿大和佛罗里达运来货物，同印第安人进行交换。虽然大陆会议也成立机构，试图同边疆的印第安人恢复贸易关系，并试图在密西西比河上通过军事行动切断英国人同印第安人的联系。弗吉尼亚甚至还派遣克拉克（George Rogers Clark）去俄亥俄谷地征服温森斯（Vincennes）和卡斯卡斯基亚（Kaskaskai），以切断底特律的毛皮供应，但没有成功。最主要的是美国人无法弄到印第安人所需要的商品。在独立战争期间，只有极少的印第安人参加美国方面，而投入英国方面战斗的则有 1.3 万人，他们的支持是毛皮贸易依然为英国所控制的重要保障。①结果直到北美独立战争结束的时候，英国人依然牢牢地控制着大湖以南的尼亚加拉、底特律、密奇里麦基诺（Michilimackinac）等重要的军事堡垒和毛皮贸易站。

（二）加拿大毛皮贸易的扩张

与北美十三殖民地日益看重西部土地，期望不受限制地向西部扩张的利益诉求不同，加拿大到英国征服的时候，还主要是一个毛皮殖民地，其经济中最主要的基础仍然是毛皮贸易。加拿大毛皮贸易的产值在 18 世纪 50 年代接近 400 万里弗尔，占其对外输出货物的 3/4。②在从圣劳伦斯到密西西比流域的广阔范围内，仅仅有不到 10 万法国人定居。维持与印第安人的友好关系，保护毛皮产地不受破坏是其最主要的利益诉求。根据海关的统计，1762 年，即庞蒂亚克起义的前一年，大约有 17.3 万张海狸皮从北美洲运出，其中 9.4 万张来自加拿大，5 万张来自北边的哈得逊湾公司，1.5 万张来自纽约，这些毛皮大约价值 4.3 万英镑。③如果加上走私的毛皮，估计每年输往英国的毛皮价值在 5 万－10 万英镑之间。如此大规模的毛皮交易为

① Jack P. Greene and J. R. Pole, eds., *A Companion to American Revolution*, Malden: Blackwell Publishing Ltd., 2000, p. 414.

② Marc Egnal, *New World Economies: The Growth of the Thirteen Colonies and Early Canada*, New York: Oxford University Press, 1998, p. 148.

③ Walter S. Dunn, Jr., *Frontier Profit and Loss: The British Army and the Fur Traders, 1760-1764*, Westport: Greenwood Press, 1988, p. 178.

英国制造业品提供了一个非常可观的消费市场。据估计，每年英国输往边疆的产品大约有 13.5 万英镑。①

到七年战争结束的时候，毛皮贸易虽然在其他殖民地中已经变得无足轻重，在整个北美经济中也不占主要地位，但对加拿大来说，却至关重要，是它最主要的经济支柱。而对英国来说，这一贸易不仅具有很大的经济价值，同时也具有重要的战略意义。庞蒂亚克起义以后，英国认为印第安人维持贸易关系比开战更能维护帝国的商业利益，也更有利于北美的政治稳定。殖民地官员克洛根（George Croghan）认为：在庞蒂亚克战争中，英国花费 10 万英镑却一无所获，而仅仅用这笔钱的利息来购买礼物就可以让印第安人保持平静，"每年给他们一些好处就能让我们宝贵的毛皮得以维持。"②在庞蒂亚克事件以后，为了安抚印第安人和稳定北美政治形势，英国采取了鼓励和规范同印第安人贸易，限制十三殖民地向西部进行农业扩张的政策。这在客观上同加拿大的利益是一致的。结果当北美十三殖民地为了寻求不受限制的扩张权利而同英国的矛盾日益升级之时，加拿大成为英国贯彻其美洲政策的工具和基地，其毛皮贸易也因此而从中受益，在美国独立战争期间得以迅速扩张。

早在英军攻占魁北克和蒙特利尔以后，包括北美十三殖民地在内的许多英国商人就开始迁向圣劳伦斯河谷，抢夺这里的毛皮贸易控制权。而原本控制着新法兰西的经济和社会活动的法裔毛皮商人则采取了与英国占领军和随后来到的殖民地商人合作的态度，"英国人有资金和从伦敦弄到借贷的联系渠道，而法国人则拥有把商品运送到印第安人那里并取得毛皮的手段，双方相互依靠。"③亚历山大·亨利可以说是这批北移商人的一个代表。他早年是阿尔伯尼的一名贸易商人，为英国军队供应物资。1761 年，亚历山大转向毛皮贸易，并从盖奇将军那里获得了到密奇里麦基诺从事毛皮贸易的许可证。1765 年，他的雇员发展到 12 人，并与苏圣玛丽的卡多特（M. Cadotte）建立合伙关系。他派人用两船物资从丰迪拉克（Fond du Lac）换取了 15000 磅（约 6804 千克）的海狸皮、2500 磅（约 1134 千克）的水獭皮和貂皮。

① Paul Chrisler Phillips, *The Fur Trade*, Vol. I, Norman: University of Oklahoma Press, 1961, p. 546.

② Walter S. Dunn, Jr., *Frontier Profit and Loss: The British Army and the Fur Traders, 1760-1764*, Westport: Greenwood Press, 1988, p. 164.

③ Walter S. Dunn, Jr., *Frontier Profit and Loss: The British Army and the Fur Traders, 1760-1764*, Westport: Greenwood Press, 1988, p. 46.

因尼斯评价道："亨利和卡多特的合伙关系的成功是英国人的资本和法国人的经验必须进行联合的标志。"[1]据估计，在 1764 年的时候，在魁北克和蒙特利尔的英国商人差不多有 200 人，他们经过调整后逐渐取得了对加拿大毛皮贸易的控制权。在七年战争中由于缺乏商品，加拿大的毛皮贸易曾一度陷入停顿。1760 年，仅仅底特律就积压了价值 10 万英镑的毛皮。[2]随着和平的到来和英法商人的合作关系的形成，原本由于缺乏商品而陷入停顿的圣劳伦斯毛皮贸易重新活跃起来。1763 年，由于庞蒂亚克起义，加拿大没能运出多少毛皮。1764 年，随着形势的稳定，它的毛皮产量暴增到 10.6 万张。1765 年 27.5 万张，1766 年达到 35 万张。[3]

随着英国和北美十三殖民地关系的变化，英国对加拿大的政策经历了一个从强制同化到怀柔的转变。英国在 1763 年《皇室公告》和 1764 年印第安贸易计划中并没有对加拿大予以特别照顾。《皇室公告》不仅规定对加拿大实行军管，缩小了新法兰西的领土范围，还在这里逐渐推行英国议会制度，鼓励新教传播，限制天主教的权利，意图对这些法国人实行"英国化"。1764 年计划中关于毛皮贸易只能在贸易站中进行的规定也不利于法裔加拿大商人，因为他们更擅长深入丛林，直接去印第安部落同他们交换毛皮产品。因此，英国的这两项政策在引起北美十三殖民地不满的同时，也令加拿大人不快。但与南面的邻居一步步走向与英国的决裂不同，加拿大的毛皮贸易离不开英国的市场和产品。英国 1768 年宣布取消 1764 年计划受到了加拿大的欢迎和配合，总督卡尔顿着手任命官员，接管英国所划定区域的毛皮贸易管理事务，这客观上符合英国贸易委员会的目标。而南面其他殖民地对英国法令的漠视和越来越激烈的对抗令英国决策者逐渐偏向于加拿大一方。加拿大的毛皮贸易不仅可以为英国运去原材料，还为英国商品制造需求，而南方殖民地所要求的移民定居则给英国带不来任何商业利益。同时，英国不希望为了管理印第安事务而增加开支，而加拿大又乐意接管这一管理责任。因此，"让该殖民地去管理印第安人和维护帝国在俄亥俄河以北地区

---

① Harold A. Innis, *The Fur Trade in Canada: An Introduction to Canadian Economic History*, Toronto: University of Toronto Press, 1956, p. 168.

② Walter S. Dunn, Jr., *Frontier Profit and Loss: The British Army and the Fur Traders, 1760-1764*, Westport: Greenwood Press, 1988, p. 3.

③ E. E. Rich, *Montreal and the Fur Trade*, Montreal: McGill University Press, 1966, p. 36.

的利益"逐渐成为英国决策者们的目标。①正是出于这一考虑，英国采取了同加拿大人合作，抵制北美十三殖民地的做法，其表现就是 1774 年的《魁北克法案》。

与此前的《皇室公告》相比，《魁北克法案》对原来的新法兰西殖民地表现出了明显的宽容，不仅撤销了原来对这里进行"英国化"的改造，允许法裔加拿大人保留自己的文化、宗教和政治制度，而且还把俄亥俄河以北原来计划属于印第安保留区的领土划入魁北克的管辖范围。《魁北克法案》无疑是对加拿大的明显让步，因而也被其他殖民地看作是瓦解北美人民反英斗争的阴谋，被认作是"对北美自由的最大威胁"和殖民地人民的"最大冤屈"，对北美形势起到"火上浇油的作用"。加拿大总督卡尔顿勋爵认为，这样一个法案可以把"加拿大与南部的殖民地分开"，英国外交官员威廉·诺克斯也认为它会"对我们美洲孩子的独立运动进行政治上的牵制"。②

当北美十三殖民地与英国的矛盾日益加剧而使得毛皮贸易在这些殖民地日渐衰落之际，加拿大的毛皮贸易则因为英国的支持和南面毛皮商人的加入而获得了新的发展动力。谢尔伯恩勋爵在辩论《魁北克法案》时就曾在议会中称该法将把俄亥俄河以北的毛皮贸易全部交到加拿大人手里。在整个美国独立战争期间，英国所任命的印第安事务官员继续对印第安人分发礼物，保证"原有的印第安盟友对我们的效忠支持"。③同时，英国人控制着如奥斯维格（Oswego）、尼亚加拉、底特律、密奇里麦基诺、温森斯以及南方的彭萨科拉（Pensacola）和莫比尔（Mobile）等毛皮贸易的重要堡垒。独立战争期间，虽然有美国人的短暂入侵，蒙特利尔仍然为印第安人源源不断地提供丰富的货物，而美国人同印第安人的毛皮贸易则由于绝大多数贸易商人的离去和无法为印第安人提供所需要的货物而几近终结。正是在这种有利的形势下，加拿大的毛皮贸易在美国独立战争期间得以迅速扩张。原来北美十三殖民地迁到蒙特利尔的主要贸易商如亚历山大·亨利、西蒙·麦克塔维什、彼得·庞德、弗罗比歇和麦吉尔等以麦基诺为基地，向西南和西北两个方向伸展。在西南方向上，尼亚加拉取代阿尔巴尼成为纽约西部和阿勒根尼谷地毛

---

① Clarence Walworth Alvord, "Mississippi Valley Problems and the American Revolution", *Minnesota Historical Bulletin*, Vol. 4, No. 5/6, Feb.-May, 1922, p. 241.

② Bernhard Knollenberg, *Growth of the American Revolution: 1766-1775*, Indianapolis: Liberty Fund, Inc., 2003, pp. 145-146.

③ Paul Chrisler Phillips, *The Fur Trade*, Vol. I, Norman: University of Oklahoma Press, 1961, p. 628.

皮的集散地，每年的贸易额从原来微不足道发展到 2.5 万英镑。底特律依旧是大湖以南地区最重要的贸易站，原本运往匹兹堡的毛皮都转向这里。到 1777 年，这里的毛皮占蒙特利尔毛皮交易量的一半。在西北方向上，密奇里麦基诺是最重要的贸易基地，它控制着密歇根湖以西、密西西比河上游、从苏必利尔湖往西北直到萨斯喀彻温河一带的毛皮贸易。著名的毛皮商人彼得·庞德、麦克塔维什和亚历山大·麦肯齐等人不断把边疆推向西北方向，到达阿萨巴斯卡湖一带，直接与北面的哈得逊湾公司竞争。在 1774－1775 年的时候，苏必利尔湖以西运往蒙特利尔的毛皮就达到了 1.5 万英镑。①因此，在整个独立战争期间，加拿大的毛皮贸易虽然偶有波动，但一直相当可观。1777 年，有 155 艘独木舟和 312 艘平底船（batteaux）的货物运往印第安人地区，价值 17.6665 万英镑；1778 年，有 152 艘独木舟和 374 艘平底船的货物运往印第安人地区，总价值达到 19.1013 万英镑。1779 年，受美国人克拉克对伊利诺伊征服的影响，只有 73 艘独木舟的货物，价值 4.1355 万英镑。②随后又迅速回升，1782 年，运往印第安地区的商品达到 120 艘独木舟加 250 艘平底船，价值 18.4 万英镑。1783 年，进一步增加到 126 艘独木舟加 321 艘平底船，价值 22.7 万英镑。③总体上看，美国独立战争期间商品交换的价值超过独立战争爆发前的 7 年。

　　总之，北美独立战争为加拿大的毛皮贸易提供了合适的扩张空间。蒙特利尔的商人在英国人的资本和法国人的经验相结合的基础上，利用美国人退出毛皮贸易的有利时机，牢牢掌握了大湖区毛皮贸易的控制权。他们从底特律往南接管了俄亥俄河流域的毛皮贸易，并与西班牙人争夺更远地区的毛皮贸易。他们从麦基诺往西北，把势力伸展到萨斯喀彻温河谷，同哈得逊湾公司展开争夺。利用美国独立战争的大好时机，以西北公司为主的加拿大毛皮贸易集团掌握了北美毛皮贸易的绝大部分份额。在 18 世纪 80 年代，哈得逊湾公司每年的货物交易量在 3 万英镑左右，而西北公司则在 16.5 万－24.2 万英镑左右。④斯蒂文斯认为在美国独立战争期间，加拿大每年输往英

---

① Paul Chrisler Phillips, *The Fur Trade*, Vol. I, Norman: University of Oklahoma Press, 1961, pp. 629-632.

② Wayne E. Stevens, *The Northwest Fur Trade, 1763-1800*, Urbana: University of Illinois Press, 1928, p. 65.

③ E. E. Rich, *Montreal and the Fur Trade*, Montreal: McGill University Press, 1966, p. 51.

④ Gerald Friesen, *The Canadian Prairies: A History*, Toronto: University of Toronto Press, 1984, p. 62.

国的毛皮总值大约为 20 万英镑。[①]

（三）《巴黎条约》与北美毛皮贸易格局的调整

1783 年英美双方签订了《巴黎条约》，标志着北美独立战争的结束和英国正式承认美国的独立。美国成为这场战争的最大赢家，它获得了梦寐以求的五大湖以南、密西西比河以东的地区，领土面积增加一倍，为日后的西部开发和崛起奠定了基础。然而加拿大却从这个条约中损失巨大，北美毛皮贸易的格局又面临着新一轮的洗牌和调整。

其实，在巴黎的谈判桌上，毛皮贸易并不是英美双方关注的一个重要议题。以富兰克林为代表的美国方面的谈判代表早在独立战争开始前就梦想着占领阿巴拉契亚山脉以西地区，西部问题更是导致美国人走向独立的一个重要的原因，但美国人所要的是对西部进行移民和拓殖，而不是其毛皮利益。在谈判中，美方代表富兰克林甚至要求英国将加拿大也赠予本国，以显示英方对美国的善意，而其理由则是这块地区只有毛皮贸易，对英国意义不大。[②]而英国方面所派出的谈判代表奥斯瓦尔德（Richard Oswald）不仅完全同意美方代表的意见，甚至自身就力图在美国西部谋求利益，因此，美国人在谈判桌上实现了战场上所未能达成的目标，西部被完全割让给美国。[③]卡利塞伯爵（Earl of Carlisle）在议会中批判道："大不列颠实际上失去了整个加拿大，从阿勒根尼山到密西西比的所有领土都失去了，大湖区所有的堡垒、贸易站、定居点等都失去了，毛皮贸易也失去了。"[④]英美双方以大湖中心线为界，但密歇根湖归美国。虽然规定给予加拿大人在密西西比河的航运权，但没有任何意义，英国当局对于北美的地理知识很粗糙，也无心关注。对于英国来说，巴黎谈判及随后的条约中所暴露出来的仍然是急于从美

---

① Wayne Stevens, "The Organization of the British Fur Trade, 1760-1800", *Mississippi Valley Historical Review*, Vol. 3, No. 2, Sept., 1916, p. 182.

② Paul Philips: *The Fur Trade*, Vol., I, Norman: University of Oklahoma Press, 1961, p. 643.

③ 美国著名历史学家康马杰和莫里森认为："英国人仍占有纽约、查尔斯顿、萨凡纳、底特律和西北几个其他据点，华盛顿的军队几乎无力作出新的进展，而英国海军却已恢复了对海洋的控制。考虑到这样的情势，合众国竟然得到那么宽广的疆界和有利条件，实在是意想不到的事。"参见塞缪尔·埃利奥特莫里森等：《美利坚合众国的成长》第一卷第一分册，南开大学历史系美国史研究室译，天津：天津人民出版社 1975 年版，第 406 页。

④ Frank E. Ross, "Fur Trade of the Great Lake Region", *Minnesota History*, Vol. 19, No. 3, September, 1938, p. 297.

洲事务中抽手，减少政府开支的一贯理念。主持谈判的谢尔伯恩勋爵在议会中宣布：防守加拿大的费用每年高达 80 万英镑，而它每年进口英国商品仅为 5 万英镑。①因此，谢尔伯恩勋爵的主张由原来的"不愿获取领土转为意欲尽快将其脱手"。②

虽然早在《巴黎条约》谈判期间，当加拿大商人获知条约的初步内容时，就立即向英国政府提出抗议，但最终仍然难以挽回大湖以南的毛皮产地被划入美国领土范围的结局。尽管对美国的慷慨让步成为诺斯勋爵和福克斯打击其政治对手谢尔伯恩的工具，新政府依然对保护加拿大的毛皮贸易不感兴趣，仅仅是对原先的初步协定做了些许修改。根据条约的规定，加拿大失去了原来《魁北克法案》所规定的大湖以南与俄亥俄河以北之间的毛皮产地，还有大湖区毛皮贸易的最重要的堡垒底特律、尼亚加拉、密奇里麦基诺和大波迪奇等。当时加拿大所产毛皮中很大一部分都是通过这几个贸易站来完成的。根据当时著名的毛皮商人麦吉尔的估计：加拿大每年的毛皮贸易大约为 18 万英镑，其中约有 10 万英镑来自西南地区。③如果这些关键性的贸易站交给美国，那就意味着超过一半的毛皮贸易将从此与加拿大毛皮商人无缘。大波迪奇对加拿大毛皮贸易意义重大，它是毛皮商人向西北地区进行毛皮交易的中转站，这个关键位置也划给了美国，从大湖区通向西北地区的毛皮贸易面临着被美国人拦腰截断的危险。

如果《巴黎条约》的规定得以执行，那对加拿大的毛皮贸易将是一个巨大的打击。不过，形势很快发生了转变。英国一方面担心贸然交出西部会引发印第安人的暴动，从而威胁整个加拿大的安全，另一方面又受到加拿大毛皮商人和伦敦商人的抗议，遂借口美国方面没有履行条约的规定，如赔偿英国商人的债务、发还效忠派的财产等，指示加拿大总督哈迪蒙德拒绝交出堡垒，也阻止美国商人进入该地区进行贸易。英国想在加拿大和美国之间建立一个大湖区印第安人的缓冲带。但是，当韦恩将军于 1794 年 8 月在倒树之战（Battle of Fallen Timbers）中一举击溃了俄亥俄河以北的印第安人之后，英国人不得不通过《杰伊条约》同意在 1796 年把西部堡垒交给美国。

在英国交出大湖区堡垒以前，加拿大毛皮贸易商人利用英国的保护，继

---

①　Parliament of England, *The Parliamentary History of England, from the Earliest Period to the Year 1808*, Vol. XXIII, London: T. C. Hansard, Peterborough Court, Fleet-Street, 1814, pp. 408-410.

②　E. E. Rich, *Montreal and the Fur Trade*, Montreal: McGill University Press, 1966, p. 52.

③　E. E. Rich, *Montreal and the Fur Trade*, Montreal: McGill University Press, 1966, p. 54.

续同这里的印第安人进行毛皮贸易。1784 年，底特律的毛皮产值达到 4.08 万英镑，麦基诺则为 6.04 万英镑。[①]到 1797 年，即英国交出大湖区堡垒的第一年，从蒙特利尔经尼亚加拉运往底特律的商品包括 43668 加仑酒、1344 米诺特（minot）的盐以及其他各类商品，总价值为 55220 英镑，而从大湖区运回的毛皮有 5826 包（pack，每包大约 100 张海狸皮），其中来自底特律的 2616 包，密奇里麦基诺 3210 包，总值仍然有 87390 英镑之多。[②]虽然《杰伊条约》规定英国商人仍然可以在大湖以南从事贸易，但他们越来越受到美国商人的竞争和当局的挤压，再加上移民的涌入和毛皮资源的逐渐枯竭，英国商人逐渐退出了西南地区。其实早在英国交出大湖区堡垒以前，鉴于西南地区越来越不利的局面，在本地区从事毛皮贸易的两大公司福赛思-理查德森公司（Forsyth, Richardson and Company）和托德-麦吉尔公司（Todd, McGill and Company）在 1791 年就向西北公司提出了申请，并在次年被批准加入了新组后的西北公司。1796 年以后，虽然仍然有部分商人在大湖区从事毛皮贸易，但形势越来越不利。1808 年，蒙特利尔商人向加拿大政府提交的一封信件中称："英国臣民应尽快放弃在美国辖区内的印第安贸易……而一旦放弃上述贸易，英国人在加拿大辖区内对印第安人的影响也会随之终结。"[③]结果，从事西南部贸易的蒙特利尔商人除了一部分转入西北地区的毛皮贸易，逐渐并入西北公司以外，坚持留在此地的另一小部分商人则与美国著名商人阿斯特的毛皮公司合作，以逃避美国政府的限制。但到 1816 年，美国政府颁布法令，不给在美国领土上从事毛皮贸易的外国商人颁发许可证，最终把这些加拿大商人也赶出了大湖区。不过到这个时期，大湖以南的毛皮资源也已经枯竭。自从美国革命以来，威廉·潘顿（William Panton）的公司到 1799 年每年都出口 12.4 万张鹿皮，而到 1803 年，就只有 7.95 万张了。[④]印第安人酋长也抱怨说："我们的鹿和其他猎物都快没有

---

① Frank E. Ross, "Fur Trade of the Great Lake Region", *Minnesota History*, Vol. 19, No. 3, September, 1938, p. 299.

② Harold A. Innis, *The Fur Trade in Canada: An Introduction to Canadian Economic History*, Toronto: University of Toronto Press, 1956, pp. 186-187.

③ Frank E. Ross, "Fur Trade of the Great Lake Region", *Minnesota History*, Vol. 19, No. 3, September, 1938, p. 303.

④ Kathryn E. Holland Braund, *Deerskins and Duffels: The Creek Indian Trade with Anglo-America, 1685-1815*, Lincoln: University of Nebraska Press, 1993, p. 72.

了。"①加拿大商人在大湖区从事毛皮贸易的黄金时代随着《杰伊条约》的签订而终结了。

《巴黎条约》对加拿大西北地区的毛皮贸易同样带来了很大的影响。西北地区毛皮贸易的集结地原本在麦基诺，后来随着毛皮商人的西进，位于皮金河口的大波迪奇成为西北毛皮贸易的中转中心。1783 年的《巴黎条约》把大波迪奇划给了美国。虽然英国拖延交出大湖区据点，但既然其无意为加拿大商人的利益而同美国开战，那交出大波迪奇就仅仅是时间的问题了。《杰伊条约》签订以后，美国方面刻意限制西北公司从大湖通往大波迪奇之间的货物运输，征收重税。西北公司在这种情形下只能寻找其他的代替地点，大约在 1801－1803 年间，他们着手在加拿大一侧建立起一个新的贸易中转站，即位于桑德湾（Thunder Bay）的威廉堡（Fort William）。而原来的贸易站则随着英国商人的离去而逐渐废弃。②除此之外，原本在大湖以南地区从事毛皮贸易的商人，尤其是以福赛思-理查德森公司为首的贸易商人在1795 年转入西北地区的毛皮贸易后，在 1798 年联合蒙特利尔的一些商人组成新西北公司，与原来在西北地区从事毛皮贸易的商人集团进行竞争，他们因其货物上的标志而被称为 XY 公司。后来，著名的毛皮商人亚历山大·麦肯齐也加入 XY 公司。到 1804 年，西北公司的首脑西蒙·麦克塔维什去世后，西北公司与 XY 公司的竞争才算结束，双方联合重组为新的西北公司，与哈得逊湾公司争夺北美西北地区毛皮贸易的垄断权。

《巴黎条约》对美国毛皮贸易的格局也产生了重要影响。由于独立战争前的禁运和随后战争所导致的物资匮乏而致使北美十三殖民地的毛皮贸易一度陷入停滞状态，许多商人把贸易转到加拿大。在独立战争中，虽然大陆会议为了拉拢印第安人而试图恢复毛皮贸易，但由于物资缺乏和英国印第安事务官员的策动而收效不大。因此在整个独立战争期间，虽然有西班牙人和法国商人的挑战，英国人牢牢掌握着大湖以南地区毛皮贸易的控制权，并将这种局面一直延续到《杰伊条约》签订以后。直到 1796 年英国人交出大湖区据点以后，美国商人才逐步取得了对这片地区的毛皮贸易控制权，并逐步把英国商人排挤出去。1809 年，著名毛皮商人阿斯特建立美国毛皮公司，是

---

① Shepard Krech III, *The Ecological Indians: Myth and History*, New York: W. W. Norton and Company, 1999, p. 162.

② Nancy E. Woolworth, "Grand Portage in the Revolutionary War", *Minnesota History*, Vol. 44, No. 6, Summer, 1975, pp. 207-208.

美国毛皮商人逐渐取得密西西比毛皮贸易控制权的一个标志。

英美在大湖区的矛盾还导致了中美之间毛皮交易的兴起。在 1796 年英国人交出大湖区的毛皮据点以前，试图到这一带进行毛皮贸易的商人遭到英国的阻挠以后，充满冒险精神的新英格兰商人不得不寻求其他的毛皮贸易渠道，北美西北海岸的海獭皮贸易为困境中的美国人提供了新的商机。西北海岸的毛皮贸易最早是俄国人和英国人开创的，他们从这里与印第安人交换海獭皮，运到中国的广东销售，每张可以卖到 80－90 美元，相当于海狸皮的30 倍。①格雷船长成为美国人开通西北海岸的海獭皮与中国市场的直接贸易的先驱。他在 1788 年指挥"哥伦比亚号"商船到西北海岸探险，收集海獭皮，到广东交换，然后运回货物销售，从而奠定了新英格兰商人同中国之间毛皮贸易的基本模式。美国人逐渐排挤英国人和俄国人，成为西北海岸海獭皮贸易的主导者。从 1788 年到 1826 年，美国船队共完成了 127 次中美之间的贸易，大约每年 3 次。美国人也从中获得了丰厚的利润。比如"派遣号"（Despatch）在 1794－1796 年去中国的航行中，各项支出共 25563 美元，而收入是 51541 美元，利润达到 25978 美元，202％的利润率。在 1804－1814 年间，共有 21 艘美国船队携带价值 507800 美元的货物去西北海岸，换回 491981 美元的毛皮，在中国卖了 11123000 美元，利润率高达 2200％，即使去掉人员船只开支 17773000 美元，仍然有 525％的净利润率。②

总之，西北海岸的毛皮贸易是 18 世纪末到 19 世纪初期北美毛皮贸易的一个重要组成部分，对于西北海岸的资源开发、印白关系和大国争霸都产生了深远的影响。而美国人由于在大湖区贸易受阻而开通的中美之间的海獭皮贸易与由"中国皇后号"所开启的人参贸易一道，成为早期中美经济交流的重要篇章。

（四）小　结

1763 年英法七年战争结束后，英国人击败法国人取得了毛皮贸易的控制权，法国人退出北美大陆后，英裔商人迅速北上补充了法国人留下的位

---

① Nathaniel Portlock, *A Voyage round the World, but more particularly to the Northwest Coast of America*, London: Printed for John Stockdale and George Goulding, 1789, p. 382.

② James R. Gibson, *Otter Skins, Boston Ships, and China Goods: The Maritime Fur Trade of the Northwest Coast, 1785-1841*, Montreal: McGill-Queens University Press, 1992, p. 57.

置，他们与当地下层的法裔毛皮商人相结合，一方面向西北扩展势力，同哈得逊湾公司争夺萨斯喀彻温流域的毛皮资源；另一方面则以大湖区的贸易据点为依托，同北美十三殖民地原有的毛皮集团争夺大湖以南地区的毛皮资源。然而，英国与北美十三殖民地之间不断加剧的政治冲突使得北美大陆的毛皮贸易格局出现了重要的转变。在北美十三殖民地本身的毛皮贸易由于战前的禁运和随后的物资匮缺而陷于停滞的同时，魁北克的毛皮贸易却从上述两者的矛盾和冲突中受益，不仅获得了较好的政治待遇，扩大了边界，而且还接收了来自美国方面的许多毛皮贸易商人及其业务。在独立战争期间直到1796年英国交出大湖以南地区以前，加拿大商人以大湖区的据点为基地，向南与西班牙商人竞争，向西北深入哈得逊湾公司的内陆腹地，牢牢控制着这一带的毛皮贸易，从而对美洲的经济发展和政治格局的变动施加了重要影响。

不过，承认独立战争对毛皮贸易的发展造成巨大影响的同时，也不能夸大这种经济形式在整个北美历史发展乃至英国政府决策中的重要性。虽然毛皮边疆在当时占据北美 3/4 的面积，为毛皮商人集团提供了丰厚的利润，也维持着印第安人与白人之间的合作关系，但除了在加拿大居于主导性的经济地位以外，在北美十三殖民地越来越处于次要地位。而在大英帝国的整个决策中，它唯一关心的就是维持帝国利益，只有当毛皮贸易与帝国利益相一致的时候，才会得到英国的注意，而一旦与帝国消减财政支出的目的相冲突，毛皮商人的利益就被毫不犹豫地牺牲掉了。因此，"毛皮贸易仅仅是欧洲经济史上的一个次要的章节"。[①]

加拿大毛皮集团同北美十三殖民地争夺大湖区的斗争从某种程度上是北美历史上毛皮边疆和种植业边疆之间紧张关系的一个缩影。在整个北美西部发展史上，毛皮边疆与农业边疆之间存在着一种自然的张力，因为农业边疆会把毛皮兽赶得更远，因此贸易集团一般都不支持对边疆进行农业开发。而美国独立战争从某种意义上说就是反对大英帝国的商业垄断、争取对西部进行自由开发权利的斗争，而加拿大的毛皮利益集团在这一点上无疑符合英国的战略构想，因而得到了它的支持。而北美十三殖民地要求占领印第安人的土地进行农业开发则与大英帝国的商业利益相背离，因而受到前者的压制。

---

① Gerald Friesen, *The Canadian Prairies: A History*, Toronto: University of Toronto Press, 1984, p. 46.

而最后斗争的结果仍然是农业集团战胜毛皮集团，把毛皮边疆推向更远的西部。

（原载于《贵州社会科学》2014 年第 1 期，略有修改）

四、哈得逊湾体系与圣劳伦斯体系
争夺毛皮资源的斗争及其影响

从 1670 年哈得逊湾公司授权成立到 1821 年西北公司并入哈得逊湾公司这一个半世纪的时间里，以哈得逊湾公司为代表的海湾体系和以蒙特利尔商人为首的圣劳伦斯河流体系之间争夺西部毛皮资源的斗争，是北美毛皮贸易历史上的主旋律。而两大体系之间的斗争不仅把北美毛皮贸易的边疆从大湖区一直推进到太平洋岸边，奠定了哈得逊湾公司在北美大陆上毛皮帝国的地位，而且对于北美西部未来的发展格局也产生了重要影响。如果说毛皮贸易是北美早期发展史的一条主线的话，那么，哈得逊湾公司与西北公司围绕着毛皮贸易的控制权而展开的斗争则是毛皮贸易的主线，也是理解北美西部早期史的关键。

（一）英法殖民者争夺西北地区毛皮贸易控制权的斗争

毛皮贸易是"美加历史早期最重要的话题，在最初的 2 个世纪里，它是其他主题的基础"[1]。在哈得逊湾公司成立以前，法国殖民者借助圣劳伦斯水道，把毛皮贸易的势力伸展到大湖地区，并以此为中心，沿着西南和西北两个方向发展：向西南沿密西西比河直达墨西哥湾；向西北越过大湖区，直逼落基山脚下。然而，法国人深入大陆内部的扩张在圣劳伦斯河到密西西比河一线与英属北美十三殖民地的毛皮利益和领土要求相冲突。新世界每年为英国 13.5 万英镑的商品提供市场，而换回的毛皮的市场价值是这些商品

---

[1] G. Hubert Smith, *The Explorations of the La Verendyes in the Northern Plains, 1738-1743*, Lincoln: University of Nebraska Press, 1980, p. 1.

的 2 倍①。法国人的威胁是阻碍英国殖民地商人实现其发财梦想的绊脚石。他们要求驱逐法国人，控制整个毛皮贸易。以新英格兰和纽约为首的北部殖民地力图向更远的北方和西方拓展毛皮业务，要求征服加拿大，控制从大湖周围到东部这一广阔领域内的海狸皮交易。而从宾夕法尼亚往南的殖民地则对密西西比河流域的鹿皮颇为看重，谋划着征服路易斯安那，获取鹿皮交易的控制权。

哈得逊湾公司的成立一举改变了英法多年来在北美洲的争霸格局。在两个多变的法国人拉迪森及其姻兄格罗塞耶的诱导下，英国在 1670 年授权鲁伯特王子组织成立了哈得逊湾公司。该公司获得了对所有流入哈得逊湾的河流所流经区域的毛皮贸易垄断权和治安管辖权，其范围东起拉布拉多，向南延伸到北纬 49 度以南，即今日美国的明尼苏达和达科他地区，向西延伸到落基山的山脊，总面积达到 150 万平方英里（约 388.5 万平方千米），占现在加拿大面积的 40％。新公司有权"制定法律，定罪和处罚，依照英国法律审理所有刑事和民事案件，可以拥有军队，任命指挥官和建立堡垒"②。

哈得逊湾周围不仅是北美洲最优质的毛皮资源所在地，而且比法国人的圣劳伦斯河-大湖运输线更靠近毛皮产地，因而具有更大的竞争优势。这样，英法双方由原来沿圣劳伦斯-大湖-密西西比河一线的对峙变成了类似三明治的争霸格局：英国人试图从北面的哈得逊湾与东面的十三殖民地两个方向上向内陆推进，切断圣劳伦斯河与大湖之间的联系，夺取整个加拿大和路易斯安那；而法国人则力图把英国人向北赶进哈得逊湾，向东把十三殖民地的势力控制在阿巴拉契亚山以东。

一向把大湖以北看作自己的势力范围的新法兰西殖民地自然不能容忍哈得逊湾公司的扩张。1671 年，新法兰西殖民地的省长塔隆派出一位森林客圣西蒙（St. Simon）和耶稣会士阿尔巴内尔去哈得逊湾探查英国人在那里的活动情况。1674 年，在阿尔巴内尔的引诱下，拉迪森兄弟再次表现出其易变性，他们离开伦敦，重新投向法国。1679 年，新法兰西派遣若莱兄弟到哈得逊湾探查英国人的情况，若莱兄弟报告说，除非立即采取行动，否则 6

---

① Paul Philips: *The Fur Trade*, Vol. I, Norman: University of Oklahoma Press, 1961, p. 546.

② *Charter and Supplemental Charter of the Hudson's Bay Company*, London: printed by Sir Joseph Causton & Sons. http://en.bookfi.org/s/?q=hudson%27s+bay+company&t=0.（2014 年 2 月 10 日访问）

年以后，英国将会在那里站稳脚跟①。若莱的报告深深刺激了法国人。在殖民地政府的支持下，新法兰西商人谢奈（La Chesnaye）1681 年组建了"北方商业公司"，计划到哈得逊湾周围建立贸易站，同英国人争夺这一地区的毛皮资源②。

1685 年，德诺维尔代替出任新法兰西总督。德诺维尔认为，新法兰西要想发展壮大，必须从三个方面着手：（1）征服伊洛魁人，经过几任总督和行政长官的努力，这一点已经几近完成；（2）征服新英格兰，至少应该得到纽约，堵住毛皮贸易从阿尔巴尼向外流出的口子；（3）驱逐哈得逊湾的英国人，解除英国人从北面截断新法兰西后路的威胁。而占领哈得逊湾被认为是新法兰西面临的当务之急。1686 年 3 月，德诺维尔派遣德•特鲁亚（De Troyes）率领由 30 名法国正规军和 60 名森林客组成的远征队进攻英国人的据点。法国军队连续攻占了哈得逊湾公司在海湾底部的三个最重要的贸易站，只剩下西边的纳尔逊贸易站还在英国人手里。

从 1686 年法国占领英国的 3 个贸易站到 1713 年《乌特勒支条约》法国承认英国对哈得逊湾的占领、退还所有的贸易站这段时期，海湾地区进入英法共存时期，双方都在积极巩固自己的势力，时常爆发一些诸如攻占对方据点，截获对方船队之类的小规模冲突，贸易站也是建了被毁，毁了再建。但英法在欧洲的利益和结局才是北美形势的决定因素。根据 1713 年签订的《乌特勒支条约》，法国在北美的殖民地遭受重大领土损失：阿卡迪亚被割让给英国，这里的法国人被迁走，英国人改名为新斯科舍（意为"新苏格兰"）；法国承认了英国对纽芬兰的占领；条约还确立了英国人对哈得逊湾公司的拥有权。该条约第十条规定：法国人在条约生效的 6 个月内从哈得逊湾的西岸地区撤出所有堡垒，交出武器；一年内成立一个委员会确定法属加拿大与英属哈得逊湾之间的边界③。

《乌特勒支条约》后，英法之间由原来直接的武装冲突变成了为夺取毛皮贸易控制权而积极探求新的毛皮产地的斗争，双方为此都不断派探险队去

①　E. E. Rich, *The Fur Trade and the Northwest to 1857*, Toronto: McClelland and Stewart Limited, 1967, p. 40.

②　Daniel Francis and Toby Morantz, *Partners in Furs: A History of the Fur Trade in Eastern James Bay 1600-1870*, Montreal: McGill-Queen's University Press, 1983, p. 27.

③　George Bryce, *The Remarkable History of the Hudson's Bay Company*, London: Sampson Low Marston & Company, 1902, p. 59.

内地探险。在北美毛皮贸易中，新法兰西人依靠其森林客的吃苦耐劳和勇于探险的精神，深入印第安人部落中，不断把毛皮边疆向内陆推进。"如果法国人想要比较珍贵的印第安人穿用过的二层皮（Coat Beaver），那它就不得不挑战北方的英国人。"①而哈得逊湾公司则依据其地理优势，采取等待印第安人送货上门交易的政策，即其一名批评者所说的"八十年来，公司一直睡在冰冷的海边……没有能够深入内地，并且将其所有的精力和手段都用于击碎别人的上述想法"②。这一政策既保证了公司职员免受敌对印第安人部落的威胁，同时又能将公司的开支压缩到最低。只要没有竞争，公司就没有必要冒险进入内陆。"只要有可观的分红能够反映出公司在盈利，只要印第安人继续运来毛皮，就不特别需要去扩展公司的活动，也无意探查西北水道和内陆地区。"③只有当哈得逊湾公司遇到挑战的时候，它才不得不派人进行内陆探险。因此，它所进行的内陆探险与其所遭受的国内外竞争压力具有很强的同步性。

在奥格斯堡同盟战争期间，哈得逊湾公司为了抵消法国人的竞争对于公司毛皮贸易所造成的影响，决定派人深入内地，开辟新的贸易渠道，于是就有了亨利·凯尔西（Henry Kelsey）去内陆探险。凯尔西1690年从约克贸易站出发，向西南方向探查。这次探查的目的，用哈得逊湾公司的话说就是"召唤、鼓励和邀请远方的印第安人来跟我们交易"④。凯尔西向内地大概旅行了600英里后到达了位于萨斯喀彻温河边的巴斯（The Pas）附近。他是第一个深入加拿大北部平原探险的白人，也是首次到达萨斯喀彻温河并对野牛进行描述的西欧白人。他的探险为哈得逊湾公司提供了内陆地区的第一手材料，使他们认识到海湾后面还有一片广阔的区域。

《乌特勒支条约》签订以后，虽然法国人很快就把贸易站交还了英国人，但双方之间围绕如何进行边界划分的争论一直没有取得任何进展。其实，自哈得逊湾公司创立以后，法国人就一直想要把它驱逐出去，但至于是从北方下手还是从大湖以西抄其后路，新法兰西殖民当局存在异议。与德诺

---

① E. E. Rich, *The Fur Trade and the Northwest to 1857*, Toronto: McClelland and Stewart Limited, 1967, p. 47.

② Gerald Friesen, *The Canadian Prairies: A History*, Toronto: University of Toronto Press, 1984, p. 53.

③ Peter C. Newman, *Empire of the Bay*, Toronto: The Madison Press Ltd., 1989, p. 54.

④ Harold A. Innis, *The Fur Trade in Canada: An Introduction to Canadian Economic History*, Toronto: University of Toronto Press, 1956, p. 120.

维尔所采取的直接向北方下手的政策相比，继任的新法兰西总督弗朗特纳克则更倾向于向西部伸展，切断哈得逊湾公司的后路。1678 年，他就授权德鲁斯到苏必利尔湖一带探险。德鲁斯于 1684 年在尼皮贡湖的东北部建立一个贸易站，切断克里人和阿西尼比亚人向詹姆斯湾的阿尔巴尼贸易站输送毛皮的通道，后者承诺"在未来两年内不到哈得逊湾去跟英国人交易"①。此后，大量的法国毛皮商人沿大湖区向西北方向渗透，在哈得逊湾公司的背后建立毛皮据点。这一时期最为典型的法国探险家是韦朗德里父子（Pierre de la Verendye）。韦朗德里 1726 年被新法兰西总督任命为"北方"贸易站的主管，从此以后直到 18 世纪 40 年代，他和他的儿子们不断向西部探险，在大湖以西建立了一连串的贸易站，牢牢控制了大湖以西的毛皮贸易，确立了法国人对这一带毛皮贸易的控制权。著名毛皮贸易史学家哈罗德·因尼斯认为他的探险实际上确定了加拿大的西部边界，而研究韦朗德里探险的学者史密斯评价道："尚普兰为法国开创了东部地区，而韦朗德里则为它抓住了西部。他们共同使法国人成为差不多整个大陆的控制者。"②

与法国人靠独木舟向内陆推进的路上探险相比，哈得逊湾公司拥有两大优势。一是其有利的地理位置，英国人不用向法国人那样劳师以远，在海湾的河口建立几个贸易站就可以轻易接近北美最好的毛皮产地，获得优质的毛皮资源。二是英国商品的质量好于法国商品。虽有上述优势，但法国人的渗透仍然对它造成很大的影响。1727 年，阿尔伯尼贸易站站长约瑟夫·梅亚特（Joseph Myatt）指出：法国人的竞争使得印第安人不愿意劳神费力地到海湾去交易，并且对他们的商品也越来越挑剔③。但惯于等货上门的哈得逊湾公司最初仍然不想深入海湾内地，去直面法国人的竞争，而是试图向海湾的西北地区伸展，达到发现通往太平洋的西北水道、探测矿产和发展新的毛皮产地的三重目的。哈得逊湾公司在这个方向上进行了多次探险，但都以失败告终。

到 18 世纪 40 年代，面对以韦朗德里为首的法国毛皮商人的挑战和英国

① George Bryce, *The Remarkable History of the Hudson's Bay Company*, London: Sampson Low Marston & Company, 1902, p. 79.

② G. Hubert Smith, *The Explorations of the La Verendyes in the Northern Plains, 1738-1743*, Lincoln: University of Nebraska Press, 1980, p. 130.

③ Daniel Francis and Toby Morantz, *Partners in Furs: A History of the Fur Trade in Eastern James Bay 1600-1870*, Montreal: McGill-Queen's University Press, 1983, p. 38.

国内反对力量对公司特许状的指责，哈得逊湾公司不得不再次派人深入内地探险，寻找新的毛皮资源，决定派遣安东尼·亨迪（Anthony Henday）去西南内陆探险。亨迪 1754 年 6 月从约克贸易站出发，在当年 9 月到达了红鹿河，遇见了黑脚人，他继续向西达到了西经 114 度、离落基山只有不到 40 英里（约 64.4 千米）的地方。亨迪的探险使英国人认清了克里族印第安人作为中间商的作用，后者不愿意哈得逊湾公司与远方的印第安人猎手建立直接的联系。亨迪的探险也验证了法国商人的竞争。亨迪指出："法国人会熟练使用多种语言，他们在每个方面都比我们强，如果他们再有巴西烟草的话，那将完全切断我们的贸易。"①

从 1755 年开始，英法两国为了争夺欧洲霸权再次发生冲突，七年战争爆发了，这是英法两国为了争夺北美殖民地所进行的最后一次大会战。1763 年，英法签订《巴黎和约》，法国人丧失了在北美的所有殖民地，北美历史上英法殖民者争夺毛皮贸易控制权的一个时代结束了。但哈得逊湾公司对西北地区的贸易垄断权并未独享多久，新英格兰商人移入魁北克后，与当地的法裔毛皮商人合作，组成新的毛皮集团，他们沿着当年新法兰西商人的足迹，继续挑战哈得逊湾公司对西北地区的控制权。

（二）西北公司对哈得逊湾公司的挑战

英国人占领魁北克以后，大量的英格兰和苏格兰裔商人就开始迁向圣劳伦斯河谷，他们与这里原来的法裔毛皮商人合作，"英国人拥有资金和从伦敦弄到借贷的联系渠道，而法国人拥有把商品运送到印第安人那里并取得毛皮的手段，双方相互依靠。"②正是在双方相互需要的基础上，一个新的蒙特利尔毛皮集团形成了。在庞蒂亚克事件以后，为了安抚印第安人和北美政治形势的稳定，英国采取了鼓励和规范同印第安人贸易、限制十三殖民地向西部进行农业扩张的政策，这在客观上同加拿大的利益是一致的。结果，当北美十三殖民地为了寻求不受限制的扩张权利而同英国的矛盾日益升级之时，加拿大成为英国贯彻其美洲殖民政策的工具和基地，它的毛皮贸易也因

---

① Anthony Henday, *A Year Inland: The Journal of a Hudson's Bay Company Winterer*, edited by Barbara Belyea, Waterloo: Wilfred Laurier University Press, 2000, p. 189.

② Walter S. Dunn, Jr., *Frontier Profit and Loss: The British Army and the Fur Traders, 1760-1764*, Westport: Greenwood Press, 1988, p. 46.

此从中受益。1764 年，加拿大的毛皮产量暴增到 10.6 万张，1765 年增到 27.5 万张，1766 年达到 35 万张。[①]

加拿大毛皮贸易在不断扩张的同时，还出现了集团化的趋势，并最终导致了加拿大历史上著名的毛皮公司——西北公司的形成。随着毛皮边疆的不断向内陆推进，供应线越来越长，所需要的资本和运转周期也大大增加，加拿大的毛皮商人们日益感觉到合作储运货物、开辟毛皮产地的重要性，因而出现了短暂性的合作行为。自大湖区向西北方向上的毛皮贸易由于自然条件的限制，合作尤其必要，因而成为加拿大毛皮商人联合的先行者。为了同哈得逊湾公司抢夺萨斯喀彻温河流域的毛皮资源，1775 年，著名毛皮商人麦吉尔、弗罗比歇、布朗多（Maurice Blondeau）和亚历山大·亨利联合力量，派遣商队去西北地区进行毛皮贸易。根据亚历山大·亨利的说法："四股势力在抢夺萨斯喀彻温流域的印第安贸易，幸运的是今年他们联合出资，等贸易季节结束的时候，再去分配毛皮和牛肉。这一安排对商人是互利的。"[②]1776 年，他们进一步把其供应基地从麦基诺向西挪到大波迪奇（Grand Portage），奠定了西北公司的基础。1777 年，从事西北贸易的商人们在密奇里麦基诺驻军长官佩斯特（De Peyster）的协调下，建立一个共同的"商店"，储存货物和毛皮。在此基础上，蒙特利尔的主要商人们最终在 1779 年建立起一个松散的合伙组织——西北公司。美国革命后，加拿大商人受到美国政府的排挤，在大湖以南地区从事毛皮贸易的形势越来越恶劣，从事西南部毛皮贸易的大部分商人逐渐也加入西北公司，少部分并入了美国商人阿斯特的毛皮公司[③]。第二次英美战争后不久，加拿大毛皮贸易的西南分支就基本消失了。

以西北公司为代表的毛皮贸易集团，本身就是在不断探索西北地区毛皮贸易资源的过程中形成的，其存在和发展的基础就是扩张，因此，不断探索和发现新的毛皮产地是该公司的既定策略。在推进西北地区的毛皮贸易方面，彼得·庞德走在前列。庞德认识到要推进西北贸易，供应站的位置越靠西越好，因而支持在密奇里麦基诺以西的大波迪奇建立供应站。庞德的探险

---

① E. E. Rich, *Montreal and the Fur Trade*, Montreal: McGill University Press, 1966, p. 36.

② Alexander Henry, *Travels and Adventures in Canada and the Indian Territories between the Years 1760 and 1776*, New York: I. Riley, 1809, p. 314.

③ Frank E. Ross, "Fur Trade of the Great Lake Region", *Minnesota History*, Vol. 19, No. 3, September, 1938, pp. 302-305.

可能向西北到达皮斯河地区，大致确定了大奴湖和大熊湖的位置，并且绘制了一幅哈得逊湾以西地区直到太平洋的地图①。

庞德由于涉嫌谋杀竞争对手而被召回后，亚历山大·麦肯齐（Alexander Mackenzie）继承他的事业，成为第一位从陆上到达太平洋的探险家。麦肯齐 1792 年 10 月，率队从奇帕维安贸易站出发，溯皮斯河而上，踏上了寻找太平洋的道路。麦肯齐一行人在斯莫克河（Smoky River）河口建立宿营地过冬后，于第二年的 5 月再次出发。他们在穿越分水岭后继续向西，最后经巴拉库拉河（Bella Coola River）顺流而下，于 1793 年 7 月 20 日到达太平洋岸边。麦肯齐是第一位从墨西哥以北地区穿越北美大陆的白人，他的探险是 2 个多世纪以来从西北方向寻找通往太平洋的水道的理念的胜利，也是西北公司孜孜以求探寻新的毛皮产地的写照。著名学者因尼斯认为："显然麦肯齐的探险并没有发现可达太平洋的水路，但却成功测绘了北部毛皮贸易的领地，并为该贸易的快速发展奠定了基础②。"

在麦肯齐以后，西北公司并没有终止对西部探险的努力。探险家戴维·汤普逊（David Thompson）在 1807 年以后的多年间，探查了哥伦比亚河流域，建立贸易站，绘制地图，并在 1811 年 7 月 15 日到达河口。另外一名探险家西蒙·弗雷泽（Simon Fraser）在探查哥伦比亚河的过程中，意外探查了弗雷泽河，为西北公司发现了西部毛皮资源丰富的地区，并且在很大程度上确定了加拿大不列颠哥伦比亚省与美国的边界。彼得·纽曼指出："西北公司探险未知区域的动力与其说是利他主义的扩展知识边疆的产物，还不如说是该公司结构及其捕猎线扩展的直接结果。它的盈利依靠不断向外扩张和获得新的毛皮资源。这反过来又意味着需要维持越来越漫长和支出呈螺旋状增加的交通线。"③

西北公司的整个运输体系所仰仗的地理基础是北美大陆上纵横交错的河流系统。沿圣劳伦斯河上溯，经过一系列急流和险滩后就可以抵达大湖区，穿越大湖就能到达西北公司位于苏必利尔湖西岸的总部，其先是大波迪奇，这里划归美国后便向北移到了威廉堡。从这里再往西北，经过一系列湖泊和

---

① E. E. Rich, *The Fur Trade and the Northwest to 1857*, Toronto: McClelland and Stewart Limited, 1967, pp. 74-86.

② Harold A. Innis, *The Fur Trade in Canada: An Introduction to Canadian Economic History*, Toronto: University of Toronto Press, 1956, p. 201.

③ Peter C. Newman, *Empire of the Bay*, Toronto: The Madison Press Ltd., 1989, pp. 104-105.

河流体系后就能到达温尼伯湖，然后进入加拿大西部最主要的河流萨斯喀彻温河。沿萨斯喀彻温河上溯，向西北可以到达阿萨巴斯卡河及更远的马更些河系统；向西则可以深入落基山，并与哥伦比亚河系连接，抵达太平洋。如此漫长的贸易线，令货物运输的费用不断攀升。根据麦肯齐的估计，西北公司差不多有一半的费用都花费在了货物运输中了[①]。而西北公司毛皮贸易的一个周期差不多要经历 4—5 年之久[②]。

西北公司不断向西北和太平洋地区进行商业扩张的行为对哈得逊湾公司的贸易垄断权和商业利益形成巨大的威胁，因而也遭到了该公司的抵抗和反击。与哈得逊湾公司相比，西北公司拥有丰富的人力资源和当地决策两大优势。面对西北公司的挑战，哈得逊湾公司不得不改变等货上门的政策，也去内陆地区建立贸易站，同对方争夺毛皮资源。

哈得逊湾公司起初并没有利用七年战争胜利后法国人在西北撤走的有利形势而立即向内陆挺进，直到 1763 年以后，重新来到的蒙特利尔商人的竞争使哈得逊湾公司的贸易深受影响，它才不得不派人去内地了解情况。根据公司派出的探查者的报告：1768 年，从东部来的 12 名法裔商人在布朗克（Francois Le Blanc）的带领下，在萨斯喀彻温河谷建立贸易站，向印第安人广泛分发礼物，并鼓动他们疏远哈得逊湾公司。与此同时，还有越来越多的法裔加拿大人从东部赶来，他们背后都有强大的商业力量支撑，在哈得逊湾公司的地域范围内建立贸易站，对后者造成严重的挑战。以约克贸易站为例，它每年的毛皮交易量从 18 世纪 20—60 年代之间的 2.5 万—4 万张海狸皮下降到 1768 年的 1.8 万张，1773 年更下降到只有 8000 张。[③]

1766 年，哈得逊湾公司约克贸易站主管派遣以法裔毛皮商人路易斯·普里莫（Lious Primeau）为首的探险队去内陆了解情况，才算掌握了关于蒙特利尔商人在内陆贸易的第一手资料。1767 年，具有战略眼光的另外一名公司主管——塞文河贸易站站长格雷厄姆（Andrew Graham）派遣威廉·蒂姆森（William Tomison）到温尼伯湖一带勘查。通过这两轮探险，哈得逊湾公司的主管们认识到：公司原来坐等印第安人上门交易的政策必须改

---

① Alexander Mackenzie, *Voyages from Montreal, on the River Saint Lawrence, Through the Continent of North America, to the Frozen and Pacific Oceans*, vol. I, New York: W. B. Gilley, 1814, p. xxiv.

② Alexander Mackenzie, *Voyages from Montreal, on the River Saint Lawrence, Through the Continent of North America, to the Frozen and Pacific Oceans*, vol. I, New York: W. B. Gilley, 1814, pp. xxii-xxiii.

③ Gerald Friesen, *The Canadian Prairies: A History*, Toronto: University of Toronto Press, 1984, p. 61.

变，需要派遣小股队伍，像法裔加拿大人那样，深入印第安人中间进行交易，并在交通便利之处建立据点，以控制毛皮货物的流向。格雷厄姆在担任约克贸易站站长后，更加坚定地推进他的内地建站战略。①

格雷厄姆的报告送达公司在伦敦的委员会后，终于打动了公司的领导层。公司委员会在 1773 年 5 月责令塞缪尔·海恩（Samuel Hearne）执行到内地建立贸易站的任务。海恩早年受丘吉尔贸易站站长诺顿的安排，在著名的印第安人酋长马顿内比（Matonabbee）的帮助下在 1769 年到 1772 年间两次到西北地区进行探险，寻找传说中的铜矿和西北水道。西北探险的经历使海恩为哈得逊湾公司实践了一种新的探险方式：采取土著人的方式。海恩在其日记中自豪地写道："虽然我的探险没有为国家或者哈得逊湾公司带来任何实质性的物质利益，但我乐观地认为我已经很好地完成了我的主管所托付的使命，终结了关于哈得逊湾存在一条西北水道的所有争论。"②

1774 年 9 月，海恩率领由 12 人组成的探险队选定距离巴斯以上 60 英里（约 96.6 千米）的潘恩兰德湖（Pine Island Lake）边一处地方，建立了哈得逊湾公司第一个真正的内地贸易站——坎伯兰贸易站（Cumberland House）。坎伯兰贸易站地处印第安人经萨斯喀彻温河运输毛皮的关键站点，周围食物资源丰富，成为哈得逊湾公司同西北公司在内陆争夺毛皮的重要跳板。坎伯兰贸易站的建立标志着哈得逊湾公司终于放弃了其传统的"睡在冰面上"的政策，迈出了向内陆开拓的第一步。历史学家格罗沃（Richard Glover）评价道："哈得逊湾公司的成功很大程度上是源于坎伯兰贸易站的及时建立，如果没有迈出这一步，海湾公司在同其竞争对手的争夺中生存和取胜的概率会大大降低。"③第二年夏天，海恩成功带领 32 艘印第安人的独木舟到约克贸易站交易。接替海恩担任坎伯兰贸易站主管一职的科金继续派人深入萨斯喀彻温河谷更远的地区同蒙特利尔商人争夺毛皮资源。约克贸易站的主管马腾（Humphrey Marten）甚至认为：要成功对抗蒙特利尔商人，需要在坎伯兰贸易站以外更远的地区建立贸易站，并尝试开通多条通往海湾地区的贸易通道。

---

① E. E. Rich, *The Fur Trade and the Northwest to 1857*, Toronto: McClelland and Stewart Limited, 1967, pp. 143-146.

② Samuel Hearne, *A Journey from Prince of Wales's Fort in Hudson's Bay to the Northern Ocean*, Toronto: Macllian, 1958, p. 195.

③ Peter C. Newman, *Empire of the Bay*, Toronto: The Madison Press Ltd., 1989, p. 92.

除萨斯喀彻温地区以外，哈得逊湾底部以南直到苏必利尔湖之间的地区是海湾公司同蒙特利尔商人争夺的另外一个重要地域。哈得逊湾公司将这里称为"小北方"，区别于丘吉尔、约克和塞文贸易站以外的"大北方"地区以及西南部的萨斯喀彻温河谷地区。哈得逊湾公司首先是在"小北方"地区重建亨利贸易站（Henry House），以此为跳板把竞争直接插入蒙特利尔商人控制的地区。并根据贾维斯（Edward Jarvis）的建议，于 1777 年在亨利贸易站以南 250 英里（约 402.3 千米）处建立起格罗塞斯特贸易站（Gloucester House），不仅可以同蒙特利尔商人展开竞争，也可以获取当时在伦敦市场上较受欢迎的更粗糙一些的毛皮。到 1787 年的时候，哈得逊湾公司已经在"小北方"地区站稳了脚跟。

除针锋相对的扩张以外，海湾公司还吸纳了一些蒙特利尔商人进入公司，并委以重任。这些人的到来为哈得逊湾公司带来了蒙特利尔商人的内地贸易经验，为它快速适应内地的竞争贡献颇多。[1]如著名的蒙特利尔商人唐纳德·麦凯（Donald Mackay）就向哈得逊湾公司提议在密奇里麦基诺以北开通一条贸易通道，并在尼皮贡湖附近建立了一系列贸易站。

总之，在七年战争以后，面对来自蒙特利尔的毛皮商人的竞争，哈得逊湾公司也被迫做出应对，借鉴前者的经验，到内陆去建立贸易站，抢夺毛皮资源。据统计，在 1774 年以前，哈得逊湾公司只有在海湾边上的 7 个贸易站。而在 1774－1821 年间，为了同西北公司争夺内陆的毛皮资源，它曾经先后建立了 242 个贸易站。而它的公司雇员也从原来的不足 200 人一度增加到 900 人。[2]这样，到 18 世纪 80－90 年代，哈得逊湾公司终于能够同西北公司的人员进行竞争了。

不过总体来看，哈得逊湾公司在同西北公司的竞争中，仍然处于下风。对于竞争的双方来说，西北公司的最大优势在于其法裔员工生气勃勃的探险精神和公司管理层对于毛皮贸易形势的快速反应和决策能力；而其最大的挑战则是越拉越长的贸易线路。而对哈得逊湾公司来说，它的最大优势是其贸易路线的优势，而海湾公司的劣势则在于其员工缺乏探险的热情和海外决策系统的不灵便。比如，在 1795－1796 年间，哈得逊湾公司从约克贸易站派

---

① E. E. Rich, *The Fur Trade and the Northwest to 1857*, Toronto: McClelland and Stewart Limited, 1967, p. 177.

② Theodore Binnema, Gerhard J. Ens, R. C. Macleod, *From Rupert's Land to Canada*, Edmonton: University of Alberta Press, 2001, p. 93.

遣了 132 人深入内陆，这对它来说已经是空前的规模了，因为公司直到 1799 年，在北美的所有雇员总共才有 498 人，其中在海湾地区的只有 180 人。[1]而与此相比，西北公司仅操船工就雇佣了 1120 名。[2]另外就贸易规模来讲，西北公司也占据绝对优势。18 世纪 80 年代，哈得逊湾公司每年输往海湾的货物在 3 万英镑左右，而同期西北公司则是 16.5 万—24.2 万英镑；1800 年，哈得逊湾公司每年运往伦敦的毛皮价值为 3.8 万英镑，而西北公司则是 14.4 万英镑[3]。西北公司牢牢地掌握着对西北地区毛皮贸易的控制权，占到了整个地区贸易份额的 78%左右。

（三）哈得逊湾公司与西北公司的合并

哈得逊湾公司与西北公司的恶性竞争令两公司在经济上陷入困境，面临着两败俱伤的局面。

首先，两公司的竞争使得毛皮贸易所依赖的北美洲珍贵的毛皮资源快速耗竭。以西北公司控制的雷德河地区为例，该区 1801 年出产 1904 磅（约 863.6 千克）海狸皮，1804 年增加到 2868 磅（约 1300.9 千克），1808 年下降到 908 磅（约 411.9 千克）。[4]道芬贸易站所在的从温尼伯湖西岸直到希尔河（Shell river）之间的地区原本是海狸丰富的地区，到 19 世纪 20 年代前后，这里的海狸已经很少，出产的都是较次的貂皮，连这种皮子的产量也快速下降。1817 年，该贸易站收获 2196 张貂皮，1819 年下降到 1430 张，1820 年 513 张，1821 年只有 366 张。[5]哈得逊湾公司所获取的海狸皮数量也明显地显示出减少的趋势。1765 年，该公司所获印第安人穿用过的二手海狸皮（coat beaver）是 14450 张，1780 年 7070 张，1802 年 2150 张，1820 年 281 张。而初级海狸皮（parchment beaver）分别是 1764 年 30450

---

① Dietland Müller-Schwarze and Lixing Sun, *The Beaver: Natural History of a Wetlands Engineer*, Ithaca: University of Carnell Press, 2003, p. 146.

② Alexander Mackenzie, *Voyages from Montreal, on the River Saint Lawrence, through the Continent of North America, to the Frozen and Pacific Oceans*, vol. I, New York: W. B. Gilley, 1814, p. xxv.

③ Gerald Friesen, *The Canadian Prairies: A History*, Toronto: University of Toronto Press, 1984, p. 62.

④ Harold A. Innis, *The Fur Trade in Canada: An Introduction to Canadian Economic History*, Toronto: University of Toronto Press, 1956, p. 263.

⑤ Arthur J. Ray, *Indians in the Fur Trade: Their Role as Trappers, Hunters and Middlemen in the Lands of Southwest of Hudson's Bay 1660-1870*, Toronto: University of Toronto Press, 1998, p. 117.

张、1781 年 35763 张、1802 年 37187 张、1820 年 15683 张。①虽然两个公司曾试图采取一些保护措施，但收效不大。

其次，两公司的竞争为印第安人在交易中提供了讨价还价的较大空间，使得贸易更加困难。虽然从整体上看，印第安人是毛皮贸易的最终受害者，但在各个地区特定的时间内，白人对印第安人的需要大于后者对他们的需要，因此，毛皮贸易商人不得不对参与贸易的印第安人采取笼络措施，如尊重印第安人交易的方式，赠送一定量的礼品，招待他们饮用含酒精的饮料等等。礼品赠送在印第安人看来是友好的表示，可在白人看来，却是一笔巨大的额外开支。在英法之间竞争激烈的时候，礼品赠送的费用不断上升。从 1725 到 1755 年上涨了 300% 之多。如 1776 年，海恩在威尔士王子贸易站一次就赠送给著名的印第安人领袖马顿内比价值 1100 张标准海狸皮②的礼物。当海恩对此有所保留的时候，马顿内比就以此后不来同白人交易相威胁。

在与印第安人的毛皮交易中，白人社会的一些经济规律并不一定发挥作用，例如，更低的商品交换价格，即毛皮交换价格的相对上升并不一定会带来毛皮产量的增加，相反还可能更少。"当毛皮价格变得对单个的印第安毛皮猎手更加有利的时候，每一个印第安人通常会带来更少的毛皮。"③白人毛皮商人为了吸引印第安人猎取更多毛皮，千方百计地寻找让印第安人永远需求的商品，最终以朗姆酒为代表的酒类产品担起了这一重任。朗姆酒是毛皮贸易中的一个老大难问题，每当毛皮竞争激烈的时候，朗姆酒就成为贸易各方吸引印第安人、打击对手的工具。在 1793—1798 年间，西北公司销售的朗姆酒每年平均 9600 加仑，而在它与 XY 公司竞争高潮期间，它销售的朗姆酒也逐年增加，1799 年达到 10539 加仑，1803 年 16299 加仑④。

---

① Harold A. Innis, *The Fur Trade in Canada: An Introduction to Canadian Economic History*, Toronto: University of Toronto Press, 1956, p. 268.

② Arthur J. Ray and Donald B. Freeman, *"Give Us Good Measure": An Economic Analysis of Relations between the Indians and the Hudson's Bay Company before 1763*, Toronto: University of Toronto Press, 1978, p. 200.

③ Arthur J. Ray and Donald B. Freeman, *'Give Us Good Measure': An Economic Analysis of Relations between the Indians and the Hudson's Bay Company before 1763*, Toronto: University of Toronto Press, 1978, p. 219.

④ Harold A. Innis, *The Fur Trade in Canada: An Introduction to Canadian Economic History*, Toronto: University of Toronto Press, 1956, p. 263, p. 275.

　　最后，激烈竞争的结果是双方的交易成本都大幅增加，运营面临困难。哈得逊湾公司和西北公司为了抢夺对内地毛皮贸易的控制权，都竭力向外扩张势力，力图控制更多的毛皮产地，并在竞争到来前收获更多的毛皮。结果贸易站越建越多，运输路线越来越长。与此同时，竭泽而渔式的猎杀使得毛皮资源快速减少，反而进一步促使毛皮商人寻求新的毛皮产地。在哈得逊湾公司和西北公司竞争激烈地区，双方甚至刻意抬高毛皮收购价格，以打击对方的贸易站，结果更增加了内地交易的成本。而与此同时，随着拿破仑战争的爆发，欧洲市场上毛皮滞销，价格下跌，已经习惯了毛皮贸易交易价格的印第安人又不接受低价交易，毛皮公司的利润空间变得更小。麦肯齐在西北公司与 XY 公司竞争白热化的时候就忧心忡忡地写道："我看不出未来几年中能找到妥协的方式，到那个时候，贸易即便不是被毁了，也会大大减少。"①激烈的竞争也令哈得逊湾公司的利润缩水。它在 1808 年以前的几年还能设法维持每年 4%的利润分红，但到 1808 年，公司销售陷入停顿，公司标价 100 英镑的股票曾经在最高时期达到 250 英镑，而现在则下跌到每股 50 英镑。②

　　激烈的竞争令两公司的有识之士寻求合作的可能。麦肯齐很早就倡导占领哈得逊湾，弥补西北公司运输线路太长的弊端。他曾经在 1803 年试图联合埃里斯（Edward Ellice）出价 103000 英镑，购买哈得逊湾公司的股份，结果没有成功。不过麦肯齐并没有放弃兼并哈得逊湾公司的计划，他抓住该公司股票下跌的大好时机，动员西北公司的其他股东去大量购买哈得逊湾公司的股票，也没有成功。最终他的一位朋友和局外人——托马斯·道格拉斯——塞尔科克勋爵的加入，才让兼并哈得逊湾公司的计划变得明朗起来，使两公司走向了合并，从而意外地化解了这一矛盾。

　　受启蒙思想影响的年轻贵族托马斯·道格拉斯于 1799 年继承了塞尔科克伯爵的爵位后，利用继承来的财富在爱德华王子岛大量购地，安置失地的苏格兰农民。托马斯通过阅读亚历山大·麦肯齐的探险记录了解到：哈得逊湾公司所拥有的雷德河地区土壤肥沃、植物生长期长达 170 天。1808 年，当麦肯齐向他建议谋求哈得逊湾公司的控制权的时候，托马斯欣然应允。但他的动机却与前者截然不同。麦肯齐是西北毛皮贸易的坚定信徒，他谋求控

　　① W. Kaye Lamb, ed., *The Journals and Letters of Sir Alexander Mackenzie*, London: University of Cambridge Press, 1970, p. 510.

　　② Paul Philips: *The Fur Trade*, Vol. II, Norman: University of Oklahoma Press, 1961, p. 314.

制哈得逊湾公司既是为了消除竞争对手，更是为西北公司谋求一条更加便捷的贸易通道，而塞尔科克勋爵则是为了推进其殖民计划。

塞尔科克勋爵乘 1808 年哈得逊湾公司股票下跌的机会，联合其亲朋大量购买公司的股票，并挤掉麦肯齐，取得了对公司事务的控制权。1809年，塞尔科克勋爵以象征性的 10 先令的代价，从哈得逊湾公司获得了雷德河地区 11.6 万平方英里（约 30 万平方千米）土地的殖民权。这块殖民地以雷德河和阿西尼比亚河谷为中心，向北延伸到北纬 52.5 度，向西延伸到今天加拿大的萨斯喀彻温省，向南延伸到如今美国的明尼苏达、南达科他，是北美最为肥沃的土地之一。作为回报，塞尔科克勋爵需要每年向这里移入200 名移民，允许公司在其殖民地内建立毛皮站点，禁止其居民参与毛皮贸易，并为公司退休员工提供份地①。

西北公司对于哈得逊湾公司授权转让给塞尔科克勋爵的这块土地深为愤怒，它正好位于西北公司毛皮路线的中段，公司 6 个重要的毛皮贸易站都被包括了进去，而且雷德河谷还是西北公司牛肉饼最重要的供应基地。牛肉饼是西北地区毛皮贸易所依赖的最重要的食物供应。在西北公司看来，哈得逊湾公司此举就是要截断其贸易路线，夺取他们所控制的阿萨巴斯卡地区的毛皮资源。虽然无力阻止雷德河殖民地的建立，但西北公司还是不断给它制造麻烦。不仅想方设法阻止塞尔科克勋爵的移民计划，还利用当地的梅蒂人骚扰塞尔科克殖民地。双方的矛盾从最初的抵制和争夺牛肉饼发展为武装冲突。其中最为惨烈的是 1816 年 6 月 19 日发生的"七棵橡树大屠杀"（Seven Oaks Massacre）。塞尔科克殖民地总督森普尔（Robert Semple）只身率领 26 人前去堵截梅蒂人格兰特所率领的运送牛肉饼的队伍，后者的队伍中夹杂了西北公司的雇员和印第安人。双方的交涉最后演变成一场混战，森普尔一方有 21 人被杀。这一事件在历史上被称为"七棵橡树大屠杀"②。随后，塞尔科克殖民地投降，其居民被迫再次离开，前往哈得逊湾。

"七棵橡树大屠杀"改变了西北地区的一切。它已经从两公司为了争夺毛皮资源而进行的商业对立转变成为战争，现在连毛皮贸易也服从于上述争夺西北地区主导权的武装对抗了。塞尔科克勋爵获悉大屠杀的消息后，当即

---

① E. E. Rich, *Hudson's Bay Company 1670-1870*, Vol. II, New York: The Macmillan Company, 1961, pp. 300-301.

② Gerald Friesen, *The Canadian Prairies: A History*, Toronto: University of Toronto Press, 1984, pp.75-79.

率领其军队直接攻击西北公司的指挥中枢——位于苏必利尔湖西岸的威廉堡，逮捕了该公司的 15 名高管，将这些人武断地审判后押往蒙特利尔①。塞尔科克不仅完全控制了威廉堡，还派其雇佣军重新夺回了被梅蒂人占领的位于雷德河殖民地的道格拉斯贸易站，并乘胜攻占了西北公司的几个贸易站。

塞尔科克勋爵的行动证明了西北公司漫长运输线的脆弱性，为了挽回颜面，西北公司对塞尔科克与哈得逊湾公司进行反击，从而引发了两公司之间更进一步的冲突。双方的冲突从两条战线上展开：一是在广阔的西部，两公司为了争夺毛皮资源，尤其是阿萨巴斯卡地区的毛皮资源而导致更进一步的武装冲突；一是法庭上的起诉与反起诉。旷日持久的商业争夺和武装冲突使两公司在西北地区的毛皮贸易损失惨重，不仅推高了贸易成本，还造成了无辜商人和雇员的死亡。两公司需要建立一种新型的合作模式，才能保证西北毛皮贸易的正常进行。

1816 年"七棵橡树大屠杀"、塞尔科克勋爵私自带人攻占西北公司的总部威廉堡和对后者的商人进行审判这一系列行为，促使加拿大当局不得不任命一个调查委员会对整个事件进行调查。双方的商业战争在这里变成了法庭上旷日持久的拉锯战。随着整个事件的进展，原本对西北公司较为同情的英国政府和加拿大殖民当局逐渐认识到，西部的悲剧并非哈得逊湾公司一家之错，西北公司也有责任。面对日益剧烈的竞争，英国政府也逐渐转变态度，支持两公司实现某种形式的合作。1819 年，英国政府根据由各方面调查结果编辑而成的蓝皮书《雷德河定居区相关文件集 1815－1819》认定，双方都有过错，并认为非法行为确实存在。该文件得出的最后结论是：毛皮贸易中的敌对行为造成了严重的经济和人员损失，冲突双方要停止敌对行动，加强法治，将西北地区的刑事案件提交法律裁决②。英国政府方面希望竞争的双方达成某种程度的妥协。

哈得逊湾公司和西北公司之间旷日持久的竞争所导致的人力和物力损失让两公司都考虑早日结束竞争，实现某种程度的合作，但一直无法实现。其实当年亚历山大·麦肯齐策动塞尔科克勋爵购买哈得逊湾公司股票的目的就

①　E. E. Rich, *The Fur Trade and the Northwest to 1857*, Toronto: McClelland and Stewart Limited, 1967, pp. 224-225.

②　British House of Commons, *Papers Relating to the Red River Settlement 1815-1819*, West: Photographic Sciences Corporation, 1985, pp. 284-287.

是试图通过让西北公司控制哈得逊湾公司的股票，从而消除双方在加拿大西部的竞争。但塞尔科克勋爵的目的与麦肯齐的初衷相去甚远。为了雷德河殖民地的生存，塞尔科克勋爵多次拒绝了西北公司提出的合并建议，担心后者控制哈得逊湾公司的事务后会解散其殖民地。

塞尔科克勋爵 1820 年的去世为两公司的最终合并扫清了道路。在塞尔科克勋爵去世后不久，英国殖民事务大臣巴瑟斯特就向两公司的谈判代表保证：合并后的公司将会被政府授予鲁伯特地区往西直到太平洋之间毛皮贸易的独享权利。西北公司由于其公司协议在 1822 年即将到期，公司的蒙特利尔领导层与内地商人之间意见分歧严重，再加上公司财政状况吃紧，因而在谈判中越来越处于不利地位。两公司最终在 1821 年 3 月达成了合并协议。①英国议会随即通过《1821 年法令》，授予新成立的公司除加拿大以外所有英属北美殖民地的毛皮贸易独享权。新公司以哈得逊湾公司的名称和特许状运行，虽然名义上是两公司的合并，其实是西北公司并入了哈得逊湾公司，哈得逊湾公司的伦敦委员会掌握了公司的领导权。当一名西北公司的高级商人拿到合并协议后惊呼："合并？这哪里是什么合并，而是臣服！我们快要不行了。"②公司的收益按百分比分成，其中原哈得逊湾公司的业主获得 20%，西北公司的业主 20%，在北美从事毛皮贸易的商人得 40%，剩下的 20%在西蒙·麦克利夫雷和埃德华·埃利斯之间分配。新公司是哈得逊湾公司的财力和西北公司贸易经验的结合，前者控制了公司的领导权，后者获得了相应的经济补偿，逐渐在新公司中失去了话语权。西北公司建立起来的漫长贸易线路和商业帝国轰然倒塌，华盛顿·欧文（Washington Irving）以伤感的笔调写道："威廉堡的封建王国终结了，他的会议大厅变得沉寂和衰败，宴会厅里再也没有了苏格兰小调的回声，湖泊和森林之王都逝去了。"③

总之，经过近半个世纪的竞争，加拿大西部的毛皮贸易终于统一到了一个公司的手中，这个新成立的哈得逊湾公司在以后 20 多年里在北美大陆上继续向外扩张，建立起一个庞大的商业帝国。不过，他们所要面对的主要竞争对手变成了来自南面的美国邻居了。

---

① Gerald Friesen, *The Canadian Prairies: A History*, Toronto: University of Toronto Press, 1984, p. 83.

② Peter C. Newman, *Empire of the Bay*, Toronto: The Madison Press Ltd., 1989, p. 138.

③ Washington Irving, *Astoria, or, Anecdotes of an Enterprise beyond the Rocky Mountains*, New York: G. P. Putnam Co., 1863, p. 25.

（四）小　结

从 1670 年哈得逊湾公司成立起，以它为代表的海湾体系和以蒙特利尔商人为代表的圣劳伦斯河流体系之间争夺毛皮资源控制权的斗争就日益成为北美毛皮贸易历史发展的主线。双方的斗争不仅把北美毛皮贸易的边疆从大湖区一直推进到太平洋岸边，开拓了新的毛皮产地，以毛皮动物的牺牲为代价，为毛皮商人赢得了丰厚的利润，而且还对加拿大乃至北美历史的发展产生了重要影响。

两大集团争夺西部毛皮产地的斗争对卷入毛皮贸易的各印第安人部落来说，在一定时期内他们有了讨价还价的选择的空间，表面上看是对他们有利的。但毛皮贸易从本质上来说是一种资源消耗型产业，它存在的基础是海狸等毛皮动物的存在。而两大集团的竞争则大大加速了毛皮动物在各地灭绝的速度。根据"公有地的悲剧"原理①，在各自独享的领域，受益人可以采取适当的保护措施，以便于毛皮兽的恢复。而在竞争地区，获取利益最大化的手段就是尽可能地比对手多猎取毛皮。结果在两公司竞争状态下，海狸的灭绝速度大大加快，到两公司合并的时候，西北地区原本毛皮资源丰富的很多领域已经不具备商业捕猎的价值了。由于本地毛皮动物的消失，这些地区的印第安人不仅失去了同白人讨价还价的本钱，连以后的生存也更加困难了。因此，对印第安人来说，毛皮贸易从一开始就注定了他们未来的悲惨结局。

毛皮贸易本身存在的基础是不断得到新的毛皮产地，而这一点在哈得逊湾公司与蒙特利尔商人竞争的过程中表现得最为明显了。两大体系争斗的一个显著特征就是不断向内陆地区的探险：法裔毛皮商人依靠独木舟和纵横交错的河流不断向西北内陆探险，哈得逊湾公司为了应对他们的挑战，也不断派人深入内陆，寻找新的毛皮资源。无论是个体的深入西部的法裔森林游荡者，还是哈得逊湾公司派出的探险队，在两大集团竞相探寻新的毛皮产地的过程中，毛皮商人的脚步几乎踏遍了从大湖区往西北直到海洋的所有主要河流，记录所经历地区的物产和印第安人情况，完成了西部地理探查的任务。"毛皮商人比士兵、教士、矿工、农业拓殖者、户外运动爱好者和政府派遣

---

① Garret Hardin, "The Tragedy of the Commons", *Science*, Vol. 162, No. 3859, Dec., 1968, pp. 1243-1248.

的探险者在探险和认识新土地方面贡献更大。"①他们拓展了旧世界对西部内陆地区的认识，也为日后的农业开发做了准备。西部史学家比林顿指出："毛皮商人走在最前面，探查最好的土地，把白人的工具和罪恶带给印第安人，以削弱印第安人自给自足的经济，为后来的移民铺平道路。"②

哈得逊湾公司和圣劳伦斯毛皮集团的斗争在把毛皮贸易的边疆推进到太平洋的同时，也在北美大陆上首次建立起第一个横贯大陆的商业体系。西北公司的商人和雇员们沿着传统的圣劳伦斯河流体系往西，利用独木舟和纵横交错的河湖体系，把货物运到西北地区，然后再把毛皮运出，在北美大陆上建立起第一个横贯大陆的运输体系。因尼斯据此认为："西北公司是加拿大联邦的先行者，它是建立在法国森林客、印第安人的贡献，尤其是独木舟、玉米、牛肉饼以及英裔美洲商人的组织能力的基础之上的。"③

哈得逊湾公司与西北公司争夺西部毛皮控制权的斗争在推动北美西部毛皮贸易发展的同时，也奠定了加拿大乃至北美西部发展的基本格局。因尼斯指出："加拿大的边界在很大程度上是由毛皮贸易决定的。"④两公司不断派人深入内陆探险，在各主要河流和湖泊的关键位置建立毛皮贸易站，这其中有不少贸易站由于其地理位置和先期发展的优势在后来的移民和产业到来后，发展成为城市。加拿大和美国西部的许多城市就是由原来的贸易站演变而来的，比较著名的如加拿大的威廉港、温尼伯、巴斯、埃德蒙顿以及后来的维多利亚，美国的如尼亚加拉、底特律、麦基诺、圣路易等等。除此之外，毛皮商人在探查西部和收集毛皮所经历的许多路线逐渐成为后来西部移民的行进线路，如从温尼伯到埃德蒙德之间的运输线后来成为加拿大西部移民的重要线路，美国的俄勒冈小道、加利福尼亚小道等也都最先是由毛皮商人们探索发现的。

（原载于《史学月刊》2015 年第 2 期，略有改动）

---

①　G. Malcolm Lewis, "Indian Maps", in Carol M. Judd and Arthur J. Ray eds., *Old Trails and New Directions: Papers of the Third North American Fur Trade Conference*, Toronto: University of Toronto Press, 1978, p. 9.

②　雷·艾伦·比林顿：《向西部扩张：美国边疆史》下卷，韩维纯译，北京：商务印书馆 1991 年版，第 100 页。

③　Harold A. Innis, *The Fur Trade in Canada: An Introduction to Canadian Economic History*, Toronto: University of Toronto Press, 1956, p. 262.

④　Harold A. Innis, *The Fur Trade in Canada: An Introduction to Canadian Economic History*, Toronto: University of Toronto Press, 1956, p. 393.

五、俄勒冈争端与落基山以西毛皮贸易的兴衰

俄勒冈在早期印第安语中是指哥伦比亚-斯内克河流域，[1]而在 18 世纪末到 19 世纪中期英美领土争端最为激烈的时期，俄勒冈则指落基山以西、北纬 42 度（西班牙所拥有的加利福尼亚殖民地的最北边界）到 54 度 40 分（俄国 1825 年以后所认可的它在美洲殖民地的最南边界）之间的地区。[2]从 1792 年"哥伦比亚号"船长罗伯特·格雷（Robert Gray）以其航船命名哥伦比亚河，到 1846 年英美两国最终划定俄勒冈地区的边界，在半个多世纪的时间里，英美双方在俄勒冈地区展开激烈的角逐。[3]俄勒冈地区的早期历史主要是围绕着列强争夺毛皮资源的斗争展开的，而英美等国的政治争端又对落基山以西地区的毛皮贸易产生了重要影响。

（一）海獭皮贸易与俄勒冈争端的缘起

毛皮贸易从来就不是一种单纯的商品交换活动，自 16 世纪末白人殖民者同北美东海岸的印第安人交换海狸皮的那个时代开始，它与欧洲列强在北美大陆的殖民扩张和军事争霸就是一对双胞胎。随着殖民争霸势力的更替，毛皮边疆也不断从北美东海岸向西部推进。18 世纪末，西北海岸的海獭皮贸易拉开了列强在北美西北部进行商业和殖民争夺的序幕。

与落基山以东海狸皮贸易占据主导地位不同，西北海岸毛皮贸易的主角是海獭。这种动物主要分布在北太平洋沿岸水域，其毛皮是"世界上最好的……甚至可以与王室所专用的貂皮相媲美"，[4]被认为"比其他任何已知

---

① Vernon F. Snow, "From Ouragan to Oregon", *Oregon Historical Quarterly*, Vol. 60, No. 4, Dec., 1959, p. 441; S. A. Clarke, *Pioneer Days of Oregon History*, Vol. I, Cleveland: Arthur H. Clarke Company, 1905, p. 2.

② Robert G. Winters, *Great Britain and the Oregon Question*, Master Thesis Paper, Montana State University Press, 1964, pp.1-2.

③ 俄国、西班牙、英国和美国都曾经以本国的商人或探险家率先到达俄勒冈地区为借口，宣布这里的土地归其本国所有。不过对俄勒冈地区的争夺主要还是在英国和美国之间展开。虽然双方都宣布对该地区拥有主权，争论的核心却是北纬 49 度与哥伦比亚河主河道之间的三角地带的归属问题。

④ John Meares, *Voyages Made in the Years 1788 and 1789: From China to the North West Coast of America*, London: J. Walter, 1790, p. 241.

的毛皮都要华丽和高雅"。[1]早在北美西北海岸的毛皮贸易兴起以前，从亚欧大陆东北侧流入中国的少量海獭皮就受到中国显贵们的喜爱。每张海獭皮在中国广东可以卖到 80－90 美元，相当于海狸皮的 30 倍。[2]

其实，北美西北海岸海獭皮贸易的兴起是当时列强在北太平洋进行地理探险、寻求西北水道的副产品。当时的欧洲人根据地球南北对称的理念，相信北美西北海岸也存在着一条从太平洋连接大西洋的水道，可以借此便捷地到达亚洲。俄国人捷足先登，效忠于俄国的丹麦裔探险家维塔斯·白令（Vitus Bering）在 1741 年的第二次探险中，其队员在一个小岛上发现了成群的海獭，并以此为食度过了数月，他们用以取暖的海獭皮在卖给中国商人时居然得到了意想不到的高价。[3]获利丰厚的海獭皮成为吸引俄国人不断向美洲海岸探险的推动力，其势力向南最远延伸到加利福尼亚。从 1743 年到 1800 年，俄国人共开展了不下 100 次探险活动，在北美西北海岸获得了价值 800 万银卢布的海獭皮。[4]在半个世纪的时间里，俄国人一直掌握着太平洋西北地区海獭皮贸易的控制权。1799 年，俄国人参照英国东印度公司的模式，建立了俄美公司，作为在美洲进行殖民和商业探险的领导机构，并宣布其商人所涉足的北美西北地区归俄国所有。[5]直到 1824 年，俄国人才最终承认自己的南部边界是北纬 54 度 40 分，退出了俄勒冈地区。而在此以前，俄国人一直是俄勒冈地区一股强劲的竞争力量。[6]

除俄国以外，英国商人是向北美西北海岸渗透的第二股重要势力。早在 1578 年前后，英国著名航海家弗朗西斯·德雷克（Francis Drake）就曾经到

---

① Meriwether Lewis, William Clark, edited by Bernard Augustine De Voto, *The Journals of Lewis and Clark*, Boston: Houghton Mifflin Company, 1997, p. 326.

② Nathaniel Portlock, *A Voyage Round the World, but more particularly to the North-West Coast of America*, London: printed for John Stockdale and George Goulding, 1789, p. 382.

③ Peter Lauridsen, *Vitus Bering: The Discoverer of Bering Strait*, Chicago: S. C. Griggs & Company, 1889, pp. 177-178.

④ James R. Gibson, *Otter Skins, Boston Ships, and China Goods: The Maritime Fur Trade of the Northwest Coast, 1785-1841*, Montreal: McGill-Queens University Press, 1992, p. 13.

⑤ James R. Gibson, "The Russian Fur Trade", in Carol M. Judd and Arthur J. Ray, eds., *Old Trails and New Directions: Papers of the Third North American Fur Trade Conference*, Toronto: University of Toronto Press, 1980, pp. 217-230.

⑥ 关于俄美公司具体的历史变迁可以参考：P. A. Tikhmenev, *A History of the Russian-American Company*, part I, chapter 1-5, Translated and edited by Richard A. Pierce and Alton S. Donnelly, Seattle: University of Washington Press, 1978.

北美西北海岸探险。①1778 年春，奉命探寻北美西北海岸的英国探险家詹姆斯·库克（James Cook）的船队无意间发现：西北海岸的印第安人急于用自己所拥有的"熊皮、狼皮、狐狸皮、鹿皮、浣熊皮、臭猫皮和貂皮等，特别是海獭皮"来交换船员们随身携带的"刀子、凿子、钉子、小镜子、纽扣、铁器以及其他金属物品"。②当库克的船队到达广东的时候，他们随意与印第安人交换的毛皮居然卖出了每张 120 美元的高价，利润率高达 1800%。③詹姆斯·库克的探险把海獭皮贸易所蕴含的巨大商业价值呈现给了全世界。

可是，英国人并未能充分开发这一商业资源，进而成为中国与北美西北海岸海獭皮贸易的主角。造成这一结果的原因，一是英国当时为了扑灭北美殖民地的反抗之火正在与法国和西班牙等国进行战争，无暇他顾。二是英国国内的两家公司在西北海岸与中国之间贸易权的归属问题上存在争端：南海公司的贸易垄断权虽然包括北美西海岸，但并未伸展到中国；而东印度公司虽然拥有对华贸易的垄断权，但其权利却又没有延伸到北美西北海岸。无论哪一方的商船都不能合法地到西北海岸收集毛皮。④到 1788 年，只有约翰·米尔斯（John Meares）和理查德·埃切斯（Richard Cadman Etches）的商船继续在西北太平洋地区开展海獭皮贸易，其他的英国船只都退出了，英国人的商机就这样被东印度公司的贸易垄断权扼杀了。等到 1834 年这一特权取消的时候，西北海岸毛皮贸易的黄金时代早已经过去。

除了俄国人和英国人外，西班牙人是争夺北美西北海岸的又一支重要力量。虽然在 1783 年以后，西班牙商人就开始把一些海獭皮通过马尼拉大商船运到中国。但是，西班牙人却未能抓住机会，成为西北海岸海獭皮贸易的有力竞争者。究其原因，西班牙人的主要精力已经被投入到南美洲更有利可图的矿产资源的开发之中，它在北美西北海岸的利益主要是战略性的，"仅仅是希望维持西北海岸不开发的荒凉状态，以此作为反对外国势力向加利福

---

① John Barrow, *The Life, Voyages and Exploits of Admiral Sir Francis Drake*, London: John Murray, 1843, pp. 132-151.

② James Cook, *A Voyage to the Pacific Ocean*, Vol. II, London: printed by W. and A. Strahan, 1784, p. 270, p. 278.

③ James Cook, *A Voyage to the Pacific Ocean*, Vol. III, London: Printed by W. and A. Strahan, 1784, p. 437.

④ Nathaniel Portlock, *A Voyage Round the World, but More Particularly to the North-West Coast of America*, London: printed for John Stockdale and George Goulding, 1789, p. 4.

尼亚和墨西哥渗透的缓冲带，因为那里才是其核心利益之所在。"①对于俄国人和英国人在西北海岸的探险和贸易活动，西班牙人一直充满警惕。1789年，西班牙与英国因努特卡湾（Nootka Sound）附近地区的归属问题而爆发了努特卡湾争端。直到1794年，两国才达成协议，双方都有权使用此地，但阻止第三方插足。②努特卡湾争端后，英国在北美西北海岸的势力日渐增强，但西班牙并未完全放弃对该地的权利，后来美国正是借口1819年从西班牙继承了其全部权利而同英国争夺俄勒冈地区。

除上述三方力量外，奥地利、葡萄牙、法国、瑞典和美国的商人也加入到北美西北海岸海獭皮贸易的争夺中来，最终美国商人从中脱颖而出，成为西北海岸毛皮贸易的主角。独立战争为美国人带来了新的机遇：那就是摆脱英国的贸易束缚，直接同东方进行贸易。战争刚刚结束，波士顿商人所装备的"中国皇后号"商船，就于1784年2月驶离纽约港，前往中国开展贸易。"中国皇后号"开启了中美直接贸易的新时代，而北美西北海岸的海獭皮贸易则为美国商人指明了发展方向，后者正为找不到输往中国的商品而发愁。

美国的罗伯特·格雷船长不仅是西北海岸海獭皮与中国市场直接贸易的先驱，也是美国人在西北海岸取得立足权的功臣。罗伯特·格雷船长早年就在波士顿商人的资助下前往北美西北海岸收集海獭皮，然后运往广东。1792年5月，罗伯特·格雷在第二次前往西北地区收集毛皮的途中，行驶到了一条大河的河口，遂以其商船的名字将其命名为哥伦比亚河，并宣布该河周围的土地归美国所有。③其实，早在1775年，西班牙航海家布鲁诺·德·赫克特（Bruno de Heceta）就曾发现了哥伦比亚河的河口，只是因为船员生病而没有继续探查。1788年，英国毛皮商人约翰·米尔斯曾对布鲁诺·德·赫克特的探查结果进行验证，但并没有找到传说中的大河，他因此把河口北岸的岬角命名为"失望角"。④罗伯特·格雷的航行不仅为美国人

① James R. Gibson, *Otter Skins, Boston Ships, and China Goods: The Maritime Fur Trade of the Northwest Coast, 1785-1841*, Montreal: McGill-Queens University Press, 1992, p. 18.

② William Ray Manning, *The Nootka Sound Controversy*, Chicago University Dissertation, Washington D. C.: Government Printing Office, 1904, pp. 469-470.

③ H. W. Scott, "Beginnings of Oregon: Exploration and Early Settlement at the Mouth of the Columbia River", *The Quarterly of the Oregon Historical Society*, Vol. 5, No. 2, June, 1904, p. 103.

④ John Meares, *Voyages Made in the Years 1788 and 1789: From China to the North West Coast of America*, London: J. Walter, 1790, p. 167.

对俄勒冈地区的占有提供了依据，也奠定了此后美国人同中国进行毛皮贸易的基本模式：从波士顿购买商品，运到西北海岸同当地印第安人交换毛皮，然后运到广东，最后购买瓷器、丝绸、茶叶等货物运回新英格兰进行销售。

　　凭借其制度优势、吃苦耐劳与勇于创新的企业家精神，美国商人逐渐排挤其他各国的商船，成为西北海岸毛皮贸易的主角。虽然美国商人运往中国的海獭皮的准确数量难以统计，但据估计，仅 1806—1807 年，波士顿商人向中国市场输出的海獭皮就达到 14251 张。随着海獭数量的减少，美国人在西北海岸收获的海獭皮的数量也从 1802 年的 15000 张下降到 1829 年的 600 张。①当海獭皮贸易结束后，美国商人又转向海豹皮捕猎。从 1793 年到 1807 年，大约有 350 万只海豹被杀。②而当海豹皮也供应不足的时候，美国人又把内陆的一些海狸皮运往中国市场。据估计，在 19 世纪 20 年代，美国人平均每年向广东输送 3000—5000 张海狸皮。③

　　总之，西北海岸的海獭皮贸易是 18 世纪末到 19 世纪初期北美毛皮贸易的一个重要组成部分，它对于西北海岸的资源开发、印白关系和大国争霸都产生了深远的影响。从一定意义上说，西北海岸的海獭皮贸易拉开了列强在俄勒冈地区争霸的序幕，俄国、西班牙、英国和美国都不同程度地参与到这一地区的毛皮贸易和领土争端之中。美国人虽然从中脱颖而出，逐渐成为这一贸易的主角，但他们对哥伦比亚河周围领土主权的要求则充满变数，遭到了以西北公司（North West Company）为首的英国毛皮公司的强力挑战。

（二）英美在俄勒冈地区的博弈与对峙局面的形成

　　西北海岸的海獭皮贸易只是整个北美洲毛皮贸易的一个组成部分，在太平洋与落基山之间的广阔内陆地区，还蕴藏着丰富的海狸皮资源。19 世纪初，随着东部毛皮资源的枯竭和毛皮边疆的西移，西北公司与美国毛皮商人约翰·雅各布·阿斯特组建的太平洋毛皮公司（Pacific Fur Company）之间，围绕着哥伦比亚地区毛皮资源的控制权展开了激烈的竞争，最终在俄勒冈地区形成了以哥伦比亚河为界的南北对峙局面。

---

　　① Paul Chrisler Phillips, *The Fur Trade*, Vol. II, Norman: University of Oklahoma Press, 1961, p. 57.

　　② Benjamin Morrell, *A Narrative of Four Voyages to the South Sea, North and South Pacific Ocean*, New York: Printed by J. J. Harper, 1832, p. 130.

　　③ James R. Gibson, *Otter Skins, Boston Ships, and China Goods: The Maritime Fur Trade of the Northwest Coast, 1785-1841*, Montreal: McGill-Queens University Press, 1992, p. 62.

西北公司领先一步，率先把势力伸展到哥伦比亚地区。西北公司本身就是在不断探索西北地区毛皮资源的过程中形成的，其存在和发展的基础就是扩张。西北公司的探险家们不断把北美毛皮贸易的边疆推向西部。然而，面对从蒙特利尔不断往西北延伸的运输线和螺旋状攀升的运输费用，西北公司迫切需要寻找一条可以从太平洋岸边深入内地的运输通道，以减轻从东部向西北内陆运送货物所带来的经济压力。此外，西北公司积极推进向西部探险还是为了分享西北海岸毛皮贸易的收益、打通从大西洋跨越大陆到达中国的贸易路线。按照亚历山大·麦肯齐的说法："通过连通两洋，在内陆及沿海和各处边界建立贸易站，从北纬48度直到北极，除去俄国人在太平洋边所占领的那一片地区，整个北美大陆的毛皮贸易都将由我们控制。"①西北公司的股东邓肯·麦吉利弗雷（Duncan McGillivray）也认为："如果公司实施这一方案，不仅可以为英国工业品开辟一大片消费市场，而且还将为英帝国增添新的领土和人口。"②

西北公司向俄勒冈地区的扩张遇到了以阿斯特为代表的美国毛皮集团的强力挑战。阿斯特继承了西北公司毛皮商人彼得·庞德、亚历山大·麦肯齐等人向太平洋海岸扩张的思想，力图在北美大陆上建立一串贸易站，构筑一个横贯东西的毛皮贸易体系，并最终驱逐和取代加拿大人。③当阿斯特1809年向纽约州政治家德维特·克林顿（De Witt Clinton）寻求组建美国毛皮公司的时候，就向后者表示其公司的目标是在"4—5年内掌控这一贸易，并将其势力伸展到西海岸"。④阿斯特的计划与美国政府向西部扩张的政治计划不谋而合，因而受到了当权者的青睐。而要实现这一宏伟目标，从大湖区到太平洋之间一系列的毛皮贸易站是必不可少的，但19世纪初期错综复杂的国际形势和圣路易毛皮商人的敌视使阿斯特的计划难以实施。

西北海岸海獭皮捕猎的兴起以及梅里韦瑟·刘易斯和威廉·克拉克的探险报告让阿斯特看到了实现其梦想的机会。美国总统托马斯·杰斐逊早就对俄勒冈地区雄心勃勃，他在给梅里韦瑟·刘易斯和威廉·克拉克的训令中就

① W. Kaye Lamb, ed., *The Journals and Letters of Sir Alexander Mackenzie*, London: Cambridge University Press, 1970, p. 417.

② James P. Ronda, "Astoria and the Birth of Empire", *Montana: The Magazine of Western History*, Vol. 36, No. 3, Summer, 1986, p. 31.

③ Elizabeth L. Gebhard, *The Life and Ventures of the Original John Jacob Astor*, Hudson: Bryan Printing Company, 1915, pp. 154-155.

④ Paul Chrisler Phillips, *The Fur Trade*, Vol. II, Norman: University of Oklahoma Press, 1961, p. 270.

要求他们探查"可资用于商贸的跨越大陆的水路通道"。①梅里韦瑟·刘易斯对西北地区的前景也很看好，他建议在"哥伦比亚河口建立一个贸易站，开拓与中国的毛皮贸易"。②正是在这一政治背景下，阿斯特决定首先从西北海岸下手，夺取毛皮贸易的控制权。为了实现上述目标，阿斯特在 1810 年组建了合伙制的太平洋毛皮公司，作为向西北海岸挺进的领导机构。

太平洋毛皮公司随后组织人员分两路前往俄勒冈地区：一路搭乘"汤昆号"（Tonquin）绕道合恩角从水路前进；另一路由威尔逊·杭特（Wilson P. Hunt）率领自圣路易出发，从陆路前往哥伦比亚河口。"汤昆号"在 1811 年 3 月 22 日率先到达哥伦比亚河口，沿河上溯 15 英里后，选择河北岸一处地点建立了一个贸易站，命名为阿斯特里亚（Astoria）。为了同西北公司竞争，贸易站的雇员们按照约翰·阿斯特的既定政策，分兵两路，一路由"汤昆号"搭载着 24 名船员驶往努特卡湾去与当地的印第安人交换毛皮，夺取西北海岸毛皮贸易的控制权。另一路则向东深入哥伦比亚河的支流，建立起一串贸易站，阻击西北公司的势力。③美国人终于赶在西北公司前面，取得了对哥伦比亚河口的控制权。

不过，"汤昆号"事件和 1812 年爆发的第二次英美战争使阿斯特垄断俄勒冈地区毛皮贸易的努力化为泡影。其一是"汤昆号"事件，脾气暴躁的"汤昆号"船长与努特卡湾附近的印第安人发生矛盾，引起当地人的报复，最后受伤的船员引爆了船上的弹药，与"汤昆号"同归于尽。"汤昆号"的西北之行至此以悲剧结束，也断送了阿斯特夺取西北海岸海獭皮贸易的如意盘算。④其二是阿斯特里亚的易手。阿斯特里亚是对西北公司的毛皮贸易垄断地位的挑战，自然遭到了后者的敌视。假借 1812 年战争之势，西北公司派遣一小队人马前往阿斯特里亚，要求堡垒里面太平洋毛皮公司的雇员们投降。守卫贸易站的大多是原来西北公司的老雇员，负责人邓肯·麦克多基尔对老雇主仍然满怀热情，因而不愿意抵抗。再加上太平洋毛皮公司的补给船

---

① Thomas Jefferson, "To Captain Meriwether Lewis", in George Tucker, *The Life of Thomas Jefferson, Third President of the United States*, Vol. II, London: Charles Knight & Co., 1837, p. 577.

② Samuel L. Mitchill, *A Discourse on the Character and Services of Thomas Jefferson*, New York: G. C. Carvill, 1826, p. 29.

③ Washington Irving, *Astoria; or, Anecdotes of an Enterprise beyond the Rocky Mountains*, New York: G. P. Putnam, 1863, pp. 95-105.

④ Hiram Martin Chittenden, *The American Fur Trade of the Far West*, Vol. I, Stanford: Academic Reprints, 1954, pp. 176-181.

没有按时到达，贸易站的员工们最终决定放弃堡垒。1813 年 10 月，阿斯特里亚被正式转手"卖给"了加拿大人，改名为"乔治堡"（Fort George），贸易站里面所存放的商品和毛皮也被低价卖给了西北公司。①从表面上看，"阿斯特里亚不是被英国人占领的，而是根据商业协议转让给西北公司的"。②邓肯·麦克多基尔出售贸易站的行为遭到了阿斯特及诸多美国人的批评和质疑，但有一点是明确的，那就是阿斯特试图垄断俄勒冈地区毛皮贸易的计划失败了。

阿斯特里亚易手的消息传到华盛顿后，美国政府颇为重视，遂责令其谈判代表团："你们应该谨记：在战争开始前，美国在哥伦比亚河口有一个堡垒，对整条河流具有控制性作用，该贸易站应该被包括在条约之中，即它也是战争期间我方被占领的领土。"③英美 1814 年签订的《根特条约》规定："无论是战争期间还是本条约签订后，从对方所获取的任何领土，除了特别提到的岛屿以外，一律即可交还对方。"④但在正式签订的条约中，缔约双方对阿斯特里亚的去向并未做出任何特殊的规定。美国方面认为它属于战争期间被夺走的领土，英方应该立即归还；而英国方面则认为这是从阿斯特的公司购买来的财产，不是战争夺取的敌方领土。因此，当美国方面要求英国交还阿斯特里亚的时候，遭到了对方的拒绝。阿斯特要求政府保护重返哥伦比亚河口，也遭到了后者的拒绝。美国政府做出如此决策的原因在于：当时它脆弱的海军面临着许多远比收复阿斯特里亚更为重要的使命，如保护地中海的贸易、应对拉美革命、与西班牙的敌对等。⑤得不到政府支持的阿斯特从此以后对哥伦比亚地区失去兴趣，并退出了这一地区的毛皮贸易。⑥阿斯特的商业冒险从政府的支持中受益，也因为不符合政府的利益而被牺牲。阿

---

① Hiram Martin Chittenden, *The American Fur Trade of the Far West*, Vol. I, Stanford: Academic Reprints, 1954, pp. 215-238.

② H. W. Scott, "Beginnings of Oregon: Exploration and Early Settlement at the Mouth of the Columbia River", *The Quarterly of the Oregon Historical Society*, Vol. 5, No. 2, June, 1904, p. 109.

③ Walter Lowrie and Mathew St. Clair Clarke, eds., *American State Papers, Foreign Relations*, Vol. III, Washington D. C.: Published by Gale and Seaton, 1832, p. 731.

④ Walter Lowrie and Mathew St. Clair Clarke, eds., *American State Papers, Foreign Relations*, Vol. III, Washington D. C.: Published by Gale and Seaton, 1832, p. 746.

⑤ Frederick Merk, *The Oregon Question: Essays in Anglo-American Diplomacy and Politics*, Cambridge: Harvard University, 1967, pp. 9-12.

⑥ Washington Irving, *Astoria*; *or, Anecdotes of an Enterprise beyond the Rocky Mountains*, New York: G. P. Putnam, 1863, pp. 508-509.

斯特退出哥伦比亚地区后，这里的毛皮贸易依然被牢牢地控制在以西北公司为代表的英国人手中。

最终，英美两国在哥伦比亚地区的纠纷在 1817 年秋出现新动向，并导致了双方对峙格局的出现。这一年 10 月，美国政府在"忘记"照会英国的情况下，派遣"安大略号"战舰到哥伦比亚河口去"收复"阿斯特里亚。得知此情的英国不仅未加阻止，相反还派员协助美方代表于 1818 年 10 月 6 日在乔治堡举行了一个升旗仪式，美国人重新夺回了阿斯特里亚。①

美国人重新占领阿斯特里亚是它获取哥伦比亚河流域的转折点，英国在这一事件上的立场等于公开承认阿斯特里亚是在 1812 年战争中占领的敌方领土，而不是西北公司购买而来。1818 年，英美双方代表就俄勒冈边界进行谈判，美方主张以 49 度纬线为界。英国则坚持哥伦比亚河以东按照 49 度纬线划界，以西则以该河为界。有学者据此认为："英国从来没有认真考虑过占领哥伦比亚河以南地区的可能性，而是坚持以此河为界。"②英国的方案遭到美方的拒绝。此后，俄勒冈地区进入双方联合占领时期。

总之，经过 19 世纪初各自政府支持下毛皮商业集团之间的斗争，英美两国在俄勒冈地区形成了以哥伦比亚河为界隔岸对峙的局面。但 1821 年，哈得逊湾公司兼并西北公司后，其贸易垄断权延伸到太平洋，在俄勒冈地区掀起了新一轮的贸易争霸。英美之间在落基山以西争夺经济与政治控制权的斗争由此进入新阶段。

（三）哈得逊湾公司垄断俄勒冈地区毛皮贸易的尝试

1821 年，哈得逊湾公司与西北公司合并后，北美毛皮贸易的形势已经发生了很大的变化：由于两公司之间旷日持久的争夺，落基山以东地区的毛皮资源已现枯竭的迹象，而落基山以西的广阔地区仍然有待开发。在这种情形下，公司新任总督乔治·辛普森（George Simpson）在借鉴原西北公司贸易经验的基础上，采取了一系列新的发展战略。概括来说，这些战略包括：根据不同地区贸易竞争的情况，推行毛皮动物保护或者灭绝式捕杀政策；探

---

① Katharine B. Judson, "The British Side of the Restoration of Fort Astoria", *The Quarterly of the Oregon Historical Society*, Vol. 20, No. 3, Sep., 1919, pp. 243-260; Katharine B. Judson, "British Side of the Restoration of Fort Astoria-II", *The Quarterly of the Oregon Historical Society*, Vol. 20, No. 4, Dec., 1919, pp. 305-330.

② H. W. Scott, "Beginnings of Oregon: Exploration and Early Settlement at the Mouth of the Columbia River", *The Quarterly of the Oregon Historical Society*, Vol. 5, No. 2, June, 1904, p. 107.

索和寻找新的毛皮产地；垄断控制以降低公司开支；鼓励各级商人自我供给和创新；除了毛皮外，寻找其他各种可以出口的商品。[1]

根据竞争形势的不同，哈得逊湾公司对于不同的毛皮产区采取截然不同的政策。落基山以东地区由于此前的过度捕猎，毛皮资源已经大大减少，而且哈得逊湾公司已经取得了贸易控制权，因而公司对毛皮资源的可持续性进行规划，推行适当的休养生息政策，将贸易站移出，让猎物能有所恢复。1830 年，哈得逊湾公司的会议纪要中记载道："北方各地区严格限定捕获数量，不得超过公司依据三年的平均收获而确定的限额。"[2]1833 年，公司进一步规定："负责公司毛皮狩猎区域和贸易站的先生们，除了遭到反对的情形以外，应竭力阻止捕捉海狸幼崽和不合狩猎季节的猎捕行为。"[3]而落基山以西地区不仅毛皮资源丰富，而且还面临着美国和俄国的经济竞争和政治纠纷，未来具有极大的不确定性。因此，哈得逊湾公司在这里推行竭泽而渔的扩张政策，谋取贸易垄断权，力求在竞争到来前尽可能多地猎捕毛皮资源。

哈得逊湾公司首先是积极向萨斯喀彻温河以外的西北地区探险和扩张。作为西北公司与哈得逊湾公司合并的一个意外收获，哈得逊湾公司获得了鲁伯特地区往西直到太平洋之间的广阔区域。[4]西北地区由于气候的关系，所出产的毛皮质量上乘。辛普森曾言："我特别关注马更些河流域的事务，因为那里比其他地区拥有更加广阔的可以开展贸易的空间。"[5]除了经济原因外，政治动因也是促使哈得逊湾公司抢先向西北地区扩张的原因之一。1821 年，沙俄政府颁布一项新的法令，宣称从白令海峡到北纬 51 度之间的地区

---

[1] Richard Somerset Mackie, *Trading Beyond the Mountains: The British Fur Trade on the Pacific 1793-1843*, Vancouver: University of British Columbia Press, 1997, p. 40.

[2] "Minutes of Council, 1825", in Edmund Henry Oliver, ed., *The Canadian North-West: Its Early Development and Legislative Records*, Vol. I, Ottawa: Government Printing Bureau, 1914, p. 654.

[3] "Minutes of Council, 1833," in Edmund Henry Oliver, ed., *The Canadian North-West: Its Early Development and Legislative Records*, Vol. II, Ottawa: Government Printing Bureau, 1914, p. 704.

[4] 哈得逊湾公司在 1670 年成立之时，获得了英王授予的所有流入哈得逊湾的河流所流经土地的商业和殖民权力，因公司的首任总督是鲁伯特王子，故这片土地又被称为鲁伯特地区。

[5] Frederick Merk, ed., *Fur Trade and Empire: George Simpson's Journal, 1824-1825*, Cambridge: The Belknap Press of Harvard University, 1968, p. 204.

为俄国领土，外国商船不得擅入。①俄国的举动同时伤害到了美国和英国的利益，美国国务卿约翰·昆斯·亚当斯（John Quincy Adams）和英国外交大臣乔治·坎宁（George Canning）共同向俄国交涉。英国的主要目标是：弗雷泽河河口到北纬 55 度之间对英国人开放；确保从新卡勒多尼亚地区通向太平洋的任何一条河流在俄国控制区的通行权；马更些河流域不允许竞争存在。②1825 年，英国与俄国达成协议，乔治·坎宁表面上满足了俄国人控制西北海岸的要求，但却获得了从新卡勒多尼亚到太平洋之间任何河流的通行权。③

正是出于毛皮贸易这种经济形式自身的扩张本性和应对国际竞争的需要，哈得逊湾公司开始向西北地区进行探险和扩张。从 1821 年到 1853 年，哈得逊湾公司组织了一系列对西北地区的探险活动。其中约翰·麦克洛德（John McLeod）的探险最为著名，从 1823 年到 1836 年间，他对西北地区进行了多次探险，扩展了世人对西北地区的了解，也为公司开辟了大片新的毛皮产地。④通过不断的向西北地区探险，哈得逊湾公司不仅有效阻击了俄国人的势力，也为公司添加了大片的毛皮产地，确保它在与其竞争对手的争夺中能够处于上风。

哈得逊湾公司还排挤美国人，控制北美洲西北海岸的毛皮贸易。由于受到东印度公司贸易垄断权的影响，原来西北公司在同美国商人的竞争中一直处于下风。但随着海獭皮资源的枯竭，美国商人越来越多地从内地收购毛皮。到 19 世纪 30 年代甚至达到上万张，这令哈得逊湾公司难以容忍。⑤控制西北海岸的毛皮贸易不仅关系到哥伦比亚地区的安危，也事关英国在整个北美西部的利益。在总督乔治·辛普森的支持下，哈得逊湾公司采取双管齐下的措施来排挤美国人：一方面在沿海关键地点建立贸易站，为印第安人的

① Alaskan Boundary Tribunal, *Proceedings of the Alaskan Boundary Tribunal, Convened at London, Under the Treaty between the United States of America and Concluded at Washington, January, 1903*, Washington D. C.: Government Printing House, 1903, p. 10.

② Theodore J. Karamanski, *Fur Trade and Exploration: Opening the Far Northwest 1821-1852*, Norman: University of Oklahoma Press, 1983, p. 36.

③ Augustus Granville Stapleton, *The Political Life of the Right Honourable George Canning*, Vol. Ⅲ, London: printed for Longman, Rees, Orme, Brown, and Green, 1831, pp. 121-125.

④ Theodore J. Karamanski, *Fur Trade and Exploration: Opening the Far Northwest 1821-1852*, Norman: University of Oklahoma Press, 1983, pp. 42-51.

⑤ James R. Gibson, *Otter Skins, Boston Ships, and China Goods: The Maritime Fur Trade of the Northwest Coast, 1785-1841*, Montreal: McGill-Queens University Press, 1992, p. 62.

毛皮支付更高价格，并提供更好的商品。1831 年，公司在纳斯河（Nass River）河口设立的辛普森贸易站成为西北海岸毛皮交易的一个中心，每年有 3000－4000 张毛皮在此处交易。1840 年，这里的收入达到 6964 英镑。① 另一方面选派有经验的船长，定期在海岸巡航，同印第安人进行流动交易。哈得逊湾公司甚至还雇佣波士顿人威廉•麦克尼尔（William H. McNeill）的汽船"海狸号"来执行这一任务。虽然伦敦总部最初对于雇用美国人感到不解，但麦克尼尔很好地完成了公司交给的使命。从 1825 年到 1849 年，"海狸号"共收集到了 109389 张皮子，仅比辛普森贸易站少一些，后者共交易了 173452 张。②

　　哈得逊湾公司最终击退美国，保持对哥伦比亚地区毛皮贸易的垄断控制。哥伦比亚地区不同于西北部，这里不仅毛皮质量较差，运输路线漫长，更为重要的是还面临着美国的激烈竞争。虽然约翰•阿斯特的美国毛皮公司暂时搁置了建立一条横贯大陆毛皮贸易体系的计划，但圣路易毛皮公司和落基山毛皮公司的商人们一直孜孜不倦地向大山以西推进，试图将势力延伸到太平洋岸边。据说到 1822 年的时候，大约有 1000 名来自圣路易的毛皮贩子在密苏里河上游活动。③以威廉•阿什利（William Ashley）为首的圣路易毛皮商人沿着密苏里河不断向大山以西推进，并探索创建了利用白人猎手直接进山捕猎的山区集会制度。④

　　1824 年，约翰•麦克洛林（John McLoughlin）被委任为哈得逊湾公司在哥伦比亚地区的贸易主管后，立即着手制定公司在这里的发展规划。其一，他把原来位于哥伦比亚河口的地区总部向上挪到威拉米特河与哥伦比亚河交汇处的温哥华堡（Fort Vancouver）。这里成为哈得逊湾公司在太平洋地

---

① Richard Somerset Mackie, *Trading Beyond the Mountains: The British Fur Trade on the Pacific 1793-1843*, Vancouver: University of British Columbia Press, 1997, p. 131.

② Richard Somerset Mackie, *Trading Beyond the Mountains: The British Fur Trade on the Pacific 1793-1843*, Vancouver: University of British Columbia Press, 1997, p. 139.

③ Clarence A. Vandiveer, *The Fur Trade and Early Western Exploration*, Cleveland: Arthur H. Clark Company, 1929, pp. 200-203.

④ 传统上毛皮贸易一般是白人毛皮商人用其他商品从印第安人猎手那里交换毛皮，而威廉•阿什利则完全抛开印第安人猎手，创造性地雇佣白人猎手到西部山区狩猎毛皮，然后公司定期派遣商队进山到约定的地点同前者交换。落基山区的毛皮集会在 19 世纪 20－30 年代成为西部每年的一个盛事。具体情况参见：David J. Wishart, *The Fur Trade of the American West 1807-1840: A Geographical Synthesis*, Lincoln: University of Nebraska Press, 1979, pp. 121-127; Hiram Martin Chittenden, *The American Fur Trade of the Far West*, Vol. I, Stanford: Academic Reprints, 1954, pp. 264-281.

区的指挥中心。公司雇员约翰·邓恩（John Dunn）描述道："温哥华堡是那个时代哈得逊湾公司在太平洋岸边的一个大型市场，也是公司员工和贸易的集会地。从落基山往西直到加利福尼亚之间所收集到的毛皮及其他商品都运到这里集中，然后发往伦敦。"①其二，探查和开拓毛皮资源仍然是哥伦比亚地区的迫切任务。在约翰·麦克洛林的领导下，哈得逊湾公司以温哥华堡为中心向南方的加利福尼亚和东边的斯内克河地区拓展，与从落基山以东过来的美国商人争夺这一带的毛皮资源。哈得逊湾公司在对公司垄断地区进行保护的同时，在英美争议地区推行著名的"焦土政策"（Trapping Clean）。乔治·辛普森认为："一个枯竭的边疆是对付敌方贸易商人包抄我们的最好的自我保护策略。"②在乔治·辛普森的指示下，哥伦比亚地区贸易主管约翰·麦克洛林每年都派出两队装备精良的猎捕和交易商队，由原西北公司有经验的商人带领，其中一队向南，经威拉米特河到萨克拉门托河谷一带捕猎；另一路上溯哥伦比亚河，到斯内克河流域去收集毛皮。商队的规模一般为50到100人不等。如亚历山大·罗斯（Alexander Ross）1823年率领前往斯内克河的一个远征队就由41名来自东部和12名来自落基山以西的成员组成。③

斯内克河流域由于毛皮资源非常丰富，一直为从圣路易过来的美国毛皮商人所垂涎，因而这里成为哈得逊湾公司与美国商人对抗的最前沿。乔治·辛普森认为：斯内克河地区"海狸皮资源极端丰富，出于政治原因，我们要尽快摧毁它。"④从1823年到1829年，著名的毛皮商人彼得·奥格登（Peter Ogden）多次带领远征队深入斯内克河，以竭泽而渔的方式夺取这一带的毛皮资源。他的远征队往东伸展到密苏里河上游的杰斐逊河一带。根据约翰·麦克洛林的估计，从1824年到1846年，斯内克河远征为哈得逊湾

① John Dunn, *History of the Oregon Territory and British North American Fur Trade*, London: Edwards and Hughes, 1844, p. 142.

② Eric Jay Dolin, *Fur, Fortune, and Empire: The Epic History of the Fur Trade in America*, New York: W. W. Norton &Company, 2010, p. 285.

③ Alexander Ross, *The Fur Hunters of the Far West: A Narrative of the Adventures in the Oregon and Rocky Mountains*, Vol. II, London: Smith, Elder & Co., 1855, p. 6.

④ Frederick Merk, ed., *Fur Trade and Empire: George Simpson's Journal, 1824-1825*, Cambridge: The Belknap Press of Harvard University, 1968, p. 46.

公司带来了总共不下 3 万英镑的利润。①而哈得逊湾公司推行"焦土政策"的一个直接后果就是斯内克河流域的毛皮资源快速枯竭。哈得逊湾公司的远征队在这一带的收获也由 1826 年的 2099 张毛皮减少到 1835 年的 220 张，失去了继续经营的价值。②

随着斯内克河流域竞争的加剧，哈得逊湾公司的眼光转向南方的加利福尼亚。萨克拉门托河谷、圣华金河谷和科罗拉多河谷都盛产海狸。从 1828 年到 1843 年，哈得逊湾公司先后派遣多支商队南下加利福尼亚去收集毛皮。它的远征队大约花了 15 年，才耗竭了这一资源，前后总共在这里获得了大约 1.7 万张海狸皮。③根据美国人威廉·斯莱卡姆（William A. Slacum）的报告：哈得逊湾公司的猎捕队"踏遍每一条溪流，捕捉他们见到的每一只海狸，宁愿毁灭这种资源也在所不惜……而进入这一地区的每一支美国商队都遭遇到失败或死亡的命运"。④

总之，通过积极的扩张政策，哈得逊湾公司在俄勒冈地区的商业竞争中成功地排挤美国人，取得了落基山以西地区毛皮贸易的控制权。在 1834 年以前，有 11 家美国公司想在这里立足。1826 年，有 500－600 名美国猎手在这一带活动。而到 1846 年，就大约只剩下 50 名美国猎手了。⑤早期率领移民到达哥伦比亚地区的移民领袖纳撒尼尔·韦斯（Nathaniel Wyeth）在 1839 年曾感叹道："到目前为止，美国作为一个国家在大山以西还默默无闻。"⑥从 1821 年到 1844 年，哈得逊湾公司在哥伦比亚地区的毛皮产值由最初的 25715 英镑上升到 1833 年的 47619 英镑，到 1844 年依然有 40437 英镑；而利润也从最初的 11622 英镑上升到 1839 年的 28165 英镑，到 1843

---

① Frederick Merk, *The Oregon Question: Essays in Anglo-American Diplomacy and Politics*, Cambridge: Harvard University Press, 1967, pp. 97-98.

② John S. Galbraith, *The Hudson's Bay Company: As an Imperial Factor 1821-1869*, Berkeley and Los Angles: University of California Press, 1957, p. 95.

③ John S. Galbraith, "A Note on the British Fur Trade in California, 1821-1846", *Pacific Historical Review*, Vol. 24, No. 3, Aug., 1955, pp. 258-260.

④ John Forsyth and William A. Slacum, "Slacum's Report on Oregon, 1836-1837", *The Quarterly of the Oregon Historical Society*, Vol. 13, No. 2, June, 1912, p. 189.

⑤ John McLoughlin, "A Narrative of Events in Early Oregon Ascribed to Dr. John McLoughlin," *The Quarterly of the Oregon Historical Society*, Vol. 1, No. 2, Jun., 1900, p. 193.

⑥ Richard G. Beidleman, "Nathaniel Wyeth's Fort Hall", *Oregon Historical Quarterly*, Vol. 58, No. 3, Sep., 1957, p. 250.

年依然有 17200 英镑。①

（四）尘埃落定：哈得逊湾公司的退却与俄勒冈争端的解决

自 1813 年到 1843 年，英国的西北公司和哈得逊湾公司在与美国毛皮商人的竞争中，几乎赢得了在哥伦比亚地区的每一场商业竞争，成功地将美国毛皮商人堵在落基山以东。但是，哈得逊湾公司依然面临着严峻的挑战。

哈得逊湾公司在哥伦比亚地区面临着比美国毛皮商人更加可怕的竞争对手，那就是不断涌入的美国移民。农业移民在东部就是毛皮贸易的死敌，因为移民会砍伐森林，抽干溪水，破坏海狸的生存环境。对哈得逊湾公司来说，不断到达哥伦比亚地区的美国移民是对英美联合控制俄勒冈的一个严重威胁。

美国人自 19 世纪 30 年代就开始对俄勒冈地区的殖民前景表现出了兴趣。1830 年，一位来自波士顿的校长霍尔·杰克逊·凯利（Hall Jackson Kelly）到达哥伦比亚地区后，不仅对这里的农业发展前景充满信心，还四处宣扬哈得逊湾公司虐待印第安人，诋毁公司的形象。②1832 年，在"俄勒冈殖民协会"的创办者纳撒尼尔·韦斯的带领下，21 名殖民者向俄勒冈地区进发，最终有 11 人到达了温哥华堡。③两年后，纳撒尼尔·韦斯再次率领一队移民跨越大陆来到哥伦比亚地区，这次他代表的是"哥伦比亚渔业和商贸公司"，意图开发当地的渔业资源。④1836 年，美国政府的代表威廉·斯莱卡姆访问了温哥华堡，并拜访了约翰·麦克洛林。威廉·斯莱卡姆回去后向美国国会提交报告，盛赞威拉米特河谷农业开发的前景，呼吁美国

---

① Richard Somerset Mackie, *Trading Beyond the Mountains: The British Fur Trade on the Pacific 1793-1843*, Vancouver: University of British Columbia Press, 1997, p. 252.

② John McLoughlin, "A Narrative of Events in Early Oregon Ascribed to Dr. John McLoughlin", *The Quarterly of the Oregon Historical Society*, Vol. 1, No. 2, Jun., 1900, p. 195.

③ John B. Wyeth, *Oregon: Or a Short History of a Long Journey from the Atlantic Ocean to the Region of the Pacific, by Land*, Cambridge: Printed for John B. Wyeth, 1833, p. 10; John McLoughlin, "A Narrative of Events in Early Oregon Ascribed to Dr. John McLoughlin", *The Quarterly of the Oregon Historical Society*, Vol. 1, No. 2, Jun., 1900, p. 194.

④ W. Clement Eaton, "Nathaniel Wyeth's Oregon Expeditions", *Pacific Historical Review*, Vol. 4, No. 2, Jun., 1935, pp. 101-113.

占领直到北纬 54 度 40 分的全部地区。①此后，美国国内掀起了"俄勒冈热"，越来越多的美国移民开始向哥伦比亚地区迁移。当大批美国移民经俄勒冈小道到达哥伦比亚地区后，哈得逊湾公司负责该区的贸易总管约翰·麦克洛林与总督乔治·辛普森的意见产生了尖锐的分歧。乔治·辛普森要求全方位堵截美国人的势力，坚决把他们排除在哥伦比亚地区以外；而在约翰·麦克洛林看来，俄勒冈地区的毛皮贸易迟早会衰落，这里成为农业殖民地只是时间的问题。因此他对美国人在这里建立定居点持欢迎态度，并违反公司的指令，对那些贫困的移民予以资助和支持。②

哈得逊湾公司出于在哥伦比亚进行多元化经营的需要，也动员包括雷德河（Red River）殖民地的部分居民在内的一些员工及其家属到西部定居。③到 1844 年，这一地区的加拿大人总数在 1000 人左右。④但从俄勒冈小道过来的美国移民在 1843 年后成倍增长，天平越来越向着美国一方倾斜。1842年从俄勒冈小道来 137 人，1843 年到达 875 人，1845 年则有 3000 人来到。⑤1844 年，约翰·麦克洛林甚至动用公司的资金支持美国移民，结果引起乔治·辛普森的强烈不满。约翰·麦克洛林因而去职并随后加入美国，在俄勒冈定居下来。

除了美国移民的压力外，到 19 世纪 40 年代，哈得逊湾公司还面临着毛皮资源枯竭的困境。毛皮贸易是一种扩张性行业，其存在的基础就是不断发现新的毛皮产地。虽然乔治·辛普森也采取了一些毛皮动物保护策略，但收效有限，整个北美大陆的毛皮资源正在走向终结。落基山东部的海狸皮资源很早就已经出现了枯竭的征兆。19 世纪 30 年代到西部旅行的埃德温·德尼格（Edwin Denig）在密苏里河上游注意到："以前在这些溪流中，海狸数

① John Forsyth and William A. Slacum, "Slacum's Report on Oregon, 1836-1837", *The Quarterly of the Oregon Historical Society*, Vol. 13, No. 2, June, 1912, p. 204.

② Samuel R. Thurston, et al, eds. "Correspondence of John McLoughlin, Nathaniel J. Wyeth, S. R. Thurston, and R. C. Winthrop, Pertaining to Claim of Doctor McLoughlin at the Falls of the Willamette: The Site of Oregon City", *The Quarterly of the Oregon Historical Society*, Vol. 1, No. 1, March, 1900, p. 106.

③ John C. Jackson, *Children of the Fur Trade: Forgotten Métis of the Pacific Northwest*, Missoula: Mountain Press Publishing Company, 1995, pp. 92-111.

④ Neil M. Howison, "Report of Lieutenant Neil M. Howison on Oregon, 1846: A Reprint", *The Quarterly of the Oregon Historical Society*, Vol. 14, No. 1, Mar., 1913, p. 24.

⑤ E. E. Rich, *The Fur Trade and the Northwest to 1857*, Toronto: McClelland and Stewart, 1967, pp. 280-281; Richard Somerset Mackie, *Trading Beyond the Mountains: The British Fur Trade on the Pacific 1793-1843*, Vancouver: University of British Columbia Press, 1997, p. 318.

量众多，现在由于印第安人和白人猎手的捕捉，已经变得很少。"①著名的山区猎手奥斯本·拉塞尔（Osborne Russell）也在 1840 年哀叹道："海狸和野牛都已不见踪影，是白人猎手离开山区的时候了。"②继西北海岸的海獭皮资源枯竭后，哥伦比亚地区的海狸皮产量也开始下降。1831 年，这里出产的海狸皮达到 21746 张，而到 1846 年只剩下 12958 张。③早在 1825 年，哈得逊湾公司的高级主管戴维·道格拉斯（David Douglas）就在威拉米特瀑布边叹息道："这里以前曾被认为是落基山以西最好的毛皮产地，如今海狸已经很少了，我就没见到一只活的。"④研究毛皮贸易的专家 E. E. 里奇指出：到 19 世纪中期，"从公司的主要毛皮产区所收获的毛皮都在持续下降。"⑤毛皮商人弗朗西斯·埃马廷格尔（Francis Ermatinger）1844 年也抱怨道："哥伦比亚地区的贸易每况愈下……毛皮贸易必将走向终结。"⑥

不仅毛皮贸易的资源供应遇到了困难，其消费市场也出现了问题。毛皮贸易的基本动力是欧洲市场上对海狸皮制成的毡帽的消费需求，然而到 19 世纪 40 年代，欧洲的消费时尚正在悄然发生变化，原本用途广泛的海狸毛皮制品被新的产品代替，由工业革命所带动生产的丝帽成为消费新宠。1834 年，毛皮大亨约翰·雅格布·阿斯特也不得不承认："我担心除了极好的以外，其他的海狸皮近期都不会好卖，看上去他们现在用丝帽来代替海狸皮制作帽子了。"⑦机敏的阿斯特从此退出了毛皮贸易行业。伴随市场需求减少而来的是毛皮价格的下跌，美国市场上海狸皮的价格已经从 1809 年最高峰

① Edwin Thompson Denig, *Five Indian Tribes of the Upper Missouri: Sioux, Arickaras, Assiniboines, Crees, Crows*, Norman: University of Oklahoma Press, 1961, p. 10.

② Osborne Russell, *Journal of a Trapper, or, Nine Years in the Rocky Mountains*, 1834-1843, Boise: Syms-York Company, Inc., 1921, p. 124.

③ James R. Gibson, *Farming the Frontier: The Agricultural Opening of the Oregon Country, 1786-1846*, Vancouver: University of British Columbia Press, 1985, p. 201.

④ David Douglas, *Journal Kept by David Douglas during his Travels in North America, 1823-1827*, London: William Wesley & Son, 1914, pp. 140-141.

⑤ E. E. Rich, *Hudson's Bay Company, 1670-1870*, Vol. III, New York: The Macmillan Company, 1961, p. 495.

⑥ Lois Halliday McDonald, *Fur Trade Letters of Francis Ermatinger*, Glendale: The Arthur H. Clark Company, 1980, p. 261,

⑦ Hiram Martin Chittenden, *The American Fur Trade of the Far West*, Vol. I, Stanford: Academic Reprints, 1954, p. 364.

的 5.99 美元/磅下跌到 1843 年的 2.62 美元/磅。①流行数个世纪的"海狸热"凉下去了。

面对日益枯竭的毛皮资源和暗淡的市场前景，哈得逊湾公司不得不进行战略调整。第一，在哥伦比亚地区积极拓展其他业务，进行多样化经营，以弥补毛皮贸易的不足。哥伦比亚地区除了毛皮资源以外，还有茂密的森林、肥沃的土地和丰富的鲑鱼资源。乔治·辛普森在 1837 年说过："哥伦比亚河谷土壤肥沃，气候宜人，适宜耕种。我们正在考虑进行大规模的农业开发，很有可能很快就能够建立起一个重要的业务部门，出口诸如羊毛、皮革、烟草以及各种谷物等。"②哈得逊湾公司随后建立了"普吉特湾农业公司"（Puget's Sound Agricultural Company），在哥伦比亚地区进行农业开发。③最初作为公司削减开支和自给供应的一部分，哥伦比亚地区的木材加工、农畜产品养殖和鲑鱼捕捞也逐渐发展起来，成为公司向外出口的一项大宗产品。1836 年，威廉·斯莱卡姆访问温哥华堡的时候，发现该贸易站一年生产了8000 蒲式耳小麦、5500 蒲式耳大麦、6000 蒲式耳燕麦、9000 蒲式耳豌豆和 14000 蒲式耳土豆。④第二，针对美国人的进攻和毛皮资源衰竭的现状，哈得逊湾公司做出的另外一个重要决策就是战略收缩。在总督乔治·辛普森的要求下，哈得逊湾公司在 19 世纪 40 年代先后关闭了北方的多个贸易站，向马更些河流域和育空地区的探险也逐渐停止了。在南面，乔治·辛普森对于加利福尼亚的前景表示悲观，在他的要求下，哈得逊湾公司于 1846 年关闭了在旧金山的商铺，两年后，这里发现了黄金。⑤

乔治·辛普森在 19 世纪 40 年代做出的最大战略收缩决定是将公司在哥伦比亚地区的总部从温哥华堡向北迁移到维多利亚。1841 年，乔治·辛普森在结束伦敦之旅后到太平洋地区视察，考虑到英国和美国在俄勒冈地区的最终边界可能是 49 度纬线，他决定将地区总部从温哥华堡向北迁移到温

① James L. Clayton, "The Growth and Economic Significance of the American Fur Trade, 1790-1890", *Minnesota History*, Vol. 40, No. 4, Winter, 1966, pp. 214-215.

② James R. Gibson, *Farming the Frontier: The Agricultural Opening of the Oregon Country, 1786-1846*, Vancouver: University of British Columbia Press, 1985, p. 75.

③ E. E. Rich, *The Fur Trade and the Northwest to 1857*, Toronto: McClelland and Stewart, 1967, p. 279.

④ John Forsyth and William A. Slacum, "Slacum's Report on Oregon, 1836-1837", *The Quarterly of the Oregon Historical Society*, Vol. 13, No. 2, June, 1912, p. 186.

⑤ Anson S. Blake, "The Hudson's Bay Company in San Francisco", *California Historical Society Quarterly*, Vol. 28, No. 2, June, 1949.

哥华岛上，授权詹姆斯·道格拉斯（James Douglas）在温哥华岛上选址建立新的地区总部。詹姆斯·道格拉斯最终选定该岛南部一处优良的港湾，构建新的贸易中心。1843 年，新贸易站建成，被命名为维多利亚堡（Fort Victoria）。①维多利亚堡的建立标志着哥伦比亚河毛皮贸易时代的结束，它代替原来的温哥华堡成为哈得逊湾公司在太平洋地区的中心。

最终，英美双方在 1846 年签订《俄勒冈条约》，结束了俄勒冈地区两国共管的局面。在美国政府咄咄逼人的攻势面前，英国人同意把哥伦比亚河与北纬 49 度之间的地区划归美国，哈得逊湾公司从此永久失去了北纬 49 度以南地区毛皮贸易的控制权。自 1821 年与西北公司合并重组以来，哈得逊湾公司在北面成功抵制住俄国人的势力，在南面则成功瓦解了美国毛皮商人的势力，把他们赶出落基山以西，取得了哥伦比亚河流域毛皮贸易的控制权。然而，在 1846 年英美关于俄勒冈问题的谈判中，美国人依然取得了北纬 49 度与哥伦比亚河流之间的三角地区，哈得逊湾公司输在了谈判桌上。理查德·麦凯教授叹息道："哈得逊湾公司赢得了它所涉足的任何商业战争，但却输掉了 1846 年的政治战。"②

造成这一结局的原因，一方面是美国移民和美国政府咄咄逼人的攻势，另一方面则是英国的战略收缩。其实，即便是早期到来的美国移民，也一直被拒于哥伦比亚河南岸。但随着美国国内扩张主义势力的增强，"俄勒冈热"在 19 世纪 30 年代的美国不断升温。面对不断涌入的美国移民，早在 1843 年，著名的扩张主义者约翰·考德威尔·卡尔霍恩（John Caldwell Calhoun）就呼吁政府应该在俄勒冈争端中放手，让当地居民决定该地最终的归属："毫无疑问，推动我国人民从大西洋越过阿勒根尼山到达密西西比河的那股力量，同样会以更为强大的势力跨越落基山，抵达哥伦比亚河谷地，整个哥伦比亚河流域注定要被我国人民占据。这就是我们对这一地区的立场！"③1844 年，著名的扩张主义分子詹姆斯·波尔克（James Knox Polk）参加总统竞选，公然打出了扩张主义的口号："54 度 40 分，或者战

---

① 相关情况参见：Alexander Begg, *History of British Columbia: From Its Earliest Discovery to the Present Time*, London: Sampson Low, Marston & Company, 1894, pp. 154-166.

② Richard Somerset Mackie, *Trading Beyond the Mountains: The British Fur Trade on the Pacific 1793-1843*, Vancouver: University of British Columbia Press, 1997, p. 314.

③ The Senate of the United States, *Public Documents*, First Session of 29th Congress, Vol. I, Washington D. C.: Ritchie & Heiss, 1846, p. 153.

争"，要求美国兼并整个俄勒冈地区。

面对美国的挑衅，英国无意开战，大英帝国有着许多远比哥伦比亚的毛皮贸易更为重要的事务需要处理。甚至哈得逊湾公司总督乔治·辛普森对这里毛皮贸易的前景也不看好。他在 1826 年回答英国政府的垂询时就表示：俄勒冈地区出产的毛皮价值有限，每年仅有 3 万－4 万英镑左右，只相当于曼彻斯特一个工厂的产值。①为了一个即将消失的行业同美国开战不值得，况且维多利亚堡的建立已经保证了英国海军在这一带的利益。即便没有落基山以西毛皮贸易的衰落这一外部因素，英国也有可能在俄勒冈地区向美国让步，但毫无疑问，哈得逊湾公司在哥伦比亚地区的战略退却令英国做出上述举动更为顺理成章。因为对英国来说，在俄勒冈问题上让步，主要不是一个经济问题，而是"帝国荣誉"问题："大英帝国可以失去领土，但绝不能失去荣誉和地位。"②而对美国来说，虽然国内扩张主义的"天定命运"呼声此起彼伏，来自中西部的许多扩张主义分子为了俄勒冈不惜一战，但对波尔克政府来说，与英国重新开战很难保证不会重蹈 1812 年战争的覆辙，况且因为兼并德克萨斯，美墨关系已经颇为紧张，因此，美国也不想真的与英国刀兵相见。③正是在这种氛围下，1846 年，英美两国最终签署了分区占领这一地区的《俄勒冈条约》。条约规定：英美双方以北纬 49 度纬线为界，此线以北归英国，以南归美国所有。至此，美国和加拿大在北美大陆上的 49 度分界线最终形成，哈得逊湾公司毛皮贸易的黄金时代一去不复返了。

俄勒冈地区的失败仅仅是哈得逊湾毛皮帝国开始崩溃的第一步。它自 1670 年以来就拥有的毛皮贸易垄断权受到了东部加拿大爱国主义者的挑战。面对美国随时可能对加拿大西部，尤其是对雷德河定居区的兼并，加拿大的爱国者们要求尽快把这一地区纳入加拿大联邦的发展轨道。他们把哈得逊湾公司的贸易垄断看作是实现自由贸易、移民定居西部和建立横贯大陆国家的阻碍。在英国殖民事务大臣格兰维尔伯爵（Earl Granville）的一手主持下，哈得逊湾公司最终在 1869 年 3 月同加拿大联邦政府达成了鲁伯特地区

---

① T. C. Elliott, "The Northwest Boundaries (Some Hudson's Bay Company Correspondence)", *The Quarterly of the Oregon Historical Society*, Vol. 20, No. 4, Dec., 1919, p. 335.

② Wilbur D. Jones and J. Chal Vinson, "British Preparedness and the Oregon Settlement", *Pacific Historical Review*, Vol. 22, No. 4, 1953, p. 353.

③ Sam W. Haynes, *James K. Polk and the Expansionist Impulse*, New York: Pearson Education, Inc., 2006, pp. 142-153.

转让协议。根据上述协议，加拿大联邦以 30 万英镑的价格（折合 146 万加元）取得哈得逊湾公司的鲁伯特地区。①鲁伯特地区的转让标志着哈得逊湾公司毛皮帝国的终结，从此以后，农业移民和边疆拓殖，而不是毛皮贸易成为加拿大西部发展的主旋律。

（五）小　结

英美俄勒冈争端是欧洲列强数百年来围绕毛皮贸易而在北美洲进行殖民争霸的一个缩影。从 16 世纪欧洲殖民者来到北美大陆猎取毛皮的时代开始，毛皮贸易与领土争端就纠缠在一起了。对当时的殖民者来说，毛皮是仅次于黄金等贵金属的牟利商品，虽然在北美经济中所占的比重并不很大，但对于殖民争霸和控制印第安人却极为重要。以至于自 17 世纪以后的"150 年来，欧洲人对西部内陆地区的兴趣几乎一直仅限于毛皮贸易"。②俄勒冈争端也不例外，它起源于西北海岸的海獭皮贸易，也随着哥伦比亚地区毛皮边疆的结束而最终解决。

俄勒冈地区的毛皮贸易从一开始就不是纯粹的经济活动，而是具有殖民争夺和大国政治博弈的性质。无论是约翰·雅格布·阿斯特向杰斐逊和纽约著名政治家德维特·克林顿寻求帮助，还是哈得逊湾公司从英国伦敦谋求政府的支持，都是利用边界争端这一政治因素谋求经济利益的典型。但是，只有当毛皮公司的经济利益同其本国的殖民利益相一致的时候，它们才会得到政府的帮助，否则就会沦为大国政治的牺牲品。哈得逊湾公司在哥伦比亚地区虽然击败了所有的对手，但依然输在谈判桌上。与其微不足道的毛皮利益相比，英国更注重与美国的外交关系。因此，俄勒冈争端也是老牌殖民帝国向新兴殖民者妥协的典型案例。

俄勒冈争端与毛皮贸易之间的关系既是国际关系史研究的一个重要事件，也是国际史研究的一个极好案例。从国际史的角度来看，俄勒冈争端不仅是英、美、俄、西等欧美列强之间围绕毛皮贸易进行经济和政治争霸斗争的延续，同时还涉及西北公司、哈得逊湾公司和太平洋毛皮公司等多家毛皮公司之间的商业纠纷。它们在俄勒冈地区的争夺是整个北美毛皮贸易的一个

---

① George Bryce, *The Remarkable History of the Hudson's Bay Company*, London: Sampson Low Marston & Company, 1902, p. 455.

② Gerald Friesen, *The Canadian Prairies: A History*, Toronto: University of Toronto Press, 1987, p. 45.

组成部分，也是其在东部贸易对抗的延续。同时，从国际史的角度看，广大印第安人也应该在有关毛皮贸易的研究中占有一席之地，他们对其土地和资源的控制权是如何被白人窃取的，应该引起学者们的重视。

俄勒冈争端加速了毛皮贸易这一特殊的边疆开发模式在落基山以西衰落的步伐。从环境史的角度看，北美历史上的毛皮贸易是一种不可持续的边疆发展模式。在正常情况下，一个地方的毛皮贸易会随着当地毛皮资源的枯竭而终结。因此，为了能够源源不断地获得毛皮资源，毛皮商人们就需要不断探查和寻找新的毛皮产地，这也是毛皮边疆比农业边疆在地理探查方面做出较多贡献的一个原因。作为打击美国竞争对手的有效手段，哈得逊湾公司在与美国存在领土争端的哥伦比亚河谷地、斯内克河流域以及本公司无法控制的加利福尼亚等地，对毛皮资源推行毁灭式的"焦土政策"，力图赶在美国商人到来前捕光这里的毛皮动物，从而达到阻止美国商人插足的目的。从这个意义上说，哥伦比亚地区毛皮贸易的兴衰是这种边疆开发模式不可持续发展的一个生动展示。

哈得逊湾公司在哥伦比亚地区的遭遇是北美历史上毛皮边疆向农业边疆退却的一个缩影。在北美西部发展史上，存在着一种边疆更替现象，即较浅层次的边疆开发会依次让位于较深层次的边疆发展。如最初以开发现有资源为主的森林边疆、矿业边疆、毛皮边疆会随着开发的深入而不断让位于需要较多资本和技术才能操作的农业边疆、城市边疆等。其实北美西部开发的历史就是一部边疆更替的历史。作为毛皮贸易代表的哈得逊湾公司对美国的农业移民采取坚决的抵制政策，但毛皮公司在源源不断涌入的美国农业移民面前不堪一击。因此，从这个意义上说，哈得逊湾公司从哥伦比亚地区的撤退是农业边疆对毛皮边疆的胜利，也是后起的大陆帝国的"天定命运"对老牌殖民势力"帝国荣誉"的胜利。

（原载于《历史研究》2015 年第 3 期，略有删节）

六、种族主义背景下毛皮边疆印白通婚的兴衰

在白人种族主义盛行的北美殖民地，虽然白人殖民者与有色族裔妇女发

生关系的事例为数不少，但真正长久并以婚姻为目的的，除了被后世神化的博卡洪塔（Pocahontas）以外，为数并不多。①甚至广为流传的文学作品《与狼共舞》的主人公邓巴中尉所爱恋的"挥拳而立"也只是一名归化为印第安人的白人女性。②

与农业殖民地中因为白人对印第安人土地的渴求和种族歧视，从而导致两族之间的对立、敌视和冲突有所不同的是：在北美毛皮贸易中，几乎所有的毛皮商人都曾经与印第安妇女交往，甚至许多人还按照印第安人的习俗结为夫妻，此即著名的"乡村婚姻"（country marriage/marriage à la façon du pays）。传统的毛皮贸易研究主要关注各个毛皮公司之间的扩张与纷争、帝国争霸、毛皮贸易对印第安人的影响等话题，直到 20 世纪 80 年代，两位年轻学者詹妮弗·布朗（Jennifer Brown）和西尔维娅·范·柯克（Sylvia Van Kirk）选择印第安妇女与毛皮商人的跨族交往作为研究主题，这个问题才引起学者们的重视。不过，许多探讨跨族通婚主题的成果虽然详细梳理了印白交往的起源、演变，以及与此相关的性病、卖淫、同性恋等诸多问题，但一直避谈种族主义这个话题。其实，在近代白人殖民者与其他有色族裔的接触中，种族主义是一个难以绕开的话题，它在"乡村婚姻"中由隐性向着显性的逐渐转变可以作为研究这一文化偏见的经典案例。

（一）印白通婚的缘起

毛皮贸易是与传统的农业边疆截然不同的边疆开发模式。在农业边疆中，欧洲殖民者垂涎的只是印第安人的土地，印第安人被当作文明进步的敌

---

① 博卡洪塔的故事堪称美国早期最动人的传说之一，据说她是弗吉尼亚殖民地詹姆斯敦附近印第安部落酋长的女儿，她不仅舍身救下了早期的白人殖民者约翰·史密斯，还嫁给了将烟草引入弗吉尼亚的约翰·拉尔夫。博卡洪塔后来改信基督教，其教名为 Lady Rebecca。关于博卡洪塔的各类作品一直延续不绝，如 J. H. 马丁的《博卡洪塔与史密斯》（J. H. Martin, *Smith and Pocahontas*, Richmond: West and Johnston Publishers, 1862）、弗吉尼娅·瓦特森的《博卡洪塔公主》（Virginia Watson, *The Princess of Pocahontas*, Philadelphia: The Penn Publishing Company, 1916）、伊丽莎白·西利的《博卡洪塔》（Elizabeth Eggleston Seelye, *Pocahontas*, New York: Dodd, Mead and Company, 1879）、韦伯斯特夫人的《博卡洪塔的传说》（Mrs. M. M. Webster, *Pocahontas: A Legend*, Philadelphia: Herman Hooker, 1840）等等。这些著作的内容和体例各不相同，有的是史学研究，有的是诗歌和戏剧故事，至少有几十个版本。迪士尼公司在 1995 年推出的动画影片《博卡洪塔》塑造了一个为爱情献身的印第安公主的形象，从而使她的故事风靡全球。

② 关于《与狼共舞》的故事详情，参见：Michael Blake, *Dance with Wolves*, New York: Ballantine Books, 1988.

人而遭受排斥和否定。欧洲白人殖民者在与印第安人接触后，虽然建构了"高贵的野蛮人"和"嗜血的野蛮人"两种截然相反的印第安人形象，[①]但随着边疆的推进，否定性的"嗜血的野蛮人"形象越来越占据主流。其实，在希腊人最初的含义中，野蛮人仅仅指对方语言怪异。[②]但随着欧洲社会的演进，这个词汇不断被注入新的内容。到新大陆发现前，野蛮人已经成为与欧洲自诩的文明进步相对立的所有否定意义的对等物。阿里亚娜·舍贝尔·达波洛尼亚指出：在启蒙主义时代，除了卢梭等少数人以外，其他绝大多数人都是将欧洲人与非欧洲人对立起来的种族理论的信徒。[③]在文明战胜野蛮的幌子下，美洲的白人殖民者将种族偏见发挥到极致，对印第安人及其文化肆意诋毁。17世纪初期的弗吉尼亚人塞缪尔·伯卡斯的观点堪称此间的代表："如此美好的土地，如此野蛮的人们，他们除了徒具人形外，没有一点人性，不知道文明、艺术和宗教为何物，比他们猎取的野兽还野蛮。"[④]

在北美毛皮贸易中，最初却没有如农业边疆那样发展出赤裸裸的种族主义思想。究其原因，不是参与其中的白人毛皮商变好了，而是由毛皮贸易这种经济形式的特性所决定的。毛皮贸易在它存在的绝大部分时间里，都离不开印第安人的合作。而在贸易初期，白人对印第安人的需求更是远远大于后者对他们的需求。种族主义本来就是文化偏见与权力相结合的产物。[⑤]在这种情形下，白人的种族优越感很难找到位置。白人对印第安人即便抱有种族偏见，也不得不让位于眼下的需要，充其量也只是一种隐形的种族主义情绪而已。

种族主义在历史上有多种表现形式，但其背后都隐含着一种最基本的信念：即自己的族群比他者的族群具有基因或者文化方面的优越性。在近代，白人种族优越论随着欧洲殖民者的海外扩张而扩散到全球，成为自新大陆发

---

① Jean-Jacques Simard, "White Ghosts, Red Shadows: The Reduction of North American Natives", in James A. Clifton, ed., *The Invented Indian: Cultural Fictions and Government Policies*, New Brunswick: Transaction Publishers, 1990, pp. 355-357; H. N. Fairchild, *The Noble Savage: A Study in Romantic Naturalism*, New York: Columbia University Press, 1928, pp. 15-22.

② Maria Boletsi, *Barbarism and Its Discontents*, Stanford: Stanford University Press, 2013, p. 69.

③ 阿里亚娜·舍贝尔·达波洛尼亚：《种族主义的边界：身份认同、族群性与公民权》，钟震宇译，北京：社会科学文献出版社2015年版，第17页。

④ Samuel Purchas, *Hakluytus Posthumus or Purchas His Pilgrimes*, Vol. 19, Glasgow: James Maclehose and Sons, 1906, p. 231.

⑤ Ali Rattansi, *Racism: A Very Short Introduction*, New York: Oxford University Press, 2007, p. 130.

现以来最主要的种族主义表现形式。它最根本的特征就是强调白人对于有色族裔在生理和文化上的优越性。白人的这种优越论为他们以文明战胜野蛮的名义征服新大陆提供了道德上的合法性。跨族通婚与种族主义是截然对立的。著名社会学家斯宾塞（Herbert Spencer）称："大量证据表明人类不同种族之间的通婚以及动物之间的杂交都表明：当不同种类的混合稍有差失，其结果不可避免地将是不好的那个。"[1]因此，从一定意义上说，跨族通婚可以被看作两个族群超越种族和文化偏见、友好交往的试金石。

法国人与印第安妇女之间的通婚早在殖民地建立之初就已经开始。新法兰西总督塞缪尔·尚普兰曾经对印第安人酋长说："我们年轻的小伙子将同您的女儿们结婚，我们就是一家人了。"[2]由于殖民地缺乏白人妇女，法国殖民当局想通过跨族婚姻建立一个混血殖民地。当时的耶稣会则想让印第安人妇女学习白人文化和生活方式，并改信基督教。然而，印白通婚在新法兰西殖民地执行的效果并不理想。许多白人青年难以忍受新法兰西的封建束缚，宁愿跟随印第安人遁入林中，成为白色的印第安人。因此，虽然新法兰西最初鼓励种族通婚，但并没有带来殖民当局所期望的稳定社会，越来越多的年轻人逃往西部，加入毛皮贸易的行列。对印白通婚结果深感失望的新法兰西殖民当局在 18 世纪以后禁止殖民者再与印第安人妇女通婚。[3]

如果说新法兰西殖民地为了建立一个稳定的定居殖民地而鼓励印白通婚的话，那么对于定居区以外从事毛皮贸易的那些群体来说，与印第安妇女通婚则是贸易能否成功的关键。西部史专家丹尼尔·弗朗西斯（Daniel Francis）直截了当地指出："如果一名毛皮商人想要确保土著人的领袖每年都把毛皮送到他的贸易站来，那么没有比同他的女儿结婚更好的方法了。"[4]而对印第安人来说，想要持续得到白人的商品，尤其是枪支弹药的供应，维持自己部落在其他边远部落和白人毛皮商人之间的中间商地位，同

---

[1] 转引自 Sean Elias and Joe R. Feagin, *Racial Theories in Social Science: A Systemic Racism Critique*, New York: Routledge, 2016, p. 24.

[2] Reuben G. Thwaites, ed., *The Jesuit Relations and Allied Documents: Travels and Explorations of the Jesuit Missionaries in New France, 1610-1791*, Vol. 5, *Quebec: 1632-1633*, Cleveland: The Burrows Brothers Company, 1897, p. 211.

[3] Jennifer S. H. Brown, "The Métis: Genesis and Rebirth", in Bruce Alden Cox, ed., *Native People, Native Lands: Canadian Indians, Inuit and Metis*, Montreal: McGill-Queens University Press, 2002, p. 137.

[4] Daniel Francis, *Battle for the West: Fur Traders and the Birth of Western Canada*, Edmonton: Hurtig Publishers, 1982, p. 64.

白人联姻也是一条行之有效的手段。"印第安人中显要人物的女儿同一个欧洲毛皮公司的青年结婚会加固贸易关系，并且在其他方式不可能的情况下击败反对者。"①由此可见，与印第安妇女通婚成为印白两族巩固双方关系，达到各自目的的最佳手段。大多数在西部长期从事毛皮贸易的商人都有印第安妻子，并最终在大湖区周围产生了相当数量的混血家庭。

英国人 1670 年建立的哈得逊湾公司最初计划按照军事管理模式建立一个家长式殖民地，并从一开始明令禁止其雇员与当地印第安妇女发生关系。②然而，在见识了法国人由于同印第安人联姻而在毛皮贸易中所取得的优势后，英国毛皮公司的雇员们强烈要求允许他们同印第安妇女交往。因此，虽然有哈得逊湾公司的禁令，但其雇员同印第安妇女的交往一直存在。甚至许多贸易站主管也带头违反规定，他们"总是在贸易站中保留一名妇女，而且还如以前所见到的那样把几个孩子带回［欧洲］老家"。③如理查德·诺顿的混血儿子摩西·诺顿不仅到欧洲学习 9 年，回来后还成为哈得逊湾公司在丘吉尔河地区的负责人，据称后者拥有 5—6 名印第安妻子。④到 18 世纪 70 年代，哈得逊湾公司雇员与印第安妇女之间的婚姻最终得到了伦敦总部的认可。

由此可见，虽然新法兰西殖民地以同化印第安妇女为目的的跨族通婚失败了，但毛皮边疆的印白通婚则持续存在，而且涉及的范围越来越大，以至于从南部的鹿皮贸易区到大湖区的海狸皮贸易区，甚至连最初禁止跨族通婚的哈得逊湾公司到 18 世纪中期也不得不承认种族通婚的现实。我们虽然无法确定这些白人毛皮商在同印第安妇女交往的过程中是否还抱有种族主义观念，但毫无疑问，他们的那种优越感在毛皮边疆中是没有施展的空间的：在贸易中他们不得不接受印第安人的交换规则，在与妇女交往中也不得不遵循印第安人的习俗。

随着毛皮边疆不断向西部推进，大湖以西的西北地区成为白人毛皮商和

---

① Genald Friesen, *The Canadian Prairies: A History*, Toronto: University of Toronto Press, 1987, p. 67.

② 相关规定参见：Harold A. Innis, *The Fur Trade in Canada: An Introduction to Canadian Economic History*, Toronto: University of Toronto Press, 1956, p. 135.

③ Glyndwr Williams, ed., *Andrew Graham's Observations on Hudson's Bay 1767-1791*, London: Hudson's Bay Record Society, 1969, p. 248.

④ Samuel Hearne, *A Journey from Prince of Wales's Fort in the Hudson's Bay to the Northern Ocean*, London: Printed for A. Strahan and T. Cadell, 1795, p. 62.

印第安妇女交往的核心区域，①伴随着他们交往的增多而逐渐流行的"乡村婚姻"则成为两大族群跨族交往的典范，这一通婚不仅颠覆了对北美西部开发中印白之间尖锐冲突的传统认知，也大大丰富了世人对种族主义的认知。

（二）种族主义隐身状态下西北地区"乡村婚姻"的流行

在七年战争以前，新法兰西毛皮集团与以哈得逊湾为基地的英裔毛皮商人之间虽然也充满商业竞争和军事冲突，但双方投入的人力较少，同印第安妇女的交往总体来说还是零散的，数量较少，关系也相对不固定。新法兰西陷落后，以蒙特利尔为中心的圣劳伦斯毛皮集团组建的西北公司与哈得逊湾公司争夺西北地区毛皮贸易控制权的斗争进一步加剧，公司雇员与印第安妇女之间的交往更为频繁，关系也更趋稳定。其实，到 18 世纪中期，哈得逊湾公司的大部分贸易站站长就都拥有印第安妻子，"没有乡村妻子（指印第安妇女）与之分享居处的商人是很少的"。②到 19 世纪初期两公司竞争激烈的时候，估计西北地区 1/4 的雇员拥有印第安妻子，其家庭成员总共可能达到 1500 人，成为毛皮公司的沉重负担。③另外一项研究表明：在落基山以西地区，在 1843 年以前与白人有联系的印第安妇女达到几千人。④不过，与新法兰西为了构建一个文明化的基督教徒定居区所采取的欧洲婚姻模式不同，西北地区的印白通婚主要是按照印第安人的风俗进行的，这就是著名的"乡村婚姻"模式。根据这一模式，一名白人男子要想与一名印第安妇女结婚，必须先征得女方家长的同意，并准备一份聘礼。聘礼的差别很大，有的可能达到数百英镑。⑤如 1814 年，邓肯·麦克多基尔（Duncan MacDougall）为了迎娶什努克族（Chinook）印第安酋长的女儿，就花了 15 支枪、15 条

---

① 西北地区是一个较为模糊的历史地理概念，它指的是位于五大湖西北方向，主要是从温尼泊湖到大奴湖和阿萨巴斯卡湖之间的广阔产区，即当今加拿大的萨斯喀彻温河流域及以北地区。

② Daniel Francis, *Battle for the West: Fur Traders and the Birth of Western Canada*, Edmonton: Hurtig Publisher, 1982, p. 64.

③ John C. Jackson, *Children of the Fur Trade: Forgotten Métis of the Pacific Northwest*, Missoula: Mountain Press Publishing Company, 1995, p. 5.

④ Richard Somerset Mackie, *Trading beyond the Mountains: the British Fur Trade on the Pacific 1793-1843*, Vancouver: University of British Columbia Press, 1997, p. 308.

⑤ Sylvia Van Kirk, "The Role of Native Women in the Fur Trade Society of Western Canada, 1670-1830", *Frontiers: A Journal of Women Studies*, Vol. 7, No. 3, *Women on the Western Frontier*, 1984, p. 10.

毯子和一些其他的财产。①

　　虽然在印白交往中不排除性交易的案例，也有一些贸易商人为了寻找刺激而同印第安妇女临时结合，甚至有些人对印第安妻子始乱终弃，但仍然有许多"乡村婚姻"从最初的相互利用变成真正的亲情，从而持续终生。丹尼尔·哈曼（Daniel William Harmon）的例子堪称典型。他最初对于印白之间的结合不以为然，但还是在 1805 年同一名印第安妇女结婚。哈曼最初并没有对其妻子表现出太多的依恋，但随着孩子们的出生，当 1819 年哈曼准备离开贸易区回到东部定居区的时候，他已经无法抛弃他的妻儿了。按照他的说法："将我深爱的孩子们扔在荒野中，我如何能够在文明世界安心度日？一想到这样我就痛苦的要死，我如何能够把他们从母爱中夺走？而让他们的母亲在余下的日子里遭受失去儿女的痛苦。"②哈曼最终把他的印第安妻子及子女都带回了佛蒙特，并终生生活在一起。著名贸易商人亚历山大·罗斯认为种族通婚是"白人各个社会阶层爱恋印第安之乡的一个重要原因"。③罗斯还认为印第安妇女"甜美、举止优雅，感情细腻而坚贞，是天生的好妻子"。④罗斯本人于 1815 年同一位印第安酋长的女儿结婚，并最终与他的妻子定居在雷德河居住区。据研究，有 9 名原西北公司的上层官员都与其印第安妻子相爱终生。⑤

　　这些身居高位的毛皮商人能够摒弃传统的白人种族偏见，与其印第安妻子终生厮守，这表明在一种开放的文化环境下，不同的族群完全可以克服文化差异，在跨族婚姻中找到真情和幸福。由此可见，如果不存在能够从种族歧视中获取利益的集团，那种族主义就不会流行。在近代种族主义盛行的北美大陆，毛皮边疆的"乡村婚姻"之所以能够暂时压制住白人内心的种族优越观念，接受印第安人的风俗和规则，这是由当时的特定环境条件所决定的。

---

　　① Elliott Coues, ed., *New Light on the Early History of the Greater Northwest: The Manuscript Journals of Alexander Henry and David Thompson*, Vol. II, New York: Francis P. Harper, 1897, p. 901.

　　② Daniel Williams Harman, *A Journal of Voyages and Travels in the Interior of North America*, New York: A. S. Barnes and Company, 1903, p. 231.

　　③ Alexander Ross, *The Fur Hunter of the Far West*, Vol. I, London: Smith, Elder and Co., 1855, p. 296.

　　④ Alexander Ross, *Adventures of the First Settlers on the Oregon or Columbia River, 1810-1813*, in R. G. Thwaites, ed., *Early Western Travels*, Vol. VII, Cleveland: Arthur H. Clark Company, 1904, p. 280.

　　⑤ Jennifer S. H. Brown, *Strangers in Blood: Fur Trade Company Families in Indian Country*, Vancouver: University of British Columbia Press, 1980, p. 142.

第一，毛皮边疆白人妇女的缺乏和印第安妇女的相对过剩使"乡村婚姻"成为可能。自从 17 世纪新法兰西毛皮商人越过大湖进入西北地区以后，直到 1806 年，广阔的西北地区在上百年的时间里没有白人妇女到来，而当时受雇于毛皮公司的员工大部分都是年轻人，虽然有的在欧洲或北美东部已有家室，但也长期无法团聚。如 1663 年在东部新法兰西殖民地，男性居民的平均年龄只有 22.2 岁。[①]因此，在毛皮贸易时代，西北地区白人青年男性居多，却没有可供结婚的白人妇女群体。而与白人妇女的缺乏形成鲜明对比的是，西北地区存在着广大的可供通婚的土著妇女集团。由于受到长期的部落战争和瘟疫影响，土著社会妇女的数量大大超过各族男子的数量。在西部草原地区，女人和男人的比例大约是 3:1。根据亚历山大·亨利 1805 年的记录，其领地内共有 16995 名印第安妇女，而男人只有 7502。同期在萨斯喀彻温河上游地区，印第安妇女的数量为 13632 人，土著男子则只有 4823 人。[②]

第二，印第安部落的社会风俗为白人雇员与土著妇女之间的结合提供了可能。不同于西欧男权社会中对性及妇女的疯狂占有理念，印第安社会中性观念相比西欧要开放。虽然土著社会对于通奸行为惩罚严厉。如果一名妇女犯下通奸行为，一般会被其丈夫"砸碎脑壳"。[③]但与此同时，印第安社会对于性分享和离婚的规定却比欧洲天主教社会宽松得多。根据西部探险者戴维·汤普逊的记述："当他们无法平静共处的时候，就会像先前没有多少繁琐仪式的结婚那样，简单分开，而且双方可以自由地去找喜欢的任何人，并不认为这是品质上的污点。"[④]在草原印第安人部落中，多妻制盛行，一般酋长都拥有多名妻子，这不仅是一种经济必需，而且也是一个男人地位和能力的证明。有些印第安人酋长为了让毛皮商人接纳妇女，也向白人灌输"所

---

① Marcel Trudel, *The Beginnings of New France, 1524-1663*, Toronto: McClelland and Stewart, 1973, p. 260.

② Elliott Coues, ed., *New Light on the Early History of the Greater Northwest: The Manuscript Journals of Alexander Henry and David Thompson*, Vol. I, New York: Francis P. Harper, 1897, p. 282.

③ Glyndwr Williams, ed., *Andrew Graham's Observations on Hudson's Bay 1767-1791*, London: Hudson's Bay Record Society, 1969, pp. 157-158.

④ David Thompson, *David Thompson's Narrative of His Explorations in Western America 1784-1812*, edited by J. B. Tyrrall, Toronto: The Champlain Society, 1916, p. 93.

有的大人物都应该有多名妻子"的理念。①

北美土著社会还有换妻的风俗，他们把这当作是友谊的象征。根据格雷厄姆记载，土著男子会把其妻子"出借给其他男人一夜、一月或者一年，而且有时候会在数年内交换妻子"。②根据土著社会的伦理规则，"出借妻子的习俗并不违背社会荣誉法则，相反，对上述珍贵礼物的拒绝才被视为对丈夫的羞辱。"③换妻、多妻风俗并不影响土著婚姻的严肃性，夫妻双方各尽自己的义务，"比基督教所教化的文明民族的婚姻还要忠诚"。④因此，当白人与印第安人接触时，后者主动把妻子与女儿送给白人，这种在基督教伦理中被认为是极端荒唐的举动却是土著风俗的一部分，而且是友好的表示。当然，印第安人在表示友好的同时也并不是无欲无求，他们无法从白人那里得到妇女作为回报，却期望从白人那里得到友谊和物质的回报，这一点与旧世界的性交易有着本质的区别。后者是赤裸裸的交换，而前者的基础则是友谊和通好。白人最初很难分清这一点，并且戴着欧洲文化的有色眼镜观察印第安社会，因而产生很多偏见和误解。据记载，大部分草原部落都主动寻求与白人通婚，甚至许多印第安丈夫鼓励妻子与白人交往。西部贸易商人罗伯森还发现：在受到白人酒精饮料的毒害后，有的印第安人甚至为了得到一瓶白兰地而出借自己的妻子。⑤除此之外，人类社会早已流传了数千年的性交易现象在土著社会也存在。据记载，早在 18 世纪 30－40 年代，每年就有 60 名女奴隶被送往蒙特利尔。⑥当年贸易商人小亚历山大·亨利一度被土著部落要求进行交易的行为弄得不胜其烦，甚至禁止土著妇女在贸易站附近活

---

① Elliott Coues, ed., *New Light on the Early History of the Greater Northwest: The Manuscript Journals of Alexander Henry and David Thompson*, Vol. I, New York: Francis P. Harper, 1897, p. 211.

② Glyndwr Williams, ed., *Andrew Graham's Observations on Hudson's Bay 1767-1791*, London: Hudson's Bay Record Society, 1969, p. 158.

③ Don MacLean, *Home from the Hill: A History of the Metis in Western Canada*, Regina: Gabriel Dumont Institute, 1987, p. 29.

④ Jennifer S. H. Brown, *Strangers in Blood: Fur Trade Company Families in Indian Country*, Vancouver: University of British Columbia Press, 1980, p. 63.

⑤ Joseph Robson, *An Account of Six Years Residence in Hudson's Bay: From 1733 to 1736, and 1744 to 1747*, London: Printed for T. Jefferys, 1759, p. 52.

⑥ Jennifer S. H. Brown, *Strangers in Blood: Fur Trade Company Families in Indian Country*, Vancouver: University of British Columbia Press, 1980, p. 88.

动。①

第三，印第安妇女在毛皮边疆中对白人集团的有用性是乡村婚姻得以维持的现实基础。除了为白人提供家庭生活的温暖以外，印第安妇女还在毛皮贸易中发挥着经济和社会性的作用。首先，她们是一支重要的劳动力。在西北狩猎民族中，妇女除了照顾孩子和家庭外，还要负责食物采集和烹制、制作衣物、在男人打猎时背负物资等等。②其次，印第安妇女还能够充当白人毛皮交易的翻译、谈判者和中间人，并教授白人语言和土著社会的文化。另外，有些土著妇女甚至还直接参与到毛皮贸易之中。1821年，伊萨克·考伊（Isaac Cowie）称：许多公司领导的成功都"有赖于他们的妻子的智慧和良好建议"。③其实，白人初到西北地区时不熟悉这一带的自然情况，要想成功，只能采取土著社会的生存方式，而土著社会由于分工的不同，许多关键性的生存技巧完全是由印第安妇女所垄断的，后者把这些技巧传授给白人，从而保证了毛皮站的生存。"印第安妇女的传统技术的经济价值让她们成为公司的一支无价的劳动力"。④埃德蒙顿贸易站站长约翰·罗恩（John Rowand）指出："这儿的女人工作努力，如果没有她们，我不知道怎么去完成公司的工作。"⑤

需要指出的是：土著妇女在种族通婚中并不是完全被动的，她们也利用自己的优势而谋求自身地位的改变。土著妇女一方面承担着繁重的社会劳动，另一方面又对自己的身体拥有较大的话语权，比旧世界的姐妹在婚姻方面拥有更大的自主权。一位温尼巴古族（Winnebago）印第安母亲一边告诫她的女儿要听哥哥的话，不要让他们尴尬，与此同时却又指出："但等你长大了，你可以跟你认定的任何人结婚。"⑥正是在这一看似矛盾的社会角色

---

① Carolyn Podruchny, *Making the Voyageur World: Travelers and Traders in the North American Fur Trade*, Lincoln: University of Nebraska Press, 2006, p. 265.

② W. Kaye Lamb, ed., *The Journals and Letters of Sir Alexander Mackenzie*, London: Cambridge University Press, 1970, p. 135.

③ Isaac Cowie, *The Company of Adventurers: A Narrative of Seven Years' Service of the Hudson's Bay Company during 1867-1874*, Toronto: William Briggs, 1913, p. 204.

④ Don MacLean, *Home from the Hill: A History of the Metis in Western Canada*, Regina: Gabriel Dumont Institute, 1987, p. 28.

⑤ Sylvia Van Kirk, "The Role of Native Women in the Fur Trade Society of Western Canada, 1670-1830", *Frontiers: A Journal of Women Studies*, Vol. 7, No. 3, *Women on the Western Frontier*, 1984, p. 11.

⑥ Clara Sue Kidwell, "The Power of Women in Three Indian Societies", *Journal of Ethnic Studies*, Vol. 6, No. 3, Fall, 1978, p. 118.

中，土著妇女也在积极寻求自身的角色定位，白人的到来无疑为她们提供了减轻负担和追求另外一种生活的机会，而土著社会的换妻风俗则为她们与白人的交往营造了一种宽松的社会氛围。因此，西尔维娅·范·柯克认为："土著妇女在毛皮贸易中是积极的参与者，而不是被动的牺牲者。她们主动寻求通婚，以改变其生活与环境。"[①]兰森（Michael Lansing）也指出："只要妇女处在通过性所编织的既定角色领域之内，保证了与其他印第安人和欧洲裔白人等这些外来者的贸易关系后，无论印第安族还是白人男子都在妇女的性活动方面没有多少话语权。"[②]

虽然有些印第安妇女利用白人与印第安人交易的机会，提升其社会地位，不过总体来说，这样取得成功的毕竟是少数，大部分土著妇女通过她们辛勤的劳动为白人毛皮公司做出了贡献。而她们那看起来改善的地位是建立在一个非常不稳固的基础之上的，那就是她们对白人集团的有用性和其他族裔妇女的稀缺性。从白人贸易商与土著妇女按照印第安风俗结成的"乡村婚姻"中似乎看不到白人种族主义的影子，但并不等于印白之间没有文化上的冲突，也不等于白人毛皮商没有种族主义观念，只不过在当时特定的条件下，白人的种族优越情绪没有用武之地，暂时蛰伏起来而已。只要毛皮边疆的这种平衡不被打破，"乡村婚姻"继续流行，白人的种族主义就难以现身。然而，随着混血妇女数量的增多和白人妇女的到来，她们取代土著妇女先后成为毛皮商人结婚的主要对象。而随着这些替代品的出现，原本隐形的白人种族偏见也逐渐暴露出来，"乡村婚姻"也由此走向没落。

（三）种族主义的兴起与印白通婚时代的终结

毛皮边疆的印白通婚以 18 世纪 70 年代为界，分为两个时期。此前白人贸易商结婚的对象主要是印第安妇女。大约从 18 世纪 70 年代起，随着"乡村婚姻"的流行，混血妇女的数量越来越多，她们逐渐代替土著妇女成为白人结婚的首选对象。"乡村婚姻"由此进入第二个历史时期，即白人与印第安混血女儿的婚姻阶段，这也是白人种族主义逐渐兴起和"乡村婚姻"

---

① Sylvia Van Kirk, *Many Tender Ties: Women in Fur Trade Society 1670-1870*, Norman: University of Oklahoma Press, 1980, p. 8.

② Michael Lansing, "Plains Indian Women and Interracial Marriage in the Upper Missouri Trade, 1804-1868", *The Western Historical Quarterly*, Vol. 31, No. 4, Winter, 2000, p. 417.

走向没落的阶段。

　　在混血女儿出现以前，土著妇女是西北地区唯一可供通婚的对象，白人毛皮商主要是在不同的部落中选择通婚对象。而混血女儿的出现，则为白人毛皮商人提供了另外一种可供通婚的选择。到 1770 年以后，混血妇女的数量已经很多。如从 1700 年到 1800 年，哈得逊湾公司有记录的混血子女有 200 人，其中 96 个男孩，99 个是女孩，另外 5 个性别不详。①另外，为了应对贸易竞争，在 19 世纪以前的 30 多年，各贸易站站长大多鼓励员工结婚，这进一步增加了混血儿童的数量。结果除了边远地区仍然选择土著妇女结婚外，混血女孩成为"乡村婚姻"的主角。之所以会出现这一现象，其原因在于：第一，在落基山以东的广大区域内，毛皮贸易网络已经建立起来，与印第安妇女结合的商业意义已经不如以前那么重要。当然在边远地区，跨族通婚仍然处于重要地位，甚至到 1821 年，哈得逊湾公司总督辛普森还强调"联姻仍然是我们能够获得土著人友好的最佳安全方式"。②而随着白人和印第安妇女交往的增多，双方矛盾也在加深，甚至有些部落开始禁止其妇女与白人交往。1806 年，西北公司也颁布法令，禁止其雇员与印第安妇女结婚，而与混血女孩的婚姻则不在禁止之列。③这既可以看作是混血女孩群体壮大的标志，也是促使"乡村婚姻"进一步欧洲化的重要一步。第二，混血女孩除了继承其印第安母亲的许多传统技能外，也更符合欧洲的审美标准。这些女孩"在修养方面也取得不少进步，她们生性聪敏，善于模仿，她们很快就掌握了精美生活所需要的悠闲与优雅"。④第三，白人父亲的溺爱，迎娶混血女孩更有利于年轻的毛皮雇员们未来的职业发展。许多白人父亲不再按照印第安社会的风俗要求给新娘提供聘礼，而是按照欧洲习俗为女儿准备一份嫁妆。有些公司上层官员给女儿的嫁妆还相当可观，如一个贸易站站长托马斯给他 6 个女儿每人的嫁妆都是 1000 英镑。⑤

---

　　① Jennifer S. H. Brown, *Strangers in Blood: Fur Trade Company Families in Indian Country*, Vancouver: University of British Columbia Press, 1980, p. 159.

　　② Robin Fisher, *Contact and Conflict: Indian-European Relations in British Columbia, 1774-1890*, Vancouver: University of British Columbia Press, 1992, p. 41.

　　③ John C. Jackson, *Children of the Fur Trade: Forgotten Métis of the Pacific Northwest*, Missoula: Mountain Press Publishing Company, 1995, pp. 5-6.

　　④ Alexander Ross, *The Fur Hunter of the Far West*, Vol. I, London: Smith, Elder and Co., 1855, p. 289.

　　⑤ Sylvia Van Kirk, *Many Tender Ties: Women in Fur Trade Society 1670-1870*, Norman: University of Oklahoma Press, 1980, p. 108.

雷德河定居区的出现以及随之而来的教会和白人妇女对"乡村婚姻"的攻击使得种族通婚成为白人种族主义的牺牲品。1811 年，塞尔科克勋爵（Lord Selkirk）取得哈得逊湾公司的控制权后，在大湖以西的雷德河与阿西尼比亚河交界处建立雷德河居住区。此举引起西北公司和哈得逊湾公司之间旷日持久的斗争。最终的结果是 1821 年两个公司合并，哈得逊湾公司成为大湖以西的唯一主宰。塞尔科克殖民地的建立受到了毛皮公司各员工的支持。它能够为那些无力送子女到东部或欧洲接受教育的员工们提供一个比贸易站更为正规和稳定的儿童教育场所，而且退休的员工也有望在雷德河居住区得到安置。这让哈得逊湾公司的广大雇员看到了他们在退出毛皮贸易后，就近实现英国化的未来前景，他们既不需要同其印第安妻儿分离，还避免回到英国或东部加拿大的一些不适。

不过，塞尔科克殖民地的建立却敲响了"乡村婚姻"的丧钟。其一，塞尔科克殖民地塑造了一种与此前 150 年的毛皮边疆截然不同的农业定居社会模式。在这种模式下，毛皮贸易必不可少的印第安人猎手、印第安妇女以及混血女孩所擅长的传统技艺失去了原来的价值。在农业定居社会中，当时认定的妇女最重要的四种品德是"虔诚、纯洁、顺从和顾家"，[1]而土著妇女擅长的传统生存技巧变成了与文明化的农业定居社会相对立的野蛮化的象征。在白人定居者看来，只有去除这些野蛮性，文明的光芒才能照耀西部。塞尔科克殖民地的领袖人物麦克多奈尔（Miles MacDonnell）鼓吹用白人妻子来终结"与印第安妇女所形成的邪恶而丑陋的联系"。[2]其二，随着白人妇女的到来，"乡村婚姻"失去了存在的基础，迎娶白人妇女成为新的婚姻时尚。"乡村婚姻"虽然塑造了不少浪漫的爱情神话，但其存在的根本基础是可供选择结婚对象的稀缺性和印第安妇女对毛皮贸易的有用性。农业定居社会的出现和白人妇女的到来则摧毁了上述基础，白人妇女继混血女儿之后成为西部婚姻的新宠。

最先背叛"乡村婚姻"的是哈得逊湾公司总督辛普森及一批上层官员。辛普森在 20 年代还对教会试图否定"乡村婚姻"的做法提出警告：教会"从一开始就应该知道：几乎所有的绅士和雇员都有家庭，虽然结婚仪式是

---

① Barbara Welter, "The Cult of True Womanhood: 1820-1860", *American Quarterly*, Vol. 18, No. 2, Summer, 1966, p. 152.

② Harold Innis, *The Fur Trade in Canada: An Introduction to Canadian Economic History*, Toronto: University of Toronto Press, 1956, p. 163.

不为人知的，任何试图打破这一不文明的风俗都是徒劳的"。①然而在 1830 年，辛普森却带头抛弃其混血妻子玛格丽特·泰勒（Margaret Taylor），到英国与他的表妹弗朗西丝结婚。虽然哈得逊湾公司的许多上层员工仍然忠于他们的混血妻子，但辛普森等人的行为无疑为其他毛皮商人抛弃乡村妻子提供样板，同时也为随后白人种族主义者批判和否定"乡村婚姻"打开了方便之门。

教会争夺婚姻主导权的斗争揭开了"乡村婚姻"衰落的序幕。携带着白人种族主义偏见的新教教会来到雷德河居住区后，对"乡村婚姻"展开猛烈的讨伐。与天主教相比，新教教会具有更多的种族偏见，他们戴着对白人种族的偏见和欧洲文明优越论的双重有色眼镜来观察毛皮边疆的种族通婚现象，从文明对野蛮的斗争这一角度对其展开攻击。雷德河居住区著名的新教牧师约翰·韦斯特（John West）顽固地主张基督教婚姻是"文明社会的母体而不是产儿"，②他诋毁按照印第安风俗所形成的"乡村婚姻"是不道德的和邪恶的，因而不受保护。继韦斯特之后的多名牧师也都坚持类似的种族主义态度，哈格里夫甚至公然声称："找一个印第安女人做老婆跟找一个他祖母那样的人结婚一样荒谬。"③教会的上述举动引起哈得逊湾公司许多对乡村妻子不离不弃的高层的不满和抵制。其中最著名的要数哥伦比亚地区主管麦克洛林（John McLoughlin）与牧师赫伯特·比弗（Herbert Beaver）之间的冲突。持种族主义立场的比佛牧师及其妻子在 1836 年到达西部后，不仅不承认"乡村婚姻"，还攻击麦克洛林负责的温哥华贸易站充满罪恶。麦克洛林的夫人玛格丽特·麦凯被认为是"世界上最慈爱的妇女"，而比佛却侮辱她仅仅是一名"情妇"。④这引起麦克洛林的强烈不满。针对比弗污蔑贸易站是公司官员情妇收容站的言论，较为开明的牧师詹姆斯·道格拉斯反击道：这些根据乡村婚俗迎娶的女人"忠贞地同她们自己选择的丈夫生活在一起，她们的婚姻是被朋友们认可并得到久远的风俗所同意的，这是极高的

---

① Frederick Merk, ed., *Fur Trade and Empire: George Simpson's Journal, 1824-1825*, Cambridge: The Belknap Press of Harvard University, 1968, p. 108.

② John West, *The Substance of a Journal during a Residence at the Red River Colony*, London: Printed for L. B. Seeley and Sons, 1824, p. 52.

③ Helen E. Ross, ed., *Letters from Rupert's Land, 1826-1840: James Hargrave of the Hudson's Bay Company*, Montreal: McGill-Queen's University Press, 2009, p. 334.

④ Thomas Jessett ed., *Reports and Letters of Herbert Beaver 1836-1838*, Portland: Champoeg Press, 1959, p. 141, pp. 143-144.

荣誉了"。①虽然韦斯特和比佛仅是个案，而且新教教会随后也改变了立场，按照欧洲仪式为许多毛皮公司的雇员人补办了结婚手续，但他们的行为无疑为当时蠢蠢欲动的白人种族主义推波助澜，使得原来在西北毛皮边疆处于隐形状态的种族偏见逐渐变为显性，并一步步演化为赤裸裸的种族歧视。由此可见，伴随着雷德河定居区的出现和教会的到来，整个西部的环境变了，英国化和与白人妇女结婚成为最新潮流，土著妇女在跨族通婚中的地位日益沦落。

　　白人妇女成为攻击"乡村婚姻"及其有色同胞的急先锋。在从毛皮边疆向定居社会转变的过程中，白人妇女与土著妇女的矛盾是不可调和的。"很显然，如果想要建立一个以英国价值为榜样的白人定居社会，白人妇女就必须要取代土著妇女的地位，必须把后者从毛皮社会所占据的位置上驱逐出去。"②如果说教会还只是利用其对婚姻的主导权来挖掉"乡村婚姻"存在的根基的话，那随着雷德河定居区的建立而到来的白人妇女为了维护其种族优越地位，则对其有色姐妹极尽侮辱之能事，从而使整个社会的风向向着否定"乡村婚姻"的方向转变。雷德河定居区的教会人士和公司上层的白人妻子组成一个精英圈子，她们引导着当地的社会潮流，追求英国时尚，自认为在种族和道德方面高于土著女性。这个圈子禁绝跨族通婚的妇女进入。许多对"乡村婚姻"保持忠诚的上层人士出于对其妻子保护的目的，也不愿意他们的妻子抛头露面，不过却全力按照欧洲模式教育他们的子女，希望她们不再遭受类似的歧视，甚至连著名的贸易站站长詹姆斯·道格拉斯都警告其在英国留学的小女儿严守自己混血的秘密。③

　　毛皮边疆的消失最终敲响了"乡村婚姻"的丧钟。虽然雷德河定居区的建立，教会和白人妇女的到来营造了歧视土著妇女、否定"乡村婚姻"的社会氛围，但原本被寄予厚望的许多白人妇女并不适应西部边疆的生活环境，包括辛普森夫人等多名白人妇女不得不返回欧洲。许多受过良好教育的混血女孩比那些移植过来的白人妇女更适合毛皮边疆的生活，依然是公司里面有

①　Thomas Jessett ed., *Reports and Letters of Herbert Beaver 1836-1838*, Portland: Champoeg Press, 1959, pp. 147-148.

②　Bonita Lawrence, *"Real" Indians and Others: Mixed-Blood Urban Native Peoples and Indigenous Nationhood*, Lincoln: University of Nebraska Press, 2004, p. 49.

③　Reginald E. Watters, ed., *British Columbia: A Centennial Anthology*, Toronto: McClelland and Stewart, 1959, p. 472.

潜力的年轻雇员们合适的结婚对象。因此，"乡村婚姻"虽然在雷德河定居区受到非议，但只要毛皮贸易仍然存在，印白跨族通婚就会延续着。然而，随着 19 世纪 40 年代毛皮资源的枯竭、英美之间俄勒冈争端的最终解决、欧洲市场上消费时尚的变化，毛皮贸易作为一种经济形式走到了它的终点。随着加拿大联邦的建立和来自安大略的大批农业移民的迁入，农业拓殖代替毛皮贸易成为加拿大西部新的发展方向。1869 年，哈得逊湾公司与加拿大联邦签订协议，以 30 万英镑的价格将公司所属的西部土地卖给加拿大联邦，标志着哈得逊湾毛皮帝国的正式解体。

从 1867 年的康奈利案到 1886 年琼斯案的法院判决，揭示了"乡村婚姻"从被认可到被正式否决的历史变迁。1867 年，加拿大法庭审理"康奈利诉乌尔里奇"（Connolly V. Woolrich）一案时，主审法官蒙克（Coram Monk）在充分听取了各方面关于"乡村婚姻"的来龙去脉，以及康奈利与苏珊共同生活 23 年的案情以后，做出判决："在西北地区被认为是有效、合法的婚姻……而我却宣布这种情况下形成的结合是非法同居，并把他们的子女标为私生子？我想我不能这样做。也将不会有任何的法律、正义、理智和道德这样做！"①法庭最终认定康奈利与苏珊属于合法婚姻，等于正式认可了"乡村婚姻"的有效性。

然而，蒙克的判决并没有成为其他类似判决的先例。随着西部农业开发的大规模展开，白人农业定居者对印第安人的种族主义偏见持续增加。当 1886 年拉姆西法官在审理"琼斯诉弗雷泽"（Jones V. Fraser）一案时，推翻此前蒙克法官对"乡村婚姻"的认定，认为"一个文明人与野蛮妇女的同居，无论持续多长时间，都不能被认定为我们社会所定义的夫妻关系"②。拉姆西法官的判例成为以后加拿大处理印白通婚案件的"范例"，当 1912 年安大略最高法院审理福布斯诉福布斯（Forbes V. Forbes）一案中，再次确认："一个白人与印第安妇女没有经过基督教仪式而以夫妻名义同居，只要他们所居住的地区存在能够举行仪式的机构，即不认定其为合法有效的婚姻关系。"③由此可见，无论包含多少感情，"乡村婚姻"被从法律意义上否决

---

① "Connolly vs. Woolrich, Superior Court, Montreal, 9 July, 1867", *Lower Canada Jurist*, Vol. 11, 1867, pp. 257-258.

② 转引自：Bonita Lawrence, *"Real" Indians and Others: Mixed-Blood Urban Native Peoples and Indigenous Nationhood*, Lincoln: University of Nebraska Press, 2004, p. 49.

③ W. J. Tremeear et al., eds., *Dominion Law Report*, Vol. 3, Toronto: Canada Law Book Co., 1912, p. 249.

了，种族主义取得了胜利。

（四）梅蒂人：白人种族偏见催生的混血族群

19世纪20年代以后，随着雷德河居住区的建立、教会和白人妇女的到来，引发了越来越强烈的白人种族主义情绪，不仅土著妇女失去了对"乡村婚姻"的主导权，连通婚产生的大批混血后代也遭受歧视，在毛皮公司中升迁受阻。面对白人种族主义的强大压力，一批混血后代也越来越具有独立的民族意识，他们开始彰显自身的印第安血统，并独立维护自身的权利。一个独立的混血民族——梅蒂人由此逐渐形成。从一定程度上说，梅蒂人作为一个独立的民族群体的出现本身就是西北地区逐渐兴起的白人种族主义所催生的。

首先，欧洲化教育让部分混血后代认识到自身的独特性。毛皮商人在与印第安妇女跨族交往的最初时期，基本上对其混血子女没有特别关注过，这些混血儿童基本上都随母亲加入印第安部落。从18世纪中期开始，随着"乡村婚姻"的流行，白人父亲开始关注其混血子女的教育问题，并引导着混血子女的教育向着欧洲化的方向发展。不仅一些有条件的公司上层官员将他们的子女送到东部或者欧洲接受教育，连普通雇员也希望其子女能够接受欧洲文明的熏陶。哈得逊湾公司也在许多贸易站建立起了学校，向这些混血子女传授文化知识。混血男孩的培养目标是毛皮公司未来的中层人员，女儿们则希望她们通过学习欧洲文化，将来能够嫁给毛皮公司中有发展前途的年轻人。然而，欧洲化教育也提供了另外一种可能性，即：培养了这些混血子女的自我认同和独立族群意识。接受欧洲化教育可以让他们摆脱印第安文化的影响，接受基督教文化和伦理观念，也在无形中让他们意识到自身作为混血群体所具有的独特性。

面对欧洲化的趋势，来自西北公司的法裔混血子女与哈得逊湾公司的英裔混血子女所走的是不同道路：英裔混血子女主要走同化的路子，倾向于否认其印第安属性；而法裔混血后代则更注重对本群体权利的强调，承认其白人与印第安人双重祖先身份。19世纪60年代初到西部进行地理考察的探险家派勒泽就看到了苏格兰裔混血族群与法裔混血族群在对待欧洲化问题上的差异，认为前者"尽最大可能从文明向新地区的推进中获利，如果他们的母亲或妻子是印第安人，他对她们很好，但并不当作伴侣。"而法裔混血族群则对其印第安母亲、妻子，尤其是岳母倾注全部感情。[①]

那些受过良好教育的混血子女逐渐发展成为新兴的混血族群的领袖。来自毛皮公司上层的混血子女原本更倾向于融入欧洲文化，然而，白人移民的到来以及随后兴起的种族主义阻断了他们的升迁之路。这些利益受到伤害且又受过良好教育的混血子女成为后来梅蒂人权利运动的领导人。据统计，在1790—1810年间，来自西北公司的30名混血后代在东部或英国受教育，然后以绅士身份回到内地，这些人认为自己具有独立身份和地位，成为后来梅蒂人争取权利运动的领导人。[②]梅蒂人的著名领袖路易·里埃尔（Louis Riel）也是从东部加拿大接受法律教育，然后返回雷德河定居区的。[③]

其次，对自身经济利益的追求使一些下层法裔雇员及其混血子女解除与毛皮公司的关系，逐渐发展成为自由猎手，从而在走向梅蒂人的道路上迈出了重要一步。一些出身于下层的法裔毛皮公司雇员在毛皮公司中升迁无望，便离开贸易站，通过通婚成为土著部落的一员。甚至许多法裔雇员正是因为受到其土著妻子的鼓动才成为自由猎手的。如贸易站站长纳尔逊的一个下属的妻子就经常鼓动其丈夫离开。[④]这些白色印第安人经过一段时间的蛰伏后，会带领其混血家庭逐渐脱离印第安部落，新建自己的村落。这些独立混血家庭要想继续生存下去，就需要建立起对其周围区域毛皮猎捕和交易的控制权，在这一点上他们已经与以前的白人贸易商人和单纯的印第安人或者混血后代不同，他们是梅蒂人的雏形。[⑤]根据加拿大西部史学家福斯特（John E. Foster）的研究，在梅蒂人形成过程中，从公司雇员到自由猎手的转变是

① John Palliser, *The Journals, Detailed Reports, and Observations Relative to Exploration*, London: Printed by George Edward Eyre and William Stottiswoode, 1863, p. 61.

② Gerald Friesen, *The Canadian Prairies: A History*, Toronto: University of Toronto Press, 1984, p. 68.

③ 关于路易·里埃尔的争论从1885年他被判处绞刑的时候就开始了，支持者称其为殉道者，而反对者则斥其为叛乱分子。参见：*The Queen vs. Louis Riel: Accused and Convicted of the Crime of High Treason, Report of Trail at Regina*, Ottawa: Printed by the Queen's Printer, 1886; Thomas Flanagan, *Riel and Rebellion: 1885 Reconsidered*, Toronto: University of Toronto Press, 2000; Jennifer Reid, *Louis Riel and the Creation of Modern Canada: Mythic Discourse and the Postcolonial State*, Albuquerque: University of New Mexico Press, 2008.

④ George Nelson, *My First Years in the Fur Trade: The Journals of 1802-1804*, edited by Laura Peers and Theresa Schenck, St. Paul: Minnesota Historical Society Press, 2002, pp. 139-140, p. 148.

⑤ Heather Devine, "Les Desjarlais: The Development and Dispersion of a Proto-Metis Hunting Band, 1785-1870", in Theodore Binnema, Gerhard J. Ens and R. C. Macleod, eds., *From Rupert's Land to Canada*, University of Alberta Press, 2001, pp. 129-133.

其中的关键性一步。自由猎手"与其家人而不是与印第安部落或贸易站生活，为他的孩子们能够融入一个不同于印第安人部落和贸易站的氛围中而奠定了基础"①。

最后，以雷德河流域为中心的主要依靠猎捕野牛为生的这部分法裔混血族群发展成为梅蒂人。雷德河与阿西尼比亚河交汇区地处从大湖区通向西北毛皮主产区的交通要道，这一带水草丰美，野牛分布很广。脱离毛皮公司的这批自由猎手及其家人逐渐在这一带汇集，他们猎捕野牛，为西北公司提供牛肉饼，同时也向边界以南发展贸易，逐渐在这一带发展成为一支可观的力量。当然，并不是所有的混血猎手或者毛皮公司的下层混血后代都自动发展成为梅蒂人。比如早在 17 世纪就定居在大湖周围的苏圣玛丽、麦科米克等地区的那些法裔混血族群面对毛皮贸易的衰落和白人农业移民的西进，并没有发展出强烈自我族群意识，也没有产生出强有力的领袖。②

雷德河居住区的建立和随之而来的白人种族主义歧视强化了雷德河周围这些混血族群的自我民族意识，促使他们在政治上完成了向梅蒂人的转变。1811 年，哈得逊湾公司的塞尔科克勋爵在雷德河与阿西尼比亚河交汇处建立起雷德河定居区，遭到了西北公司的强烈敌视。西北公司为了达到反击哈得逊湾公司的目的，挑动这一带的梅蒂人对雷德河居住区进行攻击，理由是该居住区不仅对后者的生活和贸易造成损害，还威胁到他们对周边土地的控制权。在西北公司利用梅蒂人打击其商业竞争对手的同时，雷德河地区的梅蒂人也利用两公司竞争造成的紧张局势来表达他们的利益诉求。1814 年，雷德河居住区的领导人发布了著名的"牛肉饼宣言"，声称：牛肉饼对于殖民地居民的生存至关重要，"禁止任何人向外运输任何供应品，包括鲜肉、干肉、谷物和蔬菜"。③面对白人的挑衅，梅蒂人针锋相对地在 1815 年发表宣言，阐述了他们不仅具有狩猎野牛的权利，而且还有按照他们自己认定的风俗习惯生活的自由，并且不接受任何地方政府的领导。这一宣言反映了雷

---

① John E. Foster, "Wintering, the Outsider Adult Male and the Ethnogenesis of the Western Plains Metis", in Theodore Binnema, Gerhard J. Ens and R. C. Macleod, eds., *From Rupert's Land to Canada*, University of Alberta Press, 2001, p. 189.

② Harriet Gorham, "Families and Mixed Descent in the Western Great Lakes Region", in Bruce Alden Cox, ed., *Native People, Native Lands: Canadian Indians, Inuit and Metis*, Montreal: McGill-Queens University Press, 2002, pp. 37-55.

③ Anonymous, *A Narrative of Occurrences in the Indian Countries of North America*, London: Printed by B. McMillan, 1817, p. 26-27.

德河地区的梅蒂人政治意识和自我认同意识的觉醒，实际上是他们作为一个独立的民族群体出现的标志。①1818 年，西北公司的高级官员威廉·麦基利夫雷在一封信中写道：梅蒂人的首领格兰特和其他人都"自视为独立的土著部落的成员，对周围土地拥有所有权，具有自己的政治独立性，并受到英国政府的保护"。由此可以判定他们"在很久以前就已经形成为一个分立的并独具特色的印第安部族"。②1870 年，当哈得逊湾公司正式将西北地区转让给加拿大政府的时候，雷德河居住区共有 11963 人，其中白人 1565 名，印第安人 558 名，法裔梅蒂人 5757 名，英裔混血种人 4083 名。③而且随着历史的发展，英裔混血种人与法裔梅蒂人越来越难以区分。

面对雷德河居住区的不断壮大、日益膨胀的白人种族主义的压力，以及野牛逐渐减少的困境，梅蒂人为了维护本族的利益进行着积极的抗争。1849 年，为了维护自由贸易的权利，梅蒂人抱团对哈得逊湾公司的贸易垄断权进行挑战，并取得了塞耶尔审判（Sayer Trial）的胜利。④除了向白人毛皮公司争取权利外，梅蒂人同周围印第安部落的关系也渐行渐远。因为争夺野牛资源，梅蒂人与强大的苏族交恶，双方最终于 1851 年爆发了格兰德康图（Grand Coteau）大战。由 67 名梅蒂人猎手所组成的队伍在如今美国达科他州的格兰德康图击败了数倍于自己的苏族猎手的围攻，从而确立了在这一带草原霸主的地位。⑤

梅蒂人所取得的最大胜利当属 1869－1870 年在其杰出领袖里埃尔的领

---

① Margaret A. Macleod and W. L. Morton, *Cuthbert Grant of Grantown: Warden of the Plains of Red River*, McClelland and Stewart, 1963, pp. 29-30.

② 具体参见：Jennifer S. H. Brown, "The Métis: Genesis and Rebirth", in Bruce Alden Cox, ed., *Native People, Native Lands: Canadian Indians, Inuit and Metis*, Montreal: McGill-Queens University Press, 2002, p. 140.

③ Don MacLean, *Home from the Hill: A History of the Metis in Western Canada*, Regina: Gabriel Dumont Institute, 1987, p. 37.

④ 1849 年，哈得逊湾公司以非法交易毛皮的罪名逮捕了一位混血商人皮埃尔-吉约姆·塞耶尔（Pierre-Guillaume Sayer）和另外三名梅蒂人。哈得逊湾公司的行为激起了梅蒂人的不满，他们在路易·里埃尔的领导下聚集在法院周围，要求释放塞耶尔等人，并实行自由贸易。迫于压力，法院虽然认定这些人有罪，但情有可原，对塞耶尔等人当庭释放。当塞耶尔走出法庭大门时候，早已聚集在那里的 400 多名全副武装的梅蒂人高呼"自由贸易"的口号。从此以后，哈得逊湾公司在雷德河地区的贸易垄断权名存实亡。参见：Don MacLean, *Home from the Hill: A History of the Metis in Western Canada*, Regina: Gabriel Dumont Institute, 1987, pp. 61-64.

⑤ David G. McCrady, *Living with Strangers: The Nineteenth-Century Sioux and the Canadian-American Borderlands*, Lincoln: University of Nebraska Press, 2006, pp. 11-14.

导下争取自治权利的斗争。作为新成立的加拿大联邦政府"从海洋到海洋"扩张的一部分，1869 年，哈得逊湾公司以 30 万英镑的价格将整个鲁伯特地区转让给加拿大联邦政府。然而，上述转让是在无视西部土著人利益的情况下进行的，梅蒂人对于白人农业移民的涌入深感不安，在毛皮贸易行将结束和农业开发即将展开的形势下，他们力图保持原来以猎捕野牛为主的游猎生活，维护本族的权利。梅蒂人在其杰出领袖路易·里埃尔的领导下，宣布成立临时政府，并同美国进行谈判，以此向加拿大政府施压。经过双方的谈判，1870 年，联邦政府签署法令，新建马尼托巴省，为梅蒂人提供 140 万英亩的份地。路易·里埃尔的反抗取得了暂时性的胜利。①

　　然而，梅蒂人的胜利并没有维持多久。随着西部移民的涌入和野牛群的消失，马尼托巴省的许多梅蒂人被迫向更远的西北地区迁移。1883 年，随着太平洋铁路的修建和农业移民的西进，迁移到西北地区的梅蒂人再次面临绝境。路易·里埃尔力图像 1869 年那样，通过武装斗争逼迫加拿大政府让步，但这一次他却以失败而告终。里埃尔战败被俘，并于 1885 年 11 月 16 日被联邦政府在里贾纳绞死。②失去了马尼托巴的土地，再加上 1885 年的失败，梅蒂人在此后很长一段时间与北美印第安人一样，流离失所，处于悲惨的境地，他们争取民族独立权利的斗争以失败而告终。

　　作为毛皮边疆印白通婚的后代，梅蒂人的反抗斗争是北美历史上农业边疆与毛皮边疆斗争的一个缩影，也是由于白人种族主义肆虐而引发的印白混血后代以子之矛、攻子之盾的自然反应。梅蒂人斗争的失败与 1886 年加拿大法院否决"乡村婚姻"的合法性的判例一道，标志着"乡村婚姻"作为一个特定历史时期的产物，已经随着毛皮贸易时代的结束和白人种族主义的兴起而遭到彻底否定，土著妇女及其混血后裔沦为了白人种族偏见的牺牲品。

（五）小　结

　　"乡村婚姻"是北美历史上特殊环境下的社会文化现象，它随着毛皮贸易的扩张而兴起，也伴随着这种边疆开发模式的衰落而式微，它是毛皮贸易

---

　　① D. N. Sprague, *Canada and the Métis, 1869-1885*, Waterloo: Wilfrid Laurier University Press, 1988, p. 61.

　　② Thomas Flanagan, *Riel and Rebellion: 1885 Reconsidered*, Toronto: University of Toronto Press, 2000, pp. 4-17.

中连接印第安人和白人毛皮商之间的重要纽带，也是这种经济形式得以顺利开展和长期延续的保障。"乡村婚姻"不仅延续时间长，波及范围广，对北美历史的影响深远，它还进一步诠释了毛皮边疆下印白合作这一主题。它伴随着毛皮边疆时代的结束而被最终否定这一结果也表明它只是特定历史条件下的产物，并没有违背北美西部开发史上白人殖民者与印第安人之间所代表的文明与野蛮之间的对立与冲突这一主题，白人与印第安人的合作从根本上说还是建立在后者对前者的有用性这一功利性基础之上的，一旦印第安人失去了利用价值，最终依然难以摆脱被否定和歧视的命运。

印第安妇女通过"乡村婚姻"在毛皮贸易中发挥了重要作用。相比于传统形象中印第安人与白人接触中消极被动的形象，"乡村婚姻"提供了一种印第安人与白人交往的新模式。印第安妇女为了改善自身的地位和处境，利用毛皮贸易提供的契机，通过与白人接触，缔结跨族婚姻，并在毛皮贸易中留下了自己的身影。由此可见，包括印第安妇女在内的广大印第安部落，面对毛皮贸易所带来的物质文化交流的机会，也在积极应对，并非完全被动。虽然在一定时期内，印第安人取得了一定的话语权，但这毕竟是特殊条件下的产物，随着毛皮贸易的结束和白人妇女的到来，印第安妇女对白人失去了价值，沦为种族主义的牺牲品。

种族主义在历史上并不是一成不变的，它受当时的社会、政治、经济等多因素的制约。"乡村婚姻"从最初兴起到被否决的历史可以看作是近代北美白人种族主义变迁的试金石。欧洲白人殖民者是携带着欧洲文化中种族优越论的遗产来到美洲大陆的。当印第安人成为他们向西部扩张道路上的障碍的时候，后者就祭出种族主义的大旗，诋毁印第安人是嗜血的、野蛮的异教徒，需要基督教文明加以征服，从而达到夺取印第安人土地的目的。在毛皮贸易初期，虽然印第安人对白人商品也有需求，但总体上是白人毛皮商人依赖印第安人的支持。在没有其他族裔妇女可供选择的情况下，跨族婚姻作为联系印白双方的一个纽带发展起来，白人即使对印第安人抱有种族偏见，也没有发育的土壤。但随着毛皮贸易的衰落和白人妇女的到来，印第安妇女及其部落失去了原来的作用，原本处于隐性状态的白人种族观念一步步发展成为种族主义，原本受到追捧的跨族婚姻也变成了白人种族主义攻击的目标。由此可见，狭隘的白人种族主义只是一种历史性的文化建构，它是某些特殊集团用于实现其利益诉求的工具。

种族主义既是影响不同文化族群交往的痼疾，也是一把双刃剑。人类社会应该从"乡村婚姻"的兴衰、梅蒂人的悲惨遭遇，以及其他无数类似的惨剧中汲取教训，避免种族主义的毒害再次发生。在肆虐的种族主义面前，没有胜利者，白人社会与梅蒂人都为此付出了惨重的代价。在当前多元文化主义的氛围下，虽然我们无法消除各个族群之间关于他者和我者的区分，但消除种族偏见，塑造一种包容、开放的社会文化氛围无疑是各族群和平共处的基本前提。

（原载于《历史研究》2019 年第 6 期，略有改动）

第三章 现代化视野下的加拿大西部开发

现代化是我们这个时代广受关注的一个话题。可是，对于什么是现代化，学者们却众说纷纭，没有一致的意见。《美国生活的现代化变迁（1600—1865）》（*Modernization: The Transformation of American Life, 1600—1865*）一书的作者理查德·布朗指出："有多少社会科学工作者，就有多少种关于现代化的定义。"[①]不过，虽然各个学科中具体的称呼和研究的侧重点有所不同，大家在使用这个词汇的时候，却都有意无意地隐含了如下的内容：民主化、工业化、科技进步、城市化、收入增加、识字率提高、大众传媒的普及等一系列被认为具有积极意义的方面，意即现代化塑造的是比过去更为美好、更为进步的一个社会。

美国是现代化理论的发源地。1959 年，爱德华·希尔斯在多布斯费利会议上，对现代社会的特征做了高度的概括，认为"现代意味着民主、平等、科学、经济的进步和主权"，而"现代国家"乃是"福利国家"和"民主国家"；实现现代化的根本途径，必须通过"经济发展和进步"。[②]1959 年多布斯费利的会议被认为是现代化理论诞生的标志。此后，具体阐述现代化理论的著作不断问世，其中具有广泛影响者，有罗斯托《经济成长的阶段：非共产主义宣言》、沃德和拉斯托根据 1962 年召开的以日本与土耳其政治现代化为主题的学术会议编辑而成的论文集《日本和土耳其的政治现代化》、布莱克的《现代化的动力：比较历史研究》、艾森斯塔德的《现代化：

[①] Richard D. Brown, *Modernization: The Transformation of American Life, 1600-1865*, New York: Hill-Wang Publishing House, 1976, p. 6.

[②] Nils Gilman, *Mandarins of the Future: Modernization Theory in Cold War America*, Baltimore: Johns Hopkins University Press, 2003, pp.1-2.

抗拒与变迁》和亨廷顿的《变化社会中的政治秩序》等。①这些著作的相继发表，标志着经典现代化理论的逐渐形成。

不过，这个时期的现代化理论具有浓厚的政治性。在第二次世界大战后欧洲传统的殖民帝国走向解体，美苏冷战争夺第三世界的斗争中，美国的谋士们把现代化理论看作是"一种与革命的马克思主义相抗衡的思想"②。因此，经典现代化理论很大程度上是一种对策性研究，它所关注的是落后国家如何实现现代化，"为美国政府的经济援助政策提供理论依据，并企图为第三世界国家的经济、政治、社会的发展提供可行性方案"③。小施莱辛格曾言："现代化理论代表了一种非常美国式的企图，即劝说发展中国家根据洛克而不是马克思的理论去进行他们的变革。"④在经典现代化理论家的心目中，美国和它所代表的西方世界是现代化的样板。虽然现代化的理论家们在如何实现现代化这一问题上分歧众多，但都乐观地认为，只要第三世界的人们按照他们的方案去行动，就一定能够实现如美国般的繁荣和民主的现代社会。

然而，现代化理论的鼓吹者们注定是要失望的。"如果认为现代化理论在关于如何转变世界这个问题上是错误的话，那是因为它首先在如何理解它的发展样板，即当代美国方面就是不正确的。"⑤这些理论在夸大第三世界的苦难的同时，又理想化了美国的社会现状，它们"以天真的假想为基础，即西方资本主义的发展模式是普遍适用的，并且是全世界的最终目标"。⑥随着 20 世纪 70 年代以美国为代表的资本主义世界爆发了经济和社会危

---

①　W. W. Rostow, *The Stages of Economic Growth: A Non-communist Manifesto*, Cambridge: Harvard University Press, 1960; Robert E. Ward & Dankwart A. Rustow, eds., *Political Modernization in Japan and Turkey*, Princeton: University of Princeton Press, 1964; C. E. Black, *The Dynamics of Modernization: A Study in Comparative History*, New York: Harper & Row, 1966; S. N. Eisenstadt, Modernization: Protest and Change, Englewood Cliffs: Prentice-Hall, 1966; Samuel Huntington, *Political Order in Changing Societies*, New Haven: Yale University Press, 1968.

②　雷迅马：《作为意识形态的现代化：社会科学与美国对第三世界政策》，牛可译，北京：中央编译出版社 2003 年版，第 4 页。

③　尹保云：《什么是现代化：概念与范式的探讨》，北京：人民出版社 2001 年版，第 93 页。

④　Nils Gilman, *Mandarins of the Future: Modernization Theory in Cold War America*, Baltimore: Johns Hopkins University Press, 2003, p. 10.

⑤　Nils Gilman, *Mandarins of the Future: Modernization Theory in Cold War America*, Baltimore: Johns Hopkins University Press, 2003, p. 205.

⑥　西里尔·布莱克编：《比较现代化》，杨豫、陈祖洲译，上海：上海译文出版社 1992 年版，第 140 页。

机，原来较为乐观的现代化理论失去了存在的基础，转而分析从传统向现代变迁过程中的问题和现代社会本身的危机。而且以依附论为代表的发展经济学理论对经典现代化的发展理论提出挑战，开启了现代化理论研究的新时代。虽然依附论所主张的同发达世界脱钩的理论也行不通，但是，"依附论在许多方面是很有用的，它的一个重要贡献就是指出新古典经济理论不能解释发展与欠发达问题的本质，它的另一贡献是使人们改变了那种以欧洲为世界中心的观点。"①时至今日，虽然在后进国家如何赶超先进国家策略方面各派意见纷争不已，作为对策性研究的现代化理论仍然是现代化研究的一个重要组成部分，同时也由于迎合了某些国家和集团的政治需要而吸引着人们的注意力。

　　然而，现代化理论毕竟有其本身的积极意义，除了作为对策性研究探讨后进国家的发展策略以外，现代化理论还提供了一个分析和理解人类社会过去数百年历史变迁的一个研究范式。现代化谋士们"着手研究的问题无非是要创造一组放之四海而皆准的经验性的坐标体系，以描画全球变迁的总体状况"。②虽然现代化谋士们所开出的药方不见得灵验，但他们的分析的确是有借鉴意义的。

　　其实，20世纪50-60年代政治性极强的对策性研究仅仅是现代化理论的一个组成部分，即所谓的经典现代化理论，它主要研究的目标也是指狭义上的现代化，即研究"落后的国家采取高效率的途径（其中包括可利用的传统因素），通过有计划的经济技术改造和学习世界先进［原文如此］，带动广泛的社会变革，以迅速赶上先进工业国和适应现代世界环境的发展过程"。③除此以外，还有广义上的现代化：它"主要是指自工业革命以来现代生产力导致农业社会生产方式的大变革引起世界经济加速发展和社会适应性变化的大趋势，具体地说，就是以现代工业、科学和技术革命为推动力，实现传统的农业社会向现代工业社会的大转变，使工业主义渗透到经济、政治、文化、思想各个领域并引发社会组织与社会行为深刻变革的过程"。④

---

　　① 塞缪尔·亨廷顿等著，罗荣渠主编：《现代化：理论与历史经验的再探讨》，上海：上海译文出版社1993年版，第214页。
　　② 雷迅马：《作为意识形态的现代化：社会科学与美国对第三世界政策》，牛可译，北京：中央编译出版社2003年版，第6页。
　　③ 罗荣渠：《现代化新论：世界与中国的现代化进程》，北京：商务印书馆2004年版，第17页。
　　④ 罗荣渠：《现代化新论：世界与中国的现代化进程》，北京：商务印书馆2004年版，第5页。

与主要着眼于研究如何使第三世界国家摆脱落后状态、追赶先进国家的对策性现代化理论不同，以广义的现代化作为研究对象的现代化理论把人类社会过去几百年中从农业的乡村化的传统社会向工业的城市化的现代社会的转变作为考察对象，分析各个国家、地区演变的轨迹，从政治、经济、社会、文化等各个领域综合探讨它们在此过程中值得记录的经验和教训。它是一种跨领域的综合性研究，即总体史的研究。在专业分化日益细密的当今学术界，这种跨领域的综合性研究可以成为沟通上述各种专门研究的一个桥梁，同时也有可能避免上述各专门研究中出现的片面性和不准确性，从总体上阐述人类社会上述变迁的历程和特征。而且广义上的现代化分析模式也剔除了经典现代化理论中关于现代化的价值评判因素，仅仅把它当作人类社会演变过程中的一个发展阶段，正如理查德·布朗所说的那样："现代化是一个永无停止的进程，它所指向的社会……也并不比'传统社会'更美好。"[1]

因此，广义上的现代化研究是一种基础性的研究，它没有狭义现代化研究那么强烈的应用性，也没有那么耀眼，不过，与后者相比，它由于摆脱了政治性的束缚而可以把分析的视角拉得更为开阔，对问题的分析也才有可能更为深刻和客观。

美加两国走向现代化的历史首先是一部成功的历史。殖民地时期奠定了北美成功的基石。刚刚到达北美的殖民者原本是要建立一个他们熟悉的欧洲社会，然而，殖民地严酷的环境迫使殖民者不得不放弃原来一些不切实际的空想，创造性地制定了殖民地的政治、经济和社会生活制度，民主政治、开放的牟利精神、信仰自由的种子在殖民地时期都已经深深地扎根发芽了。美国独立战争不仅使十三殖民地摆脱了殖民统治的枷锁，更创造性地建立了联邦制的民主共和国。新生的联邦政府在政治、经济、外交各个领域采取一系列积极措施，为国家的工业发展、领土扩张和政治民主化敞开了大门。19世纪是美国从传统的乡村社会向着现代的城市社会、从落后偏远的小国向着超级大国成功转变的世纪。通过领土扩张和西部开发，伴随科技和制度上的创新，不仅东部的工业革命获得了空前的推动力，而且形成了一个东西互补的国内市场。进入20世纪以后，伴随着工业革命和城市化的完成，经历了两次世界大战洗礼的美国一举成为世界现代化的领头羊。

---

[1] Richard D. Brown, *Modernization: The Transformation of American Life, 1600-1865*, New York: Hill-Wang Publishing House, 1976, p. 20.

　　美国和加拿大是人类近代历史上从传统向现代成功演变的奇迹，也是从边缘国家成功实现向中心国家转变的榜样。运用现代化范式来考察美国和加拿大的历史，具有其他范式不具备的长处。这样可以对美加两国从殖民地建立直到 20 世纪的发展历程，做一个整体性的考察，较之分别从经济、政治、社会、文化和生活着眼来论述两国的历史变迁，具有更强的解释力。这样不仅可以清晰而连贯地展现美加两国从殖民地走向世界强国的历程，而且"还为在欧洲发展的大框架模式下理解美国历史提供了可能"。[①]同时，美加两国在历史进程中出现的共性和差异，也可以在现代化的框架中得到更加透辟的诠释。从世界现代化的大背景着眼，加拿大的现代化从总体上与美国面临着大致相同的问题，也经历了大致相同的发展历程。

　　不过，与美国相比，加拿大现代化的历程则要曲折得多。一个半世纪的殖民地经历为美国 19 世纪的崛起奠定了坚实的基础，而加拿大在法属殖民地时期在现代化发展方面却建树不多，虽然外向型的毛皮贸易为母国带来了源源不断的利润，然而在推动殖民地本身的进步方面却作用有限，160 年的新法兰西时代仅仅为加拿大带来了不到 10 万的人口和刻意模仿封建的欧洲的两三个只有几千人的定居点。只有在新法兰西易手以后，随着农业开拓者的大量移入和代议制的逐步建立，加拿大才真正踏上了现代化的道路。加拿大在现代化的发展中大概落后美国一代人的时间，这为美国在北美大陆上确立其核心地位奠定了基础，同时也为加拿大效仿美国提供了条件。加拿大在经济现代化的过程中紧紧跟随在美国后面，借鉴后者的现成经验，并把许多技术和实践直接拿来应用于自身的西部开发和中部的工业化之中。1867 年联邦政府的建立为加拿大的现代化发展提供了政治上的保障，联邦政府制定了被称为国家政策的总体建国方略，推动了加拿大自治领的发展。进入 20 世纪以后，在世界大战中与美国的经济联系越来越密切的加拿大也完成了从乡村的农业社会向城市的工业社会的转变，实现了现代化。

　　西部开发是北美经济现代化的一股非常重要的拉动力量，通过庞大的移民和形式多样的边疆开发，不仅西部本身迅速实现了从荒野向现代化社会的转变，而且它还为工业化的推进和国内市场的扩大做出了积极的贡献。西部边疆的不断扩张和拓殖，为美加两国提供了一个不断扩大的国内市场，同时

---

　　① Richard D. Brown, *Modernization: The Transformation of American Life, 1600-1865*, New York: Hill-Wang Publishing House, 1976, p. 22.

又积极拓展与北大西洋经济圈中国家的经济联系，同外部世界保持着资金、技术、商品和信息等方面的交流，为经济的发展和进步提供了市场、资本和技术方面的保障。可以说，如果没有西部开发的话，美国东部的工业化很快就会受到市场狭小的限制，不会有新英格兰—大湖区工业带的崛起，美国当然也就不可能如此顺利地完成从欧洲的经济边缘到经济中心的转变。另一方面，美国经济毕竟是一种高度开放性的市场化经济，而且它的殖民定居和经济现代化本身就是整个大西洋经济圈中的一个重要组成部分，随时同外面世界进行着人员、技术、资本和商品的交流。一方面这种交流无疑对于美国国内的经济发展具有重要的补充和推动作用，另一方面国内经济现代化的逐渐深化又使美国在大西洋经济圈中的地位越来越向着有利的方向转化，直至最后成为世界经济的霸主。

而加拿大经济作为一种以资源开发为主导的大宗产品经济，其在发展中对于外部市场、资金和技术的依赖程度远远大于美国。虽然起初与美国同为欧洲的经济边缘，也几乎遵循了西部开发和大湖区工业化等大致相同的发展道路，但加拿大在经济现代化的过程中并没有如同前者那样表现出强大的经济多元化的发展活力，经济的繁荣长期依赖于少数几种大宗产品的出口来拉动，虽然也取得了不菲的成绩，但与美国相比，国内市场扩张有限，科技创新性不足，对外部依赖性较强，具有更多的边缘化特征。总之，西部开发使美国和加拿大将注意力放到了拉动内需这一经济增长的根本命题，而开放的外部市场则能让它们随时同外面保持着技术、信息、商品和资本的交流，了解外面世界的发展动向，从而做出相应的应对措施。

当然，美加两国的现代化绝不是一段轻松浪漫、一路凯歌的历程，其中也充满了曲折、苦难和阴暗面。虽然美加两国在工业化、农业现代化、城市化、政治民主化和社会生活变迁等方面，取得了举世瞩目的成就，但为此付出的人文和自然环境的代价也是触目惊心的。在经济发展和财富增殖的过程中，契约劳工、种族奴隶制和"血汗工厂"发挥了巨大的作用；黑人、印第安人和少数族裔移民为现代化付出了沉重的代价，却很少分享经济发展和社会改善的成果。在政治现代化的过程中，以黑人和妇女为主体的庞大人群，为基本的政治权利而进行了长期的抗争。同时，美加两国，特别是美国，在急速的工业化和农业开发中，造成了严重的资源浪费和环境破坏。

一、加拿大的工业化

传统上，学者们对美国工业化研究得较多，而对加拿大的工业化关注较少。其实，加拿大的工业化是美国大湖区－新英格兰制造业带向北的一个自然延伸。而大湖区－新英格兰制造业带的崛起既是北美经济现代化的核心内容之一，也是西部开发过程中原本处于边疆地带的大湖区在经济上从初级产品开发到制造业生产、从经济边缘向着中心地区转化的成功案例。因此，从一定意义上说，大湖区制造业带的崛起是西部开发的深层次延伸，而且由于加拿大工业化起步较晚，具有更多的依附性特征，因而，研究加拿大的工业化既可以推动加拿大史研究的发展，也能够拓宽学界对西部史的既有认知。

（一）加拿大工业化的发展轨迹

加拿大的发展落后美国大约半个世纪，当美国 19 世纪上半期已经步入工业化的轨道时，加拿大的中心地区仍然处于边疆扩张和拓殖高潮。从 1783 到 1812 年，大概有数十万的效忠派和为了获取免费土地而冒称的假效忠派移居加拿大，他们带来了宝贵的劳动力资源，为安大略和新布伦瑞克这两个新省的开拓奠定了基础。1812 年战争后，来自英国的移民成为了向加拿大安大略移民的主力。到 1850 年，这个省的人口发展到了 50 万，一个繁荣的定居区逐渐形成。与此同时，通过自然增殖，魁北克的人口也达到了 50 万。

随着边疆的拓殖和人口的增加，服务于地方市场的原料加工工业和小规模的制造业在加拿大逐渐发展起来。加拿大的酿酒业自古就有，到 1850 年，仅蒙特利尔的酿酒厂每年的销售额就有 75 万英镑。到 19 世纪 30 年代，蒙特利尔大约有 500 家企业，但劳工只有 1300 人，表明规模都很小。①当时最主要的制造业是面粉加工、木材加工和造船，它们的产值占当时加拿大工业总产值的一半。面粉工业是随着安大略农业的开发而发展起来的，而且英国的谷物法也吸引着美国的小麦出口到加拿大，研磨成面粉再出

---

① Richard Pomfret, *The Economic Development of Canada*, Toronto: Methuen Publications, 1981, p. 122.

口到英国，从而鼓励了加拿大的面粉和交通工业的发展。①而方木边疆的开发则是促使加拿大成功地从毛皮贸易转向农业开发的动力。与毛皮贸易反对农业拓殖不同，方木边疆为种植业边疆空出了土地。"在 19 世纪的大部分时间里，锯木业是加拿大领先的制造业。"②到 1851 年，加拿大加工过的木材产值就超过了未加工的原木，而且到 1860 年，出口到美国的木材超过对英国的出口。渥太华的前身拜顿（Bytown）是当时领先的锯木中心。需要大量优质木材的造船业在加拿大也很繁荣。40 年代，加拿大也出现了农机具制造的小工厂。到 50 年代后期蒸汽机也在加拿大制造出来。

　　不过总体来说，加拿大在 1850 年的"制造业是小规模的，着眼于服务就近市场的，大部分的工厂从事的是消费品生产或维修事务，蒸汽动力还很少采用"。③加拿大在纺织方面落后，棉纺和毛纺的规模都很小，1844 年的谢尔布鲁克（Sherbrook）本来想发展成为像美国洛厄尔那样的纺织城，但却一直没有成功。而且，当时产业革命的两个拳头产业：钢铁和纺织，加拿大都没有。

　　从 1850 年到 20 世纪上半期，加拿大制造业的发展明显地分为三个时期：即 1850－1870 年的迅速发展时期；1873－1895 年的缓慢增长时期；1896 年以后的快速增长时期。1850 到 1870 年是加拿大制造业的第一个快速发展阶段，这段时间加拿大的国民生产净产值的年增长率是 3.38%，是 1850 到 1900 年这半个世纪内增长速度最快的时期。在这段时期，加拿大的纺织工业发展起来，钢铁、车辆、农机具制造也开始发展。其中农业机械制造业和奶酪加工业在这段时间里的发展特别引人注目：收割机在 19 世纪 40 年代末才在加拿大大量出现，到 60 年代，加拿大收割机就已经把美国收割机赶出了本国市场。收割机销售额从 1861 年的 41.3 万美元，上升到 1871 年的 268.5 万美元，工厂数量从 46 家增加到 252 家。到 1871 年，安大略省有 36874 台收割机，魁北克有 5149 台。④加拿大最著名的收割机制造公司是梅西－哈里斯公司（Massey and Harris）。奶酪加工业是随着加拿大农业的

---

　　① Michael Hart, *A Trading Nation: Canadian Trade Policy from Colonialism to Globalization*, Vancouver: University of British Columbia Press, 2002, p. 39.

　　② Stanley L. Engerman and Robert E. Gallman, eds., *Cambridge Economic History of U. S.*, Vol. 2, New York: Cambridge University Press, 2000, p. 75.

　　③ Conference on Research in Income and Wealth, *Trends in the American Economy in 19th Century*, Princeton: Princeton University press, 1960, p. 230.

　　④ Richard Pomfret, *The Economic Development of Canada*, Toronto: Methuen Publications, 1981, p. 127.

发展而崛起的新工业。到 1867 年，加拿大已经有 235 家奶酪加工厂，1871 年出口 830 万磅，1881 年 4920 万磅（约 2232 万千克），1891 年 1.062 亿磅（约 0.48 亿千克）。与此同时，面粉加工、造船、木制品的比例则降到了不到 1/3。1870 年，加拿大制造业产值达到 2.22 亿加元。不过在 1873－1896 年间，加拿大工业发展远远低于人们的期望，这个时代的经济发展速度比起以前和以后的时代都要慢。但新的研究发现，1870－1900 年加拿大制造业的确取得了很大的进步，而 1900 年以后只是持续增长而已。1870－1890 年，加拿大制造业的年增长率是 4.6%；1900－1910 年，达到了 6%。[1]

在 19 世纪的后半个世纪里，加拿大的经济发展也取得了巨大的成就。1900 年，加拿大的国内生产总值达到 10.57 亿加元，是 1851 年的 6 倍，除掉价格上涨因素，是 4.5 倍，以不变价格计算，年均增长 3.17%。[2]第二部类的产值从 3800 万加元增加到 2.63 亿加元，占国民生产总值（GNP）的份额从 22.5% 增加到 25%。制造业工人的人均产值是从 1851 年的 976 加元上升到了 1900 年的 1890 加元。最主要的是中部的制造业在关税政策的保护下发展起来。与半个世纪以前相比，工厂规模扩大，1900 年有 430 家工厂的产值超过 20 万加元，其产值达到 2.12 亿加元，占制造业总值的 36%；其中有 68 家的产值在 50 万－100 万加元之间，39 家产值达到 100－500 万加元。"在 1851 年，制造业主要局限于自然产品的初级加工，尤其是将谷物（Grain）加工成面粉；但到 1900 年加拿大的工业就相当地多样化了，可观的部分行业所从事的是包括像铸铁和钢产品这样的高级制造工业了。"[3]加拿大经济学家帕夫雷特认为："如果能够对 1850 年加拿大经济的落后性和它的地理位置因素达成共识，那么，就不需要什么特别的理论来解释加拿大工业发展的本质。"[4]著名经济学家麦肯尼思认为："罗斯托和其他学者认为，加拿大的经济在 1890 年以前没有进步，而且向现代经济的转变在此以前也还没有发生，这一观点是非常错误的。"在麦肯尼斯看来："加拿大经济

① Richard Pomfret, *The Economic Development of Canada*, Toronto: Methuen Publications, 1981, p. 60.

② Conference on Research in Income and Wealth, *Trends in the American Economy in 19th Century*, Princeton: Princeton University Press, 1960, p. 221.

③ Conference on Research in Income and Wealth, *Trends in the American Economy in 19th Century*, Princeton: Princeton University Press, 1960, p. 226.

④ Richard Pomfret, *The Economic Development of Canada*, Toronto: Methuen Publications, 1981, p. 145.

在 19 世纪主要是一部成功和收获的历史。"[1]

虽然有上述成绩，但一个不容忽视的现实依然是：到 1900 年，加拿大仍然算不上工业国，没有像样的钢铁工业，化工工业处于初级阶段。1890 年，7.6 万家制造厂中只有 1.4 万家雇人在 5 个以上；1900 年也只有 1.5 万家。[2]加拿大 1851—1900 年国民生产总值中三大部类所增加产值与比例变化情况，见表 3-1。

表 3-1　加拿大 1851—1900 年国民生产总值（GNP）中各部类
所增加产值（value added，百万加元）与比例（%）变化表

类别	1851		1860		1870		1880		1890		1900	
	产值	比例	产值	比例	产值	比例	产值	比例	产值	比例	产值	比例
第一部类总计	79	46.8	160	50.2	206	44.9	253	43.5	294	36.6	386	36.5
第二部类总计	38	22.5	61	19.1	101	22.0	132	22.7	226	28.1	264	25.0
第三部类总计	32	18.9	63	19.7	96	20.9	130	22.4	214	26.7	311	29.4
三大部类总计	149	88.2	284	89.0	403	87.8	515	88.6	734	91.4	961	90.9
全国 GNP	169	100	319	100	459	100	581	100	803	100	1057	100

资料来源：Conference on Research in Income and Wealth, *Trends in the American Economy in 19th Century*, Princeton: Princeton University Press, 1960, p. 225.

20 世纪上半期，随着一系列新的资源的开发和国际市场上新一轮发展高潮的到来，加拿大逐步实现了工业化。1896 年，随着国际市场上小麦价格的上扬和美国边疆扩张时代的结束，加拿大西部成为了最好的、最后的边疆，迎来了西部开发的高潮。小麦经济的发展带动了加拿大其他行业的进步。1896 到 1914 年成为加拿大历史上发展最快的时期，而接下来的第一次世界大战和第二次世界大战为加拿大的工业化提供了两个重要的发展契机。

---

① Stanley L. Engerman and Robert E. Gallman, eds., *Cambridge Economic History of U. S.*, Vol. 2, New York: Cambridge University Press, 2000, p. 58.

② Conference on Research in Income and Wealth, *Trends in the American Economy in 19th Century*, Princeton: Princeton University Press, 1960, p. 230.

丰富的资源和战争的巨大需求为 20 世纪上半期加拿大工业的发展提供了绝好的机会。首先是钢铁工业发展起来，加拿大生产的铸铁产量从 1896－1898 年的 10.5 万吨增长到 1913 年的 100 万吨；钢从 1900 年的区区 2.4 万吨增长到 1911 年的 88 万吨。[①]由于战争的刺激，加拿大的钢产量从 1914 年的 100 万吨提高到了 1919 年的 2250 万吨。从 1929 年到第二次世界大战，加拿大的钢产量又提高了 120%。加拿大的铁矿生产在 1902 年只有 40 万吨，但随着魁北克－拉布拉多交界处巨大铁矿储藏的发现，1952 年，加拿大的铁矿产量达到了 500 万吨，以后，每年以 100 万吨的速度增长，一举从进口国变为出口国。由于加拿大能够得到廉价的水电能源供应，因而，耗电巨大的炼铝工业在加拿大也发展起来，到 1954 年，加拿大产铝 557100 美吨，占世界产量的 14.9%，成为第二大产铝国。与此同时，造纸工业、非金属生产、化工、采矿、印刷等也有了大规模的发展。其中一些新产品，如滚动轴、镁、光学玻璃、防爆汽油等都落户加拿大。1900 年，加拿大的煤炭产量只有 575 万吨，而且多产在东部沿海地区。后来，由于阿尔伯达和萨斯喀彻温的煤炭的开采，加拿大的煤炭产量飞速增长，从 1912 年的 1450 万吨提高到 1952 年的 1740 万吨。到第二次世界大战结束时，加拿大已经实现了工业化，是仅次于美国的第二个富裕国家。1926 年，加拿大的国民生产总值按当时价格计算就已经达到了 53.453 亿加元，其中农业 9.27356 亿加元，制造业 10.67402 亿加元。第二次世界大战再次给加拿大的经济巨大的推动，到 1950 年，加拿大国民生产总值达 144 亿加元，其中制造业占 31%，农业占 11%，只有 6 个国家的制造业超过加拿大，跻身于西方七强的行列。[②]在 20 世纪以前，无论人口增长速度、国民生产总值，还是人均 GDP 的增长速度，美国都快于加拿大，而进入 20 世纪以后，加拿大无论从人口还是国民生产总值的增长速度上都明显快于美国。加拿大 1890－1990 这 100 年 GNP 增长率是 2.2%，而美国只有 1.7%。美国、加拿大 1871－1960 年人口与经济增长率比较情况如表 3-2 所示。

---

① Richard Pomfret, *The Economic Development of Canada*, Toronto: Methuen Publications, 1981, p. 146.
② 张崇鼎：《加拿大经济史》，成都：四川大学出版社 1993 年版，第 420－446 页。

表 3-2　美国、加拿大 1871—1960 年人口与经济增长率（%）比较表

年代	人口		总 GNP		人均 GNP	
	加拿大	美国	加拿大	美国	加拿大	美国
1870—1880	1.6	2.3	2.6	5.6	1.0	3.3
1880—1890	1.2	2.3	3.2	3.5	2.0	1.2
1890—1900	1.0	1.9	3.4	4.2	2.4	2.3
1900—1910	2.8	2.0	5.9	4.3	3.1	2.3
1910—1920	2.0	1.4	1.6	2.4	-0.4	1.1
1920—1930	1.8	1.5	4.2	2.9	2.4	1.4
1930—1940	1.1	0.7	2.6	2.1	1.5	1.4
1940—1950	1.9	1.4	5.0	4.2	3.1	2.8
1950—1960	2.7	1.7	4.7	3.2	2.0	1.5

资料来源：Stanley L. Engerman and Robert E. Gallman, eds., *Cambridge Economic History of U. S.*, Vol. 3, New York: Cambridge University Press, 2000, p. 196.

（二）加拿大工业化的主要特征

传统上，学者们习惯用大宗产品经济理论（Staple Economy）来阐述加拿大经济的发展。根据这种理论：一个地区经济发展的速度和特征取决于它所生产的以出口为目的的大宗产品的性质。著名经济史学家哈罗德·英尼斯、麦金塔什等一致认为："至少在第二次世界大战以前，加拿大经济增长的步伐是由是否具有出口大宗产品而决定的。"[1]在商业资本主义时期，加拿大的大宗产品是毛皮，商人们依靠独木舟和自然水道建立起了加拿大历史上第一个横贯大陆的经济体系，而"圣劳伦斯商业帝国的终结是加拿大现代经济发展的肇始"。[2]后来，木材和小麦先后成为加拿大另外两种最重要的大宗产品，并形成了互动关系：森林的砍伐刺激了农田面积的扩大，而小麦边疆的扩张又造就了更多可供销售的商业用材。经济史学家艾特肯不同意关于大宗产品经济到 1820 年就终止的观点，认为："大宗产品贸易至少到 1914 年仍然是加拿大经济增长的决定性因素。"[3]而进入 20 世纪以后，加拿大之所以成功地实现了从弱小国家向发达国家的转变，"主要得益于发现和

---

[1] Stanley L. Engerman and Robert E. Gallman, *Long-term Factors in American Economic Growth*, Chicago: University of Chicago Press, 1986, p. 17.

[2] Richard Pomfret, *The Economic Development of Canada*, Toronto: Methuen Publications, 1981, p. 28.

[3] Richard Pomfret, *The Economic Development of Canada*, Toronto: Methuen Publications, 1981, p. 37.

成功开发了一系列大宗外贸产品，它起始于 19 世纪 90 年代的小麦，随后扩展到纸浆和造纸、采矿，而最近又有石油和天然气。"①乌库哈特（M. C. Urquhart）教授在研究了 1870－1926 年加拿大的经济增长后也发现："根据我们的数据，不得不把自 1895 年以后加拿大经济的持续增长归因于如传统主义学者所认为的小麦这种大宗产品所发挥的作用。"②大宗产品经济理论被认为是加拿大对世界政治经济学的第一个重要贡献。

大宗产品经济是一种对外部市场和资本依赖较大的经济形式，而由于历史和地理的原因，加拿大在工业化过程中的这种依附性表现为对美国资本、技术和市场的依赖。"在许多领域，从建设铁路到探测石油和天然气，美国总是走在加拿大的前面，我们则从美国的试验和成就中受益。"③无论是土地政策、铁路修建还是移民、关税政策，加拿大都借鉴美国的发展经验，然后再根据本国的情况加以改造。

第一，加拿大工业技术主要靠从美国复制或窃取。加拿大制造业缺乏内部的技术创新动力，"加拿大制造厂商依靠美国取得的技术进步，并且紧紧地复制美国的发展成果。"④ 一个典型的例子就是加拿大的工厂生产美国的收割机，或者是根据许可证，或者仅仅是盗取技术。根据 1872 年加拿大专利法的规定，美国制造业商人要么在加拿大生产，使得加拿大生产其产品，才能得到保护；否则，将会被加拿大人复制。直到 1903 年，国际收割机公司在汉密尔顿设厂，其产品在加拿大的复制才被禁止和受到保护。⑤

第二，加拿大工业化中的另一个特点就是外资在全国资本构成中的比例偏高，而且美国资本逐渐代替英国资本成为加拿大的主要资本来源。"加拿大经济自 19 世纪中期以来一个重要的特征就是大量资本的涌入。"⑥加拿大联邦建立时，有大约 2 亿加元外资，其中 90％是英国资本，而且 80％是政

① Stanley L. Engerman and Robert E. Gallman, eds., *Cambridge Economic History of U. S.*, Vol. 3, New York: Cambridge University Press, 2000, p. 191.

② Stanley L. Engerman and Robert E. Gallman, *Long-term Factors in American Economic Growth*, Chicago: University of Chicago Press, 1986, p. 40.

③ Hugh G. J. Aitken et. al., *The American Economic Impact on Canada*, Durham: Duke University Press, 1959, p. 67.

④ Stanley L. Engerman and Robert E. Gallman, eds., *Cambridge Economic History of U. S.*, Vol. 2, New York: Cambridge University Press, 2000, p. 86.

⑤ Richard Pomfret, *The Economic Development of Canada*, Toronto: Methuen Publications, 1981, p. 89.

⑥ Richard Pomfret, *The Economic Development of Canada*, Toronto: Methuen Publications, 1981, p. 88.

府和铁路债券。从 1868－1899 年，加拿大净流入外资约 11.05 亿加元。外资占全国投资比例在 1870 年大约是 30％，1900 年为 25％。而从 1900 到第一次世界大战，海外投资甚至比国内投资增长更快，从 1906 年到 1914 年，加拿大每年流入的外资都超过 1 亿加元，最高的 1912 年达到 4.187 亿加元，从而把 1906－1910 年间外资占全国投资的比例抬高到了 38％。[①]著名经济史学家道格拉斯·诺思（Douglass C. North）认为："加拿大显然是在经济发展中外资流入发挥了远比美国重要作用的一个特例。"[②]

19 世纪后半期到 20 世纪上半期加拿大外资构成中的一个显著变化就是英国间接投资的相对减少和来自美国的直接投资的日益增加。1897 年，美国在加拿大的直接投资是 1.597 亿美元，1914 年上升到 6.184 亿美元。[③]从表 3-3 可以看出：1900 年，美国投资占加拿大外资总数的 14％，英国占85％；而到 1950 年，美国资本上升到了 76％，而英资则降到了 20％。

表 3-3　1900－1960 年加拿大的外资总数和美英资本所占的比例

年份	直接投资（亿加元）	间接投资（亿加元）	外资总数（10 亿加元）	英资占比（％）	美资占比（％）
1900			12	85	14
1905			15	79	19
1910			25	77	19
1913			37	75	21
1920			49	53	44
1926	18	42	60	44	53
1930	24	52	76	36	61
1939	23	46	69	36	60
1945	27	44	71	25	70
1950	40	47	87	20	76
1960	129	94	222	15	75

资料来源：Richard Pomfret, *The Economic Development of Canada*, Toronto: Methuen Publications, 1981, p. 62.

[①] Conference on Research in Income and Wealth, *Trends in the American Economy in 19th Century*, Princeton: Princeton University Press, 1960, pp. 718-719.

[②] Conference on Research in Income and Wealth, *Trends in the American Economy in 19th Century*, Princeton: Princeton University Press, 1960, p. 755.

[③] Stanley L. Engerman and Robert E. Gallman, eds., *Cambridge Economic History of U. S.*, Vol. 2, New York: Cambridge University Press, 2000, p. 787.

　　第三，美国在加拿大的直接投资和众多分厂的建立成为加拿大工业发展的一个重要组成部分。第一家在加拿大开设分厂的工业是农机产业中的霍尔公司（Hull Brothers），它 1860 年在奥沙瓦建厂。在 19 世纪 70－80 年代，一些美国的知名企业如：胜家缝纫机、贝尔、西屋电气等都在美国设立了分厂。到 1890 年，已经有 50 家美国分厂设在了加拿大；到 1913 年，有 450家美国分厂，资本达到 1.35 亿美元。"美国投资者似乎很像看待密歇根或加利福尼亚等州那样看待加拿大——作为一个潜在的市场和原材料来源地。"①美国在加拿大的投资较为多样化，最主要的投资是供应美国市场的资源开发型行业。如 19 世纪 80 年代，美国资本占加拿大采矿业投资总额的一半。到 1899 年，国际纸业公司在加拿大拥有 160 万英亩（约 404.7 平方千米）的林地。②据估计，到 1909 年，不列颠哥伦比亚省大约 90％的可采伐商业林都控制在美国人手中。除此之外，美国在加拿大投资设厂还有两种情况：一是由于交通费用高，服务于加拿大地方市场的产品最好是能够在加拿大本地生产的产品，如收割机、缝纫机等；二是为了逃避关税。1904 年，福特在加拿大设厂，正是基于此点。1932 年的帝国特惠制也有利于美国厂家在加拿大设厂生产，然后返销英联邦。同时，各级加拿大政府还制定优惠措施，如推行减税、免费用地、设置关税等措施促使资源加工后再出口美国。

　　美国在加拿大的巨额直接投资和大量的企业分厂的设立，无疑为加拿大的工业发展带来了急需的资本和美国的生产和管理技术，"加拿大现代工业的建立不是美国的分厂的功劳，但它们的确给加拿大带来了资金并给加拿大企业带来了竞争。"③同时，在加拿大投产的美国公司也成为美国企业的竞争对手。如 1900 年加拿大的法令规定，加拿大联邦政府资助的铁路必须要用加拿大生产的钢轨，其主要推动者就是美国钢铁公司在加拿大的分厂。1911 年的自由贸易得到美国制造业协会的支持，遭到加拿大制造业者的反对，其中反对最积极的就是在加拿大设分厂的美国厂主。大量的美国资本的流入对于加拿大的发展无疑发挥了积极的作用，但美国资本对加拿大控制比例的增强也引发了关于经济自主性的争论，到 20 世纪 60 年代，在有些领域，如石油和天然气，美国资本控制的比例甚至达到了 80％以上，从而引

---

① Stanley L. Engerman and Robert E. Gallman, eds., *Cambridge Economic History of U. S.*, Vol. 2, New York: Cambridge University Press, 2000, p. 793.

② Richard Pomfret, *The Economic Development of Canada*, Toronto: Methuen Publications, 1981, p. 140.

③ Richard Pomfret, *The Economic Development of Canada*, Toronto: Methuen Publications, 1981, p. 142.

发了加拿大特鲁多政府反对美国控制，追求经济民族主义的又一轮高潮。

　　第四，美国市场逐渐代替英国市场而成为加拿大的主要进出口市场。作为一种资源开发型的大宗产品经济，同时由于国内市场狭小，所以，加拿大在经济发展中对于对外贸易的依赖程度远远大于美国。"在美国，内地的开放刺激了巨大的内部市场的发展，从而减少了对外贸易的作用；而在加拿大，内地的开放却刺激了生产更多的产品供应出口。"①从 1850 到 1900年，加拿大的对外出口从 1800 万加元增长到 1.95 亿加元，增长 11 倍，占国民生产总值的比重从 11％上升到 18％；进口从 2900 万加元增长到 1.78亿加元，提高了 6 倍，占国民生产总值的比例大约是 17％。进出口贸易占国民生产总值的份额从 1851 年 28％上升到 1900 年的 35％。②因此，有人认为："19 世纪后半期加拿大对外贸易的迅速发展是经济增长的一个关键因素。"③直到 1968 年，加拿大贸易占国民生产总值的比重仍然高达 36％，而美国仅占 8％。可见，加拿大在经济现代化的过程中对外部市场的依赖程度远远大于美国。"美国工业的成功发展带来了剩余资本，被投放到了像加拿大这样的海外市场；而加拿大大宗产品的发展却带来了对海外资本（如美国资本）的持续需求。加拿大成为了贸易带来专业化的经典案例，而美国则因经济多样化而更少地依赖贸易。"④

　　1851 年，加拿大产品的出口市场，英国占 59％的份额，美国占 35％，其他国家占 6％；1854 年加美互惠贸易协定签订后，美国占进口的 51％和出口的 57％，英国占进口的 44％和出口的 38％。互惠停止后，英国再次成为加拿大的主要贸易伙伴，1870 年，57％的进口和 43％的出口都是英国。美国相应地则下滑到出口的 45％和进口的 32％。但从 1870 年以后，英国份额持续走低：1880 年，48％；1890 年，38％；1900 年，24％；美国所占

　　① Michael Hart, *A Trading Nation: Canadian Trade Policy from Colonialism to Globalization*, Vancouver: University of British Columbia Press, 2002, p. 60.

　　② Conference on Research in Income and Wealth, *Trends in the American Economy in 19th Century*, Princeton: Princeton University Press, 1960, p. 760.

　　③ Conference on Research in Income and Wealth, *Trends in the American Economy in 19th Century*, Princeton: Princeton University Press, 1960, p. 758.

　　④ Michael Hart, *A Trading Nation: Canadian Trade Policy from Colonialism to Globalization*, Vancouver: University of British Columbia Press, 2002, p. 60.

的份额则相应地增加：1880 年，40％；1890 年，46％；1900 年 60％。①而且这个趋势在 20 世纪一直持续下去，直到 20 世纪 70 年代以后，加拿大 80％的进出口都与美国进行，美国成为加拿大全球最大的双边贸易伙伴。

（三）小　结

虽然与美国相比，加拿大国内市场狭小，缺乏科技创新的动力，但加拿大通过巧妙地借鉴美国的经验和技术，并利用有利的国际形势，成功实现了从农业殖民地向发达的工业国家的演变，由此可见，加拿大工业化的道路是一条成功的道路。

加拿大中部的工业化同北美中西部的崛起紧密联系在一起，是整个北美崛起的一个重要的组成部分。加拿大大宗产品经济的性质决定了它对海外资金、技术和市场的依赖，而这种依赖关系逐渐发展成为加拿大对美国的依赖。不仅加拿大经济发展的速度，而且它的发展特征也都反映了它与其他地区关系中的依附角色。"②加拿大学者钱伯斯通过研究 1873－1896 年加拿大的经济周期发现：在其选择的 12 个点中，有 8 个与美国的日期基本吻合。由此得出结论认为："加拿大经济作为一种边缘，更与美国而不是与西欧相贴近。"③加拿大在与美国经济关系中的这种依附角色令著名经济学家麦肯尼思哀叹："加拿大人最多是优秀的模仿者而不是辛勤的创新者。"④

作为后发展国家工业化的一个典型，加拿大联邦和省政府在经济现代化的过程中发挥了积极的推动作用。毫无疑问，以麦克唐纳的国家政策为代表的联邦政府对于经济现代化的各项激励措施从总体上讲是成功的。但是，具有地区倾向性的保护性关税政策进一步加固了中部本已存在的制造业的优先地位。"安大略和魁北克的制造业者利用这一保护性盾牌建立了一个全国性

---

① Conference on Research in Income and Wealth, *Trends in the American Economy in 19th Century*, Princeton: Princeton University Press, 1960, p. 767.

② Hugh G. J. Aitken et. al., *The American Economic Impact on Canada*, Durham: Duke University Press, 1959, p. 3.

③ Richard Pomfret, *The Economic Development of Canada*, Toronto: Methuen Publications, 1981, p. 181.

④ Stanley L. Engerman and Robert E. Gallman, eds., *Cambridge Economic History of U. S.*, Vol. 2, New York: Cambridge University Press, 2000, p. 86。

的市场。"①1870年，安大略占加拿大制造业产值的52%，魁北克占35%；1890年，安大略占50%，魁北克占32%，沿海省占10%；②到1926年，沿海占4.3%，安大略占51.9%，魁北克占29.5%，草原三省占7%，不列颠哥伦比亚占7.3%。③而与此同时，其他地区则为中部受保护的工业化付出代价，加剧了全国经济发展的不平衡性。西部农场主由于高额的关税保护，不能与美国发展自由贸易，却花大价钱购买东部制造的劣等工业品。据估计，从关税保护中受益的是安大略和魁北克两省，每人每年15.15加元和11.03加元，而最后的边疆萨斯喀彻温平均每人每年则要为此损失28加元。④因为关税，加拿大的农场主要比美国同一地区的美国农场主多出10%以上的价格购买农具。

　　加拿大这种对外依赖性很强的大宗产品经济模式还带来了外资对国内制造业控制比例偏高的问题。早在国家政策实行之初，安大略的保守党约翰·莱克特（John Rykert）就认识到了这一问题："保护将会导致大量工业资本的涌入，而在自由贸易情况下是不会出现的。"然而加拿大政府却对于外资的涌入并没有特别介意。1910年《财政邮报》（Financial Post）认为："我们在渥太华的部长们并没有企图采取任何行动，以阻止美国制造商在这个国家建立分厂……我们对美国制造业品的适度关税似乎是给我们带来这些企业的诱因。"⑤到1914年，在加拿大的美资企业就已经达到了450家。1926年，美国资本占加拿大制造业的比重是30%，采矿业是32%；而到1962年，上述比例分别变成了45%和51%。⑥戴尔斯指出：保护关税"是

　　① L. D. McCann, ed., *Heartland and Hinterland: A Geography of Canada*, Scarborough: Prentice-Hall Canada, 1987, p. 96.

　　② Kenneth Norrie, Douglas Owram, *A History of the Canadian Economy*, Toronto: Harcourt Brace & Company Canada Limited, 1996, pp. 264-265.

　　③ M. C. Urquhart and K. A. H. Buckley, eds., *Historical Statistics of Canada*, Toronto: The Macmillan Company of Canada, 1965, pp. 464-465.

　　④ Orville John McDiarmid, *Commercial Policy in the Canadian Economy*, Cambridge: Harvard University Press, 1946, p. 380.

　　⑤ Gordon Laxer, *Open for Business: The Roots of Foreign Ownership in Canada*, New York: Oxford University Press, 1989, p. 8.

　　⑥ Gordon Laxer, *Open for Business: The Roots of Foreign Ownership in Canada*, New York: Oxford University Press, 1989, p. 14.

我们对于我们受到保护的制造业而付出的代价——通常也是我们贿赂外国公司在加拿大建立制造业的代价。"①

（原载于《历史教学》2009 年第 10 期，收入时有所删节）

二、加拿大太平洋铁路与西部开发

加拿大太平洋铁路（Canadian Pacific Railway）在自治领建立之初的一个时代里，既是整个加拿大西部开拓和发展的主导性因素，又是对抗美国扩张势力、支持麦克唐纳国家政策的重要力量。它成功地把东西加拿大紧紧地连在一起，实现了麦克唐纳国家政策的梦想，并置身于西加拿大发展的各项事业之中，为西部的开拓做出了重要的贡献，老一代史学家唐纳得·克莱顿、皮埃尔·伯顿等都认为：修建太平洋铁路是"一项真正的爱国主义行动"，②然而西部却"几乎一致地认为太平洋铁路是经济歧视的工具，在多数人看来，太平洋铁路在它可歌可泣的修建阶段完成后，立即变成了人民的压迫者"。③更有人直言："一些人的国家梦想对另一些人则是噩梦。"④东西部史学家的观点缘何具有如此大的差别？太平洋铁路到底在加拿大历史上扮演了一种什么样的角色？虽然从现代化的角度来看，太平洋铁路推动了加拿大西部的开发。但在西部看来，上述开发是以损害西部地方利益为代价的，因此遭到了后者的激烈反对。

---

① J. H. Dales, *The Protective Tariff in Canada's Development: Eight Essays on Trade and Tariffs When Factors Move with Special Reference to Canadian Protectionism 1875-1955*, Toronto: University of Toronto Press, 1966, p. 109.

② John Lorne McDougall, *Canadian Pacific: A Brief History*, Montreal: McGill University Press, 1968, p. 41.

③ Lewis H. Thomas, ed., *Essays on Western History: In Honour of Lewis G. Thomas*, Edmonton: University of Alberta Press, 1976, p. 101.

④ Genald Friesen, *The Canadian Prairies: A History*, Toronto: University of Toronto Press, 1993, p. 171.

（一）充当西部加拿大化的工具

联邦之父约翰·麦克唐纳在 1879 年第二次出任加拿大联邦总理以后，为了实现他心目中建立独立国家的梦想，提出了国家政策（National Policy）这一宏伟的联邦建国方略。狭义的国家政策仅指 1879 年联邦政府所推行的保护性关税政策，它是为了避免触怒贸易自由派人士而采取的一个替代词；而广义的国家政策则指联邦政府为了建立一个独立的民族国家而采取的一系列政策的总和。其中，保护关税、移民草原、修建太平洋铁路被看作是国家政策的最重要的三项内容。而且这三项政策相互关联，缺一不可，"麦克唐纳可以用铁路去保卫西部，也可以用西部来验证铁路的重要性"。[①] 在麦克唐纳等联邦创建者的心目中，"没有繁荣的西部就没有必要横贯铁路，没有铁路也就没有东西贸易，而没有东西贸易，保护关税也就没有任何意义。"[②]

在联邦之父麦克唐纳的建国方略中，用太平洋铁路带动西部的开发是整个国家政策的核心。联邦政府开发西部的目标是实现本地区的加拿大化，它不仅指政治上排除美国的影响，在西部建立联邦中央的有效统治，而且经济上也同东部连为一体，建立统一的国内市场。这是加拿大化的公开含义，而它隐含的另外一层含义则是西部从属于东部，充当东部中心地区的农业边缘。

为了实现西部的加拿大化，联邦政府连续采取了三项措施：与印第安人签订条约，设置西北骑警，修建太平洋铁路。签订条约是针对印第安人的，通过 19 世纪 70－80 年代的一系列条约，印第安人转入保留地，为白人空出了土地；设置骑警本是联邦政府为了管理南部草原而在 1874 年采取的临时措施，后来它成为联邦政府在西部的代表，负责执行法律、传递文化传统、邮政、人口普查、气象、植被报告、救济等各方面的工作。

不过，在这三项措施中，最具有决定意义的却是修建太平洋铁路。条约使印第安人为白人空出了土地，为开发西部扫清了障碍；骑警维持西部秩序，使加拿大西部与美国野蛮的西部形成了鲜明的对照。但它们都不能改变

---

① Peter B. Waite, *Canada 1874-1896*, Toronto: McClelland and Stewart, 1971, p. 140.

② R. Douglas Francis et al, *Destinies: Canadian History since Confederation*, Toronto: Holt, Rinehart and Winston of Canada, 1988, p. 56.

西部的原始面貌，不能为西部带来本地区最迫切需要的移民。只有太平洋铁路才能把西部同东部连接起来，建立统一的交通网和国内市场，为西部带来移民，使本地区从经济上同东部连为一体。也只有这样，才能消除美国的吞并威胁，实现独立国家的梦想。

最早鼓吹修建太平洋铁路的呼声可以追溯到 19 世纪 50 年代，当时加拿大著名的政治家约瑟夫·豪曾于 1857 年在哈里法克斯的一次演讲中称："我相信这个屋子里的许多人能在有生之年听到蒸汽机车的轰鸣声回荡在落基山的山谷之中，那时，从哈利法克斯乘火车去太平洋岸边只需五六天就够了。"①美国的威胁使修建太平洋铁路提上了日程。整个美国在 19 世纪中期都"信奉天定命运要征服整个北美大陆"。②1869 年，明尼苏达州议会甚至通过决议，要求兼并整个加拿大西部。美国铁路更是向北扩张的急先锋。有人称："国家政策最主要的压力来自美国铁路向西和向北的扩张。"③靠近美加边界的北太平洋铁路早就蠢蠢欲动，力图染指加拿大西北地区。1869 年，美国参议院太平洋铁路委员会通过的报告声称："北太平洋铁路有 1500 英里靠近英属北美，它建成后，将吸引落基山以东、萨斯喀彻温河和雷德河地区丰富的农产品以及大山以西弗雷泽河、汤普逊河和库特内河一带的金属资源到美国来，我们领先开通北太平洋铁路注定了北美 91 度以西地区的命运，它们将在利益与感情上倾向美国，并会事实上在自治领内受到压迫，它们并入美国只是时间问题。"④

针对美国吞并西部的威胁，麦克唐纳总理认识到修建铁路的迫切性，他对大干线铁路经理威特金讲道："美国政府运用了除战争外的所有手段去谋求西北地区，我们必须行动起来，与之对抗，最重要的就是明白无误地向他们表明，我们要修建太平洋铁路。"⑤所以，在国家政策的各项方略中，铁路起着关键性的作用，麦克唐纳曾经预言："一旦铁路建成，我们才将变成

① E. B. Biggar, *The Canadian Railway Problem*, Toronto: The Macmillan Company of Canada, Ltd., 1917, p. 117.

② Donald Creighton, *Macdonald: The Old Chieftain*, Toronto: The Macmillan Company of Canada, Ltd., 1965, p. 206.

③ V. C. Fowke, *The National Policy and the Wheat Economy*, Toronto: University of Toronto Press, 1957, p. 44.

④ V. C. Fowke, *The National Policy and the Wheat Economy*, Toronto: University of Toronto Press, 1957, p. 44.

⑤ Chester Martin, *"Dominion Lands" Policy*, Toronto: McClelland and Stewart, 1973, p. 11.

真正统一的国家，既有共同利益，又有巨额省际贸易。"①

太平洋铁路担负西部加拿大化的使命是由其性质决定的。它从一开始就是一项私人与国家合作的事业。铁路辛迪加的詹姆斯·希尔、唐纳德·史密斯和斯蒂芬等人是从修建明圣保罗—尼阿波利斯—马尼托巴铁路中发了大财的投机商，他们之所以投标太平洋铁路，就是要获取更大的利润，他们看中了西部这块未开发的土地，认为："铁路通过处女地，能创造自己的生意，如果我们通过草原修建这条铁路，那我们将运送定居者所需要的每一磅供应品，并带走他们想出售的每磅产品，这样，我们双向都能得到利益。"②很显然，他们是想建立自己独立的运输系统，从垄断西部的开发中牟利。加拿大自治领政府则满足了他们的要求，《太平洋铁路法案》第 15 条规定：太平洋铁路的干线以南不准修建其他铁路，它的赢利率达到 10% 以前，运价不受控制，即所谓的"垄断条款"，而且太平洋铁路还被授予 2500 万英亩"最适宜定居"的土地。太平洋铁路在东部地区面临着激烈的竞争，无法谋利，而西部有广阔的土地，但白人居民很少，所以，它要想生存盈利，就必须吸引移民，开发西部，制造运输业务；而如果它想要建立自己独立的运输系统，垄断西部的开发，就必须与一切企图夺走草原运输业务的势力进行斗争。所以，美国及其铁路是它"天然的敌人"，而对抗美国及其扩张势力也正是自治领政府西部加拿大化的目的，因此，太平洋铁路自然而然地就成为了西部加拿大化的工具。

太平洋铁路也的确成功地完成了西部加拿大化的使命。它不仅果断拒绝了铁路干线避开苏必里尔湖以北地区、从美国大湖区穿过的建议，将它的每一寸线路都建在了加拿大的土地上面。而且还同美国试图分裂加拿大西部的阴谋进行了不懈的斗争，为联邦政府 1885 年平定里埃尔起义做出了贡献。太平洋铁路建成后，还同试图染指加拿大西部的美国的北太平洋铁路、大北铁路进行坚决的斗争，挫败了它们试图分裂加拿大西部的运输业务到美国铁路线上的阴谋，从而使得西部包括落基山以西的不列颠哥伦比亚成为了中部加拿大的产品销售市场，建立了东起蒙特利尔、西到温哥华的横贯大陆经济体系。

---

① Donald Creighton, *Macdonald: The Old Chieftain*, Toronto: The Macmillan Company of Canada, Ltd., 1965, p. 254.

② Pierre Berton, *The Last Spike: The Great Railway 1881-1885*, Toronto: McClelland and Stewart, 1971, reprinted in 1983, p. 18.

（二）太平洋铁路成为加拿大西部开发的主导者

在加拿大西部开发时期，恐怕没有哪种力量比太平洋铁路的影响更大了。可以毫不夸张地说，开发时期的西部是太平洋铁路的西部。

第一，太平洋铁路主导着西部的发展方向。在 19 世纪 80 年代以前，人们普遍认为在今天的阿尔伯达省东南、萨斯喀彻温省南部地区存在着一个从美国延伸而来的干旱三角，称之为"派勒泽三角"。而在这个三角的外围则是土肥水美的理想农垦区。19 世纪 70 年代，政府任命的横贯大陆铁路总工程师弗莱明所设计的铁路干线也是绕过"派勒泽三角"，从靠北的萨斯喀彻温河谷通过西部草原，经黄头山口越过落基山，然后再折向西南到达太平洋岸边。所以，在西部土地向移民开放以后，移民的方向基本是沿着预定的铁路干线的方向，从塞尔可克向西北方向伸展。可是，太平洋铁路公司却突然于 1882 年宣布不再采取弗莱明的路线，而是从温尼伯直接向西、寻找偏南的山口穿越落基山，直通太平洋。

太平洋铁路修改线路的决定完全改变了加拿大西部的发展方向。在当时的美国，有多条铁路通向西部，移民可以自由选择定居和迁移的方向，可以去任何一条铁路覆盖的地区。而在开发时期的加拿大西部，太平洋铁路是同外界联系的唯一通道，所以，移民只能随着太平洋铁路的方向迁移，为它所引导。正是由于上述原因，太平洋铁路改线的决定一举将加拿大西部的移民和发展方向从萨斯喀彻温河谷引到了南部草原上，并在事实上严重阻缓了河谷地区的发展步伐。而在光秃秃的南部草原和铁路干线通过的西部地区，按照自己的意志建立起一系列新的定居点，从而奠定了今日西部城市化的格局和基本模式。研究加拿大太平洋铁路的专家皮埃尔·伯顿指出："只有铁路辛迪加才有权决定西部每个城镇及其雏形的兴衰，个人几乎没有机会在得不到同意或合作的情况下建成一个城镇。"①

第二，太平洋铁路为了吸引移民开发西部土地，制定了一系列刺激措施，推动了加拿大西部的开发。其一，铁路干线刚刚竣工，铁路就派出了庞大的宣传代理机构，吸引移民来加拿大西部定居，它"花在移民事业上的精

---

① Pierre Berton, *The Last Spike: The Great Railway 1881-1885*, Toronto: McClelland and Stewart, 1971, reprinted in 1983, p. 19.

力比政府还要多"。①它先是鼓励移民定居政府的宅地，后来在出售自己的土地时，也制定了优惠政策。研究太平洋铁路土地政策的学者指出：1896—1914年，太平洋铁路西部土地的售价平均为每英亩6.66加元，远远低于哈得逊湾公司的9.79加元和西部学校用地12.1加元的售价。②其二，通过建设鲍河灌溉区，建立借贷农场和现成农场，实行谷物支付制等形式，促进西部农业的发展。太平洋铁路借鉴美国摩门教徒在犹他盆地发展灌溉农业的经验，投资数百万元在卡尔加里附近修建了著名的鲍河灌溉区，制造了近100万英亩的可灌溉土地。为了帮助那批来自美国、拥有耕作经验，但缺乏资金建立农场的农民，铁路为他们提供1000—2000加元的贷款，以建立农场，即借贷农场制。对于那些不是生计所迫，而是到加拿大寻求美好生活的英国移民，铁路则实行现成农场制。因为这些移民的储蓄足够建立一所农场之用，铁路派出工作人员，为他们圈好土地，盖起农场，等待他们入住。谷物支付制则是从美国学来的经验，对于那些没有现钱支付所欠铁路地款的农民，公司允许他们用手中的谷物支付，并交由太平洋铁路运输。另外，铁路还鼓励西部发展混合农业。

　　第三，太平洋铁路还积极投身于西部的采矿、冶金、林木、旅游等其他自然资源的开发之中，推动了这些行业的奠基和发展。在西部草原和不列颠哥伦比亚省东南地区蕴藏着丰富的铅、铜、银等金属资源和石油、煤炭等能源，而落基山区还拥有茂密的森林资源和丰富的旅游资源可供开发。太平洋铁路起初涉足矿冶业是为了排除美国铁路和资本对不列颠哥伦比亚东南地区的控制。当时美国人已经捷足先登，在这里开矿办厂。为了排除美国人的势力和影响，太平洋铁路买下了美国人海因茨经营的铁路和在特里尔城的冶金厂，雇佣能干的奥尔德里奇为经理，先是树起了炼铅炉，后来又买下该地最大的采矿厂，并发展其他金属开采和冶炼业，最终使特里尔小城的冶金厂发展成为现在庞大的"考米诺"集团（COMINO）。③太平洋铁路为了保证西线铁路和它所拥有的海岸客轮的燃料需要，自1908年起，还先后在西部的班夫、莱斯布里奇和霍斯莫尔开发了三处煤矿。它还在阿尔伯达东南地区支

① John Lorne McDougall, *Canadian Pacific: A Brief History*, Montreal: McGill University Press, 1968, p. 106.

② 在1945年以前，加元与美元等值。

③ John A. Eagle, *The Canadian Pacific Railway and the Development of Western Canada 1896-1914*, Montreal: McGill-Queen's University Press, 1989, pp.232-245.

持钻探了 6 眼井，对当地的石油资源进行探查。铁路的目的是寻找石油以代替煤作为海岸客轮的燃料，但这些井只出产天然气而没有发现石油。不过到 1914 年前后，太平洋公司的轮船还是全部改用石油作为燃料了。太平洋铁路开发森林资源的活动主要针对的是自己授地上的木材资源。从 1892 到 1905 年，它先后取得了哥伦比亚—库特内铁路及航运公司、不列颠哥伦比亚南方铁路、哥伦比亚西方铁路、纳奈莫—伊斯奎莫铁路共 6733046 英亩（约 27247.7 平方千米）的授地，在这些土地上面，覆盖着茂密的森林，铁路没有为授地上的木材规定固定的价格，只规定商用木材每立方英尺（约 0.028 立方米）1 加元，线杆每根 0.5 加元。①

西部落基山区的冰川雪峰是登山滑雪爱好者们理想的目的地，而高山温泉和各种自然奇观又是疗养旅游的绝佳去处，太平洋铁路经理威廉·范霍恩早就认识到了西部旅游资源的价值和保护环境的重要意义，在他的策划下，铁路采取了一系列措施来促进西部风景的资本化，开发这里蕴藏丰富的旅游资源。在太平洋铁路的建议下，加拿大最著名的班夫国家公园由此设立，从而使该地区的温泉资源和优美环境被保存下来。太平洋铁路还在附近修建了豪华的班夫温泉饭店，集资源开发与保护于一体。1907 年，该饭店有 450 间客房的容纳能力仍不能满足需要。太平洋铁路还在冰川林立的踢马山口和罗格斯建立了斯蒂芬山屋和罗格斯冰屋，在美丽的路易斯湖畔建立起路易斯城堡，接待游客。

第四，太平洋铁路对西部的城市化也给予决定性的影响。它不仅决定着西部城市化的格局和模式，按照自己的意志在南部草原上建立起一系列新的定居点，使另外一些定居点成为"鬼城"，而且还通过大规模铺设支线，在西部偏南地区形成了一个完整的铁路网，结束了无数城市的孤立状态，将农村、城镇与它们的城市中心联结起来，从而为西部的城市化奠定了坚实的基础。有学者指出："铁路及交通的不断改善就像雨水和太阳对草原的发展一样重要，住在铁路或将要铺设的线路附近是定居者的第一要事。"因为对于当时刚刚起步的西部城镇来说，"所有因素中最重要的就是铁路"。②在太平洋铁路的作用下，受到它青睐和扶持的一大批城镇持续发展壮大，无数新兴

---

① John A. Eagle, *The Canadian Pacific Railway and the Development of Western Canada 1896-1914*, Montreal: McGill-Queen's University Press, 1989, pp. 252-254.

② Gilbert A. Stelter and Alan F. J. Artibise, eds., *The Canadian City: Essays in Urban and Social History*, Ottawa: Carleton University Press, 1984, p. 140.

的城镇也获得了新的发展机会。与此同时，出于各种各样的原因，也有许多城镇的发展受到太平洋铁路的抑制而发展缓慢，甚至衰落下去，其中萨斯喀彻温河谷的定居点的命运就是一个典型。

加拿大西部中心城市的崛起更是深深地烙上了太平洋铁路的印记。位于萨斯喀彻温河谷的埃德蒙顿本来在 19 世纪 70 年代最有希望成为西部的中心，可是太平洋铁路的突然改线和抑制政策致使它的发展受到阻延达 20 年之久。1881 年的时候，埃德蒙顿就已经有 263 名居民，到 1891 年也只有900 人。而受到铁路青睐的位于埃德蒙顿南边的卡尔加里则是太平洋铁路公司的宠儿，获得了迅猛发展，铁路在这里建立了著名的"派勒泽饭店"和奥格登机车修配中心，并在它的附近开辟了鲍河灌溉区，为该市吸引了无数的移民。同埃德蒙顿相比，卡尔加里在 1881 年人口为 100 人，1891 年为3867 人，1911 年为 43704 人，已成为仅次于温尼伯的第二大草原经济中心。

温哥华和温尼伯也是受到铁路青睐的幸运儿。温哥华完全是太平洋铁路缔造的一座城市。太平洋铁路的终点站被人为地从原来的穆迪港向西延伸12 英里到达格兰维尔地区，并根据总经理范霍恩的建议，将该地命名为温哥华。用范霍恩的话说，太平洋铁路"是在由我们自己现在的铁路终点上缔造一座城市"。[1]太平洋铁路不仅把温哥华发展成为海陆联运的中心，而且深深地影响了该市的布局和经济发展。当时 19 世纪末盛传："一切有益于太平洋铁路的都有益于温哥华。"[2]研究温哥华的专家罗·麦克唐纳声称："温哥华作为城市的第一阶段是由太平洋铁路主导的。"[3]

如果说温哥华是铁路自己缔造的一座城市的话，那温尼伯则在给予铁路充足的让步后，获得了铁路丰厚的回报，代替塞尔可克成为进入草原的门户，获得了"北方的芝加哥"的殊荣。太平洋铁路工程采取运费折扣、兴建设施、铺设支线等措施，扶持温尼伯成为加拿大西部谷物集散和商品批发中心。吉纳德·弗里森认为："温尼伯的崛起有赖于铁路、谷物交易、商品批发、一定量的制造业和金融业务。但铁路在它的发展中起着关键性的作

① John A. Eagle, *The Canadian Pacific Railway and the Development of Western Canada 1896-1914*, Montreal: McGill-Queen's University Press, 1989, p. 215.

② Gilbert A. Stelter and Alan F. J. Artibise, eds., *Shaping the Urban Landscape: Aspects of the Canadian City-building Process*, Ottawa: Carleton University Press, 1982, p. 395.

③ John A. Eagle, *The Canadian Pacific Railway and the Development of Western Canada 1896-1914*, Montreal: McGill-Queen's University Press, 1989, p. 215.

用。"①到 1911 年，温尼伯有 136035 人，成为仅次于蒙特利尔和多伦多的加拿大的第三大城市。

（三）西部对太平洋铁路的反抗及后果

太平洋铁路通过对西部实行加拿大化，挫败了美国的吞并阴谋，将西部与东部加拿大紧紧地连在一起，并且置身于西部发展的各项事业之中。从农业开发、移民、采矿冶金到西部的城市化，西部的各项发展都深深地打上了太平洋铁路的印记。加拿大西部边疆在 19 世纪 80 年代到 1914 年之间的快速开发，其中的影响因素很多，但太平洋铁路无疑是其中的主导性因素。在 1899 年以后的一个时代里，太平洋铁路是"渥太华以西的主导力量"。②该公司的一名老职员也自豪地宣称："我们创造了加拿大西部。"③然而，对国家和西部开发做出如此巨大贡献的太平洋铁路却遭到了西部的激烈反对，被诅咒为"该死的东西"。④

第一，导致西部不满的根本原因在于国家政策的缺陷。国家政策虽然推动了加拿大民族工业的发展，加快了西部开发的步伐，但却置西部于某种从属和类似半殖民地的地位，严重损害了本地区的地方利益：（1）从政治地位来看，西部与其他建国省份相比，处于二流的从属和半殖民地地位。为了实现修建铁路和吸引移民这两项"自治领的目的"，1870 年通过的《马尼托巴法令》、1875 年的《西北土地法案》以及 1905 年阿尔伯达省和萨斯喀彻温省加入联邦的法案都规定联邦控制它们的土地及其他自然资源，使西部三省与其他省份处于不平等的地位。（2）从经济方面来看，国家政策使西部丧失了发展主动权，日益沦为东部工业区的农业边缘。西部三省的土地和其他自然资源掌握在联邦手中，财政又极其困难，无法制定本地区的经济发展政策。麦克唐纳政府的铁道部长塔伯曾讲过一句最使西部难忘的伤心话："为了国家利益是否得牺牲地方利益？我说，如果必要的话，是！"⑤正是基于

① Genald Friesen, *The Canadian Prairies: A History*, Toronto: University of Toronto Press, 1987, p. 275.

② Pierre Berton, *The Last Spike: The Great Railway 1881-1885*, Toronto: McClelland and Stewart, 1971, reprinted in 1983, p. 6.

③ Chester Martin, *"Dominion Lands" Policy*, Toronto: McClelland and Stewart, 1973, pp. 81-82.

④ Genald Friesen, *The Canadian Prairies: A History*, Toronto: University of Toronto Press, 1987, p. 171.

⑤ R. Douglas and H. Palmer, eds., *The Prairie West: Historical Readings*, 2nd edition, Edmonton: Pica Pica Press, 1995, p.268.

为了国家利益可以牺牲地方利益的这种信念，西部"发展的蓝图完全是在渥太华制定的"。[①]而发展所需要的资金、技术也由蒙特利尔、多伦多为中心的中部提供。西部完全匍匐于东部的影响之下，日益沦为东部的原料产地和产品销售市场。

第二，太平洋铁路推行的诸多政策侵害了本地区的地方利益，是导致西部不满的直接原因。其一，最使西部不满的莫过于太平洋铁路的运价歧视政策。铁路公司认为："如果被迫运营不划算或高度竞争性路段，经营亏本，那么就要通过向非竞争性路段收取高价来弥补亏空"。[②]这就是所谓的"合理歧视"政策。在这一政策指导下，小麦从穆斯乔至桑德贝的运价为30.6分/蒲式耳，但从桑德贝到大西洋岸边，距离为前者的两倍，却只有15分/蒲式耳。而在当时桑德贝的小麦售价才只有65分/蒲式耳，仅运费就要花去农民1/3的小麦售价。[③]其二，铁路公司对西部的垄断严重损害了西部的地方利益：垄断使铁路对西部实行运价歧视。西部铁路定价的标准不是运营费用，而是东部竞争路段的运营情况；垄断还令加拿大西部不能发展与美国之间的贸易，被迫接受铁路运来的东部价高质次的工业品，并不得不低价出售自己的农产品；铁路对西部土地的垄断，造成土地封锁，铁路在干线以北拥有大片保留土地，迟迟不对移民开放，同时又利用土地作为与敌对的加拿大北方铁路和大干线太平洋铁路进行斗争的武器，结果推迟了西部，尤其是西北地区的开发。其三，西部还认为加拿大太平洋铁路与东部工业势力合作，阻碍了本地区的工业化进程。虽然西部缺乏工业化的原因不能完全归咎于保护关税和太平洋铁路的垄断，但铁路与东部合作压迫西部则是确有其事。铁路设在不列颠哥伦比亚东南部库特内地区的特里尔冶金厂经理曾经认为西部需要铅管、铅板，没有必要把自己生产的铅锭交东部加工返销西部，于是在自己的厂里装起了制板机和铸管机。此举遭到铁路经理肖内西的坚决反对，勒令他将购置的设备统统销毁，铁路担不起与东部竞争的代价。[④]可见，铁路宁愿损害西部的发展也不愿破坏与东部资本家的合作关系。

① Genald Friesen, *The Canadian Prairies: A History*, Toronto: University of Toronto Press, 1987, p.463.

② R. Douglas and H. Palmer, eds., *The Prairie West: Historical Readings*, 2nd edition, Edmonton: Pica Pica Press, 1995, p. 265.

③ R. Douglas and H. Palmer, eds., *The Prairie West: Historical Readings*, 2nd edition, Edmonton: Pica Pica Press, 1995, p.265.

④ John A. Eagle, *The Canadian Pacific Railway and the Development of Western Canada 1896-1914*, Montreal: McGill-Queen's University Press, 1989, pp.241-242.

西部在太平洋铁路竣工不久，就掀起了反对太平洋铁路的斗争。加拿大西部的居民认为，铁路运价过高和"合理歧视"的原因在于垄断，只有实行竞争，打破太平洋铁路的垄断，沟通西部与美国市场的联系，才能降低铁路运价。

马尼托巴省成为领导西部向太平洋铁路的垄断地位挑战的带头羊。从1883 年开始，马尼托巴省政府就多次向渥太华交涉，希望取消太平洋铁路的垄断、准许该省修建一条从温尼伯通到美国边界的雷德河铁路，结果遭到了麦克唐纳政府的多次否决。后来，马尼托巴省政府决心以公共工程的名义筹款修建这条铁路。不幸的是，铁路债券在纽约和伦敦市场上售不出去。并不气馁的马尼托巴转而向太平洋铁路的冤家对头美国的北太平洋铁路求助，资助它修建北太平洋—马尼托巴铁路，但一心只谋求商业利益的北太平洋铁路并不按照马尼托巴省的意愿行事。它为了避免与加拿大太平洋铁路控制的通过明尼苏达和达科他州境内的苏支线铁路发生运价大战，与加拿大太平洋铁路在制定马尼托巴省南部货物运价政策方面采取合作策略，马尼托巴的目的再次落空。

对北太平洋铁路失望的马尼托巴转而在国内寻求太平洋铁路的竞争敌手，最后它选中了铁路投机商人麦肯齐和曼。1898 年，两人组建了加拿大北方铁路公司，并计划将他们的铁路向西伸到埃德蒙顿，向东连接大湖区的阿瑟港。为了打破太平洋铁路在西部的垄断，1901 年，马尼托巴省卢布林政府与加拿大北方铁路签订了具有历史意义的《马尼托巴协定》：铁路同意从1903 年 7 月 1 日起，温尼伯至苏必利尔湖源头里克亥德的小麦运价减为每英担 10 分，从里克亥德运往马尼托巴省的各类商品分别降价 15%－25%；省政府可以控制由它资助的该公司任何线路上的运价，并将原来北太平洋铁路在省内的线路转租给加拿大北方铁路；省政府为铁路债券提供担保。麦肯齐和曼在 1902 年迅速完成了从温尼伯到阿瑟港的加拿大北方铁路干线。这样，太平洋铁路在温尼伯与大湖之间的垄断地位被打破了，加拿大北方铁路"成了［西部］久已期待的太平洋铁路的对手"。①

劳里埃自由党政府上台后，为了将不列颠哥伦比亚东南部的库特内矿区囊括进东部工业势力的影响范围，同时也为了取悦西部，于 1897 年与太平

① John A. Eagle, *The Canadian Pacific Railway and the Development of Western Canada 1896-1914*, Montreal: McGill-Queen's University Press, 1989, p. 78.

洋铁路达成著名的《鸦窝关协定》（Crow's Nest Pass Agreement）：联邦支持太平洋铁路修建鸦窝关铁路，联邦给予每英里（约 1.6 千米）铁路 1.1 万加元的资助；作为交换，铁路降低运费，从威廉堡西运的货物降价 20%，小麦从温尼伯到桑德贝由原来的每英担（约 50.8 千克）17 分降为 14 分。鸦窝关运价曾经在 20 世纪初期被联邦政府终止。后来，在西部的坚决要求下，《鸦窝关协定》在 1923 年被最终确定下来，一直持续到 80 年代。它不仅具有经济意义，更重要的是它被西部看成是反对太平洋铁路垄断、维护农场主权益的保证和象征，被他们亲切地称为"圣鸦"。

开发时期的西部普遍着迷于铁路竞争这一话题。除马尼托巴省以外，埃德蒙顿省是支持加拿大政府资助大干线太平洋铁路和加拿大北方铁路与太平洋铁路进行竞争的又一狂热鼓吹者。当地著名的领袖，即后来的加拿大内地部部长奥里弗坚信西部铁路交通中的竞争原则，认为大干线太平洋铁路"能在西部 1200 英里（约 1931 千米）长的生长带上带来运输的竞争和繁荣"。[1]赶上西部开发大好形势的劳里埃政府也积极支持太平洋铁路的竞争者。除了支持加拿大北方铁路延伸为两洋铁路、同太平洋铁路展开竞争外，1903 年，劳里埃政府又与大干线铁路签订了支持修建第三条横贯大陆铁路——大干线太平洋铁路的协议。这样一来，铁路运价的确是降了下来，但由于线路重叠和 1914 年以后世界经济形势的恶化，后两条铁路没有完工就先后宣告破产。联邦政府的铁路委员会只好在 1918 年接下这个烂摊子，1923 年组建成加拿大国家铁路，成为与太平洋铁路并行的另外一条横贯大陆铁路，加拿大国家铁路也成为该国第一个名副其实的国有企业。

总之，经过西部 40 多年的不断努力，西部终于打破了太平洋铁路的垄断，争到了具有历史意义的《鸦窝关运价协定》，取得了运费斗争的最终胜利，但这一胜利来得有些晚，并且是以牺牲整个国家的总体利益为代价而取得的，其间的教训值得地方利益的支持者们反思。

（四）小 结

太平洋铁路是麦克唐纳国家政策取得成功的关键。它作为一项私人同政府合作的事业，在维护加拿大国家的整体利益、抵御美国侵略方面发挥了积

---

① Morris Zaslow, *The Opening of the Canadian Northwest 1870-1914*, Toronto: McClelland and Stewart, 1971, p. 202.

极作用。太平洋铁路主导了西部的开发，它创建了现代西部加拿大的基本模型，虽然它为了公司的利益，曾经或多或少地迟滞或延缓了部分地区开发的步伐，但从总体上看，它对西部开发的推动作用大大超过了消极作用，西部片面指责的所谓太平洋铁路阻碍本地区工业化之说不能成立。一些学者通过研究指出：西部发展工业有两点与安大略相比处于明显的劣势：其一，人口密度低；其二，起步较晚。[①]著名经济学家诺里针对于西部长期以来坚持联邦政策不公导致工业化不兴的抱怨，将西部缺乏工业化的原因归结为其本身的市场条件不利。[②]

太平洋铁路通过垄断加拿大西部的开发，从中获取了巨额利润，至今仍然作为加拿大最成功的私营铁路公司提供东西部之间的运输服务，从这一点上来看，太平洋铁路的经营是成功的。但太平洋铁路公司对西部的开发并不是出于它时常所标榜的民族主义和高尚的爱国热忱，而是强烈的牟利动机。铁路一切行动的指南都以追求物质利益为转移。铁路总裁范霍恩曾公开宣称："铁路修建的唯一目的是为股东们谋取红利，而不为太阳底下任何其他目的服务。"[③]

太平洋铁路虽然遭到西部的激烈反对，但其实它与西部之间是一种相互依存关系。一个繁荣的定居区的出现，既是西部的愿望，也符合太平洋铁路的利益，铁路"只希望看到一个繁荣的定居区的出现，为铁路带来尽可能多的运输业务，我们欢迎一切对本地区繁荣有益的人士"。[④]西部虽然想方设法地要打破太平洋铁路的垄断，但最终的结果并不如意，整个国家为此付出了沉重的代价。西部为了单方面的地区利益，而挑起对太平洋铁路的恶意竞争行为也值得反思。

（原载于《历史教学》2017 年第 4 期）

　　① Anthony Blackbourn and Robert G. Putnam, *The Industrial Geography of Canada*, New York: St. Martin's Press, 1984, p.37.

　　② Carlo Caldarola, ed., *Society and Politics in Alberta: Research Papers*, Toronto: Methuen Publications, 1979, pp. 131-142.

　　③ Genald Friesen, *The Canadian Prairies: A History*, Toronto: University of Toronto Press, 1987, p. 177.

　　④ James B. Hedges, *Building the Canadian West: The Land and the Colonization Policies of the Pacific Railway*, New York: Macmillan Company, 1939, p. 194.

三、加拿大现代化的副产品：西部地方主义的前世今生

自 20 世纪 70 年代以来，加拿大魁北克省的分裂主义闹得沸沸扬扬，一直吸引着海内外学者们的注意力。其实，在西部加拿大，还长期存在着一种与魁北克分裂主义完全不同的地方主义。这种地方主义从 1869 年哈得逊湾公司将鲁伯特地区转交给加拿大政府之日起，就开始孕育和发展，在经历了追求平等权利、农场主造反、省内建设和经济多样化、联邦与西部的石油大战等一系列的冲突和对抗后，逐渐发展成为一种具有地区特色的"离心主义"（Western Alienation）思潮。西部离心主义与魁北克分裂主义有着本质的区别，它所追求的"并非独立，而是更加完整地融合到加拿大的政治、经济和文化主流中去"。

马尼托巴大学的威廉·莫顿（William Morton）教授可以算是从西部角度研究本地区历史和地方主义的第一人，他的《马尼托巴史》和《加拿大进步党》等著作为加拿大西部史的研究作出了开创性的贡献。1955 年，他发表了《草原政治的成见》一文，将西部地方主义分为"殖民地"时期、农场主造反时期和乌托邦时期等三个阶段，认为西部地方主义起源于本地区在联邦中的从属性地位；之后，著名学者 M. 麦克弗森和李普塞特分别对阿尔伯达社会信用党（Social Credit）和萨斯喀彻温省的平民合作联盟（CCF）进行了深入研究；1979 和 1981 年，历史学家拉里·普拉特先后与约翰·理查兹和加斯·斯蒂文森合作发表了《草原资本主义》和《西部分裂主义：神话、现实和危险》两书，分别考察了西部自实行省权建设和经济多样化以来在经济方面所取得的成就和当时风头正盛的西部分裂主义等问题；政治学家罗格·吉宾斯在近年来发表的一系列著作中，不仅比较了加拿大和美国的地方主义，而且还满怀信心地认为：随着西部现代化的推进，地方主义将会在本地区走向衰亡。其他一些学者像诺里和唐纳德·斯迈利等也分别从经济和联邦主义的角度对西部地方主义进行了认真的探讨。部分学者站在东部立场上对西部离心主义采取无视和彻底否定的态度；而不少来自西部的学者又时常以感情渲染代替冷静的分析，过分强调联邦政府对西部的压迫与不公，对自身的弱点估计不足，作出一些与事实不符的断言。因此，对西部离心主义作一番冷静的考察仍然是必要的。

（一）西部地方主义产生的历史背景

在 1867 年加拿大自治领建立之时，以麦可唐纳为首的联邦之父们鉴于美国内战和州权至上的教训，力图把加拿大自治领建设成一个中央集权型的联邦制国家，因而在《英属北美法案》（BNAA）中，处处呈现着加强中央权力的倾向。但法案自身的缺陷、联邦的西部开发政策和 19 世纪末加拿大国家面临的内外形势都使得自治领逐渐背离了它原来的轨道，向着地方分权的方向倾斜，从而为西部地方主义的孕育准备了合适的温床。

第一，1867 年的加拿大宪法存在着许多有利于地方分权的缺陷和漏洞。政治学家怀特认为，加拿大联邦中央与地方的一切冲突都可以在宪法中找到根源。其一，联邦宪法声称要建立一部"原则上与英国宪法相一致的宪法"，意在避免美国州权至上的教训，但却采取了联邦制的形式，而且有关中央与地方分权的规定语言模糊，没有对地方所拥有的"财产和公民权"与"地方事务"两项权力予以澄清，使得这两款在后来能够根据解释者的需要而随意延伸，因为在一个国家里，没有几项事务同"财产和公民权"和"地方事务"完全无关。这两项条款与联邦政府所拥有的为了"和平、秩序和良好的政府"而采取任意行动的"保留权力"一样，成为事实上的"地方保留权力"。这样，从联邦分权到并列保留权，"其必然结果就是省主权和省权主义的呼声"。①其二，本法案没有规定修改程序，导致省与中央在修宪问题上争论不休，为以后省与联邦的争端埋下了伏笔。其三，加拿大宪法规定英国枢密院司法委员会是它的最高解释和上诉机构，在涉及联邦与省争端时，自治领最高法院没有最后裁决权。司法委员会的法官们采取了支持省权主义的立场，"毋庸置疑，司法委员会在加拿大存在的大部分时间里，在履行解释宪法的义务时，带有支持省权的偏见。"②其中以沃特金和霍尔丹两位法官在任期间压制联邦、纵容省权为甚，所以有人认为"在美国，一个松散的联邦被马歇尔的判决联合了起来；而在加拿大，一个紧密的联盟却被沃特金

---

① Harold Waller et al, eds., *Canadian Federalism: From Crisis to Constitution*, Philadelphia: University of America Press, 1984, p. 2.

② Roger Gibbins, *Regionalism: Territorial Politics in Canada and the United States*, Toronto: Butterworth, 1982, p. 37.

和霍尔丹给拆散了"。①

　　第二，麦可唐纳保守党政府所推行的"国家政策"（National Policy）的缺陷是西部离心主义兴起的直接原因。国家政策是麦可唐纳保守党政府为了实现独立国家的梦想而推行的一系列政策的总称，它包括：保护关税、建造太平洋铁路、移民开发西部等，其目的是要在北美大陆建立一个"从海洋到海洋"的横贯东西的独立国家，这不仅指政治上的独立，而且还要实现经济上的独立：发展东部、中部和西部三者之间以及省与省之间的贸易，建立统一的国内市场；建立起自己独立的经济体系，通过保护关税来促进中部地区的工业化，通过西部的开发来带动整个国家的发展。

　　然而，国家政策在带动西部发展的同时，却严重忽视了西部的地区利益，致使本地区在国家建设中付出了与其收益不相适应的代价，引起了不满情绪。其一，在这个以国家政策为指导思想的新经济体系中，西部被推向了一种特殊的边缘化地位。从政治上看，西部与其他建国省份相比，处于二流的从属和半殖民地地位。联邦为了修建太平洋铁路和吸引移民定居这两项"自治领的目的"规定：1870 年加入联邦的马尼托巴省的土地和其他自然资源归联邦拥有，同时尚未建省的西北地区也被完全置于联邦的领导之下，联邦诸省被人为地分成两等，草原地区在联邦中处于一种类似"半殖民地"的地位。从经济上看，国家政策使西部丧失了发展主动权，日益沦为东部工业中心的农业边缘。本地区发展所需要的资金、技术由蒙特利尔、多伦多为中心的中部地区供给。西部沦为东部工业中心的农业边缘。其二，国家政策在西部的执行工具——加拿大太平洋铁路的诸多行为也侵害了本地区的眼前利益。太平洋铁路曾经为了国家建设和西部开发做出了卓越的贡献，但它的一系列忽视西部地方利益的政策却使本地区把它看成了东部剥削和统治的工具。最使西部不满的莫过于铁路所施行的所谓"合理歧视"的运价政策，铁路认为：如果被迫运营亏本或高竞争的路段，那么就要通过向非竞争路段收取高价来弥补亏空。根据这一原则，它对西部收取的运费超过东部同距离路段的两倍，致使仅仅运费这一项就要占去农场主小麦售价的 1/3。而铁路对西部的垄断是西部不满的另一个重要因素。西部认为铁路的垄断不仅造成上述的运价歧视，使西部不能同美国发展贸易，同时还妨碍西部土地的开放和

　　① Garth Stevenson, ed., *Federalism in Canada: Selected Readings*, Toronto: McClalland and Stewart, 1989, p. 59.

工业化。所以，反对铁路垄断是西部普遍的呼声。其三，虽然从理论上说，保护关税能增强整个国家的势力，边缘的暂时牺牲可以从长期的收益中得到补偿。但 1879 年的关税法具有明显的倾向性，意在促进中部地区的工业化，发展东西贸易。西部所必需的工业制产品、农具等的税率被提高到 25%－35%不等，而中部工业发展所需原材料则只有 5%，有的甚至还完全免税。这样一来，西部的开发与中部的工业化相比，就处于从属地位。农场主不得不低价出售自己的产品，接受东部质次价高的工业品，不能接近近在咫尺的美国市场。据现代学者的研究，西部每个农场主每年要为关税多支付 100－130 元购买商品。①

第三，19 世纪末加拿大省权主义的兴起也为西部要求更多的权力提供了借口。加拿大联邦建立后不久，新斯科舍省的约瑟夫·豪就掀起了退出联邦运动，最终从联邦得到了 1186800 元的债务津贴和每年 82700 元、为期 10 年的财政资助才算了事。此举开启了省政府为了地方利益而向联邦伸手、争取"较好的待遇"的恶劣先例。从此以后，各省争相效仿，纷纷以各种借口为要挟，向中央索取钱财和权力。时隔不久，构成联邦支柱的安大略和魁北克也向联邦中央的权威挑战，安大略省总理莫瓦特抛出了"联邦契约论"，倡导省权，成为加拿大历史上的"省权主义之父"。 1887 年，在魁北克的倡导下，第一次省际会议在魁北克城召开，各省联合向联邦发难，要求"尽早采取措施，以便于帝国议会通过法案修改《英属北美法案》"。②东部省权主义的发展对西部地方主义无疑起到了鼓励和纵容的作用。

总之，联邦宪法的漏洞和缺陷为加拿大地方主义的孕育提供了某种可能性，联邦的西部开发政策是西部地方主义兴起的直接原因，而东部的省权运动对西部地方主义无疑起了煽风点火的作用。这一切加上 19 世纪末普遍性的经济危机，都为西部各种不满情绪的爆发准备了温床。

（二）西部离心主义的形成

从联邦建立至今，西部地方主义大致可以以 1947 年为界，分为传统和现代两个阶段，前期主要以西部诸省和民众向联邦要求政治和经济发展平等

① Louis Aubrey Wood, *A History of Farmer's Movement in Canada*, Toronto: University of Toronto Press, 1975, p. 242.

② J. M. Bumsted, ed., *Interpreting Canada's Past*, Vol. 2, New York: Oxford University Press, 1993, p. 54.

权为特征，马尼托巴省是这时期领导反对中央的头羊，民粹主义是指导斗争的重要理论武器。而在这以后的地方主义则主要表现为西部为了建立独立的省经济体系，维护省对经济发展的独立控制权而与联邦进行斗争，阿尔伯达省是西部诸省的领袖。

国家政策置西部于政治不平等和经济从属地位，因而，西部反对联邦的斗争自然围绕着国家政策展开。首先是西部争取平等权和自然资源控制权的斗争。草原三省经过反复的斗争和谈判，1930 年最终迫使联邦正式将自然资源控制权交还它们，并作出赔偿，本地区终于在联邦中取得了与其他省平等的地位。

反对太平洋铁路的斗争是早期西部反对国家政策行动的另外一项重要内容。西部将运价过高和"合理歧视"的原因归结为铁路的垄断，最令西部愤怒的莫过于《太平洋铁路法案》中的垄断条款了。西部认为，只有实行铁路中的竞争原则，才能打破太平洋铁路的垄断。马尼托巴省从 1883 到 1889年，为了打破太平洋铁路的垄断而进行了持久的斗争。省政府终于找到了投机商人麦肯齐和曼，双方订立《马尼托巴协定》，马尼托巴省支持二人修建同太平洋铁路相竞争的铁路系统。[1]后来，在西部的推动下，联邦又决定资助修建加拿大北方铁路和大干线太平洋铁路两条横贯大陆铁路，从而实现了真正的竞争原则。另外，1896 年自由党劳里政府上台不久，与太平洋铁路签定了具有历史意义的《鸦窝关协定》，铁路同意将货物运价降低 20%，从温尼伯至大湖区的小麦运价降为每蒲式耳 14－17 分。《鸦窝关协定》不仅具有经济意义，更重要的是它被西部看成反对垄断、维护农场主权益的保证和象征，被他们亲切地称为"圣鸦"。

国家政策三大组成部分之一的保护关税政策是西部普遍反对的另一项内容。关税不仅直接损害了农场主的切身利益，而且还被认是维护了东部特殊阶层的不正当利益，所以调整关税是整个西部的呼声，鼓吹美加发展自由贸易受到特别的欢迎。加拿大农业协会在 1916 年的纲领中提出了"新国家政策"的主张，宣布"要对加拿大经济的发展重新定型。"而在 1918 年的农场主纲领中，关税问题占到了 40%的内容，并且在 1916 年纲领的基础上，除要求互惠贸易外，对关税政策又新增两项要求："g）所有从事制造业并受

---

[1] John A. Eagle, *The Canadian Pacific Railway and the Development of Western Canada 1896-1914*, Montreal: McGill-Queen's University Press, 1989, p. 78.

到关税保护的企业必须每年公布其收入的详细和准确的资料；h）任何企业保护关税的要求都需受到议会一个特殊委员会的公开听证。"①

西部地方主义最初的目的是希望通过改革纠正国家政策的不合理成分，争取在联邦中的平等地位。但是，联邦的所作所为却令他们大失所望。西部感到只有组织起来，才能保护自己的地区利益，于是以民粹主义为思想武器，独立走上政治舞台，展开了反对联邦及东部特权势力的斗争。

农场主的反抗是第三党运动的前奏和准备。西部农民组织初期的主要目标是争取经济权利，即为了小麦的储运和交易进行的斗争，主要的手段是向政府施加压力和建立独立的小麦储运及交易组织。一战结束后，小麦价格急剧下降，社会动荡，对两大党丧失信心的西部农民组织纷纷做出参政的决定。1920年，全国农民联盟在温尼伯集会，决定建立进步党，以新国家政策为纲领，参加来年的大选。结果第一次参选就取得65席，成为全国第二大党。

进步主义运动是19世纪前后风行于整个北美的社会运动。加拿大进步主义运动与西部在联邦中的不公正地位联系起来，经济上主张建立农民的合作组织，前期主要是储运仓库和交易公司；20年代后，倡导恢复小麦局，建立农民的小麦普尔；政治上主张直接立法和专家政治，不积极支持农民参加政党活动，认为政治是肮脏和邪恶的，农民组织应主要作为经济合作组织和议会的压力集团存在；理念上主张农本主义，反对农业人口向城市集中，认为城市是邪恶的象征，鼓吹"上帝创造了农村，人类制造了城市"，具有很强的宗教福音主义色彩。进步主义是西部对独立政治经济发展道路的探索，也是地方意识的第一次全面展现，30年代的第三党运动是它的必然逻辑和发展。

30年代的大危机使西部受到沉重打击，危机使暂时沉寂的民粹主义再度活跃起来，在西部逐渐形成以社会信用党和平民合作联盟为中心的左右两翼。在阿尔伯达主要是右翼的社会信用党，萨斯喀彻温省则是左翼的平民合作联盟（CCF）。虽然主张各异，但两党都具有浓厚的乌托邦思想、对东部的反对和强烈的地区意识。1935年，社会信用党在阿尔伯达省选举中取胜，从此开始了在此省长达36年的统治；1944年，平民合作联盟在萨斯喀

---

① Canadian Council of Agriculture, The Farmers' Platform: A New National Policy for Canada, Winnipeg: The Canadian Council of Agriculture, 1918, p. 6. 参见拙著：《加拿大西部地方主义研究》，北京：民族出版社2001年版，书末附录。

彻温省取胜；1952 年，社会信用党又在不列颠哥伦比亚上台执政，从此，传统两党在西部省一级基本上让位于第三党。

西部在反对国家政策、维护自身权利的斗争中，独立的地区意识逐渐成长起来。这种地区意识大致可以概括为如下几个方面：第一，认为自己在联邦作出的贡献与得到的回报不相对称，为联邦发展付出的代价太大，虽然资源的控制权已经被交还，但对那段半殖民地时期的回忆却经常引起西部的不快；第二，单一的农业经济受外部市场的影响较大，西部具有一种危机和无能为力的感觉，所以倾向于通过地区合作，减少本地区的脆弱性；第三，认为联邦是中部大省利益的代表，联邦政策忽视西部的地方利益，两大党代表中部工业和金融阶层的利益，西部只有建立第三党，才能表达本地区的意见；第四，整个地区的主流思想是希望融入加拿大主流社会，在联邦中找到一席之地。来自梅蒂辛哈特的一封农民来信可以说是这种思想的最佳例证："我们希望东部的朋友们认识到，我们非常愿意成为这个伟大的自治领中平等的一员，而不是从属者，不要以为我们是得到整个世界都不满足的自私者，我们是为了那些非常珍贵的权利和自由而斗争的人们。"[①]这种地方意识是现代西部离心主义的最初萌芽。

30 年代的大危机对加拿大西部的小麦经济带来沉重打击，令西部深刻感受到了单一农业经济的脆弱和不稳定性。大危机对加拿大自治领农业的打击最为严重，从 1928 到 1932 年，农业收入下降了 82%，占全国总收入的比重由原来 18%降到了 5%。[②]1928 年全国农业实现收入 8.203 亿元（除特别注明外，以下文中货币单位均指加元），到 1930 年下降到了 3.993 亿元。而从各省的下降情况来看，两年之内，安大略下降了 50%，马尼托巴下降了 64%，阿尔伯达下降了 75%，萨斯喀彻温下降了 85%。[③]整个西部，经济相对多样化的不列颠哥伦比亚遭受打击最轻，其经济地位相对于其他省来说，甚至有所改善，而严重依赖单一小麦经济的萨斯喀彻温省和阿尔伯达省受灾最为严重，大危机对于"依赖资源的产业意味着灾难，而对于几乎完全

① R. D. Francis and H. Palmer, ed., *The Prairie West: Historical Readings*, 2nd edition, Edmonton: Pica Pica Press, 1995, p. 225.

② W. A. Mackintosh, *The Economic Background of Dominion-Provincial Relations*, Toronto: McClelland and Stewart, 1967, p. 134.

③ Janine Brodie and Jane Jenson, *Crisis, Challenge and Change: Party and Class in Canada Revisited*, Ottawa: Carleton University press, 1988, p. 147.

仰仗于一种资源的经济则预示着完全的崩溃"。①各省刚刚上台的第三党政府纷纷采取措施，着手改变单一化的经济结构，掀起了省内建设和多样化运动。以 1947 年阿尔伯达省拉迪克发现石油为标志，加拿大西部地方主义进入新的历史阶段。与此前西部离心主义反对国家政策、争取平等权利的各种反抗运动不同，这次西部所要求的是本地区对经济发展的主导权。相应地，西部各省政府成为了这时期引导西部发展、维护地区权益、反对联邦干涉的主角。

（三）西部地方主义的新阶段：省内建设与经济多样化运动

经济多样化（Diversification）是相对于经济单一化和专业化而言的，它表示一个国家或地区为了改变单纯依靠和发展一种或为数不多的几种经济形式、而尝试建立多元化的经济形式和结构的努力。它不仅指三大经济部类在国民经济中所占比例的变化，也包括各部类内部各种经济形式所占比例的消长。而省内建设（Province　Building）则是加拿大特有的政治和经济现象。1966 年，加拿大政治学家埃德温•布莱克和阿兰•凯恩斯首次使用这一词汇，用以解释自联邦建立以来省权扩张的情况，认为："在过去 1/4 个世纪里加拿大联邦发生的变化比以前的 70 年更加重要。"②随后这一概念就屡屡见诸各种文章之中，成为学者们广泛使用的概念，泛指第二次世界大战以后、尤其是 60 年代以来加拿大省权加强、联邦衰微的社会现实。大致说来，省内建设包括如下几方面的内容。第一，省越来越不接受税收分享和联邦侵权这一事实，开始激烈反对中央的政策；第二，省在财政和人力资源和社会福利等方面的收支和权力与以前相比都有了明显的增长。省财政收入从1960 年的 31 亿美元增加到了 1970 年的 149 亿和 1980 年的 624 亿美元，占国民总产值的比例也相应地从 1960 年的 8.7%变成了 1976 年的 18%。③第三，省越来越独立地制订系统连贯的经济发展政策，推进本省和地区的经济发展。"通过省内建设过程，所有省在机制方面都变的更加成熟，最重要的

---

① J. Conway, *The West: The History of a Region in Confederation*, Toronto: Toronto Publishing House, 1994, p. 101.

② R. A. Young, Philippe Faucher and André Blais, "The Concept of Province Building: A Critique", *Canadian Journal of Political Science*, Vol. XVII, No. 4, Dec., 1984, p. 785.

③ R. A. Young, Philippe Faucher and André Blais, "The Concept of Province Building: A Critique", *Canadian Journal of Political Science*, Vol. XVII, No. 4, Dec., 1984, p. 790.

是这意味着各省对社会和经济问题的反应和解决能力都获得了极大的提高"。①

由此可见，省内建设是二战以来加拿大各省都普遍经历的政治现象，但是对于西部来说，省内建设则主要是"一种经济地方主义的政策，省通过经济干预政策来建立本地的工业基础，以期使省从中部加拿大的经济和政治势力对边缘经济的压迫中解放出来"。②因此，省内建设与经济多样化在本地区实际上指同一件事情，即西部改变经济主要依靠第一部类产业的单一经济结构、实现经济结构多样化的政策和实践。这是与以前本地区为反对国家政策、追求政治经济平等权而掀起的反抗型地方主义截然不同的一种新型地方主义——扩张型或者说企业家型地方主义。

西部四省所经历的经济多样化历程各不相同，不列颠哥伦比亚具有资源优势，二战后省政府除了大力发展基础设施外，并没有制定具体的经济多样化政策，所以，虽然它现在的经济在四省中是最繁荣的一个，而在省内建设和经济多样化政策方面却是最不积极的一个；而处在东边的马尼托巴，开发较早，作为整个西部开发的大本营和中转中心，早在1921年就有一半土地种植小麦以外的其他作物，逐渐发展起了服装、农具制造、轻工、飞机等制造工业和采矿、造纸、水电等能源工业。但是缺乏其他三省新发现能源的刺激，经济保持着缓慢而平稳的发展，也没有本钱推行大规模的省内建设和经济多样化政策；地处中间的萨斯喀彻温和阿尔伯达在开发时期经济结构最为单一，受30年代危机的打击最重，又有新发现的石油、天然气、钾、铀作支柱，成为西部四省省内建设和经济多样化运动的急先锋。

西部省内建设和经济多样化运动大致经历了三个历史阶段：1947年拉迪克石油发现以前为进口替代政策的尝试阶段；1947年到60、70年代之交为第二阶段，西部基于新发现的大量资源，推行毫无节制的开发政策；70年代以来为西部工业化的第三个时期，西部开始认识到自己资源的不可再生性，倡导合理开发自己的宝贵资源，尝试建立以能源为龙头的工业布局。

拉迪克事件以前进口替代政策的尝试

推动西部实现经济多样化的直接动力来自30年代大危机的打击。严峻

---

①　R. A. Young, Philippe Faucher and André Blais, "The Concept of Province Building: A Critique", *Canadian Journal of Political Science*, Vol. XVII, No. 4, Dec., 1984, p. 800.

②　R. A. Young, Philippe Faucher and André Blais, "The Concept of Province Building: A Critique", *Canadian Journal of Political Science*, Vol. XVII, No. 4, Dec., 1984, p. 816.

的现实使西部各省认识到"一个地区对小麦的依赖越小，遭受的打击也就越轻"。①于是，取得政权的第三党政府着手寻找出路，扩大省内经济基础，掀起了省内建设和经济多样化运动。

首先取得省政权的阿尔伯达社会信用党（Social Credit）认识到经济多样化对于改变本省严重依赖农业，尤其是小麦经济的重要性。而由于该党严格奉行经济自由主义、反对省政府直接干预经济，所以，推动经济多样化主要靠：（1）吸引外资和私人资本开发本省的资源；（2）为了吸引外资，大力推进省内基础设施的现代化；（3）为投资者制定了相当优惠的条件，只收取极低的租金，对企业的行为也几乎不加任何限制。社会信用党上台伊始，艾伯哈特就电告商业出版社和石油交易报刊，他们所实行的激进措施不会应用于石油工业，省将采取一切可能的鼓励措施吸引私人资本投资于本省的石油工业。1936年，内森·坦纳被任命为省地矿部部长，他制订了阿尔伯达省几乎所有的油气开采规则，大力吸引私人资本。"坦纳在社会信用党上台第一个月内制订的开发模式为拉迪克大发现石油以后省内石油工业的发展奠定了基础"。②阿尔伯达省之所以如此注重发展石油工业，主要是因为"石油不仅昭示着经济增长和工业多样化的蓝图，而且蕴涵着公共债务无须增加纳税人的负担就可以偿清的热切期望"。③虽然社会信用党为经济多样化付出了不少努力，但截止到1946年，该省的前景仍然不容乐观：生产的煤因为没有市场而卖不出去，而特纳谷地的石油、天然气产量已经开始下降，经济支柱依然是小麦、畜牧和混合农业。

鼓吹社会所有制和政府干预经济的平民合作联盟（Commonwealth of Co-operative Federation，简称 CCF）1944年在萨斯喀彻温取得政权，在其同年公布的名为《平民合作联盟在萨斯喀彻温的计划》的施政纲领中，表明了省政府要在经济规划中扮演主导角色的决心。该计划宣布："平民合作联盟认为我们的自然资源必须为大众利益服务，不能再以随随便便的方式开采

---

① David Kilgour, *Uneasy Patriots: Western Canadians in Confederation*, Edmonton: Lone Pine Publishing House, 1988, p. 223.

② John Richards and Larry Pratt, *Prairie Capitalism: Power and Influence in the New West*, Toronto: McClelland and Stewart, 1979, reprinted in 1981, p. 79.

③ John Richards and Larry Pratt, *Prairie Capitalism: Power and Influence in the New West*, Toronto: McClelland and Stewart, 1979, reprinted in 1981, p. 83.

下去了。我们主张本省经济按计划发展，自然资源归社会所有。"①在平民合作联盟的第一任期内，在"插足经济"的口号指引下，政府大力发展非农业产品，以减少本地区制成品的进口，即现在为人所熟知的进口替代战略。1946 年，省总理道格拉斯为萨斯喀彻温省经济多样化勾画了如此的蓝图："先是通过私人投资、政府投资或公私合营的方式加工我们的农产品和其他初级产品……我认为我们的人民并不准备做一辈子伐木工和舀水匠……应该利用上述工业生成利润为我们的人民谋求一种社会保障。"②

其实该党早在 1943 年就建立了一个计划委员会，各个经济领域下设分会，其中以自然资源和工业发展分会在其主任乔·费尔普斯的领导下，推行的省内建设和经济多样化尝试最为显著。首先，在不到 2 年时间里，先后建立了 10 个竞争性的工业部门，它们分别是制砖厂（1945 年 5 月）、制鞋厂（同年 6 月）和制革厂（1946 年 7 月）、鱼类加工和销售局（1945 年 7 月）、木材局（1945 年 9 月）、毛皮销售厂（1945 年 10 月）、制箱厂（1945 年 11 月）、省公共汽车厂（1946 年 1 月）、硫酸钾矿厂（1946 年 5 月）等。其次，萨斯喀彻温省政府还建立了一些省内垄断性质的服务设施，如从上届政府那儿继承来的电力和电话公司，1944 年设立的省保险公司等。除此之外，平民合作联盟政府还设立了一批具有商业性质、以政府为服务对象的公司，如 1945 年建立的印刷厂专门负责打印政府的各种文件，同年产生的两个临时公司则专门以成本价处理堆积的战时物资，1947 年注册的省北方航空公司的主要客户也是省政府等。③

虽然萨斯喀彻温省进行了如此广泛的工业化尝试，但是效果并不理想。以制鞋厂为例，原来的计划日生产能力为 800 双，而在开工的前 7 个月里，仅平均 130 双，远远低于设计要求；而原计划只要 12.5 万加元建成的毛织厂，实际花费竟高达 42.5 万加元。1949 年计划委员会对制鞋厂和制革厂的评价是："设计这两家工厂的人员对现代技术几乎是一无所知。"④结

---

① J. Conway, *The West: The History of a Region in Confederation*, Toronto: Toronto Publishing House, 1994, p. 164.

② J. Conway, *The West: The History of a Region in Confederation*, Toronto: Toronto Publishing House, 1994, p. 167.

③ John Richards and Larry Pratt, *Prairie Capitalism: Power and Influence in the New West*, Toronto: McClelland and Stewart, 1979, reprinted in 1981, p. 112.

④ John Richards and Larry Pratt, *Prairie Capitalism: Power and Influence in the New West*, Toronto: McClelland and Stewart, 1979, reprinted in 1981, p. 116.

果，制鞋厂和制革厂 1949 年倒闭，净亏损 15.6 万加元，毛织厂维持到
1954 年，累计亏损 83 万加元。费尔普斯认为，初期工业化失利的原因主要
是管理人才缺乏和市场条件不利，当然这是一个重要的方面。另外，根据专
家的研究，西部发展工业有两点与安大略相比处于明显的劣势：其一，人口
密度低；其二，起步较晚。①而著名经济学家诺里则针对于西部长期以来坚
持联邦政策不公导致工业化不兴的抱怨，将西部缺乏工业化的原因归结为其
本身的市场条件不利。②由此可见，无论是政策不对头还是市场条件不利，
都表明西部要想实现工业化，采取进口替代的方式，沿袭加拿大中部和世界
其他许多地区走过的老路子是行不通的，要想实现经济多样化，还须寻求其
他发展方案。

大规模的资源开发战略

　　早在 1946 年，阿尔伯达省特纳谷地的石油产量已经由 1942 年高峰期
的日产 2.8 万桶下降到 2 万桶，当地的炼油厂不得不靠从遥远的德克萨斯和
俄克拉荷马进口原油维持生产，仅运费每桶就高达 1.93 加元，当时在加拿
大日消费原油 22.1 万桶，其中 20 万桶需要进口。③1947 年 7 月的拉迪克石
油大发现从根本上改变了西部自 20 年代以来的衰退局面，使它从资源贫乏
的农业边缘摇身变为加拿大的能源宝库。拉迪克事件引发了西部资源发现的
高潮，在短短几年内，雷德沃特、金钉、芬贝戈谷、维泽德湖、邦尼戈兰和
彭比纳等地区都发现了大量的石油，其中 1953 年发现的彭比纳油田储量约
有 10 亿桶。与此同时，萨斯喀彻温省也在 1949 年发现了大量的石油资
源，到 1976 年该省共探明石油储量 21 亿桶，天然气 2400 亿立方米，其中
有 3/4 是在 1952－1956 年探明的。1952 年，萨斯喀彻温省还发现了储量惊
人的高品位钾矿资源，据估计，用常规方法可以开采的储量约 50 亿吨，另
有 690 亿吨可以用溶解法开采，如果以年 500 万吨的速度开采，常规矿可
以采掘 1000 年，溶解法能再延续 13800 年。④如此丰富的资源在短时期内

---

① Anthony Black Bown and Robert G. Putanam, *The Industrial Geography of Canada*, Beckenham Croom Helm Limited, 1984, p. 37.

② Carlo Caldarola, *Society and Politics in Alberta: Research Papers*, Toronto: Methuen Publications, 1979, pp. 131-142.

③ John Richards and Larry Pratt, *Prairie Capitalism: Power and Influence in the New West*, Toronto: McClelland and Stewart, 1979, reprinted in 1981, pp. 44-45.

④ John Richards and Larry Pratt, *Prairie Capitalism: Power and Influence in the New West*, Toronto: McClelland and Stewart, 1979, reprinted in 1981, p. 187.

勘探出来，完全改变了西部，尤其是萨斯喀彻温和阿尔伯达的地位，使它们从联邦中的乞丐摇身变成了令人垂涎的资源大亨。

新资源的发现为西部的省内建设和经济多样化注入了新的活力，以资源开发为龙头带动其他行业的进步取代进口替代成为西部实现经济多样化的新发展方略，建立巨型项目成为这一时期的特色。以曼宁为首的阿尔伯达社会信用党政府面对新发现的大量能源，继续推行吸引外资开发石油和天然气资源的老办法，但是由于资金紧缺，不得不仰仗于美国资本，而且与成本低廉的中东石油相比，本省也处于劣势，生产一直开工不足。如 1950 年雷德沃特一地就达到日产 6.2 万桶，相当于该省 85% 的消费量。整个 50－60 年代，阿尔伯达省仅维持不到 50% 的生产能力。为了与其他地区竞争，曼宁认为，必须提供第三世界所没有的东西，即政治稳定。"我们告诉他们，阿尔伯达是长期投资的一个稳定而适合的地区，政府不会介入石油工业，但将会创造一个良好的经济环境"。① 因此，社会信用党政府对能源工业继续奉行不干涉政策，为了吸引投资，制定了优厚的投资政策，实际上就是通过放弃省的部分收益来招揽资本，阿尔伯达省的哲学是：能源的"低收益可以通过最大限度的开发和生产以及对以这些部门为服务对象的工业的广泛刺激获得补偿"。②

头两年进口替代工业化失败的萨斯喀彻温省平民合作联盟政府在严酷的现实面前也不得不降低期望，省财政部长法因斯在 1948 年的电视讲话中声称："我们准备真诚地邀请私人资本加入到我们这一伟大的事业中来。"③ 与此同时，激进的地矿部部长费尔普斯去职，改由谨慎的布罗克班克继任，他向私人资本保证："不会有国有化，只会或多或少地接受当今的流行观点，即任何资源政策的第一要务是鼓励私人投资的发展，而收取经济利益只是第二位的事情。"④ 因此，平民合作联盟政府在 50 年代也不得不采取了鼓励私人投资的办法，开采本省的石油、天然气、钾以及后来发现的储量惊人的铀

---

① John Richards and Larry Pratt, *Prairie Capitalism: Power and Influence in the New West*, Toronto: McClelland and Stewart, 1979, reprinted in 1981, p. 85.

② J. Conway, *The West: The History of a Region in Confederation*, Toronto: Toronto Publishing House, 1994, p. 183.

③ John Richards and Larry Pratt, *Prairie Capitalism: Power and Influence in the New West*, Toronto: McClelland and Stewart, 1979, reprinted in 1981, p. 177.

④ John Richards and Larry Pratt, *Prairie Capitalism: Power and Influence in the New West*, Toronto: McClelland and Stewart, 1979, reprinted in 1981, p. 144.

矿资源，所不同的仅是，从长远来看，后两种资源对本省发展更为重要。1964 年上台的撒切尔自由党政府更大力度地向美国资本开放萨斯喀彻温省的自然资源。与美国帕森斯—惠特摩尔公司签订了建立两个纸浆厂的协议，一个设在阿尔伯特王子城，一个在梅多湖地区。省政府几乎承担了所有的风险：为公司提供相当于工厂总资本 30%、总额高达 1.6 亿元的担保，并且还答应在阿尔伯特地区修建一座桥、一家医院和每十年修建 320 公里铁路以便于木材运输。

　　除了阿尔伯达和萨斯喀彻温外，马尼托巴和不列颠哥伦比亚为了实现本省的工业化和维持经济繁荣也同样醉心于毫无节制地开采资源、建立巨型工业项目之中。前者将省北部尚未开发的林矿资源以极端优厚的条件向美国资本开放，1966 年上马了在帕斯地区投资 1 亿加元的丘吉尔森林工业项目，预计将创造 2000 个直接和另外 2000 个间接的工作机会。不列颠哥伦比亚省的贝内特社会信用党政府也不例外，该省的发展是"建立在过去自然资源基础上的保守型的，其关键在于吸引大量的省外资本"。① 为了吸引外资，不惜耗费巨资改进公路交通和其他基础设施。在贝内特政府的积极引导下，本省丰富的能源资源得以开发，其中最著名的莫过于加美两国为开发和治理哥伦比亚河而建成的"贝内特大坝"，使省人均水电占有量由 1951 年的 950 千瓦增加到 1971 年的 2600 千瓦。

　　首先，大规模资源开发不仅使西部摆脱了自大危机以来人口外流的萧条局面，重新成为加拿大经济发展最快的地区之一，而且资源工业的发展还带动了其他行业的进步。斯特布勒教授认为："一旦油田确定，储存、输送、精炼等基础设施的建设就会带动服务和建筑材料业的发展，而石化和天然气处理设施的产生又会引来第二轮的投资，石油工业不断增加的活动直接刺激贸易、交通和建筑业的发展。"② 其次，50－60 年代的大规模资源开发一举改变了西部的经济结构。以战前对农业依赖最为严重的萨斯喀彻温省为例：二战结束时，全省 60% 的财富来自农业，20% 来自制造业，而采矿等资源工业的比例仅有 10%；而到 70 年代初，钾、石油、铀等资源工业的产值达到了 15 亿加元，占到了国民生产总值的 27%，而农业的比重则相应地降为不

　　① Jean Barman, *The West beyond the West: A History of British Columbia*, Toronto: University of Toronto Press, 1991, reprinted in 1995, p. 280.

　　② John Richards and Larry Pratt, *Prairie Capitalism: Power and Influence in the New West*, Toronto: McClelland and Stewart, 1979, reprinted in 1981, p. 160.

足 40%。①

　　虽然取得了如此惊人的成就，但是繁荣并不能永远掩盖缺陷，随着时间的推移，西部无节制开发资源建立巨型资源项目的弊端逐渐显露出来。第一，石油繁荣虽然改变了各省的经济结构，却并没有真正改变各省大宗产品经济（staple economy）的性质，只是由过去对小麦的依赖转变为对石油、天然气、钾以及森林资源的依赖。西部经济的脆弱性并没有得以改善，"钾盐价格的崩溃会深深地伤害萨斯喀彻温，木材降价对不列颠哥伦比亚省将是灾难性的，而对马尼托巴来说，西部任何省的萧条都会给它的制造业带来困难"。②从这一意义上讲，西部省内建设和经济多样化的目的并没有达到。第二，对外资，尤其是美国资本的大量引入造成外资控制的比例特别高。各省为了得到开发资源所需要的资金又存在竞争，竞相优化外资待遇，给予税收减免，降低资源使用费，减少生产限制，担保借款等，巨额利润白白流入外国资本家的口袋，而各省从中得到的总体收益却大大降低。据估计，仅马尼托巴省在这种竞争中就损失了大约 4000 万加元。③第三，造成资源和财富的巨大浪费。阿尔伯达省虽然在 1938 年就开始对特纳谷地的石油采取保护措施，建立了"石油和天然气保护局"，但是由于省制定诸如租约更新条款、时间贴现率等政策都意在鼓励迅速开发，而采油中又推行先到先得的"掠夺原则"（rule of capture），实际上使各公司在竞争到来和优惠开发期结束之前获取最大利益的短期行为受到鼓励和纵容，使西部石油和天然气这种不可再生能源加速度地消耗，从而导致生产过剩，产品积压，省收益下降。许多巨型项目不仅没有实现原来所设计的带来众多工作机会和经济多样化的梦想，而且造成资源大量浪费，环境污染。如设在帕斯地区的丘吉尔森林工业项目总共制造了不到 1000 个工作机会，数额惊人的资本不知去向，而承包这一项目的美国老板却携带巨额资金大摇大摆地离开了加拿大，政府不得不接下这个烂摊子。

---

　　① Genald Friesen, *The Canadian Prairies: A History*, Toronto: University of Toronto Press, 1993, pp. 422-427.

　　② J. Conway, *The West: The History of a Region in Confederation*, Toronto: Toronto Publishing House, 1994, p. 185.

　　③ J. Conway, *The West: The History of a Region in Confederation*, Toronto: Toronto Publishing House, 1994, p. 181.

"播种石油"战略

20 世纪 60 年代后期以来，西部无节制开发资源的发展战略越来越遭到环保主义者的谴责，经济多样化的进展远远低于民众的期望，60 年代末、70 年代初，新一轮经济衰退降临西部，萨斯喀彻温省农业的收入由 1967 年的 4.89 亿加元衰落到两年后的 2.02 亿加元，人均收入也由全国平均值的 93%下滑到 1970 年的 72%；而且省内钾肥生产能力严重过剩，省政府不得不接受与墨西哥达成的生产比例制，维持 50%的开工能力。①经济衰退更动摇了各省选民对政府的信心，对资源开发政策持批判态度的阿尔伯达省拉菲德保守党和其他三省的新民主党（即 NDP，系 CCF 的重新组合）先后取得政权。新政府都主张加强省政府在资源开发的计划和进程中的作用，并制定新的更加积极的税收和资源使用费政策，以增加资源的社会收益，西部的经济多样化进入了第三个阶段。

西部不再认为自己的资源可以无节制开采，70 年代的世界能源危机和由此引发的西部和联邦中央之间的能源斗争，更加剧了西部实现经济多样化的迫切感，他们意识到丰富的能源和其他自然资源是西部能够实现经济多样化的唯一可行之路，而能源危机则为西部提供了千载难逢的历史机遇，正如萨斯喀彻温省总理布莱克尼所言："资源开发的潜力为我们实现经济基础多样化提供了一个机会……我们怎样才能使每种单独开发都会非常脆弱的资源的利用能够达到我们的第一目的——经济的稳定性？我们觉得减少资源经济不稳定性的最好方式是利用我们短期的财富实现长期的利益……或许实现这一稳定性的一个更为持久的方法是利用我们部分的短期财富启动和支持本省制造业的蓬勃发展，我们可能会出口一些初级产品，但我们并不想把所有的工作连同它们一道出口出去。"②因此，西部本阶段的经济多样化以省政府的积极干预、尽量实现资源利润的最大化为特色。

拉菲德政府认为阿尔伯达省必须为外国公司撤走和油气枯竭作准备，倡导"播种石油"的发展战略。其实这一政策是委内瑞拉在 30 年代首先倡导的，而此政策在阿尔伯达省的含义，根据斯迈利教授的说法，是"在资源问题上反对联邦干涉，维护省的自主权；在省内建立强大的石化工业；在阿尔

① John Richards and Larry Pratt, *Prairie Capitalism: Power and Influence in the New West*, Toronto: McClelland and Stewart, 1979, reprinted in 1981, p. 201.

② J. Conway, *The West: The History of a Region in Confederation*, Toronto: Toronto Publishing House, 1994, pp. 197-198.

伯达省资源开发过程中，建立起对阿尔伯达省就业和投资有利各种协定；将经济发展扩散到埃德蒙顿和卡尔加里中心区以外的地区；调整联邦交通和关税政策，服务于阿尔伯达的需要"。[1]针对往届政府对石油生产商最高只收取产值 16.66% 的资源使用费的政策，1972 年，阿尔伯达省政府通过了"自然资源税收计划"，力图在不打破生产合同的基础上增加政府收入，经过听证，向剩余的石油增收相当于总收入 6% 的矿产税，并实行新的开采鼓励制度，"以奖励那些在阿尔伯达的真正的石油开发商"。拉菲德认为阿尔伯达的经济多样化要实现三个目标："第一，加强阿尔伯达人民控制自己未来的能力，减少对省外政府机构和公司的依赖；第二，这一切尽量靠私人企业来完成，只有在非常特殊的情况下，政府才会插手干预；第三，对我们来说，加强私人企业的竞争性意味着将优先权交给地方拥有的企业，我们基本的信条是：使尽量多的公民能够左右自己的命运。"[2]

如果说阿尔伯达是政府扶植私人企业的代表，那么萨斯喀彻温就是"民主社会主义的典型"。萨斯喀彻温新民主党政府认为不仅应该加强省控制和管理资源开发的能力，而且还要"利用公有制谋取更多的利润和工作机会，增加省的决策权力"。除了向钾盐、石油开采公司增收资源税外，该省所实行的最激进措施莫过于 1975 年对钾矿实行国有化的尝试了，此举遭到了美国公司和省内保守党的激烈反对，以至于酿成三次宪法之争，生产者将省政府送上法庭，状告它侵犯联邦的间接税征收权。经过讨价还价，双方妥协，省政府给矿主可观的补偿，取得生产控制权。为了能使资源开发服务于本省的长远利益，它也同阿尔伯达省一样，设立了省遗产基金，到 1981 年，省遗产基金已经积累了 13 亿加元。

经过几十年的不懈努力，阿尔伯达和萨斯喀彻温的省内建设和经济多样化的确取得了巨大成绩。其一，经济结构同以前相比，变得更加合理。1931年，萨斯喀彻温省和阿尔伯达省第一部类在省经济中的比例分别是 61% 和 55%，制造业的比例不到 10%；而到 1981 年，草原三省经济结构是：第一部类 14.2%，第二部类 17.6%，第三部类 64.1%。[3]其二，伴随着西部丰富

---

① John Richards and Larry Pratt, *Prairie Capitalism: Power and Influence in the New West*, Toronto: McClelland and Stewart, 1979, reprinted in 1981, p. 231.

② Genald Friesen, *The Canadian Prairies: A History*, Toronto: University of Toronto Press, 1993, p. 445.

③ L. D. McCann, ed., *Heartland and Hinterland: A Geography of Canada*, Scarborough: Prentice-Hall Canada, 1987, p. 18.

资源的开发利用，资源工业越来越在各省经济中占据主导地位，如萨斯喀彻温省的钾盐和铀矿开采，阿尔伯达的石油化工，不列颠哥伦比亚的纸浆和造纸等，不仅具有地区优势，而且在世界市场上也占据了重要地位。其三，西部许多皇家公司也颇具规模，成为当地经济发展的龙头企业。如阿尔伯达省在 70 年代利用石油资金设立的阿尔伯达遗产基金，1981 年总资金达到 110 亿加元，成为继魁北克水电、安大略水电和太平洋铁路之后的加拿大第四大公司；萨斯喀彻温皇家电信投资公司同年的资本也达到了 50 亿加元。此外，像萨斯卡通合作信托公司、里贾纳榭伍德信托公司、太平洋西北航空公司、阿尔伯达电信公司、阿尔伯达能源公司等西部企业也都具备了相当的规模。这些大型企业不仅为当地创造了巨额的产值和效益，更重要的，它为西部培养起了一个企业家阶层，这批社会精英是推动西部工业发展和社会进步的无价之宝。再说，50 年代以来的能源开发使西部重新成为加拿大发展的中心，不仅改变了过去的萧条和人口外流的局面，而且使卡尔加里、埃德蒙顿等城市分别发展成为金融和石化中心，在草原地区形成了卡尔加里-埃德蒙顿发展走廊，与太平洋岸边的温哥华的崛起交相辉映，勾画出了未来西部发展的基本框架和模型。

西部加拿大从加入联邦的那一天起，就一直与中央的关系不甚协调，初期为平等而战，现在又为了发展而与联邦相左，从民粹主义到离心主义，许多事情都一脉相承，相互关联。西部乃至整个加拿大都长期为地方主义所困扰，在加拿大联邦体制和政策方面是否存在着一些地方主义的诱发因素？

（四）西部地方主义经久不衰的机制性原因

西部地方主义的长期存在，既有政策方面的原因，又有体制方面的因素。自治领时期联邦实行的国家政策和特鲁多政府的能源政策是引发传统和现代地方主义的两大政策根源。而从加拿大政治体制来看，它最主要的问题是内部交流渠道不畅通，地方意见不能通过联邦机制内的渠道得到表达，转而通过协调机制以外渠道、以地方主义的方式表现出来。

第一，加拿大的政党制度没能起到协调中央与地方，消弭地方主义的作用。其一，加拿大地理、经济和种族构成不幸重合，政党以地区和种族划线，形成政党地区化的局面。对两大党均感失望的西部在地方上建立第三党，长期控制省政权。只有到了 1958 年，迪芬贝克的保守党才重新取得西部的支持，而在中央掌权的自由党在西部则每况愈下，自 1972 年起没在阿尔伯达省得到一个席位，在 1980 年选举中，自由党虽然取得了联邦大选的胜利，却仅在西部的马尼托巴省得到了两个议席，①由此可见，在长期的联邦选举中，西部在多数时候都处于非执政党的一方，这加重了其本来就存在的政治上无能为力的感觉，成为离心主义的一个重要的政治原因。其二，严密的政党纪律，不利于地方意见的表达。加拿大采取议会制政体，多数派政党领袖既是议会首脑，又是政府行政长官。加拿大议员在议会中的首要任务不是代表选民的意志，而是服从政党领袖的领导，保证本党的议案能够在议会中通过。其三，地方政党与联邦政党相互分立，而且由于地方选举与联邦选举不同时举行，地方政党为了免受联邦党的指挥不能有效维护地方利益，常常在选举中宁愿支持其他党派。这样，政党不仅不能成为沟通联邦与地方的桥梁，相反，却变成了削弱联邦的工具。

第二，加拿大的议会同样不利于地方意见的表达。其一，上院不能代表省或地方利益，没多少实际权力，议员也不像美国的参议员那样是晋升总统的台阶，而是一个闲职，没有政治前途。其二，下院议员要服从严密的政党纪律，置党派利益于地方利益之前，"当地方利益与政党利益相冲突时，美国议员可以把州或地方利益置于首位，而加拿大执政党派的议员要如此行事，却要冒极大的危险，他的事业、政党和政府的生存都要受到威胁。"②其三，联邦议会与省议会缺乏交流，各行其是。

第三，选举制度夸大了政党的地区性差异。加拿大采取单一选区简单多数获选制，这样就使得获最多数选票的政党在下院所得席位比实际得到的选票的比例要高，而第二、第三党得到的议席则比选票的比例要低。该制度不仅夸大了某些政党的地区代表性，而且"对得到相对集中的地区支持的弱党有利"，同样有利于地方主义而不是联邦主义的发展。

第四，最高法院在加拿大也没能起到有效调处联邦与地方关系的作用。自治领时期英国枢密院司法委员会是加拿大的最高上诉机构，负责调处联邦与省纠纷，不断作出压制联邦，纵容省权的判决，使麦可唐纳苦心经营的中央集权的联邦变成了省权主义猖獗的马赛克。而没有实权的最高法院也蜕化为司法委员会在加拿大的传声筒，"其作用不是解释宪法，而是解释枢密院

① Arthur Lower, *Western Canada: An Outline History*, Vancouver: Douglas &McIntyre Ltd., 1983, p. 328.

② Roger Gibbins, *Regionalism: Territorial Politics in Canada and The United State*, Toronto: Butterworth & Co. Ltd., 1982, p. 62.

对《英属北美法案》的说法。"①

总之，由于加拿大联邦政治体制内部地方意见表达的渠道不畅通，地方意见只能从体制以外的渠道、以地方主义的形式表现出来，结果伴随着联邦权力的削弱，省权的加强，省变成了地方利益的代言人。联邦—省关系委员会逐渐成为解决上下级争端的专门机构，联邦—省会议成为解决联邦与地方纠纷的最主要形式，在会议上经常是众省联合向中央发难，形成 10 对 1 的局面，它不仅给外界一种地方主义严重的错觉，而且削弱了其他机构调处联邦与地方争端的能力，阻碍了地方意见表达的机制化，不利于消除地方主义，结果，"省—联邦会议制度越活跃，联邦政府就越脆弱"。②

（五）小　结

西部在同加拿大联邦政府多年的政治斗争中，在早年地区意识的基础上，逐渐形成了现代西部的离心主义思想，这是一种被忽视的外围对中心的抱怨和渴望容入主流集团的心绪，"它所反映的不仅仅是地理上的孤立和边缘位置，而且还有地方性非常明显的独有的经济结构和种族构成以及特殊的政党效忠模式"。③西部离心主义与分裂主义有着本质的区别。它所要求的不是独立，而是通过自身的发展和联邦的改革能在联邦中为自己找到平等合理的一席之地。用西部一名退职部长的话说，西部所要求的"既不是不同于加拿大其他地区的特权，也不想削弱中部加拿大集团的稳定性和多样性，我们只要求国家的基本政策能够生气勃勃地为各地区带来繁荣、稳定和发展机会"。所以，西部离心主义既反对魁北克的分裂主义，也对本地的分裂主义抱批判态度，"把草原地区与魁北克区别开来的是：前者希望成为与其他地区相同的一个，即它主要是想在加拿大主流社会中取得一席之地"。④即使在分裂主义风头最盛的 1980 年 10 月和 1981 年 3 月，支持独立的人数也仅

---

① Donald V. Smiley, ed., *Canada in Question: Federalism in the 70s*, Toronto: University of Toronto Press, 1976, 2nd edition, p. 23.

② Harold Waller et al, eds., *Canadian Federalism: From Crisis to Constitution*, Philadelphia: University of America Press, 1984, p. 61.

③ Roger Gibbins, *Regionalism: Territorial Politics in Canada and The United State*, Toronto: Butterworth & Co., Ltd., 1982, p. 159.

④ Roger Gibbins, *Regionalism: Territorial Politics in Canada and The United State*, Toronto: Butterworth, 1982, p. 181.

占西部总人口的 7% 左右，约 90% 的居民仍选择留在加拿大中。因此，从一定意义上说，西部的反抗可以看作是长期以来被忽视的边缘地区对中心地区的一种挑战和反应。

西部的省内建设和经济多样化运动是整个加拿大战后经济地方主义的一个重要组成部分，是传统的离心主义在经济领域的新发展，它为现代西部其他形式的地方主义的形成和发展准备了经济基础。它使西部各省管理地方经济事务的能力大为加强，从经济上削弱了联邦的权力，使省逐渐代替中央成为西部经济发展的主导力量。而联邦总理特鲁多加强联邦、扭转国家经济权力下滑的努力必然与西部的经济地方主义发生冲突，20 世纪 70 年代发生的以阿尔伯达为首的西部与联邦政府之间的能源斗争就是这两种势力斗争的表现。70 年代持续不断的石油斗争激化了联邦与西部早已积蓄的矛盾，导致了 80 年代初期的宪法危机和西部分裂主义的昙花一现。这一切都与西部的省内建设和经济多样化运动密不可分的。

加拿大自治领政府在处理西部问题上政策的失误导致了西部对联邦的不满，而联邦体制方面的诸多因素又不利于这种不满情绪的发散，致使西部加拿大长期以来同联邦政府发生矛盾和摩擦。虽然在地方的压力下，联邦政府一步步退让，修正了原来的偏差，但仍然没有达到西部所要求的最低限度，令该地区依然抱有怨言，一旦有什么风吹草动，西部马上同国家政策期间的屈辱地位联系起来，奋力反抗，引发新一轮的宪法危机和地方主义的高潮。诚然，加拿大联邦和各级政府为了消除西部的不满而采取了不少的行动，但是，鉴于西部地方主义发展时间长，涉及因素复杂，不可能指望一两项政策和简单的一些改革就能奏效，联邦中央和西部地方都还有许多工作要做。或许西部只有真正从经济上和政治上取得了同中部地区相等的地位和权力以后，这种长期积郁的情绪才有望消失。

（本节部分内容曾刊登在《南开学报》2003 年第 3 期和《世界历史》2004 年第 3 期，有所删节）

四、加拿大西部分裂主义的兴衰

加拿大是一个饱受地方主义折磨的国家，近些年来，随着西部力量的增强，在原来离心主义的基础之上，西部加拿大逐渐兴起了一股鼓吹分裂的政治势力，并且在 20 世纪 80 年代初期联邦同西部诸省，尤其是阿尔伯达省的能源斗争中出现了昙花一现的高潮。1981 年春天，加拿大西部基金会公布的一项民意调查表明：不少于 36% 的西部被调查者同意"西加拿大作为联邦中的成员获得的利益非常少，可以走自己的路"的说法；84% 的被调查对象认为"在国家政治中由于政党主要依靠安大略和魁北克的选票，西部经常遭到忽视"的提法可以接受；而 61% 的人认为"西部有足够的资源和工业，可以独立生存下去"。①然而，随着西部与联邦就石油问题达成协议，西部分裂主义运动像它的突然兴起一样，又迅速地在西部衰落下去，不过至今仍有小部分鼓吹西部分裂的政治势力在活动，其动向仍然值得关注。

（一）西部分裂主义的缘起

西部分裂主义虽然在 80 年代初期才成为一股比较严重的政治势力，但它的产生却有着深厚的历史根源，长期以来在西部逐渐形成的离心主义思想为分裂主义运动的酝酿准备了肥土沃壤。所谓西部离心主义其实是对开发时期本地区加拿大化（Canadianization）的一种异化，它可以看作是"表达地区不满的一种政治理想……其中蕴含着政治、经济和某种程度文化上对加拿大中心地区的疏远感，它所表达的关联主题是：由于西部加拿大在国家政治中总处于劣势，导致它一直受制于中部加拿大不同程度的经济剥削之下"。②首先，离心主义表现为西部对自治领时期联邦政府的西部开发政策的不满，他们认为联邦所推行的以国家政策为核心的开发政策，尤其是关税、太平洋铁路和联邦对西部自然资源的控制等方面的具体政策，损害了西

---

① J. Conway, *The West: The History of a Region in Confederation*, Toronto: Toronto Publishing House, 1994, p. 215.

② R. Douglass Fransis and H. Palmer, eds., *The Prairie Weste: Historical Readings*, 2nd edition, Edmonton: Pica Pica Press, 1995, p. 686.

部的地区利益，导致西部成为中部工业地区的农业边缘，西部为国家的建设所付出的代价和得到的回报不相适应。其次，西部的抱怨并不仅仅是经济方面的不满，"即使在繁荣时期它也会爆发出来，或许其原因更多的是出于那种认为本地区在渥太华缺乏政治影响的根深蒂固的意识而非单单的经济因素。"①西部认为，无论哪一个联邦政党执政，整个国家的决策系统，都毫无例外地歧视西部。早在 1969 年，阿尔伯达省举行的第一次有报道的民意测验就表明，55%－60%的阿尔伯达省人认为联邦忽视西部并推行损害西部而利于东部的政策。罗格·吉宾斯在 70 年代末期对阿尔伯达 502 人所做的抽样调查可以比较详细地反映西部离心主义的情况（见表 3-4）。

表 3-4　离心主义在西部的表现

内容	表现类型（%）					
	完全赞同	适度赞同	既不赞成也不反对	适度反对	强烈反对	没观点
联邦政府的经济政策似乎牺牲阿尔伯达以利安大略和魁北克	43.3	30.3	8.2	7.8	1.8	8.6
由于联邦各政党大部分的选票来自安大略和魁北克，在国家政治中阿尔伯达经常遭到忽视	44.2	32.9	3.8	11.6	2.4	5.2
在过去的几年里，联邦政府已经为改变对阿尔伯达的经济歧视做出了真诚的努力	8.2	23.9	12.5	25.7	19.3	10.4
在很多方面，阿尔伯达与美国西部的共同点比与东部加拿大更多	23.1	39.4	10.0	10.8	8.2	8.6
大多数来自东部地区的加拿大人似乎觉得加拿大在大湖岸边就结束了	36.5	28.1	9.0	11.0	5.4	10.2
阿尔伯达从东部的工业中得到的利益与东加拿大从阿尔伯达的像石油之类的自然资源中所得到的一样多	6.6	17.3	7.6	26.3	36.5	7.6
似乎阿尔伯达的政治家在东部并不受到认真对待	35.5	35.9	7.6	10.2	3.4	7.6
我们与其他加拿大各地区一荣俱荣、一损俱损	11.4	20.7	7.4	32.7	24.1	3.8

资料来源：Carlo Caldarola, ed., *Society and Politics in Alberta: Research Papers*, Toronto: Methuen Publications, 1979, p. 147.

---

①　David Kilgour, *Uneasy Patriots: Western Canadians in Confederation*, Edmonton: Lone Pine Publishing, 1988, p. 35.

　　离心主义是西部地方主义最主要的理论基础，它主张在加拿大联邦之内寻找出路，寄希望于联邦政策的让步和体制的改革。虽然这种思想并不能直接导致分裂主义，但对本地区屈辱地位的不平和联邦政策的不满却为分裂主义这种极端思潮提供生存基础。"自己的经济需要和要求被联邦忽略的感觉"和"政治上无权"的地位使整个西部感觉到一种"无助的愤怒"和"被剥削的痛苦"，①这种痛苦和愤怒促使一批激进分子提出了西部建立自己独立国家的过激主张。早在 1924 年，阿尔伯达农场主联合会（UFO）的大会上就曾经有人鼓吹西部独立，不过这仅是一时的过激之词，很快就淹没在其他要求改革的呼声之中。实际上与农场主的反抗、第三党运动一样，分裂主义只是西部发泄不满的另外一种形式而已。

　　西部分裂主义虽然有其历史根源，但它的兴趣却是西部石油繁荣以后的产物，是西部经济实力壮大的一个侧影。自 1947 年阿尔伯达省的拉迪克地区发现大规模的石油、天然气资源以来，各省纷纷兴起了省权建设和经济多样化运动，大规模地开发本地的丰富资源。结果，阿尔伯达省的油气资源、萨斯喀彻温省的钾盐、马尼托巴省的铀矿以及不列颠哥伦比亚省的森林、水力等自然资源都得到开发。大规模的资源开发一举改变了本地区自 30 年代边疆时代结束后的萧条和人口外流的局面，使西部重新成为加拿大发展的中心。力量的增强不仅使一部分人感觉到本地区有能力独立生存下去，而且为鼓吹地方主义的各种组织提供了经济方面的便利，因为"贫穷，无论是个人还是政府，都只会带来依赖"。②用曾为加拿大农业部长奥斯勒的话说："西部感到联邦政府对安大略和魁北克发生的事情远比本地区更为关心，我想那儿的大部分人们以为他们已经足够强大，可以从马尼托巴边界起组成一个政治实体而生存下去了。"③

　　在 20 世纪 60 年代末期，出现了鼓吹西部分裂的第一个清晰声音。以右翼的大学生、记者和艺术家为首的所谓"空谈派"（Parlour Groups），在 1971 年发表了要求西部独立的第一个宣言——《未完成的抗争：对西部独立的某些看法》，该书的两名主编之一约翰·巴尔（John Barr）（另一名主编是欧文·安德森）主张："如果加拿大很明显地不再是一种政治上可行的选

---

①　Hugh Innis, ed., *Regional Dispatities*, New York: McGraw- Hill Ryerson Limited, 1972, pp. 41-46.

②　Larry Pratt and Garth Stevenson, *Western Separatism: The Myths, Realities and Dangers*, Edmonton: Hurtig Publishers, 1981, p. 60.

③　R. M. Burns, ed., *One Country or two?* Montreal: McGill-Queen's University Press, 1971, p. 248.

择，或者当前的不公平现象变得更深了，那么就没有令人信服的说教要求西部合并进那已经起火的联邦大厦中去。因此：1）我们为一个更加公正的宪政的加拿大而奋斗；2）如果加拿大失去了她的政治可行性，那么西部就必须孤注一掷，尝试着在北美大陆的这一角建立一个独立的国家。"①

"空谈派"的主张在整个 70 年代只代表一小部分极端主义分子的观点，在西部和整个国家政治中还没有多少影响，也没有多少人支持他们。直到 1979 年 4 月对西部 582 人进行的民意测验还表明：希望西部四省独立成一个国家的观点只得到 3%的支持，主张加入美国的也仅有 4%，90%的被调查者坚持西部仍然留在加拿大联邦之中。②

导致分裂主义势力大爆发的直接原因是 1980 年特鲁多政府的上台和联邦与西部之间新一轮的石油大战。1980 年，特鲁多领导的自由党虽然只在西部四省中的马尼托巴取得了两个席位，仍然以 147 票的多数获胜上台执政。整个西部再次被排除在联邦政府的权力中心之外。特鲁多政府上台伊始就否决了前任克拉克政府关于分散联邦权力和允许西部石油涨价等有利于西部的措施，宣布加强联邦权力，并且加快了宪法改革的步伐，其中最令西部愤怒的措施莫过于"国家能源计划"（NEP）了。1979－1980 年，世界油价再次高涨，达到了每桶 37 美元。为了应对石油再次涨价带来的影响，1980 年，特鲁多政府宣布实行"国家能源计划"，声称要达到能源的自给、保护、国家建设和加拿大化四个目的。联邦的行为，遭到西部各省的坚决反对。西部四省总理紧急集会，一致认为新能源计划是对西部的无耻掠夺，意欲剥夺西部经过长期斗争取得自然资源的所有权，而特鲁多同时积极推进的宪法改革也被西部看作联邦侵犯省权、剥夺西部自然资源的辅助步骤。阿尔伯达省省长拉菲德强调指出，"事实上，渥太华正在试图拿走阿尔伯达人民所拥有的自然资源"，他警告阿尔伯达人民"做好流血或屈服的准备"。连较为谨慎的萨斯喀彻温省省长布莱可尼也直言："对西加拿大人来说，推进宪法改革的缘由不难理解。自从阿尔伯达和萨斯喀彻温 1905 年建省以来，草原的人民就一直为反对联邦中央的主导势力——中部加拿大的政治、经济和金融阶层——而斗争，为的是能在国家政策中有一席发言权，能平等分享这个国家的政治和经济利益。我们萨斯喀彻温认为自然资源财富能最终帮助我

① Hugh Innis, ed., *Regional Dispatities*, New York: McGraw-Hill Ryerson Limited, 1972, p. 43.

② Roger Gibbins, *Regionalism: Territorial Politics in Canada and the United States*, Toronto: Butterworth & Co., Ltd., 1982, p. 182.

们取得太阳下的地位。但就在西部资源开始涨价，大量财富涌入我们省库之际，联邦政府插足进来：价格控制、石油出口税、单方面宣布省产权税不能抵收入税……所有这些动向都使得我们呼吁宪法改革，以确认和加强省对资源的所有权。"①这样，新能源计划和自然资源管理权的争端"发展成了一场省和联邦之间的宪法权力之争"。

特鲁多政府的政策使西部感到在联邦中无足轻重，国家能源计划则使它们感到极度的愤怒。绝望的西部从魁北克地方主义之中找到了灵感，正如阿尔伯达大学教授戴维·贝所坚持的那样：西加拿大正处于同60年代的魁北克相似的地位，魁北克通过20多年的斗争在联邦中获得了尊重，西加拿大也应该如此行事。②原来鼓吹分裂的各种组织短时期内受到了狂热的支持，分裂的呼声与日俱增，长期积累的不满终于在西部汇集成分裂主义的洪流。

（二）20世纪80年代初期分裂主义的高潮和衰落

截至1980年初，西部持分裂主义主张的主要有三个组织派别。

第一派是埃尔默·克努森领导的西加拿大联盟（Western Canada Federation），这一派起初主要是反对魁北克继续留在联邦之中。1980年5月20日，魁北克省就魁北克人党的分裂方案举行全民公决投票，结果联邦派占据了优势。在这种情况下，克努森与他的追随者在同月的23日建立起他们独立的分裂主义组织——西加拿大联盟。除了反对魁北克外，西加拿大联盟的领袖克努森还提出了一套奇怪的联邦理论，认为加拿大本来就不是国家，1867年《英属北美法案》使四个殖民地连为一体，而1931年的威敏寺法案则给予了各省"与大不列颠相同的主权和地位，对自己的财产、土地和人民拥有完全的控制权"。他们要求西部四省、育空和西北地区通过一部宪法联合起来，建立西部联邦。

第二派是多哥·克里斯蒂领导的"西加拿大概念党"（Western Canada Concept）。在联邦大选后的第六天，克里斯蒂与他的50名支持者在温哥华建立了分裂主义组织"西部国家协会"（Western National Association），当该

---

① J. Conway, *The West: The History of a Region in Confederation*, Toronto: Toronto Publishing House, 1994, pp. 211-212.

② David Kilgour, *Uneasy Patriots: Western Canadians in Confederation*, Edmonton: Edmonton: Lone Pine Publishing, 1988, p. 17.

组织中的死硬派要真的付诸行动之时，发生了分裂，约有半数人离开了组织，克里斯蒂与他的新追随者们在 1980 年 6 月建立起了西加拿大概念党。克里斯蒂呼吁西部四省举行独立问题的全民公决，如果省政府拒绝，那他的目标就是带领他的党参加省选，取得合法地位后迫使各省举行独立问题的全民公决。但是 1980 年的夏天，他的思想引不起西部的兴趣，只在布兰登招到 2 人、温尼伯 8 人、梅蒂辛哈特 25 人、莱斯布里奇 275 人和埃德蒙顿 55 人。

在西部持分裂主义思想的第三派势力是萨斯喀彻温前保守党领袖迪克·克尔弗领导的"联合党"（Unionist Party）。该派虽然也同前两派一样对中部加拿大和渥太华对西部的统治不满，但他们的主张却与前两派迥然不同，认为要求西部独立的想法不切实际，会逐渐衰落下去，而等到他们的想法被证明失败的时候，他的联合党则可以站出来挽救大局，向西部指出他们的正确选择——加入美国。所以当西加拿大联盟和西加拿大概念党在 1980 年底和来年初展开分裂主义的强大宣传时，联合党并没有加入他们的行列，只是试图在阿尔伯达省取得合法地位，在一旁静观其变。1980 年 10 月底，特鲁多政府公布的新预算方案和随之而来的新能源计划彻底激怒了西部，把原来持离心主义态度的一大批人推向了分裂主义行列，加拿大西部基金会 1980 年 10 月公布的对 1230 人的民意测验还显示，只有 28% 的人同意"西加拿大作为联邦中的成员获得的利益非常少，可以走自己的路"的观点，而当第二年春天以阿尔伯达省为首的西部与联邦石油大战处于高潮时，同意这一观点的人上升到了 36%，而在石油大战的主战场阿尔伯达，支持这一看法的人从原来的 30% 上升到了 49%。[①]

从 1980 年 10 月份开始，分裂主义势力引起了西部新闻媒体的注意，特鲁多在记者采访中对西部分裂主义的攻击为分裂主义的领导人向西部倾诉本地区对联邦的不满提供了绝佳的机会。许多原来持离心主义观点的西部人士逐渐站到了同情分裂主义的行列，其中卡尔加里石油大亨卡尔·尼克尔转向分裂主义可以说是西部分裂主义发展的转折点。尼克尔是"独立石油协会"的前任总裁、《每日石油快报》的出版人，在一年前还是省督的热门竞争人选。直到 1980 年联邦选举，他还是一个联邦主义者，称："我对选举

---

① Roger Gibbins, *Regionalism: Territorial Politics in Canada and the United States*, Toronto: Butterworth & Co., Ltd., 1982, p. 181.

后的局势并不感到特别的悲观，因为我相信自由党政府不久就会看到现实主义的光芒。"①10 月 29 日，就在联邦新预算方案公布的次日，尼克尔公然表明了自己的分裂主义立场。11 月中旬，他在一个午宴上发表讲演，向西部指出："我们有三种选择：屈服，接受联邦的压迫而被踩于地下；继续像拉菲德省长那样寻求妥协或者选择建立独立的西加拿大国家。"②尼克尔的讲演在西部引起了支持分裂主义的热潮，支持分裂的队伍迅速壮大。11 月 20 日，克里斯蒂在埃德蒙顿朱庇力大礼堂与自由党人尼克·泰勒的公开辩论，把这一运动推到了狂热的高潮。2700 人参加了这一盛会，与秋天克里斯蒂在这里演讲时只有 100 人到场的局面形成鲜明的对比。虽然这 2700 人不全是分裂主义者，但"都对联邦政府满怀愤怒并且寻找发泄怒气的途径，克里斯蒂给了他们机会，而泰勒则为他们提供了靶子"。③辩论会变成了西部的出气大会，痛斥联邦对西部虐待和鼓吹分裂的克里斯蒂受到狂热的欢迎，为联邦辩护的泰勒没有结束发言就被轰到了台下。就在辩论的第二天，《埃德蒙顿杂志》接到无数要求加入西加拿大联盟和西加拿大概念党的电话，在短时期内，两大分裂主义组织的规模迅速扩大。除了大本营阿尔伯达外，西加拿大联盟在马尼托巴据称也有 3000 名追随者，在温哥华的讲演也吸引了 1100 人到场，它的全部成员一度达到 30000 人。而克里斯蒂的西加拿大概念党也吸收到了大约 3000 名成员。

　　1980 年是分裂主义发展的高峰，是它衰落的起点。

　　首先，分裂主义组织内部发生分裂。就在西加拿大概念党聚集在埃德蒙顿为克里斯蒂 11 月的演讲作准备的时候，当地有一半的组织者在戴维·莱尔德的领导下建立了"鲁伯特地区独立联合会"（Rupert's Land Independence League），反对克里斯蒂关于西部全部独立、举行全民公决的主张，害怕西部独立会让阿尔伯达成为不列颠哥伦比亚火中取栗的猫爪子。所以该派鼓吹通过省选实现阿尔伯达一省的独立，然而该组织仅生存了两周。西加拿大概念党的另一名来自卡尔加里的支持者汤姆·麦克阿瑟也认为克里斯蒂的想法

　　① Larry Pratt and Garth Stevenson, *Western Separatism: The Myths, Realities and Dangers*, Edmonton: Hurtig Publishers, 1981, p. 28.

　　② Larry Pratt and Garth Stevenson, *Western Separatism: The Myths, Realities and Dangers*, Edmonton: Hurtig Publishers, 1981, p.29.

　　③ Larry Pratt and Garth Stevenson, *Western Separatism: The Myths, Realities and Dangers*, Edmonton: Hurtig Publishers, 1981, p. 30.

太幼稚，另建"西部党"（Western Party），虽然吸收了鲁伯特地区独立联合会的残余，也仅有 14 人参加成立大会。即使两大分裂主义组织——西加拿大概念党和西加拿大联盟——的目的和策略也有分歧：克里斯蒂鼓吹通过全民公决建立西加拿大联邦，而克努森则只想使他的组织成为一个吸收各党成员压力集团，而不是一个分裂主义分子的政党。

其次，对联邦政策的第一口怒气发泄出来以后，分裂主义组织的斗争目标受到考验。把分裂主义者黏合在一起的是西部对中部加拿大和联邦中央压迫的痛恨、对双语制和公制的反感以及对特鲁多的反对。至于对独立后的西部如何发展并没有明确的规划，对其可行性也没有做过任何实际的调查和研究，只是想当然地认为独立以后的西部会繁荣昌盛，像他们自己标榜的那样，具体政策，可以等独立后再慢慢制定。他们可不想成为像特鲁多一样的集权主义者。"非常明显，他们除了当时要求独立的呼号外，根本没有任何政策。"①

再次，分裂主义分子心中的"摩西"阿尔伯达省省长拉菲德只对他们表示有限的同情，但各主要的石油公司都对他们的行动反应谨慎，各组织经费极度紧张。前者虽然在受到各方压力的情况下仍然表示对分裂主义者的同情，但也并没有像人们所期望的那样，领导他们为阿尔伯达的独立而斗争，只是表示他正在"试图通过积极途径疏导他们的愤怒"。由于新能源政策而利益受损的各跨国石油公司不愿为了支持极端主义的组织去冒开罪联邦政府之险，而且它们自己向渥太华施加压力会比分裂主义分子有效得多，所以虽然背上了"蓝色筹码"（跨国石油公司在加拿大被称为蓝鲨）的罪名，各分裂主义组织并没有得到商业阶层的多少资助。他们除了会员费外并没有多少收入来源，而其收敛经费的做法又受到新闻机构的质疑，西加拿大概念党在 1981 年 2 月声称它们的银行存款只剩 100 元了。

最后，也是最重要的，拉菲德政府 1981 年 9 月与联邦就新能源计划达成的新协议，给予西部分裂主义致命的一击。就像魁北克分裂主义是法裔人的分裂主义一样，西部分裂主义主要也是阿尔伯达的分裂主义。分离派在萨斯喀彻温大约只招收到 100 名成员，克里斯蒂虽然在阿尔伯达受到狂热的欢迎，而在其老家不列颠哥伦比亚却一直遭到冷遇。联邦在与阿尔伯达省的

---

① Larry Pratt and Garth Stevenson, *Western Separatism: The Myths, Realities and Dangers*, Edmonton: Hurtig Publishers, 1981, p. 41.

协议中做出了明显有利于西部的让步，使愤怒的阿尔伯达平静了下来，西部分裂主义宣传失去了它最重要的存在基础。除少数坚持分裂主张的死硬派外，大部分分离活动的参加者又回到了离心主义的行列。《埃德蒙顿杂志》和《卡尔加里先驱报》在 1981 年 3 月对 601 名被调查人的调查结果都显示：88%的阿尔伯达人选择留在联邦之中，6%的人主张分离，6%的人不知道如何选择。①到 1981 年春天，西部分裂主义运动的高潮就已经过去，连西加拿大联盟的领袖也开始转变口气，克努森在 1 月向温哥华人民宣布："如果必要的话，要求独立，但并不是非要独立不可。"比较坚定的克里斯蒂在面对"你认为阿尔伯达是否仍留在加拿大之中"这一问题时，也不得不承认："当然我们喜欢维持一个国家，如果加拿大建立在公平原则基础上，那我也不会是一个分裂主义者。"②西部分裂主义运动就这样在 1981 年的上半年里一步步地走向衰落，而同年秋天联邦与阿尔伯达省的石油协定和随之而来的修宪协议标志着这场运动基本结束。

（三）消除分裂主义的长远对策

虽然从目前来看，一个独立的西部没有存在的可能，并入美国也不现实，但这不等于分裂主义已经没有了市场。一方面，分裂主义作为西部同联邦讨价还价的一张王牌，许多西部的政治家出于策略上的考虑，可能仍然会给它以有限的支持；另一方面，西部分裂主义孕育的基础——西部离心主义——并没有消失。分裂主义作为一种政治主张，仍然在一小部分人中有影响，西加拿大概念党的戈登·凯斯勒甚至在 1982 年阿尔伯达省选中取得了一个席位。只要分裂主义产生的原因得不到根治，它就不会最终死亡。一旦重新遇到合适的条件，也不排除它再度爆发的可能性。所以对西部和加拿大联邦而言，当务之急是将尽可能多的分裂主义分子拉回离心主义的行列，再采取措施，消除分裂主义孕育的温床——西部离心主义——存在的基础和条件。

西部对联邦和以安大略为首的中部加拿大的反感和不信任情绪是西部离心主义思潮存在的大众心理基础，而联邦政府和安大略等中部地区长期以来

---

① Larry Pratt and Garth Stevenson, *Western Separatism: The Myths, Realities and Dangers*, Edmonton: Hurtig Publishers, 1981, p. 43.

② Larry Pratt and Garth Stevenson, *Western Separatism: The Myths, Realities and Dangers*, Edmonton: Hurtig Publishers, 1981, p. 43.

在观念上面对西部有意或无意的漠视甚至是歧视则客观上加重了西部那种本已十分流行的反感和不信任情绪。双方的这种不友好态度无疑阻碍了他们之间的沟通和理解，是离心主义和分裂主义思想在西部流行的一个重要原因。因此，要消除西部地方主义，就要从以下几方面着手。

第一，"就是得改变态度"[①]。从联邦政府角度来讲，它要充分认识到联邦政策的不公和联邦中至今仍然存在的一系列不合理格局是构成西部地方主义此起彼伏的一个重要原因，理解西部的离心主义情绪，"认清自己在升华地区利益方面所肩负的责任，并且应该设法修补各地区之间已有的裂痕而不是为利益所诱惑，利用这些分歧玩弄诡计谋求政党利益"。[②]只有联邦政府真正改变观念，重视西部和其他边缘地区的苦楚和发展，而不是为了政党利益而仅仅关注于中部加拿大的利益，才能够真正在北美大陆的这一边建立起一个更加合理公正、更加稳定和强大的加拿大联邦。

对于西部来说，不应抱着过去那种对联邦政府和中部地区的愤恨和不满情绪念念不忘，而是要向前看，认识到联邦政府在过去的岁月里为缓解地区不平等状况和改善西部的处境及地位所作出的巨大努力，而且承认本地区政府和人民在过去的时代里在财富和权力方面所取得的巨大进步。要看到加拿大国家重心不断西移的不可逆转趋势和本地区光辉灿烂的美好未来。与此同时，西部也要以平静的心态看待由于上述趋势而在中部地区所引起的紧张情绪。此外，西部还应该超越过去那种狭隘的地区意识，"要在利用本地区的财富谋求自我利益的同时，促进加拿大整体利益的发展"。[③]

第二，改变政策，消除西部地方主义产生的政策性根源。无论在过去还是在当代，联邦政府的歧视性政策是西部地方主义存在和发展的一个重要原因。在传统地方主义时期，最著名的歧视性政策当属以麦可唐纳为首的保守党政府首先推行、后为各届政府所继承的国家政策。西部所反对的除了政治上的不平等外，经济方面主要是联邦的关税政策和谷物的铁路运输政策。而在现代西部地方主义时期，最令西部不满的当数自 1973 年开始执行的联邦

---

① Larry Pratt and Garth Stevenson, *Western Separatatism: The Myths, Realities and Dangers*, Edmonton: Hurtig Publishers, 1981, p. 62.

② Larry Pratt and Garth Stevenson, *Western Separatatism: The Myths, Realities and Dangers*, Edmonton: Hurtig Publishers, 1981, p. 63.

③ Larry Pratt and Garth Stevenson, *Western Separatatism: The Myths, Realities and Dangers*, Edmonton: Hurtig Publishers, 1981, p. 63.

能源政策。联邦与西部的能源大战曾经引发了 70 年代后期到 80 年代初期西部地方主义的新一轮高潮。就在西部与联邦就能源问题争得难分难解之时，地区不平等和边缘发展问题逐渐成为联邦和西部矛盾的一个新领域，而且随着 80 年代能源的缓和，联邦的地区发展政策日益成为引发西部不满的一个新焦点。

总之，西部从开发初期联邦中的半殖民地地位，经过本地区人民多年的艰苦斗争和不懈努力，取得了名义上的平等权，直到今天发展成为整个加拿大最活跃的经济增长区域。在这一过程中，西部在联邦中的待遇和地位都已经得到了极大的改善，实力状况也已今非昔比。但是，加拿大联邦政府无论是过去的国家政策和能源政策，还是现在的地区发展计划和购买政策，都存在着一种对西部有意或是无意的歧视和不公平现象。而且上述政策都是在维护国家整体利益的幌子下进行的。饱经歧视的西部禁不住疑问："我们西部人发现极其奇怪的是，只有当谈论利用西部资源为东部利益服务的时候，国家利益才会出现。"①本地区所要求的"既不是不同于加拿大其他地区的特权，也不想削弱中部加拿大集团的稳定性和多样性。我们只要求国家的基本政策能够生气勃勃地为各地区带来繁荣、稳定和发展机会"。②所以，联邦政府要想消除西部的反抗和离心主义情绪，除了改变观念外，必须得改变过去那种以维护国家利益为幌子歧视西部，并且损害该地区地方利益的做法，推行公平合理的联邦政策，在联邦发展中给西部以合理的份额。"所有问题的中心必须是将机会均等和公平的原则推行于这一片努力加强中部力量而自己的潜力得不到挖掘的地区"，③使其在经济上得到与中部地区同等的发展权。

第三，改革联邦机制，疏通地方与中央交流的渠道，是从体制上铲除分裂主义隐患的根本性措施。当前加拿大联邦的典型缺点是权力机构和机制内部中央与地方交流和表达渠道不通畅，地方意见越来越不能够通过联邦机制内部的渠道在联邦中央得以表达，转而通过协调机制以外的渠道，以地方主

① Larry Pratt and Garth Stevenson, *Western Separatism: The Myths, Realities and Dangers*, Edmonton: Hurtig Publishers, 1981, p. 56.

② David Kilgour, *Uneasy Patriots: Western Canadians in Confederation*, Edmonton: Lone Pine Publishing, 1988, p. 13.

③ David Kilgour, *Uneasy Patriots: Western Canadians in Confederation*, Edmonton: Lone Pine Publishing, 1988, p. 252.

义的方式表现出来。"当今西部地方主义与以前的一个重大区别就是西部的利益和愿望几乎全部通过省政府表达出来，而在渥太华却没有多少真正的发泄渠道"。①所以，消除西部地方主义的另一条重要措施就是要改革加拿大联邦制度。改革的重点是扩大省政府在联邦机构内部中的代表性，使地方意见能够通过联邦体制内的渠道得以表达，削弱甚至取消省作为地方利益代表的角色和作用。具体说来，这些改革措施主要包括：改革上院，扩大议员的权力，使其成为地方利益的代表，改变省总理是地方利益唯一代表的现状；改变下院规则和程序，使议员能置选区利益于政党利益之上；改革选举制度，变单一选区简单多数获选制为比例选举制，使各政党都能从各地获得与其选票相应的席位；联邦常设机构中增加地方代表性；改革最高法院，改变联邦在法官任免问题上的唯一决定权，司法独立，使其在调处省与联邦纠纷中具有更大的权威性。

（四）小　结

分裂主义作为西部地方主义的一种最新表现形式，其发展动向值得关注和认真研究，虽然根源于传统的不满和抱怨，它毕竟是西部力量强大的伴生物，如果说萧条和衰落的西部对联邦的一些不公平政策和设置还能够忍气吞声的话，一个强大的西部决不会再甘愿忍受这些。西部的问题只有通过经济发展才能解决，但随着西部的强大，上文所探讨的政治方面的改革变得更为迫切。无论如何，一个公平、强大、稳定的加拿大联邦才符合所有加拿大人的利益。

（原载于《国际论坛》2001 年第 3 期）

五、加拿大政府在经济现代化中的作用

在美国和加拿大走向工业化和农业现代化的过程中，政府的作用无疑是

---

① Donald V. Smiley, ed., *Canada in Question: Federalism in the 70s*, 2nd edition, Toronto: University of Toronto Press, 1976, p. 196.

一个不可忽视的重要因素。虽然美国经济"主要以自由企业和通过公开与竞争的市场组织经济活动的理念为基础，但它也有因特定经济目的而进行政府干预的传统，其中包括限制垄断，保护消费者，向贫困者、残疾人和老年人提供生计，以及保护环境"。①实际上，"完全自由主义的安排不仅没有在加拿大，也从来没有在其他任何西方国家存在过"。②早在美国建国之初，以汉密尔顿为代表的联邦派就制定了包括《关于制造业的报告》等在内的关于国家建设的宏伟战略，采取包括保护关税、改善交通和基础设施、实行专利保护和鼓励科技创新等一系列措施，推动制造业、商业和银行业的发展。到19 世纪后期，随着企业的过度集中和托拉斯化，联邦政府又在 1890 年通过了著名的《谢尔曼反托拉斯法》，规范企业的行为；而到 20 世纪 30 年代，面对空前的大危机，罗斯福政府采取了新政，不仅干预经济的运行，而且颁布许多新的法律，确认了工人组织工会的权利和最低工资保障，加强对食品、药品和其他日用品的生产与销售的管理。

而具有某些后发展国家特征的加拿大自 1867 年自治领建立以来，以麦克唐纳为代表的联邦政府为了实现在北美大陆建立一个政治上、经济上真正独立的国家的梦想，制定了以"国家政策"为代表的一整套综合建国方略，采取了保护关税、鼓励西部开发、修建太平洋铁路等措施，推动国家的经济腾飞。"直到［20 世纪］20 年代，通过直接的公共投资项目和对私人创业的鼓励，政府在经济长期发展方面扮演了一个积极的角色。"③

然而，自 1776 年亚当·斯密出版其著名的《国民财富的性质和原因的研究》直至当下的新自由主义学派，反对政府干预的各种呼声也一直没有中断过。以亚当·斯密为代表的自由主义认为"看不见的手"可以自动调节市场，实现资源的最佳配置，政府仅仅是自由市场的守夜人；而以李斯特、庇古、凯恩斯、格尔申克隆等为代表的经济学家则从不同的角度阐述了政府干预经济的必要性。其实，问题的实质倒"不在于理论上到底是自由主义好，还是国家干预好，而是取决于现实生产力发展的需要。也就是说，政府的经

---

① 威廉·弗雷：《作为监管者的政府在经济中的作用》，美国驻华大使馆《交流》杂志，http://chinese.usembassy-china.org.cn/jl0303_func2.html.

② K. J. Rea and J. T. McLeod, eds., *Business and Government in Canada: Selected Readings*, Toronto: Methuen Publications, 1976, p. 8.

③ K. J. Rea and J. T. McLeod, eds., *Business and Government in Canada: Selected Readings*, Toronto: Methuen Publications, 1976, p. 67.

济职能并没有一个固定的模式，单纯脱离现实环境争论模式的优劣是没有任何意义的。实际上，政府经济职能的变化是一个动态的过程，它随着生产力和生产关系的发展变化，……也在不断发生变化"。① 有鉴于此，我们首先有必要先从理论上厘清自由主义和干预主义两派主张的来龙去脉，才能够更好地把握和探讨加拿大政府在经济现代化中的作用。

（一）政府干预还是自由主义？——关于政府经济职能的理论探索

在西欧资本主义发展早期，中央集权的封建君主与新兴的商业资本家结成了联盟，前者需要财政力量来维持庞大的开支，而后者则需要借助国家权威，统一和开拓国内外市场，扫清市场发展障碍，加快资本的原始积累。重商主义即是反映这个时期封建君主与商业资本家共同需要的一种经济理论。早期的重商主义表现为一种"货币主义"，就是致力于鼓励金银流入而严格控制金银流出，以达到本国积累货币的目的。西班牙所推行的就是这种"守财奴"式的政策，虽然国内的金银很多，可是工商业资本主义的发展却很弱。而法国在柯尔伯时期所推行的政策则是"真正的重商主义"。它主张促进本国工业发展、改善和扩大国内外贸易，多卖少买，主要以贸易顺差（入超）来获得金银。重商主义是一种零和理论，也是一种初步的政府干预理论。其信奉者极力主张国家采取各种立法手段和行政措施，制定工商业政策，保证整个国民经济活动符合扩大出口和货币输入的要求，并且建立高关税壁垒，实行贸易保护主义。不过，重商主义所倡导的国家干预经济的"目标是单一的，即增加金银货币，保持贸易顺差。手段是原始的，主要是一些贸易保护主义政策。因此它是一种不发达的、原始国家干预主义"。②

随着工业资本主义力量的不断壮大和市场机制的日趋完善，原本具有一定推动作用的政府干预日益变成资本主义进一步发展的阻碍和桎梏，新兴的资本主义需要摆脱国家的阻挠，开展自由贸易。在这种情形下，反映经济自由主义要求的古典政治经济学派应运而生。亚当·斯密即是最典型的代表，在其奠基性著作《国富论》中，斯密猛烈抨击重商主义，倡导自由放任主义。他认为，资本主义市场经济的发展受一只"看不见的手"的自动引导。

---

① 范云芳：《西方经济学家论政府经济职能：历史沿革与启示》，《唐都学刊》，2007年第5期，第124页。

② 马奎：《论西方政府干预经济理论的演变》，《经济评论》，2001年第3期，第45页。

根据斯密的理论：在一个完全竞争的市场制度里，市场可以自动地对经济主体的行为进行调节从而达到理想的均衡状态，均衡价格可以指引不同产品的相对生产数量和生产要素在生产中的最适度分配，同时自由市场经济可以达到分配的公平性。"个人之间的相互自由作用，不仅不会带来混乱局面，反而会带来由逻辑所决定的井井有条的秩序。"①斯密的忠实信徒萨伊又在此基础上，提出了著名的供给自动创造需求的"萨伊定律"，两者一并成为自由放任主义的理论基础。

根据古典经济学的理论，要充分发挥自由放任的市场经济的作用，政府对经济活动仅限于充当一个"守夜人"的角色。斯密认为，政府的职能主要表现在如下三个方面："第一，保护社会，使之不受其他独立社会的侵犯。第二，尽可能保护社会各个人，使之不受社会上任何其他人的侵害和压迫，这就是说，要设立严正的司法机关。第三，建设并维护某些公共事业及某些公共设施（其建设与维持绝不是为着任何个人或任何少数人的利益）。这种事业与设施，在由大社会经营时，其利润常能补偿所费而有余，但若由个人或少数人经营，就不能补偿所费。"②因此，在古典经济学那里，政府的经济功能十分有限，仅仅局限于经办一些私人经营无利但又为社会发展所需要的公共事业和公共设施，保障资本主义经济运行有一个发展生产、积累财富的和平环境而已。因此，古典经济学者大都鼓吹建立"廉价政府"，在斯密及其弟子李嘉图自由主义思想的影响下，英国在 19 世纪上半期废除了《航海条例》和《谷物法》，推行自由贸易。而约翰·泰勒（John Tyler）则简明地提出：管得最少的政府便是最好的政府。

斯密的自由主义理论经过李嘉图、穆勒等后古典经济学家的发展，最后经过马歇尔的综合归纳，到 19 世纪末 20 世纪初成为流行于欧美的正统经济思想。虽然 30 年代的大危机的打击让凯恩斯主义的政府干预的理论一度占据了上风，但自由主义理论并没有销声匿迹。1947 年，著名经济学家哈耶克组织成立"朝圣山学会"，目的就是恢复经济自由主义。20 世纪 70 年代以来，随着西方各国经济的滞胀和"政府失灵"，沉寂已久的自由主义又活跃起来，出现了货币主义、供应学派和弗莱堡学派等多种新自由主义流派。不管新古典自由主义还是新自由主义，他们都强调市场的作用，反对政

---

① 熊彼特：《经济分析史》第一卷，朱泱等译，北京：商务印书馆 1996 年版，第 280 页。
② 亚当·斯密：《国民财富的性质和原因的研究》下卷，郭大力等译，北京：商务印书馆 1974 年版，第 252—253 页。

府干预经济。其实，自由主义理论的核心是个人主义，认为国家是保障个人权利的工具。自由主义者主张：国家权力是有限度的，它的实施不能侵犯个人权利。

　　然而，自由主义经济理论虽然有一定的道理，有其历史积极意义，但也并非如其鼓吹者所宣扬的那样是可以放之四海而皆准的真理。它毕竟是为处于强势的经济实体张目的一种理论。如果我们将眼光从欧美发达国家挪到比较后进的国家，转到发展经济学的相关领域，就会发现一种与经济自由主义相对立的另外一种理论流派，即主张国家对经济实行有效干预的经济思想。弗雷德里希·李斯特堪称这一理论的首位重要的倡导者，也可以说是第一位发展经济学家。李斯特所处的德国与斯密的英国完全不同：后者的资本主义经济已经日渐发展成熟，市场机制也日趋完善，在经济和军事上都已经压倒了其他国家，产品具有很强的竞争力。而李斯特时代的德国仍然没有完成国家的统一，国内封建割据，关卡林立，而新兴的资产阶级一方面需要结束国内的封建割据和建立统一的民族市场，另一方面又要应对来自英国等相对发达国家的激烈竞争。正是在这种内忧外患和自由主义的喧嚣中，作为德国资产阶级代表的李斯特，从德国经济发展落后和产业资本薄弱的具体经济实际出发，不仅从理论上系统地批判了亚当·斯密的自由主义经济学说，阐明了后进国家的发展需要实行关税保护政策和政府对经济的积极干预，还从总体上揭示了后进国家不能机械照搬发达国家的经济自由主义政策，需要根据自己的国情制定相应的发展战略的一般道理。

　　首先，李斯特通过批判斯密理论中的个人与自然的经济秩序，提出了"国民经济学"的主张。根据斯密的理论，由于"看不见的手"的作用，个人从自利的角度出发谋求利益最大化的行为可以自动实现社会利益的最大化，因此，一切不管，听任自由是最有效的经济政策。而李斯特则针锋相对地指出了上述观点的荒谬之处：按照斯密的逻辑，"野蛮国家就应当是世界上生产力最高、最富裕的国家，因为就对个人听其自然、国家权力作用若有若无的情况来说，再没有能比得上野蛮国家的了。"①李斯特还批判了斯密学说中把个人与国家对立起来的观点，指出："高度的保护政策却可以与最大限度的个人自由并行不悖。"②他进一步指出："作为我的学说体系中一个

---

① 李斯特：《政治经济学的国民体系》，陈万煦译，北京：商务印书馆1961年版，第150—151页。
② 李斯特：《政治经济学的国民体系》，陈万煦译，北京：商务印书馆1961年版，第16页。

主要特征的是国家。国家的性质是处于个人与整个人类之间的中介体，我的理论体系的整个结构就是以这一点为基础的。"①正是在此基础上，李斯特创立了与斯密的世界主义经济学相对立的国民经济学，不是脱离具体的国情去空谈某些教条，而是要研究"某一国家，处于世界目前的形势以及它自己的特有国际关系下，怎样来维持并改进它的经济状况"。②

其次，李斯特的国民经济学强调了后进国家在发展生产力的过程中国家干预的必要性。他批判了斯密的学说只重视财富和交换价值而忽视生产力的缺陷，指出：生产财富的能力比财富本身要重要得多，"生产力是树之本，可以由此产生财富的果实，因为结果子的树比果实本身价值更大"。③李斯特的生产力虽然指的是综合国力，但工业是其核心内容，"是科学、文学、艺术、启蒙、自由、有益的制度以及国力和独立之母"。④至于后进国家发展生产力的途径，李斯特认为必须借助政府的力量，而不能像斯密等人所倡导的那样等待自然的经济秩序。他用风来比喻自由经济，而国家犹如植树者，靠风可以传播树种，但如果通过植树，则可以在更短的时间内形成森林。李斯特还通过对比研究英国工业化的历史，指出："纯粹的私营事业如果任其自流，并不一定会促进国家的繁荣和力量。"⑤李斯特以不可辩驳的事实"证明了英国的工业化根本不是斯密理论所宣称的那样是坐等自然秩序赐予他们的礼物，恰恰是依赖国家干预办法实现的"。⑥

最后，李斯特把保护关税作为发展国民经济的必要手段。根据其经济发展阶段性的观点，他认为德国在从农业国家向工商业国家转变的过程中必须采取关税保护政策。虽然关税保护可能带来生产成本的增加和消费者负担的加重，但是，"却使生产力有了增长，足以抵偿损失而有余，由此使国家不但在物质财富的量上获得无限增进，而且一旦发生战事，可以保有工业的独立地位"。⑦不过，李斯特的保护关税主张仅仅是后发展国家在追赶过程中，"在各国经济发展不平衡的前提下，工业不发达国家为保护民族工业不

---

① 李斯特：《政治经济学的国民体系》，陈万煦译，北京：商务印书馆1961年版，第7页。
② 李斯特：《政治经济学的国民体系》，陈万煦译，北京：商务印书馆1961年版，第109页。
③ 李斯特：《政治经济学的国民体系》，陈万煦译，北京：商务印书馆1961年版，第47页。
④ 李斯特：《政治经济学的自然体系》，陈万煦译，北京：商务印书馆1961年版，第66页。
⑤ 李斯特：《政治经济学的国民体系》，陈万煦译，北京：商务印书馆1961年版，第27页。
⑥ 余章宝：《李斯特的经济理论及其贡献》，《厦门大学学报》，2002年第3期，第57页。
⑦ 李斯特：《政治经济学的自然体系》，陈万煦译，北京：商务印书馆1961年版，第128页。

遭受毁灭性打击，求得自身发展的一项临时性措施"。①一旦时机成熟，"任何国家，借助于保护政策，具有了工商优势，达到了这个地位以后，就能够有力地恢复自由贸易政策"。②

李斯特的国民经济学原理奠定了后发展国家政府干预经济发展和实行关税保护政策的理论基础，也为众多发展经济学家所继承。在 19 世纪 50 年代，加拿大著名的保护主义鼓吹者布坎南（Isaac Buchanan）就曾经引用李斯特和亨利·克莱的理论来阐述在加拿大实行关税保护的重要性。③

如果说李斯特是从后发展国家为了赶超先发国家、实行民族工业化这个角度来论证政府干预经济必要性的话，那么福利经济学和凯恩斯的宏观调控理论就是从市场失灵的角度论述了政府干预的必要性。

自由主义的经济理论认为市场运行在"看不见的手"和"自然的经济秩序"的支配下，会自动实现充分就业、公平分配和经济体系的有效运转。然而，由于市场体制本身的缺陷，在现实的市场经济中，还出现市场失灵。造成市场失灵的原因，首先，是自由主义所鼓吹的充分就业在现实经济中不可能存在。凯恩斯在其著作《就业、利息和货币通论》中指出，资本主义经济体系不能自动实现充分就业均衡，消费者由于受"边际消费倾向的递减""对资本未来收益的预期"以及"对货币流动性偏好"等这三个基本心理因素的影响，造成社会有效需求不足。其次，资本主义的垄断是造成市场失灵的另一个重要因素。优胜劣汰的激烈市场竞争中，经过横向和纵向兼并必然会引起垄断，资本主义从自由竞争时代逐渐演变进入垄断资本主义时期。垄断者完全可以运用自己的垄断地位谋求高额垄断利润，从而导致生产和资源配置的低效率甚至是无效率。在这种情况下，就需要有政府来出面制定法律，维护市场秩序，限制垄断和保护竞争。最后，市场无法消除经济发展中的外部性负效应，也无法提供公共产品和服务，更无法解决市场发展中的公平性问题。虽然自由主义一厢情愿地认为在自由竞争状态下，单个经济人谋求自身利益最大化的行为会带来整个社会利益的最大化，然而，"合成推理谬误表明单个微观主体利益最大化并不必然导致社会福利最大化，企业获取

①　王明友、王艳红、王天一：《努力探究促进本国经济发展理论的典范——李斯特发展经济理论探微》，《北京工业大学学报》，2007 年第 3 期，第 25 页。

②　李斯特：《政治经济学的国民体系》，陈万煦译，北京：商务印书馆1961 年版，第 16 页。

③　Graufurd D. W. Goodwin, *Canadian Economic Thought: The Political Economy of a Developing Nation 1814-1914*, Durham: Duke University Press, 1961, p. 50.

私人短期经济利益最大化往往是以损害全社会长远利益为代价而实现的"。①另外，满足社会需要的公共产品因为其消费的非竞争性、提供的非排他性和生产成本的边际成本低，无法由私人市场来提供，因此也呼吁政府的干预。

针对市场失灵问题，福利经济学的创始人庇古根据市场的外部性提出了著名的庇古方案。庇古认为，市场的外部性负效应使得私人的最优导致了社会的非最优，带来资源配置的低效率。在这种情况下，就需要政府的干预，对具有负外部性效应的活动进行征税，对具有正外部性的活动进行补贴。征税额或补贴额应该等于边际外部成本或边际外部收益，从而最终实现有效的资源配置。另外，庇古还运用边际效用理论，论述了通过政府干预来谋求社会福利最大化的问题。而政府宏观调控的积极推动者凯恩斯则针对30年代的大危机，提出了赤字财政、积极的货币政策和政府大规模干预经济解决方案，从而一度取代自由主义成为占据主导地位的经济学理论。不过，随着70年代资本主义滞胀危机，新制度经济学派又提出了政府失灵的问题，主张在市场和政府之间寻找合适的均衡点。

总之，自从现代经济学诞生以来，关于自由主义还是市场干预的争论就一直此伏彼起，众说纷纭。从总体上看，政府职能的转化是一个动态的过程，在不同的时期和不同的国家，对政府职能的要求不一样：对于相对发达的国家要求较少的干预；相对落后的国家要求政府较多的干预；经济形势乐观的时候要求少的干预，而低迷时则要求较多的刺激措施。其实，政府干预与自由市场不是对立关系，而是相辅相成的：政府的干预都必须坚持以市场机制为基础，通过市场去落实。加拿大著名经济学家伊斯特布鲁克也认为，"似乎有一种基本的共识认为：在一个国家发展的早期和形成阶段，政府在私人企业的城镇中发挥着重要的作用，而且这种投资中对政府直接参与的依赖，会随着私人企业逐渐获得应对投资风险的能力而持续减退"②。而从美国和加拿大现代化的发展经历来看，作为欧洲的经济边缘，它们在向发达的经济中心转变的过程中，都深深地打上了政府干预的影子。不过从政府干预的程度来看，后发展特征更为浓厚的加拿大政府干预的程度也越强。

---

① 俞宪忠：《市场失灵与政府失灵》，《学术论坛》，2004年第6期，第95页。

② W. Thomas Easterbrook, *North American Patterns of Growth and Development: The Continental Context*, Toronto: University of Toronto Press, 1990, p. 120.

（二）国家政策——加拿大经济现代化的总方针

1867 年，在美国独立近百年以后，也就是在美国购买阿拉斯加的这一年，由安大略、魁北克、新斯科舍和新不伦瑞克四个省组成的加拿大自治领宣告成立。虽然开拓的历史同美国一样早，但是长期以来，从交通改善、吸引移民，到边疆开发和经济的发展，加拿大都一直刻意地模仿美国，也深受美国的影响，然而，一个无可回避的事实仍然是：加拿大在经济现代化的道路上大大落后于其南面的邻居。1867 年，就人口而论，美国有 3737.6 万人，加拿大只有 346.3 万人。就面积而言，美国有 296.9640 万平方英里（约 769.1 万平方千米），加拿大只有 38.4598 万平方英里（约 99.67 万平方千米）。就制造业产值而言，美国有生产单位 252148 家，从业人员 205.4 万人，新增产值 13.95 亿美元（1869 年数据）；加拿大有生产单位 38898 家，从业人员 181679 人，新增产值只有 9390.4 万加元（1870 年数据）。[①] 长期以来，加拿大对美国抱着妒忌而羡慕的双重心情："加拿大人常常感到美国的经济成就造就了加拿大的期望和目标，并因此而影响到其经济政策，但是，他们却在那场经济竞赛中总是落后。"[②]

首先，与美国工农业齐头并进的繁荣局面相比，加拿大的经济属于一种被加拿大经济史学家称为"大宗产品经济"的单一而脆弱的经济类型。从新法兰西建立的时候起，加拿大所发展起来的就是一种以少数资源开发和出口为基础的外部性经济。新法兰西的经济支柱是毛皮贸易和鳕鱼。后来方木贸易一度繁荣，通过砍伐森林，为农业定居者提供了种植用地。19 世纪上半期，在英国《谷物法》的庇护下，加拿大的谷物出口带动殖民地经济的繁荣。英国取消《谷物法》后，加拿大向南面的邻居寻求互惠贸易，通过向美国出口农畜产品和以木材为代表的原材料而找到了新的市场。然而，美国内战后，它单方面取消了互惠贸易，再度令加拿大的经济陷入困境。著名经济史学家胡夫·艾特肯（Hugh Aitken）曾经坦言："加拿大从一开始就是一种脆弱的经济，暴露在较为发达的国家的压力和刺激之下……加拿大从未成为

---

① 关于两国人口、面积和产值的数字均来自 M. C. Urquhart and K. A. H. Buckley, eds., *Historical Statistics of Canada,* Toronto: The Macmillan Company of Canada, 1965; U. S. Department of Commerce, Bureau of the Census, *Historical Statistics of the United States: Colonial Times to 1970*, Washington D. C.: U. S. Bureau of the Census, 1976.

② Aitken et al., *The American Economic Impact on Canada*, Durham: Duke University Press, 1959, p. Ⅷ.

自己命运的主人，作为一种大宗产品的附属经济，在其发展的过程中，它反映了、而且依然反映着较发达地区的要求。"①

其次，加拿大自从开拓时期起，就一直存在着被南面的邻居吞并的威胁，加拿大联邦的建立，既是各个殖民地经济发展的自然结果，同时也是联合自保的一种手段。其实，美国自从立国之日起，就一直对加拿大怀有兼并的野心。早在美国独立战争时期，刚刚宣布独立不久的北美十三州就一心要把魁北克和新斯克舍拉入自己反英的阵营之中。他们先是派人把号召法裔居民起来反抗的标语贴到魁北克各地教堂的门上，又派遣军队直接进入加拿大境内，结果遭到了加拿大人的坚决抗击，美军统帅一伤一亡，全军覆没。在第二次英美战争前后，美国又掀起了第二次兼并高潮，国会中的战鹰派狂妄地叫嚣："单单肯塔基的民团就有能力将蒙特利尔和上加拿大置于您［国会］的脚下！"②并再度派兵入侵加拿大，也以失败而告终。解决了国内奴隶制问题而有恃无恐的美国借口南北战争中的"亚拉巴马号"事件，要求英国割让整个加拿大西部作为赔偿，并纵容爱尔兰芬尼党进攻加拿大。1866年，来自明尼苏达的参议员拉姆齐·库克要求参议院外交事务委员会动手制订吞并加拿大西部的计划。1867年购买了阿拉斯加的国务卿西沃德也在议会中公开承认他此举的意图是从南北两面对不列颠哥伦比亚形成夹击，以便把英属北美的西北地区纳入华盛顿的轨道。③

最后，加拿大联邦建立后仍然面临着维护国家统一、阻止美国吞并、发展国家经济的严峻挑战和艰巨使命。1867年加拿大联邦建立的时候，东边的爱德华王子岛和西边的不列颠哥伦比亚都还没有加入联邦，而从太平洋到安大略之间的广阔西部，还控制在哈得逊湾公司的手中，是私酒商和毛皮贩子的天下，随时都有遭到美国吞并的危险。自从19世纪中期开始，加拿大人对西部的兴趣也越来越浓厚，"当烧木头的小火车喷着浓烟跟在尚普兰、拉·韦朗德里和亚历山大·马更些后面前进的时候，它们代表了加拿大对西

① Gordon Laxer, *Open for Business: The Roots of Foreign Ownership in Canada*, New York: Oxford University Press, 1989, p. 28.

② 雷·艾伦·比林顿：《向西部扩张：美国边疆史》下卷，韩维纯译，北京：商务印书馆1991年版，第369页。

③ J. L. Granatstein and Norman Hillmer, *For Better or for Worse: Canada and the United States to the 1990s*, Toronto: Copp Clark Pitman Ltd., A Longman Company, 1991, p. 4.

部日益增长的兴趣，唯恐它从加拿大的控制范围内滑脱出去。"①美国铁路是 19 世纪后期向英属北美西北地区扩张的急先锋。1969 年，美国参议院太平洋铁路委员会的一份报告中声称："北太平洋铁路有 1500 英里靠近英属北美，它建成后，将吸引落基山以东、萨斯喀彻温河和红河地区丰富的农产品以及大山以西，弗雷泽河、库特内河一带的金属资源到美国来，我们领先开通北太平洋铁路注定了英属北美 91 度经线以西地区的命运，它们将在利益和感情上倾向美国，并会事实上在自治领中被隔离出来，它们并入美国只是时间问题。"②即便是加拿大占领西部后，美国的兼并威胁也没有完全消失，后者只是等待机会而已。哈里森总统的国务卿"好战者"吉姆·布莱恩公开宣布："加拿大就像挂在树上令我们刚好抓不到的一颗苹果，我们努力去抓，可树枝却每每退到我们刚好抓不到的地方。随它的便吧，总有一天，它会落到我们的手中。"③在 1894 年委内瑞拉危机期间，老罗斯福也曾经公开宣布："如果战争一定要来的话，那就让它来吧，我不在乎我们的海岸城市是否会遭到［英国的］攻击，我们将夺取加拿大"。④甚至到 1911 年美加再次进行自由贸易谈判时，参与法案起草的钱普·克拉克在下院发言中，仍然声称："我希望看到有一天，美国的国旗飘扬在英属北美直到北极的每一寸土地上面。"⑤针对美国的吞并威胁，加拿大联邦建设的总设计师约翰·麦可唐纳爵士曾经说过："美国政府运用了除战争外的所有手段去谋求西北地区，我们必须行动起来，与之对抗，最重要的就是明白无误地向他们表明我们要修建太平洋铁路。"⑥

　　除了应对美国的威胁外，刚刚成立的联邦内部还要解决联邦与省之间的利益争端，并面临着开发西部、修建铁路和促进工业发展的重担，把名义上联合在一起的几个省用一条经济的纽带真正联结起来。"在 1874 年，加拿

---

　　① 格莱兹布鲁克：《加拿大简史》，山东大学翻译组译，济南：山东人民出版社 1972 年版，第 202 页。

　　② V. C. Fowke, *National Policy and Wheat Economy*, Toronto: Toronto Publication Company, 1957, p. 44.

　　③ J. L. Granatstein and Norman Hillmer, For Better or for Worse: *Canada and the United States to the 1990s*, Toronto: Copp Clark Pitman Ltd., A Longman Company, 1991, p. 26.

　　④ J. L. Granatstein and Norman Hillmer, *For Better or for Worse: Canada and the United States to the 1990s*, Toronto: Copp Clark Pitman Ltd., A Longman Company, 1991, p. 30.

　　⑤ Norman Hillmer, ed., *Partner Nevertheless: Canadian-American Relations in the 20th Century*, Toronto: Toronto Publication Company, 1989, p. 70.

　　⑥ Chester Martin, *Dominion Land Policy*, Toronto: University of Toronto Press, 1949, p. 11.

大仅仅是一个概念，而不是事实。"①加拿大经济史家艾特肯把加拿大的发展称为"防御性扩张"，与美国在发展中所表现出来的赤裸裸的攻击性截然不同。②

加拿大联邦所面临的内忧外患的严峻形势呼唤着政府对经济发展和国家建设的强力干预。而加拿大自治领联邦的灵魂人物——首任联邦总理麦克唐纳在不断的实践中，也逐渐从自由贸易的信奉者变成了保护主义的执行者，并最终在 1879 年提出了被称为"国家政策"的国家建设总体方针。狭义的国家政策仅指 1879 年保守党政府所推行的保护性关税政策，它当初是为了避免信奉自由贸易派人士的不快而经过反复琢磨，被麦克唐纳最终采用的一个替代语。而广义上的国家政策则指以麦克唐纳为代表的联邦政府为建立一个强大的联邦制国家而采取的一系列政策和措施的总和。麦克唐纳所设计的国家政策的蓝图是：通过修建太平洋铁路来促进西部开发，通过保护关税来推动中部的工业化，而反过来，西部的开发，又为东部工业化提供原料和必需的产品销售市场。因此，"国家政策的精神远远超出铁路、移民与交通，在这些外部装饰下，蕴含着在北美大陆缔造和维持一个独立的加拿大国家的意志。"③著名经济史家 V. C. 福克曾经说过："不仅是西部的开发，而且西部的发展与圣劳伦斯经济彻底融为一体，才是加拿大联邦之父们的国家政策。"④

国家政策是加拿大自治领时期国家建设和经济现代化的总体方略，为了实现麦克唐纳等联邦之父要在北美大陆建立一个政治上、经济上真正独立的强大国家的梦想，加拿大联邦政府在加拿大经济现代化的过程中发挥了非常积极的推动作用。

第一，在西部开发中，加拿大联邦政府发挥了比美国联邦政府远为积极的主导性作用。毫无疑问，美国联邦政府在西部开发中也发挥了重要作用：起初是联邦军队对一个新地区进行征服，接着是联邦权力在西部逐步增长的过程，联邦代理要对新地区进行勘查，联邦官员要进行治理，还要监督资源

①　Peter B. Waite, *Canada: Auduous Destiny 1874-1896*, Toronto: McClelland and Stewart, 1971, p. 12.

②　H. G. J. Aitken, "Defensive Expansion: The State and Economic Growth in Canada", in W. T. Easterbrook and M. H. Watkins, eds., *Approaches to Canadian Economic History*, Ottawa: Carleton University Press, 1988, p. 183-221.

③　Peter B. Waite, *Canada: Auduous Destiny 1874-1896*, Toronto: McClelland and Stewart, 1971, p.225.

④　Hugh G. Thorburn, ed., *Party Politics in Canada*, Scarborough: Prentice Hall Canada Inc., 1985, 5th edition, p. 260.

的分割和开发，西部在一定历史阶段是联邦政府的殖民地。但在美国西部开发过程中，联邦政府的干预主要是在那些白人的价值没有建立的地方，"一旦他们建立了共和政府，合法地取得了对他们的土地的权力，并不违背美国的文化模式，盎格鲁-美利坚人仍然自由地去建立自己的定居区，并很少受联邦的监督。"①所以在美国西部开发的过程中，在政府的监督和保护下，人民群众充分发挥了积极主动性，本顿甚至声称："是人民在没有政府的帮助或鼓励下向前运动的行为，创造他们的财富并迫使政府的保护追随而至并扩展到他们之间。"②而加拿大自治领政府除了借鉴美国开发西部的经验，履行美国联邦政府在西部所发挥的作用外，还比后者发挥了远为积极的作用，具体表现如下：

其一，加拿大联邦政府采取果断行动，清除了西部开发的障碍，为西部的移居和发展奠定了基础。麦可唐纳在联邦建立之初，迅速推行"从海洋到海洋"的扩张计划，赶在美国兼并之前占领了西部，并迅速平定了里埃尔的第一次起义。在联邦中央建立内地部（Ministry of Interior），专门负责西部的移民和开发事务，并参考美国经验，通过了免费分配土地的《宅地法》。与此同时，与充满印第安战争的美国西部不同，加拿大联邦政府通过与印第安人签订条约和颁布印第安法令，使西部的土著居民到19世纪80年代基本上都转入保留地，为白人移民空出了土地。其另一个创举是设置西北骑警。这支警察队伍在70年代初设立的时候只负责临时性的治安和边境安全事务，后来，他们在西部的管理范围越来越宽，几乎涵盖了社会生活的各个方面，以至于成为东部文化传统的传递者和自治领拥有西部的象征。

其二，联邦政府直接控制着西部的一切，与其他建国省份相比，西部处于二流的从属和半殖民地地位。东部"明显的假设就是：西北地区是由自治领花钱买来的，应该为东加拿大的利益服务"。③在辩论马尼托巴法令时，麦克唐纳坚持："土地不能交给它们，对于联邦来说，拥有土地是至关重要的，因为太平洋铁路必须靠它通过的土地来修建。"④

---

① Richard White, *It's Your Misfortune and None of My Own: A History of the American West*, Norman: University of Oklohoma Press, 1991, p. 182.

② Richard White, *It's Your Misfortune and none of My Own: A History of the American West*, Norman: University of Oklohoma Press, 1991, p. 57.

③ Morris Zaslow, *The Opening of the Canadian Northwest 1870-1914*, Toronto: M&S, 1971, p. 14.

④ Chester Martin, *Dominion Land Policy*, Toronto: University of Toronto Press, 1949, p.11.

其三，支持修建以太平洋铁路为代表的西部横贯大陆铁路，沟通东西联系。修建横贯东西的大铁路是联邦政府对不列颠哥伦比亚加入联邦所做出的承诺之一，在 1871 年，该省加入联邦时候，这个太平洋岸边的小省还只有 1 万名白人，广阔的西部还在沉睡之中，要修建一条 3000 英里（约 4828 千米）长的大铁路把它与东边的加拿大联结起来，其难度可想而知。为了能让这条铁路承担起开发西部、保卫加拿大的历史使命，联邦政府给以极大的支持：把前任麦肯齐政府所完成的铁路转赠给现铁路公司，赠款 2500 万加元，赠与 2500 万英亩（约 10 万平方千米）"最适宜定居"的土地，修建铁路所需进口商品免税。此外，铁路法案的第 15 条还特别规定，太平洋铁路的干线以南到美国边界之间不准修建其他铁路，它的盈利率达到 10% 以前，运价不受控制，即所谓的"垄断条款"，实际上是承认了这条铁路在未来西部开发中的垄断性地位。

其四，加拿大联邦政府还同其他各级政府和机构一道，积极采取各种措施吸引移民。著名经济史家福克（Vernon Fowke）认为："联邦政府对加拿大农业最初和最持久形式的帮助是鼓励移民和对草原地区的农业拓殖。"[1] 甚至到了 1905 年，来自西部的著名政治家联邦内地部部长西夫顿依然强调联邦控制西部土地的重要性："把它们交还给省将会毁了我们的移居政策，并对整个自治领产生灾难性影响。仅仅是土地已经交还给省、而管理政策将会做出调整的报道就将会使我们在未来 2 年里失去成千上万的定居移民，更不要说较长远的将来了。加拿大在未来 5 年内的持续进步几乎完全依靠移民的涌入。"[2] 而继任内地部长奥利弗也认为："自治领的利益在于保证土地的定居，至于是否卖钱无关紧要。自治领政府为了鼓励定居，花费成百上千的钱……去测量和管理这些土地，然后再免费发放给移民，这样做是值得的。"[3]

与美国政府不同，加拿大联邦政府还采取直接的鼓励措施，吸引移民。在 1873 年 6 月以前的 18 个月中，联邦农业部通过其代理机构共发放各种

---

① Vernon C. Fowke, *Canadian Agricultural Policy: The Historical Pattern*, Toronto: University of Toronto Press, 1949, p. 186.

② Eager Evelyn, *Saskatchewan Government: Politics and Pragmatism*, Western Producer Prairie Books, 1980, p. 29.

③ Vernon C. Fowke, *Canadian Agricultural Policy: The Historical Pattern*, Toronto: University of Toronto Press, 1949, p. 180.

语言的移民小册子 181.5 万份。自治领政府还采取两项财政措施鼓励移民：1）自 1872 年始，为移民代理支付工资，并按照所吸引到的移民数量给以奖励；2）建立了一套移民路费优惠制度（Passenger Warrant System），为特定的移民提供削价越洋船票。如 1872 年，从利物浦到北美港口的一般票价为 6.6 英镑，优惠票价是 4.5 英镑，政府为此两项政策在 1874—1875 年支付 6.7 万加元，1878 年 1 万加元。1874、1875 年分别有 1.1 万和 1.2 万人受到资助。而 1885 年，在移民加拿大的 7.9 万人中，有 8000 人受到资助，联邦为此支付了 244 万加元。[①]除此之外，为了改变世人认为加拿大西部荒凉、寒冷的流行观点，加拿大政府还组织各地具有移民倾向的人们到加拿大西部去参观考察。1879 年，首批 16 人的考察团成行。针对不同来源地的移民，加拿大政府也采取不同的吸引措施，如向各地派驻代理，同美国和澳大利亚争夺移民。比如对于蒙诺教派，联邦政府答应给予他们免费土地，建立学校，尊重他们的风俗和建立独立的定居区等。[②]

其五，联邦政府还为农业发展提供资金、技术和市场销售方面的支持。为了向农场主提供技术支持，联邦政府资助农业技术教育，并建立起一套系统的农业试验站体系，该系统由 27 个试验站，1.5 万英亩（约 60.7 平方千米）试验田和设在渥太华的主试验田组成，后者拥有 14 个不同的分支机构，每个机构专门研究一项专门问题。1879 年，联邦政府还通过了《动物防疫法》（The Health of Animal Act），以帮助农场主控制和预防家畜疾病。为了便于农产品交易，继马尼托巴省政府在 1909 年插手农产品仓储系统的建设后，联邦政府也在 1913 年涉足谷物交易仓储终端设施的建设和运营。此外，联邦政府还制定了《加拿大谷物法》（Canada Grain Act），对交易谷物的等级、品质、运输车皮和仓储设施的分配等相关问题做出规定。此外，联邦政府还通过农场借贷法，为农场主提供资金支持等[③]。

第二，作为国家政策另外一个重要组成部分的保护关税政策是联邦政府

---

① Vernon C. Fowke, *Canadian Agricultural Policy: The Historical Pattern*, Toronto: University of Toronto Press, 1949, pp. 166-169.

② Vernon C. Fowke, *Canadian Agricultural Policy: The Historical Pattern*, Toronto: University of Toronto Press, 1949, p. 176.

③ Francis Hankin and T. W. L. MacDermot, *Recovery by Control: A Diagnosis and Analysis of the Relations between Business and Government in Canada*, Toronto: J. M. Dent & Sons Limited, 1933, p. 140; K. J. Rea and J. T. McLeod, eds., *Business and Government in Canada: Selected Readings*, Toronto: Methuen Publications, 1976, p. 162.

干预经济发展、推动工业化和经济现代化的另外一项重要举措。加拿大著名经济学家麦金塔什评价道："通过保护关税实现工业化的决定是与定居政策紧密联系在一起的，通过这一手段，西部预计要形成的市场就会对其他地区开放。这一决定还同交通政策紧密联系在一起，因为加拿大工业化所推动的东西部关税对横贯铁路来说也是非常重要的。"①关于自由贸易和保护关税孰优孰劣的争论一直是经济理论界的热门话题：对于自由主义者来说，保护关税会导致经济运行效率的降低和对特权利益集团的保护；而在保护主义者看来，保护关税可以通过暂时降低生活质量和生产效率而带来经济总量的增加。加拿大著名经济史学家戴尔斯指出："在加拿大，关税提高国民生产总值（GNP）是通过增加原本潜藏在加拿大的劳动力资源和资本来实现的——这就是历史学家们认为是好事的原因；而与此同时，它却通过降低经济的效率而减少了加拿大的人均生产总值——这也是理论家斥之为坏事的原因。"②坚持自由贸易的自由党激烈抨击贸易保护主义，联邦总理麦肯齐说："没有任何政策比把保护作为主要原则更能与我们所称谓的黑暗时代相一致的了，也没有任何政策比绝对的自由贸易更能与人类的自由进步相协调、与我们时代的伟大繁荣相一致的了。"③麦克唐纳认为："只有通过关上我们的国门，把他们拒之于我们的市场之外，他们才会将他们的市场向我们开放……只有通过关上我们的国门，我们才能得到任何东西。"④拜耳洛克（Paul Bairoch）在《经济学与世界历史》中指出："历史上的事实是：自由贸易是特例而保护才是游戏的规则。"⑤

　　加拿大关税保护的理论和实践是随着经济的发展和形势的变化一步步发展而来的。其实，新法兰西早在 1662 年，新斯科舍在 1758 年，新布伦瑞克在 1786 年都已经开始对奢侈品和酒类征收关税。在当时，关税是政府的

---

① Conference on Research in Income and Wealth, *Trends in the American Economy in 19th Century*, Princeton: Princeton University Press, 1960, p. 219.

② J. H. Dales, *The Protective Tariff in Canada's Development: Eight Essays on Trade and Tariffs When Factors Move with Special Reference to Canadian Protectionism 1875-1955*, Toronto: University of Toronto Press, 1966, p. 7.

③ Michael Hart, *A Trading Nation: Canadian Trade Policy from Colonialism to Globalization*, Vancouver: University of British Columbia Press, 2002, p. 45.

④ Michael Hart, *A Trading Nation: Canadian Trade Policy from Colonialism to Globalization*, Vancouver: University of British Columbia Press, 2002, p. 64.

⑤ Michael Hart, *A Trading Nation: Canadian Trade Policy from Colonialism to Globalization*, Vancouver: University of British Columbia Press, 2002, p. 3.

最主要的收入来源。大约在 1830—1846 年，新斯科舍、新布伦瑞克和加拿大省先后从英国获得了关税的完全控制权，并且税率在逐渐提高，税种逐渐增加：1841 年，加拿大省的税率是 8％；1843 年开始对农产品征收关税；1847 年对工业品征收保护性关税；在 1850 年初，加拿大省的平均税率一度被提高到了 15％。不过与美国实行互惠贸易后，初级产品的税率被降到了 10％以下，而工业品则再度提高。到 1866 年，加拿大省的平均税率是 13.6％。[①]

在加拿大，最早呼吁保护的声音出现于 19 世纪 20 年代。当时上加拿大的农场主希望政府能够在农产品价格低迷时候保护本地市场不受美国进口农产品的竞争。1821 年，众议院的一个委员会呼吁："应该在下加拿大实行保护性关税，以便于上加拿大的面粉能够在它唯一可以获得的市场上维持下去。"[②]在 30 年代也偶然能够听到保护加拿大的农产品不受美国竞争的言论。最终在 1843 年，加拿大开始对农产品征收关税，直到 1854 年美加互惠贸易签订后，初级产品实行自由贸易。此后，农场主逐渐转化成为对自由贸易主义的追随者。

而就在农场主从要求保护关税转向自由贸易的支持者的过程中，要求对工业品实行保护性关税的呼声却逐渐壮大起来。1825 年，下加拿大的一位不知名的作者指出了保护幼小制造业的必要性："当制造业的主要原料是产自本地或附属地区，而且人手、机器和资本的获取有望同国外进行有效竞争的时候，如果这种制造业还不能够完全吸引私人投资者的话，那么，它应该受到政府的鼓励。"[③]此后，著名的政治家威廉·麦肯齐曾经一度支持保护关税鼓励国内制造业发展的想法。联邦建立后，来自新斯科舍的哈里波顿（R. G. Haliburton）和安大略的赫尔伯特也都是保护主义的支持者，后者甚至还用亨利·克莱和李斯特的理论来论证保护的重要性。除政界外，自 40 年代开始，一些组织也开始呼吁保护的重要性，如蒙特利尔改革协会（Tariff Reform Association in Montreal），多伦多－汉密尔顿工业促进会

---

① Graufurd D. W. Goodwin, *Canadian Economic Thought: The Political Economy of a Developing Nation 1814-1914*, Durham: Duke University Press, 1961, p. 42.

② Graufurd D. W. Goodwin, *Canadian Economic Thought: The Political Economy of a Developing Nation 1814-1914*, Durham: Duke University Press, 1961, p. 44.

③ Graufurd D. W. Goodwin, *Canadian Economic Thought: The Political Economy of a Developing Nation 1814-1914*, Durham: Duke University Press, 1961, p. 45.

（Association for the Promotion of Canadian Industry in Toronto-Hamilton）以及新布伦瑞克的一些组织都把支持关税保护的议员送进了议会。当时最积极的支持者当属伊萨克·布坎南。他不仅能够熟练运用李斯特和克莱等人的保护主义理论，还在加拿大发起了第一次大规模的支持关税保护运动，并直接导致了加拿大省 1859 年高尔特保护性关税的实施。因此，从一定意义上说，布坎南才是真正的加拿大国家关税政策之父。到加拿大联邦建立后，保护主义已经成为一股潮流，仅仅 1874 年，就有 21 宗申请保护的提案上交议会。①

　　不过，我们并不能就此想当然地认为，上述保护主义自然导致了 1879 年国家政策的出台。研究加拿大商业政策的著名学者麦克戴尔米德（Orville John McDiarmid）指出："形成加拿大商业政策的那些重大决定是由于相互关联的经济和政治利益的压力而不是任何一般经济理论原则的自然延伸。"②其实，在 19 世纪后半期，自由主义，尤其是对美互惠贸易在加拿大也非常流行，"所有加拿大人都想要同美国发展某种形式的互惠。"③甚至两大党也都寻求互惠，"他们之间的差别仅仅限于程度，而非实质，保守党一方面寻求自然产品互惠，一方面工业品的保护"。④麦克戴尔米德认为："显然，在 1870 年还看不到什么国家政策的迹象。"⑤实际上，在 70 年代，"关于保护的争论，仍然围绕着减轻萧条和鼓励某些工业的发展而展开，在经济状况好转后就变成了空想。"⑥甚至麦克唐纳个人，在 60 年代初，也并不真心拥护高尔特的保护性关税，而是主张附带性保护（Incidental Protection）。而且在自治领刚刚建立时候，联邦承担各省债务达到 8800 万加元，"因

---

①　Graufurd D. W. Goodwin, *Canadian Economic Thought: The Political Economy of a Developing Nation 1814-1914*, Durham: Duke University Press, 1961, pp. 45-53.

②　Orville John McDiarmid, *Commercial Policy in the Canadian Economy*, Cambridge: Harvard University Press, 1946, p. 5.

③　Robert Craig Brown, *Canada's National Policy 1883-1900: A Study in Canadian American Relations*, Princeton: Princeton University Press, 1964, p. 127.

④　Robert Craig Brown, *Canada's National Policy 1883-1900: A Study in Canadian American Relations*, Princeton: Princeton University Press, 1964, p. 9.

⑤　Orville John McDiarmid, *Commercial Policy in the Canadian Economy*, Cambridge: Harvard University Press, 1946, p. 139.

⑥　Graufurd D. W. Goodwin, *Canadian Economic Thought: The Political Economy of a Developing Nation 1814-1914*, Durham: Duke University Press, 1961, p. 56.

此，获取财政收入是第一部自治领关税法的主要目的。"①只有到 70 年代中期保守党在野的时候，才逐渐操起了保护关税这一工具，与自由党的自由贸易主张相对抗。②因此，1879 年的国家政策从某种意义上是保守党的一个政治策略，同时它也"标志着加拿大正式宣布放弃自由贸易，而采用保护主义作为加拿大发展战略的一个基本组成部分"。③

而一旦踏上了保护的快车，就只能沿着保护主义的路子走下去了。"国家政策的原则是，第一，适度和合理的保护；第二，永久性。"④随着形势的发展，加拿大关税的保护性色彩越来越强。从具体的规定来看，1879 年关税对工业品和制成品的税率比以前有了很大提高，具有明显的保护性质。各类产品的税率一般是：半制成品和工业原料 10%－20%，制成品设备 25%，制成消费品 30%。而就具体产品而言：羊毛的税率从 17.5% 上升到 20%－34.4%。钢铁从 5% 分别提高到了：铸铁 12.5%，铁轨 15%－17.5%，其他品 10%－17.5%；铸造品从 17.5% 上升到 25%；机器从 10%－17.5% 上升到 25%；钉子从 17.5% 上升到 30%－32.5%；石油 35.8%，制成糖浆 47.7%，盐 46%，木制品从 20% 上升到 35%；鞋和鞍具 25%。另外，为了让农场主觉得他们也受到保护，在 1879 年关税中也列入了保护名单：小麦和大麦每蒲式耳 15 分，燕麦每蒲式耳 10 分，面粉每桶 50 分等。而为了保护新斯科舍的煤炭，也规定每吨 50 分的关税，1880 年提高到 60 分/吨。1887 年该省以分离为威胁，煤炭的关税再度提高。在 1879 年以后的 8 年中，对许多制成品的税率再度提高，如割草机、打捆机和收割机的税率从 25% 上升到了 35%，"直到 1887 年，加拿大才实现了稳定的关税，或者说，保护才到达了顶点。"⑤

虽然自由党在野时候，劳里埃曾经激烈地抨击保守党的关税政策，在 1893 年的自由党大会上，他贬称加拿大关税是"美国保护制度的卑贱的模

① Orville John McDiarmid, *Commercial Policy in the Canadian Economy*, Cambridge: Harvard University Press, 1946, p. 135.

② Robin Neill, *A History of Canadian Economic Thought*, New York: Routledge, 1991, pp. 85-91.

③ K. J. Rea and J. T. McLeod, eds., *Business and Government in Canada: Selected Readings*, Toronto: Methuen Publications, 1976, p. 81.

④ Peter B. Waite, *Canada: Auduous Destiny 1874-1896*, Toronto: McClelland and Stewart, 1971, p.103.

⑤ Orville John McDiarmid, *Commercial Policy in the Canadian Economy*, Cambridge: Harvard University Press, 1946, p. 163.

仿品"，是"以人民的牺牲来换取特权和私立阶层的利益"。①然而，自由党在 1896 年上台后，"没有制定什么新的国家政策，他们只是袭用了前任保守党的国家政策"，②只是"维持了保护的原则和国家政策的基本特征。"③劳里埃政府不仅延续了利用西部土地吸引移民和改善交通的策略，1897 年颁布的菲尔丁关税法虽然税率略有降低，但税种增加了。虽然仍然没有放弃同美国寻求互惠，但劳里埃告诉他的使节："虽然我强烈地认为我们与邻居的关系应该是友好的，与此同时，我同样强烈地赞同下面的观点，即我们不得不采用美国的关税，即使它被认为是对加拿大不友好的，我们也得把他变成加拿大的关税。"④劳里埃政府还在 1904 年通过了首个反倾销法。虽然劳里埃政府念念不忘自由贸易，不过总体来看，"在经济扩张的这段时期加拿大的商业政策总体上是国家主义的"。⑤劳里埃政府的财政部部长在世纪之交说："你们能够帮助加拿大制造业者的最好方式是用繁荣和富足的人们来填满马尼托巴和西北地区，他们将会成为东部制造业品的消费者。"⑥听起来颇像保守党的口吻。相比较而言，"麦克唐纳的国家政策把建立保护性关税作为政策工具来促进进口替代工业的发展，但菲尔丁，与商贸部部长理查德·卡特赖特密切合作，把它当成一项执行贸易和工业政策的得心应手的工具。"⑦到 1913 年，加拿大全国的关税水平：全部商品 18％，制造品 26％。而从关税占财政收入的比重来看，19 世纪 50－60 年代，关税占加拿大省收入的 60％；自治领建立后，占联邦政府收入的 75％；1929 年占 40％；1945 年后，不到 10％。

　　除了通过关税政策刺激加拿大工业的发展外，加拿大联邦政府还采取其他各种可能的措施积极鼓励制造业的发展。麦克唐纳曾经把联邦政府与企业的关系比喻为爬到树头摇晃枣子的小男孩与刺猬的关系，称："让每一个制

　　① K. J. Rea and J. T. McLeod, eds., *Business and Government in Canada: Selected Readings*, Toronto: Methuen Publications, 1976, p. 82.

　　② 克赖顿：《加拿大近百年史》，山东大学翻译组译，山东大学出版社 1972 年版，第 152 页。

　　③ Peter B. Waite, *Canada: Auduous Destiny 1874-1896*, Toronto: McClelland and Stewart, 1971, p. 20.

　　④ Peter B. Waite, *Canada: Auduous Destiny 1874-1896*, Toronto: McClelland and Stewart, 1971, p. 19.

　　⑤ Orville John McDiarmid, *Commercial Policy in the Canadian Economy*, Cambridge: Harvard University Press, 1946, p. 238.

　　⑥ Jean Barman, *The West Beyond the West: A History of British Columbia*, Toronto: University of Toronto Press, 1991, reprinted in 1995, p. 137.

　　⑦ Michael Hart, *A Trading Nation: Canadian Trade Policy from Colonialism to Globalization*, Vancouver: University of British Columbia Press, 2002, p. 75.

造业者告诉我们他想要什么，而我们也会试图给予他们所想要的。"①其一
是直接的物质奖励。加拿大政府对于钢铁业等某些制造业给以直接的现金资
助，以鼓励矿石在国内冶炼。给钢铁业的奖励始于 1883 年，从 1896 到
1906 年，政府给予该行业的奖励达到 1000 万加元。仅仅从 1903 到 1907
年，位于悉尼市的自治领钢铁公司（Dominion Iron and Steel Co.）就得到了
350 万加元的奖励。其他受到奖励的行业还有如石油、铅锌冶炼和铜冶等工
业。从 1896 到 1929 年，政府给予的物质奖励达到 2400 万加元。②其二是
教育和科研方面的保障。一项调查表明：直到 1917 年，加拿大的 2400 家
最大的工厂中，只有 37 家有实验室，83 家雇佣了 83 位检验员和 276 名助
手。为了给工业发展提供"示范和建议"，政府建立了国家科研协会（National
Research Council），设立奖学金，鼓励大学和研究机构开展研究工作。此
外，联邦政府还同省政府一道，投入大笔资金，鼓励职业培训。其三是制定
相关的工业立法。早在 1872 年，政府就通过了专利法，一方面保护加拿大
厂商的权利，同时也变相鼓励加拿大厂商复制国外技术，该法规定，除非美
国厂商在加拿大生产其产品，否则对于其专利不予以保护，该法是促进美国
企业在加拿大设立分厂的一个重要因素。另外如关于工厂生产方面的相关立
法等也都着眼于鼓励制造业的发展。

　　总之，从自治领建立到 20 世纪 20 年代是加拿大经济现代化和国家建
设取得巨大成就的历史时期。联邦政府的国家政策，对于全国经济的发展和
国家的进步，的确发挥了巨大的推动作用。1871－1895 年，加拿大国内生
产总值年增长 2.5%；1895－1913 年，达到了 5.8%，远高于同期的美国。
到 1931 年，加拿大西部四省的人口从 1871 年的 10.9475 万人增加到
304.7792 万人，占全国人口的比例接近 1/3。1881 年，草原地区农业用地
面积 269.8 万英亩（约 1.09 万平方千米），其中，谷物播种面积 25.1 万英亩
（约 0.1 万平方千米），总改良 27.9 万英亩（约 0.11 万平方千米）；1926
年，草原三省农业用地面积 8.8893 亿英亩（约 3597 万平方千米），其中谷
物播种面积为 3498.7 万英亩（约 14.2 万平方千米），改良土地面积为
4926.5 万英亩（约 19.9 万平方千米）。草原三省的农业资产总值从 1901 年

①　Michael Hart, *A Trading Nation: Canadian Trade Policy from Colonialism to Globalization*, Vancouver: University of British Columbia Press, 2002, p. 45.

②　Francis Hankin and T. W. L. MacDermot, *Recovery by Control: A Diagnosis and Analysis of the Relations between Business and Government in Canada*, Toronto: J. M. Dent & Sons Limited, 1933, p. 182.

的 23.516 万加元增加到 1926 年的 28.20 亿加元，而同期加拿大全国农业资产总值分别是 17.87104 亿加元和 61.50555 亿加元，三省的比重达到了 43.6％。同时，西部开发除了带来加拿大小麦经济的繁荣和农业的比重持续增高以外，还为东部的工业化创造了条件，根据著名经济史学家福克和巴克利的观点："小麦的繁荣对于加拿大工业化是必需的，因为它本身就提供了一个加拿大制造业部门起飞所必需的高水平的需求市场。没有小麦，加拿大将会是一个很小的国内市场，并会是任何新制造业品出产的严重阻碍，而工业也不会轻易取代国内市场。"[①]

在政府保护关税和其他优惠政策的激励下，加拿大的工业发展也取得了巨大的成就。1870 年，加拿大有制造企业 38898 家，雇工 18.2 万人，产值 2.17 亿加元；而到 1930 年，虽然企业总数降到了 22586 家，但雇工人数却增加到了 61.4 万人，产值 32.37 亿加元。毫无疑问，保护关税主要是刺激工业化发展的一个重要因素：1879 年，安大略的钢铁业没有关税保护，规模小而无利可图；而实行国家政策后，其产量连年上升，1900 年为 23000 吨，1905 年为 407000 吨，到 1913 年发展到 1152000 吨。[②]另外，具有地区倾向性的保护性关税政策进一步加固了中部本已存在的制造业的优先地位，"安大略和魁北克的制造业者利用这一保护性盾牌建立了一个全国性的市场。"[③]1870 年，安大略占加拿大制造业产值的 52％，魁北克占 35％；1890 年，安大略 50％，魁北克 32％，沿海省 10％；[④]到 1926 年，沿海占 4.3％，安大略 51.9％，魁北克 29.5％，草原三省 7％，不列颠哥伦比亚 7.3％。[⑤]

毫无疑问，在加拿大经济现代化的关键时期，以麦克唐纳的国家政策为代表的联邦政府对于经济现代化的各项激励措施从总体上讲是成功的。与美国相比，联邦政府在西部开发和中部工业化中所发挥的作用远远为大，同时，加拿大这种发展模式也带来了两方面的问题：其一是对西部的过度控制

① Duncan Cameron, *Explorations in Canadian Economic History: Essays in Honour of Irene M. Spry*, Ottawa: University of Ottawa Press, 1985, pp. 51-52.

② O. F. G. Sitwell and N. R. M. Seifried, *The Regional Structure of the Canadian Economy*, Toronto: Methuen Publishers, 1984, p. 67.

③ L. D. McCann, ed., *Heartland and Hinterland: A Geography of Canada*, Scarborough: Prentice-Hall Canada, 1987, p. 96.

④ Kenneth Norrie, Douglas Owram, *A History of the Canadian Economy*, Toronto: Harcourt Brace & Company Canada Limited, 1996, pp. 264-265.

⑤ M. C. Urquhart and K. A. H. Buckley, eds., *Historical Statistics of Canada*, Toronto: The Macmillan Company of Canada, 1965, pp. 464-465.

和经济剥削导致了本地区的不满，其二是保护政策所带来的外资控制制造业比例偏高。

加拿大联邦政府开发西部的目标是实现本地区的加拿大化，它不仅指政治上排除美国的影响，在西部建立联邦中央的有效统治，而且经济上也同东部连为一体，建立统一的国内市场；另一层含义则是使西部从属于东部，充当东部中心地区的农业边缘。在这种情况下，西部在加拿大处于一种类似半殖民地的地位，政治上没有自己自然资源的控制权，经济上也无法制定自己的发展政策，同时由于高额的保护性关税，农场主不能与美国发展自由贸易，却花大价钱购买东部制造的劣等工业品。据估计，从关税保护中受益的是安大略和魁北克两省，每人每年 15.15 加元和 11.03 加元，而最后的边疆萨斯喀彻温平均每人每年则要为此损失 28 加元。①从"20 世纪初马尼托巴与北达科他农具价格差别表"可以看出，因为关税保护，加拿大的农场主要比美国同一地区的农场主多出 10% 以上的价格购买农具。因此，西部自从加入联邦之日起，就掀起了反对国家政策，追求平等权利的斗争。最终到1930 年，联邦政府终于做出决定，认为"铁路已经修完，土地已经被移民定居"，"自治领的目的"已经完成，最终把西部剩余的土地都转给西部诸省，并给以相应的赔偿。同时，西部农场主反对关税和特权阶层的经济斗争，也迫使联邦在许多方面做出了整顿和让步。表 3-5 为 20 世纪初马尼托巴与北达科他农具价格差别的统计。

表 3-5　20 世纪初马尼托巴与北达科他农具价格差别表

农具名称	加拿大价格（美元）	美国价格（美元）	前者高出比例（%）
14 寸钢梁步行犁（steel-beam walking plough）	25	22	12.0
16 寸坐犁	60	52	15.4
14 寸多铧犁	88	80	10.0
8.6 英尺圆盘耙	45	38	18.4
10 英尺 20 齿播种机（20 single-dish drill）	140	125	12.0
农场马车	105	95	10.5

资料来源：Orville John McDiarmid, *Commercial Policy in the Canadian Economy*, Cambridge: Harvard University Press, 1946, p. 250.

---

① Orville John McDiarmid, *Commercial Policy in the Canadian Economy*, Cambridge: Harvard University Press, 1946, p. 380.

麦克唐纳政府的国家政策虽然力图通过西部开发、修建铁路和保护关税来构建一个东西互补的独立的经济体系，然而，保护关税和联邦专利法的规定却导致了美国资本对加拿大经济的高控制比例问题。早在国家政策实行之初，安大略的保守党约翰·赖科特（John Rykert）就认识到了这一问题："保护将会导致大量工业资本的涌入，而在自由贸易情况下是不会出现的。"①然而加拿大政府却对于外资的涌入并没有特别介意。1910 年《财政邮报》（Financial Post）认为："我们在渥太华的部长们并没有企图采取任何行动，以阻止美国制造商在这个国家建立分厂……我们对美国制造业品的适度关税似乎是给我们带来这些企业的诱因。"②到 1914 年，在加拿大的美资企业就已经达到了 450 家。1926 年，美国资本占加拿大制造业的比重是30%，采矿业是 32%；而到 1962 年，上述比例分别变成了 45% 和 51%。③戴尔斯教授指出：保护关税"是我们对于我们受到保护的制造业而付出的代价——通常也是我们贿赂外国公司在加拿大建立制造业的代价"。④

（三）保障、规范、约束——联邦政府对经济发展的服务和管理功能

国家政策可以说是加拿大联邦政府进行积极干预、推动经济发展的一个典型。不过，这还远远不是加拿大政府经济功能的全部内容，因为政府在国民经济发展过程中的作用除了推动功能外，还担负着控制和保障功能。所谓控制，主要指其对经济的管理和规范功能；而保障则不仅指其创造一种适合经济运行的政治环境，而且还指其所具备的提供公共服务的功能。虽然根据不同的理论和在不同的国家，政府在这三方面所发挥的作用并不相同。在自由主义的鼻祖亚当·斯密那里，政府被降到了"守夜人"的角色，一切经济

---

① Gordon Laxer, *Open for Business: The Roots of Foreign Ownership in Canada*, Toronto: Oxford University Press, 1989, p. 1.

② Gordon Laxer, *Open for Business: The Roots of Foreign Ownership in Canada*, New York: Oxford University Press, 1989, p. 8.

③ Gordon Laxer, *Open for Business: The Roots of Foreign Ownership in Canada*, New York: Oxford University Press, 1989, p. 14.

④ J. H. Dales, *The Protective Tariff in Canada's Development: Eight Essays on Trade and Tariffs When Factors Move with Special Reference to Canadian Protectionism 1875-1955*, Toronto: University of Toronto Press, 1966, p. 109.

活动只要遵循"看不见的手"这个听凭自由竞争的市场的引导，就可以自动实现资源的最优化配置。而更多的理论主张和众多国家的实践表明：市场与政府之间是相辅相成的互补关系，单纯强调任何一个方面都是不完整的。即便是斯密本人，也并不否认政府的保障功能，认为需要由政府来建设并维护某些公共事业及某些公共设施。

　　加拿大也一直存在着关于政府在经济中作用的争论，不同的组织和个人出于不同的信仰，或者是基于不同的目的对政府在经济中的作用也褒贬不一。加拿大联邦总理麦肯齐·金在 20 世纪初指出："对政府干预措施的智慧性和公正性的一种信仰代替了原来的自由放任的信念，后者认为不受限制的竞争是工业组织中的理想状态。而规范，尤其在最低程度的社会福利方面，越来越成为当今被接受的信条。"[①]而到 1953 年，加拿大联邦总理圣洛朗在不同场合谈论政府的经济功能时也指出："我想大家都认识到了这样一个事实，即有些事情由政府机构而不是私营企业去经营更为合适。不过，当私营企业能够履行对它们的要求的时候，政府机构就没有必要去干预，我想这也是我们都感到高兴的事情。"而在对加拿大伐木业协会的发言中，圣洛朗更进一步指出："我并不认为自由企业要求政府对经济环境无为而治，政府能够——而且我认为应该——通过财政和商业政策鼓励和刺激企业的发展，而且聪明的政府政策在维护良好的经济环境中大有可为。"[②]而比较保守的加拿大商会（Canadian Chamber of Commerce）则倾向于限制政府在经济中的作用。在该组织 1967—1968 年所提出的政策建议中除了重弹老调外，还特意规定了政府的活动范围："1）建立、促进和加强人与人之间、组织与组织之间在经济和政治方面的法律；2）为私有部门营造一种平等而适宜的环境，使其可以最大效率地利用其物质和人力资源，这方面的效率越高，该经济部门对于改善国家社会环境的贡献也就越大；3）为社会资本的供应提供适当的鼓励和财政支持，以与经济的发展相适应。"该组织还进一步建议政府"将其活动限于私人企业根本无法或不能提供充分服务的领域"。[③]

---

① K. J. Rea and J. T. McLeod, eds., *Business and Government in Canada: Selected Readings*, Toronto: Methuen Publications, 1976, p. 353.

② K. J. Rea and J. T. McLeod, eds., *Business and Government in Canada: Selected Readings*, Toronto: Methuen Publications, 1976, pp. 67-68.

③ K. J. Rea and J. T. McLeod, eds., *Business and Government in Canada: Selected Readings*, Toronto: Methuen Publications, 1976, pp. 13-14.

虽然自由主义仍然阴魂不散，但自从 19 世纪以来，资本主义发展的一个主要趋势仍然是政府对经济的干预越来越多，"自由企业制度被转变成了'福利国家'，在这种情况下，政府总体上假定他们不仅知道什么对经济最好，而且还知道什么对商业最好。"①就加拿大而言，不管是由于来自美国的压力、历史传统，还是出于资本的本性，一个广为接受的事实依然是："加拿大不是也从来没有过建立在自由市场和自由企业基础上的'正统'的资本主义制度。"而且加拿大的商业环境也从来没有如美国那般典型过，"集体主义的根源和政府与企业之间的相互关联在大陆的这侧比南边要深厚得多"。②自从联邦建立后到 20 世纪 20 年代，政府通过对公共项目的直接投资或者是对私人企业的各种各样的激励措施而在推动经济的长期增长中扮演了积极的角色，不过，自 20 年代起，长时段经济发展的任务主要落到了私人企业头上，而政府"日益新增的责任首先是在福利和社会安全领域，后来，尤其是 40 年代后，转向了短期经济波动问题"。③

最基本的管理和保障功能

在自由市场的前提下保障经济的平稳健康运行是政府最基本的经济功能之一，而对各个行业进行审查和干预，制订相应的行业标准和保障措施正是政府上述功能的体现。汉肯（Francis Hankin）和麦克德莫特（T. W. L. MacDermot）指出："没有什么抽象的理论指导着加拿大的经济增长，而且本国在社会和政治思想领域也不像在社会和政治行动方面那么多产。"④为了保障经济的正常运行和处理不断出现的各种经济问题，加拿大政府陆续出台了一系列措施，逐渐形成了今日市场与政府干预相结合的格局。

第一，保障金融和银行业的健康发展。就银行和金融业而言，由于历史的原因，虽然加拿大省也早在 1850 年通过了自由银行法，但加拿大并没有形成美国那种自由银行制度，而是发展起来了一种特许银行制度。1871 年通过了《自治领银行法》，规定授予银行特许证的最低资金门槛是 50 万加

---

① K. J. Rea and J. T. McLeod, eds., *Business and Government in Canada: Selected Readings*, Toronto: Methuen Publications, 1976, p. 4.

② K. J. Rea and J. T. McLeod, eds., *Business and Government in Canada: Selected Readings*, Toronto: Methuen Publications, 1976, p. 10.

③ K. J. Rea and J. T. McLeod, eds., *Business and Government in Canada: Selected Readings*, Toronto: Methuen Publications, 1976, p. 67.

④ Francis Hankin and T. W. L. MacDermot, *Recovery by Control: A Diagnosis and Analysis of the Relations between Business and Government in Canada*, Toronto: J. M. Dent & Sons Limited, 1933, p. 295.

元，而且要接受 10 年一次的审核。从 1871 到 1930 年，加拿大的特许银行从 36 家逐渐下降到 10 家，而分行则相应地从 1868 年的 123 家增加到 4069 家，资产也从 8000 万加元增加到 30 亿加元。①另外，为了保障信托和保险行业的诚信管理和健康运营，自治领和省政府都通过相应的法令，规范它们的行业行为。

第二，规范商品交易行为，维护消费者权益，确保交易的自由公平。在自治领的贸易与商业部下面设有商务信息服务处，负责报告世界各地的市场信息，《商业信息杂志》每周出版一期，为加拿大企业家提供商业信息，同时政府还印行进出口指南。1930 年，政府上述服务的费用达到 66.3378 万加元。1967 年，根据加拿大经济委员会的建议，成立了消费者与公司事务部（Department of Consumer and Corporate Affairs），负责管理与消费者相关的相关事务、商品销售标准以及与商品销售有关的其他事宜。

第三，对劳动者权益的规范。加拿大劳工组织的历史很长，但一直得不到政府的承认，甚至被引用反垄断法加以镇压。随着历史的发展，劳工组织和集会的权利得到了承认，而且政府也采取积极措施仲裁劳资争端。1900 年，联邦政府成立劳工部，以调解劳资争端，并通过禁止输入契约劳工的法律。劳里埃政府的副劳工部长麦肯齐·金在其任内为调解劳资争端和保障劳工的权利做出了很大的贡献。1907 年，联邦政府通过《工业争端调查法》（Industrial Disputes Investigation Act），但与新西兰、澳大利亚等采取的强制性仲裁不同，加拿大方面认为提出一项解决方案的和解是最能保护公共利益的途径。1939 年，加拿大刑法规定，仅仅因为某人的劳工组织身份而解雇劳工为非法。由于劳工问题大部分属于省权范围，所以省政府在这些事务方面发挥着较联邦政府远为积极的作用。如各省都有关于女工、童工、最低工资、工时、工厂检查和安全等方面的法令，基本上都沿袭了英国的先例，并在借鉴美国工业复兴法和华格纳法的基础上，承认劳工组织的地位和权利。

第四，政府对社会福利事业的干预。虽然在 20 世纪以前各个国家都曾经出台过关于福利和社会救助方面的零星措施，但真正意义上的福利资本主义的实现是 20 世纪以后的事情，而且主要受到两次世界大战和大危机的推动。在美国，罗斯福新政可以看作是福利资本主义形成的标志。可是在加拿

---

① Francis Hankin and T. W. L. MacDermot, *Recovery by Control: A Diagnosis and Analysis of the Relations between Business and Government in Canada*, Toronto: J. M. Dent & Sons Limited, 1933, p. 221.

大，联邦总理贝内特模仿罗斯福新政的举措却被枢密院司法委员会判定为违反宪法。不过，随着社会的发展，福利资本主义还是在加拿大逐渐发展起来。而且伴随着各种福利措施的出台，政府在这方面的投入也逐渐加大：不包括教育经费，全国各级政府 1913 年用于福利和救济的费用为 1500 万加元，1930 年 8300 万加元，1937 年 2.36 亿加元。相应地，税收占国民收入的比例也从 1925 年的 14.7％增长到了 1938 年的 19.7％，1963 年达到 25％。①由于加拿大的联邦分权体制，社会福利基本属于省权的范围，从而造成了联邦有钱却无权行动，而省有行动权却又没钱的尴尬局面。后来联邦与省就税收分享问题达成协议，一定程度上缓和了上述局面。

另外，加拿大各级政府还积极承担和鼓励一些基础设施的发展，如为铁路修筑提供财政资助和进行担保；编制数据，进行经济预测；制订地区发展计划，致力于消弭地区之间的发展不平衡问题；通过税收调节和财政转让，进行收入的二次分配，缩小收入差距等等。

反对垄断，维护市场竞争

在市场经济条件下，竞争被认为是保障企业能够实现最大限度的社会利益的有效手段。然而，资本的本性却是追求垄断。随着技术的进步和经济的发展，在 19 世纪后期各个主要资本主义国家都出现了垄断。对其支持者来说，垄断通过扩大生产规模，可以提高生产效率，降低成本，增强企业的科研创新能力；而对其反对者来说，垄断代表的是扼杀竞争和市场秩序，追求垄断利润的邪恶力量，与社会利益背道而驰。在英美历史传统中，对垄断存在着根深蒂固的憎恶。19 世纪末，英国国会议员爱德华·瑟洛问道："你能够期望一家公司有良心吗？它既没有可供诅咒的灵魂，也没有可以鞭挞的躯体！"②为了纠正垄断所带来的弊端，美国在 1890 年通过了著名的《谢尔曼反托拉斯法》，并且在 19 世纪后期到 20 世纪初掀起了轰轰烈烈的反托拉斯运动。在反托拉斯运动之初，人们还执著于关于好与坏的托拉斯之间的争论，认为"一个好的托拉斯不会利用自己手中的重要权力，通过消除或操纵

---

① K. J. Rea and J. T. McLeod, eds., *Business and Government in Canada: Selected Readings*, Toronto: Methuen Publications, 1976, p. 39.

② 查里斯·R. 吉斯特：《美国垄断史：帝国的缔造者和他们的敌人》，傅浩等译，北京：经济科学出版社 2004 年版，第 7 页。

利己的价格来破坏公众的利益"。①不过到 40 年代以后，对于好与坏的争论被正式否定：垄断就是垄断，与好坏无关。一旦垄断形成，不管其是否准备追求垄断利润，其实威胁已经形成。因此，芝加哥学派认为："效率才是反托拉斯立法的唯一目标，竞争只是实现效率最大化的手段而不是反托拉斯立法的最终目的。"②

加拿大政府针对垄断所采取的第一步行动是在 1888 年成立了一个调查委员会，"对据说无论是加拿大本国商品，还是外国产品在购买和销售，或者是制造与销售环节中所存在的那些垄断的本质、程度和影响进行调查"。该委员会的调查表明，在加拿大的日杂、煤炭、饼干等 13 种行业中已经产生了垄断。其报告认为："垄断的邪恶在这个国家还没有完全显现出来。但是，已经有足够证据表明，针对其危害性倾向和影响需要采取法律行动，以消除上述或类似的合并与垄断所带来的邪恶。"③在上述委员会报告的基础上，加拿大在 1889 年通过了第一部反垄断法。该法规定，任何非法的共谋、合并、约定和安排等都属犯罪，这些行为包括："a）对于贸易或商业中的任何物品或商品采取任何不正当地限制交通、生产、制造、供应、存储或销售设施的行为；或 b）抑制或损害针对上述物品和商品的贸易和交换的行为；或 c）不正当地阻止、限制、削弱制造或生产任何上述物品或商品，或者毫无理由地提高价格；或 d）不正当地阻止或削弱生产、制造、购买、谈判、销售、运输或供应上述商品或物品，或阻止或削弱人身和财产保险的价格的行为。"④1892 年，上述反垄断法令成为了加拿大刑法的第 498 款。在此后的岁月里，虽然有几起起诉，但由于确定垄断取证比较困难，1910 年反垄断法进一步对垄断的定义做出规范。1919 年，为了纠正 1910 年反垄断法所规定的任意 6 个人可以申请法官进行垄断调查的不切实际之处，任命了一个由 3 名委员组成的商务局（Board of Commerce）。调查员可以根据任何人所提出的正式申请或者自行进行垄断调查。这个规定克服了 1910 年反垄断法缺乏连续性权威和只能依据申请进行调查的缺陷，但不幸的是，1921

---

① 查里斯·R. 吉斯特：《美国垄断史：帝国的缔造者和他们的敌人》，傅浩等译，北京：经济科学出版社 2004 年版，第 46 页

② 辜海笑：《美国反托拉斯理论与政策》，北京：中国经济出版社 2005 年版，第 27 页。

③ Graufurd D. W. Goodwin, *Canadian Economic Thought: The Political Economy of a Developing Nation 1814-1914*, Durham: Duke University Press, 1961, pp. 138-139.

④ K. J. Rea and J. T. McLeod, eds., *Business and Government in Canada: Selected Readings*, Toronto: Methuen Publications, 1976, p. 205.

年枢密院判决该法违宪。1923 年反垄断法基本延续了 1919 年法令对垄断的定义，并设立了一名专职的登记员，具体负责该法令的运转。后来，加拿大又陆续在 1935 年、1952 年、1960 年不断对反垄断法进行了完善和修改。

自从反垄断法通过以后，针对企业的垄断行为进行了多起调查，有的成功，有的则无果而终。在双方的较量之中，反垄断调查员逐渐形成了这样一种意见，即"应用该法律的本质在于针对那些损害公共利益的合并，换句话说，即该法并不反对合并这一倾向本身，而且调查员实际上同意合并，但是，如果其行动危害到公共利益，就要运用法律来解决它"。①

与美国一样，加拿大反垄断的目的并不是消灭垄断，而是对垄断行为进行必要的规范。在 20 世纪大部分的时间里，舆论界普遍认为"大的就是好的"，因此，尽管各种反垄断法令不断出台，但是一个不能否认的事实仍然是：加拿大同美国一样，企业集中的比例越来越高。克兰斯（E. Kierans）认为，加拿大在 70 年代的经济结构可以归结为两点：实际上每个经济部门都是由少数巨型公司所主导的；导致这一集中的最重要的原因是联邦政府的经济政策。他还进一步指出，加拿大政府和大企业是合作关系，它们有着相同的利益，即加快经济活动的步伐和财富的增长。②根据加拿大消费与公司事务部的调查报告，加拿大制造业中集中的比例高于美国。1963 年，美国 50 家最大的制造业公司新增产值占其行业的比例是 25％，而加拿大在 1965 年的数字是 36％；而同期 100 强企业占美国比例是 33％，加拿大为 46％。③

公共拥有

提供公共服务和保障经济发展所必需的基础设施的运转是政府的另外一项重要的经济功能。加拿大政府在这方面进行了创造性的尝试，摸索出了一条具有加拿大特色的道路——公共所有或者叫皇冠公司（Crown corporations）。根据加拿大学者的定义，皇冠公司是为了提供公共服务功能而由政府所创建的以公司的形式存在的一种机构，它部分或完全由政府所有，同时也是政府

---

① Francis Hankin and T. W. L. MacDermot, *Recovery by Control: A Diagnosis and Analysis of the Relations between Business and Government in Canada*, Toronto: J. M. Dent & Sons Limited, 1933, p. 177.

② K. J. Rea and J. T. McLeod, eds., *Business and Government in Canada: Selected Readings*, Toronto: Methuen Publications, 1976, p. 203.

③ K. J. Rea and J. T. McLeod, eds., *Business and Government in Canada: Selected Readings*, Toronto: Methuen Publications, 1976, p. 198.

干预经济的一种重要的手段和方式。

在加拿大经济的许多领域，公有企业与私有企业共同存在。比如电力工业，大部分归省有，但在纽芬兰、爱德华王子岛、阿尔伯达则是部分或者完全私人所有；而在这些电力公有的省份，天然气则是私人所有，但受到公共管理。在草原三省，电话为公有，其他省则是私有。而在联邦层面，加拿大航空公司为国有企业，而与其一道竞争存在的还有一家全国性的私有的加拿大太平洋航空公司；加拿大太平洋铁路为私有公司，而加拿大国家铁路则是公共所有。在石油、广播电视、邮政等领域，也存在着皇冠公司同私有公司共存的局面。根据1979年统计数字，联邦全部或部分所有的皇冠公司共有344家，雇员20万人，资产总值290亿加元；而省有的皇冠公司为197家，资产总额为590亿加元（不同的统计略有出入，不列颠哥伦比亚大学的范宁［Aidan Vining］和波特莱尔［Robert Botterell］的统计是省有皇冠企业233家，资产总值622.6亿加元）。①

皇冠公司的产生可以追溯到自治领建立初期。国有铁路可以看作是加拿大皇冠公司的原型。1874年，麦克唐纳保守党政府因为太平洋铁路丑闻而下台后，新上任的自由党麦肯齐政府决心把太平洋铁路变成一项公共工程，结果靡费钱财而又效率低下，断断续续修建了大约300英里的铁路。直到1879年保守党政府执政后，重新确立了联邦资助私人公司修建太平洋铁路的方针，并把联邦政府先前完成的部分全部转给新建的太平洋铁路公司。虽然太平洋铁路没有成为政府所有，但在同一时期，联邦政府在1876年修建完成了殖民地际铁路（Intercolonial Railway），这条为了连接东部沿海的哈利法克斯与中部的魁北克和蒙特利尔的铁路，全长1500英里，完全由政府修建完成。从商业运营的角度来看，这条铁路并不成功，它几乎从来就没有盈利过。不过，"它主要是一项政治成就，很好地服务于联邦政府寻求建立一个统一的共同体的目的"。②殖民地际铁路可以称作是加拿大第一个皇冠企业的原型。加拿大国家铁路是第一个真正意义上的大型的国有企业，也是加拿大皇冠公司的典型代表。对西部开发过度乐观的劳里埃联邦政府和各级地方政府在20世纪初期倾力资助和修建了加拿大北方铁路和大干线太平洋

---

① J. Robert S. Prichard, ed., *Crown Corporations in Canada: The Calculus of Instrument Choice*, Toronto: Butterworth & Co., Ltd., 1983, pp. 3-4; p. 317.

② K. J. Rea and J. T. McLeod, eds, *Business and Government in Canada: Selected Readings*, Toronto: Methuen Publications, 1976, p. 30.

铁路两条新的横贯大陆铁路系统，甚至大干线太平洋铁路的东段直接是由政府承担修建，并对其西段建筑债券的75％提供担保。然而，随着第一次世界大战的爆发和欧洲资本市场的紧缩，这两条由联邦政府高额承保和资助的铁路陷入了困境，最后只能由联邦政府出面收拾摊子，在1918－1923年逐渐形成了加拿大国家铁路（CNR），成为同太平洋铁路竞争的国有铁路公司。从经济意义上衡量，加拿大国家铁路不算成功，到1931年，它已经累计亏损6.94亿加元。当然，对于这样一项规模庞大的公共工程，"不能仅仅靠投资的利润回报来衡量，因为与其他铁路一样，他们是国家建设的一个工具，把分散很远的定居区联系在一起，并使得远离制造业中心的自然资源的开发成为了可能"。[①]以加拿大国家铁路的建设为契机，自20世纪以来，加拿大各级政府以不同形式建立了各种各样的公有企业，甚至部分政府的职能也转交皇冠公司来执行，皇冠企业成为政府推行经济政策的一个有力工具。

众所周知，美国政府不仅通过税收、补贴、控制和管理等多种手段干预经济，同时也建立了公有企业。不过，与美国相比，加拿大的各级政府更倾向于采取公共所有为手段来调节经济，而且加拿大公有制的比例明显高于美国。除去土地、资源和房产等，1955年，美国政府拥有15％的可再生型资产；而加拿大在1952年的比例为23％。从18个国家公有企业的比例来看，加拿大虽然低于欧洲一些国家，但比美国还是要高得多。

导致这一结果的因素很多，一般来说，在加拿大有以下几种解释：（1）环境原因。这派观点认为，加拿大独特的地理、经济和社会环境导致了皇冠公司的大量产生："总体来说，我们明显依赖公共企业的原因可以归结为加拿大的形势：国土面积广博，资源丰富而人口稀少，又与世界最强大的经济巨头美国毗邻。"[②]（2）政治文化原因。由于加拿大政治文化中的保守传统，各界习惯于接受政府干预经济的行为。（3）实用主义的原因。有些人认为加拿大之所以公共拥有盛行主要是各执政党采取实用主义政策的产物。[③]而就省的层面而言，地方利益和政党因素也是需要考虑的原因：省政府为了

---

① K. J. Rea and J. T. McLeod, eds., *Business and Government in Canada: Selected Readings*, Toronto: Methuen Publications, 1976, p. 31.

② J. Robert S. Prichard, ed., *Crown Corporations in Canada: The Calculus of Instrument Choice*, Toronto: Butterworth & Co., Ltd., 1983, p. 187.

③ J. Robert S. Prichard, ed., *Crown Corporations in Canada: The Calculus of Instrument Choice*, Toronto: Butterworth & Co., Ltd., 1983, pp. 186-189.

使得某些行业的利润能够归地方所用而不是被联邦中央收走，对某些企业采取公有化措施；虽然保守党和左翼政党都积极推进公共所有，但相对而言，非左翼政党把公共所有当作一种其他刺激手段的一种替代品，而左翼政府不仅更倾向于采纳公共所有，而且还把它作为一种实现其财富重新分配和权力分散理念的工具。因此，很难用一种统一的理由来解释缘何比其他国家更习惯于利用公共所有的形式来干预经济。

18 个国家公有企业比例情况见图 3-1。

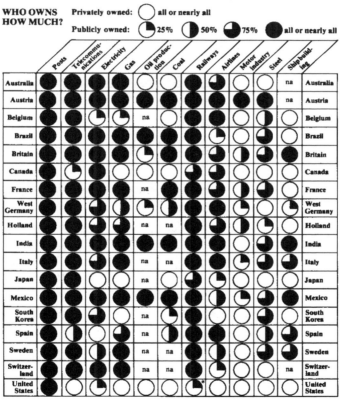

图 3-1　18 个国家公有企业比例对比图

资料来源：Thomas E. Borcherding, "Toward a Positive Theory of Public Sector Supply Arrangements", in J. Robert S. Prichard, ed., *Crown Corporations in Canada: The Calculus of Instrument Choice*, Toronto: Butterworth & Co., Ltd., 1983, p. 106.

　　大致来说，加拿大政府利用皇冠企业干预经济活动主要集中在如下领域。（1）具有自然垄断性的行业。有些经济部门存在着自然垄断性，对于这样的行业，政府的行为一般分为直接的价格管理和公共所有两种。相对来说，美国的许多部门多采取价格管制的办法，而加拿大则是两种手段并存。如贝尔电话、BC 电话就受加拿大广电和通讯委员会的管制，安大略省的天然气在价格和服务方面受安大略能源局的监管。而另外一些如：草原电信、安大略水电、魁北克水电等则是公有。上述产业被收归公有部分原因是省为了避免其税收被联邦收去、通过省资助某些行业从而降低本省消费者的费用、便于控制或者竞争不足等。（2）国家建设和社区发展举足轻重的一些部门，如一些私人公司无法或不愿投资的基础设施，或者是对于加拿大民族主义和国家特性具有促进意义的一些部门，如加拿大国家铁路、加航、加拿大广播公司等。著名经济学家哈罗德·因尼斯教授指出："政府所有在加拿大这样一个新兴国家基本上是一个特有的现象，而且它还是一个有效工具，政府能够通过它把滞后发展与其所拥有的丰富的自然资源、成熟的技术、以及有利的原材料购买市场黏合在一起。虽然对于短期的大笔资本投入来说，它是一种笨拙不便的方式，但却是完成使命和从原始的自然资源的开发中获取利益的唯一途径。加拿大的发展从根本上说是横贯大陆的，虽然政府所有制的成功掩盖了私人公司在初期的资本发展中的重要作用，但对于这项艰巨的任务来说，仅仅是私人公司是远远不够的。"①因为加拿大是一个地方主义浓厚的分权制国家，从一定意义上说，许多省有公司也蕴含着省政府的上述目的。（3）为了缓解经济调整所带来的影响或者是稳定收入而采取的一些国有化措施。如为了应对开普布雷顿煤矿公司的困境，政府在经历了长时间的各种救助无效以后，在 1966 年将该公司收归国有，建立开普布雷顿发展公司（Cape Breton Development Corporation），以解决原公司就业居民的生计。另外，1970 年所建立的加拿大咸鱼公司也是为了维持长期萧条的地区性行业的生存问题。（4）为了提供资本，以弥补资本市场的不足。如联邦商业发展银行、农业信托公司、加拿大发展公司、安大略发展公司等公有制公司的建立都是为了便于各级政府向私有企业提供资本支持。（5）涉及国家安全和为了保障某些物资的供应而建立的皇冠公司。如 1942 年为了向盟国提

---

① Harold A. Innis, *Problems of Staple Production in Canada*, Toronto: The Ryerson Press, 1933, pp. 80-81.

供合成橡胶而成立的聚合酯公司，伊尔多拉多原子能公司（Eldorado Nuclear）等等都属于这类性质。（6）为了给私有企业制订一个竞争标准而成立的公有制公司。加拿大石油公司即是此类之一。（7）对具有外在性影响的一些活动进行干预而创立的公有制公司。外在性影响分积极的和消极的两类，如一些基础设施的建设就属于具有积极的外在性影响的活动，同类的还有如美国的田纳西流域管理局；对一些具有消极性外在影响的活动的约束，如安大略酒类控制局等。①

总之，同其他行政和经济手段对经济进行规范和调控一样，公共所有也是加拿大各级政府进行经济调控的得力工具。"政府拥有和经营公共设施，不是为了自己盈利，而是以最好的最廉价的方式为其民众提供服务。"②不过，在一般情况下，私有企业无法解决社会公正问题，公有企业无法解决效率问题。因此，有人认为企业、政府和劳动者三者是一种合作的关系，其目标是实现效率、公平和社会福利。从这一意义上讲，加拿大的皇冠企业是公有企业和私有企业共存合作的一个典型。在诸多部门中，公共所有与私人所有同时存在，而且在许多领域，如技术规范、权力转换和经济统计等方面，两种体制的经济形式还进行着有效的合作。"经济官员们，不管是掌控市政设施，省属皇冠公司，还是私人企业，日益以一个声音说话，并且就其共同问题进行相互交流。"③

除了加拿大联邦政府积极干预经济外，省和其他各级政府在经济现代化过程中同样发挥了重要的推动和调控作用。在联邦政府制订国家政策，推动经济发展的同时，安大略省的莫瓦特自由党政府也制订了被称为"小国家政策"的省经济发展计划，以此来"鼓励，支持通向资源产地的设施的改进，必要时候延长财政资助，并提供信息和技术教育，都是国家对资源发展的帮助措施"。④ 当然，除了安大略的小国家政策外，西部诸省的省权建设和经济多样化运动也是政府积极支持本地区经济发展的一个典型。

---

① J. Robert S. Prichard, ed., *Crown Corporations in Canada: The Calculus of Instrument Choice*, Toronto: Butterworth & Co., Ltd., 1983, pp. 46-74.

② Francis Hankin and T. W. L. MacDermot, *Recovery by Control: A Diagnosis and Analysis of the Relations between Business and Government in Canada*, Toronto: J. M. Dent & Sons Limited, 1933, p. 268.

③ Christopher Armstrong and H. V. Nelles, *Monopoly's Moment: The Organization and Regulation of Canadian Utilities, 1830-1930*, Philadelphia Temple University Press, 1986, p. 317.

④ H. V. Nelles, *The Politics of Development: Forest, Mines and Hydro-Electric Power in Ontario 1849-1941*, Montreal: McGill-Queen's University Press, 2005, p. 110.

（四）小　结

在加拿大经济现代化的过程中，政府发挥极大的推动、引导和规范作用，联邦政府不仅制订了以修建太平洋铁路、吸引移民开发西部和以保护关税推动中部工业化为主要内容的国家政策，采取各种措施刺激国家的经济发展，而且，联邦政府也在规范和保障经济运行、提供公共服务方面采取了多种创新措施，如专利政策、银行政策和皇冠公司等等。特别值得一提的是，由于加拿大联邦分权和自 20 世纪以来省权扩张的特殊状况，以省政府为代表的各级地方政府也在经济发展中积极作为，针对本省的特点而制订了省经济发展策略，如安大略省以开发林矿水利资源为特色的小国家政策和西部诸省以实现经济多样化为特色的省权建设和经济多样化运动等等。从一定意义上讲，加拿大联邦政府所扮演的经济角色是一种后发展国家和以欧美为代表的先发展国家的一个混合，既专注于推动经济进步，同时又积极卷入对经济运行的规范和保障，而加拿大经济现代化的成就是对其上述作用的最好肯定。

（原载于《现代化研究》，总第 5 辑，商务印书馆 2010 年版，略有删节）

第四章　环境史视野下的美国西部开发

西部开发是美国历史上最壮丽的篇章，在短短的百余年的时间内，北美大陆从一片蛮荒变成了千里沃野，在不断西移的移民潮背后，崛起了资本主义的小麦王国、畜牧王国、数以千计的定居点和现代化的城市。从一定意义上讲，没有西部开发，就没有今日的美国。传统上，我们总是站在发展和进步的角度评价美国西部开发，想当然地认为："如果人类要走向文明，他就必须改变他周围的环境。"[①]美国西部的环境变迁是文明战胜野蛮、科技战胜蒙昧的一个胜利。其至历史学家也以赞许的语气描述西部开发："他们征服了荒野，他们征服了森林，并把土地变成丰产的战利品。"[②]

一、从环境破坏到资源保护的历史变迁

虽然从现代化的角度看美国西部开发是一部成功的历史，但从环境史的角度来看，美国的西部开发却是一部沉重的灾难史，在短短几代人的时间里，北美的自然环境发生了天翻地覆的变化：原来数以千万计的旅鸽和野牛、海狸、白尾鹿等物种相继灭绝或濒临灭绝，大片的原始森林消失殆尽，随之而来的是土壤的盐碱化和严重的水土流失。结果，20 世纪 30 年代西部大草原的沙暴（dust bowl）为北美西部开发画上了永远的终结号。世界粮食组织的代表曾经将美国 30 年代的大沙暴与公元前 3000 年中国西北地区森林被砍光和地中海周围的植被被啃食殆尽并列为人类历史上的三大生态灾

---

① Jerrome O. Steffen, *The American West: New Perspectives, New Dimensions*, Norman: University of Oklohoma Press, 1979, p. 16.

② Roderick Nash, *Wilderness and the American Mind*, 3rd edition, New Haven: Yale University Press, 1982, p. 27.

难。①也正是由于剧烈的环境变迁和沉重的环境灾难，一向认为资源无限、机会无限的美国人才幡然醒悟，率先走上了环境保护的道路。从环境史的角度审视美国西部开发，就会发现它所走过的实际上是一条从破坏到保护的 U 形曲线。

（一）哥伦布大交换

北美大陆是一片资源极端富饶、物种十分丰富的地区。然而，在美国向西部的开发中，欧洲殖民者一方面对这些动植物资源进行了疯狂的破坏，另一方面又把为欧洲所熟悉的物种带到了北美大陆，从而在当地建立起他们所熟悉的生态结构。因此，北美西部开发的历史也是一部生态环境的变迁史。这一巨大的生态变迁被环境史学家克罗斯比（Alfred. W. Crosby）称为"哥伦布大交换"。

首先遭殃的是美洲的森林。隐天蔽日的森林既是北美大陆野蛮的象征，同时也是殖民者西进的障碍。与此同时，森林还有众多的用途，因此美国西部开发的历史同时也是北美森林被疯狂砍伐的历史。在北美历史上曾经出现过方木边疆。英国海军将眼光瞄准了北美东海岸生长着的高大树木，结果"新英格兰的森林成为维持英国海军力量的一个关键因素"。②海军测量员在每棵被选作海军军舰用木的树上都标上箭头。除了海军用木外，东部优质的木材还是制造地中海酒桶的优质材料。当时的锯木厂效率低下，只用上好的木材，其他次等的都浪费掉了。许多北美人夏天耕种，冬天就转入伐木营去砍伐树木。除了专业的伐木业外，农民为了开垦耕地，建立农场，更是不分好坏地肆意清除树木，通常的办法是环剥法，即在树下将树皮环剥一圈，使大树枯死；更具有危害性的则是放火焚烧，有时候这种火会蔓延成森林大火，失去控制，将很大范围的森林都统统烧光。除了农民毁林开荒外，取暖用柴也是造成北美东部森林迅速消失的一个重要因素。而随着东部森林的消失和西部开发的推进，铁路用木、建设用木和工业燃料用木的数量都大幅增加，大湖区的森林成为 19 世纪中期以后西部主要的木材来源地。

① Donald Worster, *The Dust Bowl: The Southern Plains in 1930s*, New York: Oxford University Press, 1979, p. 4.

② William Cronon, *Changes in the Land: Indians, Colonists and the Ecology of New England*, New York: Hill and Wang Publishing Company, 1983, p. 110.

随着森林一道消失的是原本栖息在森林中的各种野生动物资源。火鸡在17世纪还在新英格兰地区成群地活动，当时一只40磅（约18千克）的火鸡可以卖4先令，可到18世纪，就很少见到了，以致于连名字的来源都忘记了。到18世纪末，鹿在北纬44度以南已经很难看到，殖民地史学家詹姆斯·沙利文（James Sulliwan）记载道：在缅因地区，"麋鹿这种大型动物，以前还数量很多，现在已经很难见到一只了"。①甚至连旅鸽这种数量达到50亿只的动物，也没有逃脱灭种的命运，野外的最后一只旅鸽大约是1900年死于俄亥俄，全世界最后一只旅鸽玛莎1914年也在辛辛那提的动物园里孤独地死去。

美国西部开发不仅是本地动植物资源遭到疯狂破坏的历史，也是物种变迁的历史。"生态学上的偷乘者是随着最早的居民开始来临的。"②在本地动植物资源消失的同时，欧洲殖民者有意或无意携带的各类动植物品种逐渐流传到了新大陆，并逐渐传播开来。

在殖民者向美洲移民的船上就搭载了旧世界的动植物和微生物。1609年，当弗吉尼亚才刚刚奠基时，詹姆斯敦的殖民者发现，他们储藏的食物几乎被数以千计的老鼠给吃光了，他们不得不靠打猎、采集和印第安人的救济而过活。③除了老鼠之外，在新世界繁衍的旧世界的动物还有猪、马和牛等家畜。猪由于适应性强、繁殖率高而颇受早期殖民者的欢迎。马的祖先原来在美洲，可后来在这里灭绝了。马又重新被西班牙殖民者带到了这里，有些走失或被放野，成为北美草原上的野马。在有些地方，野马数量变得如此多，"从而使它们实际上成了令人讨厌的家伙"。④牛也是同殖民者一道来到新世界的首批移民，它们与猪相比，更有优势：可以消化掉人所不能消化的粗纤维，将它们转化成人所需要的奶、肉和皮革。牛因此也深受殖民者青睐，在18世纪初期，根据约翰·劳逊的观察，卡罗来纳的牛已经多得"难

---

① William Cronon, *Changes in the Land: Indians, Colonists and the Ecology of New England*, New York: Hill and Wang Publishing Company, 1983, p. 105.

② 利奥波德：《沙乡年鉴》，侯文蕙译，长春：吉林人民出版社1997年版，第143页。

③ 艾尔弗雷德·克罗斯比：《生态扩张主义：欧洲900年到1900年的生态扩张》，许友民、许学征译，沈阳：辽宁教育出版社2001年版，第198-199页。

④艾尔弗雷德·克罗斯比：《生态扩张主义：欧洲900年到1900年的生态扩张》，许友民、许学征译，沈阳：辽宁教育出版社2001年版，第190页。

以置信，因为一个人就可以拥有 1000－2000 头牛"。^①蜜蜂也是被殖民者从旧世界引入的新物种之一，在 17 世纪 20 年代，蜜蜂就随着移民们来到了弗吉尼亚，并迅速在北美东部繁衍起来。印第安人称蜜蜂为"英国苍蝇"（English flies），认为"它们向内陆的推进是白人临近的前兆"。^②蜜蜂在 1792 年蔓延到了密西西比河以西的地区。除了上述这些动物之外，其他像鸡、鸭、羊等禽畜和其他的昆虫和野生动物也都在美洲安下了家。

旧世界的植物也是在新世界安家的首批生命之一。除了欧洲人带到美洲的农业品种外，不经意来到的还有野草。据瑞典植物学家彼德·卡尔姆的研究，大多数欧洲野草早在 1750 年就在新泽西和纽约扎根了。^③在 17 世纪的后半期，至少有 20 种野草在新英格兰安家落户。车前草被印第安人称为"英国人的脚"（Englishman's foot），意即英国人足迹所到之处，都可见到这种植物的影子。另外，像白三叶草、蒲公英、肯塔基六月禾、小檗属植物、金丝桃、麦仙翁、雀麦等也都在北美扎了根。^④19 世纪初，当杰斐逊总统任命生物学家古斯蒂斯（Custis）探查雷德河地区时，后者在那里发现了 16 种欧洲物种。^⑤在今日的美国，500 种农地杂草中有 258 种来自旧世界，其中 177 种明确地来自欧洲。^⑥20 世纪初对圣华金河地区的调查表明：引进的植物在草地类型中占到了植物品种的 63%，在林地中占 66%，在灌木中占 54%。^⑦

除了这些动植物品种外，殖民者随身携带的旧世界的微生物和病菌，如天花、肺炎、流感、霍乱、斑疹伤寒和痢疾等也一道侵入美洲，给印第安人造成致命的威胁。在传入美洲的各种旧世界的病菌中，以天花对土著人所造

---

①艾尔弗雷德·克罗斯比：《生态扩张主义：欧洲 900 年到 1900 年的生态扩张》，许友民、许学征译，沈阳：辽宁教育出版社 2001 年版，第 185 页。

② Alfred W. Crosby, *Germs, Seeds, Animals: Studies in Ecological History*, Armonk: M. E. Sharpe, 1990, p. 32.

③ 利奥波德：《沙乡年鉴》，侯文蕙译，长春：吉林人民出版社 1997 年版，第 143 页。

④ Alfred W. Crosby, *Germs, Seeds, Animals: Studies in Ecological History*, Armonk: M. E. Sharpe, 1990, p. 38.

⑤ Dan Flores, *The Natural West: Environmental History in the Great Plains and Rocky Mountains*, Norman: University of Oklahoma Press, 2001, p. 46.

⑥ 艾尔福雷德·克罗斯比：《生态扩张主义：欧洲 900 年到 1900 年的生态扩张》，许友民、许学征译，沈阳：辽宁教育出版社 2001 年版，第 171 页。

⑦ 艾尔福雷德·克罗斯比：《生态扩张主义：欧洲 900 年到 1900 年的生态扩张》，许友民、许学征译，沈阳：辽宁教育出版社 2001 年版，第 160-161 页。

成的危害最为深重。天花的流行使印第安人面临着灭顶之灾。1616 年，天花第一次在新英格兰南部地区流行了 3 年之久，深入内地 20—30 英里（约 32—48 千米）。此后，天花就经常在北美各地爆发，其中 1633 年在北美东北地区爆发的一次最为惨烈，受感染者死亡率高达 95%。频繁的疾病打击，使得印第安人的数量急剧减少，在 17 世纪的前四分之三的时间里，新英格兰土著人口的数量从 7 万多下降到了不到 1.2 万，东北部曾经强大的阿本乃吉印第安人（Abenaki Indian）的人口从 1 万人下降到了不到 500 人。有的学者估计，天花等传染病造成了北美 80%的土著人死亡，即便是最保守的估计也在 65%左右。[①]

从现代化的角度看，西部开发带来的上述变化被认为是历史进步的表现，至少是"恶的历史作用"的结果。然而从环境正义的角度来看，"哥伦布在西印度的出现是数以百万计的土著美洲人和南北美洲野生动植物的接连不断的灾难的开始"。[②]环境史学家克罗斯比不无遗憾地指出："哥伦布的变迁留给我们的不是一个更为丰富的，而是一个更为贫乏的基因库。"[③]

（二）西部开发是一部人为的生态灾难史

物种变迁和本地动植物资源遭到疯狂破坏仅仅是西部开发中的一个方面，在当时占主导地位的征服自然、文明战胜野蛮的错误观念的指导下，美国西部上演着一幕又一幕的生态悲剧。除了动植物资源外，西部的土地、矿产和水利资源也遭到了空前的破坏。

大草原是美国最后的边疆消失的地方，也是生态灾难最为引人注意的地方。首先是草原野牛的几近灭绝。19 世纪 70 年代，野牛皮制革在东部获得成功，随之，大批的东部人蜂拥到草原上猎杀野牛。据估计，1872 年至少有 1000 名猎手在草原上游荡，平均每名猎手每天能杀 75—100 头野牛。根据道奇上校的估计，1872—1874 年，运往圣菲—堪萨斯太平洋铁路的牛皮是 1378359 张，而由于剥皮速度远远低于猎杀的速度，估计每获得 1 张牛皮要 5 头牛的代价。1872—1874 年被白人猎杀的野牛达 3158730 头。疯狂

① http://www.thefurtrapper.com/indian_smallpox.htm.（2009 年 10 月 7 日访问）

② R. F. Dasamnan, *Environmental Conservation*, 5th edition, Hoboken: John Wiley & Sons, 1984, p. 53.

③ Alfred W. Crosby Jr., *The Columbian Exchange: Biological and Cultural Consequences of 1492*, Westport: Greenwood Press, 1972, p. 219.

的猎杀使得野牛的数量迅速减少，几近灭绝。1889 年，哈纳迪（Hornaday）领导的调查队在五州交界的勺柄地带仅发现了 25 头野牛，科罗拉多山下 20 头，黄石河与密苏里河之间 10 头，大霍恩山附近 26 头，黄石公园 200 头。①对此，研究野牛问题的学者安德鲁·伊森伯格总结道："19 世纪 70 年代和 80 年代对野牛的猎杀毫无疑问是工业社会的杰作……西部草原变成了全球工业经济的一个遥远的延伸，……草原上猎杀野牛以满足对牛皮的供应是工业化美国环境退化模式的一个组成部分。"②美国人创造性地利用野牛资源的最后的创举是收集草原上剩下的野牛骨制作肥料，每吨牛骨由 100 块左右的牛头骨组成，可以卖得 4—12 美元，北达科他的牛骨公司每年都能收集成千上万吨的牛骨，铁路每年运出 5 千车皮牛骨。19 世纪 80 年代，密歇根州底特律的炭业公司（Carbon Works）每年要生产 5000 吨骨制颜料和 4000 吨骨灰肥料。③无怪乎伊森伯格哀叹："如果没有 19 世纪美国工业的兴起，野牛不会濒临灭绝，它的栖息地如今也不会如此的狭小受限。"④

野牛灭绝和印第安人被驱赶进保留地为接下来的大草原开发准备了条件。在美国内战后的 20 年里，大草原目睹了开放式放牧事业从快速崛起到灾难性结束的全部过程。从 60 年代开始，许多白人牧场主就在西部草原上非法圈占土地，从南部赶来小牛，在大草原上饲养。"到 1880 年，养牛业已经在整个大草原深深扎下了根。"⑤西部开放式的牧牛业从一开始就是建立在资本主义基础上的，它存在的基础是广大的所谓无主土地和牧草的自由占用。片面追求眼前的利益所带来的一个严重后果就是牧牛数量的疯狂增长，严重超过了草原的载畜量，在 1880 年后短短的 5 年时间里，仅仅怀俄明的牧牛就从无到有，发展到 900 万头的存栏量。

就在草原上的牛越来越多时，形势逐渐向着不利的方向发展：首先是牧

---

① Andrew C. Isenberg, *The Destruction of the Bison: A Environmental History 1750-1920*, New York: Cambridge University Press, 2000, p. 143.

② Andrew C. Isenberg, *The Destruction of the Bison: A Environmental History 1750-1920*, New York: Cambridge University Press, 2000, p. 132.

③ Andrew C. Isenberg, *The Destruction of the Bison: A Environmental History 1750-1920*, New York: Cambridge University Press, 2000, p. 160.

④ Andrew C. Isenberg, *The Destruction of the Bison: A Environmental History 1750-1920*, New York: Cambridge University Press, 2000, p. 196.

⑤ 雷·艾伦·比林顿：《向西部扩张：美国边疆史》下卷，韩维纯译，北京：商务印书馆 1991 年版，第 343 页。

羊业的兴起，草原上羊的数量越来越多，对牛的牧草构成严重威胁；草原上可供自由放养的土地越来越少，农业边疆不断向西部推进，更使大批的牛向原来已经拥挤不堪的牧场集中；天公不作美，1885—1886 年的冬天是一个狂风呼啸的严冬，冻死了很多牛，而第二年的夏天又炎热干旱，牧草生长不善，根本满足不了牛的需要。忍饥挨饿的牛所面对的 1886—1887 年的冬天又是西部草原上为数不多的严冬之一，气温下降到零下 68 华氏度（零下 20℃）。这年冬天"南部牧区多达百分之八十五的牛群，有的饿死，有的冻死。……接着，1886—1887 年传奇般的冬季，残酷地狠狠抓住平原不放，搞得人畜都恐慌。等到解冻之日，篱笆旁，深谷中，瘦骨嶙峋的死牛堆积如山。北部平原牛群的损失估计高达百分之四十到五十"。[①]牛价下跌和恶劣的天气使得无数牧场主破产，连著名的斯旺牧牛公司也在 1887 年因连续亏损而倒闭，开放式放养走到了它历史的尽头。

然而不幸的是，1886—1887 年开放式牧牛帝国的崩溃并不是西部人疯狂破坏自然的结束，恰恰相反，更残酷的破坏和更严重的灾难还在后面。19 世纪 70—80 年代，开发草原所需要的内外条件都逐渐完备：铁丝围栏的发明，农业机械的改进，旱作农业种植方法的应用和耐旱作物品种的推广为草原农业的发展提供了技术保障；草原上迎来了新一轮的湿润周期和日益看好的市场行情。从 1865 年到 1905 年正好是一个多雨的周期，而欧洲市场上对美国小麦的需求有增无减，1880 年，有 1.53 亿蒲式耳小麦卖给了英国，获利 1.91 亿美元。小麦的利润相当可观，"如果碰上好年成，种小麦的利润就相当于畜牧业 10 年的收入"。[②]

虽然在科技进步和大好的外部环境下，美国在 19 世纪末到 20 世纪初开发西部草原取得了辉煌的成就，但这种发展模式是建立在一个非常不稳定的基础之上的。首先是西部的生态系统本身就比较脆弱，降水少，春夏蒸发量大，而且土壤构成独特，容易因干旱和耕作而变成粉末。其次，虽然美国人狂妄地认为"雨随犁至"，然而，西部的降水非常不稳定。整个西部开发的基础就是所谓的旱作农业法，在 19 世纪末 20 世纪初的丰水年份，这种耕作模式创造了奇迹。然而，当干旱年份到来之时，这种方法就不灵验了。根据对西部树轮的分析，学者们发现：从 1406—1940 年有 11 个持续 10 年

---

① 布卢姆：《美国的历程》下册，第一分册，北京：商务印书馆 1995 年版，第 19 页。

② R. Douglas Hurt, *The Dust Bowl: An Agricultural and Social History*, Chicago: Nelson-Hall Inc., 1984, p. 24.

以上的干旱周期，10 个持续 10 年以上的湿润周期。①最后，西部开发是一种典型的资本主义的对自然的掠夺式开发，是建立在传统的征服自然观念之上的，奉行的是先到先得、弱肉强食的森林法则。1936 年，联邦政府所任命的草原调查委员会在调查了这个区域的定居情况后认为："一种强烈的投机心理……一直是开发驱动力。大部分居民大概都想为他们自己建立家园和农场，但是很多人的目的却是想投机获利。这一点受到了公共土地政策的激励，在一种扩张主义决策的指导下，它几乎不考虑这个区域长远的稳定。"②在这种资本主义掠夺自然、征服自然的法则的指导下，每个农场主所考虑的都只是眼前利益，都天真地相信西部资源无限、机会无限，明天会更好。甚至到了大沙暴肆虐的 1936 年，堪萨斯农场主艾达·沃特金斯还信心十足地宣称："我猜仁慈的主正想把我们重新带领到希望之地。5 年来，我们一直生活在这片沙窝的荒漠之中。而现在，充沛的雨水将把我们带到高山之巅，而不远处就是富饶的迦南之地，小麦飘香，繁荣重新降临。"③这种滥用科技、盲目乐观、违反自然规律的胡作非为的结果必然是严重的生态灾难和大自然的无情惩罚。

此外，原来的市场和气候条件正在逐渐消失。19 世纪末到 20 世纪初期相对丰沛的降水和良好的市场前景支持了小麦经济的繁荣。30 年代初期席卷全球的大危机沉重打击了西部农业，农产品价格直线下跌。而 30 年代相对较少的降水和高温更使西部的情况雪上加霜。从 1930 到 1936 年，除了缅因和佛蒙特外，美国 48 个毗连诸州的年降水量都比正常年份低 15%以上。除干旱外，就是罕见的高温，1934 年，内布拉斯加的最高气温达到 47.8℃，艾奥瓦 46.1℃，伊利诺伊 37.8℃。④

在以上多种因素的联合作用下，终于出现了美国西部历史上最大的生态灾难——30 年代的沙尘暴。第一次比较大的沙尘暴发生在 1934 年的 5 月 9 日，从蒙大拿、怀俄明而来的风沙以每小时超过 100 英里（约 160.9 千米）

---

① Andrew C. Isenberg, *The Destruction of the Bison: A Environmental History 1750-1920*, New York: Cambridge University Press, 2000, p. 18.

② 唐纳德·沃斯特：《自然的经济体系：生态思想史》，侯文蕙译，北京：商务印书馆 1999 年版，第 275 页。

③ Donald Worster, *The Dust Bowl: The Southern Plains in 1930s*, New York: Oxford University Press, 1979, p. 33.

④ Donald Worster, *The Dust Bowl: The Southern Plains in 1930s*, New York: Oxford University Press, 1979, p. 12.

的速度一路咆哮着吹过达科他，携带着 3.5 亿吨沙尘卷向东部城市。当晚，芝加哥落沙 1200 万磅（约 544 千克），平均每人 4 磅（约 1.8 千克）；5 月 11 日早晨，波士顿受到风沙的袭击，第二天，连东南部萨凡纳的天空也变成了灰色，300 英里（约 482.8 千米）外在大西洋上航行的船只也有沙尘飘落。①根据美国土地保护局的统计，整个 30 年代，能见度不到 1 英里（约 1.6 千米）的天数，在 1932 年，有 14 次；1933 年，38 次；1934 年，22 次；1935 年，40 次；1936 年，68 次；1937 年，72 次，1938 年，61 次。② 如此大规模的沙尘暴肆虐的结果是大草原地区严重的水土流失。在堪萨斯西部、科罗拉多东南部、新墨西哥的东北部、俄克拉荷马和德克萨斯交界的勺柄地带长 500 英里（约 804.7 千米），宽 300 英里（约 482.8 千米）的范围内、1000 万英亩（约 4 万平方千米）的土地成为受灾最严重的沙暴中心（Dust Bowl）。整个沙暴肆虐的地区，平均每英亩有 408 吨表土被吹走，总共被吹走的表土达到 8.5 亿吨。③严重的沙暴还使得草原上的大批牲畜被渴死或呛死，并导致风疹、咽炎、支气管炎等疾病在草原上蔓延，夺去了许多人的生命。1939 年，《达拉斯农业新闻》哀叹：大草原，原先是鹿、野牛和羚羊的家园，现在则成了沙暴和联邦工程管理署的家。④

除了大草原所经历的人为生态灾难以外，几乎每个西部行业的兴起都伴随着对环境的巨大破坏。木材加工业一直是 19 世纪美国的一个重要行业，其发展过程中所伴随的严重浪费已是尽人皆知的常识。1868 年，一位去上密歇根旅游的人士在《浪费木材是不可避免的》一文中指出："开拓者对于涉及未来供应的争论不敏感，对他来说，森林只适合被根除，因为它阻挡了他的耕犁和吸收了他的阳光。当密歇根北部变得跟伊利诺伊南部的野草和谷物起伏不断的大草原一样，其地平线如同海洋的地平线那样一眼望不到边的时候，缺乏预见、允许肆意毁坏森林（的行为）才会被深深地哀叹。但这些叹息将来自下一代，这一代人们将只会吹嘘森林和荒野被肥沃的良田所代替

① Donald Worster, *The Wealth of Nature: Environmental History and the Ecological Imagination*, New York: Oxford University Press, 1993, p. 74.

② Donald Worster, *The Dust Bowl: The Southern Plains in 1930s*, New York: Oxford University Press, 1979, p. 14.

③ Donald Worster, *The Dust Bowl: The Southern Plains in 1930s*, New York: Oxford University Press, 1979, p. 29.

④ Donald Worster, *The Dust Bowl: The Southern Plains in 1930s*, New York: Oxford University Press, 1979, p. 35.

的快速转变，为沿着河流和俯瞰其湖泊的成群的城镇而呐喊。"[①]19 世纪 70
年代，一位既熟悉英国又通晓美国木材加工业的人士观察道："在美国，从
圆木到制成品的木材加工业，都以浪费为特征，简直可以称之为犯罪。"[②]
木材加工工业在带动了无数锯木城镇的崛起的同时，留在后面的是一片伐光
的光秃秃的空地，造成严重的水土流失。1947 年，美国人贝内特估计：美
国每年的水土流失达 30 亿吨。[③]

　　昙花一现的密西西比河流域的贝类捕捞业的兴衰也是美国西部开发中环
境资源破坏的一个典型。1857 年，有人在新泽西的派特森（Patterson）附
近发现了 93 哩（grain）重的珍珠，转卖给法国的公司后得到了 2500 美
元，由此引发了美国的珍珠热潮。人们迅速麇集此地，共发现了价值 5 万
美元的珍珠，也毁坏了当地的生态。此后每隔 10 年，这种热潮就在各地爆
发一次。1889 年，威斯康星成为珍珠采集的重点地区，8 年中共获得了价
值 30 万美元的珍珠，几乎使得该州河流里面的甲壳类动物绝迹。珍珠采集
所带来的一项副业就是美国制扣业的繁荣，取珠之后的贝壳为美国制造业者
看中，成为纽扣加工的原料，以至于"到 19 世纪 90 年代后期，纽扣制造
代替木材工业成为密西西比河边许多艾奥瓦和伊利诺伊城镇的最重要的工
业"。[④]从 1897－1898 年，艾奥瓦的制扣厂从 13 家增长到 49 家，产量从
1904 年的 1140 万枚增加到 1914 年的 2170 万枚。1916 年顶峰时期，年产
量 4000 万枚。马斯卡廷市（Muscatine）在白松加工业垮台后，发展成为制
扣中心，1898 年有 35 家制扣厂，雇员 829 人；1927 年该市生产了 1100 万
枚纽扣，价值 400 万美元，占当年全国产量的一半。[⑤]1899 年，密西西比河
上游地区有 60 家制扣厂，雇工 1917 人，产值 336000 美元。在制扣业的顶

① William Cronon, *Nature's Metropolis: Chicago and the Great West*, New York: W. W. Norton and Company, 1991, p. 205.

② Nathan Rosenberg, *Technology and American Economic Growth*, New York: M. E. Sharpe, Inc., 1972, p. 28.

③ Donald Worster, *The Wealth of Nature: Environmental History and the Ecological Imagination*, New York: Oxford University Press, 1993, p. 77.

④ Philip V. Scarpino, *Great River: An Environmental History of the Upper Mississippi 1890-1950*, Columbia: University of Missouri Press, 1985, p. 95.

⑤ Philip V. Scarpino, *Great River: An Environmental History of the Upper Mississippi 1890-1950*, Columbia: University of Missouri Press, 1985, p. 96.

峰时期，受雇于这一行业的人手达到 2 万人，产值 1250 万美元。[①]在当时的美国，贝类被认为是公共财产，任何人都可以获取和使用，直到 20 世纪初，这一宝贵资源仍处于无人管理状态。美国人所常用的是一种破坏性开发方式，本来，欧洲已经发明了一种用于撬开贝壳检查里面是否有珍珠的工具，可美国却仍然沿用传统的用脚踩踏、然后刨开丢掉的办法，造成严重的资源浪费。由于疯狂的捕捞和上游的水质的污染，到 20 世纪 20 年代底，曾经繁盛一时的密西西比贝壳制扣业垮了。

除了西部工农业发展所导致的资源浪费和环境破坏以外，美国西部新兴城市中的环境问题同样严重。芝加哥及密西西比河两岸的城市堪称工业化污染环境的典型。1888 年，仅明尼阿波利斯市每天就往老人河中倾倒 500 吨污物。1903 年，该市的锯木厂生产了 3.28 亿立方英尺（约 0.09 亿立方米）的木料，其木屑全部被弃入河流。其他各种工厂，如木浆厂、煤气厂、饮料厂和屠宰厂都直接把废弃物抛入下水系统，然后经密西西比河冲走。当时沿密西西比河各市，只有一座城市建立了污水处理系统，虽然国会早在 1899 年就通过了《河流和港口法》（River and Harbor Act），但一直执行不力。1924 年，国会通过《石油污染法》，授权军事工程队（Army Corps of Engineer）阻止石油对水体的污染，依然不见成效。后来，该机构得出一个结论："只要污染还没有事实上阻挠航运，那它就是州和地方事务。"[②]作为加工工业和屠宰工业中心的芝加哥甚至把屠宰牲畜而产生的废弃物也直接排入密西西比河中，从而导致其下游水体的严重污染。对此，一位愤怒的伊利诺伊人怒斥道："从芝加哥河流出的水向下流入伊利诺伊河以后，那种臭味就几乎令人难以忍受。芝加哥人有什么权力将他们的臭水排入从前是甘甜而清澈的河流中，污染水体，并降低河流和运河两岸的财产的价值，把疾病和死亡带给这里的市民？"[③]

总之，西部开发在创造了美国现代化发展奇迹的同时，也带来了严重的环境退化、资源浪费和各种各样的环境问题。随着边疆的逐渐消失和各种自

① Philip V. Scarpino, *Great River: An Environmental History of the Upper Mississippi 1890-1950*, Columbia: University of Missouri Press, 1985, p. 95.

② Philip V. Scarpino, *Great River: An Environmental History of the Upper Mississippi 1890-1950*, Columbia: University of Missouri Press, 1985, p. 155.

③ William Cronon, *Nature's Metropolis: Chicago and the Great West*, New York: W. W. Norton and Company, 1991, p. 250.

然资源的日益耗竭，美国人的环境观念悄然地发生着变化。到 19 世纪末，越来越多的美国人认识到了他们所面临的环境问题的严重性。结果，在民间保护力量和联邦政府的共同努力下，在北美历史上出现了轰轰烈烈的进步主义时期的资源保护运动。

（三）环境保护主义的缘起

就在美国西部开发高唱凯歌之时，一些有识之士开始逐渐认识到所谓的"文明进步"而带来的生态变迁以及对整个生态系统的灾难性破坏，开始从另一个角度重新审视人与自然的关系，呼吁政府制定措施保护环境，从而掀起了进步主义时期美国环境保护主义运动的第一次高潮。

面对美国西部开发过程中所出现的生态变迁，热爱自然的浪漫主义者们自然而然地成为了呼吁保护自然的先驱。《美国的鸟类》一书的作者约翰·J. 奥杜邦（John J. Audubon）曾经因赞美大自然的美丽而一度成为 19 世纪早期环境保护的领袖人物，他在 20 年代到俄亥俄去搜集标本的旅途中，见到的满眼都是西进运动对环境破坏的痕迹，他深深地感到："贪婪的锯木场诉说着悲哀的故事，在一个世纪内，美国的森林将会荡然无存。"[1] 画家乔治·卡尔林（George Caltin）是第一个从仅仅悲叹转变到呼吁保护的人士。在目睹了印第安人也疯狂地屠杀野牛的场景后，他提出了建立国家公园的设想。亨利·梭罗（Henry Dawid Thoreau）也是那个时代呼吁保护的先驱之一。1858 年，他在《大西洋月刊》上撰文，呼吁在马萨诸塞的每个城镇都保留一片 500—1000 英亩的森林。[2]

在民间保护主义者和政府的联合努力下，19 世纪末到 20 世纪上半期出现了美国保护主义运动的第一次高潮，它"始于 19 世纪后期，在进步主义时期开花结果，新政时期走向成熟"。[3] 森林资源日益衰竭的状况引起了美国社会的特别关注，所以，森林保护成为当时的首要目标。1873 年，国会通过了《植树法》。1891 年，美国的土地法经过修改，授权总统可以从公共土地中划定森林保留地（forest reserve），哈里森总统在该法通过的当年就分

---

[1] Roderick Nash, *Wilderness and the American Mind*, 3rd edition, New Haven: Yale University Press, 1982, p. 97.

[2] Henry David Thoreau, *Journal*, ed., by Bradford Torrey, Vol. XII, in Henry David Thoreau, *The Writings of Henry David Thoreau*, Vol. 18, Boston: Houghton Mifflin and Company, 1906, p. 387.

[3] A. L. Riesch Owen, *Conservation under F. D. R.*, Westport: Praeger Publishers, 1983, p. VII.

别在怀俄明和科罗拉多划定了 1239040 英亩和 1198080 英亩的森林保留地。深受平肖和缪尔思想影响的老罗斯福总统更是当时著名的保护主义总统。他不仅再度扩大了国家森林保留地的面积，还设立了 5 个国家公园、4 个动物保护区和 51 个鸟类保护区。1911 年，美国国会通过了《威克斯法》（Weeks Act），授权联邦政府购买林地以保护可航运的河流的水源供应。1929 年，胡佛总统正式签署命令，对国家森林进行保护。

进步主义时期还是美国国家公园体系建设的一个重要阶段。1872 年，黄石国家公园建立。在缪尔的努力下，1903 年，约塞米蒂谷被从加州纳入国家公园系统，从而奠定了约塞米蒂国家公园的基础。1908 年，缪尔又领导了著名的反对修建赫奇赫奇水库的环保运动，虽然没有能够阻止国会在 1913 年最终批准了修建大坝的法案，但通过这场运动却唤醒了民众的环保意识。缪尔去世后，在另一位保护主义者斯蒂芬·马瑟（Stephen Mather）的领导下，国会最终在 1916 年通过了《国家公园法》（National Park Service Act），建立起了国家公园管理局（NPS）。1919 年，大峡谷也被开辟为国家公园。

30 年代肆虐的沙尘暴引起了联邦政府的高度重视。富兰克林·罗斯福总统上台后，加大了环境保护的力度。1933 年 3 月，建立了民间资源保护队（CCC）；1933 年 5 月，设立田纳西流域管理局（TVA），对田纳西地区进行综合的治理和开发；1934 年 7 月，罗斯福又拨款 1500 万元筹划在西部建立风沙防护带；同年，国会还通过了《泰勒放牧法》（Taylor Grazing Act），其目的是"通过制止过度放牧和水土流失而停止对公共放牧土地的危害，保证土地的正常使用、改善和发展，并稳定依靠公共土地放牧的畜牧业"。[①] 1936 年，联邦政府任命了"大平原调查委员会"（Great Plains Drought Area Committee），授权对大草原的生态情况进行全面的调查。该委员会调查了占美国 40%面积的土地，在其所提交的名为《大平原的未来》的报告中指出：13%的土地已经遭受轻度退化（即植被价值退化了 0%－25%），37%的土地遭受重度退化（比原来减少了 26%－50%），34%的土地严重退化（退化程度达 50%－75%），16%的土地极端退化（退化程度达 76%－100%）。报告最后的结论说："在美国土地占据和利用的历史上或许

---

① Donald Worster, *Under Western Skies: Nature and History in the American West*, New York: Oxford University Press, 1992, p. 44.

再也没有比西部牧场更加黑暗和悲惨的章节了。"①根据草原调查委员会的报告，联邦政府购买了被沙暴严重破坏的 600 万英亩（约 2.4 万平方千米）土地，进行综合治理，从而奠定了当今希马龙国家公园的基础。②

进步主义时期联邦和地方政府一系列保护措施的出台，一系列森林保留区、国家公园和国家纪念地的建立，无疑奠定了美国保护主义的基础。

（四）小　结

美国的边疆开发由于集合了当时最主流的资产阶级的近代机械主义自然观念和最先进的科学技术，所以也最生动形象地体现了人与自然之间的对立关系，300 年边疆开发的历程实质上是 300 年环境破坏的历程，是过去几千年人类与自然关系的一个缩影。以前我们站在人类中心主义的立场上片面地夸大人对自然的能动性，把人类的发展简单归结为经济的发展，而经济的发展又片面地以产量的增长作为考察的依据，不考虑经济发展的环境代价。也正是由于边疆开发中的致命破坏，才使乐观的美国人幡然醒悟，率先采取了保护主义的措施，从而向着新的人与自然关系迈出了第一步。

以西奥多·罗斯福总统为代表的政府所领导的资源保护运动是进步主义运动的一个重要组成部分，它标志着美国政府抛弃建国以来推行的以促进经济发展为单一目的的放任自流的资源和环境政策，为了实现"最大多数人的最长远的利益"，对自然资源的开发和利用进行合理的规划，对现代化所引起的环境问题进行治理，从而确立了美国环境保护的基本框架。而 20 世纪 30 年代，富兰克林·罗斯福总统把解决经济危机与环境危机结合起来，把资源保护和环境治理当作"联邦政府的一项首要职责"来推行，环境保护方面推行新政，把进步主义时期资源保护运动的诸多措施加以发扬光大，在美国掀起了环境保护运动的第二轮高潮。此后，美国社会走上了发展与保护并重的道路。

近年来，随着我国西部开发战略的提出，原本十分冷寂的美国西部史领域一下子热闹起来，许多学者针对美国的西部开发，对我国的西部开发提出

---

① Donald Worster, *Under Western Skies: Nature and History in the American West*, New York: Oxford University Press, 1992, pp. 47-48.

② 关于富兰克林·罗斯福总统在任期间美国的环保主义政策，可以参见 A. L. Riesch Owen, *Conservation under F. D. R.*, Westport: Praeger Publishers, 1983.

了许多建议。美国西部开发是建立在资源极端丰富和对印第安人的无情掠夺的基础之上的，是殖民主义大扩张那个特定时代的产物。虽然美国西部开发的确有许多很好的经验，然而它们却并不适应中国的情况，如果说有什么可供我们借鉴的话，大概就是从疯狂破坏环境到走向环境保护这件事情了。美国人能够从破坏自然中醒悟，提倡保护自然，相信拥有五千年优秀传统的炎黄子孙也有能力在发掘传统文化的精华的基础上，采他山之石，从当前的西部开发中摸索出一条人与自然和谐共存的发展之路。

（原载于《史学月刊》2009 年第 2 期，有所删节）

二、从"美洲大沙漠"到"雨随犁至"
——大平原观念的变迁与美国西部开发

美国西部一直是一个充满神话和象征的地区，自从北美殖民地建立之时，北美人对于西部的认识就一直充满着各种各样的假说和猜测成分，而随着边疆的推进和越来越多的西部探险，旧的假说不断被推翻，而新的假说又不断产生。根据美国著名西部学者亨利·史密斯的观点，不管这些想象的产物是否能够准确反映西部实际的地理和气候状况，但"它们有时对实际事务起着决定性的影响"。[①]从一定意义上说，人们对于一个事物的认识观念是指导其行动的理论依据。美国学者瓦特森（J. Wreford Watson）和奥雷登（Timothy O'riordan）指出："北美的环境是从数以百万计的单独法令中形成的，而其中的每一个法令都反映着单独的或者集体的观念与想象。"[②]

大体上以西经 98 度为界，整个北美大陆可以分成东西两部分：在该线以东，是湿润和半湿润地区，植被以森林为主；而在该线以西，除了太平洋岸边的一小片地区外，基本上属于缺水的半干旱和干旱气候，植被以草原和

---

① 亨利·纳什·史密斯：《处女地：作为象征和神话的美国西部》，薛蕃康、费翰章译，上海：上海外语教育出版社 1991 年版，第一版序言，第 XV 页。

② J. Wreford Watson and Timothy O'riordan, "Introduction: Image and Reality in the American Scene", in J. Wreford Watson and Timothy O'riordan, eds., *The American Environment: Perceptions and Policies*, New York: John Wiley and Sons, 1976, p. 2.

荒漠荆棘为主，森林只在河谷和迎风的山坡上存在。如果从苏必利尔湖的最西端到德克萨斯的最南端之间画一条斜线，它基本上就是美国森林与草原的分界线。在这条线的东边，是绵延至东海岸的森林；而在此线以西，则是一望无际的大草原。西部大平原是美国最后的边疆，也是各种西部假说最后的汇聚地，美国人对大平原的认识经历了从较为悲观的"美洲大沙漠"假说到盲目乐观的"雨随犁至"理论的转变。上述认知变化对于美国西部开发进程和政府的决策都曾经产生了非常重要的影响，也带来了许多值得借鉴的教训。

（一）"美洲大沙漠"假说的形成

从西经 98 度往西直到落基山脉之间的大平原地区，是美国历史发展中最后的西部边疆，也是内战以后农业开发的核心地区。其实，在 19 世纪 20—30 年代，随着密西西比河东边的森林边疆逐渐被填满，边疆拓殖的前锋就抵达了大草原地区。然而，美国人殖民拓殖的脚步却越过了大草原，一下伸展到了落基山以西的俄勒冈地区。直到美国内战以后，当密西西比河以东和远西部的森林边疆都被占满以后，大草原才成为了美国人拓殖的最后的边疆。造成大草原滞后开发的原因，一方面是技术性的，习惯于西欧和美国东部的森林环境和湿润气候的美国人面对这片广阔的草原束手无策：这里没有他们熟悉的树林可以建筑房屋和篱笆，也没有任何树木可用作烧柴，东部人在这里找不到他们熟悉的溪流供人畜饮水，甚至连当时的铁犁对于东部高草区那盘根错节的草根也无能为力。另一方面的因素则是"美洲大沙漠"观念的影响。根据这种假说，在西经 98 度以西直到落基山之间大约 500—600 英里（约 805—966 千米）宽的范围内，存在着一片荒芜的沙漠区，这里干旱荒凉，农业无法耕作。"美洲大沙漠"观念是北美西部开发中曾经风行一时的流行观念，它产生于 19 世纪 20 年代，内战后逐渐被"雨随犁至"假说所代替，它对于 19 世纪美加两国的经济发展和政府决策曾经产生了深远的影响。那么，这种强大的观念是如何产生的呢？

首先，与湿润且森林密布的东部相比，西部干旱而平坦的地貌特征是"美洲大沙漠"假说产生的环境基础。大平原是一个非常独特的地理区域，地势从西向东倾斜，在西部逐渐汇入落基山区。除了植被的主要类型为草地这一特征以外，大平原最典型的特征就是干旱，这里大部分地区的年降水量在 10—20 英寸（约 250—500 毫米）之间，而且主要集中在夏季，蒸发量大于降水量，属于半干旱地区，不足以维持像东部那样的耕作方式所需要的作物的正常生长。西部灌溉理论的先驱鲍威尔曾经指出："越往西年降水量基本是越少，直到达到一个地区，气候干旱，以至于没有灌溉，农业就无法成功。"①研究草原环境问题的著名学者艾森伯格也指出："大草原的标志性特征不是平坦，而是干旱。"②

除了干旱以外，大平原环境的另外一个特点就是这里的降水非常不稳定：在丰水年份，旱作农业可以获到很好的收成；而当干旱周期到来时，情况就会变得很糟。学者们对蒙大拿州哈佛（Havre）附近大树年轮的研究表明：从 1784 到 1949 年，这里的降水变化很大，丰水年份，降水量是平均值的 2 倍；而在干旱年份，则只有平均值的 1/4。对蒙大纳东部地区 1878—1946 年间的降水分析则显示：在这 69 年间，该地区的年平均降水量是 8.2 英寸（约 208 毫米），但有 32 年的降水低于平均水平，并且在 1881—1904 年间有 3 年、1917—1939 年间有 7 年被称为"死亡之年"，连地上的草都被旱死了。③对内布拉斯加西部巨松年轮的研究也表明：在 1958 年以前的 748 年中，持续 5 年以上的干旱，共发生了 21 次，平均 35.7 年出现一次；而持续时间不少于 10 年的干旱，每 55.6 年就会出现一次。④

其次，"美洲大沙漠"假说是世人根据早期探险家的各种只言片语的描述而逐渐形成的一种片面印象。著名西部史专家沃尔特·P. 韦布指出："美洲大沙漠的故事由第一代探险者提出，被科学考察和军事报告所确认，并被旅行者和报纸的宣传而推广开来。"⑤早在 17 世纪 90 年代，哈得逊湾公司的探险家亨利·凯尔西就留下了西部少水、草木稀疏的信息。而该公司的另一位探险家维伦戴尔（Verendrye）在 1742 年去达科他一带、安东尼·亨迪在 1751 年到如今萨斯喀彻温至阿尔伯达西南一带探险时，虽然他们主要还在大草原的边缘活动，但根据印第安人的描述和他们自身的经历，都把草原

① J. W. Powell, *Report of the Arid Region of the United States*, 2nd edition, Washington D. C.: Government Printing Office, 1879, p. 1.

② Andrew C. Isenberg, *The Destruction of the Bison: An Environmental History 1750-1920*, New York: Cambridge University Pess, 2000, p. 16.

③ Andrew C. Isenberg, *The Destruction of the Bison: An Environmental History 1750-1920*, New York: Cambridge University Pess, pp. 17-18.

④ R. Douglas Hurt, *The Dust Bowl: An Agricultural and Social History*, Chicago: Nelson-Hall, 1981, p. 4.

⑤ Walter Prescott Web, *The Great Plains*, New York: Grosset & Dunlap, 1931, p. 153.

描述为空旷、干旱的地区。西班牙探险家科罗纳多是较早做出"美洲大沙漠"断言的人士，他曾向国王报告："感谢主，令人高兴的是，我在这些荒漠中越过了 77 天后，我到达了他们称为奎维拉的省份（Quivira，指今天的堪萨斯一带）。"①不过需要指出的是：由于各位描述者所探查的区域不同，参照标准不一致，加之信息来源不可靠，所以他们对西部的描述差别很大：有的主要强调草原东部边缘的肥沃和美丽，有的则侧重西侧的干旱和荒凉。

美国人泽布伦·派克和斯蒂芬·朗的西部探险让"美洲大沙漠"假说最终得以形成。1806 年 7 月，受杰斐逊政府的支持，泽布伦·派克一行 23 人从圣路易出发，沿密苏里河和奥萨格河上溯，去西部探险。派克是自科罗纳多以来，第一个提供大草原内陆准确消息的探险家。在他根据回忆所写成的探险报告中，派克明确提出了"美洲大沙漠"的概念。他指出：在他所探险的靠近落基山脉的地区，土地的沙漠性较为普遍，那里的平原"早晚会成为同非洲的沙漠荒地同样驰名的地方，因为在我探险途中的许多地方，长达若干利格的大片土地，地面浮沙被风力吹成各种各样的海上波涛的形状，这种土地上不生长任何植物"。②

继派克以后，为了对付印第安人，为毛皮商开路，1820 年 6 月，美国政府派遣斯蒂芬·朗少校领导一支大约 20 人的探险队去寻找雷德河的河源。朗的探险再次重申了"美洲大沙漠"的概念，并被广为接受。在詹姆斯于 1823 年为朗完成的探险报告中明确指出："就密苏里河与落基山之间的广阔区域而言，我们毫不迟疑地认为它几乎完全不适合耕种，当然也就不适于依赖农业的人民的定居。"③詹姆斯的报告中还附了一幅地图，将从落基山麓向东延伸 500－600 英里（约 805－966 千米）的一片地区标注为"美洲大沙漠"。其实，即便是斯蒂芬·朗他们在使用沙漠一词来描述美国西部的时候也并不十分准确，"很可能是由于没有其他更恰当的表达方式"。④虽然他们强调西部不适于农业耕种和定居，但"却特别适合做野牛，野羊和其他

① John Warfield Simpson, *Visions of Paradise: Glimpses of Our Landscape's Legacy*, Berkeley: University of California Press, 1999, p. 80.

② Zebulon Montgomery Pike, *Exploratory Travels through the Western Territories of North America*, London: Printed for Longman, Hurst, Rees, Orme, and Brown, 1811, pp. 248-249.

③ Edwin James, *Account of an Expedition from Pittsburgh to the Rocky Mountains*, in Thwaites, ed., *Early Western Travels, 1748-1846*, Vol. 17, Cleveland: Arthur H. Clark, 1904, p. 147.

④ Ralph Morris, "The Notion of a Great American Desert East of the Rockies", *The Mississippi Valley Historical Review*, Vol. 13, No. 2, Sept., 1926, p. 190.

野生动物的草场"。①

　　最后，19 世纪上半期一些西部旅行者的记述与派克和朗的探险材料相互印证，再加上新闻媒体的宣传和发酵，"美洲大沙漠"的观念得以广为流传。许多当事人到西部旅游的经历或道听途说的消息似乎进一步印证了派和朗的上述观念，从而导致西部高平原是"美洲大沙漠"的观念由神话越来越"变成了现实"。19 世纪 30 年代，乔西亚·格雷格（Josiah Gregg）在南部草原旅行时认为，这些草原"太干燥不能被耕种，这些高地似乎只适于野马、野牛、羚羊以及它们那游牧的主人：草原印第安人"。②1839 年，托马斯·法纳姆（Thomas Farnham）在穿越西经 98 度的草原以后，也发现绿色的高草让位于干燥、细长、只有 2 英尺（约 0.6 米）高的品种，整个地区毫无生气，是一片"干旱的废地"，显露着"无与伦比的荒凉景象"。③1846年，时年 26 岁的弗朗西斯·帕克曼在其《俄勒冈小道》这部半是历史、半是文学的著名作品中，也附和派克和朗的意见，生动描写了西部的荒凉和干旱景象："在整个广阔的地面上，除了蜥蜴快速蹿动在沙土、丛生的野草和随处可见的刺梨之间以外，见不到其他生命活动的迹象……这片荒凉、人迹罕至的旷野，即美洲大沙漠……在我们的面前和身后，平坦而单调的平原一眼望不到边。有时它泛着白光，是一片炽热、荒芜的沙地，有时又被粗糙的野草覆盖。野牛的巨大头颅和泛白的骨头随处可见。"④1857 年，英国政府任命约翰·派勒泽上尉（John Palliser）对大草原的北部进行探查。派勒泽在其报告中提出了著名的"派勒泽干旱三角区"的概念，认为在西经 100到 114 度之间，直到北纬 52 度的范围内存在着一个干旱三角区。这样，美洲大沙漠的范围被进一步向北拉伸到了鲁伯特地区。派勒泽还报告说："大西洋美国那肥沃的大草原和有价值的林地在西部逐渐被半干旱的荒漠代替，它占据着落基山两侧的地区，在密西西比河到加利福尼亚之间不断增长的移

　　① Edwin James, *Account of an Expedition from Pittsburgh to the Rocky Mountains*, in Thwaites, ed., *Early Western Travels, 1748-1846*, Vol. 17, Cleveland: Arthur H. Clark, 1904, p. 148.

　　② Josiah Gregg, *Commerce of the Prairies*, in Thwaites, ed., in Thwaites, ed., *Early Western Travels, 1748-1846*, Vol. 20, Cleveland: Arthur H. Clark, 1904, p. 248.

　　③ Thomas Farnham, *Travels in the Great Western Prairies, etc., May 21-October 16, 1839*, in Thwaites, ed., *Early Western Travels, 1748-1846*, Vol. 28, Cleveland: Arthur H. Clark, 1904, pp. 108-109.

　　④ Francis Parkman, *The Oregon Trail & The Conspiracy of Pontiac*, New York: The Library of America, 1991, p. 64.

民定居点之间制造了一片障碍。"①

　　除了这些相互印证的考察和亲身经历以外，在内战前的一个时代的报刊中也充斥着关于"美洲大沙漠"的报道。如 1837 年的《天主教电信报》（*The Catholic Telegraph*）在介绍大平原地区时，完整地搬用了欧文的说法："植物被烤焦并变枯萎，溪流干涸，野牛、鹿和羚羊等动物都逃往远处……留下一片没有生命的孤寂。"②1838 年，查尔斯·霍夫曼（Charles Hoffman）在一篇关于"游魂骑士"的文章中也说大平原的"主要特征是沙子，并且在很多情况下，沙子充斥周围，完全取代了植被生长所需的土壤"。③1843 年的《美国先驱者》月刊（*American Pioneer*）刊登了一封多次穿越草原的行人的信件，根据这封信的描述，这个人在穿越干旱的平原时三天三夜没有水，口干舌燥，吐出来的都是血水。④

　　总之，从最初的探险者道听途说的描述，到派克和朗的探险提供言之确凿的证据，再加上其他西部经历者的回忆和报纸的渲染，在美国人的心目中，西部大平原逐渐从干旱的平原一步步退化成了"美洲大沙漠"，最终变成了关于西部的最大的神话之一。

（二）"美洲大沙漠"观念对于西部开发的影响

　　"美洲大沙漠"观念从 19 世纪 30 年代流传，直到内战后才逐渐消退，它被广泛接受，并深深地刻在了一代人的印象中，对于美国西部开发及其国内政策产生了深远的影响。

　　第一，"美洲大沙漠"观念暂时迟滞了北美人向草原腹地移居的势头，从而改变了美国西部移民的路线和方向。自从北美殖民地建立之日起，北美人就不断地向西部扩张，西部问题曾经是美国独立战争的一个重要的诱因。美国人对西部一直抱有两种复杂的感情。

---

　　① John Palliser, *Exploration, North America: Journals, Detailed Reports and Observations relative to the Exploration*, London: Printed by George Edward Eye and William Spottiswoode, 1863, p. 7.

　　② "The Great American Desert", *The Catholic Telegraph*, April 13, 1837, American Periodicals Series Online.

　　③ Charles Hoffman, "The Ghost Riders: A Legend of the Great American Desert", *Spirit of the Time*, December 15, 1838, American Periodicals Series Online.

　　④ J. H. Peck, "Great American Desert", *The American Pioneer*, Feb. 1, 1843, American Periodicals Series Online.

第一种感情是以帝国神话和花园神话为代表的乐观主义，认为西部扩张是美国命中注定的义务。著名的扩张主义理论家托马斯·本顿在 1849 年所做的演讲中曾经指出："穿过我们国家的中心的通向印度的美国之路，将会使我们读到过的沿途的奇迹复苏，并使它们黯然失色。从太平洋到密西西比的西部荒野之地将在它的接触之下开始呈现生机。"①继承了本顿衣钵的另外一名扩张主义者吉尔平则根据"等温线"理论，鼓吹美利坚共和国会在向西部的扩张中，以密西西比盆地为中心建立一个新的人类帝国。②而花园神话则鼓吹，通过美国农场主的辛勤努力，西部的荒野会变成繁荣的城镇和人间的天堂。1797 年，一位牧师在俄亥俄的迪阿菲尔德所写的日记可以说是这种花园梦想的完美体现："将来有一天当这些森林被垦殖，当耶稣的福音传遍这个正在升起的共和政体……这里将是一片乐土！芳香的园子，快乐的天堂！"③

美国人对西部扩张的第二种感情则是恐惧：既担心西部蛮荒的环境会使得这里的居民也随之道德退化，又害怕这里移民的力量集聚到足够大时会像他们当年从英国寻求独立那样，从联邦中分裂出去。著名的扩张主义理论家本顿曾经认为："向西伸展，落基山的山脊无疑可以被称作是方便的、自然的永久边界。共和国的界限应该在山峰的这一面。……在太平洋沿岸播种新权力的种子，我们就应该很好地认识到：一旦他们可以强大到照顾自己了，新的政府就会离开母国，就像儿童成人后离开父母一样。"④再加上西部最初是南部的宠儿，所以，东北部对于西部一直怀着矛盾的心情。"美洲大沙漠"观念在打破了花园梦想的同时，也暂时缓解了美国扩张主义理论家的上述担忧。派克毫不迟疑地发现了大沙漠的"好处"："把我们的人口圈定在一定的范围内，从而使联邦能够得以保持。"⑤

---

① 亨利·纳什·史密斯：《处女地：作为象征和神话的美国西部》，薛蕃康、费翰章译，上海：上海外语教育出版社 1991 年版，第 30 页。

② William Gilpin, *The Central Gold Region: The Grain, Pastoral, and Gold Region of North America*, Philadelphia: Sower, Barnes & Co., 1860, p. 133.

③ 亨利·纳什·史密斯：《处女地：作为象征和神话的美国西部》，薛蕃康、费翰章译，上海：上海外语教育出版社 1991 年版，第 133—134 页。

④ *Register of Debates in Congress*, 2nd Session of 18th Congress, Vol. I, Washington D. C.: Printed and Published by Gales and Seaton, 1825, p. 712.

⑤ Zebulon Montgomery Pike, *Exploratory Travels through the Western Territories of North America*, London: Printed for Longman, Hurst, Rees, Orme, and Brown, 1811, p. 249.

大草原不宜定居的前景把美国人移民的方向转向了西北和西南部。面对当时看来完全不适于定居的大平原，习惯于森林生活环境的北美人感到非常的陌生，而前面是一片荒漠的前景更是让他们望而生畏。在当时的技术条件下，美国的农场主开发高草原尚且非常困难，开发更为干旱的大平原是不可想象的。因此，虽然早在 19 世纪上半期美国人拓殖的前锋就到达了草原区，但却在这里止步不前。而就在这个时候，西北方向上的俄勒冈和加利福尼亚成为了美国人心目中另一片等待开垦的处女地。而对于南部的奴隶主来说，西南部的德克萨斯则是种植棉花的另外一块沃土，大批的奴隶主带着奴隶向这里迁移。到 1830 年，这里就有 2 万名来自美国的白人和 1000 名奴隶。①直到内战以后，随着远西部的逐渐占满和耕作技术的改进，美国人才从东西两个方向往大平原地区推进，掀起了西部开发的最后狂潮。虽然美国人越过大平原向远西部进发部分是出于技术方面的原因，但"美洲大沙漠"这一假说无疑也发挥了巨大的影响。爱丁堡大学地理系教授瓦特森指出："美洲大沙漠"假说是"所有美国观念中最强大的幻觉之一，在一个多时代里实际上否决了大草原可以耕种和放牧的任何可能性"。②

美洲荒漠假说在改变了美国人移民和扩张的方向的同时，也对当时的国际关系产生了深远的影响。自从 1818 年条约以后，美英两国划定了落基山以东的边界，对俄勒冈地区实行两国共管。而"美洲大沙漠"假说则让渴望土地的美国人感到了紧迫，加快了向远西部和德克萨斯扩张的步伐。在拓殖者向远西部和德克萨斯迁移的同时，美国政府也挥舞起战旗。1844 年，扩张主义总统波尔克入主白宫，他把占领俄勒冈和吞并德克萨斯合在一块，提出了"重新合并德克萨斯和重新占领俄勒冈"的口号。最后在西北方向，它与英国相互妥协，接受北纬 49 度纬线作为俄勒冈的边界。而在西南方向，则对软弱的墨西哥动武，发动美墨战争，吞并了包括加利福尼亚在内大片的墨西哥领土。

第二，"美洲大沙漠"观念还深深地影响了美国政府的印第安政策，它是 1830 年《印第安人迁移法》的理论基础。自从殖民地时期起，为了取得印第安人的土地，白人政府在处理两个种族的关系方面可谓是煞费苦心。对于东部那些较为顺从的部落，政府通过与他们签订条约的方式令后者让出土

---

① J. 布卢姆等：《美国的历程》上册，杨国标、张儒林译，北京：商务印书馆 1988 年版，第 442 页。

② J. Wreford Watson, "Image Regions", in J. Wreford Watson and Timothy O'riordan, eds., *The American Environment: Perceptions and Policies*, New York: John Wiley and Sons, 1976, p. 25.

地，而对于那些不肯出让土地的部落，则实行武装讨伐。直到 19 世纪后期以前，美国政府对印第安人所采取的主要政策是进行隔离而不是文明开化。可是，到 19 世纪 20 年代，美国出现了所谓的"印第安事务危机"，一方面是越来越多的部落酋长拒绝谈判割让更多的土地，另一方面则是南部诸州随着人口的增加，对境内的印第安土地越来越渴望，同时也越来越对印第安人失去耐心。在这种情形下，一个解决印第安问题的一揽子计划逐渐成熟，那就是把东部的印第安人全部迁移到密西西比河以西地区，从而实现两个种族的永久隔离。

虽然对印第安人实行迁移的想法可以追溯到托马斯·杰斐逊（Thomas Jefferson），而且早在 18 世纪末到 19 世纪初期，为了逃避政府的开化政策和开发当地的自然资源，就有零星的切诺基人和奇科托人迁移到了阿肯色河和怀特河（White River）河谷一带，但直到 1825 年，也就是斯蒂芬·朗的探险所公布的"美洲大沙漠"概念两年以后，对印第安人的迁移政策才最终确定下来。1824 年 12 月，门罗总统提出了对印第安人实行迁移的政策。根据他的说法，东部的印第安人只有迁移到密西西比河以西，以东部现在的土地换取西部的土地，才可以"在我们的限度内推进这些部落的安全和幸福"。①1830 年，以征讨印第安人起家的总统安德鲁·杰克逊（Andrew Jackson）上台以后，迁移印第安人的政策最终得以执行。

可以说，"美洲大沙漠"的观念的流传是印第安人迁移政策的群众基础。西部是一片蛮荒的沙漠的景象使得一向乐观的美国人突然意识到本来以为无穷无尽的西部处女地是有可能会枯竭的。虽然对于担心国家过大会导致地区分裂的一小部分人来说，西部荒漠可以阻止家庭农场主和南部奴隶主向西扩张，有利于维护联邦的稳定，但对于大多数已经习惯了扩张主义生活方式的人们来说，西部荒漠观念令他们对东部印第安人残存的土地更加垂涎。佐治亚曾经在 1802 年答应把查特胡奇河（Chatthoochee River）以西的土地给联邦政府，而政府则承诺通过和平的方式把该河以东的印第安人土地转让给该州。然而，20 年代的印第安危机使佐治亚对联邦政府的印第安政策越来越不满意。其他南部棉花州也都面临相似的问题。"美洲大沙漠"观念为 19 世纪初期正为密西西比河以东印第安人与白人之间的关系而头疼的美国

---

① Stewart Banner, *How the Indians Lost Their Land: Law and Power on the Frontier*, Cambridge: Harvard University Press, 2005, p. 195.

人指明了道路。美国西部史专家比林顿指出："当时的人们已经知道就在落基山以东有一个不适宜于人类居住的荒芜地区……官方也认为这个地方不宜于养活来自东部的部落，但应该当作已在当地游动的印第安人的保留地。……如果把密西西比河以东的印第安人都驱逐到这个地方，东部宝贵的土地就可以向拓荒者开放，两个民族间的摩擦就可以消除，而土著也可以免受白种人的罪恶和疾病之害。"①普鲁查（Francis Panl Prucha）教授在 1963年发表在《印第安纳历史杂志》上的一篇文章中曾经质疑关于美洲荒漠观念是联邦政府执行印第安迁移政策的基础这一传统说法，他通过研究认为："这一说法屡次出现在那么多书本中，很令人费解，因为针对印第安人迁移或美洲大沙漠问题的学术研究著作或文章并没有表明双方之间存在关联。"②不过，需要指出的是：密西西比河以西是一片广阔的地区，纵然迁移政策的执行者并没有有意将印第安人赶往沙漠，但他们不可能不知道当时这一广泛流传的理念。关键问题是：不管西部荒漠的边界在哪里，在当时的白人看来，密西西比河以西都是不宜于农业耕作的地区。因此，政府以西部的荒漠土地置换东部印第安人手中的肥沃土地的做法就会受到基层白人民众的欢迎。而且只要"美洲大沙漠"观念还被广为接受，西部草原仍然被认为没有价值，那么两族就能继续维持和平状态。比林顿写道："只要在美国人的概念中，这是'一片大保留地'，两个种族就能和平共存，但只要企图把这些部落人从他们的猎场赶出去，就必然要引来麻烦。"③

第三，"美洲大沙漠"观念对于美国南北部之间的地区关系也具有深远的影响。在美国发展早期，依靠不断获取新鲜土地才能生存的南部奴隶制种植园的扩张热情远远高于北部地区，北部一度认为向西部扩张会吸走东北部宝贵的人力资源，造成工资的上涨，不利于工业化的发展。因此，在很长一段时间内，南部走在西部扩张的前面。从独立到 1850 年，北部仅在西部发展了 8 个州，346856 平方英里（约 89.8 万平方千米）的领土，而南部则是9 个州，677306 平方英里（约 175.4 万平方千米）的，面积几乎比前者多出

---

① 雷·艾伦·比林顿：《向西部扩张：美国边疆史》下卷，韩维纯译，北京：商务印书馆 1991 年版，第 80 页。

② Francis Paul Prucha, "Indian Removal and the Great American Desert", *Indiana Magazine of History*, Vol. LIX, No. 4, December, 1963, p. 321, p. 301.

③ 雷·艾伦·比林顿：《向西部扩张：美国边疆史》下卷，韩维纯译，北京：商务印书馆 1991 年版，第 310 页。

一倍。①"美洲大沙漠"这一观念却让南部奴隶主感觉到棉花种植园的命运要被终结了，它反而刺激了奴隶主更大的扩张热情。因此，从 19 世纪 20 年代后期开始，南部诸州除了在内部排斥印第安人、抢夺他们的土地外，还在西南方向上加紧扩张：吞并德克萨斯，侵略墨西哥，并在 1850 年妥协案中确立了各州在加入联邦时由当地居民决定是作为自由州还是蓄奴州的原则，妄图把奴隶制扩展到整个西部去。然而，干旱的西部平原排除了种植园发展的任何可能性，正如韦伯斯特（Daniel Webster）所指出的那样："我认为奴隶制度将被一种比在德克萨斯被认可和批准的法律更为高级的法则摒除于这些地区之外。我指的是自然的法则、地理法则和地球构造的法则。这一法则以超越于其他人类所有法令的力量，永久性地决定奴隶制不能够在加利福尼亚和新墨西哥存在。"②西部著名史学家韦布也认为："大平原通过阻止棉花王国的扩张而保存了联邦。"③

总之，作为一种流传甚广的假说，"美洲大沙漠"观念对于当时美国的历史发展和政府决策产生了多方面的影响，它暂时迟滞了美国人向西移民的势头，改变了移民的方向，并进一步刺激了南部奴隶主阶层的扩张性。然而，随着人们对西部认识的加深和科技的进步，到 19 世纪 60 年代以后，美国人开始抛弃"美洲大沙漠"的悲观理论，转而青睐"雨随犁至"假说，盲目乐观地认为人类的科技和信心可以征服沙漠，从而导致了大草原开发的新一轮高潮的到来，并带来了更具灾难性的后果。

（三）"雨随犁至"假说的兴起与大平原的疯狂开发

随着东西之间交往的增加、技术的进步、森林边疆的减少和人们对大草原了解的加深，美国人的眼光在内战以后最终又转回到大草原，这里成为了内战以后美国拓殖的最后边疆。到 19 世纪 70 年代，随着开发大平原的技术条件的成熟，原来较为悲观的"美洲大沙漠"理论在相信科技万能的美国人心目中逐渐失去了吸引力，取而代之的是一种乐观的"雨随犁至"（rain follows the plough）假说。根据这一假说，伴随着居民的到来和生产生活活

---

① Walter Prescott Webb, *The Great Plains*, New York: Grosset & Dunlap, 1931, p. 186.

② Daniel Webster, Robert Young Hayne, *Webster and Hayne's Speeches in the United States Senate, on Mr. Foot's Resolution of January, 1830, Also, Daniel Webster's Speech in the United States Senate, March 7, 1850, on the Slavery Compromise*, Philadelphia: T. B. Peterson & Brothers, 1850, p. 101.

③ Walter Prescott Webb, *The Great Plains*, New York: Grosset & Dunlap, 1931, p. 156.

动的开展，干旱的大平原的降水会变得越来越多，而沙漠也会变成玫瑰飘香的花园。

早在 19 世纪 40 年代，密苏里商人乔赛亚·格雷格（Josiah Gregg）发表的一段文字就如实地描述了边疆拓居者改变荒漠的意念："既然大自然万物都有阴晴圆缺、盛衰交替的变化，难道季节就不能有所改变吗？……新墨西哥州人也告诉我们近年来雨量增加得相当可观，当地老百姓迷信地将这现象归功于密苏里商人的到来。既然如此，我们难道没有理由相信这些干旱贫瘠地区也能因此而复苏，而富饶，也许有一天这块土地上将布满兴旺繁荣的拓居区，一直延伸到落基山脉。"[1]到 19 世纪 60 年代，似乎整个社会都开始质疑"美洲大沙漠"理论，转而支持"雨随犁至"假说。1867 年，由斐迪南德·海登（Ferdinand V. Hayden）所领导的"准州地质勘测队"通过对西部的调查，在其报告中声称："人们的拓殖与林木的增加已使内布拉斯加州密苏里河沿岸地区的气候得到改善。所以在过去 12 年或 14 年中，雨量逐年增加并且一年中的雨量分布均匀。我坚信随着拓居地区不断扩大以及林地种植数量适当，这种变化将继续扩展到整个干旱地带直到落基山麓。"[2]提出"雨随犁至"这一著名观点的 C. D. 威尔伯极力鼓吹："在这奇迹般的发展中，犁是其先行信使——是准确无误的预言者——是取得成功的因素。人类能够感动上苍将雨露洒向他们所选择居住的土地，靠的不是魔法或妖术，也不是符咒或祭品，而是他们满脸的汗水和双手的艰苦劳作。"[3]威尔伯甚至狂言："上帝没有制造永久的沙漠，人是进取性的，因而，除了人类允许或忽视外，实际上不存在任何沙漠。"[4]在 1868 年的《草原农场主报》中，针对当时东部人盲目乐观地认为"只需要诚实和勤劳就能够把大平原从一片荒芜转化成为鲜花飘向的花园"的理论，卡梅伦曾谨慎地提醒这里用作草场的资源有限，农业除非灌溉，难以发展。不过在当时一片乐观主义情绪面前，他的观点显得有些不合时宜。相反，诺德霍夫发表在哈泼斯杂志上面

---

① Josiah Gregg, *Commerce of the Prairies*, in Thwaites, ed., in Thwaites, ed., *Early Western Travels, 1748-1846*, Vol. 20, Cleveland: Arthur H. Clark, 1904, p. 257.

② U. S. General Land Office, *Report of the Commissioner of the General Land Office, for the Year 1867*, Washington D. C.: Government Printing Office, 1867, p. 135.

③ Charles Dana Wilber, *The Great Valleys and Prairies of Nebraska and the Northwest*, Omaha: Daily Repblican Print, 1881, p. 71.

④ Charles Dana Wilber, *The Great Valleys and Prairies of Nebraska and the Northwest*, Omaha: Daily Repblican Print, 1881, p. 69.

鼓吹大沙漠由于铁路的到来而消失的文章则被 1872 年的《新英格兰农场主与园艺者报》和《阿尔比恩报》转载。①

当时流行的观念认为：随着定居者的到来，炊烟会增加空中的云量，树木和作物的蒸腾作用会增加空气中的水汽含量，再加上好运气，西部的雨量就会不断增加。更有甚者，认为铁路两旁的电线杆甚至连 7 月 4 日的国庆庆典也能起到增加雨量的作用。除了许多虔诚的人们在干旱时节祈求上苍降水外，美国人还采取一系列行动来验证各种理念对于增加降水实际效用。如为了验证爆炸作用对于增加降水的作用，美国各地举行了很多爆炸性试验。除此之外，西部为了增加降水而积极推动的另外一项活动就是植树造林运动。1873 年，美国政府通过《植树法》，并设立植树节。虽然在这里面看不到"雨随犁至"的影子，但毫无疑问，该法是根据西部干旱少树的情况而对《宅地法》所进行的修正。而植树节的倡导者农业部官员莫顿（Stirling J. Morton）就是来自内布拉斯加的一位旱作农业家。根据堪萨斯农业局的报告，该州 1888 年的平均降水为 44.17 英寸（约 1127.9 毫米），1889 年为 43.99 英寸（约 1117.3 毫米），远远高于平均水平，这类气象数据被当成了"雨随犁至"的现实证据。在当时弥漫于整个社会的乐观情绪面前，任何一点多余的降水都被当成了雨水增加的标志，而对于一些清醒的认识则置若罔闻。当时最为著名的地理学家鲍威尔根据对西部的调查和研究也认为，在干旱的西部，最主要的是要适应环境，矩形土地分配制度不适合西部，应该根据西部的水利状况来规划、测量和制定对西部土地的使用："在很大程度上，对于干旱的落基山的开发，西部需要广泛而全面的规划，要运转这一规划，集聚资金和劳动合作是必需的……要完成它，一个体现在认真思考的基础之上的法令的明智的修正案是必要的。"②鲍威尔的调查报告被蒙大拿报业人士约瑟夫·霍华德（Joseph Kinsey Howard）称为"美国曾经撰写的对社会和经济问题最为杰出的研究之一"。③然而，与其他许多忠告一样，在当时盲目乐观和疯狂的扩张激情面前，鲍威尔的理论得不到支持。

---

① N. Cameron, "The Great American Desert", *The Prairie Farmer*, August 29, 1868; Charles Nordhoff, "General Miscellany", *The New England Farmer, and Horticultural Register*, May 4, 1872; Charles Nordhoff, "The Great American Desert", *The Albion*, May 11, 1872, American Periodicals Series Online.

② J. W. Powell, *Report of the Lands of the Arid Region of the United States*, Washington D. C.: Government Printing Office, 1879, p. 22.

③ Donald Worster, *An Unsettled Country: Changing Landscapes of the American West*, Albuquerque: University of New Mexico, 1994, p. 24.

正是在这种大好形势之下，美国内战后迎来了草原地区农业开发的高潮。从 19 世纪 70 年代开始，20 年没有变动的堪萨斯和内布拉斯加的西部边界迅速向西扩展，到 1880 年，前者人口达到 85 万，后者 45 万。从 1868 到 1885 年的三次达科他繁荣，使得该地的宅地赠与面积由 21.3 万英亩（约 861.9 平方千米）增加到 188.1 万英亩（约 7612.1 平方千米）。到 1885 年，该州密苏里河以东的地区都已经有人定居，人口达到 55 万，比 1880 年增加了 400%。与此同时，到 1890 年，蒙大拿的人口也达到 13.2 万，提出了建立新州的要求。在北部移民增加的同时，南部也经历了同样的繁荣，1889 年 4 月 22 日，在各方面的压力下，最后一块领地俄克拉荷马对移民开放，200 万英亩（约 0.8 万平方千米）的土地在几小时内被疯狂的移民抢占完毕。到 1906 年，已经有 50 万居民在这里定居，最后一块领地也在 1907 年建州。同期，干旱的亚利桑那和新墨西哥的人口也不断增长，到 1900 年分别达到 12.5 万和 30 万，并在 1919 年建立新州。

在 19 世纪最后的 30 年里，美国人定居和开垦的土地超过了过去所有土地的总和：从 1607 年到 1870 年，有 4.07 亿英亩（约 164.7 万平方千米）的土地被占据，1.89 亿英亩的土地得到改良；而 1870 年以后的 30 年，就有 4.3 亿英亩（约 174 万平方千米）土地被定居，2.25 亿英亩（约 91 万平方千米）土地被开垦。到 1896 年，大平原上已经有 600 万人居住。在后来沙暴的中心，即科罗拉多、堪萨斯、俄克拉荷马、德克萨斯、新墨西哥 5 州交界的勺柄地带人口的增长率达到了 600%。[1]虽然人们习惯上把 19 世纪 90 年美国移民局的声明作为美国边疆时代结束的标志，可是，整个北美的西部开发却并没有结束，北边的加拿大的西部开发才刚刚开始，并在 1896－1914 年间以"最后的、最好的边疆"而吸引大批移民前往开发。即便是在美国，在 19 世纪 90 年代以后，这种以单一产品开发、不计资源代价为特征的粗犷经济模式不仅没有结束，相反，还在 20 世纪初期和第一次世界大战期间出现了繁荣。30 年代的大危机和席卷整个北美的沙尘暴最终宣告了这种发展模式的末日的来临。罗斯福政府除了解决经济危机外，针对西部所存在的生态问题，采取多管齐下的措施予以整治，标志着从殖民地建立之初就逐渐孕育的西部开发历史的终结。

---

① Donald Worster, *The Dust Bowl: The Southern Plains in 1930s*, New York: Oxford University Press, 1979, p. 84.

（四）小　结

无论是较为悲观的"美洲大沙漠"观念，还是盲目乐观的"雨随犁至"假说，都是当时的历史环境下美国人对大平原环境的片面认识。这些观念的产生深受当时的政治、经济和社会环境的影响，同时又反过来极大地影响美国的国内决策、地区关系和西部开发。从某种意义上讲，"美洲大沙漠"观念的产生与适应了森林环境的西欧文化有很大的关联，甚至派克和斯蒂芬·朗本人之所以使用这一词汇，"很可能是由于没有其他更恰当的表达方式"。①虽然他们强调西部不宜于农业耕种和定居，但"却特别适合做野牛，野羊和其他野生动物的草场"。②而后一种理论的产生则与 19 世纪 60 年代美国人在科技进步的推动下，征服自然的盲目乐观情绪密不可分。这两种假说对于美国社会的发展和西部开发带来的深远影响表明：人们对于事物的认识观念对其行动有时具有决定性影响，一个错误的自然观念很可能会带来灾难性的生态后果。

"雨随犁至"假说是近代机械主义自然观念作用下人类的征服自然观念和迷信科技万能这种乐观情绪的一个自然结果，它的流行是 19 世纪 30 年代沙尘暴的罪魁祸首之一。从表面上看，30 年代的沙尘暴是一系列因素积累的结果：干旱少雨和脆弱的生态环境是它发生的基础，疯狂的垦殖、放牧和依赖机械化从而不断扩大的单一小麦种植农场是导致这场灾难的最直接因素，而 30 年代的干旱则是其导火索。不过，隐藏在这一系列因素背后的终极原因还是近代以来机械主义自然观和进步观所倡导的以征服自然为手段、以谋取财富为目标的价值观念。装备了现代科学技术和新教伦理精神的人们狂妄地认为大自然是为了满足人类的各种欲望而可以被随心所欲地改造、征服、索取的资源库，它除了满足人类需要的工具性价值之外，不具有任何其他的价值，而且还取之不尽，用之不竭。只要人类不改变这种反自然的价值观念，对于自然的肆意破坏就不会结束，那么同样的问题就还有可能在别的地方重现。

---

① Ralph Morris, "The Notion of a Great American Desert East of the Rockies", *The Mississippi Valley Historical Review*, Vol. 13, No. 2, Sept., 1926, p. 190.

② Edwin James, *Account of an Expedition from Pittsburgh to the Rocky Mountains*, in Thwaites, ed., *Early Western Travels, 1748-1846*, Vol. 17, Cleveland: Arthur H. Clark, 1904, p. 148.

美国联邦政府为了调查西部受灾情况而设立的大平原调查委员会在1936 年向罗斯福总统提交的名为《大平原的未来》的报告中，虽然把 19 世纪 30 年代沙尘暴原因归结为错误的耕作方式，但也不得不承认，在这背后还有一系列传统的美国观念在作祟："最早的居民的一个固有特征是，他们认为大自然是被使用和进行开发的某种东西；自然可以随意按人之便利去塑造。从表面上看，这是事实；砍树是为清理土地进行耕种，播种是为了生产粮食，在天然降水量低的地区利用水利是为了增加产量。然而，从更深的角度上来看，现代科学已经说明，自然基本上是无伸缩性的，它要求遵从……现在我们知道，最根本的在于使大平原上的农业经济适应周期性的雨量不足而不是充足的雨量，是适应风刮过干涸、松弛的土壤的破坏性影响，而不是首先去适应暂时的小麦或牛肉的高价格。能够改变的是我们的方式，而不是大自然的方式。"①大平原委员会的报告还进一步指出："除非对大平原的农业发展模式进行永久性的变革，否则当雨水稀少时，救济将总是不可避免的。"②委员会根据上述分析，建议联邦政府：对土地的用途进行调查，继续购买草原区的土地，对上述土地加强控制，增加农场的规模，规范水源的利用，重新安置，防治病虫害等。

（原载于《史学月刊》2012 年第 11 期，有所修改）

三、西部矿业发展中的环境问题

矿产资源是一个国家的重要资源，采掘工业则是"各工业部门的基础"和制造业发展的重要保证。美国采矿业的迅速发展是它工业化过程中的一个重要特征，以加利福尼亚淘金热为先导，矿业边疆在西部山区逐步发展起来，采矿业成为美国经济中最重要的工业部门之一。1867 年落基山新闻报

---

① Great Plains Drought Area Committee, *Report of the Great Plain Drought Area Committee*, 1936, in New Deal Network: http//newdeal.feri.org.（2010 年 10 月 7 日访问）

② Great Plains Drought Area Committee, *Report of the Great Plain Drought Area Committee*, 1936, in New Deal Network: http//newdeal.feri.org.（2010 年 10 月 7 日访问）

称："采矿，我们的伟大产业，我们全部商业赖以繁荣的基础。"①美国矿业史专家史密斯指出："没有煤、铁、黄金等采矿业的发展，美国不可能在 19 世纪到 20 世纪之交跃升为世界强国，而其国内的产业也无法成功发展。"②

　　矿业边疆的成功是西部发展史上最迷人的神话之一，它缔造了无数的矿业城镇，也曾经使无数人的发财梦想得以实现，然而，这同时也是一个无情掠夺自然，破坏自然，带来严重的环境问题的过程。自从 1848 年加利福尼亚出现淘金热后，每一处矿脉的发现就会引发一轮新的淘金狂潮，每一轮狂潮都会令河流改道，山坡变秃，留下千疮百孔的废旧矿坑和乱七八糟的采矿营地，给当地的生态带来严重的破坏。"当 19 世纪的绅士们专注于利润和矿业发展的时候，他们忽略了这些行为对于环境的巨大影响。"③从某种程度上说，采矿业的发展带来的环境问题位居美国工业发展所导致的环境问题之首。

（一）表层采矿对环境的破坏

　　在美国淘金热兴起的最初阶段是沙里淘金。淘金者利用铁锹和铲子把含有金砂的沉积物放入淘盘或者一个特制的摇动装置中，让流水冲走表层的沙石，而较重的金属碎片则被卡在底部的缝隙中。平均每名淘金者每天大约移动 1—1.5 立方码（Cubic Yard，约 0.76—1.15 立方米）的土方，多的一般也不会超过 10 立方码（约 7.6 立方米）。④不过在加利福尼亚淘金高潮期间，数万人在大山里乱淘乱挖，也会对环境造成很大的破坏。19 世纪 50 年代初，到加州的波斯维克（J. D. Borthwick）第一次到废弃的矿区的印象是："不论是河流从山上下切很深形成的河床，还是小溪的河底及其旁边的小河滩，都充斥着成堆的沙石和泥土，而在沙石堆的中间则是许多 6 英尺（约 1.8 米）宽、5—6 英尺（约 1.5—1.8 米）深的大坑，那些泥土就是从这些坑

　　① *House Journal of the Legisltive Assembly of the Territory of Colorado*, Seventh Session, Central City: Printed by David C. Collier, Register Office, 1868, p. 13.

　　② Duane A. Smith, *Mining America: The Industry and the Environment 1800-1980*, Niwot: University of Colorado Press, 1993, p. 2.

　　③ Duane A. Smith, *Mining America: The Industry and the Environment 1800-1980*, Niwot: University of Colorado Press, 1993, p. 3.

　　④ Gordon Morris Bakken, ed., *Environmental Problems in America's Garden of Eden*, New York: Gordon Garland Publishing House, 2000, p. 170.

里挖出来的。溪流原来的河道已经完全废弃了，其水流被引导到无数的沟渠中去了。"①从现有溪流中进行沙里淘金只是淘金热发展的第一个阶段，随着各个溪流可淘取的含金沙石的枯竭，破坏性更大的水力采矿法应运而生。

水力采矿堪称破坏地貌和水系的反面典型。水力淘金的工作原理其实很简单，就是通过将水流加压，然后利用水流的强大冲击力将含有黄金颗粒的沙石从山坡或者峡谷中的砂金矿层中搬运出来，再用经过改进的淘金设备选取其中的黄金颗粒。水力采金大约在 19 世纪 50 年代开始在加利福尼亚淘金业中开始逐渐采用，一度成为该州最重要的黄金生产模式。到 1870 年，水力采矿已经占加利福尼亚黄金产量的 90%。②水力采矿与前期的沙里淘金相比，其最大的优势是每日处理的矿石量成倍增加，因而获得的黄金也就更多。但水力采矿需要将大量的水流从远处引入矿区，因而需要修建众多沟渠，同时可以把大片含有矿石的山体用水力冲刷下来，并随水流排往下游，形成较大的尾矿堆，因而水力采矿会对矿区的植被、水体河流和地貌等造成较大的破坏，"对土地所造成的影响最为深刻和普遍"③，布鲁凯特（Brockett）写道："没有什么比水力采矿带给一个地区的荒凉、震撼更让人难以相信的了。各种大小不一的石块散落一地，而围绕它们的则是无法生长植被的较粗的沙砾，河水中满是淤泥，而且经常漫滩，形成可憎的沼泽，整个景象看上去是极端的破落和衰败。"④

首先，水力采矿对河流水系会造成的破坏性影响比流水淘金更大。这种方法需要修建很长的水槽和导管，将水流引到矿区，用高压水龙头先是洗去矿脉上面所覆盖的表土和沙石，然后再把含金的矿石利用强大的水力开采出来。因此，水力采矿所依赖的最主要的动力就是水流的冲击力。而为了得到水源，就不得不花费巨资把远处的水源引流过来。据估计，到 1882 年，仅加利福尼亚就已经修建了 6000 英里（约 9656 千米）长的人工引水渠，外加上千英里（约 1609 千米）长的辅助沟渠，总投资超过 3000 万美元。仅

---

① J. D. Borthwick, *Three Years in California*, Edinburgh and London: William Blackwood & Sons, 1857, pp. 112-113.

② Chris J. Magoc, ed., *Environmental Issues in American History: A Reference Guide with Primary Documents*, Westport: Greenwood Press, 2006, p. 72.

③ Gordon Morris Bakken, ed., *Environmental Problems in America's Garden of Eden*, New York: Gordon Garland Publishing House, 2000, p. 176.

④ L. P. Brockett, *Our Western Empire: Or, the New West Beyond the Mississippi*, Philadelphia: Bradley, Garretson, Co., 1882, p. 107.

仅为水力采金而修建的水库所储存的水量就达到了 7600 立方英尺（约 215 立方米）。①臭名昭著的北布鲁姆菲尔德矿业公司（North Bloomfield Company）控制的矿山面积超过 1500 英亩（约 6 平方千米），花费了 200 万美元建造其水力采矿体系，它修建在希拉-内华达山顶上的两个巨型水库，并修建和购买了超过 100 英里（约 160 千米）的引水渠，还开通了一个 1.5 英里（约 2.4 千米）长的隧道。1874 年，该公司雇用了 500－600 人修建其水力采矿工程。②错综复杂的引水渠工程在塑造了一批人工水利工程的同时，也大大改变了原来的水系分布，并使得许多河流的上源断流，从而对周围的生态造成破坏性影响。

早期的水力采矿在利用水力开采矿石的同时，直接把冲击沙石而排泄出来的废水排往下游，从而对下游造成另外的生态破坏。被水流冲刷下来的覆盖在矿脉上面的砂石以及流水淘金所产生的泥沙碎石都随着废水流进河道，使河流的沉积物增加，造成水质污染，不仅使水中的鱼类绝迹，甚至都不能用作农田灌溉用水。③据估计，各种形式的采矿共造成美国西部 40％ 的水源和 1 万英里（约 1.6 万千米）河道被污染。④水力采矿向萨克拉门托河所倾倒的沙石，即便是最保守的估计也有 12.95 亿立方码（约 9.9 亿立方米）。⑤ 1879 年，加州立法机构的一个调查称：水力采矿一年就向菲泽尔河（Feather River）中倾泻了 4000 万立方码（约 3058 万立方米）的土石。⑥比尔河（Bear River）从 1870 到 1873 年，由于水力采矿的沙石而抬高了 97 英尺（约 29.6 米）。从 1843 到 1913 年，尤巴河的河床每年被抬高 0.31 英尺（约

① Carolyn Merchant, *The Columbia Guide to American Environmental History*, New York: Columbia University Press, 2002, p. 86; Gordon Morris Bakken, ed., *Environmental Problems in America's Garden of Eden*, New York: Gordon Garland Publishing House, pp. 181-182.

② Rodman Wilson Paul, *Mining Frontiers of the Far West 1848-1880*, New York: Holt, Rinehart and Winston, 1963, pp. 90-91.

③ Carolyn Merchant, ed., *Green Verus Gold: Sources in California's Environmental History*, Washington D. C.: Island Press, 1998, p. 114.

④ William Cronon, ed., *Uncommon Ground: Toward Reinventing Nature*, New York: W. W. Norton & Company, 1995, p. 136.

⑤ Gordon Morris Bakken, ed., *Environmental Problems in America's Garden of Eden*, New York: Gordon Garland Publishing House, 2000, pp. 184-185.

⑥ Duane A. Smith, *Mining America: The Industry and the Environment 1800-1980*, Niwot: University of Colorado Press, 1993, p. 70.

0.09 米），萨克拉门托河 0.25 英尺（约 0.076 米）。[①]玛丽维尔（Maryville）的街道本来高出尤巴河 25 英尺（约 7.6 米），可到 1879 年，已经低于河床。从 1868 年，该市开始建立防洪堤。1878 年的一次决口把玛丽维尔变成了汪洋中的孤岛。根据军用工程师的计算，到 19 世纪 90 年代，水力采矿所带来的沙石在这里一共掩埋了 39000 英亩（约 157.8 平方千米）的农田，并对另外的 14000 英亩（约 56.7 平方千米）造成了部分损害。[②]然而荒唐的是，当农场主状告采矿公司要求赔偿时，采矿公司的理由竟是：他们有权往河里倾倒废砂石，而且他们采矿在先，农场主应该意识到这种后果！[③]

此外，采矿所造成河水含沙量、含盐量的增加以及河床的淤积还对萨克拉门托河及其支流中的鱼类生存造成很大的威胁，导致鲑鱼等洄游鱼类数量的下降。印第安事务总监斯蒂芬森（E. A. Stevenson）早在 1853 年就指出淘金给印第安人所造成的破坏性影响："动物都被杀绝了，萨克拉门托河及其支流原先如水晶一样清洁而且充满最好的鲑鱼和其他鱼类……可是淘金者把水流引离了河床，把水引到干旱的沟渠中，即便如今勉强利用的也充满泥沙，甚至都不能流回其自然的河道，并携带了成千座山峰的土石，各种鱼类都被驱赶到别的可以找到更洁净和更自然的水流的栖息地去了。[④]

其次，水力采矿还对矿区的地表形态造成较大的改变。除了令河流改道，向下游倾倒大量的垃圾以外，水力采矿还对采矿区的地表形态造成较大的破坏。与传统的流水淘金法相比，水力采矿大大提高了工作效率，水力冲矿平均每天处理 50－100 立方码（约 38－76 立千米）含有黄金的砂石，相当于流水淘金方法下 100 个工人的工作量。[⑤]美国国会的调查报告称："没有什么比水力采矿更彻底地改变大自然的面貌了。在其作用下，山包逐渐变小直至消失不见，被分散到下游的河道中去了，而每个冬天的洪水携带杂物

---

① Carolyn Merchant, ed., *Green Verus Gold: Sources in California's Environmental History*, Washington D. C.: Island Press, 1998, pp. 132-133.

② Gordon Morris Bakken, ed., *Environmental Problems in America's Garden of Eden*, New York: Gordon Garland Publishing House, 2000, pp. 185-186.

③ Richard White, *It's Your Misfortune and None of Mine: A New History of the American West*, Norman: University of Oklahoma Press, 1991, p. 233.

④ Carolyn Merchant, ed., *Green Verus Gold: Sources in California's Environmental History*, Washington D. C.: Island Press, 1998, p. 110.

⑤ Gordon Morris Bakken, ed., *Environmental Problems in America's Garden of Eden*, New York: Gordon Garland Publishing House, 2000, p. 171.

的能力越来越低，整个山谷被淘洗一空的石英石和其他类型的石头阻塞。与此同时，萨克拉门托及其支流被红色的泥土搅得混浊不堪，许多沙洲在以前是不存在的。而上述进程也正在改变着圣弗朗西斯海湾的水文地理。采矿者放弃水力冲矿以后留下的那种荒凉让人震惊，但又无法弥补。"①水力采矿会把原来和缓的山坡切割成陡峭的深谷，直接露出下面的基岩，这种峡谷有的只是窄窄的一道，有的则会非常开阔，深达数百英尺，长达数千英尺。著名的北布鲁姆菲尔德矿业公司 19 世纪 80 年代利用水力采矿在一个地方就移动了 4000 万立方码（约 3058 万立方米）的土石，在矿区留下了一个 1 英里（约 1.6 千米）长，350 英尺（约 0.1 千米）深的峡谷。当时的目击者称："呈现在眼前的这一巨大荒凉的圆穹形峡谷，大的足可以装下一个聚居区，而其深度连教堂的最高塔的塔尖也露不出头。"②除了这令人触目惊心的峡谷外，淘金所留下的矿渣也像巨龙一样绵延在谷底，有的能够为植被所覆盖，有的至今依然裸露基岩。

最后，虽然与后来的深层采矿需要大量的木材支撑坑道相比，水力采矿消耗的木材算是少的，但它对西部植被的影响也不容小觑。采矿者为了获取山坡上的矿石，必须先清除上面表层的土石，而覆盖在上面的植被也被一并清除掉了。采矿营区生活取暖所需要的木柴，建房所需要的木料也都依赖矿区周围的森林来提供。许多矿区专门雇佣伐木队来供应矿区的木材需要。此外，水力采矿消耗木材的一个大项是其引水槽。许多通往矿区的引水槽是木制的，而且使用一段时间就要更换，因此，对木材有着持续的需求。据研究，仅仅加利福尼亚的 12 个县，每年对木材的需求量就达到 2.84 亿立方英尺（约 0.08 亿立方米）。③据估计，在 19 世纪 50 年代，在萨克拉门托河上大约有 775000 英亩（约 3136 平方千米）的滨河林地，而到 1952 年减少到不到 27000 英亩（约 109 平方千米）。如此大片森林的消失虽然不完全是包括水力采矿在内的矿业边疆的开发所导致的，但毫无疑问，是淘金热拉开了包括加利福尼亚在内的西部山区森林破坏的大幕，而随着森林的减少，生活

---

① Rossiter W. Raymond, *Statistics of Mines and Mining in the States and Territories West of the Rocky Mountains*, Washington D. C.: Government Printing Office, 1874, p. 18.

② Eduard Reyer and S. K. Padover, "Placer-Mining in California", *Pacific Historical Review*, Vol. 4, No. 4, Dec., 1935, p. 388.

③ Edward Visher, "A Trip to the Mining Regions in the Spring of 1859", *California Historical Society Quarterly*, Vol. 11, No. 4, June, 1932, p. 337.

于林中的鹿、狼和棕熊等动物也难觅踪迹了。

水力采矿由于其环境破坏性较大而被陆续禁止以后，从 19 世纪末开始，露天采矿成为继水力采矿以后对环境影响较大的一种的浅层采矿模式。露天采矿就是针对某些埋藏较浅的矿石，铲除覆盖于矿床之上的表土，然后动用大型机械，直接挖掘矿石的一种采矿方法。与地下采矿相比，露天采矿最大的优势就是开采成本低廉，使含矿量更低的矿石可以被挖出冶炼，而且便于操作，比坑道采矿的危险性小得多。现在美国绝大部分的煤矿都是采用露天开采的方式挖掘的。除此之外，许多金属矿藏，如铜、锌、镍、铁以及石材等资源，只要条件允许，一般也都采用露天开采的方式。

露天采煤可以说是这种采矿破坏环境的一个典型。在阿巴拉契亚山区埋藏着大量的优质煤炭，而且埋藏较浅，适合露天开采。美国早在 19 世纪的时候就开始有一些露天煤矿在操作了，但规模都较小，而进入 20 世纪以后，随着技术的不断改进，美国露天采煤的规模更大，产量也更多，如从 1926－1947 年，俄亥俄露天采煤占全州煤炭开采比例从 9%增长到 46%，年产量也达到了创纪录的 1730 万吨。①

随着露天采煤业在阿巴拉契亚山区各州的陆续展开，它所造成的环境影响也日益被社会各界关注。1925 年，哈蒙德（John Hays Hammond）领导一个调查委员会发表的一个 3000 页的调查报告称："采煤的一般影响就是把地球表层翻转过来，而在这个过程中并不仅仅是创造财富、令人羡慕的硬煤，还有无数吨的渣土、岩石和废弃物，它们形成严重的灰煤河岸和巨大的废弃物堆。"②《夜幕降临坎伯兰》中对采煤业的危害控诉道："当人类开始将它从地球深处挖掘出来后，它流下了肮脏的溪流、丑陋的熔渣堆，和被污染的空气作为遗产。它为这片转变中的土地留下了瞎眼拐脚的男人、寡妇和孤儿，它是一种提取式工业，它带走一切，而却什么也不会恢复。"③露天采煤还对矿区的农田造成了破坏性影响。从 1921 年到 1945 年，在东俄亥俄的 22 个县中，露天采煤直接影响了 22750 英亩（约 92 平方千米）土

① Chad Montrie, *To Save the Land and People: A History of Opposition to Surface Coal Mining in Appalachia*, Chapel Hill: University of North Carolina Press, 2003, p. 20.

② Duane A. Smith, *Mining America: The Industry and the Environment 1800-1980*, Niwot: University of Colorado Press, 1993, p. 109.

③ Harry M. Caudill, *Night Comes to the Cumberlands: A Biography of a Depressed Area*, Boston: Little Brown, 1963, p. x.

地，间接影响了 5000 英亩（约 20 平方千米）。原来都是肥沃好地，被煤矿污染后，土地价值直线下降，俄亥俄地区原本价值 100 美元/英亩（约 4047 平方米）的土地，只能卖 4—8 美元/英亩。①到 60 年代，根据《阿巴拉契亚地区发展法》（ARDA）的倡导者劳什（Frank Lausche）的调研报告：仅仅在阿巴拉契亚地区受到露天烟煤开采影响的土地就达到 74 万英亩（约 2995 平方千米），宾夕法尼亚的露天无烟煤开采则对 5.9 万英亩（约 239 平方千米）土地造成破坏性影响，另有 7.4 万英亩（约 299.5 平方千米）受到矿区道路的干扰。同时矿区 60% 的溪流的上游受到采煤不同程度的污染，矿区 80% 的河流的 pH 值小于 5，水中所含物质影响水生生物的生存。②

（二）深层采矿对环境的破坏

对于埋藏较深或者不适合大规模动土开采的矿藏资源，则通过挖掘坑道，深入地下直接开采矿脉。地下采矿比最初仅仅需要几个人就可以操作的简单的流水淘金所需要的资金投入和技术难度都要大得多。因而，直到 19 世纪 70 年代以后，深层采矿，尤其是非金矿脉的开采才逐渐多了起来。

康斯托克矿区堪称深层采矿的典型。康斯托克的表层砂金资源枯竭后，在 1859 年发现了较大的银矿矿脉，这是以石英岩为基础的金银伴生矿，也是美国首次大规模发现银矿矿床，由此引发美国西部的采银热。康斯托克矿的开采开创了美国坑道采矿的多项纪录。由于矿脉厚达数百英尺，而且非常散碎，因此康斯托克矿在开采过程中不得不用木制方形框架结构来支撑，同时为了解决矿道里面的出水问题，该矿也建立起了当时先进的抽水系统。当时美国人在银矿冶炼方面技术也不成熟，不得不从德国和拉美那边引入。最后，美国人终于在西班牙技术和德国冶炼技术的基础上独创性地开启了矿石冶炼的"塔湖模式"，大大提高了冶金效率。1881 年，美国地质调查局称康斯托克矿区是"落基山以西采矿活动的重心，它代表着密西西比河以西地区

① Chad Montrie, *To Save the Land and People: A History of Opposition to Surface Coal mining in Appalachia*, Chapel Hill: University of North Carolina Press, 2003, p. 26.

② Chad Montrie, *To Save the Land and People: A History of Opposition to Surface Coal mining in Appalachia*, Chapel Hill: University of North Carolina Press, 2003, p. 133.

采矿技术所达到的最高组织阶段"。①该矿在其高产时期，每天开采 500 吨矿石，获益 5 万美元。从 1873 年到 1882 年的 10 年间，康斯托克总共生产了价值 10517 万美元的财富，在其产值的最高年份 1876 年，该矿区共生产了价值 3800 万美元的财富。②

除康斯托克贵金属矿以外，随着采矿技术的改进和市场需求的增加，铜铁锌铅等贱金属因为没有黄金那样的稳定性，经常以合金的形式埋藏在地下的矿脉中，因此也逐渐采用地下采矿模式进行生产。这其中最著名的当属比尤特的安纳康达铜矿（Anaconda）。这里原本是一个银矿产地，戴利（Marcus Daly）购买下以后在著名的矿业大亨赫斯特的支持下，转向铜矿开采。随着科技革命和市场上对铜的需求的增加，这里发展成为美国最大的铜矿产地。有学者指出："比尤特是美国的象征的原因不仅是因为其永不枯竭的工业矿石，更是因为其不断供应的铜，使得美国所沉溺的消费永不枯竭。"③地下采矿是 19 世纪后期美国非常重要的一种矿石获取方式，许多重要的矿产资源都是通过地下采矿获得的。

与弄得满目狼藉的露天采矿相比，地下采矿只需在地面开一个较小的出口，然后在地下挖掘坑道，将矿石运出地面进行冶炼，因此它比水力采矿在地表造成的工作面要小得多，一般矿井的作业区差不多 5 英亩（约 20234 平方米）的范围就够了。但它也同其他采矿方式一样，在获取大量矿产资源的同时，对矿区的环境造成了严重的影响。1873 年，伊莎贝拉·伯德（Isabella Bird）到科罗拉多的乔治敦和格林湖旅行后抱怨道："这些矿井，它们漫长的地下工程，它们的捣矿厂，以及附近建立的冶炼厂，使该地区日夜充满噪音、喧闹和烟雾。农业是恢复性和美化性的，而矿业则是破坏和毁灭性的，把地球的内部翻出来，使其丑陋，并使一切绿色的东西枯萎，就像它打蔫人的心灵和精神一样。"④

首先，深层采矿需要较高的技术和较大的资金投入，挖掘矿道到达矿脉，而且随着矿石的开采，挖掘深度越来越深，矿道也随之延长。因此，虽

---

① George F. Becker, *Geology of the Comstock Lode and the Washoe District*, Washington D. C.: Government Printing Office, 1882, p. 1.

② Rodman Wilson Paul, *Mining Frontiers of the Far West 1848-1880*, New York: Holt, Rinehart and Winston, 1963, p. 80.

③ Timothy J. LeCain, *Mass Destruction: the Men and Giant Mines that Wired America and Scarred the Planet*, New Brunswick: Rutgers University Press, 2009, p. 188.

④ Isabella Bird, *A Lady's Life in the Rocky Mountains*, New York: G. P. Putnam's Sons, 1880, p. 225.

然从地表看，深层采矿除了矿井出口外，对周围地貌没有多少直接变化，但每一个矿井都是一个地下迷宫，仅仅比尤特矿区的地下就有上万英里的挖掘坑道。[①]

其次，地下采矿也是木材消耗的大户。每一个地下矿区在开采过程中，几乎都需要消耗大量的木材，这包括用木材框架结构来支撑地下的矿道，燃烧木柴来为地下抽水机、绞盘以及其他矿山运输设备提供动能，还有矿区的建房、烧柴等都需要周围的森林来提供木材，甚至以后的矿石冶炼也需要利用木炭。康斯托克矿区亦是木材消耗的典型。1864 年，有数百民工在山上专门砍树为该矿提供木材。每一季度都有 150000 克德（1 克德等于 128 立方英尺，约 3.6 立方米）的木头流过卡森河（Carson River），供应这里的烧柴。1870 年，专门建立一个昂贵的长 12 英里（约 19 千米）的 V 形通道，向矿区运木，每日有 700 克德（约 2520 立方米）的木料运往矿区。该矿在 30 年内总共消耗了 8 亿立方英尺（约 0.23 亿立方米）的木材，估计可以修建 5 万幢双卫双车库的牧场式住宅。[②]康斯托克矿还推动塔湖（Tahoe）地区锯木业的发展。1860 年，在塔湖以南出现锯木厂。1861 年，奥格斯塔斯·普莱（Augustus Pray）在格林布鲁克（Glenbrook）建立水力锯木厂，1 日加工 1 万立方英尺（约 283 立方米）的木材，运入卡森谷地。1867 年冬天，在弗吉尼亚城附近，刚砍下的树根都能卖出每克德 60 美元的价格。[③]威廉·怀特称："康斯托克矿真可以成为西拉山森林的坟墓，每年都有数以百万计的森林被埋进矿井里，再也挖不出来了。"[④]

再次，当时冶炼矿石所需要的木柴也是造成毁林的一个重要因素。冶炼 1 吨矿石一般需要 25－35 蒲式耳木炭。尤里卡的一个冶炼厂一年需要 125 万蒲式耳的木炭，这需要 4000－5000 亩（约 2.7－3.3 平方千米）森林才能满足供应。据估计，从 1879 年到 1886 年，仅汤姆斯通（Tombstone）的碎

① Timothy J. LeCain, *Mass Destruction: the Men and Giant Mines that Wired America and Scarred the Planet*, New Brunswick: Rutgers University Press, 2009, p. 35.

② Carolyn Merchant, ed., *Green Verus Gold: Sources in California's Environmental History*, Washington D. C.: Island Press, 1998, p. 127.

③ Douglas H. Strong, *Tahoe: An Environmental History*, Lincoln: University of Nebraska Press, 1984, pp. 22-23.

④ Dan De Quille, *History of the Big Bananza: An Authentic Account of the Discovery, History and Working of the World Renowned Comstock Silver Lode of Nevada*, Hartford: American Publishing Company, 1876, p. 238.

矿厂就消耗了大约 5 万克德（约 18 万立方米）的木柴。①矿区大规模的砍伐是造成西部山区原生森林消失的一个重要因素，被砍伐过的森林即便是恢复，也都是次生林，被一些其他树木侵入。1904 年，森林局的斯勒廷（E. A. Slerting）调查塔湖地区时称："森林的密度大大降低了，开阔地区已经完全为灌木和次生林所占据了，兰伯氏松已经完全消失，在次生林中也很难见到。最好的黑松，黄松和白冷杉也都被移除了，杉树总体上代替了松树，而且在相当多的地方，已经完全转成荆棘了。"②

最后，地下采矿在其准备挖掘阶段，还会挖出大量的渣土，这些渣土一般都堆在矿区附近，成为矿区的特有景象，而有些土石中含有的一些矿物不经处理会危害周围的环境。比如，加利福尼亚的卡森山区就堆积了 300 万吨的矿渣。③如伊利诺伊的托卢卡（Toluca），在当地的煤矿发展的过程中形成的两个巨大的煤渣堆——"珍宝"（Jumbo），其实在当地所属的朗沃尔矿区这类的矿堆还有 10 多个，成为当地矿区的一个重要标志。④此外，地下采矿如果操作不当，还有可能改变地下水源的储藏结构，对地下水系造成破坏性影响。而矿区挖完后，挖空地带如果处理不善，还可能造成地面塌陷，破坏地面的人工和自然环境。

（三）矿冶业：环境污染的又一元凶

矿石开采对环境的破坏还仅仅是矿业发展影响环境的一部分，接下来对矿石的冶炼和提纯对环境同样造成巨大的破坏，有的甚至更为有毒和持久。

首先，矿冶业如同采矿业一样，也会大大改变冶炼厂周围的地貌，它会在其周围生成巨大的矿渣堆，这几乎成了冶炼厂的标志。美国早期采矿规定主要是鼓励尽可能地开放自然资源，对于矿渣几乎没有特别的规定，即便是偶尔涉及，也主要是考虑堆积矿渣不得危害他人的采矿权利。因此，矿渣堆

---

① Gordon Morris Bakken, ed., *Environmental Problems in America's Garden of Eden*, New York: Gordon Garland Publishing House, 2000, p. 164.

② Douglas H. Strong, *Tahoe: An Environmental History*, Lincoln: University of Nebraska Press, 1984, p. 31.

③ Gordon Morris Bakken, ed., *Environmental Problems in America's Garden of Eden*, New York: Gordon Garland Publishing House, 2000, pp. 180.

④ David Robertson, *Hard as the Rock Itself: Place and Identity in the American Mining Town*, Boulder: University of Colorado Press, 2006, pp. 19-64.

积成为一个巨大的环境隐患。比如杰克林开发的位于盐湖城附近的宾厄姆露天铜矿，他那个时代，只要矿石中具有 2% 的铜含量，就可以进行冶炼，而且随着技术的进步，可冶炼的矿石含量越来越低，因而产生的矿渣也越来越多。最初的挖掘机大约花费 3 吨煤炭的燃料才能装运 192 吨的矿石，每月消耗 3125 吨煤炭来装运 20 万吨矿石，最后生产 4000 吨铜。① 该矿在犹他州大盐湖的岸边堆积了 20 亿吨的矿渣。这些矿渣除了影响景观外，还存在着严重的环境隐患。有些矿渣中含有各种金属元素，随着雨水的冲刷，渗入周边的土地，对土地和水源造成污染。而有些矿渣则直接被倾倒在水边甚至河流中，对水源造成污染。宾厄姆矿区的矿渣中所含硫化物被扩散到周围的地下水中，造成周围超过 77 平方英里的范围内的水井被污染。在矿区附近的其他地区，周围土壤和水体中铅、砷的含量都超过人体所能承受的健康标准。② 在爱达荷的达伦地区（Coeur D'Alene District），采矿和冶炼为本地区提供工作机会，也生成了全国几乎一半的白银，同时也往周边的水中倾倒了 7200 万吨的矿渣。再如，蒙大拿比尤特的佩罗特-科罗拉多（Parrot and Colorado）矿渣堆大约有 60 万吨矿渣，其中大约 23.6 万吨露出水面，其他的都在水下，对当地的水源造成严重的污染。直到 1970 年，一项针对蒙大拿水质的调查报告指出："在过去的近百年里，比尤特和安纳康达地区的矿井、捣矿厂和冶炼厂所产生的各种废弃物都被直接排入附近的克拉克福克河中。在过去，这些废弃物产生的有毒物质对水中的鱼类和其他水生生物的生存环境造成危害，其范围延伸到距此 100 英里（约 161 千米）以下的摩苏拉。"③ 许多矿渣堆积地直到今天对周围的环境仍然是一个严重的威胁。人类社会过去不计环境代价地发展，现在依然还需要偿还环境债务。

其次，除了开采矿石和冶炼过程中所产生的矿渣因为本身含有有毒矿物而危害周围环境外，冶炼过程中还要通过氰化、氯化和浸滤，添加水银等有毒催化剂进行化学反应，获取所需金属。上述化学反应过程总有少量有毒化合物被有意或者无意地排放到周围的土壤和水体中，对其环境造成危害。无

① Timothy J. LeCain, *Mass Destruction: The Men and Giant Mines that Wired America and Scarred the Planet*, New Brunswick: Rutgers University Press, 2009, p. 159.

② Timothy J. LeCain, *Mass Destruction: The Men and Giant Mines that Wired America and Scarred the Planet*, New Brunswick: Rutgers University Press, 2009, pp. 204-205.

③ Gordon Morris Bakken, *The Mining Law of 1872: Past, Politics, and Prospects*, Albuquerque: University of New Mexico Press, 2008, p. 89.

论是水力淘金还是地下采金，除了极个别的情况外，很少有狗头金这类的纯金在自然界存在，金银都是混生在石英岩中，而且白银由于其性质没有黄金稳定，经常是以银铅伴生的形式存在，而到最后这些金砂和银矿石的提炼都离不开上述化学反应过程。以加利福尼亚的贵金属开采为例，不论是水力采矿，还是坑道挖掘所获得的金矿石，在经过碾磨、压碎后，加入水银，形成合金，然后放入加热炉中高温熔化，水银受热蒸发，原来的合金变为金水，冷却后得到纯金。而在上述过程中，总有少量水银流失，渗入周围的土地和水源之中，对动植物的生存造成危害。如位于加州斯玛特维尔（Smattsville）的"蓝石公司"（Blue Gravel Company）在 19 世纪 60 年代共用水力冲刷了160 万立方英尺（约 4.5 万立方米）的矿石，使用了 3 吨水银来提炼黄金，结果大约有 11%－25%的水银流失掉了。①直到 20 世纪后期，加利福尼亚的有些地方仍然采用水银蒸馏的方法冶炼黄金。而为了得到这些氯化物、氰化物和水银来供应矿区冶炼的需要，许多生产这类化工产品的厂子也随之建立起来，如在加利福尼亚的博迪（Bodie）、犹他州的布里格姆（Brigham）都在 19 世纪 90 年代建立了这类化工厂。这些厂子在生产中随便丢弃废弃物，而这些废弃物大多是对人类和其他动植物的生存有毒害作用的物质，这些物质渗入周边的土地和河流水系后，通过食物链的作用，最终在各种生物体内留下残余。然而，这种影响并不会随着污染的终止而一同结束，可能要持续相当长的时间，有的直到今天仍然对周围的环境造成威胁，美国政府所设立的超级基金中，有十几个就是专门针对清理采矿和冶炼所遗留的环境问题的。

最后，矿石冶炼还是造成空气污染的元凶。矿石冶炼除了产生有毒的固体和液体废弃物外，还向空气排放有毒气体。许多矿石中含有硫、铅、汞、砷等有毒物质，初期的冶炼厂几乎对这类物质没有采取任何防护和回收措施，而是任其排放到空气中，从而使矿区周围充满有毒气体。比如科罗拉多州拥有 15000 人的矿业城市里德维尔（Leadville）在 19 世纪 70 年代后期就面临着严重的健康危机，造成这一困境的三个原因中有两个分别是采矿所导致的水中含铅太多和冶炼铅矿石所排出的有毒空气。②更为荒唐的是，在当

---

① Gordon Morris Bakken, *The Mining Law of 1872: Past, Politics, and Prospects*, Albuquerque: University of New Mexico Press, 2008, p. 96.

② Duane A. Smith, *Mining America: The Industry and the Environment 1800-1980*, Niwot: University of Colorado Press, 1993, p. 11.

时拥有六大冶炼厂的比尤特市（Butte）的冶炼者竟然鼓吹："烟尘越浓，我们的经济实力也就越强大，比尤特人在烟尘最厚的时候，感觉最舒适。"① 冶炼厂为了将烟雾扩散到更远的范围，开始修建高大的烟囱。安纳康达冶炼厂的烟囱从最初的 300 英尺（约 91 米）逐渐加高到 585 英尺（约 178 米）。与此同时，冶炼厂也在社会的压力下积极研究脱硫装置，抓取烟尘中的有毒物质。当时的专家们都相信科技的发展，可以解决冶炼业污染空气的问题。卡特里尔（Cottrell）研究的脱硫装置，能够抓取 80% 的污染物。他在瓦胡的冶炼厂到 1923 年能够抓取到 75% 的污染物，但仍然有 1/3，即每天多达 25 吨的污染物被释放到空气中。②直到 20 世纪后期，犹他的铜矿仍然是排污大户，它 1987 年排放了 1.58 亿磅（约 0.68 亿千克）的废弃物，1996 年排放了 960 万磅（约 435 万千克）污染物，是全国第十四大污染源。③

总之，采矿和冶炼业的发展在给美国经济注入强大的物质基础的同时，也严重损害了矿区的自然环境，在当时不计环境代价的发展观念的指导下，这些环境问题都被忽略了。然而，随着环境问题的日益严重和社会主流环境观念的转变，矿冶业的这种发展模式日益遭到人们的抗议和反对，因而，美国的采矿冶炼业也在不断修正自己与环境和社会之间的关系。

（四）对采矿业的生态修复：社会文明的标尺

采矿业所引起的环境问题因为损害其他行业的利益而经常被诉诸法庭，很早就引起了美国社会的关注。在日益强大的外界压力面前，美国政府和矿业公司也不得不采取措施，加强采矿业对环境影响的立法，同时积极探寻减少环境污染和破坏的解决方法，进行必要的生态修复。因此，美国采矿业对环境的影响变迁史实际上是美国整个社会与环境关系变迁的缩影。

1884 年美国巡回法院对水力采矿法的禁止可以被看作是美国社会开始正视采矿所造成环境问题的肇始。水力采矿将大量泥沙排泻到河流的下游，不仅严重损害了周边农场主的利益，甚至对周边的城镇造成威胁。以著名的

---

① Duane A. Smith, *Mining America: The Industry and the Environment 1800-1980*, Niwot: University of Colorado Press, 1993, p. 75.

② Timothy J. LeCain, *Mass Destruction: the Men and Giant Mines that Wired America and Scarred the Planet*, New Brunswick: Rutgers University Press, 2009, p. 101.

③ Timothy J. LeCain, *Mass Destruction: the Men and Giant Mines that Wired America and Scarred the Planet*, New Brunswick: Rutgers University Press, 2009, p. 205.

萨克拉门托河谷为例，1876 年 9 月，水力采矿矿主在有钱大亨操纵下，建立水力采矿联合会。针锋相对地，尤巴河、贝尔河和菲泽尔河谷的农场主也于 1878 年在玛丽维尔建立反对堆积物联合会。经过 15 年漫长的拉锯战，1882年，杰克逊·坦普尔（Jackson Temple）法官判决地处美国人河（American River）北边支流的"哥德兰沟渠与采矿公司"（Gold Run Ditch and Mining Company）无权向本州的河流中倾倒体积较大的沙石，但较细的沙石仍被允许。坦普尔做出如此判决的考虑是觉得如果完全禁止的话，"采矿业就完全不能操作了"。①获胜的农场主联盟并不以此为满足，而是乘胜追击，1882年，玛丽维尔的一名业主爱德华兹·伍德卡夫（Edwards Woodruff）向位于旧金山的美国第九巡回法庭提交了控诉北布鲁姆菲尔德矿业公司的诉状，要求禁绝水力采矿者向河流中倾倒渣石的行为，此即美国历史上著名的"伍德拉夫诉北布鲁姆菲尔德采矿公司案"。北布鲁姆菲尔德采矿公司是该州最大的水力采矿公司，它通过水力采矿向外排放了至少约 1 亿立方英尺（约2831.7 万立方米）的采矿废弃物，对下游数千英亩的农田造成破坏。该案成为关于水力采矿的支持者与反对派两大对立集团的大碰撞。坚持水力采矿的矿主们搬出公共利益、守法经营等幌子来为自己不计环境代价的牟利行为辩护，声称如果禁止水力采矿，"其最直接、最立竿见影的影响是这一国家的一个领先性的行业瘫痪，将会剥夺本州乃至全世界每年从加利福尼亚采矿业中所获得的数以百万计的财富，将使本州的所有水力采矿营区不值一文……总之，将会给本州迄今最为繁荣、发达，最为吸引人的行业带来广泛的毁灭和灾难"。②但最终天平偏向了受害者一方，著名的法官洛伦佐·索耶（Lorenzo Sawyer）于 1884 年 1 月 7 日做出历史性判决："一个人的权利，不论是被赋予的，还是为法律所规定的，都必须在顾及他人权利的前提下实施，也就是说不能危害他人。本州最高法庭认为……采矿不属于公共利益，（对水力采矿）除了禁止外，别无他法。"③虽然索耶法官是根据保护私人财产权利而判决北布鲁姆菲尔德矿业公司败诉的，但该判决依然是美国采

---

① Robert L. Kelley, "The Mining Debris Controversy in the Sacramento Valley", *Pacific Historical Review*, Vol. 25, No. 4, Nov., 1956, p. 342.

② Duane A. Smith, *Mining America: The Industry and the Environment 1800-1980*, Niwot: University of Colorado Press, 1993, p. 75.

③ United States Circuit Court, *Reports of Cases Decided in the Circuit and District Courts of the United States for the Ninth Circuit*, Vol. IX, San Francisco: A. L. Bancroft and Company, 1885, p. 491.

矿业发展和环境保护史上具有里程碑意义的事件，它等于宣告了水力采矿在加利福尼亚的死刑。它是美国"强盗大王时代"弱势群体战胜财大气粗的资本集团的为数不多的成果之一，标志着以后任何打着公共利益的幌子推进私人利益而危害到他人、抑或是公共利益的行为不再被容许，因而被认为是"美国历史上第一份有利于环境保护的重要的法院裁定"。①

　　加利福尼亚禁止水力采矿还仅仅是清算采矿业的环境危害的一个开始，此后还有漫长的路要走，在当时全国都认为矿业优先发展的氛围下，被采矿业所损害的弱势群体的利益仍然常常得不到照顾。在 1886 年桑德森夫妇诉宾夕法尼亚煤炭公司一案中，宾夕法尼亚最高法院法官声称："当土地的主人在没有恶意或者有意忽视的情形下，因对其土地的自然和合法的使用而对其他人所造成的损害是一种无可救济的损害，特定的个人的些许的不便必须服从于更大共同体的需求，尤其是当一个州的领先的工业利益被卷入的时候，后者的繁荣事关共同体的每一个家庭的利益。"②不过，随着采矿业所造成的破坏而引起的法律纠纷的增加，对矿业所造成环境问题进行治理，对破坏做出赔偿日益成为潮流。连著名的安纳康达公司的冶炼厂也不断寻求减少排出污染物的装置，在"鹿儿山谷农场主诉安纳康达公司"（Anaconda Versus the Farmers of Deer Lodge Valley）一案中，马歇尔法官判决矿业公司应该对周边农场的损失负责，矿业公司最终被迫给予农场主因其空气污染而造成的牲畜死亡进行赔偿。但是，当矿业公司改进其脱硫装置，并修建了更高的烟囱以后，就拒绝给周围的农场主提供赔偿了，1909 年法官作出对矿业公司有利的判决。

　　资源保护运动开展以后，美国进入了一个新的历史时期，虽然在发展与保护之间仍然存在着博弈，但保护的声音越来越强大。过去那种不计环境代价的粗犷的边疆开发模式已经无法继续维持下去了，在资源保护运动的大潮中，矿业公司和整个美国所寻求的理念是"最长时间内为最大多数的人提供最大限度的利益"，采矿业因为其作为其他行业发展基础的作用不可置疑，但作为一种宝贵的不可再生资源，为了长远利益，也需要对其进行适当的保护了。罗斯福总统指出："保护及适当利用我们的自然资源是一个根本性的

---

① Chris J. Magoc, ed., *Environmental Issues in American History: A Reference Guide with Primary Documents*, Westport: Greenwood Press, 2006, p. 76.

② Duane A. Smith, *Mining America: The Industry and the Environment 1800-1980*, Niwot: University of Colorado Press, 1993, p. 49.

问题，我们的国民生活中，几乎其他每一个问题都以它为基础……作为一个国家，我们不但享受着目前的高度繁荣，而且如果能正确对待这一繁荣的话，它足以保证未来的成功，没有任何国家能与之相比。对这个国家抱远见将会得到丰厚的报偿，这是显而易见的。我们必须未雨绸缪，必须了解一个事实：浪费与破坏我们的资源，损耗和榨尽地力而不善加利用以增加其效益，其结果终将损害我们子孙应享有的繁荣，而这种繁荣是我们原应将之扩大与发展以流传给他们的。"①根据全国保护委员会的调查，1907 年，美国全国的矿业产值达到 20 亿美元，而处理采矿废弃物的支出也达到 3 亿美元。②

在 20 世纪初的时候，采矿业主还可以理直气壮地为他们的污染而狡辩，但到世纪中期，整个社会都注意到了采矿业所造成的环境问题，纷纷出台政策措施予以规范，并强制要求进行生态恢复。阿巴拉契亚地区的露天采煤业所做的修复工作堪称典型。印第安纳早在一战前就出现抵制露天开采的运动，并在 1941 年，成为继西弗吉尼亚后第二个通过露天开采限制法令的州。随后，其他各州，如俄亥俄也行动起来，对露天采煤做出规范和限制。③在这种总体趋势下，采矿公司也不得不行动起来，采取措施，修复环境，如科罗拉多州"银城"（Silverton）的一家公司的总监查理斯·齐斯（Charles Chase）自 1929 年上任以来就找办法控制污染，他 1948 年写道："我永远记得在早先的一个最大的股东所说的话：去污染这么美丽的一条溪流真是可耻。"④

而对于像宾厄姆这样的巨大露天矿坑而言，外界对其认识经历了一个从欣赏到反思的过程，这一过程恰恰与世人对美国现代化的认识变迁相合拍。早在宾厄姆铜矿开挖初期，约翰·洛克菲勒曾称其为"世界上最大的工业奇迹"，矿业公司还在 20 世纪中期以后开通了专程参观矿坑的项目。挖掘伯克利矿坑的安纳康达公司也效仿杰克林的公司，组织去矿坑的旅游参观。这些巨大的矿坑在那个时代成为美国工业化成就的样板和消费社会维持的基

---

① 赵一凡编：《美国的历史文献》，北京：生活·读书·新知三联书店 1989 年版，第 233-234 页。

② Duane A. Smith, *Mining America: The Industry and the Environment 1800-1980*, Niwot: University of Colorado Press, 1993, p. 83.

③ Chad Montrie, *To Save the Land and People: A History of Opposition to Surface Coal mining in Appalachia*, Chapel Hill: University of North Carolina Press, 2003, pp. 25-42.

④ Duane A. Smith, *Mining America: The Industry and the Environment 1800-1980*, Niwot: University of Colorado Press, 1993, p. 118.

石。然而在 1982 年安纳康达公司关闭伯克利矿坑的生产及其抽水泵以后，伯克利矿坑的问题很快就出现了。地下涌水与矿坑中的物质发生化学反应，这里很快变成了一个腐蚀性极强的酸湖。如果不能够设法阻止该矿坑每日 250 万加仑（约 946 万升）的涌水量，该湖的水面将持续上升，一旦其水位高于周边地下水位，将形成逆渗透，威胁到附近的银弯河（Silver Bow River）和克拉克福克河（Clark Fork River），甚至威胁到周边地下水源的安全。[①]而宾厄姆铜矿综合体也受到美国环境保护部门的高度关切，甚至一度考虑将其列入"严重破坏环境者名录"（National Priorities List），准备启动超级基金（Superfund）予以治理，这是首次对一个依然运行的工业采取此程序。可见，这些大型露天采矿所造成的环境问题已经引起国家的高度关切。此外，这类大型矿坑在停止挖掘后，还会面临坍塌、释放有毒气体、渗漏等多种环境危险，而且生态恢复的成本极高。再如，自 1997 年开始，托卢卡社区开始了保护矿堆的行动，将保护煤矿堆与保护当地的文化结合起来，结果取得了成功，两个矿堆在经过当地生态恢复的努力和改造后，居然成为一个城市的标志，这也成为旧矿区成功改造的一个典型范例。

　　总之，随着社会的进步和人们环境意识的增强，纵然由于采矿业在国民经济中的基础性地位而无法取消，但无论是政府、民间力量还是矿业本身，也都认识到了该产业对环境的影响，并积极努力寻求渠道，争取把环境影响减少到最低，并想方设法修复过去采矿所造成的破坏。经过对 1872 年《采矿法》的多年争论，美国政府在 1976 年通过了《联邦土地政策与管理法》，授权土地管理局建立登记制度，并且规定立法部门有权从行政部门手中收回采矿权。[②]经过各州环保组织如田纳西的"拯救坎伯兰大山"组织、"肯塔基公共利益者"等组织的努力，1977 年，美国通过《露天采煤管理与恢复法》（Surface Mining Control and Reclamation act），对阿巴拉契亚山区的露天采煤做进一步规范，并进行生态恢复。[③]另外，美国政府还根据 1980 年通过的《综合环境应对、补偿和可行性法》（Comprehensive Environmental

　　① Timothy J. LeCain, *Mass Destruction: The Men and Giant Mines that Wired America and Scarred the Planet*, New Brunswick: Rutgers University Press, 2009, pp. 202-204.

　　② Gordon Morris Bakken, *The Mining Law of 1872: Past, Politics, and Prospects*, Albuquerque: University of New Mexico Press, 2008, p. 112.

　　③ Chad Montrie, *To Save the Land and People: A History of Opposition to Surface Coal Mining in Appalachia*, Chapel Hill: University of North Carolina Press, 2003, p. 177.

Response, Compensation and Liability Act），建立超级基金，对国内存在环境隐患的地区进行修复和管理，其中就有多个项目涉及到采矿业，并取得了良好的生态效果。

（五）小　结

采矿及矿冶业的蓬勃发展是美国现代化顺利实现的一个重要保障，同时与之伴随而来的环境破坏也是触目惊心。无论是简单的沙里淘金，还是需要较多人力物力的水力采矿、露天采矿和坑道采矿，都给周围环境带来了巨大的破坏。而在当时不计环境代价的发展观念的指导下，这些环境问题被有意无意地忽略掉了，甚至连政府在这一问题上都无动于衷，甚至采取鼓励和纵容的政策，这才使得本来可以避免的许多资源浪费和环境破坏问题最终发生了，从而给整个社会带来了巨大的环境损失。此间的教训值得现在仍然采取粗暴资源开发为主导形式的经济发展模式深思和引以为戒。

采矿业之所以在19世纪的美国发展中带来如此严重的环境问题，并长久得不到治理，与当时盛行的对自然的认识观念以及政府所推行的政策密切相关。美国现代化中对自然资源的认识观念主要有如下几点。第一，人类征服自然、对自然资源进行开发利用是文明战胜野蛮的一个组成部分，是人类社会进步的表现。第二，美国的自然资源极端丰富，永无枯竭之虞。第三，西部的资源是无主的，人人都有权利加以利用，当时所信奉的主导性原则是先到先得、弱肉强食的森林法则。这一原则在极大地调动了美国拓荒者向西部扩张的积极性的同时，也将西部自然资源置于弱肉强食的森林法则之下，从而带来了美国西部开发中巨大的资源浪费和层出不穷的环境问题。

美国社会针对矿业发展中所出现的环境问题而采取的环境修复政策与措施值得借鉴。在民间保护力量和联邦政府的共同努力下，美国在19世纪末到20世纪初发起了规模宏大的资源保护运动，标志着美国社会正式放弃原来所推行的不计环境代价的经济发展政策，转而推行发展与保护并重的政策，并有针对性地采取多管齐下的措施对矿业发展中的环境问题进行生态治理和环境修复。无论是超级基金的启动还是民间的各种环境保护措施，都收到了不错的效果，也值得正在为矿业环境问题而棘手的其他国家参考。

矿业发展中的环境问题是美国社会在工业现代化发展的过程中人与环境关系变迁的一个缩影。美国的现代化在取得巨大的经济成就的同时，也伴随着严重的资源浪费和环境破坏。不过令人欣慰的是，美国朝野很早也就意识到了这一问题，并率先发起了声势浩大的资源保护运动，走上了环境保护与经济发展并重的道路。在兼顾环境代价的前提下谋求经济发展，这是对传统的不计环境代价的粗放型现代化的扬弃，也是真正走向现代化的表现，它标志着一个国家真正意义上从传统社会向现代社会的转变。虽然仍然不时面临着发展与保护的两难纠结，但从此以后，衡量一个社会的发展标准，已经不再是多少钢铁、煤炭和重工业品，而是人与自然和谐的程度。只有人与自然的和谐、诗意地栖居才是真正的发展和进步！

（原载于《贵州社会科学》2016 年第 2 期）

四、美国联邦政府的西部资源政策及其环境影响

对丰富的自然资源的系统开发是美国现代化的一个重要特征，而联邦政府的资源政府则是上述行动得以顺利推行的保障。传统上，我们从发展和现代化的角度考察美国的资源政策，做出的多是一些积极的评价。然而，从环境史的角度看，美国联邦政府的资源政策在极大地调动了美国人开发和利用资源的积极性的同时，允许移民们随意砍伐森林，开垦土地，开发矿藏，利用水源，几乎不加任何限制，从而造成了极大的环境破坏和资源浪费。

（一）以促进拓殖为中心的联邦公地政策

土地是美国联邦政府所控制的最重要的自然资源，在向西部拓殖的现代化发展过程中，美国政府逐渐形成了以土地国有为核心的公共土地政策。所谓公地（Public Domain），就是指"联邦政府曾经拥有并且根据联邦法令而进行出售或所有权转让的所有土地"。①从 18 世纪末直到 20 世纪初叶，贯穿联邦政府处理公共土地政策的主导思想就是促进西部的拓殖和移民定居，尽快对这些土地进行私有化。为了实现这一目标，联邦政府先后出台了一系

---

① Benjamin Horace Hibbard, *A History of the Public Land Policies*, Madison: The University of Wisconsin Press, 1965, p. 7.

列的土地处理政策。美国联邦政府总共取得了 13.9 亿英亩（约 56251 亿平方米）的公共土地的处理权，而到 20 世纪 20 年代初，大部分的联邦公地已经被处理完毕，联邦手中剩余的土地只有 1.86 亿英亩（约 7527 亿平方米）。①美国联邦政府的公共土地政策被认为 "是美国全部西部政策的基础"。②与公地政策相对应的是政治上对西部土地进行管理的所谓 "领地制"，两者相互配合，最终完成了美国历史上这宗最大的土地处理和领土管理的任务，实现了从土地国有到土地私有，从领地到州的转变。

首先，在借鉴殖民地时期土地处理经验的基础上，北美十三州经过讨价还价和相互妥协，确立了美国西部土地处理中的基本原则。北美殖民地时期，为了利用北美丰富的土地吸引移民、加快殖民地的开发，在不断的摸索和实践中，北美殖民者创立了免费授地、计口授田、城镇殖民等多种土地处理方式，从而在北美殖民地逐渐形成了一套大土地所有制的种植园、租佃农场和小土地所有制的自由农场相结合的土地处理制度。而在美国独立战争中，刚刚宣布独立的美国各州在尚未完全取得胜利的情况下就已经为了西部土地的归属问题闹得不可开交。各殖民地经过讨价还价，最终于 1784 年 3 月 1 日正式把它们所拥有的西部土地转让给合众国政府。通过西部土地的转让，美国中央政府首次取得了 346848.41 平方英里，折合 221987787 英亩（约 89.8 万平方千米）的土地所有权，奠定了美国土地国有制度的基础。③

西北土地处理制度奠定了日后美国联邦公地分配和管理制度的基础。邦联国会先后在 1784、1785 和 1787 年通过了《西部领地组织法》（*Ordinance for the Government of Western Territory*）、《西部土地出售法》（*Ordinance for the Sale of Western Lands*）和《美国俄亥俄西北领地组织法》（*Ordinance for the Government of the Territory of the United States Northwest of the River Ohio*）三个法令，确定了对俄亥俄河以北地区的政治治理和土地处理方案。《1785 年法令》对联邦公地的主要规定如下。（1）确立了先测量、后销售的制度，由合众国政府组织测量人员对西部土地进行测量；（2）6 英里（约 9.7 千米）见方的市镇制度，按照正南正北的直线将西部土地依次划分成 6 英里

---

① Benjamin Horace Hibbard, *A History of the Public Land Policies*, Madison: The University of Wisconsin Press, 1965, p. 570.

② 何顺果：《美国边疆史：西部开发模式研究》，北京：北京大学出版社 1992 年版，第 33 页。

③ Benjamin Horace Hibbard, *A History of the Public Land Policies*, Madison: The University of Wisconsin Press, 1965, p. 13.

（约 9.7 千米）见方的村镇，每个村镇再分成平等的 36 块，每块 640 英亩（约 2.6 平方千米）；（3）政府保留土地的规定，每个村镇要为合众国政府保留第 8、11、26 和 29 这 4 个地块，以备将来之用，第 16 地块留作教育用地；（4）确立了大块拍卖的土地销售原则。根据规定，政府保留土地和军功授地以外的地块以每英亩不低于 1 美元的价格公开拍卖，最小拍卖面积 640 英亩（约 2.6 平方千米）；（5）政府保留所出售土地上 1/3 的金属资源的处理权。1787 年《西北法令》则制定了西部土地政治治理的基本原则。（1）规定了从领地到州的演变步骤。西北地区为一个独立的领地，由国会委派一名总督和三名法官进行管理。当一个领地上自由成年男性达到 5000 人时，可以建立议会，并向国会派遣一名无表决权的代表；当一个领地上的居民达到 60000 人时，就可以组建新州，与原来诸州享有同等的权利。（2）西北领地可以继续划分，直到在上面建立 3 到 5 个新州。（3）确立了一些原初各州与领地上的人民共同遵守的契约条款：领地上的居民享有同原来各州相同的民事权利；各领地及新组建州不得干涉国会的土地处理权，不对本地内的合众国政府所控制的土地征税；不得允许奴隶和强迫劳动存在。对俄亥俄河以北地区的土地进行处理的这三个法令，确立了美国日后联邦公地政治治理和土地分配的基本模式，美国后来所取得的联邦公地基本上都是遵循西北地区的这一模式进行的。

其次，美国西部土地的处理可以大致以 1862 年《宅地法》为界，分成两个阶段：前半阶段主要是土地出售和争取自由宅地阶段；1862 年以后是《宅地法》不断修正和完善的阶段。在《宅地法》颁布以前，美国土地出售过程中主要贯穿着两大趋势：即地价越来越低，出售单位面积越来越小。在 1785 和 1787 年土地法中，对于土地出售的最低面积都是 640 英亩（约 2.6 平方千米），售价 1 美元/英亩（约 4046.9 平方米），公开拍卖，现金交付。买不起土地的农民在当时只有两条途径可以选择：非法占地或者到加拿大冒充王党分子去骗取土地。1800 年的《哈里森土地法》是美国土地销售史上的一个重大变革，"这个法令所有的重要创意都是对西部农场主的让步"。① 该法规定最低土地出售面积降为 320 英亩，仍然实行赊购制度，收取 6% 的利息。从此以后，美国土地销售的最低面积越来越小：1804 年，640 英亩

---

① Benjamin Horace Hibbard, *A History of the Public Land Policies*, Madison: The University of Wisconsin Press, 1965, p. 70.

（约 2.6 平方千米）；1820 年，80 英亩（约 0.32 平方千米）；1832 年，40 英亩（约 0.16 平方千米）。与此同时，地价也从原来的 2 美元/英亩下降到 1820 年的 1.25 美元/英亩；1854 年，实行梯次降价法后，投放市场 10 年的土地地价为 1 美元/英亩，15 年以上为 0.75 美元/英亩等。土地出售面积的减小和地价的降低反映了美国土地出售过程不断民主化的趋势，它意味着联邦政府的指导思想从利用土地增加收入逐渐向着利用土地改善基础设施建设和加快移民定居的方向转变。

《宅地法》通过以后，美国联邦政府处理土地的主要政策目标依然是鼓励定居和利用土地推动西部的开发，但为了适应西部的特殊情况，不得不对宅地政策和用于东部的土地处理原则不断进行调整。（1）考虑到西部缺乏林木和比较干旱，联邦政府通过了《植树法》和《荒地法》。1873 年，为了鼓励在西部植树造林通过了《植树法》。该法规定：任何人只要种植 40 英亩（约 0.16 平方千米）的树木，就可以免费得到包括这 40 英亩（约 0.16 平方千米）在内的 160 英亩（约 0.64 平方千米）土地；1877 年，通过的《荒地法》则规定：申请者在 3 年内对土地进行灌溉，先交付 0.25 美元/英亩，其他条件完成后再交付其余部分，就可以得到 640 英亩（约 2.6 平方千米）土地。后来，联邦政府为了支持西部发展灌溉事业，又先后在 1894 年和 1902 年通过了《凯里法》（Carey Act）和《灌溉法》，前者规定，为了发展灌溉和鼓励定居，联邦政府给予某些州政府每州不超过 100 万英亩（约 0.4 万平方千米）的土地；后者则规定，联邦政策从出售土地所得收入中拨付专款，用于发展灌溉事业。（2）《扩大宅地法》。由于西部 160 英亩（约 0.64 平方千米）土地用于畜牧太小，而用于灌溉农业又太大，在这种情况下，1904 年联邦政府通过专门针对内布拉斯加的《金凯德法》（Kinkaid Act）。5 年后，该原则应用于其他 10 多个西部州，免费授予的宅地面积扩大为 320 英亩（约 1.29 平方千米）。（3）为了应对加拿大政府在 1873 年通过的《宅地法》关于对申请者只需 3 年定居要求就可获得宅地的规定，美国最终在 1912 年通过了《三年宅地法》，放宽对宅地申请者的要求，只需连续 3 年，每年至少 7 个月居住在土地上，就可以获得宅地。（4）1916 年《畜牧宅地法》。针对不适宜种植，只适宜放牧的土地，授予 640 英亩畜牧宅地。通过各种变通方式所处理的土地远远多于 1862 年《宅地法》所发放的宅地，从 1868 年到 1923 年，联邦政府共发放宅地申请 1346163 份，授地 213867600.63 英亩（约 865491.47 平方千米）。①

由于 19 世纪大部分时间里，美国土地政策的主要目标是不计代价地鼓励农业开发和移民定居，土地成为联邦实现上述目的的主要奖励手段，从而导致了西部发展中大量的奖励性授地。从一定意义上讲，宅地政策也是为了奖励农业开发而实现的免费授地。除此之外，联邦政府推行的大规模奖励性授地当属支持内部改进的各种授地、教育授地和军功授地。

内部改进授地包括为了修建公路、运河和铁路而实行的各种授地。《1841 年土地法》规定联邦政府给予各州 50 万英亩（约 0.2 平方千米）土地，用于内部改进。除此之外，各种各样的专门授地计划也层出不穷：从 1823 到 1869 年，国会为了俄亥俄、密歇根、威斯康星和俄勒冈的马车道建设共拨地 3276646.21 英亩（约 13260.12 平方千米）；为印第安纳、伊利诺伊等 5 州的运河开凿拨地 324282.74 英亩（约 1312.33 平方千米）；为阿拉巴马、威斯康星和艾奥瓦三州的内河改进拨地 2245252.31 英亩（约 9086.21 平方千米）；为铁路修建拨地共计 129028558.50 英亩（约 52160.05 平方千米），从而使得铁路公司成为美国西部最大的地主。②教育授地是另外一项重要的奖励性授地。《1785 年土地法》就明确规定了每个镇的第 16 块地块留作各村镇教育用地。1862 年，政府又通过《莫里尔土地法》，该法规定，参照 1860 年各州人口基数，按每位议员 30000 英亩（约 121.4 平方千米）的比例给各州划拨土地，用于支持农业和技术学院的建设和发展。1890 和 1903 年通过的《第二莫里尔土地法》（Second Morrill Act）进一步规定，每年从联邦土地销售收入中划拨从 15000 美元逐渐递增至 25000 美元用于农学院的维持经费。累计划拨的教育用地共有 9900 万英亩（约 4 万平方千米）之多，成为继铁路授地外，联邦政府最大的单项土地分配项目。③军功授地也是西部土地分配中一项非常有特色的模式。从美国独立到 1907 年，

---

① Benjamin Horace Hibbard, *A History of the Public Land Policies*, Madison: The University of Wisconsin Press, 1965, p. 398.

② Benjamin Horace Hibbard, *A History of the Public Land Policies*, Madison: The University of Wisconsin Press, 1965, pp. 228-268.

③ Benjamin Horace Hibbard, *A History of the Public Land Policies*, Madison: The University of Wisconsin Press, 1965, pp. 305-343.

联邦政府累计发放军功授地 68239030 英亩（约 276153.6 平方千米）。①

（二）联邦土地政策的环境后果

联邦政府的土地处理制度是美国西部开发得以顺利推进的一个重要的政策保障。然而，联邦政府处理西部土地的基本出发点是尽快将土地转到耕种者手中，鼓励人们尽可能地从土地中获取财富，对于土地及其上下面的资源缺乏保护的兴趣和措施。虽然后期针对西部的特殊情况，对《宅地法》做出部分调整，但其主旨仍然是鼓励人们自由放任和随心所欲地对待土地。而西部的地方政府所关心的更是"尽快地把其境内的公共土地转入私人拥有者手中，以便于把它们加到税收单子中去"。② 1783 年，一位德国林学家在游历美国时观察到："在美国，对森林和猎物没有最高管理机构，也没有森林管理局。任何人只要拥有了一块新的土地，就对它拥有绝对的控制权，包括地上和地下的一切。作为一项严格的法律事件，农场主和地主们应该被教会如何管理森林，从而为其子孙留下一小片可以挂茶壶的森林。在这儿，经验和迫切性必须取代傲慢。"③因此，丰富的土地资源和联邦政府快速有效的处理措施虽然保障了西部拓殖的顺利进行，但弥漫在北美朝野的这种对土地随意处理的政策和态度也带来了严重的负面效应。有学者认为：欧洲人向新世界的移民拓殖活动"标志着人类历史上最快速浪费土地时代的开始"。④

第一，疯狂的土地投机。在西部开发的过程中，北美朝野所关注的首要问题总是如何尽快开发西部的资源，获取更多的利润。而土地和上面的各种资源仅仅是实现上述目的的手段，至于自己的行为对于自然会造成什么样的影响，很少有人去考虑。甚至到 1909 年，美国土地局的官方通讯还公然声称："土壤是一种国家拥有的破坏不了的、永远不变的财产。它是一种不能

---

① Benjamin Horace Hibbard, *A History of the Public Land Policies*, Madison: The University of Wisconsin Press, 1965, p. 132; Stanley L. Engerman, Robert E. Gallman, *Cambridge Economic History of U. S.*, Vol. 2, New York: Cambridge University Press, 2000, p. 296.

② Lawrence B. Lee, *Reclaiming the American West: An Historiography and Guide*, Santa Barbara: ABC-Cio Press, 1980, p. XII.

③ Johann David Schoepf, *Travels in the Confederation, 1783-1784*, Translated and Edited by Alfred Morrison, Philadelphia: William J. Campbell, 1911, p. 38

④ Gordon G. Whitney, *From Coastal Wilderness to Fruited Plain: A History of Environmental Change in Temperate North America, 1500 to the Present*, New York: Cambridge University Press, 1994, p. 228.

耗竭的资源，它不可能被用光。"①著名西部史学家沃斯特指出："自从定居一开始，美国人就普遍认为土地是一种资本，必须被用来变出利润。"②而从土地中变出利润的最快捷手段，那就是土地投机了。"很少有人把农场看作是永久的家园……而是一项投机的事业，通过改良和发展，指望迟早会被卖掉牟利。"③对那个时代的人们来说，"土地是对财富具有魔力的磁石，是医治一切不幸的灵丹妙药，是当时所有信件中必须用大写字母写的字眼"。④因此，疯狂的土地投机同美国边疆的开拓齐头并进。而那些没钱购买土地从事投机的小农则采取另外一种方式——非法占地。有些人通过占地解决了自己的土地所有权问题，更有一些则成为职业占地者：赶在移民到来以前，到前面去清理一片森林，建立农场，而当移民到来，地价上涨后，他们就把农场卖掉，再到更远的前面去建立新的农场。因此，从某种意义上说，占地者是另一种形式的地产投机商人。比林顿写道："当贪婪和不满足刺激着人们时，他们就要搬迁，他们得不到依附的地方，但是四处漫游似乎已经成为他们的天性。"⑤保罗·盖茨（Paul Gates）认为："美国农民把他们的土地看作是一种快速发财的手段，通过社区的进步和他们自己的改良，土地价格得以提高。与此同时，他们通过连续种植最有收益的作物来开采土地。他们并不把土地当作一种终生的投资和其资源需要认真照顾的宝贵资产……对他们来说，土地不是永久的投资，而仅仅是当时机有利，价格合适时随时准备转手的一种投机。"⑥

　　各种各样的大规模授地和土地法中的漏洞，都成为投机分子利用的大好时机。《宅地法》曾经被认为是美国土地史上具有革命意义的文件，是出于分配土地给真正移民的良好意图而制定的。然而在事实上，根据该法律所授

　　① U. S. Bureau of Soils, "Soils of the United States", *Bulletin*, No. 55, Washington D. C.: Government Printing Office, 1909, p. 66.

　　② Donald Worster, *The Wealth of Nature: Environmental History and the Ecological Imagination*, New York: Oxford University Press, 1993, p. 101.

　　③ Donald Worster, *The Dust Bowl: The Southern Plains in 1930s*, New York: Oxford University Press, 1979, p. 84.

　　④ 雷·艾伦·比林顿：《向西部扩张：美国边疆史》下卷，韩维纯译，北京：商务印书馆1991年版，第195页。

　　⑤ 雷·艾伦·比林顿：《向西部扩张：美国边疆史》下卷，韩维纯译，北京：商务印书馆1991年版，第221页。

　　⑥ Paul W. Gates, *The Farmer's Age: Agriculture 1815-1860*, White Plains: M. E. Sharpe, Inc., 1960, pp. 399-400.

出的 8000 万英亩（约 32 万平方千米）土地大部分都落到了投机者的手中。律师谢尔登·格林（Sheldon Greene）认为："有 40％的 5 年期宅地是通过管理的漏洞，假的定居，表面的改进和耕种等手段而由政府官员那里骗取得到的。"例如《宅地法》中的往返条款（Commutation）本来是为了照顾农场主生病或者有事暂时离开农场的规定，结果也成了投机的漏洞，使得大约 23％的宅地，即 220 万英亩（约 0.89 万平方千米）土地落入投机分子手中。①19 世纪后期为了适应西部特殊情况而实行的一些土地法几乎都成为投机者利用的契机。大量的西部土地没有转到农场主的手中，相反却为投机分子所取利。1873 年通过的《育林法》规定，只要申请者在 4 年内在 40 英亩（约 0.16 平方千米）土地上种树，就可以获得另外的 160 英亩（约 0.64 平方千米）土地。投机分子根据法律的漏洞，很容易地就想到了欺骗的办法，许多畜牧公司派它们的雇员申请到了植树地，并加以合并，就成了非常大面积的地产。一家畜牧公司曾经以此手段取得了沿河占有的 26.25 平方英里（约 68 平方千米）的土地。1877 年的《荒漠土地法》也为投机分子套取联邦土地留下了漏洞。该法规定凡是对于土地进行灌溉的移民，就可以在荒漠地区以每英亩 1.25 元的价格购买 1 平方英里（约 2.6 平方千米）的土地。这个法律没有明确说明怎样才算对土地进行了灌溉，投机分子有的在地面上犁出一条沟，再用盆泼上一盆水，就声称已经修建了水渠，并对土地进行了灌溉。西巴尔德教授对此种欺骗行为，曾经做了非常恰当的说明：在怀俄明，"有许多所谓的沟渠不过是几道犁沟而已。而且，这些沟渠不符合和水的特性相关的地形，往往在沟渠开始的地方无水可引，可是沟渠末端的水却又没有土地可以浇灌"。②根据该法令共登记了 914.0517 万英亩（约 3.7 平方千米）的土地，大部分为牧场主所窃取。1878 年通过的《木材石料法》规定，任何公民或申请入籍的人都可以在山区不适于耕作而主要价值在于木材或石料的土地上以每英亩 2.5 元的价格购买 160 英亩（约 0.65 平方千米）土地，许多木材大王雇佣一批在海滨休假的外籍水手，带领他们到法院去申请入籍，然后到土地办公室去要求土地。通常所得到的报酬是 50 美元，后来迅速降到一杯啤酒的价格。根据此法令，360 万英亩（约 1.46 平

---

① Ingolf Vogeler, *The Myth of the Family Farm: Agribusiness Dominance of U. S. Agriculture*, Boulder: Westview Press, 1981, p. 47.

② Benjamin Horace Hibbard, *A History of the Public Land Policies*, Madison: The University of Wisconsin Press, 1965, p. 429.

方千米）的宝贵森林落入了投机者手中。

土地投机在 19 世纪的美国是一个引人瞩目的大问题，对其作用的评价也是毁誉参半，众说纷纭。然而从环境史的角度来看，疯狂的土地投机实际上纵容了人们对于土地的功利主义态度。大地伦理学的创始人利奥波德指出："我们蹂躏土地，是因为我们把它看成是一种隶属于我们的物品。当我们把土地看成是一个我们隶属于它的共同体时，我们可能就会带着热爱与尊敬来使用它。"①而土地投机商人所缺乏的正是这种对土地的热爱和尊敬。

在所有土地投机中，以占地者对土地所造成的危害最大。因为没有任何所有权和害怕土地被没收，他们时刻惦记的是如何赶在被驱逐和竞争到来前，尽可能多地从土地上获取能够得到的财富，根本不会顾及自己的行为对土地所造成的破坏和损失。"这些占地者并不对土地进行永久性改良，他们并不关心保护森林和水土保持这些事情，而且对他们的土地进行屠宰式耕种，时刻计划着一旦俄亥俄河那边的肥沃土地可以得到的话，就放弃这边的土地［而移往那里］。"②因此，西部边疆的丰富土地资源的存在为北美人疯狂的土地投机提供了便利，而疯狂的投机更进一步增强了他们的流动性，而这种极强的流动性使得他们缺乏传统农耕社会的人们对土地的那种依恋情绪，客观上纵容了美国人破坏自然的行为。

第二，农业生产的粗放式经营模式。美国联邦政府以吸引移民对西部进行拓殖和开发为主导思想的西部土地政策使得丰富的土地对于每个定居者来说都几乎是唾手可得。而另一方面，北美从一开始就劳动力资源相对缺乏，地多人少成为北美现代化中的一个突出矛盾。因此，美国农业在很长一段时间里，主要采取粗放型的经营形式，依靠增加资源投入和机械化来增加总产量，而不是靠增加技术投入来增加单位面积产量。20 世纪初，一项政府的调查声称："美国农场的成功和繁荣是由于土壤的无比肥沃、农业用地价格的低廉和现代化机械的发明和使用，而不是系统的组织和高效的农场管理。"③美国人习惯的逻辑是前面总是有更多、更好的土地。因而，长期以来，美国农业不注意水土保持、不讲究作物轮作，也不给土地施肥，许多家畜粪便被扔进地沟或弃置路旁而不被作为土地肥料。

---

① 利奥波德：《沙乡年鉴》，侯文蕙译，长春：吉林人民出版社 1997 年版，第 6 页。

② Paul W. Gates, *The Farmer's Age: Agriculture 1815-1860*, White Plains: M. E. Sharpe, Inc., 1960, p. 41.

③ Fred A. Shannon, *The Farmer's Last Frontier: Agriculture 1860-1897*, White Plains: M. E. Sharpe, Inc., 1973, p. 147.

　　北美农场主之所以采取这种粗放型的农业经营模式，不是出于非理性的偏好，而是为了降低成本增加收益的商业动机。造成北美早期农业粗放经营的关键因素大致有如下几种。一是土地资源极端丰富和廉价。从独立到 19 世纪中期，美国的领土增长了 3 倍，联邦控制和处理的公地达 14 亿英亩（约 56656 亿平方米），"丰富的土地鼓励粗放型而不是精耕细作型农业"。①1859 年，一位欧洲人对美国农民的评价是："美国的农场主在掠夺他们的土地时一点儿也不顾忌方式。当土地无法为他产出足够丰盛的谷物的时候，他就简单地抛弃土地，带上他的种子和植物，到一块新土地上去"，他们"这种肆意破坏土地的行为就是犯罪"。②二是劳动力缺乏和昂贵。俄亥俄的农场主报告说："影响本国农场主利益最大的缺陷在于找不到正直、勤劳和能干的人手可供雇用。我将利用这一机会来告诉大家，这是所有农业部门中的主要事务，也是最让人悲哀的缺陷。"③因为土地丰富而便宜，而人手昂贵，所以农场主们自然会用增加土地资源的投入来代替人力资源的投入。三是大部分边疆农业处于自给自足阶段，农业商品化程度低。而且美国农场主"并不把土地当作终生的投资，并不认为这是一桩其资源值得认真耕作的珍贵资产，也不关心当被转给自己的后代时，其土壤应当比他最初得到时更加肥沃和高产"。④

　　早在 19 世纪，美国的一些有识之士和土地资源稀缺的一些欧洲人就意识到精耕细作和水土保持的重要性，对当时的农业生产模式提出许多批评和建议。如一位西部农场主叹息道："我们西部农场主确实正在撇取（skimming）上帝的遗产，取走精华，留下不为所知的部分，直到有一天，人类由于浪费地球母亲的珍贵能源而欠下一笔沉重的债务为止。"⑤1854 年，《密歇根州农业协会记录》（*Transactions of the Michigan State Agricultural Society*）所发表的一篇文章表达了当时农业改革派的一些主流意见："历史告诉我们，没有哪种农业经营在拿走土地上的一切，而不予以回馈的情况下，可以永久保持

　　① Stanley L. Engerman, Robert E. Gallman, eds., *Cambridge Economic History of the United States*, Vol. 2, p. 265.

　　② Baron Justus von Liebig, *Letters on Modern Agriculture*, edited by John Blyth, London: Walton and Maberly, 1859, p. 188, p. 179.

　　③ Paul W. Gates, *The Farmer's Age: Agriculture 1815-1860*, White Plains: M. E. Sharpe, Inc., 1960, p. 271.

　　④ Paul W. Gates, *The Farmer's Age: Agriculture 1815-1860*, White Plains: M. E. Sharpe, Inc., 1960, p. 400.

　　⑤ Fred A. Shannon, *The Farmer's Last Frontier: Agriculture 1860-1897*, White Plains: M. E. Sharpe, Inc., 1973, p. 169.

繁荣……这里的退化已经而且正在快速地达到一种警诫状态……本区几乎所有的土地上的产量每年都在减少，有时快，有时慢……人们每年都在抛弃老州那些曾经丰饶的土地，而奔向广阔的西部那些不可枯竭的土地。"①但是，由于劳动力投入和土地资源投入的性价比的巨大差别，农场主仍然不会去投入精力进行精耕细作。香农指出："每个人都明白西部草原地区的处女地正在错误的农业制度下遭到浪费，而且总有一天会枯竭。"②但是，只要土地仍然丰富而劳工仍然缺乏，农场主们就没有多少动力去增加精力和热情去提高土地的生产率。一位西部农场主的观点就是这种情形的典型代表："谈论给我们那么大的农场施肥是荒唐的，照目前这种短缺而又高昂的劳工状况，农场主怎能找出时间、金钱和劳力为他的 160 英亩（约 0.64 平方千米）到 1500 英亩（约 6.07 平方千米）的土地施肥！"③即便到了 19 世纪后半期，"因为土地便宜而且容易获取，商业性的农场经营仍然是一种'广种薄收的形式'（extensive farm operation）"。④

随着 19 世纪后期边疆的逐渐关闭，土地价格的上升和农产品价格的回升，美国农场主开始从原来的粗犷的"广种薄收"模式转向精细生产模式。北美农业逐渐向着高度机械化、专业化，高投入和高能耗的方向发展。

（三）以先占权为基础的资源开发政策

在 19 世纪后期资源保护运动到来前，美国联邦政府除了对农业土地处理方面制定了比较完整的政策外，其对矿产、森林和草地等资源的使用和分配并没有出台系统的规划政策。虽然有一些零星的法令，但都缺乏系统性和前瞻性，而且这些政策大都承认了当地的习惯法和传统的资源处理政策。而这些习惯法和传统政策的核心就是对先占权的认可。

其实，先占权是一种非常古老的权利。一般地说，对土地的先占先有的

① Bela Hubbard, "Address Delivered before the Michigan State Agricultural Society at its Sixth Annual Fair", *Transactions of the State Agricultural Society of Michigan for 1854*, Vol. VI, Lansing: Hosmer & Fitch, 1855, pp. 332-333.

② Fred A. Shannon, *The Farmer's Last Frontier: Agriculture 1860-1897*, White Plains: M. E. Sharpe, Inc., 1973, p. 170.

③ Fred A. Shannon, *The Farmer's Last Frontier: Agriculture 1860-1897*, White Plains: M. E. Sharpe, Inc., 1973, p. 170.

④ Willard Cochrane, *The Development of American Agriculture: A Historical Analysis*, Minneapolis: University of Minnesota Press, 1979, p. 184.

授权，下列条件是必须的。首先，土地从未被任何人居住；其次，土地的占有必须是为了他的生存；最后，土地的占有不能是空洞的仪式，只能是通过劳动开垦，在没有司法授权的条件下，开垦是土地的拥有能够为人尊重的唯一标志。①白人殖民者近代在全世界的殖民从某种意义上讲就是一种白人的先占权，是在否定原来土著居民的权利的基础上建立起来的白人先占权。

自殖民地时期起，北美殖民者为了争取对土地和其他自然资源利用的权利，一方面肆意驱逐印第安人，另一方面又为了取得先占权而抗争。美国联邦成立后，在处理西北地区的土地和其他自然资源的过程中，逐渐认可了先占权。这其中经历了漫长的过程。在定居初期，北美殖民地政府并不承认个人的先占权。由于土地投机和地价高昂，许多无地的农民就采取非法占地的方式，到西部去占领尚未分配的公共土地进行开垦，政府方面对此则一直不予承认，多次派军队驱赶，烧毁占地者的田产，矛盾一度非常尖锐。几经周折，1830 年，联邦政府颁布《授予公地上拓荒者优先购买权的法令》正式承认了拓荒者的先占权。1841 年，美国国会又通过了《公地出售收入分配与优先购买权法令》，使优先购买权成为一个永久性法令。至此为止，占地者的权利得到了全面确认。

美国联邦政府公地处理政策上的先占权被事实上应用到了对其他资源的处理上。森林被认为是农业开发的障碍，而不是宝贵的资源，因此，直到1878 年《木石法》出台以前，美国联邦政府实际上没有"制定任何特别的条款规范个人获取公共土地上的森林"。②各种土地处理法令一律适用于林地。农场主不仅没有把土地上面的森林看作是资源，还将其视为建立农场的障碍，他们对森林抱有天生的厌恶，著名的林业专家费诺（Bernhard Fernow）指出："森林是土地定居的巨大障碍，而对其市场需求直到最近一直受到限制，一大部分被浪费和消化在火舌中。在那里，火焰把最好的橡木与灌木一同消耗掉了。"③进入 20 世纪后，北美大陆上"广为流传的想法仍然把森林看作发展和定居的障碍，对它的根除即便不是令人渴望的，至少也

---

① 卢梭：《社会契约论》，何兆武译，北京：商务印书馆 2003 年版，第 34 页。

② Benjamin Horace Hibbard, *A History of the Public Land Policies*, Madison: The University of Wisconsin Press, 1965, p. 459.

③ Bernhard Fernow, *Report on the Forestry Investigations of the U. S. Department of Agriculture, 1877-1899*, Washington D. C.: Government Printing Office, 1899, p. 45.

是可以接受的"。①因此，在美国开发的步伐到达草原和荒漠地区以前，对东部森林的砍伐几乎不受任何限制，当时"与林地相关的法令反映了流行的农业信念，即一个人对一块林地所能做的最好的事情是清理并耕种它"。②在19世纪不到一代人的时间里，比欧洲面积还要广阔的一片北美森林被清除了。密歇根在1820年还几乎没有欧洲人定居，到1897年它已经外运了1600亿立方英尺（约45.3亿立方米）的白松，剩下木材储量已经不到60亿立方英尺（约1.7亿立方米）了。③到1920年，美国东北部和中西部已经失去96％的原始森林。

美国联邦政府在很长时间内一直没有通过针对矿产资源的专门法令，只在1785年土地法中规定联邦保留公共土地上1/3的矿产资源的权利。1800年土地法规定联邦政府保留对西北地区的盐矿的权利，由总勘测官员确定出租事宜。1807年，联邦政府规定对印第安纳领地上的铅矿进行出租，此举标志着对矿地出租政策的肇始。直到1849年加利福尼亚发现金矿以前，联邦政府虽然通过了一些关于特定矿产的法规，但并没有一个统一的矿产资源处理政策。在这以后，虽然各方面都感到了制定一项专门的矿产政策的必要，但却一直没有落实。再加上内战前美国政府被奴隶事务缠身，联邦国会无暇关顾西部采矿业。

因此，直到1866年《采矿法》通过以前，对各地区的矿藏处理方式发挥主导作用的一直是地方性的法规和当地的习惯法。各矿区根据自己的情况制定当地的法规，基本上都确认了先占权的原则。例如在1864年针对驱逐采矿者非法占地的动议，来自卡罗拉多领地的代表贝内特（Hiram P. Bennet）把采矿者等同于东部农业边疆的拓殖者："唯一需要做的就是制定一部宽松的法律，帮助这些占地者，或者放手让他们自己寻找解决方案，比如在现在的战争时期，通过一项合理的税收法律不会遭到矿工们的反对，但前提是需要同时对矿工们的采矿权做出法律保障。如果按照那位先生的逻辑，他应该提议驱逐在公共土地上垦荒的定居者，因为他们在生产粮食，就

① Ken Drushka, *Canada's Forests: A History*, Montreal: McGill & Queen University Press, 2003, p. 37.

② Thomas Cox, *This Well-Wooded Land: Americans and Their Forests from Colonial Times to the Present*, Lincoln: University of Nebraska Press, 1985, p. 138.

③ Benjamin Kline, *First Along the River: A Brief History of the U. S. Environmental Movement*, San Francisco: Acada Books, 1997, p. 24.

如同采矿者生产黄金一样。"①环境问题在当时并不是各矿区所考虑的问题，"只要有一个美元可以赚取，就不会有很多的美国农场主、矿主和城镇投机者对环境有所考虑。"②在1869年、1870年的宾夕法尼亚和1874年的俄亥俄采矿法中对环境问题都只字不提。而当时所设立的矿区调查员的职责也仅仅是调查矿藏分布，处理机器事故，不包括环境破坏问题。

美国联邦政府在借鉴西部已有采矿法规基础上通过了1866年《采矿法》，该法规定：对于已经勘测和尚未勘测的联邦公共土地上的矿产，免费对美国公民和有意加入美国的任何人开放。而且只要各地的习惯和法规不与美国政府的法律相冲突，就仍然有效。③这实际上是允许每个美国公民免费勘查和拥有国有土地上的矿产资源，并确认了采矿营地中采矿者自己所制定的法律。1870年和1872年，美国国会对1866年《采矿法》进一步规范，其中以1872年《采矿法》最为著名。

1872年《采矿法》的全称是《促进美国矿产资源开发的法令》（*An Act to Promote the Development of the Mining Resources of the United States*），该法规定所有联邦公地上的矿产资源都"允许勘探，自由买卖"，免费开放，即"允许勘查者在证明矿石是有价值的矿石的条件之下，划定联邦土地的界线，并获得其全部所有权"。④其实，1872年《采矿法》继承了1866年《采矿法》的主要内容，主要是为了确定产权，减少纠纷，促进矿产开发，并没有关于尾矿处理的相关新规定，对于矿渣的处理依然是采取"眼不见为净"的逃避态度。因此有学者指出，它"仅仅是为机器加了点润滑油"。⑤1872年《采矿法》成为指导美国矿业发展的最根本法律，并一直延续至今。虽然在1905年，美国联邦政府才最后确定了对以煤矿为主的其他矿产资源不再对私人公开出售，转而采取租赁政策。但1872年《采矿法》的其他方面依

① *Congressional Globe*, 1st Session, 38th Congress, April 18, 1864, p. 1696. https://memory.loc.gov/cgi-bin/ampage.（2010年10月7日访问）

② Duane A. Smith, *Mining America: The Industry and the Environment 1800-1980*, Niwot: University of Colorado Press, 1993, p. 25.

③ Benjamin Horace Hibbard, *A History of the Public Land Policies*, Madison: University of Wisconsin Press, 1965, p. 517.

④ 廖红、克里斯·朗革：《美国环境管理的历史与发展》，北京：中国环境科学出版社2006年版，第26页。

⑤ Gordon Morris Bakken, *The Mining Law of 1872: Past, Politics, and Prospects*, Albuquerque: University of New Mexico Press, 2008, p. 27.

然有效。总体来看，该法律在推动美国矿业发展的同时，由于未能根据时代的发展，对采矿业所造成的环境问题加以规范，逐渐沦为大矿业公司逃避环境责任的护身符，因而被认为是造成美国矿业发展中肆意浪费和环境破坏的元凶。著名学者戴蒙德（Jared Diamond）把该法列为美国政府最失败的法律之一，认为它"为采矿公司提供巨额补助，比如公有土地上每年价值数十亿元的矿藏被允许免费开采，甚至在有些情况下不受限制地利用公有土地倾倒矿渣，以及耗费纳税人每年高达 2.5 亿美元的其他补贴"。[1]

草原畜牧业也无章可循。在 19 世纪 80 年代以前，美国"国会从来没有通过法令规范放牧或者允许牧场主获得放牧土地"。[2]在公共土地上放牧被认为是人人都可享有的传统权利。牧民一直在公共土地上自由放牧或者收取牧草，而没有遇到任何干预。1873 年，格里登发明了廉价的铁丝围栏，牧场主们开始大量非法圈占公共草地，导致各方面的非议。在这种情况下，国会于 1885 年通过了一部法令，规定圈占公共土地为非法行为，责令政府对此予以惩罚和拆除围栏。直到 1890 年，土地局的官员报告说，大部分的非法围栏已经被拆除。名义上公共草地又对公众开放，任何人都可以使用，实际上仍然是牧区的习惯法决定着这些土地的分配和使用。1904 年，土地局的调查称："目前这些公共土地从理论上讲是开放的公地，任何人都可以免费使用。但实际上相当大的一部分已经被各种利益集团通过各种协议或约定而瓜分了。"[3]对这些土地进行租赁的建议被多次提了出来，但一直没有获得国会的通过，直到 1916 年，《畜牧宅地法》使牧场主可以同农业宅地法一样获得 640 英亩（约 2.59 平方千米）的土地，部分解决了牧场的身份问题。但这个法令并不符合西部的情况，640 英亩（约 2.59 平方千米）土地对于牧场主来说太小了。大量的公共草地仍然按照当地的习惯法进行分配和使用，并导致了严重的草场退化。

除了森林、草场和矿产资源以外，以先到先得为特征的先占权还被应用到了水资源的分配方面，从而导致水资源分配方法的改变。欧洲中世纪所流

---

① Jared Diamond, *Collapse: How Societies Choose to Fail or Succeed*, New York: Viking Penguin, Inc., 2005, p 462.

② Samuel Hays, *Conservation and the Gospel of Efficiency: The Progressive Conservation Movement 1890-1920*, Cambridge: Harvard University Press, 1959, p. 50.

③ U. S. Public Land Commission, *Report of the Public Lands Commission*, 58th Congress, 3rd Session, Washington D. C.: Government Printing Office, 1905, p. xxi.

行的用水法则是所谓的"河岸权利"（Riparian Doctrine，Ripa=Riverbank，意即同等的河岸用水权）。河岸权利是"给河边土地拥有者或者通过位置而接近水流的人们的一种自然附加的权利"。[①]这种法则的最根本原则就是：每一个土地的业主都有利用流经其土地的自然河道的相同的权利。[②]这种传统的权利是"附属于土地所有权的，是一种'相关联的'（correlative）而非绝对的权利"。河岸土地的拥有者根据这种权利，可以在水边建设磨房，饮用牲畜，但"他不能减少水流或改变水质从而危害下游地区的使用者"。[③]在传统的习惯法里，人们认为河流是上帝的杰作，人类无权改变它的流向。

可是随着东部工业革命的发展，水成为了工业革命初期各种工业的最主要动力来源，人们需要用水力来驱动磨坊、锯木厂和棉纺织厂，这样就不可避免地要修建堤坝，使河流改道，就会淹没河岸边的农田，给相关的业主带来损失，并阻断鱼类的洄游，影响到下游居民传统的捕鱼权利。从 1820 年到 1831 年，美国东部的棉纺织厂的生产能力增加了 6 倍，诉讼也多了。在这种情况下，东部开始逐渐修订传统的河岸权利。过去自然流动的理论逐渐让位于 19 世纪的合理利用的概念。至于所谓的合理利用到底是什么，根本就无法做出明确的定义，凡是有利于经济繁荣的都可以被称作合理利用。1805 年，洛厄尔（S. Lowell）的土地被斯普林（Seth Spring）的磨坊给淹没了，但马萨诸塞的法官却裁定洛厄尔败诉，理由是："神圣的个人财产权不受侵犯，但显然而重要的公共设施的建设除外。因为这是建立磨坊的必要条件。"[④]美国人还发明了水马力（mill-power）的概念，一个水马力等于可以驱动 3584 个纺锤纺织棉线和织布所需要的水量。到 19 世纪 30 年代，在美国第一个工业城市洛厄尔，水已经变成了一种可以买卖的商品，对水源的利用也不再局限于河岸权利了。棉纺织公司甚至可以不用购买任何土地而只购买到水的使用权。

水资源使用中的先占权最终在 1844 年得到政府的确认。在这一年，马萨诸塞大法官莱缪尔·肖（Lemuel Shaw）做出判决："为了上述目的［即所

① Walter Prescott Webb, *The Great Plains*, New York: Grosset & Dunlap, 1931, p. 433.

② Brian Black, *Petrolia: The Landscape of America's First Oil Boom*, Baltimore: Johns Hopkins University Press, 2000, p. 43.

③ Donald Pisani, *Water, Land and Law in the West: The Limits of Public Policy 1850-1890*, Lawrence: University of Kansas Press, 1996, p. 1.

④ Ephraim Williams, ed., *Reports of Cases Argued and Determined in the Supreme Judicial Court of the State of Massachusetts*, Vol. I, Northhampton: Published by S. & E. Butler, 1805, p. 430.

谓的发展的目的——引者注］而第一个修建堤坝的所有者有权保有堤坝，并对上下游的所有者持有排他权，而且在这一点上，为了上述利用而实行的优先占领给予了先到者优先权。"①根据这一原则，任何人只要是为了"正当目的"，就可以根据自己的需要而随意取用自己可以得到的水源，而不用顾及他人的需要。这一著名的判例确立了日后在美国西部广泛盛行的用水权的基础。当然，从河岸权利到先占权的转变也并不是一蹴而就的，其中也充满着矛盾和冲突。19 世纪 40 年代，马萨诸塞的商人们在洛厄尔以下的梅里马克河畔又建立一个新的工业城劳伦斯。为了获得动力，他们不得不修建一座32 英尺（约 9.8 米）高的大坝，并与洛厄尔的商人联合控制了几乎是整个河流的水源的使用权。此举引发了 1859 年新罕布什尔人沃斯特领导的捣毁堤坝运动。结果是工厂主的权利再度得到了确认。一位新罕布什尔的法官说道："规则是可变的，适应于正在增长和变化中的社区的需求。"②就这样，传统的河岸权利在工业革命的影响下，一步步让位于先占权。著名法律史家莫顿·霍维茨（Morton Horwitz）对此评价道："到 19 世纪中期，法律体系被重塑做出了有利于商人和企业，而不利于农场主、工人、消费者和社会中其他弱势群体的改变。"③

　　水资源的先占权在西部得到了最为充分的发展，逐渐成为该地区占主导地位的用水法则，并被肯尼称为"干旱地区的占有原则"（arid region doctrine of appropriation）。这一法则的最根本特征就是"先到先得"（first in time, first in right）。根据这一法则，任何人为了任何有用或有益的目的，都可以根据需要而率先获得对任何可获得水源的排他性使用权。如果农场主 A 在 1880 年 5 月 7 日取得对一条河流的用水权，那么在此日以前取得用水权的人们就都拥有比 A 优先的引水权，而此日以后获得的用水权则只能在满足 A 后再得到引水的权利。④它彻底否定了英国和东部所流行的传统的河岸权利，成为西部最为干旱的 8 个州——阿利桑那、科罗拉多、爱达荷、新墨

　　① Donald Pisani, *Water, Land and Law in the West: The Limits of Public Policy 1850-1890*, Lawrence: University of Kansas Press, 1996, p. 9.

　　② Ted Steinberg, *Down to Earth: Nature's Role in American History*, New York: Oxford University Press, 2002, p. 59.

　　③ Donald Pisani, *Water, Land and Law in the West: The Limits of Public Policy 1850-1890*, Lawrence: University of Kansas Press, 1996, p. 9.

　　④ James E. Sherow, *The Grasslands of the United States: An Environmental History*, Santa Barbara: ABC-CLIO, 2007, p. 95.

西哥、内华达、犹他、怀俄明和蒙大拿——所广泛采用的用水法则。

由此可见，传统的河岸权利随着美国历史的发展而经过一步步修改，最终变成了西部所广泛盛行的排他性的先占法则。研究西部法律史的著名学者皮萨尼（Donald Pisani）指出："用水先占法则是 19 世纪最大的一桩法律遗产，因为它允许公共财产（水或公共土地）可以自由获取。"①先占权原则将西部发展中最为宝贵的水资源置于"先到先得"的森林法则的控制之下，最大程度上调动了个人开发西部资源的积极性。它反映了当时流行的社会理念，即"自我发展的个人和公司可以最好地服务于经济发展，根据市场条件做出的各个单独的决定总体上最有益于集体利益"。②

（四）联邦政府资源政策的生态后果

毫无疑问，联邦政府以鼓励定居为主要目的的土地分配政策和以先占权为特色的资源利用政策对于北美西部开发的顺利进行和边疆的快速推进发挥了积极的推动作用。不过，它们在最大程度上调动人们开发西部资源的积极性的同时，也把个人的贪欲充分释放出来，从而导致了严重的资源浪费和环境问题。美国著名经济学家哈定在《公有地的悲剧》一文中提出了著名的"公有地的悲剧"假说，认为"在一个信奉公有地可以自由获取的社会里，所有人都追求利益最大化的结果必然是崩溃。公有地的自由导致公共利益受损"。③1902 年，美国灌溉局主任纽厄尔（F. Haynes Newell）说："必须有一个时代会到来，到那个时候，水会被公正地分配，或许一个世纪以后，我们可能不是根据先占权，而是技术权利来分配用水。我们不能因为一个农场主的爷爷或者其他什么人恰好在 2 个月前早于其他人获得了用水权，而允许这个农场主获得多于其应得的水量。水必须是为了广大市民的利益而由最公正的方式获得保护。"④著名环境史专家沃斯特也指出："完全的自由经济，在那种私人财产受到道德上绝对认可，而且个人贪欲被允许无限制膨胀的体

① Donald Pisani, *Water, Land and Law in the West: The Limits of Public Policy 1850-1890*, Lawrence: University of Kansas Press, 1996, p. 36.

② Donald Pisani, *Water, Land and Law in the West: The Limits of Public Policy 1850-1890*, Lawrence: University of Kansas Press, 1996, p. 3.

③ Garret Hardin, "The Tragedy of the Commons", *Science*, Vol. 162, No. 3859, Dec. 1968, p. 1244.

④ F. H. Newell, "Newell on Irrigation", *California Cultivator*, Vol. 19, No. 1, July 4, 1902, p. 51.

系中，充分展示了其破坏性的能量。"①

大致来说，联邦资源政策的负面作用主要表现在如下方面。

第一，联邦资源政策是建立在认为北美的资源是无限丰富的盲目乐观基础之上的，对各种资源几乎不加限制地随意处置导致了它们的快速耗竭。北美的森林是消耗最为快速的资源之一。从 1650—1850 年，美国人清理了 46 万平方英里（约 119 万平方千米）的森林，而从 1850—1910 年又清理了 80 万平方英里（约 207 万平方千米）。仅仅在 19 世纪 70 年代，就有 20 万平方英里（约 52 万平方千米）的森林消失。②在新英格兰地区 1740 年建立的锯木厂到 1820 年就被迫关门了。③再如，格兰德河上游在 1582 年西班牙人统治时期被认为"这个省份有很多松林"，"山上布满各种各样的树木"。而到 1839 年，英国探险家乔赛亚·格雷格所见到的景象却是："在水边除了木棉外，看不到多少其他木材，稀疏地分布在河岸边，格朗德河的整个定居区如今几乎光秃秃一片，居民们被迫到很远的山里去寻找燃料。"④19 世纪 60 年代初，瓦萨奇（Wasatch）有 28 家锯木厂，20 年后增加到 100 家，结果到 1900 年山坡植被全无。森林局的雇员阿尔伯特·波特（Albert Potter）称："连找一个能够打死蛇的木棍那么粗的小树都很困难。"⑤仅仅在 1891 年，北卡罗来纳就有 80 万—120 万英亩（约 0.32 万—0.49 万平方千米）的林地被毁。⑥另外，每年仅仅是由于不小心用火，就要烧掉大约 2500 万英亩（约 10 万平方千米）的森林。⑦较早认识到美国环境问题的著名学者乔治·帕金斯·马什（George Perkins Marsh）指出："美国和加拿大的广袤的

① Donald Worster, *Under Western Skies: Nature and History in the American West*, New York: Oxford University Press, 1992, p. 51.

② Michael Lewis, ed., *American Wilderness: A New History*, New York: Oxford University Press, 2007, p. 61.

③ Carolyn Merchant, *Ecological Revolution: Nature, Gender and Science in New England*, Chapel Hill: University of North Carolina Press, 1989, p. 224.

④ Josaih Gregg, *Commerce of the Prairies: or, the Journal of a Santa Fe Trader*, Vol. I, New York: J. & H. J. Langley, 1845, p. 159.

⑤ Dan Flores, *The Natural West: Environmental History in the Great Plains and Rocky Mountains*, Norman: University of Oklahoma Press, 2001, p. 136.

⑥ Ted Steinberg, *Down to Earth: Nature's Role in American History*, New York: Oxford University Press, 2002, p. 111.

⑦ Roderick Nash, ed., *Environment and Americans: The Problem of Priorities*, Huntington: Robert E. Krieger Publishing Company, 1979, p. 17.

森林不可能长久经得住边疆人的随意砍伐和不断增长的对木材的需求。"①
著名的浪漫主义者库伯在其《边疆人》（*The Pioneers*）中对伐木者的行为感
到忧虑："似乎他们的财富没有枯竭，也没有局限，如果我们以这种方式继
续下去，20 年后，我们将缺乏木柴。"②1874 年，美国内地部长叹息道：
"森林的快速消失，尤其是公共土地上所发现的森林的消失，是让对这个问
题略微有点儿关注的任何人都感到悲哀的一个问题。如果将来破坏的速度与
以前一样得快，那么政府的林地上很快就会被剥光所有有价值的东西。"③

　　第二，联邦的资源政策在一定程度上纵容了资源的浪费。联邦政府赠送
土地，允许自由砍伐树木和开采矿藏的政策必然会带来严重的浪费行为。丰
富的森林资源在快速耗竭的同时，有很大一部分是被白白浪费掉了。有研究
表明，在加利福尼亚的赛阔亚山（Sequoia）地区，运往锯木厂木头的跟留在
土地上废弃的几乎一样多。④1925 年，前任林务官员格里利（W. B. Greeley）
曾经估计道：为了农业目的而砍伐的森林中，有 3/4 是被浪费掉了。⑤

　　在矿业边疆中，浪费同样严重。根据先到先得的森林法则，淘金者为了
赶在别的竞争者到来之前尽量多地收取财富，根本无视自己的行为对自然的
破坏。在 19 世纪 60 年代宾夕法尼亚的石油开发中，这种先到先得的森林
法则表现得也是淋漓尽致："每一个地主或者其承租人可以在乐意的任何地
方打井，而不必顾及其他人的利益。他可以在整个农场中打井，也可以在一
部分中，他也可以把井打的毗邻其他人的农场从而可以从那里抽取油气，那
其他人怎么办？没什么，他也如此行事。"⑥宾夕法尼亚的油田开发堪称美
国人肆意浪费资源的一个典型。每位投机者都试图在竞争到来前钻探更多的
油井，从而导致相当一部分油气资源被浪费在地下而无法输送上来。而即便
是输送到地面上的原油也有很大一部分被白白浪费了。原油起初都是利用敞

---

①　George Perkins Marsh, *Man and Nature*, Cambridge: Harvard University Press, 1965, p. 257.

②　James Fenimore Cooper, *The Pioneers: or, The Sources of the Susquehanna: A Descriptive Tale*, Vol. I,
New York: Collins and Hannay, and Charles Willey, 1825, p. 116.

③　U. S. Department of Interior, *Report of the Secretary of the Interior*, Vol. I, Washington D. C.:
Gonvernment Printing Office, 1874, p. XVI.

④　Carolyn Merchant, ed., *Green Versus Gold: Sources in California's Environmental History*, Washington
D. C.: Island Press, 1998, p. 149.

⑤　W. B. Greeley, "The Relation of Geography to Timber Supply", *Economic Geography*, Vol. 1, No. 1,
1925, p. 2.

⑥　Brian Black, *Petrolia: The Landscape of America's First Oil Boom*, Baltimore: Johns Hopkins University
Press, 2000, p. 44.

口的油船利用水路运送到匹兹堡进行冶炼，"甚至在船开动前，所装运的石油就有三分之一漏掉了，在到达匹兹堡前又有三分之一失去了。"①有人估计，宾夕法尼亚的油田每天浪费 3000 桶原油。②但这还不是最高纪录，1901 年，在德克萨斯的斯平德托普（Spindletop）油田开发的最初 9 天里，每日浪费的原油竟然达到 11 万桶。这还不算，在最初开采石油的过程中，采油者不懂得天然气的作用，把它们全部白白放掉了③。研究宾夕法尼亚石油繁荣的学者布莱克（Brian Black）因而指出："帕特里亚［即石油镇］的地貌展示了美国土地拥有制度的倾向，即当一个地区被允许发展时候，没有任何规定，除了攫取的原则外也没有任何规则。"④1868 年，调查员罗斯·布朗（Rosse Brown）批判道："世界上没有任何国家能像我们国家当前流行的那样展示出如此浪费的采矿制度。"⑤美国学者休斯（Hans Huth）也指出："错误地利用土地，浪费性地砍伐森林，和对水源的不适合利用是规律。"⑥奥斯波恩（Fairfield Osborn）在比较了美国和其他国家在资源利用方面的行为以后得出结论认为："我们国家上个世纪在利用森林，草地，野生生物和水资源方面是人类漫长历史文明中最暴力，最具有破坏性的一个。"⑦

　　第三，允许个人对资源肆意开发的另外一个结果就是环境的不断退化，致使草场退化、河流改道和严重的水土流失、物种消失等人为灾难。允许自由放牧的公共草地堪称环境退化的一个典型。自从白人涉足加利福尼亚后，这里的草场资源就开始退化，先是野草的侵入，后来随着牲畜的增多，则是草地的退化。1904 年，公共土地局对 104 名牧场主的调查问卷中，有 58 人

① Brian Black, *Petrolia: The Landscape of America's First Oil Boom*, Baltimore: Johns Hopkins University Press, 2000, p. 90.

② Roderick Nash, ed., *Environment and Americans: The Problem of Priorities*, Huntington: Robert E. Krieger Publishing Company, 1979, p. 19.

③ Stewart L. Udall, *The Quiet Crisis*, New York: Avon Books, 1963, p. 72.

④ Brian Black, *Petrolia: The Landscape of America's First Oil Boom*, Baltimore: Johns Hopkins University Press, 2000, p. 59.

⑤ John Ross Browne, *Report of J. Ross Browne on the Mineral Resources of the States and Territories West of the Rocky Mountains*, Washington D. C.: Gonvernment Printing Office, 1868, p. 9.

⑥ Hans Huth, *Nature and the American: Three Centuries of Changing Attitude*, Berkeley: University of California Press, 1972, p. 167.

⑦ Roderick Nash, ed., *Environment and Americans: The Problem of Priorities*, Huntington: Robert E. Krieger Publishing Company, 1979, p. 96.

称草场在退化。在图奥勒米县（Tuolumne）索诺拉镇的一小块牧场上，1936 年只有 36％的草有营养可吃，而以前本地草却是 95％可供牲畜食用。①1936 年，美国森林局通过对西部草场的调查得出结论认为：牧场已经从原来的状态退化了 52％，即原来可养 100 只，现在只能养 48 只。原来可以供应 2250 万头牲畜，到 1936 年只能供应 1,080 万头了。"在各种牧场中植被覆盖已经退化到了警戒的边缘，可口的植物正在被不可食用的植物所代替，来自他国的没有价值且令人讨厌的野草正在侵入各地。整个西部的植被已经变稀疏，即便是保守的估计，牧草的价值也不到一个世纪前的一半。"②13％的西部牧场遭受中度退化（牧草价值损失了 0％－25％）；37％严重退化（牧草损失 26％－50％）；16％极端退化（牧草损失 76％－100％）。森林局的报告最后不得不承认："在美国的土地占有和使用中，或许没有比西部牧场的经历更为黑暗和悲惨的章节了。"③

　　除了自由放牧所导致的西部草地的退化外，对森林的疯狂砍伐还造成了严重的水土流失。1896 年，谢勒教授估计，在宾夕法尼亚以南的地区，由于森林植被的破坏，有 3000 平方英里（约 7770 平方千米）的土壤被破坏，而且以每年 100 平方英里（约 259 平方千米）的速度在继续。④老人河一年转运的土量是 4 亿吨，相当于巴拿马运河土方工程的 2 倍。1928 年，美国农业部出版了贝内特经过调查撰写的《土壤侵蚀是一种全国性威胁》一文，该文章认为："作为一个国家，我们为了减轻水土流失的恶果而采取了很少措施。任何对此懂一些的人都承认这是一个严重的问题，但只有很少的人认识到水土流失的整个过程是多么的具有破坏性。有必要警醒国人，让他们认识到在这个国家采取行动改善农业实践的必要性和急迫性。"⑤据估计，水土流失造成美国 1500 万英亩（约 3885 万平方千米）土壤荒废。贝

---

① Carolyn Merchant, ed., *Green Versus Gold: Sources in California's Environmental History*, Washington D. C.: Island Press, 1998, p. 195.

② Donald Worster, *Under Western Skies: Nature and History in the American West*, New York: Oxford University, 1992, p. 47.

③ Donald Worster, *Under Western Skies: Nature and History in the American West*, New York: Oxford University Press, 1992, pp. 46-48; Carolyn Merchant, ed., *Green Versus Gold: Sources in California's Environmental History*, Washington D. C.: Island Press, 1998, p. 198.

④ Gifford Pinchot, *The Fight for Conservation*, 2nd edition, Seattle: University of Washington Press, 1967, p. 9.

⑤ H. H. Bennet and W. R. Chapline, "Soil Erosion as a National Menace", *U. S. Department of Agriculture Circular*, No. 33, April, 1928, Washington D. C.: Government Pringting Office, 1928, p. 18.

内特在结论中指出：水土流失"在很大一部分农业区内，这是本国的农场主所面临的最大问题"。①

其他各类经济活动同样也伴随着严重的环境问题。比如，在矿业边疆的开发中，任何淘金者都可以声称自己的用水是出于正当目的，就可以随心所欲地根据自己的需要将高山上的溪流改道，引向矿区，利用湖泊的水流饲养牲畜，浇灌自己的农田，而不必顾及对别人的影响，也不用考虑对水源的影响。许多河流不仅被改道，而且由于采矿和其他经济活动，水质变差，沉积物增多，河床抬高，甚至中途消失，而西部的许多湖泊也由于上游注入的水质量的改变而使水质变坏，水量变少，甚至消失殆尽。有研究表明，山区采矿导致了西部 40% 的水源和 1 万英里（约 1.6 万千米）河道的污染。②而为了满足水力发电和灌溉的需要而修建的许多大型水坝也都严重改变了当地的生态。1913 年，罗伯特·库克（Robert Coker）在库珀湖（Lake Cooper）地区做调查称，虽然大坝阻断了鱼类洄游，但新湖也为鱼类提供了新的生活场所。而到 1929 年的报告中，他也不再唱赞歌了，称："由人类对地貌的改变所导致的我们的河流变化的趋势，从总体上是向着不利于鱼类生长和繁殖的方向发展。"③

（四）小　结

对本国丰富的自然资源进行系统的开发是美国现代化取得成功的重要经验之一，而联邦政府鼓励定居和资源开发的各项政策则是上述过程顺利进行的保障。土地政策像磁石一样吸引着世界各地的人们到西部去拓殖和定居，使得美国农业边疆不断向西推进。而资源开发政策则鼓励了诸如林产品加工工业、采矿业、畜牧业等其他边疆产业的崛起和繁荣。然而从环境史的角度看，美国政府鼓励私人随意开发自然资源的政策，在调动了人们的积极性的同时，也付出了惨痛的环境代价。19 世纪后期，随着资源的耗竭和环境的持续恶化，越来越多的美国人开始感受环境破坏的后果，加入到保护者的行

①　H. H. Bennet and W. R. Chapline, "Soil Erosion as a National Menace", *U. S. Department of Agriculture Circular*, No. 33, April, 1928, p. 23.

②　Zachary A. Smith, John C. Freemuth, eds., *Environmental Politics and Policy in the West*, Boulder: University of Colorado, 2007, p. 136.

③　Philip V. Scarpino, *Great River: An Environmental History of the Upper Mississippi 1890-1950*, Columbia: University of Missouri Press, 1985, p. 76.

列，呼吁世人和各级政府珍惜宝贵的资源，关注环境的变化。结果在民间保护力量和政府的联合作用下，美国政府开始保护森林，划定国家公园，从而掀起了进步主义的资源保护运动，并逐渐奠定了本国资源保护和环境保护的基本框架。

（原载于《鄱阳湖学刊》2011 年第 2 期，有所修改）

第五章　沟通环境史与现代化：
追求人与自然的和谐

以征服自然为己任的现代化并不像其倡导者所描绘的那么美好。从某种程度上讲，它是造成当今全球性环境问题的根源。其实，传统的现代化理论是一种包含着严重缺陷的发展模式和价值取向：它过度宣扬人的主体性，造成人类欲望的泛滥和现代畸形的消费观；以片面的经济发展为导向，把发展等同于经济增长，再进一步把增长等同于 GDP（国内生产总值）的增加，错误地认为只要 GDP 增加了，现代化过程中的其他问题就可以迎刃而解；醉心于人类对自然的征服，忽视大自然的生态价值和自然资源的有限性，从而造成了人与人、人与社会、人与自然关系的紧张。美国已故土著政治学教授德洛里亚针对现代化所导致的环境破坏怒斥道："没有洁净空气可以呼吸，谈论进步、文化、文明以及技术是荒唐的！"[1]从某种意义上说，现代发展观已经走向了其本身的悖论："只关心'如何发展'，而对于'为了什么发展'这一具有价值含义的问题却漠不关心。"[2]

美国现代化的历史就是一部征服史，既是白人征服印第安人的历史，也是白人征服自然的历史。首批到达美洲的殖民者在把欧洲的精神和物质方面的遗产移植到新大陆的同时，"也带来了这样一种信念，即：人类必须通过斗争来征服自然，并将自己的权威凌驾于它。"[3]虽然在欧洲文明的早期也存在着一种倡导人与自然和谐的观念，即阿卡迪亚传统，但自近代以来，随着文艺复兴和科技的进步，在西方文化中逐渐占据主导地位是宣传人与自然

---

① Vine Deloria, Jr., *We Talk, You Listen: New Tribes, New Turf*, New York: Macmillan, 1970, p. 193.

② 卢风、刘湘榕：《现代发展观与环境伦理》，保定：河北大学出版社 2004 年版，第 38 页。

③ Benjamin Kline, *First Along the River: A Brief History of the U. S. Environmental Movement*, San Francisco: Acada Books, 1997, p. 4.

对立的机械主义自然观，这种自然观成为了包括美国在内的欧美国家现代化中的主导观念。虽然机械主义自然观是人类认识自然的巨大进步，但它却隐含着严重的非生态的导向，是导致现代化过程中人与自然关系紧张的罪魁祸首。

正是在征服自然的价值观念指导下，美国的现代化首先是一部北美的自然环境遭到严重破坏的历史。西部开发和东部工业化是美国现代化的两大动力来源，其间无不伴随着严重的环境问题。在文明战胜野蛮的幌子下，欧洲殖民者在北美大陆的扩张在给本地的印第安人带来巨大生态灾难的同时，也极大地改变了北美的生态环境。欧洲殖民者在消灭北美原有动植物品种的同时，把旧世界的动植物品种引入北美洲，从而逐渐构造出一个他们所熟悉的生态环境。然而这一系统却是以破坏旧世界的物种多样性为基础的，而且资本主义的生产和生活方式所缔造的是更大的单一性。环境史学家克罗斯比不无遗憾地指出："哥伦布的变迁留给我们的不是一个更为丰富的，而是一个更为贫乏的基因库。"[①]

面对现代化过程中所出现的环境问题，美国人的环境保护意识逐渐觉醒，对自然的征服和厌恶之情逐渐让位于欣赏和赞美。以亨利·梭罗、乔治·帕金斯·马什、查尔斯·萨根特（Charles Saggent）、约翰·缪尔等为首的一批环境智者开始倡导对环境进行保护。结果，在民间保护力量和联邦政府的联合作用下，从 19 世纪末到 20 世纪上半期，美国出现了轰轰烈烈的资源保护运动。以西奥多·罗斯福总统为代表的政府所领导资源保护运动是进步主义运动的一个重要组成部分，它标志着美国政府抛弃建国以来所推行的以促进经济发展为单一目的的放任自流的资源和环境政策，为了实现"最大多数人的最长远的利益"，对自然资源的开发和利用进行合理的规划，对现代化所引起的环境问题进行治理，从而确立了美国环境保护的基本框架。

20 世纪 30 年代，面对严峻的经济形势和日益恶化的环境状况，富兰克林·罗斯福总统把解决经济危机与环境危机结合起来，把资源保护和环境治理当作"联邦政府的一项首要职责"来推行，环境保护方面推行新政，把进步主义时期资源保护运动的诸多措施加以发扬光大，从而在美国掀起了环境保护运动的第二轮高潮。

---

① Alfred W. Crosby Jr., *The Columbian Exchange: Biological and Cultural Consequences of 1492*, Westport: Greenwood Press, 1972, p. 219.

客观地说，美国在 20 世纪上半期逐渐建立起了一套资源保护的基本体系，在环境保护方面取得了巨大的成就。然而，由于那个时代的指导思想是功利性的人类中心主义自然观，其目的和出发点都是为了保证人类利益的最大化，让自然为人类服务，而不是尊重大自然本身的价值，从而导致保护的效果并不尽如人意。以阿尔多·利奥波德为代表的一些有远见的生态学家对于资源保护主义的原则逐渐提出了质疑。利奥波德在借鉴亨利·梭罗和约翰·缪尔等人思想的基础上，创造了著名的土地伦理学，真正从生态中心主义的角度考察人与自然之间的伦理关系。像梭罗和缪尔一样，利奥波德的理论由于大大超前于时代而在当时并没有被世人接受。直到 1962 年，现代环境运动的先驱蕾切尔·卡逊女士出版了《寂静的春天》，向人类指出："'控制自然'这个词是一个妄自尊大的想象产物，是当生物学和哲学还处于低级幼稚阶段的产物。"[①]卡逊的著作引发了席卷全球的环境主义运动，它促使人们从各个方面重新审视人与自然之间的关系。在这一大背景下，梭罗等人的生态中心主义思想重新得到世人的重视。美国社会开始重新审视前一个阶段的环境保护政策，进入了环境保护主义的新时代。

如果说 20 世纪 60—70 年代以后为所谓的"后现代社会"的话，那从 20 世纪初期美国实现现代化到 60—70 年代之间的这段时间算是什么阶段呢？同样的问题在英法等西欧国家的现代化经历中也存在。经典现代化只关注后进国家向工业化社会的转化，对发达国家的现代化无暇顾及。而广义现代化理论对此语焉不详。笔者认为，既然现代化是一个无止境的过程，那么不妨把从 19 世纪末到 20 世纪 60—70 年代所谓的后现代主义兴起之间、以美国为代表的欧美国家所经历的这个时期看作是现代化的第二阶段。如果说以征服自然为指导思想的工业化及其所带动的从传统社会向工业和城市社会的转变算作广义现代化的第一阶段的话，那么欧美国家在现代化第二阶段则是为了保证经济的长远发展而进行功利性资源保护，这可以算作是对前一阶段所破坏环境的修复，也是对不计环境代价发展经济行为的重新定位。从美国走向保护的经历来看，广义现代化的定义也不妨与时俱进，把人类社会从疯狂破坏环境谋求发展的阶段向着寻求经济发展与环境保护双赢的转变看作是现代化的新阶段。

---

① 蕾切尔·卡逊：《寂静的春天》，吕瑞兰、李长生译，长春：吉林人民出版社 1997 年版，第 263 页。

一、从"征服自然"到"像大山一样思考"
——美国社会环境观念的历史变迁

自近代以来,在西方社会中占据主导地位的是宣传人与自然对立的机械主义自然观。它一方面以机械主义和形而上学的眼光看待世界万物,把世界看作是一部受精确的数学法则支配的庞大的机器;另一方面它又把人与自然关系对象化,以还原主义的方法进行研究,鼓吹人类可以通过研究自然规律而掌握和征服自然,具有强烈的人类中心主义色彩。然而,从19世纪后期开始,美国社会主流的环境观念发生改变,"征服自然"的观念逐渐为保护主义的理念所取代。美国人环境观念的转变奠定了进步主义时期资源保护运动兴起的思想基础。不过,美国人的环境观念并未就此止步,生态中心主义环境观念在美国社会中越来越受到注意,甚至到20世纪后期美国联邦政府也在一定程度上接受生态中心主义的理念,并相应地对其保护政策予以调整。

(一)传统的人类中心主义自然观及其破坏性影响

自然观是人类对自然界的总体看法,它不仅包括人类对自然界自身的组成、结构、秩序和变化的认识,还指人类对人与自然关系的认知。随着社会的发展和人类认识和改造自然能力的提高,不同地区、不同文化传统的人们对自然的看法也随之改变,形成了顺应自然和挑战自然两种不同的倾向。虽然在西方文化中也不乏生态智慧的种子,但是遗憾的是,随着西方社会的演进,在西方文化中逐渐占据主导地位的是倡导人与自然对立的自然观。而且随着西方资本主义的兴起和扩张,这种人与自然对立的观念发展成为近代绝对的人类中心主义自然观,它忽视自然和人类的共同性,单纯夸大人类认识和改造自然的能力,鼓吹对大自然进行征服。用哲学家笛卡尔(René Descartes)的话说,就是让人类"成为自然的主人和统治者"。[①]

---

① René Descartes, *Discourse on Method*, in René Descartes, *Philosophical Essays and Correspondence*, Indianapolis: Hackett Publishing Company, Inc., 2000, p. 74.

首批到达北美洲的殖民者在把欧洲的文化和生活方式移植到新大陆的同时，"也带来了这样一种信念，即：人类必须斗争以征服自然，并将自己的权威凌驾于它"。①在欧洲传统的自然观念与当地的实际情况相结合的基础上，在北美大陆的开发中形成了最为典型的人与自然的对立关系，它淋漓尽致地展现了西方强式人类中心主义思想指导下人与自然的对立和各种形态的生产方式对自然的损害。

美国人的自然观除了继承欧洲近代机械主义自然观的全部内容以外，还增添了一些新特征和新内容，表现出前所未有的扩张性和破坏性。

第一，美国人的环境观念是建立在北美自然资源无限丰富的假定前提之下的，美国人盲目乐观地认为他们的资源供应源源不断，永无枯竭之虞，因此，它在资源开发和利用中表现出了前所未有的浪费性。1866 年，第一位记述宾夕法尼亚石油繁荣的学者 S. J. M. 伊顿写道："油田很大，而且供应永不枯竭，很显然这一开始就是地球的产品，它是上帝为了他的子民的幸福而给予他们的一项最伟大的礼物。"②1860 年，美国的《采矿与科学报》（*Mining and Scientific Press*）也声称："我们认为它的矿藏在未来的岁月里是不会枯竭的。"③由于资源供应极端丰富和人力资源的相对匮乏，美国的各种工业设计，为了节省人力，大都存在着严重的资源浪费情况。据估计，在美国的伐木业中，平均一棵树要有 28％的部分被浪费掉。④

第二，在北美人征服自然的观念中，存在着强烈的使命感。清教徒的使命观在北美的荒野中找到了肥沃的发育土壤，他们把到美洲的移居比作是圣经中摩西带领以色列人寻找希望之地的大迁徙。在这种使命观的支配下，作为大自然之代表的荒野遭到美国人特别的敌视，征服大自然在这里首先就是对荒野的否定和改造。早在 1654 年，新英格兰历史学者爱德华·约翰逊在比较本地区清教徒到来后的变化时，以骄傲的口气描述道："这片遥远、荒凉、多石、荆棘丛生和充满树木的荒野……如今，通过基督的仁慈，在如此

① Benjamin Kline, *First Along the River: A Brief History of the U. S. Environmental Movement*, San Jose: Acada Books, 1997, p. 4.

② Duane A. Smith, *Mining America: The Industry and the Environment 1800-1980*, Niwot: University of Colorado, 1993, p. 2.

③ Duane A. Smith, *Mining America: The Industry and the Environment 1800-1980*, Niwot: University of Colorado, 1993, p. 31.

④ Adam M. Sowards, *U. S. West Coast: An Environmental History*, Santa Barbara: ABC-CLIO, 2007, p. 123.

短的时间内变成了肥沃的英格兰第二，这真是世界的奇迹。"①1806 年，派克向西部探险到达大平原上的奥萨齐河边时首先想到的也是"数不清的家畜，他们无疑注定要兴奋地占据这片欢乐的平原"。②针对美国人这种迫切地把荒野转变为良田的执拗情结，已经没有多少荒野可以征服的欧洲人看得分外清楚，托克维尔在《论美国的民主》中批判道："欧洲的人们高度赞扬美洲的荒野，但美国人自己却从没想过它们……他们的目光集中在另外的景象上面……跨越荒野，排干沼泽，改变河道，移民定居，和征服自然。"③

第三，美国人的自然观里面还渗透着浓厚的种族优越论的气息。在美国人的概念中，自然是荒野，荒野几乎总是同野蛮联系在一起，而野蛮又等同于印第安人，所以，征服自然的同时也是征服印第安人的过程。新英格兰的早期殖民者通过贬低印第安人，否认他们对自己居住的土地的权利，千方百计地为他们的殖民扩张寻找理由。清教徒鼓吹家罗伯特·库什曼污蔑印第安人不勤奋，既没有艺术、科学、技术或手段来利用他们的土地或上面的商品，仅仅像狐狸或其他野兽那样穿过草地。④因而，北美的土地是空旷和空闲的，白人可以自由获取。而当白人需要耕种这些土地时，印第安人的这种自然的权利就要被白人的民事权利取代，把土地交给白人。在上述思想的指引下，美国人一步步把印第安人从东部驱赶到西部草原，并进一步缩小到零星的一些保留地中，为他们的西部开发空出了土地。

第四，在美国人的观念中，自然的价值仅仅限于供人类利用的实用性价值。因而，可以为了人类的利益可以随意对它进行改变和利用。早期的殖民者约翰·史密斯放眼观察普利茅斯殖民地，看到"海湾和河流中满是可以交易的鱼类、适合制盐、造船和冶铁的场地"。⑤美国人眼中的大自然，其唯一价值就是供人类使用的价值。针对这种实用主义的环境观，梭罗怒斥道：

---

① Edward John, *Wonder-Working Providence of Sions Saviour in New England*, Vol. II, Andover: Published by Warren F. Draper, 1867, p. 173.

② Zebulon Montgomery Pike, *Exploratory Travels through the Western Territories of North America*, London: Longman, Hurst, Rees, Orme, and Brown, 1811, p. 172.

③ Alexis de Tocqueville, *Democracy in America*, Vol. 2, edited by Phillips Bradley, Vancouver: Vintage Books, 1945, p. 74.

④ Alexander Young, ed., *Chronicles of the Pilgrim Fathers of the Colony of Plymouth: From 1602-1625*, Boston: Charles Little and James Brown, 1841, p. 243.

⑤ John Smith, *The Generall Historie of Virginia, New-England, and the Summer Isles*, London: I. D. and I. H. for Michael Sparkes, 1626, p. 29.

"他满脑子装的只是这个湖在金钱方面的价值；他的到来，可能就要给整个湖岸降下灾祸；他要耗尽这个湖周遭的土地，并乐意把湖中的水全给掏光，他引以为憾的只是这个湖没有变成英国干草或越桔的草地。"①美国人对待自然的功利主义态度为联邦政府在自然资源的利用政策方面推行"先到先得"（first in time, first in right）的森林法则奠定了基础，实际上对于民众浪费资源和破坏环境的行为起到了纵容和姑息的作用。

（二）19 世纪后期美国社会环境观念的转变

而在 19 世纪末，美国人的环境观念却发生了巨大的转变，原来对自然的敌视和厌恶态度逐渐被一种欣赏和亲近之情所代替。在上层中赞美自然已经成为一种时尚，杰克·伦敦的《荒野的呼唤》、巴罗斯（Edgar Rice Burroughs）的《人猿泰山》等充满野性的文学作品受到广泛的欢迎。著名的保护主义者约翰·缪尔指出："成千上万的疲惫、精力衰竭和过度文明化的人们开始发现，到大山中去就是到家里去，荒野是一种必需品，而山地公园和保留地不仅作为木材的源头和航运河道的源头是有用的，而且也是生命的源头。"②诚然，美国人的环境观念在过去的 300 年里一直处于不断的变动之中，但像 19 世纪后期这种根本性的转变在历史上还是唯一的一次。

其实，在西方文化中，除了长期以来占据主流地位的对自然采取敌视和厌恶态度的环境伦理以外，还一直存在着一种歌颂和珍爱大自然的友好态度，即阿卡迪亚传统。虽然古希腊哲学以追求智慧为目标，在一定程度上阻止了对大自然的审美学和生态学观念的发展，但是，在古代希腊和罗马的神话传说以及文学与艺术中也充满着对自然的歌颂和赞美。人类对待自然的阿卡迪亚传统就是来自古希腊。爱默生指出："古希腊人称世界是 Kosmos，也就是美丽的意思。这是万物的本性，也是人的眼睛所具有的魔幻力量，以至天空、高山、树木和动物这些基本的形式都自在自为地令我们感到愉悦。"③

浪漫主义者是西方文化中阿卡迪亚传统在近代的继承人。浪漫主义是对

---

① 梭罗：《瓦尔登湖或林中生活》，罗伯特·塞尔编：《梭罗集》，陈凯等译，北京：生活·读书·新知三联书店 1996 年版，第 542—543 页。

② John Muir, "The Wild Parks and Forest Reservations of the West", in John Muir, *The Writings of John Muir*, Vol. VI, *Our National Parks*, Boston: Houghton Mifflin Company, 1916, p. 3.

③ Ralph W. Emerson, *Nature; Addresses, and Lectures*, Boston: James Munroe and Company, 1849, p. 13.

启蒙运动时期的理性主义和经验主义的反动，它标志着人们认识自然和世界的态度的巨大转变。与启蒙运动的精神截然不同，浪漫主义把世界看作是统一的机体而不是原子的机械装置，颂扬不可言喻的灵感而不是启蒙的理性至上，肯定人生无穷无尽的戏剧性而不是静态抽象的冷静的可预言性。浪漫主义文学中主张原始崇拜主义的作家从批判烟雾朦胧的城市开始，赞美非人工化的自然之静穆和美丽。环境伦理学者奥康纳指出："在浪漫主义的范畴中存在着一种人与自然和谐统一的强烈情感。"①许多欧洲的作家甚至不惜远涉重洋，到美洲来寻求自然之美。著名的浪漫主义文学家夏特博利昂（Francios-Ren de Chateaubriand）于 1791－1792 年冬天在纽约住了 5 个月。他感到："在欧洲修饰过的平原上徒劳地想让想象尽情地漂流……可在这片荒野之中，心灵愉悦地扑向这无际的森林并变得通透……与原始、静穆的自然融合在一起。"②夏特博利昂回去后，撰写了两部关于印第安人的小说。在他以后，托克维尔和拜伦都曾经来美国寻求灵感和启示。这些浪漫主义作家们歌颂自然的作品成为改变世人环境观念的第一手素材。在 17 世纪的时候，英格兰仍然敌视自然，把自然看作撒旦的创作物；而 19 世纪末的时候，自然已经被认为是上帝作品的一部分了。"荒野还是原来的样子，但欣赏口味的转变正在改变着对它的态度。"③

继承了欧洲浪漫主义传统的美国浪漫主义作家成为美国社会中较早欣赏和歌颂大自然之壮美的社会集团。美国的一些知名学者如弗雷诺、布莱恩特、欧文、帕克曼和库柏等人，与早期的爱国者一道，热情讴歌美国的自然风光，尤其是其广袤的森林、一望无际的草原和苍茫的大海，抒发了对自己祖国壮丽河山的热爱和自豪之情。美国的诗歌之父菲利普·弗雷诺（Philip Freneau）在 1815 年歌颂道："找不到任何不完美/在所有的周围和上空/大自然所创造的一切，利用理性的眼光看来/一切都是有秩序的，一切都是正确的。"④华盛顿·欧文则呼吁："我们把年轻人送到海外去，让他们在欧洲

---

① 詹姆斯·奥康纳：《自然的理由：生态学马克思主义研究》，唐正东、臧佩洪译，南京：南京大学出版社 2003 年版，第 35 页。

② F. A. Chateaubriand, *Recollections of Italy, England and America: With Essays on Various Subjects in Morals and Literature*, Philadelphia: Published by M. Carey, 1816, p. 144.

③ Roderick Nash, *Wilderness and the American Mind*, New Haven: Yale University, 3rd edition, 1982, p. 46.

④ Philip Freneau, *A Collection of Poems, on American Affairs and a Variety of Other Subjects, Chiefly Moral and Political*, Vol. I, New York: David Longworth, 1815, p. 95.

变得骄奢和颓废。对我自己而言，最近在草原上的一趟旅行更有可能培养那种与我们的政治体制相一致的勇敢、忠诚和独立性。"[①]

　　美国的浪漫主义者除了歌颂大自然的壮美以外，也对当时美国的环境变化深有感触。托马斯·科尔曾经在卡斯基尔山区（Catskill）完成了许多著名的画作，但面对不断推进的边疆和日益改变的环境，科尔叹息道："末日正在临近。从东到西，我们看见/苍穹被冉冉的烟雾染成深黛，/座座山峰、条条峡谷、都变成了/财富的祭坛。"[②]《美国的鸟类》一书的作者约翰·J.奥杜邦曾经因赞美大自然的美丽而成为当时的领袖人物，他在20年代到俄亥俄去搜集标本的旅途中，所见到的满眼都是西进运动对环境破坏的痕迹，他深深地感到："贪婪的锯木场诉说着悲哀的故事，在一个世纪内，美国的森林将会荡然无存。"[③]1841年，帕克曼曾经到北部和加拿大去旅行，其目的就是要去体验一下半野蛮人的生活和观察没有被白人的手破坏的原始自然。帕克曼指出："当哥伦布第一眼看到陆地时，美国是世上最完美的地区，这儿是大自然的领地。而现在，魅力已被打破，从她那无尽的荒野中所呼吸出来的肃穆庄严的诗歌也消逝了，只有最平淡乏味的词儿在美国落脚。"[④]被人类肆意破坏了本来面目的大自然也令梭罗感到"极度痛苦"，他叹息道："例如，想一想吧，我在这儿本来有一首完整的诗歌；可后来，我懊丧了，因为我听说，那只是一个不完整的抄件；我的祖先已经把其中许多页和最好的段落都撕掉了，许多地方都受到了破坏，我不愿想到，已有某个神奇的人先我而来，并摘取了某些最好的星星。我希望去了解一个完整的上苍和一个完整的星球。"[⑤]

　　与浪漫主义者对于自然的激情歌颂与人类破坏行为的愤怒贬斥相比，这个时期受过科学训练的一批专业人士在人与自然关系、人类行动对于自然的破坏性影响等问题上具有了更为系统、科学和客观的认识。这个任务落在了

---

　　① Washington Irving, *A Tour on the Prairies, Paris*, Paris: A. and W. Galiganani and Co., 1835, p. 43.

　　② Thomas Cole, "Lament of the Forest", *The Knickerbocker, or, New York Monthly Magazine*, Vol. ⅩⅦ, New York: Published by William Osborn, 1841, p. 518.

　　③ Roderick Nash, *Wilderness and the American Mind*, 3rd edition, New Haven: Yale University Press, 1982, p. 97.

　　④ Wilbur Jacobs, "Francis Parkman's 'Oration Romance in America'", *American Historical Review*, Vol. 68, No. 3, April, 1963, p. 696.

　　⑤ Henry David Thoreau, *Journal*, ed., by Bradford Torrey, Vol. Ⅷ, in Henry David Thoreau, *The Writings of Henry David Thoreau*, Vol. 14, Boston: Houghton Mifflin and Company, 1906, p. 221.

乔治·马什身上。在马什以前，虽然像巴特罗姆这样的博物学家、像库柏和科尔这样的浪漫主义者和梭罗这样的超验主义者也看到了人类活动对于自然的破坏性影响，并做了不同程度的研究，但都没有上升到理论的高度进行总结和概括。马什在对前人的思想进行系统化和进一步升华的基础上，利用担任驻中东和地中海地区外交官的机会，详细考察了人类活动对于周围环境的破坏性影响，最终于 1864 年完成了第一部全面研究人类活动对于自然的破坏性作用的著作《人与自然》。该书的许多观点早已经成为全球环境主义的纲领："人类在各地都是一种扰乱性因素，其脚步所到之处，大自然的和谐就变成了不和谐。""简言之，没有人类，低等动物和自然生长的植物将会在品种、分布和相对比例等方面维持稳定。地球的地理环境将会在无限长的时段内维持不变，而只有受到可能的或是不知名的星际因素，或者是地理活动因素的影响的时候才会出现变革。"①保罗·布鲁克斯（Paul Brooks）指出："马什的高度原创性的研究为很大程度上基于浪漫主义的反应和审美主义的欣赏的自然作品提供了一个参照和有价值的补充。"② 1874 年，《国家》杂志（The Nation）称赞该书是"曾经出版的最有用途和最具建设性的著作之一"。③著名的城市史专家芒福德·刘易斯称赞该书是"保护主义的源头"，美国内政部部长斯图尔特·尤戴尔则称它是"本国土地智慧的肇始"。④

　　生态学的发展为美国社会正确认识人与自然关系提供了科学依据。生态学是由德国生物学家厄恩斯特·赫克尔（Ernst Haeckel）在 1866 年所创造出来的一个新词汇，用他自己的话说，这是一门"对自然环境，包括生物和生物之间以及生物与其环境间相互关系的科学的研究"。⑤虽然作为一种政治运动，生态主义是 20 世纪 60 年代以后的事情，但作为一种认识我们周围的世界的角度和方法，生态学意识却可以追溯到历史的早期。古希腊著名的思想家柏拉图和亚里士多德都曾经研究过生物及其环境之间的关系，甚至亚里士多德的学生阿佛史塔斯被一些学者认为是生态学之父，他早在公元前

---

① George Perkins Marsh, *Man and Nature*, Cambridge: Harvard University Press, 1965, pp. 36-38.

② Daniel G. Payne, *Voices in the Wilderness: American Nature Writing and Environmental Politics*, Hanover: University of New England Press, 1996, p. 56.

③ John Warfield Simpson, *Visions of Paradise: Glimpses of Our Landscape's Legacy*, Berkeley and Los Angeles: University of California Press, 1999, p. 150.

④ Robert L. Dorman, *A Word for Nature: Four Pioneering Environmental Advocates, 1845-1913*, Chapel Hill: University of North Carolina, 1998, p. 44.

⑤ Ernst Haeckel, *Generelle Morphologie der Organismen*, Reimer: Berlin, 1866, p. 286.

370 年就写成了《记植物的群落》一书，对植物与其环境之间的关系进行研究。达尔文的《进化论》则让基督教徒们看到：人被上帝创造出来并不是出于什么特别的恩惠，而是同其他物种一样经过千百万年自然进化的结果，是相互联系着的。因此，有的学者甚至认为，现代意义上的生态学只有在达尔文的进化论确立了以后才成为可能，并把达尔文当作是现代生态学的鼻祖。[①]

虽然各位学者的观念和所提出的生态学模式有所差异，但都有一个共同的特点，即为人们所描绘的是一个相互依存的以及有着错综复杂联系的世界。虽然生态学发展的最初目的是让人们更好地了解自然，从而达到利用自然的目的。但是，随着生态学的发展，科学的整体有机主义思想逐渐确立起来，人们认识到大自然是一个共同体，人类的生存离不开对大自然的依赖。这门科学还逐渐超越纯自然科学的范畴，逐渐转向以人类为主体、以生态系统为重心，致力于自然科学与社会科学的相互渗透、交叉和融合，以探讨、研究当代人类面临的重大问题为己任，从而成为社会科学与自然科学相互沟通的一个桥梁。

早在殖民地时期，就有少数博物学者利用生态主义的视角，对北美的动植物资源和环境进行研究，并发现了大自然的壮美和奇妙，从而发出了不同于当时主流观念的微弱呼声。巴特罗姆是其中最著名的代表，他被林奈称为"世界上最伟大的自然生物学家"。其著作不仅记录了殖民地的动植物，对欧洲生物入侵也有所记述，指出后者是导致本地物种变化的原因。巴特拉姆还对动物表示同情，认为动物应该与人类在大自然中拥有平等的地位。他写道："这些美丽而构造精妙的小生物，他们的结构和组织与最完美的人类一样奇妙、精巧和复杂，它们的存在值得我们花几分钟去凝视。"[②]美国学者克里斯·马高克认为巴特罗姆的著作"代表着（北美）对自然的科学思考的一个转折点"。[③]

生态学的发展对美国人的环境伦理和自然观念的影响是显而易见的。它的"整体主义思路被转化为一种整体主义的价值维度，还原论和机械论的思

---

① Robert P. McIntosh, *The Background of Ecology: Concept and Theory*, New York: Cambridge University Press, 1985, p. 11.

② William Bartram, *Travels through North and South Carolina, Georgia, East and West Florida*, London: Repringted for J. Johnson, 1792, p. XVI, p. 80.

③ Chris J. Magoc, ed., *So Glorious a Landscape: Nature and the Environment in American History and Culture*, Wilminton: Scholarly Resources Inc., 2002, p. 107.

维方式受到了抵制和淘洗，它教给人类一种相互依存的伦理道德"。[①]生态学还让许多时代的智者认识到了自然万物之间相互依存的道理，感受到了机械主义自然观的狂妄和灾难性后果，他们中的许多人后来成为呼吁人们保护自然、善待自然的先驱。

由此可见，早在进步主义时期资源保护运动兴起之前，由来自不同领域的文人学者、艺术家、野外活动家和社会上层人士等组成的民间保护主义者很早就认识到了环境破坏所引起的问题，呼吁进行资源保护。他们的宣传和行动为保护主义积蓄着力量，也在慢慢地改变着美国人的观念，为扭转当时所流行的狭隘的人类中心主义环境观做出了自己的贡献。

（三）从梭罗到利奥波德：生态中心主义自然观在美国的演进

在 19 世纪中期以前，生态学家和浪漫学者还互不搭界，是伟大的哲学家、生态学家和超验主义者亨利·梭罗把两个相互分割的领域融合在了一起。作为一位超验主义文学家，梭罗也像其他浪漫主义者那样赞叹大自然的美丽和壮观，对人类破坏自然的行为感到痛苦和厌恶；而作为一名生态学家，梭罗则在上述感性认识的基础上，一边探索大自然的奥秘，一边还在思考着更深层次的问题。正是在综合前人研究成果和实地考察的基础上，梭罗在美国思想史上首次超越人类中心主义传统，形成了其生态中心主义的超验自然观。

超验主义是 19 世纪上半期在美国东北部兴起的一种文学和哲学运动。超验主义宣称存在着一个整体的、超灵魂的精神，它处于日常世界的空间和时间范围之外，但同时又内在于世界之中，人类世界的一切都是宇宙的一个缩影，人能够超越感觉和理性而直接认识真理。该理论的代表人物拉尔夫·爱默生在《论自然》中写道："每一种自然现象都是某种精神现象的象征物……在自然界的背后，浸透着自然界的是一种精神的存在。"[②]超验主义提倡人们远离物质社会的各种诱惑，回归自然，从而获得最高的精神体验。

作为一名超验主义者，梭罗深受哲学家爱默生的影响。他也相信自然是

---

① 李培超：《伦理拓展主义的颠覆：西方环境伦理思潮研究》，长沙：湖南师范大学出版社 2004 年版，第 19 页。

② 爱默生：《爱默生演讲录》，孙宜学译，北京：中国人民大学出版社 2003 年版，第 232 页。

统一的，具有审美和道德教育作用。但是，在对待自然的态度上，梭罗超越了爱默生的抽象说教式的神秘主义自然观，更注重观察和思考。在梭罗看来，大自然是有生命的，是与我们相似的有机体。他曾言道："我脚下所踩的大地并非死的、惰性的物质；它是一个身体，有着精神，是有机的，随着精神的影响而流动。"①他所描写的瓦尔登湖完全是一个活生生的生命个体，像是一个林中隐士，而其周围的一切，无论是那跃起的鱼儿，鸣叫的飞禽，还是各种各样的小动物，都是生命的奇迹。

作为一位博物学家和生态学家，梭罗在借鉴塞尔波恩的怀特和林奈等人的观点的基础上，认识到大自然各种生命之间的相互依赖性，以整体主义的眼光观察周围的世界。他写道："我们为发现了某种原被认为是无用之物的用途而自豪，但是，与自然的经济体系比较起来，我们的经济体系是多么片面并带有偶然性。在自然界里，没有东西是无用的，每片腐烂的叶子，树枝或根须，最终都会在某个适当的其他地方做更好的用处，而且最后都会聚集在大自然的混合体中。"②正是因为认识到大自然本身这种维持平衡的能力，所以，在梭罗看来，人类活动对于自然是一种干扰性力量，这也正是梭罗对于人类破坏环境的各种行为进行批判的理论基础。他呼吁道："如果有人因为虐待儿童而被起诉，那么那些肆意毁坏交给他们照管的自然面貌的人也应被绳之以法。"③

对于人与自然的关系，梭罗的理解也超过了其导师爱默生。在爱默生那里，自然仍然是为人类服务的。而梭罗则超越了爱默生的人类中心主义，他大声疾呼："在荒野中世界得以保存！"④在梭罗那里，田园的道德论逐渐变成了生态智慧：过一种简朴而快乐的生活，人类不拥有大地，人类属于大地。梭罗说道："你应该在年幼的时候记住你的造物主……你必须欣赏大地，而不是占有大地。因为缺少进取心和信仰，人们还是像过去那样进行买

---

① 亨利·梭罗：《瓦尔登湖》，张知遥译，天津：天津教育出版社 2005 年版，第 256 页。

② Henry David Thoreau, *Journal*, ed., by Bradford Torrey, Vol. VIII, in Henry David Thoreau, *The Writings of Henry David Thoreau*, Vol. 14, Boston: Houghton Mifflin and Company, 1906, p. 109.

③ Henry David Thoreau, *Journal*, ed., by Bradford Torrey, Vol. X, in Henry David Thoreau, *The Writings of Henry David Thoreau*, Vol. 16, p. 51.

④ Henry David Thoreau, *Walking*, in Henry David Thoreau, *The Writings of Henry David Thoreau*, Vol. V, Boston: Houghton Mifflin and Company, 1906, p. 218, p. 224.

卖，如同奴隶一般生活。"① 从某种意义上说，梭罗研究和了解自然，其实是他探讨人与自然关系的一条途径。他所追求的是精神丰富，物质简朴，人与自然的和谐共处的一种理想的生活方式。为了实践这一理想，梭罗在1845年搬到瓦尔登湖边，"过一种审慎的生活"。②也正是在瓦尔登湖畔生活的这两年时间里，梭罗对于人类的生活以及与自然的关系也有了新的认识。他指出："大多数奢侈品以及许多所谓使生活过得舒适的东西，不但不是必不可少的，而且确实有碍于人类的崇高向上。"③人只有亲近自然，过一种有灵性的生活，才能达到个人精神与宇宙精神的统一。

梭罗的思想对后来美国的生态主义运动有着深远的影响，他被称作"美国文学史上第一位重要的自然阐释者，是美国环境主义的第一位圣徒"。④可以说，亨利·梭罗是美国环境观念变迁史上的一座丰碑，他的出现，标志着美国人的环境观念已经摆脱了简单地追溯欧洲浪漫主义者进行描述和哀叹的境地，而是从更高的哲学层次，超越人类中心主义去思考人与自然关系，是美国环境意识和文化观念走向独立和成熟的标志。许多著名的环境主义者如约翰·缪尔、奥尔多·利奥波德等都从他那里汲取过营养，从某种意义上说，约翰·缪尔和利奥波德的思想是对梭罗的继承和发扬。缪尔后来在瓦尔登湖边慨叹："怪不得梭罗在这里生活了2年，我也想在这儿住上200年，或者2000年。"⑤

如果说以梭罗为代表的超验主义者还仅仅局限于对自然壮美景色的赞叹、对人类破坏自然的活动进行批评的话，那么，约翰·缪尔则在继承了梭罗的生态中心主义自然观的基础上，一方面继续歌颂和赞美大自然的美丽，肯定大自然自身的价值。而在另一方面，与前者不同的是：他还身体力行地投入到环境保护的运动之中，成为自然保护主义的领袖，为了扭转人们的环境观念而奔走呼吁。

① 罗伯特·塞尔编：《梭罗集》，陈凯等译，北京：生活·读书·新知三联书店1996年版，第192—193页。

② 亨利·梭罗：《瓦尔登湖》，张知遥译，天津：天津教育出版社2005年版，第86页。

③ 罗伯特·塞尔编：《梭罗集》，陈凯等译，北京：生活·读书·新知三联书店1996年版，第372页。

④ Joel Myerson, *The Cambridge Companion to Henry David Thoreau*, Cambridge: Cambridge University Press, 1995, p. 171.

⑤ William Frederic Badè, ed., *The Life and Letters of John Muir*, Vol. II, in John Muir, *The Writings of John Muir*, Vol. X, Boston: Houghton Mifflin Company, 1916, p. 268.

缪尔是美国 19 世纪后期最为杰出的环境主义者、自然主义作家和社会活动家，同时也是生态中心主义自然观的重要代表，他上承梭罗，下启利奥波德，是连接两者的一个桥梁。缪尔继承了浪漫主义者和超验主义者对荒野的热爱，在他看来，大自然本身就是美丽的，而且野生的比驯服的要好。如他在《西部的自然公园与森林保护区》中写道："只要是未经人类染指的处女地，风光景色总是美丽宜人。"①

在欣赏大自然的壮美景色的同时，缪尔也与同时代的许多人一样，考虑自然的价值。荒野探险的经历和对梭罗等超验主义者思想的吸收使缪尔抛弃了传统的功利主义自然观，变成了一名自然价值论者。缪尔写道："我尚未发现任何证据可以证明，任何一个动物不是为了它自己，而是为了其他动物而被创造出来的。"②在缪尔看来，自然万物都与人类具有同等的生存权利。在缪尔看来："没有人，世界将是不完全的；没有那些栖息在我们自负的眼睛和知识所看不到的地方的微小的动物，世界也是不完全的。"③缪尔认为，自然万物具有其自身的价值，人类的利益不能代替动物的利益："'响尾蛇有什么益处？' 似乎凡是对人类没有明显益处的东西都没有存在的权利；似乎我们的利益就是造物主的利益。"④

由此可见，缪尔已经超越了狭隘的人类中心主义，他对自然的欣赏、热爱，甚至是保护已经远远超出了狭隘的人类功利主义原则，而是出于自身的内在价值。他摆脱人类中心主义的程度甚至比梭罗更进一步，后者称"更愿意为土拨鼠而不是人类打开他的大门"，而缪尔则进一步称："如果有一场野生兽类和人类主子之间的种族大战，我将对野兽表示同情。"⑤

缪尔从其生态中心主义的自然观念出发，形成了一种自然保护主义（preservation）的理念，这与进步主义时期由政府官员和专家们基于资源的有用性和科学管理而主导的资源保护主义（conservation）具有很大的差异。对缪尔来说，"大自然既是供科学研究的实验室，也是供人们崇拜的庙

---

①　约翰·缪尔：《我们的国家公园》，郭名倞译，长春：吉林人民出版社 1999 年版，第 5 页。

②　转引自纳什：《大自然的权利：环境伦理学史》，杨通进译，青岛：青岛出版社 1999 年版，第 47 页。

③　John Muir, *A Thousand-Mile Walk to the Gulf*, in John Muir, *The Writings of John Muir*, Vol. I, Boston: Houghton Mifflin Company, 1916, p. 357.

④　约翰·缪尔：《我们的国家公园》，郭名倞译，长春：吉林人民出版社 1999 年版，第 41 页。

⑤　John Muir, *A Thousand-Mile Walk to the Gulf*, in John Muir, *The Writings of John Muir*, Vol. I, Boston: Houghton Mifflin Company, 1916, p. 343.

宇。"①根据自然保护主义理论，大自然具有其自身的价值，并不是仅仅基于它对人类的工具价值，保护的目的是保护大自然的原始之美，而不是仅仅因为它们对人类所具有的工具价值。这一点与当时流行的功利性的资源保护原则截然不同。对于像西奥多·罗斯福和吉福德·平肖这样的资源保护主义者而言，"森林业的基本思想就是森林利用的永久性，保护森林本身并不是目的，它只是一种手段，用来增加和维持我们国家的资源供应以及依靠资源的工业的发展。保护我们的森林是一项迫切的商业必需"。②平肖指出："我们森林政策的目标不是因为森林的美丽而保护，……也不是因为他们是荒野中的野生生命的庇护所。森林将要被人类利用，其他一切考虑都退居次要地位。"③

从 19 世纪末到 20 世纪上半期，在各级政府和民间保护力量的联合推动下，美国历史上出现了两波环境保护运动的高潮：其一是进步主义时期的资源保护运动；其二是 20 世纪 30 年代，富兰克林·罗斯福政府为了应对经济和环境的双重危机，在推行经济和社会新政的同时所采取的一系列的环境保护方面的新政。通过轰轰烈烈的环境保护运动，美国在世界上率先建立了环境保护体系的基本框架。但是由于那个时代的指导思想是功利性的人类中心主义自然观，其目的和出发点都是为了保证人类的持续利益，让自然为人类服务。因此，进步主义的资源保护运动和罗斯福政府的环境新政在奠定了美国保护主义体系的同时，也带有浓厚的时代缺陷，在执行的过程中出现了许多以保护主义的名义而伤害大自然的行为。例如，当时为了保护食草的动物而大肆捕杀猎食动物，其结果是导致生物链和生态系统的失衡。而且有迹象表明，美国的生态状况在这个时期仍然在继续恶化。针对由所谓保护而产生的新的生态灾难，尤其是 20 世纪 30 年代的大沙暴和梅利亚姆所领导的生物调查局所采取的大规模地捕杀掠食动物的行动，一些有远见的生态学家对功利主义的保护原则逐渐提出了质疑，其中最著名的就是奥尔多·利奥波德了。

---

① Susan J. Armstrong and Richard G. Botzler, eds., *Environmental Ethics: Divergence and Convergence*, New York: McGraw-Hill Inc., 1993, p. 118.

② Robert Gottlieb, *Forcing the Spring: The Transformation of the American Environmental Movement*, Washington D. C.: Island Press, 2005, p. 56.

③ Benjamin Kline, *First Along the River: A Brief History of the U. S. Environmental Movement*, San Francisco: Acada Books, 1997, p. 58.

利奥波德早年曾是资源保护主义的信徒和平肖政策的坚定支持者。在其著作《猎物管理》中，利奥波德开宗明义地讲道："猎物管理是一种让土地每年都为了休闲用途而生产野生动物这种作物的艺术。"[①]在《像山那样思考》中，他追忆当时自己对动物保护的功利主义态度时说道："在那些年代里，我们还从未听说过会放过打死一只狼的机会那种事……当时我很年轻，而且正是不动扳机就感到手痒的时期。那时，我总是认为，狼越少，鹿就越多，因此，没有狼的地方就意味着是猎人的天堂。"[②]

然而，对美国各地生态退化的现状的观察使利奥波德认识到功利主义保护对自然所造成的伤害。利奥波德批判道："人工化的管理是以损害其他可能更高级的休闲为条件而换得捕鱼权的。"这种以人的好恶为基础的保护在利奥波德看来其实是对大自然生态多样性的一种损害，是顾此失彼的："通常，随着动物的人工管理，接踵而来的就是对植物的损害。"[③]在《土地伦理》中，利奥波德指出："一个孤立的以经济的个人利益为基础的保护主义体系，是绝对片面的。"[④]

正是在不断的实践和观察中，利奥波德看到了资源保护的缺陷，变成一个生态中心主义者，并开始大力宣传为资源保护主义者所鄙弃的荒野的价值。在《沼泽地的哀歌》中，利奥波德写道：一个没有道路又不能产生任何经济收益的沼泽地，对于"按字母排列的保护主义者来说，就如同一个没有排掉水的沼泽对帝国的建筑家一样，是没有价值的。……这些沼泽的最终价值是荒野，而鹤则是荒野的化身"[⑤]。在《弗兰博河》中，利奥波德看到，弗兰博河上原本被划作荒野保护区的地段由于受到牧场主的压力而修建水电站了："立法机构对牧场主的压力非常敏感，却全然不顾荒野的价值，不仅批准了 REA 水坝的建设，而且扼杀了资源保护委员会为水电站的远景规划所提出的所有意见。"[⑥]正是在对功利主义保护失望的基础上，利奥波德与马歇尔等人在 1935 年共同创建了著名的"荒野协会"。利奥波德深邃地指出："这个世界的启示在荒野，大概，这也是狼的嗥叫中隐藏的内涵，它已

---

① Aldo Leopold, *Game Management*, Madison: The University of Wisconsin Press, 1986, p. XXXIII.

② 奥尔多·利奥波德：《沙乡年鉴》，侯文蕙译，长春：吉林人民出版社 1997 年版，第 122—123 页。

③ 奥尔多·利奥波德：《沙乡年鉴》，侯文蕙译，长春：吉林人民出版社 1997 年版，第 160 页。

④ 奥尔多·利奥波德：《沙乡年鉴》，侯文蕙译，长春：吉林人民出版社 1997 年版，第 203 页。

⑤ 奥尔多·利奥波德：《沙乡年鉴》，侯文蕙译，长春：吉林人民出版社 1997 年版，第 94—95 页。

⑥ 奥尔多·利奥波德：《沙乡年鉴》，侯文蕙译，长春：吉林人民出版社 1997 年版，第 110 页。

被群山所理解，却还极少为人类所领悟。"①

　　除了批判功利主义保护观、倡导荒野的价值以外，利奥波德最大的贡献是他所创造的大地伦理学说，这是他从生态中心主义的角度重新思考人与自然伦理关系的独创。在利奥波德以前，美国另外两位著名的环境主义者亨利·梭罗和约翰·缪尔虽然都在不同程度上具有一些生态学的意识，也从非功利主义的角度探讨过自然的美丽及其内在价值，但是都还是一些零散的思想，没有加以系统化。利奥波德在借鉴了两人思想的基础上，创造了著名的大地伦理学，真正从生态中心主义的角度系统地考察了人与自然的伦理关系。大地伦理学是要打破传统的人对自然没有伦理义务的谬论，扩大土地共同体的范围，将人与自然万物都纳入这个土地共同体中。在这个共同体中，传统观念所主张的人类对自然的特权及其对自然万物的控制权和所有权都被否定了，人只是其中平等的一员，共同体中的每一位成员都有生存的权利。他指出："与土地的和谐就像与朋友的和谐，你不能珍视他的右手而砍掉他的左手。那就是说，你不能喜欢猎物而憎恨食肉动物；你不能保护水而浪费牧场；你不能建造森林而挖掉牧场。土地是一个有机体。"②

　　利奥波德还提出了大地伦理学的判断标准："当一个事物有助于保护生物共同体的和谐、稳定和美丽的时候，它就是正确的，当它走向反面时，就是错误的。"③根据这一准则，凡是有利于自然界的和谐、美丽和生态多样性的行为，都是正确的。同时，不管是对自然的破坏而导致的生态多样性的减少，还是任何一种物种过度繁殖而威胁到整个自然界的生态多样性与和谐稳定的时候，就都是错误的，需要做出修正。这一生态中心主义的评价标准既摆脱了传统的人类中心主义伦理学以人的好恶作为价值判断标准的偏颇，又能避免后来极端生物中心主义者所陷入的不能自圆其说的困境。正是看到了自然的生态系统的博大精深，利奥波德才要求世人"像大山那样思考"！

　　像梭罗和缪尔一样，利奥波德的大地伦理学由于大大超前于时代而在当时并没有被人们接受。但是到了 20 世纪 60 年代以后，随着蕾切尔·卡逊的《寂静的春天》所引发的新一轮的环境保护主义高潮的到来，生态中心主义的环境伦理成为批判人类中心主义的有力武器，梭罗、缪尔和利奥波德的

---

　　① 奥尔多·利奥波德：《沙乡年鉴》，侯文蕙译，长春：吉林人民出版社 1997 年版，第 124 页。

　　② Curt Meine and Richard L. Knight, eds., *The Essential Aldo Leopold: Quotations and Commentaries*, Madison: University of Wisconsin Press, 1999, p. 305.

　　③ 奥尔多·利奥波德：《沙乡年鉴》，侯文蕙译，长春：吉林人民出版社 1997 年版，第 213 页。

思想获得了新的生机。与此同时，美国人也开始重新审视和考察前一个阶段的环境保护，并思考人与自然的伦理关系，进入新的环境主义时代。

在环境保护主义者的推动下，美国在 1964 年通过了《荒野法》，该法规定：“荒野被认为是一个这样的地区，在那里地球及其生命共同体没有受到人类的干预，而人类自身是一个游客而不是居留者。”①《荒野法》的通过标志着美国政府放弃过去那种功利主义的保护原则，开始着手建立荒野保护体系。与此同时，在塞拉俱乐部的推动下，保护大峡谷公园的斗争也取得了胜利，最终决定性地击败了关于在这里建立水坝的提案。事情仅隔两天后，美国总统签署命令，建立“河流原始景观系统”（national wild and scenic rivers system）。到 20 世纪 70 年代末，已经有 19 条河流、共 1600 英里（约 2575 千米）长的地区得到了保护。1975 年，国会将所有非印第安人的 279 英里长的峡谷地段都划归大峡谷公园。1980 年，卡特总统签署命令，划定了 1.04 亿英亩（约 4209 亿平方米）的阿拉斯加国家保护区。1981 年，大峡谷公园被纳入世界文化遗产名录。到 20 世纪 80 年代，美国不仅建立了基本完善的保护体系，而且在保护区以更加科学的管理原则代替了原来的功利主义保护原则。如在黄石公园重新引入食肉动物，有意识地让野火去燃烧部分地区，让自然去恢复它的平衡体系，在那里最流行的保护观念是“大自然知道如何是最好的”（nature knows best）！

（四）小　结

从亨利·梭罗经约翰·缪尔到奥尔多·利奥波德，生态中心主义理论不断发展完善，直至最后形成系统的大地伦理学说，这一历程正好与美国历史上资源保护主义运动的兴起和深入发展相合拍。无论梭罗、缪尔，还是利奥波德都是那个时代的环境先知，他们敏锐地洞察到了自身所处时代的环境问题，并超越人类中心主义，从一个更为广阔的视野下考察人与自然关系。虽然他们的理论主张由于大大超前于时代而不能够被主流社会接受，但其思想和行动在扭转美国主流社会所信奉的以“征服自然”为特征的人类中心主义自然观念和推动保护运动的发展中，发挥了积极的历史作用。他们是西方文化中阿卡迪亚传统的继承者，也是现代环境主义的奠基者。20 世纪 60 年代

---

① *Wilderness Act*, https://www.fsa.usda.gov/Internet/FSA_File/wilderness_act.pdf.（2017 年 8 月 29 日访问）

以后，随着现代环境主义的兴起和全社会对传统自然观念的批判与反思，他们的思想才为越来越多的人士所认可和欣赏，无论是生态中心主义者还是其他保护主义人士，都能够从中得到启迪和教益。如罗尔斯顿的自然价值论、深生态学所倡导的"手段简单，目的丰富"（simple in means, rich in ends）的生活理念无疑都受到了梭罗和缪尔思想的影响。

生态中心主义是一种伟大的思想，它首次跳出人类中心主义的牢笼，引导世人从一个更广阔的生态视野中去认识人与自然之间的关系。对于人类中心主义者随同现代科技的发展而一道膨胀起来的征服自然的野心来说，这一思想犹如醍醐灌顶，能让他们对于人类自身在世界中的地位，与其他物种以及与整个生态系统之间的关系有一个正确的定位和认识。生态中心主义者并非如其批评者所指责的那样是否认人类存在价值的虚无主义者，梭罗、缪尔和利奥波德站在了时代的前列，以其自身的行动向世人证明，他们比那些目光短浅的环境破坏者更加关心人类的利益，因为他们明白，维持生态的多样性和整个生态系统的和谐稳定对人类来说，才是最大的善和最长远的利益。

生态中心主义理论虽然仍存在一些理论上的漏洞，但它所提出的一些主张，如自然价值论、生态整体主义的价值观、"手段简单，目的丰富"的生活理念等对于人们自然观念的改变和解决当前的环境问题具有重要的借鉴意义。在生态中心主义与人类中心主义论战过程中，争论双方各自根据对方的批评而做出修正。现在，强式人类中心主义、即价值论意义上的人类中心主义已经遭到摒弃，而诺顿和墨迪所倡导的弱式人类中心主义理论已经部分吸收和承认了生态中心主义者所倡导某些生态原则。其实，正如刘湘榕教授所言："无论哪一种立场或取向的生态伦理学说，只要在逻辑上自洽，且能为现实的环境保护提供相应的理性支持，都是值得肯定的。"①既然生态中心主义思想有益于当前的环境保护，我们为何不能够以一种开放的心态去拥抱和欢迎它呢！

（原载于《世界历史》2013 年第 1 期，有所修改）

---

① 刘湘榕：《人与自然的道德话语：环境伦理学的进展与反思》，长沙：湖南师范大学出版社 2004年版，第 7 页。

二、从文明的敌人到环境的救星：
美国社会森林观念的变化

森林在历史上曾经达到 76 亿公顷，占陆地面积的 2/3，是地球生态多样性和稳定性的一个重要载体，被认为是对抗当前环境恶化的一个重要手段，因而被称为地球之肺。然而，在人类漫长的发展历史中，森林却被看作是文明进步的障碍，被当作是野蛮和荒凉的象征，因而清除森林也被当作是人类文明进步的表现。结果，随着人类社会的发展，森林也在加速度地消失。进入近代以来，随着现代化进步和各地森林的快速消失，人们才真正意识到毁林所带来的生态变化及其危险后果，各国政府才逐步着手制定森林保护措施。森林的形象也随之发生改变，由文明的敌人逐步变身为改善环境的希望之所在。

在白人到达美洲的时候，虽然有印第安人的活动，但他们对环境的影响还相当有限，北美大陆上依然覆盖着一望无际的原始森林。美国从殖民地走向超级大国的现代化之路是几千年来人与自然关系的一个缩影，而美国森林的变迁则是对这一缩影的最佳注释。

（一）对森林的敌视与美国森林的快速消失

美国是一个森林的国度，在白人到来之时，森林覆盖面积占到了其国土面积的一半。后来成为美国领土的 49 度纬线以南地区大约有 8.22 亿－8.50 亿英亩（约 33265 亿－约 34398 亿平方米）森林。而这些森林 3/4 的部分在东部 1/3 的国土范围内。大致来说，从苏必利尔湖最西段往南直到德克萨斯最南端这条线以东的地区基本上还被茂密的森林覆盖。然而，随着北美殖民地的拓殖和经济的发展，这些森林遭到了快速的损毁。美国森林史的作者迈克尔·威廉姆斯（Michael Williams）认为："或许美国乡村面貌的变化中最大的单项活动就是清理森林了。"①清理森林与城市的崛起被认为是美国发

---

① Michael Williams, *Americans and Their Forests: A Historical Geography*, New York: Cambridge University Press, 1990, p. 3.

展过程中最大的两项环境改变。

从表面上看，造成美国森林大面积消失的直接原因是北美殖民地的发展和对森林产品的需求。对于北美殖民者来说，东部一望无际的茂密森林既是挡在他们前进路上的障碍，同时也是他们维持生存和谋取利益的资源。城镇的建设和农田的开拓都需要清理大片的森林。除此之外，森林可以用来取暖、盖房、制作围栏、烧制钾碱、造船、作为商品出口、冶铁燃料等。既然"有如此多的毁林理由，殖民者不失时机地尽可能多地清除森林"。[①]上述每一种用途都意味着大片森林的消失。

北美殖民地时期发展的两项最重要的工业一是造船，二是冶铁。而这两项产业的基础都是北美森林。据统计，在 1763—1775 年之间，北美十三殖民地每年造船业的平均产量达到 4 万吨，价值 30 万英镑。到美国革命前夕，大约 1/3 飘英国国旗的船只是在北美制造的。[②]1775 年，北美殖民地的冶铁产量占当年世界总产量的 1/7。[③]美国独立以后，西部开发的步伐加快，毁林的速度也随之提速。就冶铁业而言，1810 年，美国生产了 5.4 万吨铁，这需要 50 万英亩（约 2023 平方千米）的森林才能满足燃料的供应。[④]除了用作工业燃料外，居民取暖也消耗大量木材。当时一个新英格兰家庭一年的平均用柴是 30—40 克德（cord，约 108—144 立方米），相当于 4 英尺（约 1.2 米）高、4 英尺（约 1.2 米）宽、300 英尺（约 91.4 米）长的一堆木头，至少要 1 英亩（约 4046.9 平方米）森林才能提供这些木材。除了用作各种燃料外，森林还支撑了美国早期一项重要产业——木材加工业——的发展。到 1840 年，全美国共有 31650 个水力锯木厂。早期的水力锯木厂一天可以加工 500 英尺（约 152.4 米）的 1 寸（约 3.3 厘米）木板（board）。此外，农民的垦荒和烧林取钾是造成北美东部森林消失的另外一个重要原因。根据美国林务官格里利 1925 年的估计，3/4 的农田森林是因

① Daniel G. Payne, *Voices in the Wilderness: American Nature Writing and Environmental Politics*, Hanover: University of New England Press, 1996, p. 14.

② 洪朝辉：《社会经济变迁的主题：美国现代化进程新论》，杭州：杭州大学出版社 1994 年版，第 32—33 页。

③ Curtis P. Nettels, *The Emergence of a National Economy 1775-1815*, White Plains: E. E. Sharp Inc, 1962, p. 44.

④ Michael Williams, *Americans and Their Forests: A Historical Geography*, New York: Cambridge University Press, 1990, p. 107.

此而被毁掉的。[①]1839 年，美国消费了 16 亿立方英尺（board feet，约 0.45 亿立方米）的木材。[②]1870 年，木材的砍伐量是 128 亿立方英尺（约 3.62 亿立方米）；1900 年，增长到 360 亿立方英尺（约 10.2 亿立方米）。[③]1850 年，锯木业是美国仅次于面粉加工的第二大制造业，占制造业产值的 6%，其就业人数 1849 年为 55810 人；到 1909 年增加到 547178 人。[④]1910 年，仅铁路公司就砍伐了 62 万英亩（约 0.25 万平方千米）的森林，生产 1.24 亿根枕木，相当于 40 亿立方英尺（约 1.1 亿立方米）的木材，占当年全国木材产量的 10%。总之，对于 20 世纪以前的美国来说，无论是边疆的不断向西扩展，农业的进步，还是冶铁、伐木、建筑等行业的崛起，都是以森林的大面积消失为代价的。

根据学者们的研究，造成美国森林快速消失的原因除了上述经济动因外，另外一个更深层次的因素就是整个国家对森林的敌视情绪。这种敌视在客观上为美国人肆无忌惮地消灭森林提供了舆论上的支持，并造成很多宝贵的森林资源被白白浪费掉了。英国人维尔德（Isaac Weld）1795－1797 年访问美国，所得到的印象是："美国人对于树木有着一种不可征服的厌恶……一个也不留，全都同一命运，所有的人都卷进了同样的大潮中去了。"[⑤]北欧著名博物学家彼得·卡尔姆（Peter Kalm）1749 年来北美访问时也得到了同样的印象："我们在瑞典和芬兰对我们森林的仇恨也没有这儿大，他们的目光仅仅是盯着当前，而对将来熟视无睹。"[⑥]

美国人敌视森林主要出于两方面的原因。

第一，他们秉承了欧洲文化传统对森林的敌视和厌恶情绪："大多数欧洲殖民者是带着一种所谓的对森林的文化敌视来到新世界的。"[⑦]虽然欧洲

---

① W. B. Greeley, "The Relation of Geography to Timber Supply", *Economic Geography*, Vol. 1, No. 1, 1925, p. 2.

② 本处所指木材的测量单位立方英尺，除非特别注明，一般都是指英文中的 board feet，而不是 cubic feet。其中 1 board feet＝1 feet×1feet×1 inch；而 1 cubic feet＝12 board feet。

③ Benjamin Kline, *First along the River: A Brief History of the U. S. Environmental Movement*, San Francisco: Acada Books, 1997, p. 44.

④ Michael Williams, *Americans and Their Forests: A Historical Geography*, New York: Cambridge University Press, 1990, p. 7.

⑤ Isaac Weld, *Travels through the States of North America and the Province of Upper and Lower Canada*, London: Printed for John Stockdale, Piccadilly, 1800, p. 43.

⑥ Peter Kalm, *Travels into North America*, Vol. 1, London: Printed for the Editor, 1771, p. 308.

⑦ Ken Drushka, *Canada's Forests: A History*, Montreal: McGill & Queen University Press, 2003, p. 27.

早期文明的发展离不开森林，但在基督教伦理里面，却充满了对森林的敌视，森林被看作是异教徒、野兽、黑暗所代表的地方。①基督教教义把大自然本身、而不是破坏大自然的行为看作是邪恶的。在基督教使命观的影响下，森林以及它所代表的荒野被看作是一种道德上恶的象征，是天国和文明的对立面，需要基督徒去进行征服。神学家阿奎那斯认为："在很大程度上，自然界被看作是一个限制和束缚人类精神世界的牢笼或监狱。"②既然荒野是天国的对立面，那么，人类为了灵魂得救，毁掉森林，征服荒野在道德上是正确的，是基督徒的使命，也是社会进步的表现。毫无疑问，欧洲殖民者正是携带着上述在欧洲历史中长期形成的对森林和荒野的敌视观念来到北美大陆进行拓殖的。著名环境史学家纳什指出："第一批白种美国人其实就是这样一些欧洲人，在他们的精神包裹之中，携带着的荒野观念是在《旧约全书》和《新约全书》中形成，并被欧洲黑暗的中世纪的边疆经历所洗练过的。"③

第二，对北美殖民者来说，隐天蔽日的森林代表着印第安人的威胁和开发土地所需要的繁重劳动。与毛皮边疆下印第安人同白人毛皮贩子之间基于相互需要而建立的临时合作关系不同，在农业边疆中，白人殖民者所需求的只有印第安人的土地。在这种情形下，必然引发双方的尖锐冲突，印第安人躲在密林中对边疆居民发动攻击，因此，森林同印第安人的危险是同义语。美国的"拓荒者坚持认为，印第安人同那些该死的森林一样，必须当作文化进步的敌人而加以消灭"。④此外，边疆拓殖者为了开垦土地，不得不首先清理上面的茂密森林，这都意味着繁重的劳动。虽然殖民者可以利用放火烧掉树干，但树桩却不得不逐个进行清理。据研究，仅仅清理 1 英亩森林的树桩就至少需要一个壮年劳动力 1 个月的劳动。

对于北美早期居民来说，森林代表着荒野、野蛮和印第安人的威胁，而对它们所能够采取的最好行动就是尽快把它们清理掉，种上庄稼，让文明的阳光照射到大地上。18 世纪后期，美国著名的文学家威廉·库伯（William

---

① Robert Pogue Harrison, *Forests: The Shadow of Civilization*, University of Chicago Press, 1992, pp. 61-62.

② Roger S. Gottlieb, ed., *This Sacred Earth: Religion, Nature, Environment*, New Brunswick: Routledge, 1996, p. 110.

③ Roderick Nash, *Wilderness and the American Mind*, 3rd edition, New Haven: Yale University, 1982, p. XII.

④ 雷·艾伦·比林顿：《向西部扩张：美国边疆史》下卷，韩维纯译，北京：商务印书馆 1991 年版，第 28 页。

Cooper）声称：最根本的目标是让荒野开花结果。[1]从纽约移往密歇根的一位边疆移民的妻子在目睹其周围邻居疯狂毁林的举动后也悲叹道："似乎进步、文明或者繁荣的真正含义不可避免地与森林的全部毁灭联系在一起。"[2]

对森林及其所代表的荒野的敌视与对立观念不仅为美国人砍伐森林、征服荒野提供了道德上的正确性，同时也在客观上纵容了美国人对森林这一宝贵资源的乱砍滥伐和肆意破坏，从而造成资源的严重浪费和生态环境的恶化。农民的毁林开荒和焚林取钾这两项活动造成东部大片森林的消失，他们在用火的时候非常不小心，导致火势失控，焚毁大片森林。西部的牧羊人为了得到牧草，也经常蓄意纵火。结果，美国每年因火灾造成 2500 万英亩（约 10 万平方千米）的森林的损失。[3]路易斯安那－太平洋木材公司总裁哈利·摩洛（Harry Merlo）甚至口出狂言："当我们采伐林地的时候，最让我生气的是在土地上留下什么。我们不采到 10 英尺，不采到 8 英尺或 6 英尺直径，我们采到无限，它们［树木］在那儿，我们统统全要。"[4]针对美国人的疯狂毁林，现代环境主义的先驱约翰·缪尔批判道："任何一个白痴都会毁树。树木不会跑开，而即使它们能够跑开，它们也仍会被毁，因为只要能从它们的树皮里、枝干上找出一块美元，获得一丝乐趣，它们就会遭到追逐并被猎杀。"[5]20 世纪初期，由于美国人的管理不善，每年仅仅因为各种森林大火就要烧毁 2000 万－5000 万英亩（约 8.09 万－20.24 万平方千米）的森林，还有 8000 万英亩（约 32.37 万平方千米）砍伐过的废弃林地没有得到有效复植。[6]

由此可见，对森林的敌视情绪和对森林的毁灭式开发是一种相辅相成的关系：这种把森林等同于荒野、把荒野等同于野蛮的伦理直接把森林推向了

---

[1] Roderick Nash, *Wilderness and the American Mind*, 3rd edition, New Haven: Yale University, 1982, p. 32.

[2] Caroline Kirkland, *Forest Life*, Vol. I, New York: C. S. Francis & Co., 1842, p. 43.

[3] Roderick Nash, ed., *Environment and Americans: The Problem of Priorities*, Huntington: Robert E. Krieger Publishing Company, 1979, p. 17.

[4] Carolyn Merchant, ed., *Green Versus Gold: Sources in California's Environmental History*, Washington D. C.: Island Press, 1998, p. 152.

[5] 约翰·缪尔：《我们的国家公园》，郭名倞译，长春：吉林人民出版社 1999 年版，第 249 页。

[6] Douglas W. MacCleery, *American Forests: A History of Resiliency and Recovery*, Durham: The Forest History Society, 2011, p.25.

文明的对立面，在文明战胜野蛮的旗帜下，美国人为他们肆意损毁森林的做法找到伦理上的支持。为了保证对森林砍伐不受舆论干涉，美国社会也需要不断地刻意渲染对森林及其所代表的荒野的敌对观念，维护文明与野蛮的对立这一恒久主题的正确性。因此，有学者指出："多年以来美国人的拓殖就是一场反对自然的战争，而随之而来的则是森林被砍伐和野生动物被屠杀。"①

（二）毁林的生态后果与美国社会对森林的重新认识

美国东部地区原始森林的消失是这个国家在 19 世纪发生的最大的生态变迁，随之而来的农业开发和城镇的崛起似乎诠释了上述变化的正当性和必然性。然而，随着东部森林的快速消失，其社会影响和生态后果也逐渐暴露出来。随着越来越多的有识之士认识到疯狂毁林所带来的各种社会和生态问题，森林在美国人心目中的地位和形象也在悄然发生改变，原来的敌视情绪逐渐让位于一种欣赏和对这种珍贵资源快速消失的惋惜之情。相应地，森林也由原来的文明的对立物变成了衡量人类文明的尺度和象征。

疯狂毁林所带来的第一个后果是木材危机的出现。早在独立战争前后，美国的一些地区就已经面临着严重的木材危机。早在 1638 年，波士顿就已经面临着木材匮乏的危机。曾经参加独立战争的军官本杰明·林肯（Benjamin Lincoln）就敏锐感觉到了森林减少的威胁，他说道："我们的森林已经大大减少，而且在许多地方已经没有了。在城镇附近以及沿海地区 20 英里（约 32.2 千米）的范围内，已经很难看到树林了。如今建筑者从 30－40 英里（约 48.2－64.4 千米）以外输送木料和板材已经很常见，储存正在快速减少，不仅仅是来自木材的需求，而且还有燃料的缺乏。"②到 1874 年，连美国内地部长也叹息道："森林的快速消失，尤其是公共土地上所发现的森林的消失，是对这个问题略微考虑的任何人都感到悲哀的一个问题。如果将来破坏的速度与以前一样地快，政府的林地很快就会被剥光所有有价值的东西。"③1905 年，美国总统西奥多·罗斯福忧心忡忡地预言："如果现在毁林

---

① R. F. Dasmamn, *Environmental Conservation*, 5th edition, Hoboken: John Wiley & Sons, 1984, p. 360.

② Massachusetts Historical Society, *Collections of Massachusetts Historical Society*, Vol. I of the 2nd Series, Boston: Printed by John Eliot, 1814, p. 188.

③ Michael Williams, *Americans and Their Forests: A Historical Geography*, New York: Cambridge University Press, 1990, p. 397.

的速度被允许继续的话，而没有其他的补充，不久的将来木材荒是不可避免的。"①

此外，农业垦荒者把许多林地变成了良田，但对于那些不适宜农业耕种的林地，在伐木业兴盛一时之后，留下的是满目的疮痍，仅仅宾夕法尼亚由于砍伐就产生了 500 万英亩（约 2.02 万平方千米）的荒漠。而且随着伐木边疆的推进，许多繁荣一时的锯木城镇也萎缩下去。"在那些长满浓密的松林、铁杉、橡树和杨树的地方，由于锯木业的发展，土地不断被剥光，这里曾经繁盛的村镇开始显露出衰败的迹象……剩下的只有毁坏的屋顶和长满青苔的基石。"②19 世纪初游历缅因州的爱德华·肯戴尔（Edward Kendall）对伐木业批判道："伐木者仅仅在流逝的时光中劳作，而且这种时光是靠掠夺未来而取得的：他享受着大自然所播种的这一切，而他却不为自己播种任何东西。"③

除了上述具体社会问题外，疯狂毁林还至少会带来三种生态恶果：其一，破坏动物的栖息地，带来物种多样化的减少；其二，改变气候；其三，改变河流的流量，增大了干旱和洪涝灾害的可能。④

美国人很早就注意到了森林的破坏带来的生态变化。1753 年，来自宾夕法尼亚东南部的一位人士说道："我们的河流也随着干涸了。很多地方以前可以转动水车，现在几乎不能满足一个农场的用水了。其原因是当土地为林木所覆盖时，湖边长满丛林，雨水被它们截住了。"⑤1804 年，沃尔尼（Count Volney）在其《美国气候与土壤纵览》（*View of the Climate and Soil of the United States of America*）中谈到了毁林所引起的气候的变化："人们在每一个地区都提到了同样的变化：夏日延长，秋天迟来，冬季缩短，降雪减

---

① Theodore Roosevelt, "The Forest in the Life of a Nation", *Proceedings of the American Forest Congress*, Washington D. C.: H. M. Suter Publishing Company, 1905, p. 9.

② Carolyn Merchant, *Ecological Revolution: Nature, Gender and Science in New England*, Chapel Hill: University of North Carolina Press, 1989, p. 224.

③ Edward Kendall, *Travels through the Northern Parts of the United States in the Years 1807 and 1808*, Vol. III, New York: Printed by I. Riley, 1809, p. 76.

④ Ted Steinberg, *Down to Earth: Nature's Role in American History*, New York: Oxford University Press, 2002, p. 36.

⑤ Thomas Cox, P. Thomas, Joseph Malone, *This Well-Wooded Land: Americans and Their Forests from Colonial Times to the Present*, Lincoln: University of Nebraska Press, 1985, p. 40.

少，严寒也更加缓和了。"①1809 年，塞缪尔·威廉姆斯（Samuel Williams）在其《佛蒙特历史》中也注意到了毁林所导致的气候变化："在农耕开始出现时候，土地就被置于了太阳和风直接作用之下，表层的土壤很快就会变得更热和更为干燥"，森林砍伐过的地区，地面 10 英寸（约 0.25 米）以下土壤的温度"比没有耕作的时候要高 10－11 ［华氏——引者注］度"②。环境主义的先驱马什依据多年的观察和研究，科学地分析了毁林的害处："当森林失去后，原本储存在植被体内的水汽就被蒸发掉了，而结果是猛烈的雨水冲走了原本可以被植被用来转化为沃壤的干枯表土……除非人类的活动所造成的恶化趋势得以扭转，否则整个地球将会变成一片荒山秃岭和沼泽遍地的贫瘠原野。"③

随着边疆的推进和因为毁林所导致的环境问题越来越明显地暴露出来，美国社会对森林的认识观念也发生了显著的变化，森林从文明进步的敌人逐渐变成了文明的象征。富兰克林的一名追随者尼古拉斯·科林（Nicholas Collin）博士早在 1798 年就呼吁道："我们广袤的森林是国家的财富，值得爱国的哲学家和政治家们去认真地呵护。它们被置于粗鲁和没头脑的伐木者的斧头之下，放弃的太多了。"④浪漫主义者是近代欧洲文化中对大自然的庄严和肃穆进行欣赏的第一批人。著名的浪漫主义作家夏多勃朗特曾经说过："除了森林以外，美国没有什么是古老的，……它们当然是纪念碑与祖先的对等物。"⑤美国浪漫主义作家霍勒斯·格里利（Horace Greeley）在通过与旧世界的接触后，在 1851 年呼吁道："在国内的朋友们，我要求你们剩下、保留并珍藏一片你们的原始森林，因为当它们被砍光的时候，我知道那将很难恢复了。"⑥与此前把森林看作文明的敌人的传统敌视观念不同，另一位浪漫主义作家詹姆斯·洛厄尔（James Russell Lowell）把毁林行为放

① C. F. Volney, *View of the Climate and Soil of the United States of America*, London: J. Johnson, 1804, pp. 268-269.

② Samuel Williams, *The Natural and Civil History of Vermont*, Vol. I, Burlington: Printed by Samuel Mills, 1809, p. 70, p. 74.

③ George Perkins Marsh, *Man and Nature*, Cambridge: Harvard University Press, 1965, p. 42.

④ Gilbert Chinard, "The American Philosophical Society and the Early History of Forestry in America", *Proceedings of the American Philosophical Society*, Vol. 89, No. 2, July 18, 1945, p. 461.

⑤ Viscount De Chateaubriand, *Travels in America and Italy*, Vol. I, London: Henry Colburn, New Burlington Street, 1828, p. 98.

⑥ Horace Greeleey, *Glances at Europe: In a Series of Letters from Great Britan, Frances, Italy, Switzerland, & during the Summer of 1851*, New York: Dewitt & Davenport, Publishers, 1851, p. 39.

到了文明的对立面，他 1857 年在《大西洋月刊》上撰文称，"我们是如此任意地毁坏森林，在对待它们这一点上，我们简直就是野蛮的"。[1]伟大的超验主义者亨利·梭罗不仅对森林进行研究，还直接到瓦尔登湖边的森林中离群索居两年，从而完成了关于人与自然关系思考的科学随笔《瓦尔登湖》，并且写道："我去森林生活的目的，就是希望过一种审慎的生活。"[2]梭罗把森林所代表的荒野与人类文明相提并论。他写道："在荒野中世界得以保存！"[3]现代环境主义的先驱约翰·缪尔在批判美国人疯狂毁林行为的同时，还大声疾呼对森林进行保护："热爱自己祖国的人们为光山秃岭而悲伤，如今大声疾呼：救救我们剩下的森林吧！"[4]缪尔也同梭罗一样，把森林与人类文明置于同样的地位。在《约塞米蒂公园的森林》中呼吁道："走向森林就是重返家园，我认为我们人类最初就是从森林中来的。"[5]由此可见，到缪尔这里，森林再也不是人类文明的对立物，不再是野蛮和荒凉的象征，而其本身变成了文明的基础和人类的归宿。

总之，随着快速毁林所带来的生态危害越来越明显地表露出来，美国社会对森林的敌视情绪逐渐让位于对森林和大自然本身的一种欣赏和肯定，保护森林的呼声日益高涨，一场由民间推动，政府主导的森林保护运动即将展开。

（三）资源保护主义时代关于森林保护的两种理念之争

面对越来越明显的环境问题，美国社会的许多有识之士除了对毁林行为进行控诉和批判外，还着手推动对森林进行保护，从而逐渐掀起了一场民间资源保护运动。在马什的传世名著《人与自然》中，他不仅对人类活动对环境所造成的危害进行批判，还特意花费了大约 1/3 的篇幅讨论森林破坏所带来的环境问题，呼吁美国社会对森林进行保护。受马什的影响，圣路易的

---

① Hans Huth, *Nature and the American: Three Centuries of Changing Attitudes*, Berkeley: University of California Press, 1972, p. 143.

② 亨利·梭罗：《瓦尔登湖》，张知遥译，天津：天津教育出版社 2005 年版，第 86 页。

③ Henry David Thoreau, *Walking*, in Henry David Thoreau, *The Writings of Henry David Thoreau*, Vol. V, Houghton Mifflin and Company, 1906, p. 224.

④ 约翰·缪尔：《我们的国家公园》，郭名倞译，长春：吉林人民出版社 1999 年版，第 230 页。

⑤ John Muir, "The Forests of the Yosemite Park", in John Muir, *The Writings of John Muir*, Vol. VI, *Our National Parks*, Boston: Houghton Mifflin Company, 1916, p. 108.

斯塔尔（F. Starr）牧师在 1865 年写了一篇"美国的森林破坏与保护"的文章，刊登在农业调查委员会的年度报告中，重点分析森林破坏的经济后果。威斯康星的艾伦·拉帕姆（Allen Lapham）则结合前两者的观点，在 1867 年完成了《威斯康星现今快速毁林的灾难性后果》的报告。帕拉姆在报告中指出："完全剥光森林和完全为森林所覆盖的国家只适合于野蛮或半野蛮的民族居住。"①1873 年，在美国科学促进会波特兰年会上，著名林业专家霍夫（F. B. Hough）做了《政府在森林保护中的作用》的演讲，呼吁如果不禁止当前美国森林砍伐中所盛行的"伐光制度"（Clear Cut），将会影响美国经济的发展。1875 年，关注伐木业浪费问题的一些人，如生物学家、园艺家和地产主等组成了美国林业协会。虽然该组织的主要宗旨是树木栽培、森林美学和对个体树木的研究等问题，但会员们"对于保护树木不受破坏所倾注的精力大大多于木材的有效管理问题"。②林业协会对于推动建立植树节、森林保护与国家公园的建立都做出了贡献。1887 年，著名的林业专家博纳德·费诺博士在马萨诸塞农学院开设了第一门森林科学讲座。约翰·缪尔既是森林保护运动的热心倡导者，也是积极践行者。缪尔利用陪同西奥多·罗斯福去约塞米蒂参观的机会，巧妙促成了这一国家公园的建立。他还在 1892 年帮助创建了美国最著名的环境保护组织——塞拉俱乐部，并直到 1914 年去世前一直担任它的主席。缪尔可以说是连接民间资源保护运动和联邦政府的保护运动的桥梁。

日益枯竭的森林资源是美国朝野关注的焦点，因此，美国进步主义时期的资源保护运动是围绕着森林保护展开的。1891 年，美国国会通过了《森林保留地法》（Forest Reserve Act），标志着由联邦政府主导的森林保护时代的到来。该法在废止了饱受争议的《育林法》的基础上，授权美国总统"随时都可以在任何州或领地内联邦所拥有的公地上，设立或保留公共保留地，不管这些土地上面是全部或部分地为森林或灌木所覆盖，也不论这些植被是否具有商业价值，而且总统可以通过行政告示而宣布这种保留地的设立及其

---

① Michael Williams, *Americans and Their Forests: A Historical Geography*, New York: Cambridge University Press, 1990, pp. 373-374.

② Samuel P. Hays, *Conservation and the Gospel of Efficiency: The Progressive Conservation Movement, 1890-1920*, Cambridge: Harvard University Press, 1959, p. 27.

边界范围"。①哈里森总统在该法通过的当年就分别在怀俄明和科罗拉多迅速划定了 1239040 英亩（约 5014 平方千米）和 1198080 英亩（约 4848 平方千米）的两块森林保留地。在其任内，哈里森总统共划定了 15 块，共计 13416710 英亩（约 54295 平方千米）的森林保留地。1897 年，克利夫兰总统在卸任前，又划定了 25686320 英亩（约 103949 平方千米）的森林保留地。麦金莱总统在任内又为这项事业增加了 7050089 英亩（约 28530 平方千米）的面积。②1897 年 6 月 4 日，国会通过《森林管理法》，内政部获得了森林保留地的管理权。

从某种意义上说，美国进步主义时期的森林保护运动是与西奥多·罗斯福紧密联系在一起的。罗斯福在森林保护方面的贡献超过了他前任的总和。（1）大幅度扩大了国家森林保留地的面积。他根据 1891 年《森林保留地法》总共划拨了 148346925 英亩（约 600339 平方千米）土地归入国家森林保留地，其面积是其前三任总统所设立国家森林总和的三倍，此类保留地的总个数也由原来的 41 个增长到 159 个。他在任内还新设了 5 个国家森林公园、4 个动物保留地和 51 处野生鸟类保护地。（2）1905 年，通过立法将平肖所领导的农业部下面的森林署再度升格为国家森林局（National Forest Service），并将森林管辖权由内政部土地管理局转归森林局。森林局负责聘请专业人员，预防森林火灾，检查森林的状况，宣传保护森林和植树造林的知识，并提出管理森林的建议等。（3）实行有限制地利用国有森林资源的政策，确定了私人使用公有资源交费的原则，并对所有通航河流上游的林区加以保护，把所有其他公共或私人的林业经营置于政府的严格管制之下。

老罗斯福的森林保护政策在接下来的岁月里不断被其继任者完善。1911 年，国会通过了《威克斯法》（Weeks Act），授权联邦政府购买林地以保护可航运的河流水源供应，它标志着"联邦、州和私人企业广泛合作以保护森林免于火灾及其他灾害的开始"。③到 1923 年财政年度结束时，美国总共有 146 处国家森林保留地，总面积达到 182099802 英亩（约 736932 平方千

①　Benjamin Horace Hibbard, *A History of the PublicLand Policies*, Madison: The University of Wisconsin Press, 1965, p. 530.

②　Benjamin Horace Hibbard, *A History of the PublicLand Policies*, Madison: The University of Wisconsin Press, 1965, pp. 530-531.

③　Thomas Cox, P. Thomas, Joseph Malone, *This Well-Wooded Land: Americans and Their Forests from Colonial Times to the Present*, Lincoln: University of Nebraska Press, 1985, p. 194.

米）。其中有 1613845 英亩（约 6530 平方千米）是根据《威克斯法》购买而来。①1929 年，胡佛总统正式签署命令，对国家森林进行保护。至此，美国森林保护的基本框架建立起来。

虽然来自社会各个集团的保护主义者都在推进森林保护工作，但在如何保护，尤其是保护的目的上却存在着明显的分歧，出现了以约翰·缪尔为首的自然保存主义（preservation）原则和以吉福德·平肖为首的功利主义的资源保护（conservation）原则之间的斗争。最终还是平肖为首的资源保护原则占据了主导地位。

荒野探险的经历和对梭罗等超验主义者思想的借鉴使缪尔抛弃了传统的功利主义自然观，变成了一名自然价值论者。缪尔写道："现在，这些具有远见卓识的先师们似乎从未意识到，造物主创造出动植物的首要目的是要使它们中的每一个都获得幸福，而不是为了其中一个的幸福而创造出其余的一切。"②"我尚未发现任何证据可以证明，任何一个动物不是为了它自己，而是为了其他动物而被创造出来的。"③在缪尔看来，自然万物都与人类具有同等的生存权利。缪尔认为，自然万物具有其自身的价值，人类的利益不能代替动物的利益："'响尾蛇有什么益处？'似乎凡是对人类没有明显益处的东西都没有存在的权利；似乎我们的利益就是造物主的利益。"④由此可见，缪尔已经超越了狭隘的人类中心主义，他对自然的欣赏、热爱甚至是保护不是出于狭隘的人类功利主义原则，而是源自大自然万物自身的内在价值，这相比于依据人类的功利原则而给自然万物确定价值的传统理念是一个颠覆性的进步。缪尔的自然价值论观念成为生态中心主义的一个重要理论来源。

缪尔从其生态中心主义的自然价值论出发，形成了一种自然保护主义的理念。根据这一理论：大自然具有其自身的价值，并不是仅仅基于它对人类的工具价值；目的是保护大自然的原始之美，而不是仅仅因为它们对人类所具有的工具价值，即"不是为了人类而关心大自然，而是为了关心大自然而

---

① Benjamin Horace Hibbard, *A History of the PublicLand Policies*, Madison: The University of Wisconsin Press, 1965, p. 532.

② 约翰·缪尔：《我们的国家公园》前言，郭名倞译，长春：吉林人民出版社 1999 年版，第 3 页。

③ 纳什：《大自然的权利：环境伦理学史》，杨通进译，青岛：青岛出版社 1999 年版，第 47 页。

④ 约翰·缪尔：《我们的国家公园》，郭名倞译，长春：吉林人民出版社 1999 年版，第 41 页。

关心大自然"。①对缪尔来说，"大自然既是供科学研究的实验室，也是供人们崇拜的庙宇"。②他指出："每个人在需要面包的同时也需要美丽，需要一个地方去休闲和祈祷，在那里，大自然可以使人的心灵和肉体得到医治、放松和恢复活力。"③缪尔的自然保护主义思想与进步主义时期由政府官员和专家们基于资源的有用性和科学管理而主导的资源保护主义具有很大的差异。对于像西奥多·罗斯福和吉福德·平肖这样的资源保护主义者而言，"森林业的基本思想就是森林利用的永久性，保护森林本身并不是目的，它只是一种手段，用来增加和维持我们国家的资源供应以及依靠资源的工业的发展。保护我们的森林是一项迫切的商业必需"。④

虽然缪尔的自然价值论思想蕴含了丰富的生态智慧，但因为太过于激进和超前于时代而得不到主流社会的认可。当时发挥主导作用的是以森林局局长吉福德·平肖为代表的功利主义的资源保护理念。平肖不仅主持着当时森林管理局的工作，还把他的保护主义观念贯彻到了 20 世纪初期美国的林业保护之中。其实，国会在 1897 年通过《森林管理法》时就明确声称：设立这些保留区的一个主要目的就是"为美国公民的需要和利用而保证一个持续的木材供应"。⑤当时北美著名的森林主义者费诺也认为："森林的首要服务目标和对象与美或高兴没有任何关系，除了偶尔的情形外，那不是一个审美学的，而是一个经济学的目标。"⑥

根据平肖的理解，资源保护主义包含下列几个方面的内容。（1）资源应该被开发利用，而不应被封锁。用他自己的话说，"关于保护的第一个重大事实是它代表着发展……保护的确意味着为未来提供保障，但它更意味着而且首先是对当代人完全必需的使用本国所赋予的丰富资源的权利的认可"。⑦在平肖那里，通过精心的管理，将资源开发置于一个理性的基础之

---

① 纳什：《大自然的权利：环境伦理学史》，杨通进译，青岛：青岛出版社 1999 年版，第 127 页。

② Susan J. Armstrong and Richard G. Botzler, eds., *Environmental Ethics: Divergence and Convergence*, New York: McGraw-Hill, Inc., 1993, p. 118.

③ John Muir, *The Yosemite*, in John Muir, *The Writings of John Muir*, Vol. 5, Boston: Houghton Mifflin Company, 1916, p. 286.

④ Robert Gottlieb, *Forcing the Spring: The Transformation of the American Environmental Movement*, Island Press, 2005, p. 56.

⑤ United States Department of State, *U. S. Statutes at Large*, Vol. 30, Washington D. C.: Government Printing Office, 1899, p.35.

⑥ B. E. Fernow, The Palisades Park, *The Forester*, Vol. 2, No. 3, May, 1896, p. 45.

⑦ Gifford Pinchot, *The Fight for Conservation*, Seattle: Washington University Press, 1967, p. 42.

上，从而实现国家的繁荣稳定和实现大多数人的利益才是保护的目的。在讨论赫奇赫奇大坝问题上，平肖鲜明地表达了他的实用主义的保护观："整个保护政策的根本目的就是利用，将每一块土地及其上面的资源用于上述目的，通过这种方式将会维护大多数人的利益。"①因此，著名生态史学家唐纳德·沃斯特称"保护国家的经济体系，而不是自然的经济体系，是他的自然保护哲学的主题"。（2）反对浪费。平肖指出，"阻止浪费在所有问题上都是一桩简单的好买卖"。而从其林业管理的角度出发，他认为最主要的则是森林防火。（3）自然资源应该为大多数人所用。按照平肖的说法："自然资源的发展和保护必须是未来多数人，而不是仅仅少数人的利益。"②平肖进一步指出："保护意味着最长时间内为最大多数人提供最大的利益。"③由此可见，平肖等人所主张的森林保护的最根本原因是森林对人类的有用性。

其实，平肖和缪尔关于森林保护的两种路线的分歧所反映的既是关于保护的目的、道路和手段之间的差异，也是两个人所代表的不同社会集团对于森林的认知观念的分歧。虽然缪尔还没有像后来的利奥波德那样提出一套生态中心主义的自然保护标准，他只是从自然价值论的高度倡导对包括森林在内的自然环境进行保护，其根本目的是维护美丽的大自然本身的多样性和稳定性，而不仅仅是为了满足人类需要的功利性目的。而平肖的资源保护运动的核心则是立足于这些资源对人类社会的有用性及其稀缺性。根据这种功利主义的资源保护理念，只有在保证了美国经济发展的前提下，才会对像森林这样的资源进行保护，也就是说保护的目的是维持经济的发展，资源保护从属于经济发展。

（四）植树造林：从试图改变气候到话语霸权

19世纪后期，美国人在对现有的森林进行保护的同时，还积极倡导植树造林。植树造林最初作为一种试图改变西部气候、增加降雨以对抗西部干旱的手段而受到民间和政府的大力支持。但随着形势的变化，它越来越变成一种话语霸权，成为木材公司和美国社会推卸环境责任的一个托词。

---

① Roderick Nash, *Wilderness and the American Mind*, 3rd edition, New Haven: Yale University Press, 1982, p. 171.

② Gifford Pinchot, *The Fight for Conservation*, Seattle: Washington University Press, 1967, p. 46.

③ Gifford Pinchot, *The Fight for Conservation*, Seattle: Washington University Press, 1967, p. 47.

虽然西方文化中长期以来对森林充满敌视情绪，为了经济发展和定居地扩张而不断毁林，但历史上许多地区出于各种不同的目的，也的确存在鼓励植树造林的尝试。据研究，埃及早在公元前 3 世纪的时候，为了保护河流、增加粮食产量和建立公园等目的而鼓励种树，威尼斯在 1450 年也通过鼓励植树的法令，以迟缓城市周围泻湖的盐碱化。而英国由于森林较少，对植树造林事务也比较重视。早在 1664 年，被称为英国林业之父的约翰·艾弗林爵士（John Evelyn）就专门撰文倡导植树造林，他还把这一行动同爱国主义联系起来。以至于英国的社会上层在 18 世纪展开了植树竞赛活动。据说来自卡丁根郡（Cardiganshire）的托马斯·约翰斯（Thomas Johnes）仅在 1795 到 1801 年间就曾经种下了 200 万棵树。[1]由此可见，虽然西方文化中具有敌视森林的传统，但出于实用目的的植树活动由来已久。

美国虽然在殖民地时期就有零星种树的实践，但在 19 世纪中期以前，对森林的敌视和疯狂破坏一直是其主流。植树造林受到热烈追捧是与大草原的开发联系在一起的。干旱的大草原一度被认为是"美洲大沙漠"而令定居者望而却步，而随着内战后西部草原开发时代的到来，关于干旱地区农业发展的许多技术性问题摆在世人面前，除了倡导旱作农业技术外，森林对气候的影响问题受到特别关注：既然毁林可以导致气候变干旱，那植树造林是否能够增加雨量，使气候变湿润呢？答案是肯定的。早在 18 世纪，著名的博物学家布丰就根据阿拉伯的情况，提出了树木能够令气候变湿润的观点，认为"在酷热的沙漠中，哪怕是一片森林也足以令天气变舒适，并吸收空气中的水分，保持土壤的肥力"。[2]不过布丰的观点当时并没受到世人的注意。但到 19 世纪中期，美国人从布丰那里得到启发，在森林与降雨之间建立起正相关联系。史密森学会的主任约瑟夫·亨利（Joseph Henry）更是明确提出植树造林"能够改变自然的进程……能够使得地球上贫瘠的地区变得像环境较好的地区那样物产丰饶"。[3]按照亨利的意思，通过植树造林，大平原这片从 30 年代就被认为是"美洲大沙漠"的地方有望变成文明的大花园！

---

[1]　Shaul E. Cohen, *Planting Nature: Trees and the Manipulation of Environmental Stewardship in America*, Berkerley: University of California Press, 2004, pp. 10-11.

[2]　Michael Williams, *Americans and Their Forests: A Historical Geography*, New York: Cambridge University Press, 1990, p. 381.

[3]　Joseph Henry, *Scientific Writtings of Joseph Henry*, Vol. 2, Washington D. C.: Smithsonian Institution, 1886, p. 10.

到 19 世纪 60 年代后期，来自美国社会各个阶层的代表都对在大平原上进行植树造林持支持态度。一些具有科学背景的政府官员是这一运动的第一批积极倡导者。这其中最著名的当属土地局官员约瑟夫·威尔逊（Joseph Wilson），他在 1868 年发表一篇文章公开倡导在大草原植树造林："如果 1/3 的大草原被树木覆盖，就有充分的理由相信这里的气候会得到巨大改善，本区作为草原的价值会得到极大的提升，而本区的一大部分土地也可以经受得起高度的耕种。"①威尔逊的主张与土地调查局的官员斐迪南德·海登不谋而合，后者在 1867 年的一份报告中指出："人们的拓殖与林木的增加已使内布拉斯加州密苏里河沿岸地区的气候得到改善。所以在过去 12 年或 14 年中，雨量逐年增加并且一年中的雨量分布均匀。我坚信随着拓居地区不断扩大和林木的适当种植，这种变化将继续扩展到整个干旱地带直到落基山麓。"②除了威尔逊和海登外，1876 年被任命为美国森林调查官员的富兰克林·霍克（Franklin B. Hough）、林业代办处的官员，著名的林学家霍夫及其继任者伊格尔顿（Nathaniel H. Egleton）也都是植树造林的热情支持者。除了这批掌握话语权的官员外，内布拉斯加大学的两名生物学教授塞缪尔·奥格伊（Samuel Aughey）与查尔斯·威尔伯（Charles Dana Wilber）也大力鼓吹植树造林，后者还是那个著名的假说"雨随犁至"理论的发明者，而随着西部对植树活动的迷恋，威尔伯的"雨随犁至"也相应地变成了"雨随树至"。集政治家、农场主和报纸编辑三重身份为一体的内布拉斯加植树节的倡议者莫顿（J. Sterling Morton）当然也是植树造林运动的积极倡导者。不过，莫顿所青睐的是在内布拉斯加种植果树。按照他的说法："一个组织良好的时刻充满欢乐的果园是一种美……果园是文化和教养的传播者，那些在绿树鲜花中成长起来的孩子远比那些与猪牛等牲畜为伍的孩子身心要健全。"③莫顿除了希望植树增加雨量外，还期望通过植树造林抵制牧场主对内布拉斯加的渗透。另外一名值得关注的倡导者是著名作家和编辑安德鲁·杰克逊·唐宁（Andrew J. Downing）。唐宁对于被剥光树木的美国城市

① Joseph Wilson, "Observations Accompanying Annual Report of 1868 of the Commissioner of the General Land Office on Forest Culture", in General Land Office of United States, *Report of the Commissioner of the General Land Office for the Year 1868*, Washington D. C.: Government Printing Office, 1868, p. 197.

② U. S. General Land Office, *Report of the Commissioner of the General Land Office, for the Year 1867*, Washington D. C., Government Printing Office, 1867, p. 135.

③ Michael Williams, *Americans and Their Forests: A Historical Geography*, New York: Cambridge University Press, 1990, p. 383.

和乡村进行激烈的批判，并呼吁道："让每一个只要心里不是荒漠的人，都来植树！"①甚至西部一些铁路公司也加入到鼓吹植树造林的行列中来，试图通过植树造林，从当地解决枕木的供应问题。由此可见，随着西部大草原的开发，尽管动机不同，有的着眼于增加降水和鼓励定居，有的则期望增加木材产出，还有的则出于审美学的观念等等，但在大草原上进行植树造林已经成为美国社会各界的共识。

到 19 世纪 70 年代，一场由民间和政府联合推动的植树造林运动在西部大草原上展开。

首先，是植树节的建立，其倡导者是莫顿。其实早在莫顿之前，来自马萨诸塞的约翰·奇普曼（John Chapman）就曾经在宾夕法尼亚、印第安纳、俄亥俄等地长期义务分发苹果种子和苹果树苗。莫顿从其行动中找到灵感，利用他所掌握的新闻资源和政治资源，倡导大规模有组织的植树活动。根据他的说法，"种植树木其实是在播种美好和优雅，并使一个男人变高贵，我期望看到这一潮流席卷全州"。②1872 年，莫顿所任职的内布拉斯加州农业局通过了他所提出了设立植树节的倡议，确定该年的 4 月 10 日为第一个植树节。内布拉斯加的第一个植树节获得了巨大的成功，据说全州在这一天种植了 100 万棵树苗。内布拉斯加植树节的创意很快被全国其他州效仿，植树节也逐渐成为全国性的节日。为了表彰莫顿的贡献，内布拉斯加在 1885 年将他的生日，每年的 4 月 22 日确定为植树节和节假日。内布拉斯加植树节的创意很快被全国其他州效仿，植树节逐渐成为一个"全国性的节日和我们的一个重要机构"。③

其次，是《植树法》的实施。如果说植树法是民间人士推动、由内布拉斯加率先行动的话，那《植树法》则是联邦政府支持西部植树造林的一项尝试。《宅地法》自 1862 年通过以后，一直是美国西部开发的一个神话，即利用土地吸引移民定居。为了鼓励人们在西部植树，威尔逊和海登就曾经建议在宅地法中加入对定居者植树的要求，并对按照要求超额植树的定居者予以奖励。威尔逊和海登的建议得到农业部官员和总统格兰特的支持。1872

---

① Andrew Jackson Downing, *Rural Essays*, New York: G. P. Putnam and Company, 1853, p. 310.

② Shaul E. Cohen, *Planting Nature: Trees and the Manipulation of Environmental Stewardship in America*, Berkerley: University of California Press, 2004, p. 36.

③ Nathaniel Egleston, *Arbor Day: Its History and Observance*, Washington D. C.: Government Printing Office, 1896, p. 4.

年，内布拉斯加参议员赫奇考克（Phineas Hitchcock）将利用宅地以鼓励植树的法案引入参议院。在当时有利的社会氛围下，1873 年这部法案很快获得批准，此即著名的 1873 年《植树法》。该法规定凡是对规定的宅地地块种植树木的农场主，可以另外得到 160 英亩的土地。该法的倡导者赫奇考克的说法是："本法案的目的不仅仅是鼓励种树，也不是仅仅为了土壤有益，或者树木本身的经济价值，而是着眼于影响气候。"[①]

以植树节的创立和《植树法》的通过为契机，植树造林运动在美国推广开来。每年的植树节都成为一次全国性的植树狂欢。通过这一节日，其推动者希望实现"净化心灵和身体的双重目的，同时爱国主义感情也得以提升"。到 19 世纪 90 年代，全国已经有 40 个州的学校中设立植树节假期。1875 年，"美国林业协会"（American Forest）成立，该组织有两个目标：一是保护现有森林，二是宣传植树造林。该组织的宗旨："1. 对本大陆的森林资源采取更加理性的保护措施；2. 采取教育、立法及其他各种措施推动这一目标的实现；3. 传播森林保护、管理及更新的相关知识，废地复植的相关方法，对森林产品的合理利用，景观树木的种植，以及林木栽培的其他相关知识。"[②]美国林业协会通过多种举措，如建立纪念林、童子林、母亲节林等方式，推动美国开展植树造林。另外，许多木业公司和铁路公司也在其土地上尝试各种造林计划。如路易斯安那尤拉尼亚木材公司的亨利·哈德纳（Henry Hardtner）在其土地上试验植树，1913 年就重新种植了 2.7 万英亩（约 109 平方千米）。[③]1877 年，堪萨斯城－斯科特堡－海湾铁路的老总亨尼威尔（H. H. Hunnewell）在堪萨斯的克劳福德县种植了 640 英亩（约 2.59 平方千米）的梓树，受到各方面的赞扬。据统计，在植树法通过的 30 年里，铁路公司总共在大约 50 个地区种植了 1.5 万英亩（约 61 平方千米）的森林。[④]

总体来看，美国 19 世纪末这场全民性的植树造林运动并不成功。首先，《植树法》既没有实现其倡导者所期望的在西部建立 1/3 林地的目标，更谈不上改变气候。《植树法》由于设计的漏洞，沦为投机分子套取联邦土

---

① Shaul E. Cohen, *Planting Nature: Trees and the Manipulation of Environmental Stewardship in America*, Berkerley: University of California Press, 2004, p. 33.

② Frederick Newell, "The American Forestry Association", *Forester*, Vol. 4, No.1, Jan., 1898, p. 1.

③ Michael Williams, *Americans and Their Forests: A Historical Geography*, New York: Cambridge University Press, 1990, p. 286.

④ Michael Williams, *Americans and Their Forests: A Historical Geography*, New York: Cambridge University Press, 1990, p. 351.

地的工具。从 1873 年通过直到 1891 年被美国联邦政府取消，总共授出了 9800 万英亩的土地，绝大部分落入了投机分子手中。另外，19 世纪 60 年代以来草原上一个丰沛的降水周期的到来为"雨随犁至"和"雨随树至"这样的乐观理论准备了条件，但 90 年代草原的旱灾是对于植树以改变气候的观念的一种沉重打击。其次，民间植树造林活动的主要推动者美国林业协会逐渐沦为与森林砍伐活动联系密切的一些商业公司的附属。该组织最初贯彻著名林学家费诺和平肖的一些森林保护思想，并通过杂志宣传，引导舆论，倡导多种形式的民间植树运动。但进入 20 世纪以后，它与美国的一些森林巨头和纸业公司关系亲密，甚至几任主席都由森林公司的领导出任。虽然这些森林公司和纸业公司是此后植树造林的最主要的推动者和践行者，但他们也是最主要的伐树者。1916—1922 年间担任该组织主席的查尔斯·派克（Charles Lathrop Pack）本身就是派克木业公司的领导，他本公司的林地上就因为被拍摄到采取破坏性巨大的伐光制度而遭到唾弃。由此可见，美国林业协会已经"丧失了代表公众和护林者发言的神圣权利"，[①]沦为美国商业公司的玩物。

　　虽然《植树法》被终止，但在大草原植树造林的想法却并没有消失。20 世纪上半期，美国最著名的植树造林倡导者是拉斐尔·左恩（Raffaello Zorn），他指出："虽然种植树并不能整个改变气候条件，但却能缓解改善现存的许多不利条件，主要是通过连续的植树带降低了风的地面速度，树无疑会帮助某些情况下保持一定的土壤水分，至少延缓蒸发和流失，或者降低温度。"[②]左恩的理想在富兰克林·罗斯福总统时期得到实现，他被任命为罗斯福总统植树造林事务的顾问。在左恩等人的帮助下，罗斯福总统掀起了美国历史上最大规模的植树造林计划。

　　富兰克林·罗斯福早年在经营其海德公园农场的时候就是植树造林的热心实践者。担任联邦总统后，他通过建立民间资源保护队，将植树造林、森林防护、治理水土流失与解决失业联合起来。从 1933 年到 1942 年，联邦政府总共雇佣超过 250 万人从事相关工作，保护队总共大约种植了 200 万英亩（约 0.8 万平方千米）的森林。仅 1936 年一年就在国家林地上种植了

　　① Shaul E. Cohen, *Planting Nature: Trees and the Manipulation of Environmental Stewardship in America*, Berkerley: University of California Press, 2004, p. 44.

　　② USFS, *Possibilities of Shelterbelt Planting in the Plains Region*, Washington D. C.: US Government Printing Office, 1935, p. 7.

5 亿棵树苗。在森林局的监督下，民间资源保护队在田纳西流域设立了 30 个营地开展森林防护和植树造林工作。到 1942 年，他们一共种植了 4400 万棵树木，控制了 114 场火灾。①正是由于民间资源保护队的努力，40 年后，整个田纳西流域被侵蚀地区基本实现了森林全部复林的目标。除了在已有国有林地上推行植树造林计划外，罗斯福总统还利用大危机的契机，从德克萨斯和伊利诺伊等州的私有林业公司手中购买了大约 1000 万英亩（约 4 万平方千米）的采伐过的林地，并入国家森林系统，并组织民间资源保护队对这些林地进行重新绿化。30 年以后，原来购买的伊利诺伊南部 21.1 万英亩（约 853.9 平方千米）的废弃林地而组建的肖尼国家森林已经再生成功，当地的生态环境也得到了极大改善。

　　除了通过民间资源保护队在全国各地的国有林地上植树造林外，针对 30 年代西部沙尘暴肆虐的情况，罗斯福总统还构画了一个宏大的防护林带蓝图：沿着 99 度经线，从达科他到德克萨斯，建立一条 100 英里（约 161 千米）宽、1150 英里（约 1851 千米）长的防护林带，以达到防风固沙和水土保持的长远目标。虽然修建防护林带的计划遭到了国会的反对，但罗斯福仍然雄心勃勃地推进这一计划。1934 年 7 月，联邦政府拨款 1500 万美元开展防护林带的建设。到 1935 年，就已经种植了 200 万棵树，分布在 232 个农场里，长达 125 英里（约 201 千米）。仅仅在 1935－1936 年两年的时间里，共种植了 23771000 棵树，成活率达到 81.2%，分布在 32035 英亩（约 130 平方千米）的范围内，林带长度达到了 1281 英里（约 2062 千米）。②在水土保持局和林业局的领导下，防护林计划在进行了 10 年后，联邦政府总共花费了大约 1400 万美元，远远低于罗斯福当初 7500 万美元的预期，总共种植了 2.2 亿棵树苗，其中成活率达到 78%。虽然遭遇反对，但罗斯福的防护林计划取得了巨大的成功，它不仅起到了防风固沙、减轻水土流失的作用，还为草原野生动物提供了庇护所。许多草原农场主自动购买树苗，培育自己的防护林，甚至到 1965 年，林学家和农场主们又把 4.4 万英亩（约 178 平

---

① Thomas Cox, P. Thomas, Joseph Malone, *This Well-Wooded Land: Americans and Their Forests from Colonial Times to the Present*, Lincoln: University of Nebraska Press, 1985, pp. 220-223.

② Earl W. Tinker, "The Plain Shelterbelt", in Edgar B. Nixon, ed., *Franklin D. Roosevelt and Conservation 1911-1945*, Vol. 1, Hyde Park: Franklin D. Roosevelt library, 1957, p. 549.

方千米）的草场转化为林地。①

第二次世界大战后，美国的植树造林运动出现一些新的趋势，首先就是联邦政府一改过去直接在联邦林地上植树的传统，转而通过各种方式支持私人植树活动。而私人植树活动主要来自两方面：其一是民间非政府公益组织所发动的各种植树活动；其二是以木材公司为首的各种商业公司植树造林活动。

热心推进种树事业的民间非政府公益组织除了老牌的美国林业协会外，在 1972 年，即植树节通过 100 周年的时候，又出现了一个叫全国植树节基金会（National Arbor Day Foundation）的组织，它是一名同样来自内布拉斯加的年轻人约翰·罗斯诺（John Rosenow）建立的，该组织承袭植树节创始人莫顿关于植树造林改变环境、陶冶情操的理念，主张政治中立，强调无论出于何种动机，种树总是好的。罗斯诺说道："除非我们种植足够多的树，否则雨水会从我们肥沃的农田上切出深沟，摧毁这一不可修复的资源，阻塞河流，污染水源。"②他策划了一系列著名的活动，包括"美国园林城市运动"（Tree City USA）、"全美植树运动"（Trees for America）和"青少年爱树运动"（Teach Youth about Trees）等。"园林城市运动"在 1976 年美国建国 200 周年之际推出一项活动，它为园林城市设定了 4 项标准，即每个城市必须设有专门的政府机构负责城市园林事务，而且必须包括专业森林学家在内；城市管理中必须具有明确的森林管理条例；每名市民人均必须为城市绿化捐款 2 美元以上；必须具有官方的植树节活动。该活动取得了巨大的成功，目前得到该组织认定的园林城市有 2600 多座。"全美植树活动"则通过向全国各地会员邮寄树木换取会员费的方式鼓励植树。1984 年，该组织有 203784 名会员，1990 年达到 11111162 人的顶峰。"青少年植树运动"则针对在校的中小学生开展植树爱树方面的教育活动等。

面对美国植树节基金会的挑战，老牌的非政府组织美国林业协会由于定位不明确和会员减少而经历了一段时间的低谷后，也在 20 世纪 70 年代活跃起来，推出了一项"全美植树时代"（Tree Time USA）活动，旨在联合各级政府，鼓励植树造林，开展森林与环境方面的相关教育等。但该项活动没有取得多大成就便不得不改变思路，在 1988 年推出"全球复绿计划"（Global

---

① Thomas Cox, P. Thomas, Joseph Malone, *This Well-Wooded Land: Americans and Their Forests from Colonial Times to the Present*, Lincoln: University of Nebraska Press, 1985, p. 225.

② Shaul E. Cohen, *Planting Nature: Trees and the Manipulation of Environmental Stewardship in America*, Berkerley: University of California Press, 2004, p. 54.

ReLeaf)，倡导森林对全球环境的重要性，并接受大型商业公司的资助。面对全球性的环境主义浪潮，许多商业公司也感到进行绿色包装的必要性，美国林业协会正好为他们提供了这样一个平台。该计划在为商业利益集团和社会公众之间搭起一个联系的桥梁的同时，也使美国林业协会日益向着商业公司代言人的角色蜕变，它通过片面宣传种植了多少棵树，玩弄数字游戏，变相地为这些公司破坏自然的行为辩护，也使普通的美国国民可以通过种植一定数量树木的方式，抵消其日常活动对环境的影响，从而心安理得地享受当前这种奢靡性生活方式。由此可见，美国林业协会的这些所谓的活动实际上是一种新型的绿色话语霸权。该组织的一名持保留意见的成员也质疑道："如果我们继续追求商业公司的赞助，我非常担心我们的项目和组织会被毁掉，因为这些公司具有很强的动机去诱导民众相信：种植更多的树木而不是改变其自身的行为是抵消全球变暖的更有效措施。"①

其实，美国战后种树的主力既不是联邦政府，也不是来自民间的公益组织，而是木材公司。这类公司每年都要种植 10 亿棵树左右。当然，他们种树不是为了改变气候或者陶冶情操，而是为了获得源源不断的木材供应。木材公司因为早年不计环境代价的乱砍滥伐早已在社会各界声名狼藉，其实美国森林局和国有森林保护地的设立从某种意义上就是为了限制前者。其实许多木材公司很早就尝试过砍伐过的林地上进行复植，只不过当时面对无尽的森林和不受限制的砍伐，商业公司更有动力去砍伐原始森林而不是进行林地复植。随着森林保护运动兴起和对商业公司乱砍滥伐的限制，商业公司植树造林的热情才被调动起来。据研究，美国全国在 1997 年这一年植树 16.24 亿棵，其中联邦政府占 3.3%，各级地方政府占 21.4%，而 52.5%的部分是由木材公司来完成的。这些木材公司之所以如此行事，一方面是为了得到可持续的木材供应，另一方面也是为了改变森林破坏者的形象。早在 40 年代初，威尔霍伊泽公司（Weyerhaeuser）就策划了"森林农场"运动（Tree Farm），向公众灌输森林就像庄稼那样，可以按时收割的理念，而威尔霍伊泽公司是负责任的木材公司！截至 1975 年，美国的森林农场达到 3.5 万个，面积达到 7600 万英亩（约 30.8 万平方千米）。②像威尔霍伊泽公司一

---

① Shaul E. Cohen, *Planting Nature: Trees and the Manipulation of Environmental Stewardship in America*, Berkerley: University of California Press, 2004, p. 78.

② Thomas Cox, P. Thomas, Joseph Malone, *This Well-Wooded Land: Americans and Their Forests from Colonial Times to the Present*, Lincoln: University of Nebraska Press, 1985, p. 238.

样，其他木材公司也都注重公关，在各类畅销杂志上刊登有针对性的广告，试图改变木材公司森林屠宰者的形象。一家木材公司的顾问建议：木材公司改变在公众的敌视情绪的"一个办法是通过灵活的广告塑造一种负责任的形象。比如为了塑造对环境负责任的形象，木材公司可以尝试诸如以消费者的名义种植一棵树这类的项目等等"。①美国森林与纸业联合会为此目的在1994年提出了"可持续森林计划"（Sustainable Forestry Initiative）。总之，这些木材公司拥有雄厚的经济实力，它们利用各种手段塑造森林守护者形象的根本目的并不是如它们所宣传那般，而是在全球环境主义浪潮下，抢夺话语霸权，从而最终为其为了谋求经济利益而大量砍伐森林的行为辩护。

（五）小　结

在民间资源保护力量和联邦政府的联合努力下，到 20 世纪上半期，美国社会已经基本改变了对森林的仇视态度和肆无忌惮的毁林模式，代之以欣赏和保护。美国初步建立了森林保护的基本体系，扭转了森林快速消失的窘境。大约到 1920 年，美国扭转了农业用地不断增加，而林地则不断减少的趋势，林地面积基本固定下来。在 1920 年的时候，美国每年的林木砍伐量是增长量的 4 倍；到 1952 年，基本实现了增长量和砍伐量的持平。而到 20 世纪末，美国林木的年增长量是 1920 年的 4 倍，每年的林木增加量超过砍伐量的 40%，每英亩森林的载木量比 1953 年至少增加了 50%，东部有些地区甚至比 1953 年增加了一倍。②

美国人对森林的认知观念的变化是美国人环境观念发生变迁的一个缩影，而环境观念的变迁是人类社会对环境采取政策的前提。在不计环境代价谋求发展的传统现代化时期，美国人对森林充满敌视并进行肆意毁坏。而随着森林资源的快速消失，美国人开始认识到森林的珍贵，重视它对于美国社会的重要意义，走上森林保护之路。而资源保护主义和自然保护主义两种保护理念的分歧不仅是美国社会在森林保护方面的两条路线之争，也是美国乃至整个人类社会在经济发展与环境保护方面所面临的一个两难抉择：即当发

---

① Shaul E. Cohen, *Planting Nature: Trees and the Manipulation of Environmental Stewardship in America*, Berkerley: University of California Press, 2004, p. 137.

② Douglas W. MacCleery, *American Forests: A History of Resiliency and Recovery*, Durham: The Forest History Society, 2011, p. XIII, p. 44.

展与保护相抵牾的时候，是发展优先于环境保护还是环境保护优先于经济发展？虽然生态中心主义者的自然保护理念充满生态智慧，但即便在当今环境主义时代，对森林的功利主义态度并未发生多大改变，缪尔的理想仍然没有实现。因此，人与自然的和谐，说起来容易，践行起来仍然任重道远。

美国社会从疯狂毁林到植树造林的转变是他们在森林保护方面的重大进步，也是对森林的认知观念发生变化的侧影，它表明美国社会对森林的生态价值已经有了全新的认知，虽然当初这个认知还充满功利色彩和期望过高。而二战后植树造林活动轰轰烈烈地开展表明植树造林、保护地球环境已经成为社会的主流意识，甚至连各种商业公司也不得不顾忌公众感情，抢夺舆论主导权，对自己的公司进行绿色包装。

一个社会对森林的态度所折射出的是这个社会对整个自然界、对人与自然关系的态度。在当前环境主义时代，植树造林的倡导者试图用单纯的种树数字这样的游戏掩盖美国社会所流行的对环境索取过大的生活方式，可以心安理得地享受现有的奢靡生活。人类社会只有改变当前流行的奢靡性消费方式，才有望真正减少对森林的破坏。而这一切的源头，则是近代以来在人与自然对抗中人类社会被激发出来的过度贪欲以及因此而形成的认为自然仅仅是人类用于开发和索取对象的价值观念。现代社会需要重新反思和借鉴梭罗、缪尔、利奥波德等人关于生态中心主义的一些理念，尊重自然的内在价值，崇尚简朴的生活，才有望真正实现人与自然的和谐。

（原载于《世界历史》2017 年第 6 期，略有修改）

三、生态现代化：环境主义时代关于发展的新话语

长期以来，无论学界还是政府，在现代化发展与环境保护方面一直坚信一种零和理论，即环境保护和经济发展是一种对立统一关系，环境保护是一种理性决策，它以牺牲当前的经济发展利益为代价谋求环境保护，从而实现人类更长久的利益。20 世纪 60 年代以来，环境主义浪潮席卷全球，痛斥近代以来的现代化发展所导致的人与自然关系的紧张，批判人类对技术的迷恋和好大喜功所带来的对生态环境的破坏，为了地球生态系统的稳定性和多样

性，呼吁控制人口规模，抑制人类的奢靡性消费，实现经济的零增长。面对汹涌的环境保护主义浪潮，许多国家不得不做出应对，做出各种抑制经济增长和保护环境的举措，因而 70 年代被认为是全球环境主义的十年。然而这种悲观的增长理论虽然有利于培养世人的环境保护意识，但却不受政治人士的欢迎。在这种情形下，一种试图把环境保护与现代化发展融合在一起的新理论——生态现代化——诞生了，由于其乐观地认为经济发展和环境保护可以实现共赢而很快受到追捧，成为一时的新宠。

生态现代化一词大约在 20 世纪 80 年代中期由德国学者马丁·耶内克（Martin Janicke）和约瑟夫·胡伯（Joseph Huber）提出，在过去的 30 年里不断完善和修正，以其技术乐观主义和经济发展与环境保护并赢的正和理论而日益成为政治学家和社会学家分析发展与环境问题的主流话语，与此同时也受到了生态马克思主义者与生态中心主义者的激烈批评。目前政治学界和社会学界关于生态现代化的讨论已经很多，但史学界对于这一话语似乎还缺乏应有的兴趣，不管是环境史学家还是现代化史学家都没有对此问题做出有力的回应。本文试图从历史学的角度对生态现代化进行解读，以图对这一现象能有一个初步的认识。

（一）对"极限论"悲观话语的挑战

自然界是人类社会生存的物质基础。数千年来，人类与自然界之间的关系却越来越走向对立。我们已经习惯于站在发展和进步的角度评价上述两者之间的关系，想当然地认为："如果人类要走向文明，他就必须改变他周围的环境。"①而随着人类科技的进步，人与自然之间的对抗越来越激烈。自新大陆发现以来，西方国家的现代化发展是以征服自然能力的空前提升为主要特征的。著名现代化理论家布莱克认为现代化"反映着人控制环境的知识亘古未有的增长"。②另一位研究现代化的学者艾恺则认为现代化可定义为"一个范围及于社会、经济、政治的过程，其组织与制度的全体朝向以役使自然为目标的系统化的理智运用过程"。③现代化发展过程中所必不可少的

---

① Jerrome O. Steffen, *The American West: New Perspectives, New Dimensions*, Norman: University of Oklahoma Press, 1979, p. 16.

② 西里尔·布莱克：《现代化的动力》，段小光译，成都：四川人民出版社 1988 年版，第 11 页。

③ 艾恺：《世界范围内的反现代化思潮——论文化守成主义》，贵阳：贵州人民出版社 1991 年版，第 5 页。

科技进步则被认为是为人类征服自然服务的工具：根据美国学者内森·罗森堡（Nothan Rosenberg）的定义，"科技应该是这样一种信息，它能改善人类控制和驾驭自然、从而达到人类目标的能力，从而使环境可以更加符合人类的需要"。①从某种意义上说，近 500 年以来西方国家的现代化的历程也是一部人类对自然界进行肆意征服和疯狂破坏的历史。

自 19 世纪末开始，随着美国现代化发展中环境问题的日益突出，在民间保护力量和联邦政府的联合作用下，北美出现了轰轰烈烈的资源保护运动。它是进步主义运动的一个重要组成部分，标志着美国政府抛弃建国以来所推行的以促进经济发展为单一目的的放任自流的资源和环境政策，对自然资源的利用进行合理的规划和保护，并逐步确立了美国环境保护的基本框架。

美国进步主义时期的资源保护运动可以看作是世界现代化发展中的一个转折点，标志着人类社会开始放弃不计环境代价追求经济增长的社会发展模式，转而寻求环境保护与经济发展之间的平衡。但受当时功利主义保护理念的影响，直到 20 世纪 60 年代，在经济发展与环境保护的这场博弈中，前者一直居于主导地位。因而，虽然欧美各国陆续都建立起了环境保护的体系，但整体上环境恶化的趋势仍然未能遏制。直到 1962 年，现代环境运动的先驱蕾切尔·卡逊女士出版了《寂静的春天》，引发了席卷全球的环境主义运动，人类社会从此进入了环境主义的新时代。面对环境主义的挑战，各种社会利益集团和学科都先后做出反应，它们分别从各自的角度和立场重新审视人类与自然之间的关系。一时间，生态神学、环境经济学、生态社会学、生态马克思主义、生态女权主义、环境史学等各学科如雨后春笋般冒了出来。

在全球环境主义的大背景下，较为悲观的生存主义的"发展极限"理念在 70 年代风靡一时。1972 年，罗马俱乐部的学者米多斯发表了名为《增长的极限》的研究报告，标志着生存主义学派"极限"理论的诞生。除此之外，联合国环发大会的召开，环境问题作为全球问题被提了出来。与《增长的极限》共鸣的还有《生存蓝皮书》《小的就是好的》《人口炸弹》等著作，它们共同造就了 70 年代环境危机的社会心理。其核心观点就是强调地球有

---

① Nathan Rosenberg, *Technology and American Economic Growth*, Armonk: M. E. Sharpe, Inc., 1972, p. 18.

限的承载能力与人口和经济不断增长之间的矛盾，呼吁人类社会改变生产生活方式，在地球的承载极限内活动，否则按照现行的发展模式和人口增长速度，必将会导致整个生态系统的崩溃。在发展与保护之间，极限论第一位的选择是将保护置于增长之前，甚至倡导"零增长"。"极限论"在发动群众，提升世人的环境观念方面做出了巨大的贡献。但是它却是不受政府和经济学家待见的。厄尔·库克指出："增长的极限这一概念威胁到了既得利益和权力结构……他们拒绝接受热力学第二定律与经济过程的相关性；如果他们这样做，他们在市场经济中高高在上的'神父'地位就会不复存在。"①

面对"极限论"的挑战，生态现代化理论诞生了，它试图弥合发展与保护之间的差距，超越传统上经济发展与环境保护只能二选一的困境，乐观地认为两者之间可以实现双赢。

（二）生态现代化的理论要点

生态现代化理论主要是由一批来自欧洲的学者所倡导并逐渐风靡全球的。德国学者马丁·耶内克于 1982 年率先提出这一概念。②之后，胡伯和其他"柏林学派"的环境政策研究者也使用了"生态现代化"这个词。对于上述二人的贡献，有学者指出：耶内克"影响了当时德国的政策辩论"，而胡伯则"促进了学术界的研究兴趣"。③此后，生态现代化话语逐渐在欧美工业国家流行起来。当前著名的生态现代化理论家如荷兰的格特·斯帕加伦（Gert Spaar-garen）、阿瑟·莫尔（Arthur Mol）和马藤·哈杰（Maarten Hajer），英国的阿尔伯特·威尔（Albert Weale）和约瑟夫·墨菲（Joseph Murphy），美国的弗雷德里克·巴特尔（Frederick H. Buttel）和戴维·索南菲尔德（David Sonnefeld），澳大利亚的学者彼得·克里斯托弗（Peter Christoff）等都对这一理论的发展做出了重要的贡献。

从诞生至今，生态现代化理论大约经历了三个发展阶段。20 世纪 80 年代为理论初创阶段，以胡伯为代表的学者认为工业国家依靠不断的科技创新，就可以成功解决其环境问题，但胡伯的理论很快遭到了其他环境主义学

---

① Herman E. Daly, *Beyond Growth: The Economics of Sustainable Development*, Boston: Beacon Press, 1996, p. 35.

② 郇庆治、马丁·耶内克：《生态现代化理论：回顾与展望》，《马克思主义与现实》，2010 年第 1 期，第 175 页。

③ 金书秦等：《生态现代化理论：回顾与展望》，《理论学刊》，2011 年第 7 期，第 59 页。

派的尖锐批判。生态现代化理论家随即对最初的观点进行调整。从 80 年代末到 90 年代中期是生态现代化理论发展的第二阶段，学者们对原来所坚持的科技创新在生态现代化中的核心作用有所淡化，对于生态转型过程中国家机构、市场、非政府组织、文化制度等要素在其中的作用进行了进一步的完善和论证。20 世纪 90 年代后期至今是生态现代化理论发展的第三个阶段，其理论除了对生态化生产及其要素进行分析外，也开始倡导生态化消费，并进一步对全球问题、欧美工业化国家之外的环境问题也有所涉猎。

生态现代化理论最初乐观地断言依靠科技创新解决工业化过程中的环境问题，而在这一理论的发展演变的过程中，不同的学者从不同的侧面对其进行阐述，到今天几乎成为一个可以容纳一切环境话题的万花筒。如索南菲尔德认为："生态现代化可以被视为带有绿色转向的工业结构调整。"①哈杰则把它看成是"一种话语，它既认识到了环境问题的结构性特征……但又认为现有的政治、经济和社会机制可以把环境问题纳入其中予以解决"。②而另外一位生态现代化理论家马丁·耶内克则视之为："一种前瞻性的环境友好政策可以通过市场机制和技术创新促进工业生产率的提高和经济结构的升级，并取得经济发展和环境改善的双赢结果。因此，技术革新、市场机制、环境政策和预防性原则是生态现代化的四个核心性要素。而环境政策的制定与执行能力是其中的关键。"③

根据其侧重点的不同，笔者认为，生态现代化可以从如下几个方面进行理解。第一，作为一种技术策略的生态现代化。不管是胡伯所主张的技术路线，还是耶内克的预防性环境策略，这些学者们所指的生态现代化大致都是指代一种具体的节能减排技术或实践活动。第二，作为一种社会变革理论和分析模式的生态现代化，环境社会学和政治学的学者们用它来分析各种环境变革与社会经济发展之间的关系。第三，作为一种环境友好性政治政策或项目的生态现代化，各国政府机构所推行的旨在实现经济与环境协调发展的各项政策和结构性调整都属于此类。第四，作为一种环境话语的生态现代化。

---

① 戴维·索南菲尔德：《生态现代化的矛盾：东南亚地区的纸浆与制造业》，载于阿瑟·莫尔、戴维·索南菲尔德编：《世界范围内的生态现代化：观点和关键争论》，张鲲译，北京：商务印书馆 2011 年版，第 329 页。

② Maarten A. Hajer, *The Politics of Environmental Discourse: Ecological Modernization and the Policy Process*, Oxford: Clarendon Press, 1995, p. 25.

③ 郇庆治、马丁·耶内克：《生态现代化理论：回顾与展望》，《马克思主义与现实》，2010 年第 1 期，第 176 页。

面对全球环境主义的各种压力，如同其他学科进行相应的积极应对一样，现代化理论也做出应对，试图将环境话语纳入现代化研究之中，抢占话语权，即所谓的生态现代化。德赖泽克指出："生态现代化更多的是一种话语，而不是狭隘的工程和技术性关切。"①克里斯托夫则直接把生态现代化分为狭义和广义两种：前者主要指一种技术路线，即政府和企业采用清洁技术和预防性环保措施；广义的生态现代化则指为了实现生态与经济的共赢而采取的各种结构性变革。②

不过，无论如何分类，生态现代化理论一般都坚持如下原则。第一，技术乐观主义。大多数生态现代化的赞同者都相信通过科技进步可以解决人类所面临的环境问题。胡伯的观点较具代表性："生态转型的经济主题是通过新技术和更加智慧的技术实现生产和消费周期的生态现代化。"③第二，环境保护与经济发展不是非此即彼的零和关系，而是可以实现共赢的正和关系。根据威尔的说法："相比于把环境保护看作是经济的负担，生态现代化主义者将其看作是未来增长的潜在资源。"④第三，不需要对现存的政治经济秩序进行根本性的变革，就可以达到经济发展与环境保护和谐并进。卢茨指出："生态现代化可以被定义为承认环境难题的结构特征但仍然假设现存的政治、经济和社会制度能够内化环境关切的话语。"⑤斯蒂芬·扬（Stephen C. Young）也认为："生态现代化是 20 世纪后期资本主义适应环境挑战的一个策略。"⑥

虽然生态现代化的倡导者们对未来充满信心，如其奠基者胡伯高兴地宣称"肮脏而丑陋的工业化毛毛虫已经蜕变为美丽的生态蝴蝶"。⑦但生态现

---

① 约翰·德赖泽克：《地球政治学：环境话语》，蔺雪春、郭晨星译，济南：山东大学出版社 2008 年版，第 194 页。

② Stephen C. Young, ed., *The Emergence of Ecological Modernisation: Integrating the Environment and the Economy?* London and New York: Routledge, 2000, p. 222.

③ 转引自李彦文：《生态现代化理论视角下的荷兰环境治理》，济南：山东大学博士学位论文，2009 年，第 40 页。

④ Albert Weale, *The New Politics of Pollution*, Manchester: Manchester University Press, 1992, p. 76.

⑤ 克里斯托夫·卢茨：《西方环境运动：地方、国家和全球向度》，徐凯译，济南：山东大学出版社 2005 年版，第 229 页。

⑥ Stephen C. Young, ed., *The Emergence of Ecological Modernisation: Integrating the Environment and the Economy?* London and New York: Routledge, 2000, p. 24.

⑦ 转引自：阿瑟·莫尔、戴维·索南菲尔德：《世界范围内的生态现代化：观点和关键争论》，张鲲译，北京：商务印书馆 2011 年版，第 329 页。

代化也仅仅是全球环境主义时代应对环境难题的诸多思路中的一种，而并非是其倡导者所信奉的那样是包治当前环境难题的万能良药。

（三）生态现代化理论的局限性

自从生态现代化理论产生以来，对其质疑就从来没有断绝过，虽然生态现代化的各位理论家们也根据外界的反应而不断修正自己的理论体系，但生态现代化有其自身难以避免的理论局限性。

其一，生态现代化理论家们对于当前环境问题的根源的认识不足。不论是依靠污染预防策略，还是市场与政府的配合，现代化理论家们虽然自诩为找到了解决发展与保护之间矛盾的法宝，即所谓的正和理论。但正如生态马克思主义者和生态中心主义者所批判的那样，生态现代化仍然没有认识到当前环境问题的根源不是个别企业或政府的污染和不作为，而是整个关于发展与环境的价值观出了问题，高兹指出："不限制资本主义积累的冲动和通过约束自我来减少消费，就不可能有生态现代化。"①甚至生态现代化的理论家莫尔和斯帕加伦也不得不承认："环境危机的根源，是西方工业社会两个多世纪以来形成的文化与结构。"②经济学给出了无限发展的虚幻前景，而环境经济学所热衷的也不过是给有限的地球资源定价而已。③根据经济学的教条，当今社会把发展看作是永恒的、价值上正确的事情，并进一步把发展等同于 GDP 的增长，忘记了发展的目的，也忘记了发展的自然极限。在"深绿"的生态中心主义者眼里，"生态和经济利益可以和谐的假设不过是一个经济繁荣年代的天真幻想"。④发展伦理学家古莱指出："唯一在道德上合理的发展目的是使人们更幸福。"⑤而生态经济学家戴利则倡导稳态经济学，呼吁世人正视经济系统也是生态的子系统这一现实。

---

① André Gorz, *Capitalism, Socialism, Ecology*, London and New York: Verso, 1994, p. 34.
② 阿瑟·P. J. 莫尔、格特·斯帕加伦：《生态现代化理论争鸣——回顾》，载于阿瑟·莫尔、戴维·索南菲尔德编：《世界范围内的生态现代化：观点和关键争论》，张鲲译，北京：商务印书馆 2011 年版，第 46 页。
③ Herman E. Daly, *Beyond Growth: The Economics of Sustainable Development*, Boston: Beacon Press, 1996, pp. 145-157.
④ 克里斯托夫·卢茨：《西方环境运动：地方、国家和全球向度》，徐凯译，济南：山东大学出版社 2005 年版，第 60 页。
⑤ 德尼·古莱：《残酷的选择：发展理念与伦理价值》，高铦、高戈译，北京：社会科学文献出版社 2008 年版，第 207 页。

因而，我们需要改变的不仅仅是个别污染防治技术，而是我们不顾地球的承载极限而追求无限增长的价值观。即便是可持续发展，也"需要心灵的转变，思想的更新和有益的忏悔"。①很显然，无论生态现代化如何完善，其理论仍然是充满人类中心主义色彩的"浅绿"理论，从现代主义和人类中心主义这一角度出发所做出的任何选择都不能真正解决发展与保护的矛盾，也无法真正化解人类对自然的压力越来越大这一根本难题。根据巴莱特对日本生态现代化的研究，其工业生产中的碳排放标准虽然远远高于国际要求，但其排放总量仍然很大，这还没有考虑西方工业国家把一些污染重的企业向不发达国家转移这一事实。②

其二，生态现代化对当前环境问题的解决思路是肤浅的。虽然根据外界的批评，生态现代化理论家们将其外延从生产领域扩展到消费领域，但其核心理念仍然是寄希望于通过科技进步解决环境问题，他们在批判生存主义悲观的"极限论"和后现代派反工业化的观点的同时，本身也犯了技术乐观主义的错误，而且对科学技术的负面作用认识不足。关于技术万能的迷信早已为学界所批判，著名的生态经济学家赫尔曼·戴利指出："抛弃技术无所不能的假设应当是深谋远虑之举。"③利普舒茨也认为："通过科技进步来实现的东西总是有限的，所以，生态现代化要想真正取得成功的话，还必须包括更多内容，而不仅仅是技术……需要改变的不仅是全球资本主义经济体制，还包括这种经济的特有目的，即财富的无限集中。"④而这种经济的目的及其实现手段，也正是现代化理论的核心。从这一意义上讲，生态现代化也无法摆脱现代化理论本身的缺陷。

第三，生态现代化的应用范围也非常有限。生态现代化理论缘起于德国、荷兰等西欧工业化国家，其分析框架和模型所依据的也主要是欧美等工业化国家。虽然其话题从最初的倡导节能减排技术的预防性原则到后来扩展到政府、市场和机构，从生产到消费，并尝试将其研究视野从西欧工业化国

① Herman E. Daly, *Beyond Growth: The Economics of Sustainable Development*, Boston: Beacon Press, 1996, p. 201.

② Brendan F. D. Barrett, ed., *Ecological Modernization and Japan*, London and New York: Routledge, 2005, p. 29.

③ 丹尼尔·科尔曼：《生态政治：建设一个绿色社会》，梅俊杰译，上海：上海译文出版社2006年版，第67页。

④ 罗尼·利普舒茨：《全球环境政治：权力、观点和实践》，郭志俊、蔺雪春译，济南：山东大学出版社2012年版，第134页。

家扩展到全球的不发达国家，但从实际的研究效果来看，并不理想。对于不发达国家来说，第一位的仍然是追赶工业化国家经济发展的步伐，走向富裕，环境问题并未被真正置于经济发展等同的地位，更别说优先于后者了。莫尔和索南菲尔德也不得不承认："就非西欧国家背景下的生态改革而言，生态现代化理论的分析价值是有限的。"①另外，如同现代化理论一样，生态现代化分析的落脚点主要是国家及各级组织和商业机构，虽然它也分析全球环境问题，面对全球不同的地区和国家的利益，生态现代化所提供的思路在解决全球环境问题方面是乏力的。

第四，生态现代化理论虽然包含部分可持续发展的内容，但缺乏后者的深厚内涵。自 1987 年布伦特兰报告发表以来，可持续发展的理念迅速在全球传播，成为当前诠释发展与环境之间关系的权威话语。可持续发展理论由于在现实政治中的可操作性较差和对现实世界的评估较为悲观而不易为当权者所接受；而生态现代化则因其技术乐观主义、发展与保护的双赢以及在资本主义的现有框架内倡导企业、市场和政府之间的合作而受到各派力量的青睐，大有取代可持续发展之势。甚至一些生态现代化的理论家也认为其理论是可持续发展的升华和具体体现。

可持续发展要求人类社会既能满足当前的需要，又不危及后代满足其发展需要的能力。虽然可持续发展概念有一定的模糊性，但一般包括如下几个理念：（1）经济增长的规模维持在生态系统健康运行的范围内，这就要求我们克服对无限增长的沉溺，考虑地球的资源供应量，放弃奢靡的消费主义观念，实现生态的可持续性；（2）在追求经济可持续发展的同时，谋求社会的可持续性，这就要求注意分配的社会公平性；（3）代际公正的原则，人类社会不仅要考虑自身这一代经济发展和环境运行的可持续性，还要考虑未来子孙经济发展和生存环境的可持续性；（4）整个生态系统的稳定性和生物多样性。人类追求可持续发展，不应该仅仅局限于本种族的利益，还要兼顾其他物种生存的环境和整个生态系统的健康。人类属于地球，但地球并不仅仅属于人类。

虽然生态现代化理论家们乐观地认为在现存体制下经济增长和环境保护是一个正和游戏，但这一理论仍然是以现代西方经济增长理论和人类中心主

---

① 阿瑟·P. J. 莫尔、格特·斯帕加伦：《生态现代化理论争鸣——回顾》，载于阿瑟·莫尔、戴维·索南菲尔德编：《世界范围内的生态现代化：观点和关键争论》，张鲲译，北京：商务印书馆 2011 年版，第 57 页。

义为基本宗旨的学说，即便是加入了生态元素的调料，但它并没有认真考虑全球生态系统的可承载力，没有将全球公正和代际公正纳入其研究视野，本质上仍然把自然系统看作是人类经济的附属物，更无法从生态中心主义的角度承认自然的内在价值。生态现代化充其量仅仅算作一种较弱的可持续发展。"对于可持续发展而言，生态现代化是必须的，但也是不够的"。① 从人类的长远利益看，稳态经济下的可持续发展而不是生态现代化更符合人类的长远利益。

（四）小　结

生态现代化理论作为对生存主义"极限论"和生态马克思主义理论的挑战，试图在不改变现有政治经济基本框架的前提下，将生态元素融入现代化理论之中，解决发展与保护之间的两难困境，虽然其理论并不完善，无法取代可持续发展，但毕竟比以前不计环境代价的现代化发展理论大大前进了一步。它的出现本身就表明环境问题已经引起全社会的足够重视，或许社会科学家们在以后分析问题的时候除了政治、经济、思想文化之外，应该加入生态环境作为第四个维度了。

（原载于《史学月刊》2018 年第 2 期）

---

① 何传启：《东方复兴：现代化的三条道路》，北京：商务印书馆 2003 年版，第 219 页。

结　论

　　西部史是理解北美历史发展的一把钥匙。特纳的边疆史仅仅是解释西部发展史的众多视角中的一种，而不是全部内容。它所提供的文明战胜野蛮的叙事模式明显具有那个时代的局限性，需要进行修正。在不同的视角下，西部史呈现出不同的面相。从印第安人的角度来看，白人的成功史却是印第安人的苦难史，是他们武装反抗失败的历史，也是对抗白人文化同化，在两种文化的碰撞中寻找重新定位的历史。而在现代化模式下所看到的北美西部史首先是一部成功的历史，这一点与边疆史叙事具有极大的相似性。但北美西部现代化却付出了沉重的环境和社会代价。从环境史的角度来看，北美西部的历史变迁就是一部从不计环境代价进行资源开发导致环境破坏，然后逐渐走向环境保护的历史。

　　以西部史为媒介可以在环境史与现代化之间搭起一座沟通的桥梁。环境史的出现对传统的现代化史观是一个巨大的挑战，同时也是一个重要的机遇。从环境史的角度看，欧美各国在工业化初期不计环境代价的发展带来了严重的环境问题，带来了环境的退化和资源的浪费。传统的环境史研究对此进行了卓有成效的批判，北美环境史研究中的衰败论叙事就是一例。但正如衰败论不仅仅是西部环境史研究的全部一样，欧美各国走向环境保护的历程也构成环境史研究的一个重要方面，而自 19 世纪末以来欧美各国所推行的这种生态修复工作和追求人与自然和谐发展的努力同时也应该成为现代化研究的一项重要内容。

　　目前生态现代化理论主要还是一种对策性研究，还很不完善。期望生态现代化理论能够像当年的现代化理论一样，从一种单纯的对策性研究升华为一种分析近代以来世界各国在现代化发展与环境变迁问题的宏观研究模式。这一研究范式无疑将成为连接环境史和现代化两大理论之间的桥梁，它不仅能够汲取现代化视角和环境史视角这两种分析工具的优点，同时又能避免这两种视角各自具有的缺陷，从发展和保护两个维度来考察包括北美西部在内的世界各地区所发生的社会变化，不仅要考察发展与保护的关系，还要关注包括环境正义在内的社会公正问题，实现效率与公正的协调，以一种融合了生态思考的新型发展观来衡量社会的进步。

不是地球属于人类，而是人类属于地球。诚然，人类为了维持自己的生存，需要从自然中获取生活必需品，通过劳动，对自己的生存环境进行改善。但是，其他物种同人类一样也有生存的权利，我们没有理由仅仅为了满足自己的私欲而随意破坏地球上的环境和生灵万物。"对人类而言，没有必要放弃必需的物质富裕，但是，从环境保障的观点看，不必要的奢侈是恶行，避免浪费节约才是美德。"①诚哉斯言。面对日益严重的环境问题和以征服自然为特征的人类中心主义自然观的崩溃，现代社会迫切需要建立一种新的环境伦理，但这种伦理的基础是现代生态知识和生态意识而不是包括北美印第安人生态伦理在内的所谓传统生态智慧，后者只能从中发挥补充和借鉴的作用。如果指望通过重新神化自然或者神化包括印第安人环境伦理在内的所谓传统生态智慧来解决当前的环境危机，或者实现人与自然的和谐，那都是不现实的。

---

① 岸根卓郎：《环境论：人类最终的选择》，何鉴译，南京：南京大学出版社 1999 年版，第 8 页。

参考文献

一、中文文献

（一）著 作

1. 毕道村：《现代化本质：对中世纪以来人类社会变化的新认识》，人民出版社，2005 年。
2. 曹孟勤：《人性与自然：生态伦理哲学基础反思》，南京师范大学出版社，2004 年。
3. 陈敏豪编著：《归程何处：生态史观话文明》，中国林业出版社，2002 年。
4. 丁建弘主编：《发达国家的现代化道路——一种历史社会学的研究》，北京大学出版社，1999 年。
5. 冯沪祥：《人·自然与文化：中西环保哲学比较研究》，人民文学出版社，1996 年。
6. 付华：《生态伦理学探究》，华夏出版社，2002 年。
7. 何传启：《东方复兴：现代化的三条道路》，商务印书馆，2003 年。
8. 何怀宏主编：《生命伦理——精神资源与哲学基础》，河北大学出版社，2002 年。
9. 何顺果：《美国边疆史》，北京大学出版社，1992 年。
10. 亨廷顿等著，罗荣渠主编：《现代化：理论与历史经验的再探讨》，上海译文出版社，1993 年。
11. 洪朝辉：《社会经济变迁的主题：美国现代化进程新论》，杭州大学出版社，1994 年。
12. 侯文蕙：《征服的挽歌：美国环境意识的变迁》，东方出版社，1995 年。
13. 孔庆山：《美国早期土地制度研究》，中山大学出版社，2002 年。

14.　雷毅：《深层生态学研究》，清华大学出版社，2001 年。

15.　李剑鸣：《文化的边疆：美国印第安人与白人文化关系史论》，天津人民出版社，1994 年。

16.　李剑鸣、杨令侠主编：《20 世纪美国和加拿大社会发展研究》，人民出版社，2005 年。

17.　李培超：《自然的伦理与尊严》，江西人民出版社，2001 年。

18.　李培超：《伦理拓展主义地颠覆——西方环境伦理思潮研究》，湖南师范大学出版社，2004 年。

19.　李庆余等：《美国现代化道路》，人民出版社，1994 年。

20.　李世安：《一只看得见的手——美国政府对国家经济的干预》，当代中国出版社，1996 年。

21.　廖红、克里斯·朗革：《美国环境管理的历史与发展》，中国环境科学出版社，2006 年。

22.　刘湘榕：《人与自然的道德对话：环境伦理学的进展与反思》，湖南师范大学出版社，2004 年。

23.　陆春芳：《神圣自然：英国浪漫主义诗歌的生态伦理思想》，浙江大学出版社，2009 年。

24.　卢风、刘湘榕：《现代发展观与环境伦理》，河北大学出版社，2004 年。

25.　罗荣渠：《现代化新论：世界与中国的现代化进程》，商务印书馆，2004 年。

26.　蒙培元：《人与自然：中国哲学生态观》，人民出版社，2008 年。

27.　苗力田主编：《古希腊哲学》，中国人民大学出版社，1989 年。

28.　钱乘旦、杨豫、陈晓律：《世界现代化进程》，南京大学出版社，1997 年。

29.　任俊华、刘晓华：《环境伦理的文化阐释——中国古代生态智慧探考》，湖南师范大学出版社，2004 年。

30.　佘正荣：《生态智慧论》，中国社会科学出版社，1996 年。

31.　佘正荣：《中国伦理传统的诠释与重建》，人民出版社，2002 年。

32.　孙群郎：《美国城市郊区化研究》，商务印书馆，2005 年。

33.　滕藤主编：《枫林之国的复兴——加拿大百年强国历程》，黑龙江人民出版社，1998 年。

34.　王进：《我们只有一个地球》，中国青年出版社，1999 年。

35.　王旭：《美国城市化的历史解读》，岳麓书社，2003 年。

36.　王正平：《环境哲学：环境伦理学的跨学科研究》，上海人民出版社，

2004 年。

37. 萧焜焘：《科学认识史论》，江苏人民出版社，2004 年。

38. 徐更生编著：《美国农业》，农业出版社，1987 年。

39. 颜锋、徐小宁：《奏响绿色的乐章：人与自然》，北京教育出版社，1999 年。

40. 杨生茂主编：《美国历史学家特纳及其学派》，商务印书馆，1984 年。

41. 尹保云：《什么是现代化：概念与范式的探讨》，人民出版社，2001 年。

42. 余谋昌：《生态文化的理论阐释》，东北林业大学出版社，1996 年。

43. 余谋昌：《生态哲学》，陕西人民出版社，2000 年。

44. 曾建平：《自然之思：西方生态伦理思想探究》，中国社会科学出版社，2004 年。

45. 曾建平：《环境正义：发展中国家环境伦理问题探究》，山东人民出版社，2007 年。

46. 詹全友：《印第安文明沉浮录》，四川人民出版社，1999 年。

47. 张崇鼎编著：《加拿大经济史》，四川大学出版社，1993 年。

48. 张友伦：《美国西进运动探要》，人民出版社，2005 年。

49. 张友伦：《孔见集》，中华书局，2003 年。

50. 赵一凡编：《美国的历史文献》，生活·读书·新知三联书店，1989 年。

51. 郑慧子：《走向自然的伦理》，人民出版社，2006 年。

52. 中国美国史研究会编：《美国现代化历史经验》，东方出版社，1994 年。

53. 周钢：《牧畜王国的兴衰：美国西部开放牧区发展研究》，人民出版社，2006 年。

（二）译 著

1. 卡尔·艾博特：《大都市边疆：当代美国西部城市》，王旭等译，商务印书馆，1998 年。

2. 艾恺：《世界范围内的反现代化思潮——论文化守成主义》，贵州人民出版社，1991 年。

3. 爱默生：《爱默生演讲录》，孙宜学译，中国人民大学出版社，2003 年。

4. 爱默生著，范圣宇主编：《爱默生集》，花城出版社，2008 年。

5. S. N. 艾森斯塔德：《现代化：抗拒与变迁》，张旅平等译，中国人民大学出版社，1988 年。

6. 岸根卓郎：《环境论：人类最终的选择》，何鉴译，南京大学出版社，1999 年。

7. 尤金·奥德姆等：《生态学基础》，陆健健等译，高等教育出版社，2009 年。

8. 詹姆斯·奥康纳：《自然的理由》，唐正东、臧佩洪译，南京大学出版社，2003 年。

9. 约翰·巴勒斯：《自然之门》，林东威、朱华译，漓江出版社，2009 年。

10. 欧文·白璧德：《卢梭与浪漫主义》，孙宜学译，河北教育出版社，2003 年。

11. 彼得·鲍勒：《进化思想史》，田洺译，江西教育出版社，1999 年。

12. 比林顿：《向西部扩张——美国边疆史》，周小松、韩维纯译，商务印书馆，1991 年。

13. 西奥多·宾尼玛：《共存与竞争：北美西北平原人类与环境的历史》，付成双等译，天津教育出版社，2006 年。

14. 以赛亚·伯林：《浪漫主义的根源》，吕梁等译，译林出版社，2008 年。

15. 约翰·伯瑞：《进步的观念》，范祥涛译，上海三联书店，2005 年。

16. M. M. 波斯坦、H. J. 哈巴库克主编：《剑桥欧洲经济史》，王春法主译，经济科学出版社，2002 年。

17. 丹尼尔·布尔斯廷：《美国人：建国的历程》，谢延光译，上海译文出版社，1997 年。

18. 西里尔·布莱克编：《比较现代化》，杨豫、陈祖洲译，上海译文出版社，1992 年。

19. 西里尔·布莱克：《现代化的动力》，段小光译，四川人民出版社，1988 年。

20. 拉尔夫·布朗：《美国历史地理》，秦士勉译，商务印书馆，1973 年。

21. J. 布卢姆等：《美国的历程》，杨国标、张儒林译，商务印书馆，1995 年。

22. 池田大作、汤因比：《展望二十一世纪：汤因比与池田大作对话录》，荀春生等译，国际文化出版公司，1985 年。

23. 赫尔曼·戴利、肯尼思·N. 汤森编：《珍惜地球》，马杰等译，商务印书馆，2001 年。

24. 约翰·德赖泽克：《地球政治学：环境话语》，蔺雪春、郭晨星译，山东大学出版社，2008 年。

25. 狄特富尔特等编：《哲人小语——人与自然》，周美琪译，生活·读书·新知三联书店，1993 年。

26. 恩格斯：《自然辩证法》，《马克思恩格斯选集》第 3 卷，人民出版社，

1972 年。

27. 罗伯特·M. 福格尔森：《布尔乔亚的恶梦：1870－1930 年的美国城市郊区》，朱歌姝译，上海人民出版社，2007 年。

28. 冈德森：《美国经济史新编》，杨宇光等译，商务印书馆，1994 年。

29. 阿尔·格尔：《濒临失衡的地球：生态与人类精神》，陈嘉映等译，中央编译出版社，1997 年。

30. 格莱兹布鲁克：《加拿大简史》，山东大学翻译组译，山东人民出版社，1972 年。

31. 大卫·雷·格里芬：《后现代精神》，王成兵译，中央编译出版社，1998 年。

32. 里亚·格林菲尔德：《资本主义精神：民族主义与经济增长》，张京生、刘新义译，上海人民出版社，2004 年。

33. 德尼·古莱：《残酷的选择：发展理念与伦理价值》，高铦、高戈译，社会科学文献出版社，2008 年。

34. 尤金·哈格洛夫：《环境伦理学基础》，杨通进等译，重庆出版社，2007 年。

35. 黑麋鹿：《黑麋鹿如是说：苏族奥格拉拉部落一圣人的生平》，约·奈哈特转述，陶良谋译，上海译文出版社，1994 年。

36. 戴斯·贾丁斯《环境伦理学：环境哲学导论》，林官明、杨爱民译，北京大学出版社，2002 年。

37. 蕾切尔·卡逊：《寂静的春天》，吕瑞兰、李长生译，吉林人民出版社 1997 年。

38. 康德：《人类历史揣测的开端》，李秋零主编：《康德著作全集》第 8 卷，中国人民大学出版社，2010 年。

39. 康芒纳：《封闭的循环：自然、人和技术》，侯文蕙译，吉林人民出版社，1997 年。

40. 康芒纳：《与地球和平共处》，王喜六等译，上海译文出版社，2002 年。

41. 丹尼尔·科尔曼：《生态政治：建设一个绿色社会》，梅俊杰译，上海译文出版社，2006 年。

42. 罗宾·柯林伍德：《自然的观念》，吴国盛、柯映红译，华夏出版社，1999 年。

43. 艾尔弗雷德·克罗斯比：《生态扩张主义：欧洲 900 年到 1900 年的生态扩张》，许友民、许学征译，辽宁教育出版社，2001 年。

44. E. 库拉：《环境经济学思想史》，谢扬举译，上海人民出版社，2007 年。

45. 约阿西姆·拉德卡：《世界环境史：自然与权力》，王国豫、付天海译，河北大学出版社，2004 年。

46. 威廉·莱斯：《自然的控制》，岳长岭、李建华译，重庆出版社，1993 年。

47. M. 兰德曼：《哲学人类学》，彭富春译，工人出版社，1988 年。

48. 拉瑞·劳丹：《进步及其问题》，刘新民译，华夏出版社，1999 年。

49. 劳里：《大坝政治学：恢复美国河流》，石建斌译，中国环境科学出版社 2009 年。

50. 雷迅马：《作为意识形态的现代化：社会科学与美国对第三世界政策》牛可译，中央编译出版社，2003 年。

51. 利奥波德：《沙乡年鉴》，侯文蕙译，吉林人民出版社，1997 年。

52. 罗尼·利普舒茨：《全球环境政治：权力、观点和实践》，郭志俊、蔺雪春译，山东大学出版社，2012 年。

53. 卢梭：《论科学与艺术》，何兆武译，商务印书馆，1963 年。

54. 克里斯托夫·卢茨：《西方环境运动：地方、国家和全球向度》，徐凯译，山东大学出版社，2005 年。

55. R. D. 罗得菲尔德等编：《美国农业与农村》，安子平等译，农业出版社，1983 年。

56. 罗尔斯顿：《哲学走向荒野》，刘耳、叶平译，吉林人民出版社，2000 年。

57. 罗尔斯顿：《环境伦理学》，杨通进译，中国社会科学出版社，2000 年。

58. 罗马俱乐部：《增长的极限》，李宝恒译，四川人民出版社，1983 年。

59. 比尔·麦克基本：《自然的终结》，孙晓春、马树林译，吉林人民出版社，2000 年。

60. 卡洛琳·麦茜特：《自然之死：妇女、生态和科学革命》，吴国盛等译，吉林人民出版社，1997 年。

61. 乔治·曼纽尔、波思兰斯：《第四世界：印第安人的现实》，姜瑞英译，时事出版社，1987 年。

62. 刘易斯·芒福德：《城市发展史：起源，演变和前景》，宋俊岭、倪文彦译，中国建筑工业出版社 2005 年。

63. 约翰·缪尔：《我们的国家公园》，郭名倞译，吉林人民出版社，1999 年。

64. 阿瑟·莫尔、戴维·索南菲尔德编：《世界范围内的生态现代化：观点和关键争论》，张鲲译，商务印书馆，2011 年。

65. 纳什：《大自然的权利：环境伦理学史》，杨通进译，青岛出版社，1999 年。

66. 威廉·赫伯特·纽:《加拿大文学史》,吴持哲等译,人民文学出版社,1994 年。

67. 道格拉斯·C. 诺思:《经济史中的结构与变迁》,陈郁、罗华平等译,上海人民出版社,1994 年。

68. 沃农·路易·帕灵顿:《美国思想史:1620－1920》,陈永国等译,吉林人民出版社,2002 年。

69. 斯蒂芬·J. 派因:《火之简史》,梅雪芹等译,生活·读书·新知三联书店,2006 年。

70. 克莱夫·庞廷:《绿色世界史:环境与伟大文明的衰落》,王毅,张学广译,上海人民出版社,2002 年。

71. 罗伯特·塞尔编:《梭罗集》,陈凯等译,生活·读书·新知三联书店,1996 年。

72. 菲利普·沙别科夫:《滚滚绿色浪潮:美国的环境保护运动》,周律等译,中国环境科学出版社,1997 年。

73. 阿尔贝特·史怀泽:《敬畏生命》,陈泽环译,上海社会科学院出版社,1996 年。

74. 施莱贝克尔:《美国农业史》,高田寸译,北京:农业出版社,1981 年。

75. 亨利·纳什·史密斯:《处女地:作为象征和神话的美国西部》,薛蕃康、费翰章译,上海外语教育出版社,1991 年。

76. 莱尔·P. 舒尔茨等:《美国农业的又一次革命》,农业出版社,1984 年。

77. 贝阿德·斯蒂尔编:《美国西部开发纪实》,张禹九译,光明日报出版社,1988 年。

78. 亚当·斯密:《国民财富的性质和原因的研究》,郭大力、王亚南译,商务印书馆,1974 年。

79. 亨利·梭罗:《瓦尔登湖》,张知遥译,天津教育出版社,2005 年。

80. 理查德·塔纳斯:《西方思想史》,吴象婴等译,上海社会科学院出版社,2007 年。

81. 阿诺德·汤因比:《一个历史学家的宗教观》,晏可佳等译,四川人民出版社,1998 年。

82. 沃尔特·W. 威尔科克斯等:《美国农业经济学》,刘汉才译,商务印书馆,1987 年。

83. 爱德华·威尔逊:《生命的未来》,陈家宽等译,上海世纪出版集团,

2005 年。

84. 彼得・S. 温茨：《现代环境伦理》，宋玉波、朱丹琼译，上海人民出版
社，2007 年。

85. 彼得・S. 温茨：《环境正义论》，宋玉波、朱丹琼译，上海人民出版
社，2007 年。

86. 唐纳德・沃斯特：《自然的经济体系：生态思想史》，侯文蕙译，商务印
书馆，1999 年。

87. 唐纳德・沃斯特：《尘暴：1930 年代美国南部大草原》，侯文蕙译，生
活・读书・新知三联书店，2003 年。

88. 乔治・E. 西维：《美洲印第安人自述史试编》，徐炳勋等译，内蒙古大
学出版社，2000 年。

89. 彼得・辛格：《动物解放》，祖述先译，青岛出版社，2004 年。

90. 彼得・休伯：《硬绿：从环境主义者手中拯救地球——保守主义宣言》，
戴星翼、徐立青译，上海译文出版社，2002 年。

91. 唐纳德・休斯：《什么是环境史》，梅雪芹译，北京大学出版社，2008 年。

92. 岩佐茂：《环境的思想》，韩立新等译，中央编译出版社，1997 年。

93. 威廉・詹姆斯：《宗教经验之种种：对人性的研究》，蔡怡佳、刘宏信
译，广西师范大学出版社，2008 年。

（三）论　文

1. 包茂宏：《环境史：历史、理论和方法》，《史学理论研究》，2000 年第
4 期。

2. 包茂宏：《唐纳德・沃斯特和美国的环境史研究》，《史学理论研究》，
2003 年第 4 期。

3. 丁则民：《20 世纪以来美国西部史学的发展趋势》，《东北师大学报》，
1995 年第 5 期。

4. 冯雷：《对近代自然观和人类中心主义的再思考》，《理论与现代化》，
2005 年第 4 期。

5. 高国荣：《20 世纪 30 年代美国南部大草原沙尘暴起因初探》，《世界历
史》，2003 年第 3 期。

6. 高国荣：《对环境问题的文化批判——读唐纳德・沃斯特的〈沙暴〉》，
《世界历史》，2003 年第 5 期。

7. 高国荣：《20 世纪 60 年代美国的杀虫剂辩论及其影响》，《世界历史》，2003 年第 2 期。

8. 高国荣：《什么是环境史》，《郑州大学学报》，2005 年第 1 期。

9. 关春玲：《美国印第安文化的动物伦理意蕴》，《国外社会科学》，2006 年第 5 期。

10. 何光沪：《科学革命中的基督宗教与人文主义》，《中国人民大学学报》，2008 年第 3 期。

11. 侯文蕙：《评美国新西部史学》，《世界历史》，1994 年第 4 期。

12. 侯文蕙：《20 世纪 90 年代美国的环境保护运动和环境保护主义》，《世界历史》，2000 年第 6 期。

13. 郇庆治、马丁·耶内克：《生态现代化理论：回顾与展望》，《马克思主义与现实》，2010 年第 1 期。

14. 黄仁伟：《美国西部史研究现状和趋势述评》，《东北师大学报》，1989 年第 4 期。

15. 金书秦等：《生态现代化理论：回顾与展望》，《理论学刊》，2011 年第 7 期。

16. 李慧勤：《马克思恩格斯关于人与自然关系的基本思想与当代价值》，《清华大学学报》，2008 年增 1 期。

17. 李庆平、刘明海：《还原论的论证和核心信念》，《自然辩证法研究》，第 25 卷第 1 期（2009 年 1 月）。

18. 李曙华：《当代科学的规范转换：从还原论到生成整体论》，《哲学研究》，2006 年第 11 期。

19. 刘耳：《从西雅图的信看美洲印第安人的自然观》，《学术研究》，2002 年第 5 期。

20. 刘劲杨：《还原论的两种形相及其思维实质》，《自然辩证法通讯》，2007 年第 6 期。

21. 刘万翔：《关于美国近代农业的兴盛与农业教育的发展》，《西北大学学报》，2006 年第 5 期。

22. 约恩·吕森：《人文主义与自然：对一种复杂关系的反思》，《古代文明》，2007 年第 2 期。

23. 钱箭星、肖巍：《"自然价值"：一个马克思主义的解读》，《哲学研究》，2003 年第 2 期。

24. 邱惠林：《论印第安民族的衰落》，《四川大学学报》，1995年，第4期。

25. 曾建平：《西方机械论自然观兴衰之省察》，《湖北大学学报》，2006年第2期。

26. 苏贤贵：《梭罗的自然思想及其生态伦理意蕴》，《北京大学学报》，2002年第2期。

27. 孙道进：《还原论的整体论转向：范式的"绿色"革命》，《河南师范大学学报》，2006年第2期。

28. 孙群郎：《当代美国郊区的蔓延对生态环境的危害》，《世界历史》，2006年第5期。

29. 孙群郎：《美国大都市区政治的巴尔干化与政府体制改革》，《史学月刊》，2003年第6期。

30. 托马斯·韦洛克：《创建荒野：印第安人的迁徙与美国国家公园》，《中国历史地理论丛》，2009年10月。

31. 徐昌文：《试论自然的内在价值理念》，《武汉科技大学学报》，2005年第3期。

32. 徐怀科、王国聘：《生态学视野下还原论的价值分析》，《社科纵横》，2009年7月。

33. 严金明：《美国西部开发与土地利用保护的教训暨启示》，《北京大学学报》，2001年第2期。

34. 杨锐：《美国国家公园体系的发展历程及其经验教训》，《中国园林》，2001年第1期。

35. 杨通进：《超越人类中心论：走向一种开放的环境伦理学》，《道德与文明》，1998年第2期。

36. 张友伦：《美国西部史学的发展和当前面临的挑战》，《南开学报》，1995年第1期。

37. 张友伦：《评价美国西进运动的几个问题》，《历史研究》，1984年第3期。

38. 赵光武：《还原论与整体论相结合探索复杂性》，《北京大学学报》，2006年第6期。

39. 周钢：《"牧畜王国"的兴起与美国的现代化》，《史学理论研究》，2000年第3期。

40. 周钢：《野牛的灭绝与大草原印第安人的命运》，《史学月刊》，2002年，第7期。

41. 周钢：《牧区天灾与美国"牧畜王国"的衰落》，《史学月刊》，2006 年第 1 期。

42. 周钢：《美国西部牧区的掠夺开发及后果》，《世界历史》，2007 年第 2 期。

43. 周钢：《美国大平原北部放牧业的发展及经验教训》，《史学集刊》，2008 年第 5 期。

44. 周钢：《美国大平原的"围篱"》，《历史教学》，2009 年第 22 期。

45. 周钢、田吉贡：《美国西部野马的驯养使用与保护》，《历史研究》，2001 年第 3 期。

46. 周晓来：《美国早期生态观的历史考察》，《南京林业大学学报》，2008 年第 1 期。

47. 周维刚：《论还原方法与还原论》，《系统辩证学学报》，2005 年第 1 期。

二、外文文献

（一）著　作

1. Aitken, Hugh G. J., et al. *The American Economic Impact on Canada.* Durham: Duke University Press, 1959.

2. Armstrong, Susan J., and Richard G. Botzler, eds. *Environmental Ethics: Divergence and Convergence.* New York: McGraw-Hill, Inc., 1993.

3. Atack, Jeremy, Fred Bateman. *To Their Own Soil: Agriculture in the Antebellum North.* Ames: Iowa State University Press, 1987.

4. Bailyn, Bernard. *The Peopling of British North America: An Introduction.* New York: Alfred A. Knopf, 1986.

5. Bakken, Gordon M., eds. Brenda Farrington, *Environmental Problems in America's Garden of Eden.* New York: Garland Publishing Inc., 2000.

6. Bakken, Gordon Morris. *The Mining Law of 1872: Past, Politics, and Prospects.* Albuquerque: University of New Mexico Press, 2008.

7. Banner, Stewart. *How the Indians Lost Their Land: Law and Power on the Frontier.* Cambridge: Harvard University Press, 2005.

8. Barger, Harold, and Hans H. Landsberg. *American Agriculture, 1899－1939: A Study of Output, Employment and productivity.* New York: Arno Press, 1975.

9. Barman, Jean. *The West beyond West*. Toronto: University of Toronto Press, 1996.

10. Barrett, Brendan F. D., ed. *Ecological Modernization and Japan*. New York: Routledge, 2005.

11. Barth, Gunther. *Instant Cities: Urbanization and the Rise of San Francisco and Denver*. New York: Oxford University Press, 1975.

12. Bartram, William. *Travels through North and South Carolina, Georgia, East and West Florida*. London: Repringted for J. Johnson, 1792.

13. Bear, Luther Standing. *Land of Spotted Eagle*. Lincoln: Reprinted by University of Nebraska Press, 2006.

14. Bear, Luther Standing. *My People Sioux*. First published by Houghton Mifflin Company, 1928; new Bison Books edition reprinted by Lincoln: University of Nebraska Press, 2006.

15. Becker, George F. *Geology of the Comstock Lode and the Washoe District*. Washington D. C.: Government Printing Office, 1882.

16. Bennett, Charles F. *Conservation and Management of Natural Resources in the U. S.* New York: John Wiley & Sons, 1983.

17. Berkhofer, Robert F., Jr. *The White Man's Indian: Images of the American Indian from Columbus to the Present*. New York: Vintage Books, 1978.

18. Berton, Pierre. *The National Dream*. Toronto: McClelland and Stewart, 1970.

19. Billington, Ray A. *America's Frontier culture: Three Essays*. College Station: Texas A&M University Press, 1977.

20. Binnema, Theodore. *Common and Contested Ground: An Environmental Historyof the NorthWestern Plains*. Norman: University of Oklahoma Press, 2001.

21. Bird, Isabella. *A Lady's Life in the Rocky Mountains*. New York: G. P. Putnam's Sons, 1880.

22. Black, Brian. *Petrolia: The Landscape of America's First Oil Boom*. Baltimore: Johns Hopkins University Press, 2000.

23. Bois, Cora Du. *Wintu Ethnography*. Berkeley: University of California, 1935.

24. Bonnifield, Paul. *The Dust Bowl: Men, Dirt, and Depression*. Albuquerque: University of New Mexico, 1979.

25. Boorstin, Daniel J. *The Lost World of Thomas Jefferson*. Boston: Beacon Press, 1963.

26. Borthwick, J. D. *Three Years in California*. Edinburgh and London: William Blackwood & Sons, 1857.

27. Botkin, Daniel. *Discordant Harmonies: A New Ecology for the Twenty-first Century*. New York: Oxford University Press, 1990.

28. Botzler, Richard G., ed. *Environmental Ethics: Divergence and Convergence*. New York: McGraw-Hill, Inc., 1993.

29. Bradford, William. *History of Plymouth Plantation*. Boston: Little, Brown, and Company, 1856.

30. Brewer, William H. *Up and Down California in 1860—1864: The Journal of William H. Brewer*. Edited by Francis Farquhar, New Haven: University of Yale Press, 1930.

31. Brightman, Robert A. *Grateful Prey: Rock Cree Human-Animal Relationships*. Berkeley: University of California Press, 1993.

32. Brockett, L. P. *Our Western Empire: or, the New West Beyond the Mississippi*. Philadelphia: Bradley, Garretson, Co., 1882.

33. Brown, Dee. *Bury My Heart at Wounded Knee*. New York: Henry Holt & Co., 1970.

34. Brown, Jennifer S. H. *Strangers in Blood: Fur Trade Company Families in Indian Country*. Vancouver: University of British Columbia Press, 1980.

35. Brown, Richard D. *Modernization: The Transformation of American Life, 1600—1865*. New York: Hill-Wang Publishing House, 1976.

36. Browne, John Ross. *Report of J. Ross Browne on the Mineral Resources of the States and Territories West of the Rocky Mountains*. Washington D. C.: Gonvernment Printing Office, 1868.

37. Brown, Robert Craig. *Canada's National Policy 1883—1900: A Study in Canadian American Relations*. Princeton: Princeton University Press, 1964.

38. Bryner, Gary C. *US Land and Natural Resources Policy: A Public Issues Handbook*. Westport: Greenwood Press, 1998.

39. Burlingame, Roger. *March of the Iron Men: A Social History of Union through Invention*. New York: Arno Press, 1976.

40. Callicott, J. Baird. *In Defense of the Land Ethic: Essays in Environmental Philosophy*. Albany: State University of New York Press, 1989.

41. Callicott, J. Baird, and Michael P. Nelson. *American Indian Environmental Ethics: An Ojibwa Case Study*. Upper Saddle River: Pearson Education, Inc, 2004.

42. Calloway, Colin G., ed. *First Peoples: A Documentary Survey of American Indian History*. Boston: Bedford/ St. Martin's, 1999.

43. Campbell, Hardy Webster. *Campbell's 1909 Soil Culture Manual: A Complete Guide to Scientific Agriculture to the Semi-arid Regions*. Lincoln: The Campbell Soil Culture Company, 1909.

44. Careless, J. M. S. *Frontier and Metropolis*. Toronto: University of Toronto Press, 1991.

45. Catlin, George. *North American Indians*. edited and with an Introduction by Peter Matthiessen, New York: Penguin Books, 1989.

46. Catlin, George. *Letters and Notes on the Manners, Customs, and Condition of the North American Indians*. New York: Wiley and Putnam, 1841.

47. Caudill, Harry M. *Night Comes to the Cumberlands: A Biography of a Depressed Area*. Boston: Little Brown, 1963.

48. Chittenden, Hiram Martin. *The American Fur Trade of the Far West*. Stanford: Academic Reprints, 1954.

49. Churchill, Ward. *Struggle for the Land: Native North American Resistance to Genocide, Ecocide and Colonization*. San Francisco: City Lights Books, 2002.

50. Cicero. *The Nature of the Gods*. Translated by P. G. Walsh, New York: Clarendon Press, 1997.

51. Clifton, James A., ed. *The Invented Indian: Cultural Fictions and Government Policies*. New Brunswick: Transaction Publishers, 1990.

52. Cochrane, Willard. *The Development of American Agriculture: A Historical Analysis*. Minneapolis: University of Minnesota Press, 1979.

53. Cohen, Shaul E. *Planting Nature: Trees and the Manipulation of Environmental Stewardship in America*. Berkeley: University of California Press, 2004.

54. Colman, Henry. *An Address before the Hampshire, Franklin, and Hampden Agricultural Society, Delivered in Greenfield, Oct. 23, 1833.* Greenfield: Printed by Phelps and Ingersoll, 1833.

55. Conference on Research in Income and Wealth. *Trends in the American Economy in 19th Century.* Princeton: Princeton University Press, 1960.

56. Congress of the United States. *Congressional Globe: Containing Sketches of the Debates and Proceedings of the First Session of the Twenty-Ninth Congress.* Vol. 86, Washington D. C.: Printed by Blair and Rives, 1846.

57. Conway, J. *The West: The History of a Region in Confederation.* Toronto: J. Lorimer, 1994.

58. Cooke, Jacob Ernest, ed. *Encyclopedia of the North American Colonies.* New York: Charles Seribner's Sons, 1993.

59. Coues, Elliott, ed. *New Light on the Early History of the Greater Northwest: The Manuscript Journals of Alexander Henry and David Thompson.* New York: Francis P. Harper, 1897.

60. Cox, Bruce Alden, ed. *Native People, Native Lands: Canadian Indians, Inuit and Metis.* Ottawa: Carleton University Press, 1991.

61. Cox, Thomas, P. Thomas, Joseph Malone. *This Well-Wooded Land: Americans and Their Forests from Colonial Times to the Present.* Lincoln: University of Nebraska, 1985.

62. Cronon, William. *Changes in the Land: Indians, Colonists and the Ecology of New England.* New York: Hill and Wang Press, 1983.

63. Cronon, William. *Nature's Metropolis: Chicago and the Great West.* New York: W. W. Norton and Company, 1991.

64. Cronon, William. *Uncommon Ground: Toward Reinventing Nature: Toward Reinventing Nature.* New York: W. W. Norton & Company, 1995.

65. Cronon, William, George Miles and Jay Gitlin, eds. *Under Open Sky: Rethinking America's Western Past.* New York: W. W. Norton & Company, 1992.

66. Crosby, Alfred W. *Germs, Seeds, Animals: Studies in Ecological History.* Armonk: M. E. Sharpe, 1990.

67. Crosby, Alfred W. *The Columbia Exchange: Biological and Cultural*

Consequences of 1492. Westport: Greenwood Press, 1972.

68. Cumbler, John T. *Northeast and Midwest U. S.: An Environmental History.* Santa Barbara: ABC-CLIO, 2005.

69. Dales, J. H. *The Protective Tariff in Canada's Development: Eight Essays on Trade and Tariffs When Factors Move with Special Reference to Canadian Protectionism 1875－1955.* Toronto: University of Toronto Press, 1966.

70. Daly, Herman E. *Beyond Growth: The Economics of Sustainable Development.* Boston: Beacon Press, 1996.

71. Danis, Richard C. *Ruberts Land: A Cultural Tapestry.* Waterloo: Wilfred Laurier University Press, 1988.

72. Dasmann, R. F. *Environmental Conservation,* 5th edition. Hoboken: John Weley & Sons, 1984.

73. Denig, Edwin Thompson. *Five Indian Tribes of the Upper Missouri: Sioux, Arikaras, Assiniboines, Crees, Crows.* edited by John C. Ewers, Norman: University of Oklahoma Press, 1961.

74. Delcourt, Paul A., Hazel R. Delcourt. *Prehistoric Native Americans and Ecological Change: Human Ecosystems in Eastern North America since the Pleistocene.* New York: Cambridge University Press, 2004.

75. Deloria, Philip J., and Neal Salisbury, eds. *A Companion to American Indian History.* Malden: Blackwell Publishers Inc., 2002.

76. Deloria, Vine, Jr. *We Talk, You Listen: New Tribes, New Turf.* New York: Macmillan, 1970.

77. Deloria, Vine, Jr. *Red Earth, White Lies: Native Americans and the Myth of Scientific Fact.* New York: Scribner, 1995.

78. Deloria, Vine, Jr., ed. *The Indian Reorganization Act: Congresses and Bills.* Norman: University of Oklahoma Press, 2002.

79. Dolin, Eric Jay. *Fur, Fortune and Empire.* New York: W. W. Norton, 2010.

80. Donck, Adriaen Van der. *A Description of the New Netherlands.* Ithaca: Cornell University Library, 1993 (originally published by Evert Nieuwenhof, Bookseller, 1656).

81. Dorman, Robert L. *A Word for Nature: Four Pioneering Environmental Advocates 1845－1913.* Chapel Hill: University of North Corolina Press,

1998.

82. Douglas, R., and Howard Palmer, eds. *The Prairie West*. Edmonton: University of Alberta Press, 1995.

83. Drushka, Ken. *Canada's Forests: A History*. Montreal: McGill & Queen University Press, 2003.

84. Dunn, John. *History of the Oregon Territory and British North American Fur Trade*. London: Edwards and Hughes, 1844.

85. Dunn, Walter S., Jr. *Frontier Profit and Loss: The British Army and the Fur Traders, 1760－1764*. Westport: Greenwood Press, 1988.

86. Eagle, John A. *Canadian Pacific Railway and the Development of Western Canada 1896－1914*. Montreal: M&Q University Press, 1989.

87. Easterbrook, Thomas. *North American Patterns of Growth and Development: The Continental Context*. Toronto: University of Toronto Press, 1990.

88. Eastman, Charles A. *The Soul of the Indian*. Boston: Houghton Mifflin Company, 1911.

89. Egleston, Nathaniel. *Arbor Day: Its History and Observance*. Washington D. C.: Government Printing Office, 1896.

90. Ehrlich, Paul R. *Population Bomb*. New York: Ballantine Books, 1971.

91. Ellis, Henry. *A Voyage to Hudson's Bay, by the Dobbs Galley and California, in the Years 1746 and 1747*. Dublin: printed for George and Alexander Ewing, 1749.

92. Emerson, Ralph W. *Nature, Addresses, and Lectures*. Boston and Cambridge: James Munroe and Company, 1849.

93. Emerson, Ralph W. *Orations, Lectures, and Essays*. London: Charles Griffin & Company, 1866.

94. Engerman, Stanley L., Robert E. Gallman, eds. *Cambridge Economic History of U. S.* New York: Cambridge University Press, 1996.

95. Engerman, Stanley L. and Robert E. Gallman. *Long-term Factors in American Economic Growth*, Chicago: University of Chicago Press. 1986.

96. Etulain, Richard W. *Writing Western History: Essays on Major Western Historians*. Albuquerque: University of New Mexico Press, 1991.

97. Evans, Clinton L. *War on Weeds in the Prairie West: An Environmental*

History. Calgary: University of Calgary Press, 2003.

98. Evelyn, Eager. *Saskachewan Government: Politics and Pragmatism.* Saskatoon: Western Producer Prairie Books, 1980.

99. Fairchild, H. N. *The Noble Savage: A Study in Romantic Naturalism.* New York: Columbia University Press, 1928.

100. Farnham, Thomas. *Travels in the Great Western Prairies, etc., May 21 — October 16, 1839.* in Thwaites, ed., *Early Western Travels, 1748—1846*, Vol. 28, Cleveland: Arthur H. Clark, 1904.

101. Fernow, Bernhard. *Report on the Forestry Investigations of the U. S. Department of Agriculture, 1877—1899.* Washington D. C.: Government Printing Office, 1899.

102. Flader, Susan L. *Thinking like a Mountain: Aldo Leopold and the Evolution of the Ecological Attitude toward Deer, Wolves and Forests.* Madison: University of Wisconsin Press, 1974.

103. Flannery, Tim. *The Eternal Frontier: An Ecological History of North America and its Peoples.* London: Vintage, 2002.

104. Flores, Dan. *The Natural West: Environmental History in the Great Plains and Rocky Mountains.* Norman: University of Oklahoma Press, 2001.

105. Fogel, Robert William. *Railroad and American Economic Growth: Essays in Economic History.* Baltimore: Johns Hopkins University Press, 1964.

106. Fowke, V. C. *National Policy and Wheat Economy.* Toronto: Toronto Publication Company, 1957.

107. Fowke, V. C. *Canadian Agricultural Policy: The Historical Pattern.* Toronto: University of Toronto Press, 1949.

108. Fox, Stephen. *The American Conservation Movement: John Muir and His Legacy.* Madison: University of Wisconsin Press, 1981.

109. Francis, Daniel. *Battle for the West: Fur Traders and the Birth of Western Canada.* Edmonton: Hurtig Publishers, 1982.

110. Francis, R. Douglas et al. *Destinies: Canadian History Since Confederation.* Toronto: Holt, Rinehart and Winston of Canada, 1988.

111. Francis, R. Douglas and Howard Palmer, eds. *The Prairie West.* Edmonton: University of Alberta Press, 1995.

112. Friesen, Genald. *The Canadian Prairies: A History*. Toronto: University of Toronto Press, 1984.

113. Fulford, Tim. *Romantic Indians: Native Americans, British Literature, and Transatlantic Culture 1756－1830*. New York: Oxford University Press, 2006.

114. Furtwangler, Albert. *Answering Chief Seattle*. Seattle: University of Washington Press, 1997.

115. Gardner, Bruce L. *American Agriculture in the 20th Century: How It Flourished and What It Cost*. Cambridge: Harvard University Press, 2002.

116. Gates, Paul. *The Farmer's Age: Agriculture 1815－1860*. White Plains: M. E. Sharpe, Inc., 1960.

117. Gibson, James R. *Otter Skins, Boston Ships, and China Goods: The Maritime Fur Trade of the Northwest Coast, 1785－1841*. Montreal: McGill-Queens University Press, 1992.

118. Gilman, Nil. *Mandarins of the Future: Modernization Theory in Cold War America*. Baltimore: Johns Hopkins University Press, 2003.

119. Goodwin, Graufurd D. W. *Canadian Economic Thought: The Political Economy of a Developing Nation 1814－1914*. Durham: Duke University Press, 1961.

120. Gottlieb, Robert. *Forcing the Spring: The Transformation of the American Environmental Movement*. Washington D. C.: Island Press, 2005.

121. Granatstein, J. L. and Norman Hillmer. *For Better or for Worse: Canada and the United States to the 1990s*. Toronto: Copp Clark Pitman Ltd., 1991.

122. Great Plains Drought Area Committee. *Report of the Great Plains Drought Area Committee*. http://www.newdeal.feri.org/search_details.cfm?link=http://newdeal.feri.org/hopkins/hop27.htm.

123. Gregg, Josiah. *Commerce of the Prairies*. in Thwaites, ed., *Early Western Travels, 1748－1846*, Vol. 20, Cleveland: Arthur H. Clark, 1904.

124. Grim, John A., ed. *Indigenous Traditions and Ecology: Interbeing of Cosmology and Community*. Cambridge: Harvard University Press, 2001.

125. Grinde, Donald A., Bruce E. Johansen. *Ecocide of Native America: Environmental Destruction of Indian Land and Peoples*. Sante Fe: Clear Light

Publishers, 1995.

126. Hajer, Maarten A. *The Politics of Environmental Discourse: Ecological Modernization and the Policy Process*. New York: Clarendon Press, 1995.

127. Hankin, Francis and T. W. L. MacDermot. *Recovery by Control: A Diagnosis and Analysis of the Relations between Business and Government in Canada*. Toronto: J. M. Dent & Sons Limited, 1933.

128. Hart, Michael. *A Trading Nation: Canadian Trade Policy from Colonialism to Globalization*. Vancouver: UBC, 2002.

129. Hargrove, Eugene. *Foundation of Environmental Ethics*. Eaglewood Cliffs: Prentice-Hall, 1989.

130. Hariot, Thomas. *A Brief and True Report of the New Found Land of Virginia of the Commodities There Found and to be Raised*. Imprinted at London: [By R. Robinson], 1588.

131. Harkin, Michael E., and David Rich Lewis, eds. *Native Americans and the Environment: Perspectives on the Ecological Indian*. Lincoln: University of Nebraska Press, 2007.

132. Harrison, Robert Pogue. *Forests: The Shadow of Civilization*. Chicago: Chicago University Press, 1992.

133. Hays, Samuel P. *Explorations in Environmental History*. Pittsburgh: University of Pittsburgh Press, 1998.

134. Hays, Samuel P. *Conservation and the Gospel of Efficiency: The Progressive Conservation Movement 1890－1920*. Cambridge: Harvard University Press, 1959.

135. Henry, Alexander. *Travels and Adventures in Canada and the Indian Territories between the Years 1760 and 1776*. New York: I. Riley, 1809.

136. Henry, Joseph. *Scientific Writings of Joseph Henry*. Vol. 2, Washington D. C.: Smithsonian Institution, 1886.

137. Herron, John P., & Andrew G. Kirk. *Human & Nature: Biology, Culture, and Environmental History*. Albuquerque: University of New Mexico Press, 1999.

138. Hibbard, Benjamin Horace. *A History of the Public Land Policies*. Madison: The University of Wisconsin Press, 1965.

139. Higginson, Francis. *New-Englands Plantation, or, A Short and True*

Description of the Commodities and Discommodities of That Country. London: Printed by T. & R. Cotes, 1630.

140. Hildreth, S. P. *Pioneer History: Being an Account of the First Examinations of the Ohio Valley, and the Early Settlement of the Northwest Territory*. New York: A.S. Barnes & Co., 1848.

141. Colorado Legislative Assembly. *House Journal of the Legislative Assembly of the Territory of Colorado*. Seventh Session, Central City: Printed by David C. Collier, Register Office, 1868.

142. Houston, Alan, ed. *Franklin: The Biography and Other Writings on Politics, Economics, and Virtue*. New York: Cambridge University Press, 2004.

143. Howay, F. W., W. N. Sage and H. F. Angus. *B. C. and the U. S.: The North Pacific Slope from Fur Trade to Aviation*. New York: Russell, 1970.

144. Hughes, J. Donald. *North American Indian Ecology*. El Paso: Texas Western Press, 1996.

145. Hurt, R. Douglas. *The Dust Bowl: An Agricultural and Social History*. Chicago: Nelson-Hall Inc., 1984.

146. Hutchinson, Thomas. *The History of Massachusetts*. Salem: Thomas Cushing, 1795.

147. Huth, Hans. *Nature and the American: Three Centuries of Changing Attitudes*. Berkeley: University of California Press, 1972.

148. Ingold, Tim. *Hunters, Pastoralists, and Ranchers: Reindeer Economies and Their Transformation*. New York: Cambridge University Press, 1980.

149. Innis, Harold. *The Fur Trade in Canada*. Toronto: University of Toronto Press, 1956.

150. Innis, Harold. *Problems of Staple Production in Canada*. Toronto: The Ryerson Press, 1933.

151. Isenberg, Andrew C. *The Destruction of the Bison: A Environmental History 1750－1920*. New York: Cambridge University Press, 2000.

152. Johansen, Bruce E. *Indigenous Peoples and Environmental Issues: An Encyclopedia*. Westport: Greenwood Press, 2003.

153. James, Edwin. *Account of an Expedition from Pittsburgh to the Rocky Mountains*, in Thwaites, ed., *Early Western Travels, 1748－1846*. Vol. 17,

Cleveland: Arthur H. Clark, 1904.

154. Jennings, Francis. *The Invasion of America: Indians, Colonialism and the Cant of Conquest.* New York: W. W. Norton &Company, 1975.

155. John, Edward. *Wonder-Working Providence of Sions Saviour in New England.* Andover: Published by Warren F. Draper, 1867.

156. Jones, Robert Leslie. *History of Agriculture in Ontario 1613 − 1880.* Toronto: University of Toronto Press, 1946, Reprinted in 1977.

157. Jordan, Terry, Matti Kaups. *The American Backwoods Frontier: An Ethnic and Ecological Interpretation.* Baltimore: Johns Hopkins University Press, 1989.

158. Judd, Carol M., and Arthur J. Ray, eds. *Old Trails and New Directions: Papers of the Third North American Fur Trade Conference.* Toronto: University of Toronto Press, 1978.

159. Kay, Charles, and Randy T. Simmons, eds. *Wilderness and Political Ecology: Aboriginal Influences and the Original State of Nature.* Salt Lake City: University of Utah Press, 2002.

160. Kendall, Edward. *Travels through the Northern Parts of the United States in the Years 1807 and 1808.* New York: Printed by I. Riley, 1809.

161. Kilgour, David. *Uneasy Patriots: Western Canadians in Confederation.* Edmonton: Lone Pine Publishing, 1988.

162. Kline, Benjamin. *First along the River: A Brief History of the U. S. Environmental Movement.* San Francisco: Acada Books, 1997.

163. Krech III, Shepard. *The Ecological Indians: Myth and History.* New York: W. W. Norton and Company, 1999.

164. Lawson, John. *A New Voyage to Carolina: Containing the Exact Description and Natural History of That Country:* London, 1709.

165. Lawson, John. *The History of Carolina: Containing the Exact Description and Natural History of That Country.* London: Printed for T. Warner, 1718.

166. Laxer, Gordon. *Open for Business: The Roots of Foreign Ownership in Canada.* New York: Oxford University Press, 1989.

167. LeCain, Timothy J. *Mass Destruction: The Men and Giant Mines That Wired America and Scarred the Planet.* New Brunswick: Rutgers University Press,

2009.

168. Lee, Lawrence B. *Reclaiming the American West: A Historiography and Guide*. Santa Barbara: ABC-CLIO Press, 1980.

169. Lewis, Meriwether, William Clark. *The Journals of Lewis and Clark*. edited by B. A. DeVoto, Boston: Houghton Mifflin Company, 1997.

170. Lewis, Michael, ed. *American Wilderness: A New History*. New York: Oxford University Press, 2007.

171. Lowenthal, David. *George Perkins Marsh: Prophet of Conservation*. Seattle: University of Washington Press, 2000.

172. Mackie, Richard Somerset. *Trading beyond the Mountains: the British Fur Trade on the Pacific 1793－1843*. Vancouver: University of British Columbia Press, 1997.

173. Magoc, Chris J., ed. *Environmental Issues in American History: A Reference Guide with Primary Documents*. Westport: Greenwood Press, 2006.

174. Magoc, Chris J., ed. *So Glorious a Landscape: Nature and the Environment in American History and Culture*. Wilmington: Scholarly Resources Inc., 2002.

175. Marsh, George Perkins. *Man and Nature*. Seattle: University of Washington Press, 2003.

176. Marsh, James H., et al., eds. *The Canadian Encyclopedia: Year 2000 Edition*. Toronto: McClelland and Stewart Inc., 1999.

177. Martin, Calvin. *Keepers of the Game: Indian-Animal Relationships and the Fur Trade*. Berkeley: University of California Press, 1978.

178. Martin, Chester. *Dominion Land Policy*. Toronto: McClelland and Stewart, 1973.

179. Martin, P. S., and H. E. Wright, Jr., eds. *Pleistocene Extinction: The Search for a Cause*. New Haven: Yale University Press, 1967.

180. Massachusetts Historical Society. *Collections of Massachusetts Historical Society*. Vol. I of the 2nd Series, Boston: Printed by John Eliot, 1814.

181. McCrady, David G. *Living with Strangers: The Nineteenth-Century Sioux and the Canadian-American Borderlands*. Lincoln: University of Nebraska Press, 2006.

182. McDiarmid, Orville John. *Commercial Policy in the Canadian Economy*. Cambridge: Harvard University Press, 1946.

183. Mckilop, A. B. *Contexts of Canada's Past: Selected Essays of W. L. Morton*. Toronto: Macmillan Company, 1980.

184. Mclean, Don. *Home from the Hill: A History of the Metis in Western Canada*. Regina: Gabriel Dumont Institute of Native Studies and Applied Research, 1987.

185. McIntosh, Robert P. *The Background of Ecology: Concept and Theory*. New York: Cambridge University Press, 1985.

186. Meadows, D. H., Club of Rome. *The Limits to Growth: A Report for the Club of Rome's Project on the Predicament of Mankind*. New York: Universe Books, 1972.

187. Meine, Curt and Richard L. Knight, eds. *The Essential Aldo Leopold: Quotations and Commentaries*. Madison: University of Wisconsin Press, 1999.

188. Merchant, Carolyn, ed. *Green Versus Gold: Sources in California's Environmental History*. Washington D. C.: Island Press, 1998.

189. Merchant, Carolyn. *Ecological Revolution: Nature, Gender and Science in New England*. Chapel Hill: University of North Carolina Press, 1989.

190. Merchant, Carolyn. *Major Problems in American Environmental History*. Lexinton: D. C. Heath and Company, 1993.

191. Merchant, Carolyn. *The Columbia Guide to American Environmental History*. New York: Columbia University Press, 2002.

192. Merchant, Carolyn. *American Environmental History: An Introduction*. New York: Columbia University Press, 2007.

193. Merk, Frederick. *History of the Westward Movement*. New York: Knopf, 1980.

194. Merk, Frederick. *The Oregon Question: Essays in Anglo-American Diplomacy and Politics*. Cambridge: Harvard University Press, 1967.

195. Meyer, Edith Patterson. *The Friendly Frontier*. Boston: Little Brow and Company, 1962.

196. Miller, Char, ed. *The Atlas of U. S. and Canadian Environmental History*.

New York: Roulledge, 2003.

197. Moloney, Francis X. *The Fur Trade in New England 1620－1676*. Hamden: Archon Books, 1967.

198. Montrie, Chad. *To Save the Land and People: A History of Opposition to Surface Coal Mining in Appalachia*. Chapel Hill: UNC, 2003.

199. Morrison, Kenneth M. *The Embattled Northeast: The Elusive Ideal of Alliance in Abenaki-Euramerican Relations*. Berkeley: University of California Press, 1984.

200. Muir, John. *The Writings of John Muir*. Vol. 1－12, Boston: Houghton Mifflin Company, 1916.

201. Myerson, Joel. *The Cambridge Companion to Henry David Thoreau*. New York: Cambridge University Press, 1995.

202. Nabokov, Peter, ed. *Native American Testimony: A Chonicle of Indian-White Relations from Prophecy to the Present, 1492－1992*. New York: Penguin Books, 1992.

203. Nash, Roderick. *Wilderness and the American Mind*, New Haven: Yale University Press, 3rd edition, 1982.

204. Nash, Roderick, ed. *Environment and Americans: The Problem of Priorities*. Huntington: Robert E. Krieger Publishing Company, 1979.

205. Neill, Robin. *A History of Canadian Economic Thought*. London and New York: Routledge, 1991.

206. Nelles, H. V. *The Politics of Development: Forest, Mines and Hydro-Electric Power in Ontario 1849－1941*. Montreal: McGill-Queen's University Press, 2005.

207. Nelson, J. G. *Man's Impact on the Western Canadian Landscape*. Toronto: McClelland and Stewart Limited, 1976.

208. Newman, Peter C. *Empire of the Bay*. Toronto: The Madison Press Ltd., 1989.

209. Nicholas, George P., ed. *Holocene Human Ecology in Northeastern North America*. New York: Plenum Press, 1988.

210. Nichols, Roger L. *American Frontier and Western Issues: A Historiographical Review*. Westport: Greenwood Press, 1986.

211. Nixon, Edgar B., ed. *Franklin D. Roosevelt and Conservation 1911－1945*.

Hyde Park: Franklin D. Roosevelt library, 1957.

212. Norrie, Kenneth and Douglas Owram. *A History of the Canadian Economy*. Toronto: Harcourt Brace & Company Canada Limited, 1996.

213. Norton, Thomas Elliot. *The Fur Trade in Colonial New York 1686－1776*. Madison: University of Wisconsin Press, 1974.

214. Opie, John. *Nature's Nation: An Environmental History of the United States*. Fort Worth: Harcourt Brace & Company, 1998.

215. Owen, A. L. Riesch. *Conservation under F. D. R*. Westport: Praeger Publishers, 1983.

216. Palliser, John. *Exploration, North America: Journals, Detailed Reports and Observations relative to the Exploration*. London: Printed by George Edward Eye and William Spottiswoode, 1863.

217. Parkman, Francis. *Conspiracy of Pontiac*. Boston: Little Brown and Company, 1870.

218. Parkman, Francis. *The Oregon Trail & The Conspiracy of Pontiac*. New York: The Library of America, 1991.

219. Passmore, John. *Man's Responsibility for Nature: Ecological Problems and Western Traditions*. London: Gerald Duckworth, 1974.

220. Paul, Rodman Wilson. *Mining Frontiers of the Far West 1848－1880*. New York and Chicago: Holt, Rinehart and Winston, 1963.

221. Payne, Daniel G. *Voices in the Wilderness: American Nature Writing and Environmental Politics*. Hanover: University of New England Press, 1996.

222. Pearce, R. H. *Savagism and Civilization: A Study of the Indian and the American Mind*. Berkeley: University of California Press, 1988.

223. Philips, Paul Chrisler. *The Fur Trade*. Norman: University of Oklahoma Press, 1961.

224. Pike, Zebulon Montgomery. *Exploratory Travels through the Western Territories of North America*. London: Printed for Longman, Hurst, Rees, Orme, and Brown, 1811.

225. Pinchot, Gifford. *The Fight for Conservation*. Seattle: Washington University Press, 1967.

226. Pisani, Donald. *Water, Land and Law in the West: The Limits of Public Policy*

1850－1890. Lawrence: University of Kansas Press, 1996.

227. Pomfret, Richard. *The Economic Development of Canada*. Toronto: Methuen Publications, 1981.

228. Powell, J. W. *Report of the Arid Region of the United States*. Washington D. C.: Government Printing Office, 1879.

229. Prichard, J. Robert S., ed. *Crown Corporations in Canada: The Calculus of Instrument Choice*. Toronto: Butterworth & Co., Ltd., 1983.

230. Rasmussen, Wayne D., ed. *Readings in the History of American Agriculture*. Urbana: University of Illinois Press, 1960.

231. Raymond, Rossiter W. *Statistics of Mines and Mining in the States and Territories West of the Rocky Mountains*. Washington D. C.: Government Printing Office, 1874.

232. Rea, K. J. and J. T. McLeod. *Business and Government in Canada: Selected Readings*. Toronto: Methuen Publications, 1976.

233. Rich, E. E. *The Fur Trade and the Northwest to 1857*. Toronto: McClelland and Stewart Limited, 1967.

234. Rich, E. E. *Hudson's Bay Company 1670－1870*. New York: The Macmillan Company, 1961.

235. Robertson, David. *Hard as the Rock Itself: Place and Identity in the American Mining Town*. Boulder: University of Colorado Press, 2006.

236. Robson, Joseph. *An Account of Six Years Residence in Hudson's Bay from 1733 to 1736 and 1744 to 1747*. London: Printed for J. Payne and J. Bouquet, 1752.

237. Runte, Alfred. *National Parks: The American Experience*. Lincoln: University of Nebraska Press, 1987.

238. Russell, Osborne. *Journal of a Trapper, or, Nine Years in the Rocky Mountains*. Boise: Syms-York Company, Inc., 1921.

239. Rutkow, Eric. *American Canopy: Trees, Forests and the Making of a Nation*. New York: Scribner, 2012.

240. Sackman, Douglas Cazaux, ed. *A Companion to American Environmental History*. Malden: Wiley-Blackwell Publishing Ltd., 2010.

241. Sandoz, Mari. *The Beaver Men: Spearheads of Empire*. Lincoln: University

of Nebraska Press, 1964.

242. Sargent, Charles S. *Report on the Forests of North America*. Washington D. C.: Government Printing Office, 1884.

243. Scarpino, Philip V. *Great River: An Environmental History of the Upper Mississippi 1890—1950*. Columbia: University of Missouri Press, 1985.

244. Shabecoff, Philip. *A Fierce Green Fire: The American Environmental Movement*. New York: Hill and Wang, 1993.

245. Shannon, Fred A. *The Farmer's Last Frontier: Agriculture 1860 — 1897*. White Plains: M. E. Sharpe, Inc., 1973.

246. Sheehan, Bernard W. *Seeds of Extinction: Jeffersonian Philanthropy and the American Indian*. Chapel Hill: University of North Carolina Press, 1973.

247. Sherow, James E. *A Sense of the American West: An Anthology of Environmental History*. Albuquerque: University of New Mexico Press, 1998.

248. Sherow, James E. *The Grassland of U. S.: An Environmental History*. Santa Barbara: ABC-CLIO, 2007.

249. Simpson, John Warfield. *Visions of Paradise: Glimpses of Our Landscape's Legacy*. Berkeley: University of California Press, 1999.

250. Smith, Duane A. *Mining America: The Industry and the Environment 1800—1980*. Niwot: University Press of Colorado, 1987.

251. Smith, Duane A. *The Mining Law of 1872: Past, Politics, and Prospects*. Albuquerque: University of New Mexico Press, 2008.

252. Smith, John. *The generall historie of Virginia, New-England, and the Summer Isles*. London: Printed by I[ohn] D[awson] and I[ohn] H[aviland] for Michael Sparkes, 1624.

253. Smith, Sherry L. *Reimagining Indians: Native Americans through Anglo Eyes, 1880—1940*. New York: Oxford University Press, 2000.

254. Smith, Zachary A., John C. Freemuth, eds. *Environmental Politics and Policy in the West*. Boulder: University of Colorado Press, 2007.

255. Sowards, Adam M. *U. S. West Coast: An Environmental History*. Santa Barbara: ABC-CLIO, 2007.

256. Stedman, Raymond William. *Shadows of the Indian: Stereotypes in American Culture*. Norman: University of Oklahoma Press, 1967.

257. Steffen, Jerome O. *The American West: New Perspectives, New Dimensions*. Norman: University of Oklahoma Press, 1979, reprinted in 1981.

258. Steinberg, Ted. *Down to Earth: Nature's Role in American History*. New York: Oxford University Press, 2002.

259. Stelter, Gilbert A., and Alan F. J. Artibise. *Power and Place: Canadian Urban Development in the North American Context*. Vancouver: UBC, 1986.

260. Stelter, Gilbert A., and Alan F. J. Artibise. *Shaping the Urban Landscape: Aspects of the Canadian City-Building Process*. Ottawa: Carleton University Press, 1982.

261. Stewart, Omer C. *Forgotten Fires: Native Americans and the Transient Wilderness*. Norman: University of Oklahoma Press, 2002.

262. Strong, Douglas H. *Tahoe: An Environmental History*. Lincoln: University of Nebraska Press, 1984.

263. Svobida, Lawrence. *Farming the Dust Bowl: A First-Hand Account from Kansas*. Lawrence: University of Kansas Press, 1986.

264. Taylor, George Rogers. *The Transportation Revolution 1815－1860*. New York: Harper & Row Publishers, 1951.

265. Thomas, Lewis H., ed. *Essays on Western History*. Edmonton: University of Alberta Press, 1976.

266. Thorburn, Hugh G., ed. *Party Politics in Canada*. Scarborough: Prentice Hall Canada Inc., 1985.

267. Thoreau, Henry David. *The Writings of Henry David Thoreau*. Boston: Houghton Mifflin and Company, 1906.

268. Thwaites, Reuben Gold, ed. *Jesuit Relations and Allied Documents*: *Travels and Explorations of the Jesuit Missionaries in New France 1610－1791*, Cleveland: The Burrows Brothers Co., 1900.

269. Thwaites, Reuben Gold, ed. *Early Western Travells, 1748－1846*. Cleveland: Arthur H. Clark, 1904.

270. Trigger, Bruce G., and Wilcomb E. Washburn, eds. *The Cambridge History of the Native Peoples of the Americas*. New York: Cambridge University Press, 1996.

271. Udall, Stewart L. *The Quiet Crisis*. New York: An Avon Book, 1963.

272. Urquhart, M. C. and K. A. H. Buckley, ed. *Historical Statistics of Canada.* Toronto: The Macmillan Company of Canada, 1965.

273. U. S. Bureau of the Census. *Historical Statistics of the United States: Colonial time to 1970.* Washington D. C.: Government Printing Office, 1976.

274. United States Department of State, *U. S. Statutes at Large.* Vol. 26, Washington D. C.: Government Printing Office, 1891.

275. U. S. General Land Office. *Report of the Commissioner of the General Land Office, for the Year 1867.* Washington D. C.: Government Printing Office, 1867.

276. U. S. General Land Office. *Report of the Commissioner of the General Land Office for the Year 1868.* Washington D. C.: Government Printing Office, 1868.

277. U. S. Public Land Commission. *Report of the Public Lands Commission.* 58th Congress, 3rd Session, Washington D. C.: Government Printing Office, 1905.

278. Usner, Daniel H. *Indians, Settlers, and Slaves in a Frontier Exchange Economy: The Lower Mississippi Valley before 1783.* Chapel Hill: University of North Carolina Press, 1992.

279. Vecsey, Christopher, and Robert W. Venables, eds. *American Indian Environments: Ecological Issues in Native American History.* Syracuse: Syracuse University Press, 1980.

280. Waite, Peter B. *Canada: Arduous Destiny 1874－1896.* Toronto: McClelland and Stewart, 1971.

281. Warren, Louis S. *American Environmental History.* Malden: Blackwell, 2003.

282. Watkins, James L. *King Cotton: A Historical and Statistical Review 1790－1908.* New York: Negro Universities Press, reprinted in 1968.

283. Watson, Wreford, Timothy O'Riordan, eds. *The American Environment: Perception and Policies.* New York: John Wiley and Sons, 1976.

284. Webb, Walter Prescott. *The Great Plains.* New York: Grosset & Dunlap, 1931.

285. White, Richard. *It's Your Misfortune and None of Mine: A New History of the American West.* Norman: University of Oklahoma Press, 1991.

286. Whitney, Gordon G. *From Coastal Wilderness to Fruited Plain: A History of Environmental Change in Temperate North America 1500 to the Present.* New

York: Cambridge University Press, 1994.

287. Widtsoe, John Andreas. *Dry-Farming: A Systerm of Agrriculture for Couutries under a Low Rainfall*. New York: Macmillan Company, 1920.

288. Wilber, Charles Dana. *The Great Valleys and Prairies of Nebraska and the Northwest*. Omaha: Daily Repblican Print, 1881.

289. Williams, Michael. *Americans and Their Forests: A Historical Geography*. New York: Cambridge University Press, 1990.

290. Wood, W. Raymond, and Thomas D. Thiessen, eds. *Early Fur Trade on the Northern Plains: Canadian Trades among the Mandan and the Hidatsa Indians, 1738－1818*. Norman: University of Oklahoma Press, 1985.

291. Worster, Donald. *Under Western Skies: Nature and History in the American West*. New York: Oxford University Press, 1992.

292. Worster, Donald. *The Wealth of Nature: Environmental History and Ecological Imagination*. New York: Oxford University Press, 1993.

293. Worster, Donald. *An Unsettled Country: Changing Landscapes of the American West*. Albuquerque: University of New Mexico Press, 1994.

294. Worster, Donald. *The Dust Bowl: The Southern Plains in 1930s*. New York: Oxford University Press, 1979.

295. Young, Stephen C., ed. *The Emergence of Ecological Modernisation: Integrating the Environment and the Economy?* New York: Routledge, 2000.

296. Zaslow, Morris. *The Opening of the Canadian Northwest 1870－1914*. Toronto: M&S, 1971.

（二）论　文

1. Alroy, J. "A Multi-species Overkill Simulation of the End-Pleistocene Megafaunal Mass Extinction". *Science*, Vol. 292, No. 5523, 1998.

2. Bennet, H. H., and W. R. Chapline. "Soil Erosion as a National Menace". *U. S. Department of Agriculture Circular*, No. 33, April, Washington D. C.: Government Pringting Office, 1928.

3. Bierwert, Crisca. "Remembering Chief Seattle: Reversing Cultural Studies of a Vanishing Native American". *American Indian Quarterly*, Vol. 22, No. 3, 1998.

4. Callicott, Baird. "American Indian Land Wisdom? Sorting out the Issues". *Journal of Forest History*, Vol. 33, No. 1, January, 1989.

5. Cameron, N. "The Great American Desert". *The Prairie Farmer*, August 29, 1868.

6. Carman, Harry J., and Rexford G. Tugwell. "The Significance of American Agricultural History". *Agricultural History*, XII, April, 1938.

7. Chinard, Gilbert. "The American Philosophical Society and the Early History of Forestry in America". *Proceedings of the American Philosophical Society*, Vol. 89, No. 2, July 18, 1945.

8. Clark, Jerry. "Thus Spoke Seattle: The Story of an Undocumented Speech". *Prologue*, Vol. 17, spring, 1985.

9. Cornell, George. "The Influence of Native Americans on Modern Conservationists". *Environmental Review*, Vol. 9, No. 2, January, 1985.

10. Cronon, William. "The Trouble with the Wilderness: or, Getting back to the Wrong Nature". *Environmental History*, Vol. 1, No. 1, April, 1996.

11. Day, G. M. "The Indian as an Ecological Factor in the Northeastern Forest". *Ecology*, Vol. 34, No.2, 1967.

12. Denevan, William M. "The Pristine Myth: The Landscape of America in 1492". *Annals of the Association of American Geographers*, Vol. 82, No. 3, 1992.

13. Denevan, William M. "Carl Sauzer and Native American Population Size". *Geographical Review*, Vol. 86, No. 3, July, 1996.

14. Ewers, John C. "The Influence of Epidemics on the Indian Populations and Cultures of Texas". *Plains Anthropologist*, Vol. 18, No. 60, May, 1973.

15. Flores, Dan. "Bison Ecology and Bison Diplomacy: The Southern Plains from 1800 to 1850". *Journal of American History*, Vol. 78, No. 2, Sep., 1991.

16. "Great American Desert". *German Reform Messenger*, Sep. 5, 1860, American Periodicals Series Online.

17. Hardin, Garret. "The Tragedy of the Commons". *Science*, Vol. 162, No. 3859, Dec., 1968.

18. Hargreaves, Mary W. "The Dry-Farming Movement in Retrospect". *Agricultural History*, Vol. 51, No. 1, April, 1977.

19. Harley, C. Knick. "Western Settlement and the Price of Wheat, 1872－1913". *Journal of Economic History*, Vol. 38, No. 4, Dec., 1978.

20. Hoffman, Charles. "The Ghost Riders: A Legend of the Great American Desert". *Spirit of the Time*, December 15, 1838, American Periodicals Series Online.

21. Hughes, Donald. "Forest Indians: The Holy Occupation". Environmental Review, Vol. 1, No. 2, 1976.

22. Huntington, Samuel P. "The Change to Change: Modernization, Development, and Politics". *Comparative Politics*, Vol. 3, No. 3, April, 1971.

23. Joseph, Young. "An Indian's View of Indian Affairs". *The North American Review*, Vol. 128, No. 269, April, 1879; *The North American Review*, Vol. 254, No. 1, April, 1969.

24. Kelley, Robert L. "The Mining Debris Controversy in the Sacramento Valley". *Pacific Historical Review*, Vol. 25, No. 4, Nov., 1956.

25. Kidwell, Clara Sue. "Native Knowledge in the Americas". *Osiris*, 2nd Series, Vol. 1, Historical Writing on American Science, 1985.

26. Kohler, Timothy A., and Meredith H. Matthew. "Long-Term Anasazi Land Unse and Forest Reduction: A Case Study from Southwest Colorado". *American Antiquity*, Vol. 53, No. 3, 1988.

27. LaDuke, Winona. "Voices from White Earth". in Chris Anderson and Lex Runciman, ed., *A Forest of Voices: Conservations in Ecology*, Mountain View: Mayfield Publication Co., 2000.

28. Martin, Calvin. "The European Impact on the Culture of a Northeastern Algonquin Tribe: An Ecological Interpretation". *The William and Mary Quarterly*, Vol. 31, No. 1, April, 1974.

29. Martin, Calvin. "The American Indian as Miscast Ecologist". *The History Teacher*, Vol. 14, No. 2, Feb., 1981.

30. McCleod, William Christie. "Conservation among Primitive Hunting Peoples". *The Scientific Monthly*, Vol. 43, No. 6, December, 1936.

31. McLoughlin, John. "A Narrative of Events in Early Oregon Ascribed to Dr. John McLoughlin". *The Quarterly of the Oregon Historical Society*, Vol. 1, No. 2, June, 1900.

32. Morris, Ralph. "The Notion of a Great American Desert east of the Rockies". *The Mississippi Valley Historical Review*, Vol. 13, No. 2, Sep., 1926.

33. Nash, Roderick. "John Muir, William Kent, and the Conservation Schism". *Pacific Historical Review*, Vol. 36, No. 4, Noverber, 1967.

34. Newell, Frederick. "The American Forestry Association". American Forestry Association, *Forester*, Vol. 4, No. 1, 1898.

35. "Newell on Irrigation". *California Cultivator*, Vol. 19, No. 1, July 4, 1902.

36. Peck, J. H. "Great American Desert". *The American Pioneer*, Feb. 1, 1843, American Periodicals Series Online.

37. Pinchot, Gifford. "The New Hope for the West: Progress in the Irrigation and Forest Reserve Movements". *The Century Illustrated Monthly Magazine*, Vol. 68, April 1904 to November 1904.

38. Pomeroy, Earl S. "Toward a Reorientation of Western History: Continuity and Environment". *Mississippi Valley Historical Review*, Vol. 41, March 1955.

39. Prucha, Francis Paul. "Indian Removal and the Great American Desert". *Indiana Magazine of History*, Vol. LIX, No. 4, December, 1963.

40. Quisenberry, Karl. "The Dry Land Stations: Their Mission and Their Men". *Agricultural History*, Vol. 51, No. 1, April, 1977.

41. Redfield, Robert. "The Primitive World View". *Proceedings of American Philosophical Society*, Vol. 96, No. 1, 1952.

42. Reynolds, R. V., A. H. Pierson, "Lumber Cut of the United States 1870—1920." *USDA Bulletin*，No. 1119, April, 1923.

43. Rothman, Hal. "Conceptualizing the Real: Environmental History and American Studies". *American Quarterly*, Vol. 54, No. 3, Sep., 2002.

44. Russell, Emily. "Indian-set Fires in the Forests of the Northeastern United States". *Ecology*, Vol. 64, No. 1, Feb., 1983.

45. Sharlet, Jeff. "An Anthropologist Finds Indians Lived in Less-than-Perfect Harmony with Nature". The *Chronicle of Higher Education*, October, 1999.

46. Shils, Edward. "Political Development in the New States". *Comparative Studies in Society and History*, Vol. 2, No. 3, Apr., 1960.

47. Speck, Frank G. "The Family Hunting Band as the Basis of Algonkian Social Organization". *American Anthropologist*, Vol. 17, No. 2, 1915.

48. Stevens, Wayne. "The Organization of the British Fur Trade, 1760－1800". *Mississippi Valley Historical Review*, Vol. 3, No. 2, Sep., 1916.

49. Strickland, Rennard. "The Idea of Environment and the Ideal of the Indian". *Journal of American Indian Education*, Vol. 10, October, 1970.

50. Sullivan, James. "The History of Penobscott Indians". *Massachusetts Historical society Collections*, Vol. 9, Boston: Published by Hall & Hiller, 1804.

51. "The Great American Desert". *The Catholic Telegraph*, April 13, 1837, American Periodicals Series Online.

52. Udall, Stewart. "First Americans, First Ecologists". in Robert L. Iacopi, Bernard L. Fontana and Charles Jones, ed., *Look to the Mountain Top*, San Jose: Gousha Publications, 1972.

53. U. S. Bureau of Soils. "Soils of the United States". *Bulletin*, No. 55, Washington D. C.: Government Printing Office, 1909.

54. Vaughan, Alden. "From White man to Redskin: Changing Anglo-American Perceptions of the American Indian". *American Historical Review*, Vol. 87, No. 4, October, 1982.

55. White, Bruce. "The Woman Who Married a Beaver: Trade Patterns and Gender Roles in Ojibwa Fur Trade". *Ethnohistory*, Vol. 46, No. 1, Winter, 1999.

56. White, Lynn, Jr. "The Historical Roots of Our Ecological Crisis". *Science*, Vol. 155, March, 1967.

57. White, Richard. "American Environmental History: The Development of a New Historical Field". *Pacific Historical Review*, Vol. 54, August, 1985.

58. White, Richard. "Introduction: American Indians and the Environment". *Environmental Review*, Vol. 9, No. 2, January, 1985.

59. White, Richard. "Indian Land Use and Environmental Change: Island County, Washington D. C.: A Case Study". *Arizona and the West*, Vol. 17, No. 4, January, 1975.

60. Worster, Donald. "Transformation of the Earth: Toward an Agroecological Perspective in History". *Journal of American History*, Vol., 76, March, 1990.

61. Worster, Donald. "History as Natural History: an Essay on Theory and

Method". *Pacific Historical Review*, Vol. 53, February, 1984.

62. Young, R. A., Philippe Faucher and André Blais. "The Concept of Province Building: A Critique." *Canadian Journal of Political Science*, Vol. XVII, No. 4, Dec., 1984.

后 记

　　美洲史研究是南开大学世界史学科的一个重要特色，涉及范围涵盖整个美洲大陆，在国内高校可谓独此一家。南开大学美洲史研究有着很深的积淀，在国内外学术界享有很高的声誉，为了进一步扩大南开美洲史的影响，迎接新一轮学科评估，历史学院决定整合南开美国史研究和拉美史研究的现有力量，出版一套美洲史研究丛书，作为美洲史研究的一员，自己的研究成果能够收录其中，倍感荣幸，同时感到我们在老一代人开创的研究基础上所面临的新的挑战。

　　自 1964 年杨生茂、梁卓生两位先生受命组建南开大学美国史研究室和拉美史研究室以来，南开大学美洲史学科已经走过了半个多世纪的历程，它不仅凝聚着无数前辈学者们的心血，也是南开美洲史同仁们共同的精神家园。如今美洲史研究的薪火传到我们手中，如何把南开美洲史研究的优良传统继承并发扬光大，是摆在我们全体同仁面前的一项艰巨的任务，同时也是义不容辞的责任。

　　就我而言，如何能够在短时间内完成一部书稿，又不能胡乱拼凑，确实是一项高难度的工作。经过多日思考，我决定把自己这些年从事北美西部史研究的成果收集成册，既是对自己从事北美西部史学术经历的一个回顾，也是这些年来从不同视角下考察北美西部史的一些心得，借此以展现北美西部史的不同面相。

　　三十年前，我有幸考入曲阜师范大学历史系，在那个时候连专业是什么都一无所知，对未来更是一片茫然。这些年来，在求学的道路上，数次得遇良师才最终走上了北美西部史研究的学术道路。20 世纪 90 年代初期考研的氛围远没有现在这么浓厚，我们一个班 90 人，最终 10 人在毕业之际考上了研究生。曲阜师大的李永采教授和刚刚从南开大学学成归来的李胜凯老师对我提供了很大的帮助。最初因为不敢报考南开大学美国史专业，我便听从杨立文教授的建议，报考了北京大学欧美近现代史。原本以为要做美国黑人史研究，不料 1993 年到北京见到杨老师后，他建议我做加拿大史研究。这样就跟着杨立文教授走上了加拿大研究的道路。我先后在北京大学历史系的潘润涵教授和何芳川教授的指导下完成了硕士和博士毕业论文，选题都与加拿大史相关。硕士论文的研究方向是加拿大太平洋铁路与西部开发。博士论文本来想做美加西部开发的比较，但由于题目太大，最后征求何老师的意见，完成了一篇关于加拿大西部地方主义的博士论文。

2000 年博士毕业应聘到南开大学历史学院任教，无论生活还是学术上都面临着窘境，最初几个月 483 块钱的收入比读博士的日子还苦，后工资虽有提高，但只能勉强养家糊口。2004 秋天，中国加拿大研究会在重庆召开年会，一想到路费可能要花掉我一个月的工资，当时就不打算去参会了。杨立文教授知道后自掏腰包给我买了火车票，资助我去开会。对此我非常感谢杨老师，可让一位已经退休的老教授给我支付路费，实在是于心不忍。好在会议主办方四川外国语学院加拿大研究中心为我报销了路费，才圆满地解决了我的燃眉之急。

初来南开虽在生活上捉襟见肘，但精神上还是快乐的，在工作中我再度得遇良师，历史学院的李剑鸣教授、王晓德教授、杨令侠教授、商学院的韩经纶教授、王学秀博士在我学术起步阶段予以无私关怀和指导，让我逐渐在南开园里找到了归属感。2001 年秋，在多位师长的关怀下，我有幸进入南开大学历史学院博士后流动站。当时自己在北京大学读书期间主要研究加拿大西部史，所以就申报了一个美加边疆开发比较研究的课题。在阅读材料的过程中，我的研究兴趣逐渐转到了北美环境史方向来了。经过与导师王晓德教授的多次交流，最终确定写一篇以北美西部开发中的环境变迁为主题的博士后出站报告。在当时初到南开那种"一穷二白"的境况之下，很难收集到系统的关于环境史的详细资料，再加上博士后研究也没得到什么经费的支持，只能根据在南开大学图书馆和国家图书馆所找到的零散资料，完成了一篇名为《美国西部开发中人与环境关系的变迁》的出站报告。当时设想再花一年左右的时间进行修改，我就可以将出站报告完善成为一部专著，但申报历史学院的出版资助，数次不中，颇有怨气，但也无可奈何。2010 年，中央专项项目下达到南开大学，明文规定主要资助 45 岁以下的教师，学校下发给历史学院 13 个名额，我怀抱着很大信心申报后未能批准，难免心生不满。直到 2012 年，这个经过多次完善的出站报告最终获得南开大学历史学院青年学者文库的资助才得以出版。我在后记中坦言：姗姗来迟的出版资助让我有更长的时间和更多的精力来修订自己的书稿。赵学功教授多次建议我删除这句话，但我坚持没删。最近这些年，摆脱了生计上的压力，同时在南开大学世界近现代史这个小圈子里，师长之间互相鼓励，切磋学问，有杨栋梁教授耳提面命，总算没有再走太多的弯路，学术上有了很大的长进。

在李剑鸣教授的支持下，自 2005 年开始，我得以加入由钱乘旦教授所主持的教育部重大攻关课题"世界现代化模式研究"的课题组，从事"北美现代化模式"子课题的研究。现代化课题的研究不仅为窘迫中的我提供了宝贵的研究经费，得以购买和复制部分必需的关于北美现代化问题的图书资料，同时也使我进一步开阔了眼界，可以从现代化和环境史的广阔视野下去思考北美历史上的环境变迁。

自从接触现代化理论以来，我一直试图在环境史和现代化理论之间架构起一座桥梁，将这两个貌似相互不能兼容的理论揉为一体。虽然最初环境史的衰败论叙事立足点主要是批判近代以来工业化所导致的人与环境关系的对立和紧张，但经过 19 世纪后期开始欧美国家兴起的资源保护运动和一系列环境治理举措，欧美主要国家都建立起基本的保护体系。当然，它们的出发点仍然是为了更好地推动经济发展，结果导致 20 世纪以前那种不计环境代价的粗放发展模式被彻底放弃，代之以在发展与保护之间寻找平衡点。因此，20 世纪以来欧美国家环境修复和经济发展并重的经历既是环境史研究的重要内容，也是现代化发展的一个新阶段，如果生态现代化理论能够像当年的现代化理论那样，从一种对策性研究转变成一种综合分析的研究范式，从环境和发展两个维度来考察人类社会近 500 年以来的历史变迁，那我们在生态文明理论建设的道路上就真的向前大大迈进了一步。

本书既可以看作是这些年来我本人关于北美史研究的心得，也是从不同视角下考察北美西部史的一种尝试，难免挂一漏万，不可能完全展现出北美西部史的全貌。此外，笔者既无能力，也无意于为不同视角下的北美西部史提出任何定论。我们能做的仅仅是启发思考，拓宽研究视野，向学界展示不同视野下北美西部历史的丰富多样性，吸引更多的学界同仁加入到环境史和现代化研究的行列中来，从而推动北美西部史的研究向纵深发展。

本书所收录的各章节内容大部分都曾经在各个杂志上发表过，虽然为了书稿的流畅，我已经对很多部分进行了修改，个别地方难免还有剪切重复之嫌，请师友不吝批评指正，以便于作者修改提高，从而可以更好地砥砺前行。谢谢！

付成双

2020 年初于英国曼彻斯特索尔福德大学办公室

作品简介

　　北美西部史既是美国和加拿大历史发展的一个重要组成部分，也是世界近现代历史发展的一个重要篇章。学者们一般对美国西部边疆史研究较多，对于加拿大西部史关注不够。其实，美加西部开发史是一个可以从多角度探讨的研究选题。从全球史的角度看，美加西部开发史是全球殖民主义和经济全球化的触角在大西洋对岸的一个遥远的延伸；从跨国史和比较史学的角度看，美加西部发展有许多共通之处，可以从多个维度（如毛皮贸易、印第安人政策、小麦边疆、资源政策等）进行比较研究；从现代化的角度看，美加两国的现代化历程无疑是一部成功的故事；而从环境史的角度看，则可以从多方位对现代化视角进行补充和发展。本书是作者多年从事北美西部史相关问题研究的一个总结，也是从上述多角度对北美西部史考察的一个尝试。

作者简介

　　付成双，山东惠民人，1970 年 9 月生，先后就读于曲阜师范大学历史系和北京大学历史学系，2000 年获博士学位。2001－2003 年在南开大学历史学院博士后流动站从事研究工作。现为南开大学历史学院世界近现代史专业教授，博士生导师。2013 年获教育部"新世纪优秀人才支持计划"项目支持；2014 年入选天津市"131 创新型人才培养工程"第一层次人才；2020 年入选人社部"百千万人才工程"支持计划，获得"国家有突出贡献的中青年专家"称号；2021 年入选国家"万人计划"哲学社会科学领军人才计划，中宣部"四个一批"人才支持计划。先后主持国家社科基金项目及教育部、天津市社科项目多项。主要从事加拿大史、北美西部史和环境史研究，在《中国社会科学》《历史研究》《世界历史》等杂志发表论文 70 余篇，出版专著多部，其中《美国现代化中的环境问题研究》入选 2017 年度《国家哲学社会科学成果文库》。